KB252225

맥클라렌 강해설교

고린도전서 ~ 에베소서 I

맥클라렌 강해설교
고린도전서~에베소서 I

〈 고전·고후·갈·엡

역자 〈 정충하

EXPOSITIONS OF
HOLY SCRIPTURE
ALEXANDER MACLAREN

크리스찬
다이제스트

국립중앙도서관 출판시도서목록(CIP)

맥클라렌 강해설교. 고린도전서 ~ 에베소서 I / [저자]: 알
렉산더 맥클라렌 ; 역자: 정충하. -- 고양 : 크리스챤다이제
스트, 2010
   p. ; cm. -- (알렉산더 맥클라렌 강해설교 전집 ; 13)

원표제: Expositions of Holy Scripture
원저자명: Alexander Maclaren
영어 원작을 한국어로 번역
ISBN 978-89-447-2113-7 94230 : ₩25000
ISBN 978-89-447-2100-7(세트)

사도 서간[使徒書簡]
강해 설교[講解說敎]

233.7-KDC5
227-DDC21   CIP2010001004

고린도전서

고린도후서

갈라디아서

에베소서 I

고린도전서

1
예수 그리스도의 이름을 부르는 자들

"또 각처에서 우리의 주 곧 그들과 우리의 주 되신
예수 그리스도의 이름을 부르는 모든 자들에게"
고전 1:2

본문의 단어들의 연결 관계와 그것을 해석하는 데에는 다소의 난제가 있습니다. 한 가지는 분명한데, 그것은 여기에서 바울이 고린도 교회를 세계의 모든 기독교 신자들과 연결시키고 있다는 사실입니다. 의문점은 이것입니다. 지금 그가 자신의 편지를 고린도 교회와 모든 교회들에게 공동으로 보내고 있느냐 하는 것입니다. 만일 그렇다면 이 편지는 공동서신이 될 것입니다. 그러나 이것은 거의 가능성이 없습니다. 왜냐하면 본 서신의 거의 모든 내용이 고린도 교회의 특별한 상황을 다루고 있기 때문입니다. 그러므로 우리는 그가 단지 "고린도에 있는 하나님의 교회 곧 그리스도 예수 안에서 거룩하여지고 성도라 부르심을 받은 자들"로 하여금 그들이 모든 신자들의 총체(總體)와 실제적으로 연합되어 있음을 알게 하려고 하고 있었을 뿐이라고 생각해야 합니다. 육지로 둘러싸인 작은 만(灣)을 상상해 보십시오. 그 만은 단지 좁은 해협으로만 바다와 연결되어 있을 뿐입니다. 그럼에도 불구하고 그 안에 있는 물은 세상 전체를 두르고 있는 바다의 일부입니다. 마찬가지로 고린도에 있는 작은 그리스도인 공동체 역시도 "각처에서 우리의 주 예수 그리스도의 이름을 부르는 모든 자들"과 실제적으로 연합되어 있었던 것입니다.

여기에서 그리스도인들을 부르는 호칭을 주목해 보십시오. 그것을 어떻게 해석하든 그것은 매우 주목할 만합니다. 그것은 신약에서 그리스도인들을 부르는 여러 가지 표현들 가운데 하나입니다(그러한 여러 가지 표현들 가운데 어떤 것은 오늘날 더 이상 사용되지 않는 반면 또 어떤 것은 지금도 사용됩니다). 그것들 가운데 모든 것을 압도하는 가장 대표적인 이름이 "그리스도인"이라는 이름입니다. 그 이름은 본래 안디옥에서 조롱하는 의미로 만들어진 것이었습니다. 그리고 이후로 그 이름은 신약에서 그리스도인들이 스스로를 일컫는 이름으로 더 이상 나타나지 않습니다. 그리스도인들을 부르는 여러 가지 이름들 예컨대 제자들, 믿는 자들, 형제들, 성도들, 도(道)를 따르는 자들(those of the way) 등의 각각의 이름들은 예수를 따르는 자들의 각각의 특성을 구체화합니다. 본문은 그리스도인들을 "우리 주 예수 그리스도의 이름을 부르는 자들"이라는 표현으로 부르는데, 우리는 여기에서 몇 가지 중요한 교훈들을 배울 수 있습니다.

1. 첫째로, 초대교회가 예수 그리스도를 예배와 섬김의 대상으로 삼았다는 사실입니다.

"주의 이름을 부른다"는 것은 구약으로부터 직접 따온 표현입니다. 그것은 초창기 그리스도인들 가운데 분명한 예배행위가 있었으며 그들이 예수 그리스도를 예배의 대상으로 삼았음을 의미합니다.

우리는 사도행전에서 베드로에 의해 선포된 첫 번째 설교가 바로 그와 같은 내용을 담고 있는 것이었음을 보게 됩니다. 그는 다음과 같은 구약의 말씀을 인용합니다. "누구든지 주의 이름을 부르는 자는 구원을 얻으리라." 그리고 나서 그는 그 "주"가 바로 예수 그리스도임을 증거하면서 이렇게 결론 맺습니다. "그런즉 이스라엘 온 집은 확실히 알지니 너희가 십자가에 못 박은 이 예수를 하나님이 주와 그리스도가 되게 하셨느니라"(행 2:36).

우리는 다메섹의 아나니아의 입술로부터도 같은 말을 듣습니다. 예수께서 아나니아에게 나타나셔서 바울에게 가서 손을 얹으라고 말씀하셨을 때, 아나니아는 그 일을 하는 것을 꺼립니다. 그 이유에 대해 그는 바울이 "주의 이름을 부르는" 자들을 결박하고 박해하기 위해 보냄을 받았기 때문이라고 말합니다. 우리는 여기에서도 똑같은 표현을 보게 됩니다. 그러므로 우리는 "주의 이름을 부르는 자들"이라는 표현이 대체로 그리스도인들을 부르는 일반적인 호칭이었음을 알 수 있습니다.

또 "주의 이름을 부르는 자들"이라는 호칭은 그들이 예수 그리스도께 기도했다는 사실을 보여줍니다. 우리가 아는 한, 바울이 그리스도인으로부터 들은 첫 번째 말은 "주 예수여 내 영혼을 받으소서"라는 말이었습니다. 그는 이러한 평온한 믿음의 부르짖음을 죽어가는 스데반의 입술로부터 들었는데, 그때 그 말은 그에게 가증한 신성모독의 말로 들렸습니다. 그런 그가 얼마 후 자신도 똑같은 말로 "주여 내가 무엇을 하기를 원하시나이까?"라고 부르짖을 줄 꿈이나 꾸었겠습니까? 또 그에게 구원을 위해 세 번이나 간절히 부르짖고 또 풍성한 은혜로써 응답받을 줄 어떻게 상상이나 할 수 있었겠습니까? 또 그 자신의 죽음이 가까웠을 때 예수를 주와 의로운 재판장으로 바라보며, 그의 손으로부터 그의 나타남을 사모하는 모든 자들이 의의 면류관을 얻게 될 것이라고 생각할 줄을 꿈이라도 꿀 수 있었겠습니까? 예수를 주로 부르며 앙망하며 숭모(崇慕)한 것은 비단 바울뿐이 아니었습니다. 신약의 마지막 구절 자체가, 그를 주로 부르며 속히 오시라고 탄원하면서, 모든 자들에게 그의 은혜를 간구하는 것이 아니었습니까?

이와 같이 기독교회 초창기부터 예수 그리스도께 기도하는 것은 믿는 자들의 특징이었습니다. 그리고 처음부터 믿는 자들의 기도의 대상이었던 그리스도는 그들에 의해 하나님이 육체 가운데 나타나신 신인(神人, Divine Person)으로 인식되었습니다.

또 믿는 자들의 예배의 대상이었던 그는 자기 백성들 가운데 함께 거하는 자로 알려졌습니다. 그리스도를 신으로 찬미하는 것은 로마 총독이 황제에게 그리스도인들의 예배에 대해 설명하는 편지 속에 잘 나타납니다. 거기에서 총독은 그들이 그리스도의 제자일 뿐만 아니라 그를 숭배하는 자이며 그것이 그들 특유의 특징이라고 말합니다. 그들은 거짓 신들을 섬기는 자들 가운데 서 있었습니다. 그러나 그들은 오직 그 한 분 앞에서만 경배했습니다. 고린도인들은 아프로디테와 제우스를 숭배했습니다. 그러나 그들은 이러한 더럽고 음란한 신들을 부르지 않고 오직 주 예수 그리스도의 이름만을 불렀습니다. 모든 사람들이 그들이 누구에게 예배하는지, 그리고 그들이 누구에게 속한 자들인지 알고 있었습니다. 우리는 그리스도인으로서 그들처럼 어느 때나 예수 그리스도의 이름을 부릅니까? 우리는 어느 때든지 그의 도우심을 간구하며, 그의 완전하심과 충족하심을 묵상하며, 주위 사람들에게 예수 그리스도의 이름을 부르는 자들로서 인식되고 있습니까?

정말로 이것이 그리스도인들에 대한 합당한 호칭이라면, 우리는 얼마나 애통해야 마땅합니까? 오늘날 어느 때든지 그리스도의 이름을 부르며 그의 도우심을 간구하는 그리스도인들이 얼마나 적습니까?

한 걸음 더 나아가 그와 같은 호칭은 그리스도에 대한 신적 예배가 당시 교회들 사이에 보편적이었음을 보여줍니다. 그들은 그리스도를 예배와 기도의 대상인 "주"로서 인식했습니다. 예수 그리스도의 신성(神聖)에 대한 이와 같은 보편적인 인식이 본 고린도전서에 온전히 담겨 있는데, 본 서신은 논박의 여지 없는 바울의 서신입니다. 본 서신은 가장 철저한 비평학자들조차도 진짜 바울의 것으로 받아들이는 네 개의 편지들 가운데 하나입니다. 본 서신은 복음서보다 앞서 기록되었으며, 바울 사도의 초기 음성이 담겨 있습니다. 그러므로 각처의 모든 그리스도인들 즉 철저한 단일신론(monotheism)으로 양육된 유대인들과 여러 신들에게 분향했던 이방인들이 예수 그리스도를 주로 부르며 그에게 신적 경배를 돌렸던 일에 완전하게 하나로 연합된 사실은 매우 중요합니다. 오순절 이후로 그리스도인들은 단순히 그리스도의 제자요 그를 따르는 자들이었을 뿐만 아니라 그를 주로 경배하는 자들이었습니다.

2. 둘째로, 우리는 여기에서 예수 그리스도의 완전한 충족성(all-sufficiency)이 펼쳐지는 것을 볼 수 있습니다.

여기에서 그에게 붙여지는 장엄한 호칭을 주목해 보십시오. 본문에서 그는 "우리 주 예수 그리스도"로 불리고 있습니다. 성경에서 이러한 완전한 호칭이 사용되는 것은 오직 그가 사람들에 대하여 갖는 관계의 다양성과 완전성 그리고 그가 가져다주는 축복의 풍성함과 충족함을 표현할 때뿐입니다. 본장의 처음 열 구절에서 바울은 그리스도의 위대하심과 놀라우심에 대한 생각으로 가득 찬 나머지 그와 같은 장엄한 호칭을 여섯 번 내지 일곱 번 사용합니다.

이러한 장엄한 호칭의 여러 요소들을 세심하게 살필 때, 우리는 그러한 호칭이 우리 영혼에 가져다주는 여러 측면의 힘을 보게 될 것입니다.

"주의 이름을 부르는 것." 구약에서 그것은 여호와의 이름이었습니다. 신약의 증거를 가감 없이 살필 때, 우리는 예수 그리스도를 "주"로 부르는 거의 대부분의 구절에서 그러한 칭호는 단순히 인간적인 권위를 나타내는 칭호에 불과한 것이 아니라 그에게 신적 본성과 위엄을 돌리는 것이라는 사실을 발견하게 될 것입니다. 그러므로 우리는 유대인들이 하나님께 돌렸던 위대한 이름을 예수 그리스도에게 돌려야 합니다. 구약의 여호와는 신약의 우리 주님입니다. 영원하시며, 무엇으로부터도 말미암지 않으시며, 스스로 충족하시며, 스스로 결정하시며, 변함이 없으시며, 쇠하지 아니하시며, 세월에 종속되지 않는 "스스로 계신 자"는 우리 구주의 충만함 가운데 거하십니다. 그리스도에게 예배하는 것은 하나님께 예배하는 것과 상충되지 않으며, 다른 신을 섬기는 것도 아닙니다. 기독교는 유대교만큼이나 일신론(一神論)적이며, "오직 하나님 한 분만을 섬기라"는 옛 율법을 그대로 유지합니다. 모든 사람들이 아버지를 공경하는 것처럼 아들을 공경하는 것이 하나님의 뜻입니다.

그러면 예수의 이름을 부른다는 것은 무엇을 의미하는 것입니까? 그 이름은 그의 인성(人性)의 모든 아름다운 것들을 함축합니다. 그는 우리의 형제입니다. "예수"라는 이름은 우리 주님의 시대에 그리고 그 이전 시대에 많은 유대 소년들이 가지고 있었던 이름입니다. 물론 그 이후로 그 이름은 거의 완전하게 사라졌습니다. 왜냐하면 그 이름은 유대인의 입장에서는 혐오스러운 이름이었기 때문이며, 반면 그리스도인의 입장에서는 너무도 엄위한 이름이었기 때문입니다. 그러나 예수님 당시에 그 이름은 마치 시몬이나 유다처럼 매우 평범하며 흔한 이름이었습니다. 예수의 이름을 부르는 것은 우리의 위로와 격려를 위해, 그리고 우리의 힘과 평강을 위해 그의 인성(人性)의 복된 개념을 우리 자신들에게로 가까이 끌어오며 실현하는 것을 의미합니다. 그것은 그가 우리와 같은 사람이시므로 우리의 체질을 아시며 우리의 연약함을 이해하시고 긍휼히 여기신다는 복된 개념을 붙잡는 것입니다. 그가 우리의 형제라고 해서 그에게 보다 적은 위엄과 적은 공경을 돌려도 좋다는 뜻은 결코 아닙니다. 주 예수의 이름을 부름에 있어 우리는 "주"의 신성과 "예수"의 인성을 결코 모순됨이 없이 온전히 조화시켜야 합니다.

그리스도의 이름을 부르는 것은 우리의 믿음을 굳게 붙잡으면서, 예수께서 메시야로서 하나님으로부터 성령의 충만함으로 기름부음 받은 모든 행사를 좇는 것입니다. 그는 절정(climax)입니다. 따라서 그는 모든 계시의 종결이며, 곤비한 심령들이 오랫동안 고대했던 열망의 실현입니다. 또 그는 성취(fulfillment)입니다. 따라서 제사와 성전과 제사장직과 예언과 기타 그가 오기 전에 그를 증거했던 모든 것들은 그 안에서 폐지됩니다. 또 그리스도의 이름을 부르는 것은 그 안에 하나님의 성령의 모든 충만이 거하시는 "기름부음 받은 자"의 이름을 부르는 것입니다. 그러므로 그의 이름을 부를 때, 그러한 충만이 그 분량대로 우리에게 주어집니다.

이와 같이 주 예수 그리스도의 이름은 그의 신성과 인성과 메시야와 성령의 기름부음 받은 주님과 신적 생명을 주시는 자 등의 개념을 나타냅니다. 그의 이름을 부르는 것은 복된 것입니다. 그것은 우리를 정결하고 강하게 만들어주며, 우리에게 기쁨과 영원한 생명을 가져다줍니다. "주의 이름은 견고한 망대라 의인은 그리로 달려가서 안전함을 얻느니라"(잠 18:10). 고통의 날에 그의 이름을 부르는 자는 들으심과 도우심을 얻을 것입니다.

3. 마지막으로, 본문은 그리스도인의 삶이 어떠해야 하는지를 제시합니다.

우리는 앞에서 예수의 이름을 부르는 것이 초창기 그리스도인들의 독특한 특징이었다는 사실을 살펴보았습니다. 그들은 스스로를 예수의 이름을 부르는 백성으로 특징지웠습니다. 그러면 오늘날 소위 그리스도인으로 일컬어지는 많은 사람들은 그와 같은 호칭으로 일컬어질 만합니까? 여러분은 스스로를 그리스도인으로 고백하는데 이의를 제기하지 않을 것입니다. 또 그리스도의 제자로서, 더 나아가 그리스도를 따르는 자와 본받는 자로서 일컬어지는 것에 반대하지 않을 것입니다. 그렇지만 여러분은 그리스도를 예배하는 자입니까? 여러분의 삶 속에서 여러분은 그를 주와 예수와 그리스도로서 묵상하는 습관을 갖고 있습니까? 여러분은 이러한 삼중의 샘으로부터 솟아오르는 생수로 새 힘을 얻고 기쁨으로 채워집니까? 그의 도움을 구하는 것이 여러분의 습관입니까?

그의 도움을 얻기 위해 길게 그리고 아름다운 말로 공들여 기도할 필요는 없습니다. 교회 역사를 통해 "주여 도우소서"라는 짤막한 탄식의 기도가 얼마나 많이 드려졌습니까? 극도의 위기의 순간에 말입니다. 어떤 때는 말로 드려졌을 것이며, 또 어떤 때는 무언의 탄식으로 드려졌을 것입니다. "그들이 싸울 때에 하나님께 부르짖었더라." 이와 같은 경우 그들에게 길게 기도할 시간이 있었겠습니까? 그렇지 않습니까? 격조 있는 기도의 언사(言辭)를 구사한다든지 혹은 사람의 유창한 말로 기도하는 것에는 거의 주의를 기울일 수 없었습니다. "그들이 싸울 때에 하나님께 부르짖었더라." 적들의 칼이 번쩍이며 화살이 날아오는 소리를 들으면서 그들은 하나님께 부르짖었습니다. 이때는 "부르짖음"의 기도를 드릴 때였습니다. 거기에 우아하게 조율된 아름다운 기도의 언사는 없었습니다. 또 감동도 없고 열정도 없는 무미건조한 언사도 없었습니다. 다만 짤막하지만 격렬하며 강렬한 부르짖음이 있을 뿐이었습니다. 그것은 헐떡거리는 폐와 메말라 붙은 혀로부터 터져 나오는 부르짖음이었습니다. 그리하여 그러한 부르짖음은 응답을 받았습니다. "하나님이 그들의 부르짖음을 들으셨더라." "주여 우리를 구원하소서 우리가 망하게 되었나이다"라는 기도는 매우 짤막한 기도였지만 그러나 응답을 받았습니다. 그러므로 우리 역시도 일상의 삶 속에서 부딪히는 영적 싸움과 갑작스런 시험과 유혹에 갑작스런 기도의 부르짖음으로 직면할 수 있습니다. 또 그렇게 함으로써 그 불을 끌 수 있을 것입니다.

갑작스러운 경우에서와 마찬가지로 오랫동안 계속된 문제에서도 같은 도움이 필요합니다. 우리 가운데 어떤 사람들은 평생 동안 무거운 짐을 짊어져야만 하며 항상 새로운 문제와 싸워야만 합니다. 이런 경우 그들의 부르짖음은 하나님께 상달되지 못한 것처럼 보입니다. 왜냐하면 적의 공격이 약해지지도 않았을 뿐만 아니라 그들의 힘이 눈에 띄게 증가되지도 않았기 때문입니다. 그러나 그들의 부르짖음은 결코 헛되지 않습니다. 싸움이 끝날 때, 그들은 자신들의 간절한 부르짖음이 주의 귀에 들려졌으며, 그 결과 새로운 힘이 부어졌음을 알게 될 것입니다. 우리의 기도가 드려질 다른 이름은 허락되지 않습니다. 오직 주의 이름으로 그리고 그 이름에 의지하여 우리는 부르짖어야 합니다. 그러면 무슨 일이든 이루어질 것입니다. 만일 그렇지 않다면 오순절 날 선포된 위대한 약속은 헛된 약속이 될 것입니다. "누구든지 주의 이름을 부르는 자는 구원을 얻으리라."

"각처에서(모든 장소에서, in every place)." 우리는 여기의 어구(語句)에다가 약간의 압력을 가하고자 합니다. 바울사도는 단지 모든 장소에 있는 그리스도인들의 보편적인 특성을 표현하려고 의도했을 뿐입니다. 그러나 우리는 본문을 다소 다른 방향으로 이해하여, 그것으로부터 어떤 장소에서든 그리스도와 더불어 경건한 교제를 가져야 할 의무를 끌어내고자 합니다. 기도하기에 적당치 않은 어떤 장소를 상상해 보십시오. 그러나 우리는 그런 곳까지라도 기도하는 마음과 주님에 대한 달콤한 기억을 가져갈 수 있습니다. 뿐만 아니라 우리는 그러한 곳에서도 그의 은혜와 사랑과 권능과 충족함과 가까이 계심과 시의적절한 도우심 등에 대해 묵상할 수 있습니다. 우리는 어떤 장소에서도 그의 이름을 부를 수 있습니다. 그가

들을 수 없는 장소는 어디에도 없습니다. 그의 이름을 부르며 그에 대해 묵상하는 것이 그곳을 밝게 비추어줄 것입니다. 우리 주를 기억하는 가운데 행해진 일이라면, 그 가운데 지나치게 단조로우며 진부하며 무미건조한 일은 결코 없습니다. 도리어 그것과 정반대일 것입니다. 우리에게 일어나는 모든 일들 가운데 만일 우리가 십자가의 흔적을 갖고 주의 이름을 부른다면, 거기에 우리가 행하기에 너무 어려운 것이나 삼키기에 너무 쓴 것이나 감당하기에 너무 슬픈 것은 결코 없습니다. 만일 우리가 "모든 장소에서"(in every place) 그를 우리의 믿음과 열망의 대상으로 삼는다면, 그리고 "모든 장소에서" 우리의 기도를 들으시는 자로 여긴다면, 그는 우리를 돕는 자가 되실 것이며, 모든 일은 그의 임재로 충만하게 될 것입니다. 설령 광야를 지나가야만 할 때라 할지라도 우리는 항상 우리와 함께 하시는 반석이신 그리스도로부터 나오는 생수를 마시게 될 것입니다. "모든 장소에서" 그의 이름을 부르십시오. 그러면 모든 장소는 하나님의 전과 하늘의 문이 될 것입니다.

2
멸망하는 자와 구원받는 자

"십자가의 도가 멸망하는 자들에게는 미련한 것이요
구원을 받는 우리에게는 하나님의 능력이라"
고전 1:18

본문을 이해함에 있어 우리는 개정역(Revised Version)대로 읽을 때 본문을 가장 잘 이해할 수 있다는 사실을 기억할 필요가 있습니다. "멸망하는 자들"과 "구원을 받는 우리"라고 읽는 대신, 우리는 "멸망을 당하고 있는 자들"과 "구원을 받고 있는 우리"라고 읽어야 합니다. 다시 말해서, 바울 사도가 지금 대조하고 있는 것은 현재든 미래든 어떤 고정된 상태가 아니라 계속해서 진행되는 과정인 것입니다. 이러한 사실은 우리를 매우 실제적인 고찰로 이끕니다.

우리는 본문의 대구법(對句法)이 복음을 들은 모든 사람들을 포함한다는 사실을 주목할 수 있습니다. 그들은 이들 두 부류 가운데 어느 하나에 속합니다. 또 우리는 어떤 사람이 어느 부류에 속하는지를 결정하는 것은 그들이 십자가의 도를 받아들이는 태도 여하에 달려 있음을 주목해야 합니다. 만일 어떤 사람들에게 십자가의 도가 "미련한 것"이라면, 그들은 멸망하는 자들의 부류에 포함됩니다. 반면 어떤 사람들에게 그것이 "하나님의 능력"이라면, 그들은 구원을 받고 있는 과정 중에 있는 부류에 속합니다.

우리는 여기에서 두세 가지의 매우 단순한 그러나 중요한 개념들을 발견할 수 있습니다.

1. 첫째로, 여기에 두 가지 대조적인 상태 즉 "멸망하고 있는 상태"와 "구원을 받고 있는 상태"가 제시됩니다.

여기에서 먼저 두 상태 가운데 어느 것이 더 밝고 빛나는 힘인지를 물으십시오. 그러면 여러분은 더 어두운 힘을 가장 잘 이해하게 될 것입니다. "구원"과 "구원을 받고 있는"이란 단어가 바울에 의해 무슨 의미로 사용되고 있는지를 이해할 때 비로소 우리는 "멸망하고 있는"이란 단어가 무슨 의미로 사용되었는지를 이해하게 될 것입니다.

여기에서 잠깐 성경의 비슷한 구절들로 되돌아가 봅시다. 그러면 우리는 "구원"이라는 단어가 이중의 은유적인 의미로부터 시작됨을 발견하게 될 것입니다. 그것은 병 고침을 받거나 안전하게 되는 것을 의미합니다. 전자(前者)의 의미로서 "구원"이라는 단어는 복음서에 나타나는 우리 주님의 이적 이야기에 많이 사용됩니다. 그것은 병자와 병 고침의 은유를 포괄합니다. 후자(後者)의 의미로서 그것은 위험에 빠진 사람과 그로부터 벗어남의 은유를 포괄합니다. 이와 같이 소극적인 측면에서 구원의 개념은 병으로부터 온전케 되며 위험으로부터 안전케 되는 것입니다. 소극적인 측면에서 구원은 죄라고 하는 한 가지 병으로부터 옮겨지는 것이며, 또한 죄책과 후회와 습관과 그 아래 종노릇하는 것과 하나님과의 왜곡된 관계와 이 땅과 하늘에서의 형벌을 두려워하는 것 등 죄의 결과들을 거두는 위험으로부터 벗어나는 것입니다. 영혼의 병과, 생명을 위협하는 위험들은 죄라고 하는 핵심적인 사실로부터 흘러나옵니다. 그리고 구원은 이 모든 것을 제거하는데 있습니다. 죄 그 자체든지 혹은 죄가 가져다주는 치명적인 유혹이든지 혹은 죄가 우리의 모든 정신과 감정에 야기하는 온갖 황폐와 왜곡이든지 혹은 하나님과의 관계를 어그러뜨리는 것이든지 혹은 죄로 말미암은 모든 악(惡)이든지 말입니다. 병든 자는 고침을 받고, 위험 가운데 빠져 있는 자는 안전해집니다.

그러나 이것들 외에도 훨씬 더 많은 것들이 있습니다. 완전한 건강으로 회복될 때까지 치유는 불완전합니다. 하나님이 우리를 구원하실 때, 하나님은 무방비 상태의 영혼에 돌진해 들어오는 악의 무리들을 막기 위해 쇠문(iron gate)을 걸어 잠글 뿐만 아니라 또한 축복과 은혜의 군대가 구원받은 영혼 주위에 몰려들도록, 그리고 그럼으로써 그 영혼이 모든 기쁨과 모든 아름다움으로 부요케 되도록 금문(golden gate)을 활짝 열어 놓습니다. 이와 같이 구원의 적극적인 측면은 구원받은 자에게 그의 모든 핏줄 속에 생명력 넘치는 건강을 부여하는 것이며, 또한 신적 생명으로부터 말미암는 힘을 가져다주는 것입니다. 그것은 구원받은 자에게 축복과 의무를 위해 필요한 모든 것을 주는 것입니다. 이와 같이 모든 악한 것을 막고 모든 선한 것을 주는 것, 바로 이것이 기독교적 구원의 개념입니다. 소극적인 측면이 이루어진 것은 매우 큰 것입니다. 그러나 참된 행복과 거룩함의 부요함과 충만함이 주어지는 적극적인 측면과 비교할 때 그것은 작은 것입니다. 양자(兩者) 공히 하나님의 구원의 필수적인 일부입니다.

이것이 구원의 의미라면, 그 정반대편에 있는 성경적 개념은 "멸망"입니다. "멸망"이라는 단어를 떠받치고 있는 개념은 완전한 무너짐과 전적인 파멸의 개념입니다. 멸망 안에 있는 것은 바로 이것입니다. 해석상의 어떤 자의적인 왜곡도 이와 같은 무시무시한 표현으로부터 나오는 준엄한 의미를 훼손할 수 없습니다. 만일 구원이 병을 고치는 것이라면, 멸망은 병의 치명적인 종말입니다. 만일 구원이 두려워 떠는 영혼 주위로 몰려드는 하피(Harpy)의 끔찍한 발톱으로부터 건짐 받는 것이라면, 멸망은 그러한 발톱에 붙잡혀 갈기갈기 찢어지는 것입니다(Harpy는 그리스 신화에서 얼굴과 상반신은 추녀로, 그리고 날개와 꼬리와 발톱은 새로 나타나는 존재임 — 역주).

물론 이것은 은유입니다. 그러나 멸망과 관련하여 어떤 은유도 사실 그 자체가 갖는 두려움의 절반도 전달하지 못할 것입니다. 구원은 죄로부터 고침 받고 위험으로부터 건짐 받으며 모든 선하고 아름다운 선물들이 주어지는 것인데, 이것과 정반대의 위치에 있는 것이 바로 "멸망"입니다. 그러므로 그것은 병이 계속해서 자기의 길을 달려가는 것을 의미합니다. 그것은 위험 속에 빠져 있는 사람을 위험이 계속해서 붙잡고 있는 것을 의미합니다. 그것은 거룩함을 위해서든 참된 행복을 위해서든 모든 선한 것들이 주어지지 않고 거두어지는 것을 의미합니다. 그것은 의식적(意識的)으로 존재하는 것이 중지되는 것을 의미하지 않습니다. 멸망을 당한 자는 자신이 멸망을 당한 것을 압니다. 심지어 그는 멸망의 과정에 있는 동안 그 과정을 압니다. 그러므로 멸망과 관련하여 우리는 의식(意識)으로부터 점차적으로 흐려가는 것, 생명과 아름답고 사랑스러우며 은혜로운 많은 것들로부터 죽어가는 것, 그리스도로부터의 거리가 계속해서 멀어져가는 것, 완전한 파멸의 구덩이로 계속해서 가라앉는 것, 자신이 버려졌음을 점점 더 분명하게 의식하는 것 등을 생각해야 합니다. 하나님께 대하여 버려지면 자신에 대하여도 버려집니다.

사랑하는 형제들이여, 멸망과 관련한 이와 같은 끔찍한 개념들을 나열하는 것이 나의 할 일은 아닙니다. 다만 그렇게 함으로써 우리는 구원의 빛이 더 밝게 빛나도록 만들 수 있습니다. 멸망의 가려진 것이 어두울수록 구원은 더욱 밝게 빛납니다. 이것이 첫 번째 대조입니다.

2. 둘째로, 여기에서 양자(兩者)의 점진성을 주목하십시오.

마음이나 정신의 모든 상태는 지속적으로 변화되는 특성을 가지고 있습니다. 삶은 과정이며, 영적 존재의 모든 부분은 계속적으로 활동하며 움직입니다. 그러므로 "무릇 있는 자는 받아 풍족하게 될" 것이라는 것이 세상과 그 안에 있는 모든 사람들에게 있어 삶의 모든 영역을 지배하는 법칙이 되는 것입니다.

이와 관련하여 본문의 두 상태 즉 구원과 멸망이 점점 더 확고하게 되고 구체화되며 완성되어 가는 점진적인 과정의 개념을 주목하십시오. 구원은 점진적인 실재입니다. 신약에서 우리는 구원의 위대한 개념과 관련하여 세 가지 관점이 있는 것을 보게 됩니다. 때때로 구원은 믿는 자의 영혼 속에서 과거에 이루어진 것으로 표현됩니다 — "너희가 구원을 받았느니라." 어떤 경우에는 그것이 미래에 속한 것으로 표현되기도 합니다 — "이제 우리가 처음 믿을 때보다 우리의 구원이 가까워졌느니라.” 그런가 하면 구원을, 과거든 미래든 어떤 한 시점에 이루어지는 것이 아니라 본문처럼 삶 전체를 통해 이루어지는 지속적인 과정으로 보는 구절들도 신약에 많이 나옵니다. 그에 대한 한 가지 예는 이것입니다. “주께서 구원 받고 있는 사람을(those that were being saved) 날마다 더하게 하시니라”(행 2:47). 단번의 제사로 그리스도는 거룩하게 되고 있는 자들을(those that are being sanctified) 영원히 완전케 하셨습니다. 본문과 정확하게 병행되는 고린도후서의 한 구절에서, 우리는 복음이 전파되는 것이 “구원받고 있는 자들에게나 망하고 있는 자들에게나 그리스도의 향기”(savour of Christ in them that are being saved, and in them that are perishing)라는 말씀을 보게 됩니다(고후 2:15).

이와 같이 구원받는 과정은 그리스도인이 이 세상에 살아있는 동안 계속해서 진행됩니다. 자신이 그리스도를 따르는 자임을 고백하는 모든 자들은 매일같이 구원에 더 풍성하게 이르도록 자라가야 하며, 성령으로 더욱 충만하게 채워져야 하며, 자신의 욕망과 정욕과 악을 더 많이 정복해야 하며, 예수 그리스도께서 주시는 축복과 거룩함의 모든 은사들로 더 풍성하게 옷 입어야 합니다.

형제들이여, 참된 그리스도인 안에서 이루어지는 이와 같은 점진적인 구원의 개념이 여러분의 삶 속에서 점점 흐려지고 있지 않습니까? 여러분은 10년 전보다 얼마나 더 앞으로 나아갔습니까? 그때와 비교하여 지금은 여러분의 부패한 속성이 얼마나 많이 고쳐졌습니까? 여러분은 하나님의 깊은 곳으로 얼마나 더 많이 들어갔습니까? 여러분은 제자리에 머무는 것으로 만족합니까? 적진 깊숙이 쳐들어가 적의 땅을 정복하는 대신 고작 해안가에 머물며 앞으로 전진하지 못하는 나약한 군대처럼 말입니다. 자신이 그리스도인임을 고백하는 그리스도인은 많아도, 매일같이 자라가는 그리스도인은 적은 것 같습니다.

이러한 점진성은 반대의 경우에도 마찬가지입니다. 황폐되며 허물어지는 것도 점진적인 과정으로 이루어집니다. 지금 저의 설교를 듣고 있는 사람들 가운데 과거 젊은 시절의 각가지 죄로부터 훨씬 더 많이 구원받고 있는 자들이 얼마나 많습니까? 그런가 하면 구원의 메시지를 들을 줄 아는 지각이 사라지고, 그 양심과 마음이 세상으로 인해 마비되며, 세상적이며 이기적이며 악한 것들을 더 많이 따르는 자들 또한 얼마나 많습니까? 나는 우리들 가운데 과거 가난하던 시절이 지금보다 훨씬 더 낫고 행복했으며, 하나님 말씀의 더 풍성한 것을 훨씬 더 많이 누렸던 자들이 결코 적지 않을 것이라고 생각합니다. 예전의 고상한 충동과 영의 탄식과 그리스도와 구원을 향한 간절한 열망을 상기시키지 못하는 자들이 있는 이유는 무엇입니까? 그런 자들은 어둠 속으로 계속해서 내려가는 과정 중에 있으며 망하여가는 과정 중에 있는 것입니다.

여기에서 바울이 말씀을 듣는 모든 자들을 멸망받고 있는 자들의 부류와 구원받고 있는 자들의 부류로 양분(兩分)하는 것을 주목하십시오. 그것은 마치 양자택일과 같습니다. 제3의 선택은 없습니다. 만일 어떤 사람이 전자의 부류에 속하지 못한다면, 그는 후자의 부류에 속하게 됩니다. 형제들이여, 인생은 평평한 평면이 아니라 가파른 경사면입니다. 제자리에 가만히 있는 것은 없습니다. 만일 여러분이 제자리에 가만히 있으려고 한다면, 여러분은 밑으로 내려가게 됩니다. 올라가는 것이든 내려가는 것이든 움직이는 것입니다. 만일 여러분이 일 년 전보다 더 나은 그리스도인이 되지 못한다면, 여러분은 더 못한 그리스도인이 되는 것입니다. 만일 여러분이 더 많이 구원받지 못한다면, 여러분은 더 적게 구원받는 것입니다. 이것은 구원과 멸망의 두 장엄한 과정이 지금 이 순간에도 여러분 안에서 계속해서 진행되고 있음을 의미합니다. 우리는 이러한 사실을 한 순간도 잊어서는 안 됩니다.

한 걸음 더 나아가, 구원과 멸망이 점진적인 과정이라는 사실이 미래에 어떤 빛을 던지는지 주목하십시오. 분명 그러한 두 개의 과정 즉 구원의 과정과 멸망의 과정은 이 땅에서는 불완전합니다. 어떤 것도 이 땅에서 완전하게 이루어지지 않습니다. 따라서 계속해서 자라는 선의 현상들과 계속해서 자라는 악의 현상들로 인해 천국과 지옥이 요구되는 것입니다. 구원의 과정과 멸망의 과정은 이 땅에서 완성되지 않습니다. 그것은 죽음 이후에도 계속될 것입니다. 불멸의 존재가 된 이후에도 한편으로 선함과 축복됨과 거룩함과 경건함이 더 밝은 광채 가운데 자라갈 것이며, 다른 한편으로 하나님으로부터의 단절과 고상한 본성의 상실이 계속해서 증가될 것입니다. 두 부류의 백성은 지금 이 땅에서는 비슷한 수준에서 출발할는지 모릅니다. 그러나 한 부류의 사람은 하나님 안에서 완전히 잃어질 때까지 그래서 자신을 온전히 발견할 때까지 오르고 오르고 또 오릅니다. 반면 다른 부류의 사람은 모든 악과 슬픔의 어두운 곳으로 가라앉고 가라앉고 또 가라앉습니다.

3. 마지막으로, 두 부류를 결정하는 것이 십자가에 대한 우리의 태도 여하에 달려 있다는 사실을 주목하십시오.

우리는 여기에서 비논리적으로 연결된 것처럼 보이는 두 가지 개념을 보게 됩니다. 사람이 멸망을 당하거나 구원을 받는 것이 그들에게 십자가가 "미련한 것"이거나 혹은 "하나님의 능력"이기 때문인 것은 분명한 사실입니다. 한편 십자가가 그들에게 "미련한 것"이거나 혹은 "하나님의 능력"인 것은 그들이 멸망을 당하고 있거나 혹은 구원을 받고 있기 때문인 것 역시 똑같이 사실입니다. 이것은 마차를 말 앞에 놓는 것이 아닙니다. 두 가지 다 사실입니다.

만일 여러분이 예수 그리스도와 그의 죽으심 안에서 아무것도 보지 못한다면, 다시 말해서 그것이 여러분에게 별다른 선을 가져다주지도 못하며 여러분의 삶에 꼭 필요한 것도 아닌 "미련한 것"으로밖에는 보이지 않는다면, 그것은 얼마나 두렵고 슬픈 일입니까? 만일 어떤 사람이 한여름의 작열하는 태양을 바라보며 "전혀 밝지 않다"고 말한다면, 내가 그에게 해 줄 수 있는 말은 "친구여, 안과의사에게 가보는 것이 좋겠네"라는 말뿐일 것입니다. 만일 우리에게 십자가가 "미련한 것"이라면, 그것은 이미 우리에게 멸망의 과정이 깊숙이 진행되어 하나님의 지혜와 사랑에 대한 우리의 인식능력이 상당 부분 훼손되었기 때문입니다.

반면 만일 우리가 순전한 믿음으로 십자가를 붙잡는다면, 우리는 그것이 우리를 모든 죄와 슬픔과 위험으로부터 구원하는, 그리고 '마침내' 우리를 그의 영원한 나라로 구원할 능력이라는 사실을 발견하게 될 것입니다.

사랑하는 친구들이여, 이러한 사실은 우리에게 얼마나 강력한 영향을 미칩니까? 나의 설교의 말은 정말로 보잘것없는 것입니다. 그러나 비록 보잘것없는 것이라 할지라도 여러분은 이 설교를 듣고 난 후에는 듣기 전과 정확하게 똑같은 사람이 될 수는 없을 것입니다. 여러분이 귀를 기울여 들었다면 말입니다. 그 차이는 감지할 수 없을 만큼 매우 미약한 것일는지 모릅니다. 그러나 그것은 실제적인 것입니다. 똑같은 태양이 병든 눈에게는 해를 끼치는 반면 건강한 눈에게는 기쁨을 가져다줍니다. 똑같은 불이 밀랍은 녹이는 반면 진흙은 단단하게 만듭니다. "이 아이는 이스라엘 중 많은 사람을 패하거나 흥하게 하기 위하여 세움을 받았도다"(눅 2:34). "이 사람에게는 사망으로부터 사망에 이르는 냄새요 저 사람에게는 생명으로부터 생명에 이르는 냄새라"(고후 2:16). 여러분에게 그는 사망으로부터 사망에 이르는 냄새입니까 아니면 생명으로부터 생명에 이르는 냄새입니까?

3
바울 사도의 주제

"내가 너희 중에서 예수 그리스도와 그가 십자가에 못 박히신 것 외에는
아무 것도 알지 아니하기로 작정하였음이라"

고전 2:2

여러분 가운데 많은 사람들은 오늘로서 내가 이곳에서 목회한지 40년이 된 사실을 잘 아실 것입니다. 그렇지만 40년 전 내가 이곳에서 목회하던 초창기의 일을 기억하는 사람은 거의 없을 것입니다. 그동안 나는 여러분에게 강단에서 개인적인 것은 거의 언급하지 않았습니다. 그렇지만 오늘은 약간 언급을 하고자 합니다. 40년 간의 긴 세월을 회고할 때, 공개적으로 말할 수 없는 많은 생각들이 떠오릅니다. 그러나 한 가지는 분명하게 말할 수 있습니다. 그것은 지금까지 화목과 신뢰와 사랑이 깨어지지 않은 것으로 인해 하나님과 여러분들에게 감사한다는 사실입니다. 이것은 지금까지 나의 사역을 밝게 비추어 주었습니다. 그것이 내게 얼마나 큰 힘을 주었는지 이루 말할 수 없습니다. 비록 불완전한 것이었다 하더라도 말입니다.

오늘 본문 말씀은 나의 목회사역에 있어 특별한 의미를 가진 말씀입니다. 지금까지 나는 본문이 가르치는 의미를 나의 목회사역의 목표로 삼고자 노력해 왔습니다. 나는 그것을 성취했다고는 말할 수 없지만, 그러나 그것을 목표로 삼았다고는 말할 수 있습니다. 내가 맨체스터에 부임한 첫

주일 설교 본문은 "우리는 그리스도와 그가 십자가에 못 박히신 것을 전파하노라"는 말씀이었습니다. 지난 세월을 회고할 때 나는 오늘 본문 말씀이 나의 목회 전체를 인도한 별이었다고 감히 말할 수 있습니다.

이제 우리는 본문과 관련하여 몇 가지 사실을 주목할 수 있습니다.

1. 첫째로, 예수 그리스도와 그의 십자가라고 하는 바울의 주제를 주목하십시오.

바울은 여기에서 자신의 결심을 이야기합니다. 문맥 중에서 그는 고린도인들과 함께 있을 때에 "약하고 두려워하고 심히 떨었다"고 말합니다. 우리는 사도행전의 이야기 속에서 그가 낙심 가운데 주저앉아 있던 기간이 고린도에 올 때와 겹친다는 사실을 발견할 수 있습니다. 그 이유는 매우 단순한 것이었습니다. 그는 처음으로 유럽에 와 새로운 환경에 직면해야 했습니다. 당시 유럽의 상황은 팔레스타인 지역이나 소아시아 지역의 상황과는 매우 달랐습니다. 그가 유럽에서 겪은 경험은 고무적이지 못했습니다. 빌립보에서는 감옥에 갇혔으며, 데살로니가로부터는 밤에 몰래 도망쳐야 했습니다.

그는 베뢰아에서도 뒤쫓음을 당했으며, 아덴에서의 복음전파 사역은 완전한 실패로 끝났습니다. 그리하여 그는 낙망한 모습으로 고린도에 왔으며, 여기에서도 그의 대적들에게 비판을 받았습니다. 이렇게 하여 그는 여기의 본문과 같은 결론에 이르게 됩니다. 그는 철학자나 변론가들과 논쟁을 벌이는 것은 아무 유익도 없는 일이라고 느꼈습니다. 다만 그가 헬라 문명이나 헬라 철학 혹은 헬라인들의 언변이나 그들의 자부심에 대처하는 유일한 길은 "그리스도와 그가 십자가에 못 박히신 것"을 전파하는 것이었습니다. 이러한 결심은 그의 앞에 놓여 있는 것에 대한 무지(無知)로부터 온 것이 아니었습니다. 그는 고린도와 그곳의 부(富)와 그곳의 악함과 그곳의 문화에 대해 잘 알고 있었습니다. 이 모든 것들을 아는 상태에서 그는 "나는 너희 중에서 예수 그리스도와 그가 십자가에 못 박히신 것 외에는 아무 것도 알지 아니하기로 작정하였음이라"고 말합니다.

이와 같이 바울 사도의 주제는 예수 그리스도의 죽음이었습니다. 기독교는 곧 그리스도이며, 그리스도가 곧 기독교입니다. 그리스도가 전파한 진리와 그리스도 자신의 관계를 생각해 보십시오. 또 그의 삶과 죽음의 이야기로부터 추론할 수 있는 진리와 그의 관계를 생각해 보십시오. 그것은 다른 종교의 창시자와 그가 전파한 진리 사이의 관계와는 완전히 다릅니다. 왜냐하면 다른 종교들에 있어서는 여러분이 그 교훈을 받아들이면서 그 창시자는 무시할 수 있기 때문입니다. 그러나 기독교에 있어서는 결코 그렇게 할 수 없습니다. "내가 곧 길이요 진리요 생명이니." 바울이 전파한 복음의 핵심은 예수 그리스도의 십자가 죽음이었습니다. 이와 같이 기독교에 생명력을 부여하고, 또 자라게 하는 근본적인 원리는 예수 그리스도의 인격과 죽음입니다.

이것이 전부가 아닙니다. 예수 그리스도의 삶과 죽음의 역사(歷史)가 복음이 되기 위해서는 좀 더 다른 무엇이 필요합니다. 겉으로 나타난 것은 실재(實在)의 작은 일부에 불과합니다. 식물이 자라는 것을 생각해 보십시오. 땅 위에 드러난 것보다 땅 속에 드러나지 않는 더 큰 것이 있습니다. 겉으로 드러난 것과 함께 그것을 분명하게 설명하는 것이 있어야만 합니다. 역사(歷史)는 역사일 뿐이며, 전기(傳記)는 전기일 뿐입니다. 십자가의 이야기는 감동적인 이야기일 뿐 그러나 복음은 아닙니다.

그러면 단순한 사실을 지고(至高)의 영역으로 고양(高揚)시키는 바울의 설명은 무엇이었습니까? 그것은 다음과 같은 것이었습니다. 즉 그(그리스도)의 인격(人格)과 관련해서는 "능력으로 하나님의 아들로 선포되셨으며", 그의 죽음의 사실과 관련해서는 "성경대로 우리 죄를 위해 죽으셨다"는 것입니다. 이러한 두 가지 개념 속으로 그의 성육신과 희생제사의 사실을 던져 넣어 보십시오. 그러면 여러분은 바울이 "나의 복음"이라고 부르는 것을 얻게 될 것입니다(그가 "나의 복음"이라고 부르는 것은 자신이 그것을 창안했기 때문이 아니라 그것이 자신에게 맡겨졌기 때문입니다). 그리스도의 사실들에 대한 설명, 바로 그것이 복음입니다. 그리고 바로 그것이 지난 40년 동안 제가 하나님의 도우심으로 전파하고자 애썼던 바로 그 복음입니다.

오늘날 많은 사람들이 "복음서의 그리스도에게로 되돌아가야 한다"는 말을 많이 합니다. 좋습니다. 그러나 우리는 그런 과정 속에서 서신서의 그리스도를 잃어버리지 않도록 주의해야 합니다. 복음서의 그리스도와 서신서의 그리스도는 동일한 그리스도입니다. 나는 지난 세대에 사람들이 그리스도의 모습에다가 신학적인 거미줄을 쳐 왔다는 사실을 기꺼이 받아들일 수 있습니다. 그리스도 자신에 대해서는 알지 못하면서 그에 대해 말하여진 것들은 아는 것은 충분히 가능한 일입니다. 과거의 잘못이 이와 같이 그리스도를 신학으로 대체한 것이었다면, 오늘날의 잘못은 복음서와 서신서의 그리스도 즉 우리를 구원하기 위해 죽으신 성육신하신 하나님의 아들을 "규정되지 않은 그리스도"(undefined Christ)로 대체하는 것일 것입니다. 내가 보기에 이것은 훨씬 더 심각한 잘못입니다. 왜냐하면 여러분은 그에 대해 아무것도 알 수 없고, 또 그는 여러분에게 아무것도 아닌 자가 될 수 있기 때문입니다. 그에 대한 사도의 설명을 붙잡지 않는다면 그리고 그 안에서 육체가 된 말씀과 우리로 아들의 권세를 받게 하기 위해 죽으신 하나님의 아들을 보지 못한다면 말입니다.

나아가 나는 그와 같은 주제에 대한 분명한 개념이 그것이 선포되는 방법을 결정한다는 사실을 지적하고자 합니다. 바울은 여기의 본문과 병행되는 앞 장의 한 구절에서 "우리는 십자가에 못 박힌 그리스도를 전하니"라고 말합니다(1:23). 여기에서 그는 "전하니"라는 단어를 크게 강조합니다. "유대인은 표적을 구하나." 유대인들은 어떤 일을 행하는 자를 원했습니다. 반면 헬라인들은 지혜를 구했습니다. 그들은 논증하며 변론하는 자를 원했습니다. 이에 바울은 말합니다. "그렇지 않도다. 우리는 어떤 일을 행하기 위해서나 혹은 철학을 변론하기 위해 오지 않았도다. 우리는 이 땅에 사셨던 어떤 한 인물에게 일어난 사실의 메시지를 가지고 왔도다."

물론 만일 나의 임무가 일련의 신학적인 원리들을 확립하는 것이라면, 논증이 나의 무기가 될 것이며 각종 증거들이 나의 수단이 될 것입니다. 그리고 나의 성공은 여러분으로부터 지적 동의와 확신과 신뢰를 끌어내는 것일 것입니다. 만일 내가 단지 여기에서 도덕을 전하는 것이라면, 내가 여러분으로부터 끌어내야 할 것은 순종일 것입니다. 그리고 순종을 끌어내는 방법은 그것의 권위와 타당성을 역설하는 것일 것입니다. 그러나 만일 나의 임무가 어떤 살아 있는 인물과 그와 관련한 역사적인 사실을 전파하는 것이라면, 그 일을 하는 방법은 사자(使者)처럼 광장에 서서 한 손에 나팔을 들고 다른 한 손에 왕의 메시지를 들고 그것을 확신에 찬 큰 음성으로 외치는 것일 것입니다. 그는 자기 머리로부터 나오는 변론과 논증에 착념하지 않고 다만 "주께서 이같이 말씀하시느니라"고 외칠 것입니다. 형제들이여, 우리의 강단에 가장 필요한 것은 우리 모두의 구원이 의존하는 우리 구주의 위대한 사실과 관련된 단순하고 분명한 진리들을 머뭇거림 없이 확신 있게 선포하는 것입니다.

2. 둘째로, 이러한 주제가 요구하는 배타성을 주목하십시오.

바울은 "예수 그리스도와 그가 십자가에 못 박히신 것 외에는 아무 것도 알지 아니하기로 작정"했다고 말합니다. 여기의 배타성은 사자(使者)가 자기 자신은 감추고 오직 자신이 맡은 메시지만을 강하게 붙잡는 것과 같은 배타성입니다. 이것은 마치 미술관에서 사람들에게 거장의 작품을 보여주기 위해 그것을 들고 있는 어떤 사람과 같습니다. 그는 자신은 감추고 거장의 작품을 드러내야 합니다. 가능하면 작품을 붙잡고 있는 그의 손가락까지도 사람들에게 보이지 않도록 하는 것이 가장 좋을 것입니다. 복음을 전파하는 실제적인 능력은 그것을 전파하는 자가 자신에 대해서는 전혀 생각하지 않고 오로지 자신의 메시지만을 생각하고 있다고 사람들이 확신할 때 나타납니다. 여러분은 세례 요한의 분명한 말을 기억할 것입니다. 사람들이 그에게 "네가 누구냐?"고 물었을 때, 그의 대답은 "나는 소리"라는 것이었습니다. 나는 소리라. 그것이 전부입니다! 우리는 우리 자신을 전파하지 않고 오직 주 되신 예수 그리스도를 전파합니다. 만일 우리가 그리스도를 전파한다면 우리 자신은 감추어야 합니다.

이러한 주제가 요구하는 배타성에는 또 다른 방향이 있습니다. 여기의 본문과 병행되는 앞 장의 구절로 되돌아가 봅시다. 거기에서 우리는 바울 사도가 기대와 바람의 두 큰 흐름을 매우 분명하게 의식하고 있었음을 발견합니다. "유대인은 표적을 구하고 헬라인은 지혜를 찾으나"(1:22). 이어 그는 단호하게 말합니다. "우리는 십자가에 못 박힌 그리스도를 전하니." 여기에서 이와 같은 두 가지 흐름을 살펴보십시오. 그것들은 두 부류의 열망과 정신적 특성을 매우 강한 방식으로 표현한 것입니다. 그것들은 세상을 양분(兩分)하는 정신적인 특성입니다.

한쪽에 감각적인 성향이 있습니다. 그들은 눈으로 보고 감각으로 붙잡으며 행해지는 어떤 것을 요구합니다. "유대인은 표적(sign)을 구하고." 다시 말해서, 그들은 단순히 이적(miracle)이 아니라 보는 것(something to look at)을 요구합니다. 그들은 보이는 제사를 원하며 제사장을 원합니다. 그들은 대체로 어떤 특별한 행위들을 행하는 종교를 원합니다. 어떤 마술적인 방식으로 영적 축복들을 가져다줄 것이란 (마음을 불러일으키는) 행위들을 말입니다. 그에 대해 바울은 단호하게 이의를 제기합니다. "우리는 십자가에 못 박힌 그리스도를 전하니."

형제들이여, 이러한 성향은 오늘날에도 매우 강력한 힘을 갖고 있습니다. 예식을 크게 중시하는 성공회에서 뿐만 아니라 기독교회 전반에 걸쳐서 말입니다. 오늘날 사람들은 그리스도를 전파하는 것보다 의식과 예배를 좀 더 아름답고 그럴듯하게 꾸미며 교회당을 치장하는데 더 많은 정성을 들이는 경향이 있는 것 같습니다. 나는 우리들 가운데 적지 않은 사람들이 이와 같은 인간적인 성향을 중요하게 여기지 않을 것으로 기꺼이 믿고 싶습니다. 아마도 그럴 것입니다. 그렇지만 우리가 정말로 굳게 확신해야 하는 것은 종교가 강력한 능력을 갖기 위해서는 영적 예배에 이러한 외부적 요소들이 최소한으로만 주입(注入)되어야 한다는 사실입니다. 선포된 말씀의 단순한 영광을, 인간의 감각적인 요구에 부응하여 감각적인 예배의 음란하며 무력하며 타락한 매력으로 바꾸는 것보다 복음의 능력을 더 약화시키는 것은 아무것도 없습니다.

그리고 다른 한쪽에 헬라인들이 있습니다. "헬라인들은 지혜를 찾으나." 그들은 추상적인 원리들과 논증과 체계화된 철학 따위를 원했습니다. 이들에 대해서도 바울은 같은 말을 합니다. "우리는 십자가에 못 박힌 그리스도를 전하니." 참된 지혜는 바로 거기에 있었습니다. 그러나 그것이 취한 형태는 여기의 지혜를 추구하는 헬라인들이 바라는 것과는 직접적으로 상반되는 것이었습니다. 오늘날에도 똑같은 것이 현대적인 모습으로 우리를 둘러싸고 있습니다. 사방으로부터 우리는 강단에 도덕적인 복음을 끌어와야 한다는 요구를 받습니다. 그리스도는 제쳐두고 도덕을 설교해야 한다는 것입니다. 또 사방으로부터 우리는 '응용된 기독교'(applied Christianity) 즉 사회적 복음을 설교하도록 요구받습니다. 강단의 설교가 일간신문의 연장선이 되어야 한다는 것입니다. 또 우리는 과학과의 불일치로부터 파생되는 지적인 난제들을 다루도록 요구받습니다. 이 모든 것은 충분히 옳습니다.

그러나 나는 우리가 정말로 따라야 할 것은 바울의 모범이라고 굳게 믿습니다. 우리는 그리스도와 그가 십자가에 못 박힌 것을 전해야 합니다. 여러분 가운데 내가 옳다고 생각하는 사람도 있을 것이며, 내가 틀리다고 생각하는 사람도 있을 것입니다. 그러나 지난 40년의 목회생활 속에서 나는 대부분의 경우 그와 같은 부류의 주제들에 매몰되지 않고자 노력해 왔다고 감히 말하고 싶습니다. 나는 현대적인 형태로 "지혜를 찾는" 목회는 결국 참된 기독교로부터 이탈되고, 마침내 교회를 약화시킬 것이라고 믿습니다. 목회 강단을 교수의 강단이나 강연자 혹은 정치인의 연단으로 바꾸는 자들을 볼 때마다 나는 예수 그리스도와 그가 십자가에 못 박힌 것 외에는 아무것도 알지 않기로 결심하곤 했습니다.

3. 마지막으로, 이러한 주제가 갖고 있는 포괄성을 주목하십시오.

바울은 "그리스도와 그가 십자가에 못 박히신 것 외에는 아무것도 알지 않기로" 작정했다고 말합니다. 그것은 "예수 그리스도와 그의 십자가에 못 박히신 것"이 인간이 정말로 필요로 하는 것의 모든 토대를 망라하기 때문입니다. 여러분 가운데 어떤 사람들은 틀림없이 지금 내가 말하는 것을 들으면서 마음속으로 이렇게 생각할 것입니다. '이것은 너무도 구닥다

리이며 오늘날의 세대와는 맞지 않는 편협함 아닌가?'

형제들이여, 우리의 목회사역을 시대에 적응시키는 데에는 두 가지 방식이 있습니다. 하나는 시대의 요구 속으로 들어가는 것이며, 또 다른 하나는 그것에 대하여 초연하는 것입니다. 우리는 이러한 두 가지 방식을 모두 따라야 합니다.

그러나 지금까지 내가 말한 배타성은 편협한 배타성이 아닙니다. 바울은 고린도인들에게 정말로 필요한 것이 무엇인지 알았습니다. 그는 그들이 원하는 것을 주려고 하지 않았습니다. 그들이 원하는 것이 아니라 그들이 필요로 하는 것을 주려고 했습니다. 그것은 예수 그리스도의 삶과 죽음에 기초한 교훈이었으며, 그가 예수 그리스도로부터 받은 복음이었습니다. 그것은 인간의 피상적인 바람은 제쳐두고, 그 기저(基底)에 있는 인간의 보편적인 필요의 핵심 속으로 직접 들어갑니다. 유대인들이 정말로 필요로 하는 것은 표적이 아니며, 헬라인들이 정말로 필요로 하는 것은 지혜가 아닙니다. 그들 모두가 정말로 필요로 하는 것은 죄의 권능과 죄책으로부터 벗어나는 것입니다.

유식한 자든 무식한 자든, 시인이든 평범한 사람이든, 예술가든 농부든, 그리고 모든 삶의 조건 속에서, 모든 다양한 문화 속에서, 모든 단계의 지적 발전에서, 모든 다양한 직업과 정신적 성향 속에서, 우리 모두가 정말로 필요로 하는 것은 우리의 영혼이 죄의 무거운 짐과 멍에로부터 해방되는 것입니다. 그러므로 만일 어떤 사람이 표적을 가지고 오면서 인간의 마음속에 있는 죄의 문제를 다루지 않는다면, 또 만일 어떤 사람이 철학적 지혜를 가지고 오면서 죄를 다루지 않는다면, 그는 인간의 보편적인 필요에 부응할 복음을 가져오지 않는 것입니다.

그러나 이것 외에도 그리스도와 그의 십자가의 메시지 안에는 그러한 열망들 속에 있는 모든 정당한 것들이 만족됩니다. 유대인들이 "표적"을 구합니까? 좋습니다. 전능자의 성육신하신 권능이신 그 안에 있는 능력보다 더 큰 능력이 어디에 있겠습니까? 헬라인들이 "지혜"를 구합니까? 좋습니다. "지혜와 지식의 모든 보화가 감취어 있는" 그를 떠나 어디에서 지혜를 찾겠습니까? 유대인들로 십자가로 나아오게 하십시오. 그러면 거기에 매달린 연약한 인간 안에서 그들은 다른 어느 곳에서보다도 더 강력하게 하나님의 권능이 나타나는 것을 보게 될 것입니다. 헬리인들로 십자가로 나아오게 하십시오. 그러면 거기에서 그들은 지혜와 의와 거룩함과 구속을 발견하게 될 것입니다. 모든 사회적 · 경제적 · 정치적 개혁과 복리(福利)의 기초가 예수 그리스도의 성육신과 그의 속죄 제사 속에 놓여 있습니다. 그것들 안에 싸여진 원리들을 올바로 이해하고, 그것들을 사회적 · 국가적 삶에 적용할 때 말입니다. 우리는 아직 그것들을 충분히 배우지 못했습니다. 그것들은 아직 개인적인 삶과 국가적인 삶에 충분히 적용되지 못했습니다.

나는 편협한 배타성을 역설하고 있지 않습니다. 다만 기독교의 원리들을 모든 삶에 가장 넓게 적용시켜야 한다는 사실만을 역설할 뿐입니다. 바울은 예수 외에는 아무것도 알지 않기로 작정했습니다. 또 그는 예수 안에서 모든 것을 알기로, 그리고 모든 것 안에서 예수를 알기로 작정했습니다. 여러분은 건축할 때 2층 창문부터 시작하지 않습니다. 먼저 기초를 놓고 그것이 잘 놓였는지 확인합니다. 그리스도의 희생제사가 항상 모든 것의 기초가 되게 하십시오. 그리고 그 기초가 놓이고 난 후에 기독교를 모든 영역에 적용시키십시오. 그러나 그 모든 것의 시작은 개별적인 영혼들을 위한 그리스도의 사역과, 개인적인 믿음으로 그 사역을 받아들이는 것이라는 사실을 한순간도 잊어버리지 마십시오.

사랑하는 형제들이여, 여러분과 나는 오랫동안 함께 해 왔습니다. 우리의 만남은 정말로 복된 만남이었습니다. 그렇지만 그것은 매우 엄숙한 것이기도 합니다. 나의 책임이 매우 큽니다. 여러분의 책임 역시 작지 않습니다. 부디 이러한 메시지를 간과하지 말고 큰 주의를 기울이기를 바랍니다. 지금까지 나는 나의 메시지가 그리스도를 넘어가지 않도록 하고자 항상 애썼습니다. 나는 나의 말에 의해 살아 계신 하나님의 말씀의 진리가 가려지고 약화되지 않도록 항상 주의를 기울였습니다. 이곳에서의 나의 목회사역은 머지않아 끝나는 날이 올 것입니다. 그러나 내가 여러분에게

전한 메시지는 모든 변화들에도 불구하고 계속 남아 있을 것입니다. "모든 육체는 풀이나 하나님의 말씀은 영원히 서리라." 이제 설교를 마치면서 우리 주님의 말씀을 인용하고자 합니다. "내가 너희를 심판하지 아니하노라 다만 내가 한 그 말이 마지막 날에 너희를 심판하리라."

4
하나님의 동역자

"우리는 하나님의 동역자들이요"
고전 3:9

헬라 특유의 파당적 성향은 고린도 교회를 갈가리 찢어 놓았습니다. 각 파당은 스스로를 교회의 유명한 지도자들의 이름과 연관지어 불렀으며, 특별히 이들 파당들 가운데 두 무리는 스스로를 바울에게 속한 자, 아볼로에게 속한 자로 불렀습니다. 이에 바울은 자신은 누구며, 아볼로는 또 누구냐고 되묻습니다. 영적 생명과 관련하여 자신들은 아무런 중요성도 갖고 있지 않다고 역설합니다. 그들은 마치 두 사람의 농부와 같습니다. 한 사람은 심었으며, 또 한 사람은 물을 주었습니다. 그러나 심은 사람이나 물을 준 사람은 식물이 자라는 생명의 신비를 일으키는데 아무런 관련도 없습니다. 그것은 하나님이 하신 일이었으며, 심은 자와 물을 준 자는 아무것도 아니었습니다. 그러므로 아무것도 아닌 두 무리가 누가 더 크냐고 서로 싸우는 것이 무슨 의미가 있겠습니까?

그러나 바울은 이것이 전부가 아니라고 역설합니다. 심은 자와 물을 준 자는 아무것도 아닌 것이 아닙니다. 그들이 생명을 전달해 주는 것은 아닙니다. 그러나 그들은 그 생명에 자양분을 공급해 줍니다. 나아가 그들이 행한 두 가지 일은 그 결과물에 있어 하나입니다. 다시 말해서, 그들은 각각 서로 다른 두 일을 행했지만, 그로 말미암아 산출되는 결과물은 같습니다. 따라서 그들은 동역자인 것입니다. 그리고 어떤 의미에서 그들은 하나로 간주될 수 있습니다. 그렇다면 그들이 서로 싸울 이유가 무엇이겠습니까?

그러나 이것 역시도 전부가 아닙니다. 비록 함께 연합하여 일하기는 하지만, 그러나 그들은 활동도 개별적으로 하며 책임도 개별적으로 집니다. 그러므로 상급에 있어서도 개별적일 것입니다. 이 역시도 다가 아닙니다. 그들은 아무것도 아니면서 동시에 특별한 무엇입니다. 그들은 함께 하면서 동시에 개별적입니다. 이것 외에도 그들은 하나님과 협동하며 하나님의 일에 참여합니다. 본문이 제시하는 바와 같이, 그들은 "하나님과 함께 일하는 자들" 즉 "하나님의 동역자들"입니다. 그러한 동역자 관계는 양자(兩者) 관계가 아니라 삼자(三者) 관계입니다. 즉 하나님과 그들 두 사람이 함께 동역자가 되는 것으로서, 어떤 의미에서 모두가 하나입니다.

여기의 본문은 일차적으로 이들 초창기 지도자들의 복음 사역과 관련한 것입니다. 그렇지만 그것이 나타내는 원리는 매우 광범위하며 삶의 모든 영역에 적용됩니다. 그것은 하나님의 정신을 구체화하는데, 그리고 세상을 복되게 하며 유익하게 하는 하나님의 다양한 목적을 실현하는데 넓게 적용됩니다. 우리는 기독교 지도자들만을 위한 배타적인 특권을 주장하지 않습니다. 사람들로 하여금 하나님의 정신을 깨닫도록 노력하는 모든 자들은 하나님의 동역자이며 진리를 돕는 자입니다. 그것이 창조세계에 나타난 것이든지, 역사에 기록된 것이든지, 인간 본성에 흐릿하게 새겨진 것이든지 간에 말입니다.

또 우주적인 사랑의 아버지의 위대한 계획들을 실현하고자 노력하는 모든 자들은 하나님의 동역자이며 진리를 돕는 자입니다. 물론 신약의 가르침에 따라 그리고 실제적으로, 하나님과 협동하며 그의 계획들을 구체화할 수 있는 최고의 형태는 직접적으로든 간접적으로든 구주 예수 그리스도의 이름과 권능을 온 세상에 펼치는 일에 헌신하는 것입니다. 왜냐하면 그 안에서 하나님의 모든 뜻이 모아지고, 그를 통해 하나님의 모든 축복들이 전달되기 때문입니다. 특별히 여기의 본문을 그들의 복음전파 사역과 연결하여 읽을 때, 우리는 본문의 의미를 가장 잘 이해할 수 있게 될 것입니다.

1. 첫째로, 하나님의 동역자란 표현에 나타난 장엄한 사상을 주목하십시오.

"우리는 하나님의 동역자들이요." 하나님이 모든 일을 홀로 하실 수 없으셨습니까? 그렇습니다. 하나님은 당신의 계획들을 수행함에 있어 사람들을 필요로 합니다. 십자가 위에서 예수님은 "다 이루었다"는 승리의 외침을 발하셨습니다. 이것이 의미하는 바는 그가 자신의 모든 고난을 다 마쳤다는 것이 아니었습니다. 다만 이로써 세상을 구속하기 위해 필요한 모든 일을 다 행했다는 의미였습니다. 그렇지만 이렇게 다 이루어진 일을 적용하고 나누어 주는 일을 하나님은 사람들에게 의존합니다. 우리는 생산자와 소비자 사이에 중개인이 있어야 한다는 사실을 압니다. 공장에서 물건을 생산하는 것 못지않게 그것을 분배하며 판매하는 역할 또한 매우 중요합니다. 거대한 저수지가 물로 가득 찼습니다. 그렇다면 이제 그 물이 모든 밭으로 흘러들어가도록 만들어줄 관개수로 체계가 필요합니다.

개별적으로는 그리스도인들이, 그리고 집합적으로는 교회가 구주와 세상 사이를 연결합니다. 그는 실제로(in act) 세상을 구속하셨습니다. 그렇지만 세상은 그의 위대한 구속의 메시지를 받을 때까지 그러한 구속을 실제적으로(actually) 받지 못합니다. 예수 그리스도의 성육신과 희생제사로 인해 거대한 누룩 덩어리 한가운데 '초자연적인 것'(the supernatural)이 심겨졌습니다. 그러나 그러한 초자연적인 계시가 펼쳐지는 것은 자연적인 과정으로 일하는 사람들의 손에 남겨집니다. 이렇게 하여 그들은 하나님의 동역자가 되며, 각 사람의 영혼으로 하여금 그리스도를 구주로 영접하도록 이끕니다. 이렇게 하여 잠재적인 구속이 실제화(實際化)됩니다. 그는 십자가 위에서 죽으셨으며, 모든 것을 다 이루셨습니다. 그러나 다 이루셨기 때문에 이제 우리의 사역이 시작됩니다.

우리 주님은 이스라엘 앞에 스스로를 참된 왕으로서 분명하게 그리고 거의 과시적으로 한 번 드러낸 적이 있었습니다. 그때 주님은 자신이 탈

온순한 짐승을 필요로 하셨습니다. 그는 우리가 없이는 왕의 행렬로 세상을 지나갈 수 없습니다. 왜냐하면 그는 우리를 통해 온 세상 방방곡곡으로 전달되기 때문입니다. 이와 같이 주님은 우리를 필요로 하시며, 따라서 우리는 "그와 함께 일하는 자" 즉 "그의 동역자들"입니다.

그러나 여기에는 또 다른 측면이 있습니다. 우리는 여기에서 모든 그리스도인들을 향한 거룩한 부르심을 주목해야 합니다. 여기에서 바울이 자신과 아볼로와 관련하여 말하고 있음을 핑계로 여기의 말씀이 오직 사도들과 복음전도자들에게만 적용된다고 생각해서는 안 됩니다. 예수 그리스도를 우리의 개인적인 구주로 아는 지식과 그렇게 믿는 믿음은 우리에게 그의 위대한 이름을 전파하는데 그와 협동하는 의무를 부과합니다. 이것은 모든 그리스도인들에게 사실입니다. 모든 그리스도인은 단지 그리스도인이라는 이유로 인해 권능을 입고, 하나님을 위해 일하는 영예로운 의무의 짐을 집니다. 우리의 신앙 속에는 "주를 돕기 위해 나아오는" 측면이 있으며, 이것은 모든 그리스도인들의 의무입니다. 그것은 부분적으로 예수 그리스도께 대한 충성 때문이기도 하며, 또 부분적으로 사회가 우리 모두에게 부과한 책임 때문이기도 합니다. 우리 모두는 사회적으로 자기가 가진 좋은 것을 나눌 책임이 있기 때문입니다.

형제들이여, 그리스도의 구원의 소유자가 되었다면 그 다음에 하나님의 동역자가 되는 의무가 뒤따른다는 사실을 깨닫기 전에는 어느 누구도 구주께 충분히 충성할 수 없습니다. 사도든 지도자든 사역자든 선교사든, 복음을 전파하는 것보다 더 큰 의무는 없습니다.

이와 같이 우리는 "하나님의 동역자들"입니다. 그렇지만 평균적인 그리스도인들 가운데 이러한 의무를 올바로 깨닫는 자들이 얼마나 될까요? 형제들이여, 나는 여러분의 허물을 들추기를 원하지 않습니다. 그러나 나는 여러분이 스스로를 돌아보기를 간절히 바랍니다. 여러분이 그리스도인으로서 본문이 모든 그리스도인들의 의무로 제시하는 것에 대해 최소한이라도 행하고 있는지 말입니다.

이제 나는 이러한 장엄한 부르심의 또 다른 측면을 지적하고자 합니다.

그것은 하나님과 함께 일한다는 개념이 우리가 그 일을 어떻게 행해야 할지를 규정한다는 사실입니다. 우리는 하나님의 방식으로 일해야 합니다. 그러면 하나님의 방식은 어떤 것입니까? 그것을 알기 위해서는 우리는 예수 그리스도를 바라보아야 합니다. 우리는 그 안에서 자기희생과 고통과 곤비함과 자기를 부인하는 완전한 헌신과 무한한 사랑을 발견합니다. "주인의 눈은 좋은 종을 만든다"는 속담을 생각해 보십시오. 종과 함께 일하는 주인의 손은 종으로 하여금 주인이 하는 방식대로 일하도록 만들어줄 것입니다. "아버지가 나를 보내신 것 같이 나도 너희를 보내노라." 만일 "여호와의 종"이 우리 곁에서 우리와 함께 수고하고 계심을 느낀다면, 그것은 우리의 이기심과 무관심을 불태워 버리고 우리로 그의 일에 더욱 착념하도록 만들 것입니다. 하나님의 동역자는 결코 게으르거나 자기중심적이지 않을 것입니다. 이와 같이 본문 속에는 장엄한 부르심이 담겨 있습니다.

2. 둘째로, 하나님의 동역자라는 표현에서 나타나는 찬란한 영광을 주목하십시오.

라파엘로나 터너 같은 위대한 화가를 상상해 보십시오. 그들이 어떤 소년에게 말합니다. "내 작업실로 와서 그림 그리는 일을 도와주지 않겠니?" 또 어떤 일을 배우기 시작한 풋내기 도제(徒弟)를 상상해 보십시오. 만일 그가 어느 날 세상에서 가장 뛰어난 대가(大家)와 함께 일하도록 초청받는다면, 그는 얼마나 감격하겠습니까? 최고의 대가와 함께 일하도록 허락받았을 때, 그것을 일생일대의 가장 큰 영광으로 여기지 않겠습니까? 아무리 보잘것없는 일을 맡더라도 말입니다. 예수 그리스도는 우리에게 말씀하십니다. "이리로 와서 나와 함께 일하자." 그런데 많은 그리스도인들이 이렇게 대답합니다. "그것은 정말로 성가신 일이며 언제까지나 계속되는 무거운 짐입니다." 맞습니다. 그것은 무거운 짐입니다. 왜냐하면 그것은 너무도 영광스러운 일이기 때문입니다. 여러분은 "영광"을 의미하는 히브리어 단어가 문자적으로 "무거움"을 의미하는 사실을 아십니까? 여기에는 우리가 결코 놓쳐서는 안 되는 큰 진리가 있습니다. 여러분은 결코 참된 영광을 얻을 수 없습니다. 여러분이 그것을 짐으로 질 준비가 되어 있기 전까지는 말입니다. 예수 그리스도께서 "오늘 내 포도원으로 들어가라" 혹은 "이리로 와서 나와 함께 일하자"라고 말씀하실 때 우리에게 주는 영광은 정말로 무거운 것입니다. 그것은 오직 즐거운 마음에 의해서만 가벼워질 수 있는 것입니다.

기독교 신앙을 가짐으로 해서 감당하게 되는 다양한 형태의 행동들을 우리에게 대한 그리스도의 사랑의 증표로 여기는 것은 너무도 당연한 것이 아닙니까? 여러분은 여기의 바울이 다른 곳에서 이렇게 말한 것을 기억하십니까? "모든 성도 중에 지극히 작은 자보다 더 작은 나에게 이 은혜를 주신 것은 측량할 수 없는 그리스도의 풍성함을 이방인에게 전하게 하심이니라"(엡 3:8). 그는 자신에게 주어진 무거운 짐과 과중한 임무에 대해 그리고 매일 같이 다가오는 무거움에 대해 불평할 수도 있었습니다. 그러나 그러한 무거운 짐의 의식은 감사와 놀라움의 전율에 압도당하고 말았습니다. 자신이 이방인의 사도로 세워졌다는 사실이 너무도 영광스러웠기 때문입니다. 자기중심적인 사람이나 반쪽짜리 그리스도인들이 무겁고 곤비한 짐으로 바라보는 것을 참된 믿음의 사람은 항상 이와 같은 방식으로 바라볼 것입니다.

스스로를 그리스도인으로 부르는 사람들 가운데 매우 많은 사람들이 이렇게 묻습니다. "하나님을 위한 일에 있어 검열을 통과할 수 있는 최소한의 분량은 얼마 만큼입니까?" 이렇게 묻는 이유는 우리 안에 그리스도의 영을 너무도 미미하게 가지고 있기 때문입니다. 그래서 "너희는 온 세상으로 나가라"는 명령을 너무도 무거운 짐으로 느끼는 것입니다. 그리하여 우리 가운데 너무도 많은 사람들이 설령 그러한 명령을 완전히 무시하지는 않는다 할지라도 현저하게 약화시켜 버리고 맙니다. 나는 그리스도의 참된 종이라면 세상에 그리스도의 이름을 전파하는 특권과 의무를 기꺼이 짊어질 것이라고 믿습니다. 그것은 그에 대한 사랑의 증표이며, 우리 자신에게 무한한 축복들이 임하는 통로입니다. "너희가 빈 평안이 그 집에 합당치 않으면 그 평안이 너희에게 돌아오리라."

3. 마지막으로, 하나님의 동역자란 표현에 나타나는 강력한 격려를 주목하십시오.

"우리는 하나님의 동역자들이요." 정말로 그렇다면 하나님도 우리의 동역자일 것입니다. 협력관계는 쌍방적입니다. 그러므로 하나님의 위대한 구원과 큰 부요를 전파하고자 하는 자들은, 그리고 그 일에 작은 부분에서라도 협력하는 자들은 결코 혼자 수고한다고 느낄 필요가 없습니다. 만일 내가 하나님과 함께 일한다면, 하나님이 나와 함께 일하고 계시는 것입니다. 여러분은 마가복음 끝 부분에 기록된 말씀을 기억하실 것입니다. 거기에서 우리는 우주가 둘로 구분되는 것을 보게 됩니다. 위에는 우리 주님이 하나님 보좌 우편에 앉아 계십니다. 반면 아래는 어둡고 음산한 세상이 있는데, 거기에서 제자들은 온 천하에 다니며 복음을 전파합니다. 둘은 완전하게 분리된 것처럼 보이지만 그러나 다음 구절에서 하나로 연결됩니다. "주께서 그들과 함께 역사하사 그 따르는 표적으로 말씀을 확실히 증언하시니라"(막 16:20).

우리 주님은 하늘에 올라가셔서 안식에 들어가셨으며, 자신의 모든 일을 마치셨습니다. 그러나 그는 지금도 우리와 함께 일하십니다. 우리가 하나님과 함께 일한다면 말입니다. 이제 성경의 마지막 책으로 가 보십시오. 그 책은 보이지 않는 세계의 휘장을 활짝 열어젖히는데, 그것은 영광 가운데 계신 그리스도로 가득 차 있습니다. 그 책은, 보이지 않는 세계가 지상의 전투하는 교회(militant church)와 얼마나 긴밀하게 관련되어 있는지를 잘 보여줍니다. 우리는 거기에서 더 이상 보좌에 가만히 앉아 쉬고 계시는 그리스도의 모습을 볼 수 없습니다. 도리어 그는 촛대 가운데 거니시며, 보좌 가운데 서 계신 어린 양으로서 인들을 뗌으로써 세상 역사를 움직이시며, 백마를 타고 하나님의 군대를 이끌며 하나님의 말씀으로 원수들을 공격하십니다. 하나님의 동역자들에게는 승천하신 그리스도가 그들과 함께 하시며, 그들과 함께 일하십니다.

마지막으로, 한 가지만 더 지적하고자 합니다. 그것은 하나님이 우리와 함께 일하시면 승리는 확실한 것이 된다는 사실입니다. 그러면 여러분은 기드온이 압제자들을 피해 몰래 밀을 타작하면서 비통한 마음으로 던졌던 질문을 떠올릴 것입니다. "여호와께서 우리와 함께 계시면 어찌하여 이 모든 일이 우리에게 일어났나이까?"(삿 6:13). 과연 누가 세상에서의 복음의 진보가 초창기 성도들이 기대한 대로 이루어져 왔다고 말할 수 있겠습니까? 분명 그렇지 않습니다. 그럼에도 불구하고 우리는 하나님이 우리와 함께 일하시는 한 승리는 확실한 것이라고 분명히 말할 수 있습니다. 심는 자와 물을 주는 자가 충성되지 못할 때, 식물의 성장은 지연될 수 있을 것입니다. 이와 같이 하나님의 종들이 세상적인 삶에 도취된 가운데 복음전파의 노력을 게을리하면 하나님의 일은 현저하게 지연될 것입니다. 우리는 복음서에서 다음과 같은 말씀을 읽을 수 있습니다. "그들이 믿지 않음으로 말미암아 거기서 많은 능력을 행하실 수 없어 다만 소수의 병자에게 안수하여 고치실 뿐이었더라."

충성되지 못한 교회, 게으른 교회, 영적이지 못한 교회, 그리고 그리스도와 같지 않은 교회는 그의 전차 바퀴를 무겁게 만들며, 그의 일을 훼방하며, 그의 일꾼들을 방해할 것입니다. 만일 맨체스터의 그리스도인들이 새롭게 소생된다면, 그들은 예수 그리스도를 위해 맨체스터를 얻을 수 있을 것입니다. 만일 영국의 그리스도인들이 새롭게 소생된다면, 그들은 영국을 진정한 기독교 국가로 만들 수 있을 것입니다. 만일 보편교회가 새롭게 소생된다면, 그것은 세상을 얻을 수 있을 것입니다. 만일 어떤 개별적인 일꾼들이 혹은 공동체로서의 교회가 주를 위해 수고한다면, 그들의 수고는 결코 헛되지 않을 것입니다. 이와 같이 그들이 심고 물을 준다면, 하나님께서 자라게 하실 것입니다.

5
시험하는 불

"만일 누구든지 금이나 은이나 보석이나 나무나 풀이나 짚으로
이 터 위에 세우면 각 사람의 공적이 나타날 터인데 그 날이 공적을 밝히리니
이는 불로 나타내고 그 불이 각 사람의 공적이 어떠한 것을 시험할 것임이라"
고전 3:12, 13

본문의 문맥은 바울이 그리스도인 선생들과 관련한 특별한 주제를 생각하고 있었음을 보여줍니다. 그가 말하는 건축자들은 고린도교회의 사람들로서, 그들 가운데 일부는 그와 함께 하는 자들이며, 또 다른 일부는 그의 경쟁자들입니다. 그런데 그의 경쟁자들은 예수 그리스도의 교훈의 기초 위에 다른 교훈들을 덧붙였습니다. "나무와 풀과 짚"은 거짓 선생들이 교회에 끌어들인 쓸모없는 교훈들을 의미합니다. 반면 "금과 은과 보석"은 바울과 그의 동료들이 전파한 견고한 진리들을 의미합니다. 지금 여기의 본문이 말하는 여러 은유들은 전반적인 그리스도인의 삶에 대한 것이 아니라 이들에 대한 것입니다.

그렇지만 여기에 내포된 원리들은 매우 광범위한 영역에 적용됩니다. 만일 내가 본문의 주제를 모든 그리스도인들에게 적용될 수 있는 엄중한 사실들을 선포하는 것으로 받아들인다면, 본문의 의미로부터 약간의 벗어남은 있을지 모르지만 그러나 크게 틀리지는 않을 것으로 생각합니다. 여기에서 나는 세 가지 사실을 말하고자 하는데, 그것은 '터 위에 건축하는

것'과 '시험하는 불'과 '건축자들의 운명'입니다.

1. 첫째로, 여기에서 '터 위에 건축하는 것'을 주목하십시오.

"만일 누구든지 금이나 은이나 보석이나 나무나 풀이나 짚으로 이 터 위에 세우면." 여기에서 바울은 고린도교회의 모든 선생들을 집을 건축하고 있는 자들로서 묘사하고 있습니다. 나는 이것을 좀 더 넓게 받아들여 우리 모두가 예수 그리스도의 기초 위에 우리 자신의 삶과 인격의 집을 짓고 있는 것으로 이해하고자 합니다.

여기에서 바울은 어떤 건축자들이 금이나 은이나 귀한 돌을 놓고 그 위에다가 나무나 풀이나 짚 따위의 잡동사니를 쌓는다고 말합니다. 여기에서 귀한 돌은 보석을 의미하는 것이 아니라 대리석이나 마노(瑪瑙)나 화강암 따위의 고급스러운 석재(石材)를 의미하는 것입니다(한글개역개정판에는 '보석'으로 되어 있음). 이것은 수많은 그리스도인들이 삶 속에서 실제적으로 행하고 있는 바를 보여주는 그림입니다. 그들은 대리석으로 기둥을 세우고는 그 위에 허접스러운 잡동사니로 지붕을 씌웁니다. 예루살렘 성벽의 기초는 다섯 겹 내지 여섯 겹의 큰 돌들로 이루어졌습니다. 그것은 아직까지도 세계의 경이(驚異) 가운데 하나입니다. 모든 돌들은 정교하게 놓이고 연결되었으며 서로 단단하게 붙어 있습니다. 그런데 그 꼭대기는 하찮은 잡동사니들로 대충 쌓여 있습니다. 속된 말로 하면 마치 날림공사와 같습니다. 또 고대 도시의 터 위에 마을을 이루고 살고 있는 사람들을 생각해 보십시오. 오늘날에도 그런 마을들이 곳곳에 적지 않게 있습니다. 그러한 마을들에는 훌륭한 대리석 기둥들이 많이 있습니다. 그런데 사람들은 그 위에 나무나 흙이나 짚 따위를 대충 엮어 그 안에서 살고 있습니다.

이것은 오늘날 수많은 그리스도인들이 살고 있는 삶을 보여주는 그림입니다. 여기의 모든 건축자들이 그리스도의 터 위에 세워져 있는 자들임을 주목하십시오. 바울은 지금 전혀 믿음을 갖고 있지 않은 자들, 다시 말해서 그리스도와 전혀 연합되어 있지 않은 자들에 대해 이야기하고 있는 것이 아닙니다. 이들 건축자들은 "그 터" 위에 있는 자들이었습니다. 그들은 "그 터" 위에 세우고 있었습니다. 그들의 삶에는 분명한 원리가 있었습니다. 그러나 그들은 "그 터"와 그 위에 세워지는 삶을 조화시키지 못했습니다. 바로 이것이 오늘날 수많은 그리스도인들의 실제적인 모습입니다. 그들은 실제로 삶의 근본적인 기초를 가지고 있습니다. 그러나 그들은 그것으로 자신들의 삶을 주관하게 할 정도의 충분한 믿음을 갖고 있지 못합니다.

특별히 오늘날 이와 같은 특성이 강하게 나타나는 그리스도인들이 있습니다. 그들은 실제적인 믿음을 가지고 있습니다. 그러나 그것은 너무도 미약하고 미숙한 믿음입니다. 그들은 "그 터" 위에 있지만 그러나 그들의 삶은 선한 것과 악한 것, 그리고 고상한 것과 비루한 것으로 뒤섞여 있습니다. 그들은 복음의 정신과 알맹이를 알고 있지만 그러나 그것을 삶 속에 이루어나가지는 못합니다. 복음의 고상한 것들과 함께 자기중심적이며 이기적인 성향과 같은 그것과 상충되는 기질들을 나란히 가지고 있습니다. 한순간 그들은 불과 같이 뜨겁고 사랑으로 충만합니다. 그러나 다음 순간 얼음처럼 냉랭하며 자기중심적으로 바뀝니다. 어느 날 그들에게 하나님이 전부입니다. 그러나 다음 날 세상이 전부가 됩니다. 야곱은 열린 하늘과 하나님의 얼굴을 봅니다. 그리고 하나님 앞에 맹세합니다. 그러나 다음 날 그는 잔꾀를 부리는 사람으로 바뀝니다. 베드로는 모든 것을 버려두고 주를 좇았습니다. 그러나 얼마 후 뜨거운 열정은 사라지고 불은 꺼집니다. 마침내 한 소녀의 물음에 "나는 그 사람을 알지 못하노라"고 말하기에 이릅니다. 바로 이것이 "금과 은과 귀한 돌" 위에 "나무와 풀과 짚"을 쌓는 꼴이 아닐까요?

본문이 우리에게 제시하는 바는 그리스도인의 삶에 있어서의 이와 같은 비일관성(非一貫性)입니다. 사랑하는 교우 여러분, 우리는 그것을 보기 위해 야곱과 베드로에게 갈 필요가 없습니다. 우리 자신의 마음을 들여다보는 것만으로 충분합니다. 만일 우리가 우리의 삶을 정직하게 돌아본다면, 우리는 그리스도의 터 위에 "나무와 풀과 짚" 같은 허접스러운 잡동사니를 쌓는 것이 충분히 가능하다는 사실을 알게 될 것입니다.

나는 어떤 사람이 오직 "금과 은과 귀한 돌"로만 건축할 것이라고는 생각하지 않습니다. 그렇게 하는 사람은 우리 가운데 아무도 없습니다. 또 오로지 "나무와 풀과 짚"으로만 건축하는 사람도 없을 것입니다.

모든 사람은 이러한 두 가지를 서로 뒤섞어 건축할 것입니다. 그리스도인이라면 설령 풀이나 짚으로 쌓는 중에라도 때로 "귀한 돌"을 쌓기도 할 것입니다. 만일 여러분의 신앙이 여러분에게, 죽은 후 지옥에 가지 않을 것이라는 믿음 외에 아무것도 가져다주지 못한다면, 그것은 올바른 신앙이 아닙니다. "행함 없는 믿음은 죽은 것이니라." 이와 같이 그리스도인들에게 있어 가장 선한 것 안에도 악한 것이 섞여 있으며, 또 가장 악한 것 안에도 선한 것이 섞여 있습니다.

2. 둘째로, 여기에서 시험하는 불을 주목하십시오.

여기에서 바울은 두 가지를 지적하는데, 그것은 "그 날"과 "불"입니다.

"그 날이 공적을 밝히리니." 여기에서 "그 날"이라 함은 예수 그리스도께서 재판장으로 오시는 날을 의미합니다. 그 날에 예수 그리스도께서 불 가운데 나타나시고, 그 불이 각 사람의 공적을 시험할 것입니다. 이것은 매우 상징적인 표현으로서 앞에서 열거된 여러 건축 재료들과 관련됩니다. 금과 은과 귀한 돌은 불의 뜨거움을 견딜 수 있지만, 나무와 풀과 짚은 타버릴 것입니다. 여기의 불은 징벌을 상징하는 것이 아닙니다. 이것은 정결케 하는 것의 상징이 아닙니다. 이것은 로마 가톨릭 교회가 연옥의 불이라고 부르는 것과는 아무 관련도 없습니다. 여기의 표현은 단지 어떤 사람의 공적이 질적으로 어떤 것인지를 시험하는 수단일 뿐입니다.

여기서 말하는 것은 이것입니다. 즉 "그 터" 위에 있는 자들에게 그들의 삶의 공적이 시험되고 나타날 날이 올 것이라는 것입니다. 소위 말하는 복음주의 기독교가 "하나님의 전"에 내려질 심판에 대해 신약이 말하는 것만큼 말하지 않는 것은 참으로 불행한 일입니다. 만일 내가 바울이 여기에서 말하고 있는 것처럼 "우리가 그리스도의 심판대에 나타나야 한다"라고 말한다면, 그리고 "우리 모두는 선한 일이든 악한 일이든 자신이 행한 대로 받을 것"이라고 말한다면, 사람들은 그와 같은 나의 말이 "구원은 우리가 행한 의의 공로로 말미암지 않고 오직 그의 은혜로 말미암는다"는 기본적인 구원의 교리와 상충되는 것으로 생각하는 것 같습니다. 그러나 여기에 상충되는 것은 아무것도 없습니다.

그렇지만 너무도 많은 그리스도인들은 믿음으로 얻은 구원의 큰 축복이 자신들을 하나님의 심판대에 나타나는 것을 면제시켜 주는 것으로 생각하는 것 같습니다. 그러나 그것은 신약의 교훈이 아닙니다. 신약이 가르치는 근본적인 교훈은 "사람이 무엇으로 심든지 그대로 거두리라"는 것입니다. 우리는 시편 50장 5절에서 다음과 같은 말씀을 읽습니다. "나의 성도들을 내 앞에 모으라 그들은 제사로 나와 언약한 이들이니라." 하나님은 자신과 언약을 맺은 백성들을 심판하실 수 있습니다. 여기에서 여러 가지 건축 재료의 상징이 사용된 것은 좀 더 쉽게 그 의미를 이해하도록 하게 하기 위함입니다. 신약에서 미래의 심판이 매우 상징적인 그림으로 묘사되어 있다는 사실을 기억하십시오. 그렇게 상징적으로 묘사하면서도 마치 모든 사람이 당연히 다 알고 있다는 듯이 별다른 설명을 덧붙이지 않습니다. 그러한 그림들의 핵심은 그리스도인들을 위해, 그리고 다른 모든 사람들을 위해 빛이 그들의 과거를 비추며 그들의 어두운 기억의 방을 밝힐 날이 올 것이라는 것입니다. 그 날은 "하나님이 예수 그리스도로 말미암아 사람들의 은밀한 것을 심판하시는" 날일 것입니다(롬 2:16).

우리는 어느 정도 시간이 흐르거나 혹은 상황이 바뀔 때 우리의 도덕적 판단도 종종 달라지곤 한다는 사실을 경험합니다. 과거에는 옳은 일이라고 생각했던 것이 오늘날에는 의문스러운 것으로, 때로는 명백히 잘못된 것으로 보이기도 합니다. 그렇다면 장차 우리가 다른 세상에 있게 될 때, 그래서 지금 여기에서 가지고 있는 모든 육체와 감각의 매개체를 벗어버릴 때는 어떻게 될까요? 우리는 많은 부분에서 지금 생각하는 것과는 매우 다르게 생각하게 될 것입니다. 하나님의 집에서 심판이 시작될 것입니다.

그리고 여기에는 또 다른 개념이 있습니다. 모든 것을 시험하며 나타내는 불은 또한 그 안에 멸하는 힘을 가지고 있다는 사실입니다. 금과 은은 조금도 부피가 줄어들지 않고 도리어 더 빛나는 광채로 번쩍이게 될 것입니다. 반면 나무와 풀과 짚은 불 가운데 살라져 검은 재가 되고 말 것입니다. 물론 이것은 비유입니다. 그 의미가 무엇이겠습니까? 이것은 어떤 사람들의 공적은 그대로 있는 반면 다른 사람들의 공적은 마치 불타고 남은 재처럼 아무것도 아닌 것이 될 것임을 의미합니다. 어떤 의미에서 우리가 행한 모든 일은 영원불멸합니다. 왜냐하면 그것들은 우리의 마지막 성품과 상태 가운데 그대로 나타나고 표현되기 때문입니다. 마치 얇은 암석층이 수백만 년 전에 번성했던 양치류 숲을 나타내는 것처럼 말입니다. 이와 같이 우리가 행한 모든 것은 영원히 남아 있을 것입니다. 그럼에도 불구하고 또 다른 의미에서, 이를테면 보편적인 섭리의 흐름과 부합되게 행해진 행동들은 결코 가라앉지 않고 그 표면에 떠 있을 것입니다. 반면 창조세계를 관통하는 하나님의 의지와 부합되지 않게 행해진 행동들은 마치 특급열차 앞으로 다가오는 어린아이의 보행기 같을 것입니다. 결국 산산조각이 나고 말지 않겠습니까? 불의 시험을 견디는 행동들은 축복 가운데 굳게 설 것이지만 그렇지 못한 행동들은 연기 가운데 소멸되고 재만 남게 될 것입니다. 그리스도의 터 위에 허접한 잡동사니들을 많이 쌓는 자들은

> "공허한 곳에 잡동사니처럼 던져질 것이라
> 하나님이 그 쌓은 것을 완전케 하실 때."

3. 마지막으로, 우리는 여기에서 두 건축자의 운명을 보게 됩니다.

한 사람은 자신의 임금을 받습니다. 이것은 구원의 개념이 아닙니다. 왜냐하면 두 사람 모두 그리스도의 터 위에 쌓았으며 모두 구원을 받았기 때문입니다. 그렇지만 두 사람 모두 합당한 임금을 받는 것은 아닙니다. 오직 한 사람만 받습니다. 그러나 건축자에게 임금이 지급되기 전에 먼저 건축주가 확인서를 발급해야 합니다. 자기 집에 있는 베틀에서 일한 직공(織

工)은 먼저 자신이 짠 직물을 경리부에 보낸 다음 검사를 받고 난 후 임금을 지급받습니다. "금과 은과 귀한 돌"로 건축한 사람은 구원에 뒤따르는 축복된 결과물을 얻을 것이며 자신의 충성된 사역의 열매를 먹게 될 것입니다. 반면 "나무와 풀과 짚"으로 건축한 사람은 임금을 받지 못합니다. 다시 말해서, 설령 구원은 받을지라도 그에 뒤따르는 축복된 것들은 받지 못할 것입니다. 설령 임금이 지급된다 할지라도 건축에 있어 망쳐 놓은 부분을 크게 공제하고 난 후 아주 적은 부분만 지급될 것입니다.

바울은 여기에서 무시무시한 은유를 사용합니다. 그것은 흠정역 (Authorized Version)에서는 가려져 있는 반면 개정역(Revised Version)에서는 다음과 같이 생생하게 나타납니다. "자신은 구원을 받되 그러나 '불을 통과하여' 받은 것 같으리라(He shall be saved yet so as through fire)." 여기의 그림은 불길에 둘러싸인 가운데 안전한 장소로 피신하기 위해 화염 속을 돌진해 나오는 사람의 모습입니다. 바울은 그가 불을 통과할 것이라고 말합니다. 왜냐하면 세속적이며 하나님의 뜻에 부합되지 않게 행한 모든 행동들에도 불구하고, 그 모든 것을 넘어서는 약간의 것 즉 예수 그리스도에 대한 참된 믿음이 그에게 있었기 때문입니다. 그러나 그것이 너무나 미약하고 불완전한 것이었기 때문에 그의 구원은 마치 불을 통과하여 받는 것과 같을 것입니다.

형제들이여, 나는 이러한 은유를 지나치게 확대하고 싶지는 않습니다. 그렇지만 그것은 분명 우리를 위해 의도된 것입니다. 믿음을 고백하는 실제적인 그리스도인이지만 그러나 불완전한 그리스도인들인 우리를 위해서 말입니다. 그것은 미래의 축복에 등급이 있을 것을 암시합니다. 그리고 그것은 이 땅에서의 충성됨에 비례할 것입니다. 우리는 여기에서 남겨 놓은 것으로 거기에서 시작합니다. 미래는 모든 것이 다 무효가 된 그런 곳이 아닙니다. 자신의 믿음을 삶 속에서 열심히 실현하고자 노력한 자들은 "하나님의 산에서 큰 복락을 누릴" 것입니다.

어떤 사람들은 바울이 파선(破船)했을 때처럼 배와 하물(荷物)을 잃어버린 채 겨우 배의 깨어진 조각에 의지하여 간신히 안전한 땅으로 올라올 것입니다. 반면 어떤 사람들은 믿음과 행실의 풍성한 하물을 적재하고 — 더욱이 그 하물은 이제 금덩어리로 변해 있습니다 — 항구로 돌아올 것입니다. 만일 우리가 그리스도의 터 위에 "금과 은과 귀한 돌"로 세우면, 하나님이 우리에게 "우리 주 곧 구주 예수 그리스도의 영원한 나라에 들어감을 넉넉히" 주실 것입니다(벧후 1:11). 반면 "나무와 풀과 짚"을 훨씬 더 많이 쌓는다면, 우리는 "구원을 받되 불을 통과하여" 받는 것처럼 받을 것입니다.

6
하나님의 성전들

"너희는 너희가 하나님의 성전인 것을 알지 못하느냐"
고전 3:16

기독교의 위대한 목적은 사람들을 예수 그리스도처럼 만드는 것입니다. 그리스도가 보이지 않는 하나님의 형상인 것처럼, 우리는 보이지 않는 그리스도의 형상들이 되어야 합니다. 성경은 그리스도를 따르는 자들이 결국 그와 같이 될 것이라고 매우 담대하게 그리고 강조해서 말합니다. 성품에 있어서나, 세상에 대한 관계에 있어서나, 직분에 있어서나, 궁극적인 운명에 있어 말입니다. 그가 하나님의 기름 부음 받은 자입니까? 우리도 그 안에서 기름 부음 받은 자들 곧 그리스도들(Christs)입니다. 그가 하나님의 아들입니까? 우리도 그 안에서 아들의 권세를 받았습니다. 그가 세상의 빛입니까? 우리도 그 안에서 세상의 빛입니다. 그가 왕입니까? 제사장입니까? 우리도 그 안에서 왕이요 제사장입니다.

본문에서 우리는 그리스도인들과 관련한 바울의 엄숙한 선언을 보게 됩니다. "너희는 너희가 하나님의 성전인 것과 하나님의 성령이 너희 안에 계시는 것을 알지 못하느냐?"

물론 본문의 언급은 우리가 보편교회라고 부르는 모든 신자(信者)들의 총체에 대한 것입니다. 그것이 집합적으로 하나님의 처소입니다. 그러나 하나님은 전체를 구성하는 개개인들 안에 거하지 않는 한 전체 가운데 거하실 수 없습니다. 하나님은 집단과 아무 상관 없습니다. 그 집단을 구성하는 개개인들을 통하지 않고는 말입니다. 따라서 만일 전체로서의 교회가 하나님의 성전(Temple)이라면, 그것의 유일한 이유는 그 교회를 구성하는 개개의 지체들이 성전들(temples)이기 때문입니다.

본문이 우리에게 가져다주는 감동을 이야기하는 것은 어려운 일이 아닙니다. 그렇지만 지금 우리가 다루려고 하는 주제는 그것이 아닙니다. 다만 여기에서 나는 전체로서의 교회의 축복을 망각하지 않는 토대 위에서 주로 개개의 지체들에게 적용되는 축복들에 초점을 맞추고자 합니다. 그리고 각각의 그리스도인이 실제적으로 하나님의 성전이라는 개념이 우리에게 부여해 주는 장엄한 의무를 제시하고자 합니다.

1. 첫째로, 우리는 모든 그리스도인이 하나님의 처소라는 개념을 다루어야만 합니다.

"이것은 단지 은유에 불과하지 않은가?"라고 말하면서 회피하지 마십시오. 은유로 사용된 것은 단지 물질적인 성전일 뿐입니다. 이것은 만일 우리가 하나님의 자녀라면 실제적으로 경험하는 실재(實在)입니다. 하늘들의 하늘이라도 감당할 수 없는 전능자가, 손으로 만든 어떤 집에 거하신다는 개념은 실제적인 의미로서가 아닙니다. 성전과 모든 외적인 예배는 그리스도인의 삶의 사실들과 우리의 내적 경험의 실재들에 대한 상징일 뿐입니다. 전자는 그림자인 반면 후자는 실재입니다. 하나님이 어떤 물질적인 건물에 장소적으로 계신다고 표현할 때, 그렇게 하는 것은 다른 방법으로는 그 의미를 적절하게 표현하기 어렵기 때문입니다. 무한하신 영(Infinite Spirit)이 하나님의 백성들의 영 안에 임재하시며 내주하신다고 표현한다면, 사람들은 그러한 표현의 의미를 쉽게 이해하지 못할 것입니다.

모든 피조물은 자기 안에 하나님의 처소를 가지고 있습니다. 그 용량(capacity)의 분량대로 말입니다. 여러분의 발길에 차이는 돌은 만일 거기에 임재하시는 하나님이 아니었다면 거기에 있지 않았을 것입니다. 여러분에게 일어나는 일들도 마찬가지입니다. 만일 그 일들 가운데 하나님의 힘이 계시지 않았다면 어떤 일도 일어나지 않았을 것입니다. 우리 모두가 존재하며 살며 움직이는 이 거대한 대기(大氣) 속에서 우리의 눈이 빛을 만드는 파동을 인식하며, 우리의 귀가 소리를 만드는 진동을 분별하며, 우리의 코가 향기를 가져다주는 운동을 받아들이는 것을 생각해 보십시오. 이 모든 것이 전부 같은 대기 속에 있음에도 불구하고 말입니다. 그와 마찬가지로 하나님의 모든 피조물들은 각각의 용량의 분량대로 하나님으로부터 제각각의 빛을 받으며, 또 그럼으로써 존재하는 것입니다.

그러나 이러한 피조물들이 하나님에 대하여 갖는 관계보다 믿음과 사랑이 그분께 대하여 갖는 관계가 훨씬 더 높고 심오합니다. 자기 마음을 열고 그 마음을 하나님이 거하시는 그리스도께 고정하는 자는 그 존재의 가장 깊은 곳으로, 마치 흙을 통과하여 나무뿌리 속으로 흘러들어가는 물처럼 하나님의 신성(神性)이 흘러들어갑니다. "주와 합하는 자는 한 영이니라"(고전 6:17).

하나님이 내 마음속에 거하는 것이 가능한 것은 오직 그가 당신의 모든 충만 가운데 그리스도 안에 거하는 사실 때문입니다. 왜냐하면 우리는 오직 그리스도를 통해 하나님과 접촉하기 때문입니다. 성전(聖殿)은 모든 마음의 성소(聖所)를 거룩하게 합니다. 그리고 그리스도를 가까이 하는 모든 예배자들은 그와 함께 그 안에 거하시는 아버지께 참예합니다.

하나님은 오직 그리스도 안에서 완전하게 거하십니다. 그것은 그리스도가 "신성(神性)의 모든 충만이 육체로" 거하는 자이기 때문입니다. 그러나 그러한 신성은 우리 가운데는 오직 부분적으로만 거할 뿐입니다. 그러므로 그리스도 안에서는 신적 내주하심이 한결같으며 불변적이지만 그러나 우리 안에서는 가변적입니다. 어떤 때에는 신적 내주하심이 좀 더 충만하지만 또 어떤 때는 그렇지 못합니다. 또 우리가 하나님을 그냥 내버려 두면 하나님도 우리를 그냥 내버려 두십니다. 그러므로 그리스도 안에서는 신적 내주하심에 진보(進步)가 없지만, 그러나 우리 안에서는 그러한 것이 있습니다. 우리 영혼이 하나님 곁에 참되게 거하면, 하나님의 내주하심은 우리 존재의 모든 부분이 거룩해지고 또 빛의 광채로 가득 채워질 때까지 더 풍성해질 것입니다. 하나님이 그리스도 안에 거하신다는 사실을 기억하십시오. 그러므로 우리 안에 거하시는 자는 그리스도 안에 계신 하나님입니다. 이와 같이 우리의 보잘것없는 마음이 하나님의 거하시는 처소가 되는 것은 전적으로 그리스도 때문입니다. 바울도 이와 동일한 개념을 다른 곳에서 다른 표현으로 언급합니다. "너희는 사도들과 선지자들의 터 위에 세우심을 입은 자라 그리스도 예수께서 친히 모퉁잇돌이 되셨느니라 그의 안에서 건물마다 서로 연결하여 주 안에서 성전이 되어 가고 너희도 성령 안에서 하나님이 거하실 처소가 되기 위하여 그리스도 예수 안에서 함께 지어져 가느니라"(엡 2:20-22).

2. 둘째로, 이와 같은 놀라운 개념이 어떻게 다양하게 적용되는지 살펴보도록 합시다. 그렇게 할 때 우리는 모든 그리스도인이 하나님의 성전으로서 하나님을 나타내는 자가 되어야 함을 배우게 될 것입니다.

성전의 의미는 내주하시는 하나님이 거기에서 스스로를 나타내신다는 것입니다. 이것이 사실이라면, 우리 그리스도인들은 하나님이 거하시는 처소가 될 것입니다. 그리고 그렇다면 다음과 같은 사실이 필연적으로 따를 것입니다. 즉 하나님이 세상 속에서 자신을 나타내시며 알게 하시는 도구가 바로 우리라는 사실입니다.

하나님은 우리 안에 거하심으로써 우리에게 자신을 실제적으로 나타내십니다. 하나님을 소유할 때까지 우리는 하나님을 알지 못합니다. 우리는 하나님의 달콤함을 알기 전에 먼저 우리의 영혼을 그분으로 채워야 합니다. 우리 주님이 제자 가운데 한 사람에게 한 대답은 심오한 진리로 가득 차 있습니다. 그는 묻습니다. "주여, 어떻게 당신을 우리에게 나타내시려 나이까." 이에 주님은 대답합니다. "우리가 그에게 와서 거처를 그와 함께 하리라." 하나님이 여러분 곁에 오셔서 여러분 마음속에 말씀하실 때까지 여러분은 하나님을 알지 못합니다.

어떤 사람에 대해 모든 사람이 그를 영웅이나 현인으로 압니다. 그렇지만 그의 아내는 다른 어느 누구도 알지 못하는 방식으로 그를 압니다. 우리가 하나님을 아는 것도 이와 같습니다. 하나님의 외적이며 공적인 속성은 단지 그가 세상에 스스로를 나타내는 외피(外皮)에 불과합니다. 그러나 하나님은 당신을 사모하며 바라는 영혼들의 가장 깊은 곳에 스스로를 부어주십니다. 형제들이여, 쉐키나가 찬란하게 빛나는 것은 지성소의 휘장 안에서입니다. 하나님이 세상에게는 감추시고 우리에게 당신을 나타내시는 것은 우리의 가장 깊은 마음속에서입니다.

나아가 그리스도인들은 하나님의 성전과 거하시는 처소로서 하나님을 온 세상에 알리는 위대한 도구가 됩니다. 우리의 눈은 비록 태양을 정면에서는 볼 수 없지만 그러나 일출시나 일몰시에는 볼 수 있습니다. 태양 자체는 너무도 밝아 바라볼 수 없지만 그러나 일출시와 일몰시에는 너무도 아름답게 붉은 빛으로 빛납니다. 사람들이 여러분에게서 온유함을 볼 때, 그들은 온유하신 그리스도를 믿을 것입니다. 사람들이 여러분에게서 의와 사랑이 나타나는 것을 볼 때, 그들은 의와 사랑을 믿을 것입니다. 조지 허버트(George Herbert:신앙 시인)가 말한 것처럼, 하나님께 찬미가 돌려지는지 혹은 욕이 돌려지는지 여부는 전적으로 여러분들에게 달려 있습니다. 하나님은 여러분의 마음속에 거하시면서 여러분의 삶을 통해 스스로를 나타내십니다. 여행 안내서에 있는 그림이나 수학적인 작업에 있어서의 도형들은 몇 페이지의 딱딱한 글보다 훨씬 더 많은 것을 여러분에게 알려줍니다. 사람들을 하나님께로 이끄는 힘에 있어, 여러 권의 신학서적이나 유창한 설교보다 하나님의 영광과 위엄으로 빛나는 교회가 훨씬 더 강력한 법입니다. 탐험가가 미지의 섬에 도착하는 것을 상상해 보십시오. 그는 도착하자마자 그 섬에 살고 있는 원주민들을 만납니다. 그런데 그들은 모두 투박한 금으로 만든 팔찌를 끼고 있습니다. 이것이 무엇을 말해줄까요? 그것은 그 섬 안에 다량의 금광석이 있음을 말해줍니다. 만일 여러분이 그리스도인으로서 세상에 우리 주님의 형상을 나타낸다면, 사람들은 여러분이 고백하는 기독교를 믿을 것입니다. 여러분이 복음을 대중화시키는 방식은 마치 학자와 일반인 사이의 중개자가 학문을 대중화시키는 방식과 유사합니다. 여러분이 다른 사람들로 예수 그리스도를 믿게 만드는 방법은 그들로 여러분 안에서 예수 그리스도를 보게 하는 것입니다. "너희는 너희가 하나님의 성전인 것을 알지 못하느냐?" 하나님의 빛이 여러분 안에서 빛나게 하십시오.

3. 셋째로, 이와 같이 그리스도인이 하나님의 성전이라면, 모든 그리스도인의 삶은 마땅히 희생제사(sacrifice)가 드려지는 장소가 되어야 합니다.

만일 그곳에서 드려지는 예배가 없다면, 성전이 무슨 소용이 있겠습니까? 성전에서 가장 중요한 곳은 제단이 아닙니까? 그러나 많은 사람들이 제단을 잃어버렸습니다. 여러분은 마음속에 제단을 갖고 있습니까? 제단이 없는 성전이라면, 그것은 반쪽짜리 성전입니다. 여러분의 제단은 어디에 있습니까? 고상한 삶의 비밀은 자신의 의지를 포기하고 스스로를 희생제물(sacrifice)로 바치는 것입니다. 지금까지 이루어진 모든 고상한 일 가운데 희생(sacrifice) 없이 이루어진 것은 아무것도 없으며 앞으로도 그럴 것입니다. 진정으로 아름다운 기독교적 삶과 보통 삶과의 차이는 그곳에 참된 희생제사가 담겨 있는가 그렇지 않은가에 달려 있습니다.

다시 말해서, 그것이 하나님께 드려지는 제물로서 하나님이 우리를 사랑하신 그 위대한 사랑을 위해 행해진 것인가 하는 것입니다. 그리스도께서 유일하신 성전이시므로 우리가 그에 참예하는 것처럼, 그가 유일하신 희생제물(one Sacrifice)이시므로 우리는 오직 그를 통해 희생제물들(sacrifices)이 되는 것입니다. 그리스도인이 하나님의 성전이라는 위대한 진리를 통해 우리는 무슨 교훈을 배울 수 있습니까? 우리의 존귀함을 자랑하라는 것이겠습니까? 아니면 이와 관련한 어떤 신비주의에 몰입하라는 것이겠습니까? 그렇지 않습니다. 그것이 가르치는 교훈은 이것입니다. 성전이라면 제단이요, 제단이라면 희생제물이라는 것입니다. "너희는 신령한 집으로 세워지고 하나님이 기쁘게 받으실 신령한 제사를 드릴 거룩한 제사장이 될지니라"(벧전 2:5). 제사와 제사장과 성전 — 이 모든 것이 하나입니다. 우리의 모든 삶은 온 세상의 죄를 위해 스스로를 피의 제물로 드린 우리 주님을 위한 것이 되어야 합니다. 그럴 때 우리는 그와 그의 아버지 하나님께 감사와 찬미와 자기부인의 유월절 희생제물을 드릴 수 있게 될 것입니다.

4. 마지막으로, 본문의 위대한 진리는 우리의 삶을 거룩하게 해야 한다는 교훈을 더욱 강화시킵니다.

17절은 이렇게 말합니다. "하나님의 성전은 거룩하니 너희도 그러하니라." 성전의 첫 번째 개념은 하나님께 대하여 성별된 혹은 따로 구별된 장소라는 개념입니다.

"거룩"(holiness)의 본질적인 개념은 정결(purity)이 아닙니다. 물론 그러한 개념이 따라오기는 하지만, 그러나 그것은 단지 그 결과로서 일 뿐입니다. 거룩의 본질적인 개념은 하나님께 대한 성별(consecration), 혹은 분리(separation)의 개념입니다.

성전과 관련한 이 같은 거룩의 개념은 고린도인들에게 보낸 두 편지에서 매우 다양하게 적용됩니다. 고린도는 온갖 종류의 부도덕으로 가득 찬 도시였습니다. 그로 인해 바울은 그들과 관련한 몇몇 형태의 악을 매우 크게 다루지 않을 수 없었습니다.

여기에서 나는 그 같은 거룩의 개념이 세 가지 방향으로 적용되는 것을 제시하고자 합니다. 본문의 문맥은 이렇게 말합니다. "너희는 너희가 하나님의 성전인 것과 하나님의 성령이 너희 안에 계시는 것을 알지 못하느냐 누구든지 하나님의 성전을 더럽히면 하나님이 그 사람을 멸하시리라 하나님의 성전은 거룩하니 너희도 그러하니라."

추측컨대 여기에서 바울은 주로 분리주의적인 교훈과 이교적인 교훈, 그리고 바울파, 아볼로파, 게바파, 그리스도파 등 파당의 습관에 의해 하나님의 성전이 황폐되고 파괴되는 것에 대해 생각하고 있었던 것으로 보입니다. 특별히 그와 같은 파당의 습관은 고린도교회를 갈가리 찢어 놓았습니다. 그렇지만 우리는 그것을 좀 더 넓게 적용할 수 있습니다. 다시 말해서, 기독교적 삶의 특성을 더럽히며 오염시키는 것들이 짙게 드리워질 때, 우리는 그것을 성전이 더러워지는 것으로 생각할 수 있습니다.

형제들이여, 이러한 개념은 모든 죄의 '더럽게 하는 속성'을 얼마나 강렬하게 부각시킵니까! 여기에 다음과 같은 경고는 얼마나 엄숙하게 울려 퍼집니까? "누구든지 하나님의 성전을 더럽히면 하나님이 그 사람을 멸하시리라." 성전을 정결하게 유지하십시오. 그것을 깨끗하게 하십시오. 스스로 하나님의 징벌을 자초하지 마십시오. 여러분은 돈 바꾸는 자들이 성전에 가득할 때 어떤 일이 벌어졌었는지 기억할 것입니다. 여러분의 마음이 "장사하는 집"으로 시작해서 마침내 "도둑의 소굴"이 되지 않도록 주의하십시오.

나아가 우리는 고린도후서에서 여기의 원리가 또 다른 방향으로 적용되는 것을 볼 수 있습니다. "하나님의 성전과 우상이 어찌 일치가 되리요 우리는 살아 계신 하나님의 성전이라"(6:16).

기독교는 이교의 우상 숭배에 대해 관용적이지 않습니다. 성소에는 오직 하나의 형상만이 있어야 합니다. 고대 로마의 한 황제는 한쪽 발등상에 예수 그리스도를 포함한 여러 신들의 형상을 두고, 다른 쪽 발등상에 철학자 플라톤을 두었습니다. 오늘날에도 많은 사람들이 이렇게 합니다. 한쪽에 그리스도를 두고 다른 쪽에 다른 것을 둡니다. 그리스도는 '모든 것'(everything)이 되든지, 아니면 '아무것도 아닌 것'(nothing)이 되든지 둘 중 하나임을 기억하십시오. 하늘에 수백만 개의 별들이 떠 있을 수 있지만 그러나 태양은 오직 하나일 뿐입니다. 여러분과 나는 우리 마음의 가장 깊은 곳에 오직 한 분의 손님만을 모셔 들여야 합니다.

또 우리는 본서(고린도전서)에서 여기의 원리가 또 다른 방향으로 적용되는 것을 볼 수 있습니다. "너희 몸은 너희 가운데 계신 성령의 전인 줄을 알지 못하느냐"(6:19). 기독교는 '육체'(flesh)는 경멸하지만 그러나 '몸'(body)은 귀하게 여깁니다. 만일 하나님이 우리 마음에 거하시면, 우리의 몸은 하나님의 성소로서 하나님이 행하신 가장 놀라운 일로 옷 입혀집니다. 그러므로 자기 몸을 순결하고 정결하게 하며 모든 동물적인 정욕을 정복하는 것은 우리의 마땅한 의무입니다. 술 취함과 탐식과 모든 종류의 정욕과 행동과 말과 외모와 생각에 있어서의 모든 정결치 않는 것들은 육체와 도덕법에 대한 범죄일 뿐만 아니라 동시에 육체 안에 거하시는 하나님을 모독하는 것입니다.

이러한 종류의 죄들로 인해 얼마나 많은 젊은이들이 파멸의 구렁텅이로 떨어졌습니까? 그들과 관련한 본문의 경고는 너무도 적절합니다. "누구든지 하나님의 성전을 더럽히면 하나님이 그 사람을 멸하시리라"(고전 3:17). 나는 지금 젊은이들에게 간곡한 마음으로 당부하고 싶습니다. 여러분은 다음과 같은 말을 들은 적이 있습니까? "그의 뼈는 젊음의 죄악으로 가득 차 흙 속에 누웠도다." "너희는 너희가 하나님의 성전인 것을 알지 못하느냐?"

형제들이여, 본문은 우리 모두가 어떻게 될 수 있는지를 분명하게 보여 줍니다. 우리 모두는 각자의 신성(神性, deity)을 가지고 있습니다. 아, 지금 나의 설교를 듣고 있는 사람들 가운데 많은 사람들이 마치 애굽의 신전과 같은 마음을 가지고 있는 것은 얼마나 슬픈 일입니까! 그 지성소에 뱀의 형상과 원숭이의 형상과 온갖 음란한 형상들이 가득한 애굽의 신전 말입니다.

그리스도께 돌이켜 이렇게 부르짖으십시오. "주여 일어나사 주의 권능의 궤와 함께 평안한 곳으로 들어가소서"(시 132:8). 마음을 열고 그리스도를 모셔 들이십시오. 그러면 여러분은 그 앞에 짐승의 형상을 한 용이 힘을 잃고 쓰러져 있는 것을 발견하게 될 것입니다. 그리고 여러분의 마음을 번잡스럽게 만들었던 온갖 정욕의 신들은 어둠 속으로 도망칠 것입니다. "누구든지 내 음성을 듣고 문을 열면 내가 그에게로 들어와 그로 더불어 먹고 그는 나로 더불어 먹으리라." 그러면 주의 영광이 그 전(殿)을 채울 것입니다.

7
친구인 사망

"만물이 다 너희 것임이라 생명이나 사망이나 다 너희의 것이요"
고전 3:21, 22

어떤 사람에게 예수 그리스도가 무엇인가 하는 것이, 모든 것이 그에게 무엇인가 하는 것을 결정합니다. 다시 말해서, 예수 그리스도께 대한 우리의 관계가 우주에 대한 우리의 관계를 결정합니다. 만일 우리가 그리스도에게 속한다면, 모든 것이 우리에게 속합니다. 만일 우리가 그리스도의 종이라면, 모든 것이 우리의 종입니다. 모든 창조세계가 그리스도의 권속(household)인데, 그것들은 서로 나뉘거나 다투지 않습니다. 같은 방향으로 그리고 동일한 힘의 추진력으로 움직이는 두 물체는 서로 충돌하지 않습니다. 만물은 하나님의 지혜에 따라 서로 합력하여 움직이기 때문에 하나님이 사랑하시는 자들의 선을 위해 움직입니다. 본문의 승리의 환호성은 공허한 미사여구가 아니라 다음과 같은 두 가지 사실, 즉 그리스도의 통치와 그리스도인의 순복의 당연한 결과입니다. "만물이 다 너희의 것이요 너희는 그리스도의 것이니라." 그러므로 각기 궤도를 따라 움직이는 별들은 하나님을 대항하여 싸우는 자들에 대항하여 싸웁니다. 만일 우리가 하나님과 화평을 이루면, 들의 짐승들과 거리의 돌들까지도 우리 편이 될 것입니다. 그렇지 않으면 장애물과 거치는 돌이 되었을 그것들이 우리와 더불어 "화평을 이룰" 것입니다.

바울은 만물이 그리스도의 종들과 협력한다는 이러한 개념을 훨씬 더 멀리까지 확장시킵니다. 우리를 두렵게 만드는 죽음의 그림자조차도 결국 우리의 친구라고 하는 본문의 교훈은, 우리가 죽음에 직면하게 되거나 혹은 그에 대해 묵상할 때 혹은 우리 마음이 공허하며 슬플 때 정말로 받아들이기 쉽지 않습니다. 그럴 때 사람들은 이렇게 물을 것입니다. "우리가 어떻게 할 수 없는 이 무시무시한 사망이 정말로 우리의 친구가 될 수 있단 말입니까?" 이에 대한 바울의 대답은 "예"(yes)입니다. 그리고 만일 우리가 바울이 의뢰한 자를 바울처럼 굳게 의뢰한다면, 우리의 대답도 같을 것입니다. 이제 우리는 우리의 마지막 원수가 친구로 바뀌는 이 위대한 개념을 좀 더 상세히 살펴보아야만 합니다. 그리고 그것이 친구가 되었다는 것은 우리가 그것을 마음대로 움직일 수 있다는 의미에서가 아니라 그것이 우리의 최고의 선을 위해 봉사한다는 의미에서입니다.

죽음에 대한 이와 같은 긍정적인 관점은 지금까지 믿음 안에서 죽은 모든 자들에게 사실이었으며, 또 우리가 죽음에 직면하게 될 때에도 역시 사실일 것입니다. 여러분 가운데 어떤 사람들은 한 위대한 화가가 죽음을 주제로 그린 두 개의 놀라운 그림을 본 적이 있을 것입니다. 한 그림에서 죽음은 파괴자로 그려져 있지만, 다른 한 그림에서는 친구로 그려져 있습니다. 전자(前者)의 그림에서 그는 환락의 현장 속으로 들어옵니다. 그의 발 앞에는 사치스러운 옷을 입고 머리에 화관을 쓴 채 뻣뻣하게 굳어 있는 시체들이 누워 있습니다. 그리고 잔치에 참여한 자들과 악사(樂士)들은 두려움에 질린 채 고깔모자를 쓴 해골로부터 도망치고 있습니다. 반면 후자(後者)의 그림에서 그는 조용한 교회의 종탑 속으로 들어옵니다. 거기에 한 노인이 눈을 감은 채 앉아 있는데, 그 옆에는 성경책이 펼쳐져 있으며 그의 수척한 얼굴은 한없는 평안으로 가득합니다. 창문은 떠오르는 태양을 향해 활짝 열려 있으며, 창틀에 새 한 마리가 앉아 아름다운 소리로 노래를 부릅니다. 고깔모자를 쓴 형상은 수척한 노인에게 안식과 새 생명의 여명을 가져다주는 친구입니다. 이러한 두 개의 그림은 죽음의 의미를 전달해 주는데 있어 온갖 미사여구로 꾸민 여러 마디의 말보다 훨씬 더 낫습니다. 죽음의 사자가 파괴자로 오느냐 혹은 친구로 오느냐 하는 것은 그의 방문을 받는 사람들에게 달려 있습니다. 물론 우리 모두에게 있어 육체적인 현상들은 동일합니다. 죽음에 수반되는 고통과 괴로움, 그리고 사랑하는 자들과 헤어지는 아픔 등은 모두에게 같습니다. 그러나 겉으로 드러난 모습은 비슷하다 할지라도 그 본질에는 근본적인 차이가 있습니다. 동일한 현상이라 할지라도 두 부류의 사람들에게 완전히 다른 의미와 메시지를 가져다줄 수 있는 것입니다. 이와 같이 육체적인 현상은 모두에게 동일한 가운데서도, 죽음은 어떤 사람에게는 파괴자가 되고, 또 어떤 사람에게는 친구가 될 것입니다.

죽음과 관련하여 우리가 첫 번째로 살펴보아야 하는 것은 그것이 가진 무시무시한 어둠의 개념입니다. 그러면 죽음과 관련한 이러한 개념은 도대체 어디로부터 온 것일까요? 추측컨대 일상적인 경험 속에서 죽음을 원수로 느끼게 만드는 감정은 아마도 안개가 자욱한 절벽 꼭대기에서 발을 헛딛는 느낌과 비슷하지 않을까 생각합니다. 그것은 우리가 한 번도 경험해 본 적이 없기 때문에 전혀 상상할 수 없는 미지의 영역에 한 걸음 내딛는 것입니다. 죽음으로 인해 무엇을 맞이하게 될지 아무것도 알지 못하기 때문에, 사람들은 미지의 광대한 영역으로 한 걸음 내딛는 것을 크게 두려워합니다. 그러나 복음은 말합니다. "그것은 거대한 흑암의 땅이지만 그러나 흑암에 앉은 백성에게 큰 빛이 비취었도다."

> "우리의 지식은 미약하고
> 믿음의 눈은 희미하도다."

그러나 믿음은 눈을 가지고 있으며, 그 눈에는 빛이 있습니다. 그리고 믿음의 눈으로 우리는 그 얼굴의 빛이 모든 어둑어둑한 것들을 쫓아내는 자, 그리고 무덤의 어둠 속에서조차도 의의 태양으로서 치료의 광선을 발하시는 자를 볼 수 있습니다. 그러므로 만일 우리가 그리스도를 안다면, 죽음의 두렵게 만드는 특성 가운데 최소한 한 가지는 사라질 것입니다.

대부분의 사람들에게 죽음이 부정적인 의미를 갖는 두 번째 요소는 아마도 그것이 우리를 삶의 모든 활동으로부터 끌어내 완전한 무위(無爲)의 상태로 이끌어가기 때문일 것입니다. 안식으로서의 죽음의 개념이 때로 삶에 지친 자들을 끌어당기기도 합니다. 그렇지만 그러한 생각은 사람들의 보편적인 감정이라기보다는 감상적인 묘비명에서나 흔히 볼 수 있는 것입니다. 거의 대부분의 사람들에게 있어 이 땅에서의 삶을 풍성케 했던 모든 형태의 활동이 한순간에 정지되는 것은 즐거운 일이 아니라 으스스한 일입니다.

학자는 말합니다. "나에게 책이 없다면 내가 무슨 일을 하겠는가?" 방적공은 말합니다. "나에게 방적기가 없다면 내가 무슨 일을 하겠는가?" 여자들은 말합니다. "기를 아이도 없고 부엌도 없다면 내가 무슨 일을 하겠는가?" 여러분은 무슨 일을 할 것입니까? 이러한 질문들에는 오직 하나의 대답이 있을 뿐입니다. 즉 장차 하늘에서도 우리에게 어떤 일이 주어질 것이라는 것입니다. 그리고 그 일은 지금 이 땅에서 우리가 수행하는 일보다 훨씬 더 고상한 일이 될 것입니다. 거기에는 우리가 행할 더 고상한 일이 있을 것입니다. 이와 관련하여 우리 주님은 이렇게 말씀하십니다. "네가 지극히 작은 것에 충성하였으니 열 고을 권세를 차지하라"(눅 19:17). 이와 같이 청지기의 충성은 통치자의 권세로 맞바꾸어질 것입니다. 그리고 종의 수고는 주의 기쁨에 참여하는 것으로 맞바꾸어질 것입니다.

이와 같이 죽음을 원수로 만드는 위의 두 번째 요소는 그것을 친구로 만드는 요소로 바꾸어집니다. 죽음은 우리의 영혼을 우리와 외부 세계를 연결하는 매개체인 몸으로부터 분리시키는 대신 그것을 더 크고 고상한 활동을 위해 해방시킵니다. 결국 죽음으로 사라지는 것은 아무것도 없습니다. 은으로부터 찌기가 제거될 때 "주인이 쓰시기에 합당한 귀히 쓰는 그릇"이 남을 것입니다.

죽음을 두려운 것으로부터 기쁜 것으로 바꾸는 또 하나의 요소는 '분리시키는 자'(separater)인 죽음이 그리스도의 종들의 죽음에 있어 '연합시키는 자'(uniter)가 되는 사실입니다. 우리에게 죽음을 가장 두렵고 미운 것으로, 그래서 그것으로부터 움츠리게 만드는 것은 아마도 죽음의 이와 같은 '분리시키는' 기능일 것입니다. 그러나 죽음은 우리의 편입니다. 그것이 과거에 믿음으로 살았던 자들의 편이었던 것처럼 말입니다. 그들은 눈가리개를 한 채 자신들의 손을 잡고 있는 손에 이끌림을 받았습니다. 비록 어둡고 좁고 꾸불꾸불한 길이었다 할지라도 그들은 하나님을 찬미하는 큰 무리 가운데로 인도되었습니다. 이쪽을 바라볼 때 죽음이 하는 일은 사람을 모든 사랑하는 자들로부터 분리시키는 일입니다. 그러나 만일 우리가 저쪽을 바라볼 수 있다면, 우리는 슬픔은 단지 잠시뿐이요 죽음이 하는 진짜 일은 이 땅에서 사랑하는 사람들과 헤어지게 만드는 것이라기보다는 하늘에서 최고로 사랑하는 분과 그리고 그 안에서 그의 모든 성도들과 연합하는 것이라는 사실을 보게 될 것입니다. 그리하여 그리스도와 연합된 그들은 세상을 떠난 그들이 연합되듯이, 그리스도와 결합된 모든 자들과 연합됩니다. 죽음으로 인해 설령 다른 유대의 끈은 느슨해질지라도 우리를 그리스도와 연합시키는 유대의 끈은 더욱 강력하게 조여질 것입니다.

그리고 죽어가는 자의 무딘 귀가 이 땅의 소리들을 듣지 못하게 될 때, 그 귀는 다음과 같이 말하는 다른 음성을 듣게 될 것입니다. "네가 물 가운데로 지날 때에 내가 너와 함께 할 것이라 강을 건널 때에 물이 너를 침몰하지 못할 것이며 네가 불 가운데로 지날 때에 타지도 아니할 것이요 불꽃이 너를 사르지도 못하리라"(사 43:2). 이와 같이 '분리하는 자'(the Separator)인 죽음은 먼저 우리를 예수 그리스도와 연합시키고, 그 다음에 "장자들의 모임과 교회"와 연합시킵니다. 그리고 우리를 살아 계신 하나님의 도성으로 인도합니다.

이제 그리스도인들에게 죽음의 의미가 변화되는 것과 관련한 마지막 요소를 살펴보아야 합니다. 일반적으로 사람들이 죽음에 대해 생각할 때, 거기에는 본능적인 움츠림이 있습니다. 그것은 죽음 후에 심판이 있지 않을까 하는 본능적인 두려움 때문입니다. 그러나 그리스도의 종들에게 있어 그러한 심판의 쏘는 것과 두려운 독(毒)은 소멸됩니다. 왜냐하면 그들은 이렇게 말할 수 있기 때문입니다. "나를 위해 죽으신 그가 나로 하여금 아무런 두려움 없이 죽을 수 있도록 만들어 주시는도다. 나는 재판장이신 그를 만날 것이로되 그는 내가 나의 구주로 믿고 신뢰하는 분이시로다. 그러므로 나는 심판 날에 그 앞에서 담대함을 가질 수 있도다.”

지금까지 언급한 네 가지 대조를 주목해 보십시오. 첫째로, 흐릿한 미지의 영역으로 들어가는 걸음으로서의 죽음과 예수 그리스도로 인해 빛 가운데 찬란한 영역으로 들어가는 걸음으로서의 죽음의 대조. 둘째로, 모든 활동이 정지되는 것으로서의 죽음과 더 고상한 일이 주어지는 기회로서의 죽음의 대조. 셋째로, 분리시키며 단절시키는 자로서의 죽음과 예수 그리스도와 그의 모든 성도들과 연합시키는 자로서의 죽음의 대조. 그리고 마지막으로, 우리를 심판대로 끌어가는 죽음과 우리를 그리스도의 보좌 앞으로 데려가는 죽음의 대조. 그러므로 그리스도인들은 다음과 같이 담대하게 말할 수 있습니다. “생명이나 사망이나 모든 것이 다 우리의 것이니라.” 심지어 죽음조차도 우리를 더 나은 삶으로 인도합니다.

이제 마지막으로 한 마디만 더 하고자 합니다. 지금까지 내가 이야기한 모든 것들로 인해 우리는 슬픔 가운데서도 마음의 평온을 가질 수 있습니다. 그렇지만 그러한 평온이 견고하게 세워지는 것은 오직 예수 그리스도의 부활로 말미암는다는 사실입니다. 이러한 일들을 확실케 하는 것은 예수 그리스도의 부활 외에는 아무것도 없습니다. 물론 죽음 앞에서 불안이나 두려움 혹은 의심의 감정이 생길 수 있습니다. 그러나 이러한 부분에서도 기독교적 계시의 전 지평에 걸쳐 적용되는 동일한 진리가 똑같이 적용됩니다. 즉 만일 여러분이 흐릿한 것이 아니라 확실한 것을 원한다면, 여러분은 그것을 위해 예수 그리스도께 가야만 한다는 사실입니다. 서쪽 바다 해 지는 곳 너머에 섬들이 있을 것이라고 생각한 사람들이 많이 있었습니다. 그렇지만 실제로 바다로 나아가 결실을 맺고 돌아온 사람은 콜럼버스였으며, 그러고 나서야 그러한 생각은 비로소 사실(fact)이 되었습니다.

만일 여러분이 예수 그리스도께서 “어떤 여행자도 돌아오지 않은 곳”으로부터 에덴 섬의 복된 선물을 싣고 돌아오셨음을 믿지 않는다면, 죽어가는 사람이 자신의 머리를 둘 수 있는 확실한 곳은 아무데도 없을 것입니다. 그러나 그가 죽음으로부터 일어나 우리에게 오셔서 부활의 날 저녁에 제자들에게 하신 것처럼 "너희에게 평안이 있을지어다"라고 말씀하시면서 자신의 손과 옆구리를 보여주신다면, 우리는 미래의 생명이 충분히 가능할 수 있다고 생각하게 될 뿐만 아니라 그것을 분명하게 **알고** 다음과 같이 말할 수 있게 될 것입니다. "모든 것이 우리의 것이요 사망조차도 그러하니라." 예수 그리스도께서 죽으신 사실은 그의 종들에게 죽음의 모든 관점을 바꾸어 버립니다. 왜냐하면 사망의 음침한 골짜기에서 그들은 자기들보다 앞서 가신 그분의 발자국을 보기 때문입니다.

여기에서 한 가지 꼭 기억해야 할 사실이 있습니다. 그것은 죽음에 대한 우리 주님의 태도가 그가 죽은 자들(the dead)의 주인일 뿐만 아니라 그들을 죽게 만드는 죽음(혹은 사망, the Death)의 주인이기도 하다는 것을 보여준다는 사실입니다. "나는 목숨을 버릴 권세도 있고 다시 얻을 권세도 있느니라"는 그의 장엄한 선언은 마지막 순간 그가 한 말과 그의 태도에 의해 확증됩니다. 또한 그것은 요한계시록의 놀라운 말씀들에서도 분명하게 확증되는데, 예컨대 거기에서 그는 "자기 뜻대로 죽으셨다가 다시 산 자"로 표현됩니다. 그가 죽으신 것은 그 스스로 그렇게 뜻하셨기 때문이었습니다. 그리고 그가 죽고자 뜻하신 것은 여러분과 나를 사랑하셨기 때문이었습니다. 그리고 죽으시면서 그는 자신이 사망의 희생물(Victim)이 아니라 정복자(Conqueror)임을 나타내셨습니다.

이스라엘의 왕 사울은 길보아 전투에서 자신의 '무기 든 자'에게 칼을 들어 자신을 치라고 명령했습니다. 그가 두려워 떨며 감히 그렇게 하지 못하자, 사울은 스스로 자기 칼에 엎드러졌습니다. 생명과 사망의 주인은 자기 종인 사망을 불렀고, 그는 그 부름에 순종하여 왔습니다. 그러나 예수 그리스도는 사망의 침에 의해 죽으시지 않고 그 자신의 행동으로 죽으셨습니다. 그리하여 자신의 뜻대로 죽으신 사망의 주인은 사망과 무덤의 열쇠를 가진 주님입니다. 예수 그리스도는 요한과 관련하여 이렇게 말씀하셨습니다. "내가 올 때까지 그가 머무르는 것이 나의 뜻이니라." 그리하여 그는 일찍 죽지 않고 모든 사도들 가운데 가장 오래 살았습니다. 반면 베드로에 대해서는 "너는 나를 따르라"고 말씀하셨고, 그리하여 그는 십자가 위에서 죽었습니다. 죽으신 주님은 사망의 주인이시며, 살아 계신 주님은 우리 모두를 위한 생명의 주인이십니다.

형제들이여, 우리는 믿음의 행동으로 그의 멍에를 짊어져야 합니다. 그것은 우리를 사랑으로 이끌 것이며, 그러한 사랑은 우리로 더 순종하는 자녀가 되게 만들 것입니다. 그리고 우리가 더 온전한 그리스도의 소유가 될수록 우리는 더 온전하게 순종하는 자가 될 것입니다. 그러면 죽음조차도 우리의 편이 될 것입니다. 왜냐하면 우리에게 있어 최고의 선은, 우리의 왕이신 예수 그리스도와 더 풍성하게 연합되며, 그를 더 풍성하게 소유하며, 그와 더 완전하게 일치되는 것이기 때문입니다. 우리에게 이러한 것들을 가져다주는 것은, 설령 그것이 고통이나 슬픔처럼 우리가 피하려고 하는 것일지라도 그것은 모두 우리의 편입니다. 우리에게 있어 죽음은 어둠과 무위(無爲)로 이끌며 심판대로 끌고 가는 원수가 아니라, 우리를 깨워 "스스로 열린 쇠문"을 통과해 하나님의 도성으로 데려가는 천사인 것입니다.

8
종이냐 주인이냐?

"만물이 다 너희 것임이라 바울이나 아볼로나 게바나 세계나 생명이나 사망이나
지금 것이나 장래 것이나 다 너희의 것이요 너희는 그리스도의 것이니라"
고전 3:21-23

고린도의 그리스도인들은 헬라 사회에 만연된 몇몇 악을 교회로 끌어들인 것으로 보입니다. 그들은 여러 파당으로 나뉘었으며, 각 파당은 스스로를 특정한 이름과 결부시켰습니다. 그러한 이름들 가운데 바울도 있었으며, 아볼로도 있었습니다. 바울과 아볼로는 좋은 친구지간이었지만, 그들을 열망하는 자들은 서로 물고 뜯는 원수지간이었습니다. 산꼭대기에 있는 두 개의 샘을 생각해 보십시오. 두 샘은 서로 가까이 있습니다. 그럼에도 불구하고 각각의 샘은 서로 다른 강으로 흘러들어가 마침내 정반대쪽의 바다로 흘러들어갈 수 있습니다.

이러한 불화는 바울에게 더욱 혐오스러운 것이었는데, 그것은 거기에 자신의 이름이 개입되었기 때문이었습니다. 그리하여 그는 본 서신의 앞부분에서 그들의 파당과 다툼을 거론하며 그들을 부끄럽게 만듭니다. 본문 역시도 그러한 목적으로 제시하는 이야기들 가운데 하나입니다. 여기에서 그가 말하는 바는 이것입니다. "너희의 믿음을 어떤 특정한 지도자에게 고정시키는 것은 너희의 축복과 지혜를 고의로 축소시키는 것이라. 너희가 우리는 바울에게 속한 자라고 말하니, 그러면 아볼로로부터는 아무

것도 배울 것이 없다는 말이냐? 게바로부터도 아무 선한 것도 얻을 수 없다는 말이냐? 너희는 모두를 받아들여야 하느니라. 그들 모두는 너희의 선을 위해 준비된 자들이니라. 너희는 어느 특정인만을 자랑해서는 안 되느니라."

바로 이것이 그가 말하고자 하는 바의 전부였습니다. 그러나 그는 이와 같은 생각을 훨씬 더 멀리까지 밀고 나갑니다. 그의 생각은 마치 빠른 속도로 회전하는 마차 바퀴처럼 그 자체의 빠른 움직임으로 불을 일으킵니다. 그리하여 그는 승리에 찬 어조로 그리스도인의 영혼을 섬기는 것들을 열거합니다. "너희는 사람들의 주인이며 또한 시간의 세계 즉 사망과 영원의 주인이니라. 그러나 너희는 너희 자신의 주인은 아니니라. 너희는 그리스도의 것이며, 너희가 그리스도에게 속한 분량만큼 모든 것이 너희에게 속하느니라."

1. 첫 번째로, 우리는 어떻게 그리스도의 종들이 사람들의 주인이 되느냐 하는 것을 살펴보아야 합니다.

모든 것(만물, all things)이 다 너희의 것인 바, 바울도 아볼로도 게바도 다 너희의 것이니라. 여기의 세 지도자들은 모두 중앙의 큰 빛(central Light)으로부터 비춤을 받고 비추는 작은 빛들(lights)입니다. 그들은 그리스도의 지혜의 편린(片鱗)들입니다. 그들은 서로 다르지만, 그러나 조화를 이루며 서로 보완(補完)합니다. 그들 각자는 거대한 전체의 일부일 뿐입니다.

"그들은 단지 주의 빛의 편린들일 뿐이나이다.
그러므로 주여, 주는 그들 모두보다 크시나이다."

이와 같이 우리가 그리스도께 붙어 있는 분량만큼 그리고 그리스도를 우리의 것으로 소유하는 만큼, 우리는 어떤 개별적인 지도자나 혹은 진리의 일부에 부당하게 의존하며 굴종하는 것으로부터 해방됩니다. 그리스도를 우리의 것으로 소유하는 것과 우리가 그의 소유가 되는 것은 동일한 사실의 서로 다른 측면에 불과합니다. 그것은 간단히 말해서 예수 그리스도를 우리의 모든 종교적 진리와 도덕적 지식의 원천으로 삼는 것을 의미합니다. 그의 말씀은 우리의 신조(信條)이며, 그 안에 담겨 있는 그의 인격과 진리들은 하나님과 사람에 대한 우리의 모든 지식의 원천입니다. 그의 소유가 된다는 것은, 그를 우리의 모든 행위와 행실에 있어 절대적인 권위를 가지신 주인으로 받아들이는 것입니다. 그의 명령은 우리의 의무이며, 그의 모범은 우리의 표본이며, 그의 웃음은 우리의 상급입니다. 또 그리스도의 소유가 되는 것은 그를 우리 마음의 중심에 모셔 들이는 것입니다. 우리는 그의 자비롭고 달콤한 사랑 안에서 완전한 충족과 안식을 발견합니다. 그러므로 만일 여러분이 그리스도의 것이라면, 바울과 아볼로와 게바와 기타 모든 사람이 여러분의 것입니다. 여러분이 그들에 대한 모든 부당한 의존으로부터 해방되었다는 의미에서, 그리고 그들이 여러분의 최고의 선을 돕는 자들이라는 의미에서 말입니다.

이와 같이 기독교적인 참된 민주주의 정신은 예수 그리스도의 가르침과 온전히 조화됩니다. 그러나 세상의 어느 누구도 나의 주인이 될 수 없다는 정신의 기초 위에 세워진 오늘날의 오만한 독립 정신은 건전치도 못할 뿐 아니라 매우 위험합니다. 만일 그러한 정신이, 오직 진리만을 말씀하시는 자의 절대적인 권위에 굴복하는 것과 결합되지 않는다면 말입니다. 만일 그리스도가 우리의 주인이 되신다면, 만일 우리가 그로부터 우리의 신조(信條)를 취한다면, 만일 우리가 그의 말씀과 계시를 우리 믿음의 대상으로 받아들인다면, 어떤 친근한 이름들에 대한 모든 예속과 그들로부터 2차적으로 진리를 받아들이는 것과 오랜 세월 기독교회를 분열시켜 왔던, 그리고 오늘날에도 말할 수 없는 해악을 끼치고 있는 부당한 파당주의는 즉시로 종결될 것입니다. "너희의 주인은 오직 한 분이니 그리스도시니라." "아무에게도 랍비라 칭하지 말고 성육신하신 진리인 그 앞에 경배하라."

마찬가지로 그리스도의 소유가 된 자들은 다른 사람들에 의해 추앙과 추종의 대상이 되는 시험으로부터 해방됩니다. 우리 각자는 공동체로부터 강력한 영향을 받지 않을 수 없습니다. 소위 대중적인 의견이라고 불리는 것이 우리를 지배합니다(사실 대중적인 의견이라야 대부분 우리 주위에 있는 대여섯 명의 시끄러운 수다에 불과합니다). 그러므로 모든 그리스도인은 "오직 그리스도의 말씀으로부터 모든 행동과 행실의 법칙을 취해야" 한다는 사실을 잠시도 잊어서는 안 됩니다.

"사람들이 이렇게 말하더군. 사람들이 무슨 말을 하지? 사람들의 말을 좀 들어보자구." 만일 우리가 그리스도의 말씀을 우리의 절대적인 법칙으로 받아들인다면, 그리고 그리스도의 인정(認定)을 우리의 최고의 목표와 상급으로 생각한다면, 우리는 다른 사람들의 의견이나 격언 따위에는 그다지 큰 의미를 부여하지 않게 될 것입니다. 그리고 우리는 겸손한 태도로 이렇게 말할 수 있게 될 것입니다. "나에게 있어 사람들의 판단은 아주 작은 문제일 뿐입니다. 나를 판단하실 자는 주님이십니다."

어떤 나라에 대사로 부임해 온 사람은 그 나라 사람들이 자신에 대해 어떻게 생각하는지에 대해 그다지 큰 의미를 부여하지 않을 것입니다. 다만 그에게 있어 중요한 문제는 자신을 보낸 본국의 왕이 자신에 대해 어떻게 생각하느냐 하는 것일 것입니다. 병사의 상급은 장군의 칭찬이며, 종의 기쁨은 주인의 웃음입니다. 이와 같이 우리에게 있어 그리스도를 기쁘시게 하는 것이 우리의 삶의 법칙이 되어야 합니다. 또 우리가 실제적으로 그리스도께 속한 분량만큼, 그것이 우리의 삶의 법칙이 될 것입니다.

그러므로 형제들이여, 우리는 오직 그리스도께 대한 최고의 순복의 터 위에서 서로를 교사(教師)로서 모범으로서 그리고 사랑의 대상으로서 받아들일 수 있습니다. 이와 같이 만일 우리가 그리스도의 것이라면, 우리는 어떤 사람도 절대적인 위치에 놓아서는 안 됩니다. 오직 우리는 그리스도 한 분만을 우리의 모든 힘을 다해 믿고 순종하며 사랑해야 합니다.

2. 두 번째로 살펴볼 것은 우리가 그리스도의 종이 될 때 우리는 "세계"의 주인이 된다는 사실입니다.

여기의 "세계"(세상, world)라는 단어는 의심의 여지 없이 외적이며 물질적인 우주를 의미하는 것입니다. 우리를 둘러싸고 있는 모든 피조물이 우리에게 속합니다. 만일 우리가 그리스도께 속한다면 말입니다. 세상을 대수롭지 않게 여기는 자가 세상을 소유합니다. 맨체스터에는 스스로 많은 돈을 소유하고 있다고 말하는 부자들이 많이 있습니다. 그러나 그들이 많은 돈을 소유하고 있다고 말하는 것보다 많은 돈이 그들을 소유하고 있다고 말하는 것이 사실에 더 가깝습니다. 그들은 자신들의 소유의 노예입니다. 어떤 것을 행복의 필수불가결한 것으로 생각하며 그것을 가장 중요한 것으로 여기는 사람은 바로 그것의 노예입니다. 반면 그것으로 자신의 영혼을 향상시키는데 사용하는 사람은 세상을 소유합니다. 만물은 사람을 향상시키기 위해 주어집니다. 그리고 그런 목적을 위해 창조되었습니다. 여하튼 만물의 최고의 목적은 그것을 통해 사람이 향상되는 것입니다. 건물이 완성되면 비계는 철거됩니다. 마찬가지로 지금의 물질적인 우주는 그것을 통해 인간이 충분히 향상되면 마침내 철거될 것입니다. 물질은 영혼보다 저급합니다. 세상으로부터 영혼과 진리와 하나님의 이상(異像)을 얻으며 또 세상을 통해 만물의 주인에게 더 가까이 나아감을 얻는 자들은 세상의 주인이며 또 세상을 소유합니다.

우리는 세상으로부터 세상을 대수롭지 않게 여기는 법을 배워야 합니다. 또 세상으로부터 하나님과 우리 자신을 아는 법을 배워야 합니다. 세상은 바로 그런 자들의 것입니다. 세상을 그 안에서 더욱 힘쓰고 분투하여 더 강해져 가는 격투기장으로 사용하는 자가 세상을 소유합니다. 강한 반작용의 힘이 근육을 더 크고 강하게 만들어 줍니다. 세상을 가장 잘 사용하는 방법은 그것을 우리가 하나님을 섬기는 현장으로 삼는 것입니다.

이와 같은 세 가지, 즉 세상을 대수롭지 않게 여기는 것과, 세상을 영혼을 향상시키기 위해 사용하는 것과, 세상을 섬김의 현장으로 사용하는 것은 진실로 그리스도께 속한 자에게 속합니다. 세상은 그리스도의 것입니다. 그러므로 만일 우리가 그를 가까이 한다면 그리고 그와 더욱 긴밀하게 교제한다면, 그리고 만물 가운데 빛나는 그의 얼굴을 본다면, 그리고 우리를 둘러싸고 있는 모든 것들에 의해 그에게 더 가까이 이끌려진다면, 우리는 세상을 소유하며 세상으로부터 달콤한 것들을 짜낼 수 있을 것입니다. 우리는 "아무것도 갖지 못했으나 모든 것을 가진" 자들의 역설을 이해할 수 있게 될 것입니다. 만일 우리가 모든 것의 주인이신 그리스도께 속하여 그의 모든 부요를 그와 함께 공동소유하게 된다면 말입니다.

3. 세 번째로 살펴볼 것은 우리가 예수 그리스도에게 속할 때 우리는 "생명과 사망"의 주인이 된다는 사실입니다.

여기에 사용된 두 단어는 매우 단순하고 육체적인 의미로서 자연적인 생명과 자연적인 죽음을 의미하는 것으로 생각됩니다. 여러분은 이렇게 말할 수 있을 것입니다. "그래요, 모든 사람이 그런 의미에서 생명의 주인이지요." 물론 그렇습니다. 우리 모두는 생명을 소유합니다. 우리가 모두 살아 있으니까요. 그러나 개별적인 인격적 존재라고 하는 신비로운 선물 그리고 의식적인 존재라고 하는 장엄한 선물은 가장 깊은 의미에서 오직 예수 그리스도께 속한 자들에게 속합니다. 여기에서 나는 자신의 영혼의 주인이 되지 못한 자는 자신의 생명을 소유하지 못한 자로 간주합니다. 여기에서 나는, 자신을 예수 그리스도께 양도하지 않은 자는 스스로를 소유하지 못한 자로 간주합니다. 여러분 자신을 실제적으로 소유하는 유일한 길은 여러분 자신을 그리스도께 양도하는 것입니다. 그러면 그는 그 자신을 여러분에게 돌려주실 것이며, 그와 함께 여러분 자신을 여러분에게 돌려주실 것입니다. 생명의 참된 소유는 자기 통제에 달려 있습니다. 그리고 자기 통제는 예수 그리스도로 하여금 우리를 전적으로 다스리도록 그분께 우리를 맡기는데 달려 있습니다. "그런즉 이제는 내가 사는 것이 아니요 오직 내 안에 그리스도께서 사시는 것이라"(갈 2:20). 우리에게 이 말씀이 사실인 분량만큼 우리는 우리 자신을 소유합니다.

이것은 사망의 경우에도 같습니다. 어느 누구를 막론하고 주인이 될 수 없는 것이 있다면, 그것은 죽음입니다. 죄 가운데 스스로 죽음을 자초하는 경우를 제외하고 말입니다. 그러나 심지어 대부분의 사람들이 어쩔 수 없이 끌려가는 죽음조차도 동의(同意)의 문제 즉 도덕적인 행위가 될 수 있습니다. 그리스도인은 자신의 영혼을 산 자와 죽은 자의 주인이신 구주께 양도할 수 있습니다. 이와 같이 만일 우리가 그리스도를 의지하며 그에게 우리 생명을 양도하며 "살든지 죽든지 우리는 주의 것이라"고 말할 수 있다면, 심지어 죽음조차도 우리의 종이 되고 우리의 의지 아래 있게 될 것입니다.

형제들이여, 만일 여러분과 내가 예수 그리스도께 속한다면, 죽음은 우리를 이 땅의 어두컴컴한 작업장으로부터 만왕의 왕 앞으로 데려가는 우리의 동료 종(fellow-servant)이 될 것입니다. 그리고 죽음의 마술적인 만짐으로 인해 우리의 모든 근심과 수고와 슬픔은 침묵 속으로 응결되어 버릴 것입니다. 마치 요란한 개울이 하얀 얼음으로 응결되듯이 말입니다. 그리고 우리는 모든 소란하고 시끌벅적한 수고로부터 영원한 고요 속으로 옮겨질 것입니다. 죽음은 우리의 편입니다. 왜냐하면 그것이 우리의 가장 깊은 열망을 충족시켜 주기 때문입니다. 만일 우리가 그리스도의 것이라면, 죽음은 우리의 것입니다.

4. 마지막으로, 그리스도의 종들은 시간과 영원의 주인입니다.

"지금 것이나 장래 것이나 다 너희의 것이요." 바울이 여기에서 열거하는 것은 논리적이라기보다는 수사학적입니다. 우리는 여기의 "지금 것"을 지금까지 다룬 다른 모든 것들로부터 굳이 분리시킬 필요가 없습니다. 그러나 거기에 어느 정도의 차이점이 있는 것도 역시 사실입니다. 우리가 세계라고 부르는 물질적인 우주뿐 아니라 우리의 삶의 모든 사건들과 상황들을 포괄하는 "지금 것"에 대해 우리는 주인으로서 통제권을 행사할 수 있습니다. 만일 우리가 예수 그리스도께 겸손하게 순복한다면, 그 모든 것들은 우리의 최고의 선을 돕게 될 것입니다. 모든 일기(日氣)가 선한 것이 될 것입니다. 밤과 낮이 똑같이 선한 것이 될 것입니다. 빛도 선한 것이 될 것이며, 어둠도 선한 것이 될 것입니다. 어둠은 빛 가운데 지쳐 쉼을 필요로 하는 눈에게 선한 것이 될 것입니다. 겨울의 차가운 눈도, 봄의 거센 바람도, 여름의 작열하는 태양빛도 모두 곡식을 익게 하는데 협력합니다. 이와 같이 빛과 어둠, 성취된 소망과 좌절된 소망, 얻은 것과 잃은 것, 응답받은 기도와 응답받지 못한 기도 등 이 모든 "지금 것"이 결국 우리의 최고의 축복을 위해 협력한 것으로 결말지어질 것입니다. 만일 우리가 예수 그리스도의 의지에 순복함으로부터 말미암는 지혜를 가지고 있다면 말입니다.

우리는 그 모든 것들의 주인이 될 것입니다. 왜냐하면 우리가 그 모든 것들을 지배할 수 있게 될 것이기 때문입니다. 우리는 외적인 상황들에 의해 지배당할 필요가 없습니다. 도리어 그것을 지배합니다. 우리는 물이 흐르는 방향에 의해 좌우되는 이끼나, 바람과 물결에 좌우되는 작은 조각배 같을 필요가 없습니다. 도리어 우리는 대양(大洋)을 횡단하는 거대한 증기선처럼 우리 안에 내적인 강력한 힘을 가지고 있습니다. 그러한 힘이 어떤 비바람 풍랑에도 불구하고 우리로 목적지를 향해 똑바로 나아가도록 이끌어줄 것입니다. 이와 같이 우리는 "지금 것"을 지배하는 내적인 힘을 가지고 있습니다. 우리는 그것들에 의해 지배되지 않고 그것들을 지배합니다. 그러므로 우리 자신을 그리스도께 양도(讓渡)합시다. 그러면 그가 우리로 그 모든 것들을 지배하도록 도울 것입니다.

"장래의 것"도 마찬가지입니다. 희미하고 모호한 미래인 "장래의 것"은 우리 모두에게 마치 해안이 보이지 않는 망망대해의 바다와 같을 것입니다. 그렇지만 반짝이는 햇빛으로 빛나는 모든 물결들은 우리로 불 섞인 유리바다 위에 있는 하나님의 보좌로 향하게 해줄 것입니다.

그러므로 형제들이여, 만일 여러분에게 그리스도라는 친구가 없다면 여러분의 미래가 어떻게 될 것인지 스스로에게 물으십시오.

> "나는 과거로 눈을 돌려
> 황량한 광경을 바라보노라.
> 그리고 미래를 향해, 비록 보지는 못하지만,
> 추측하며 염려하노라."

그러므로 여러분에게 간절히 바라노니 부디 여러분 자신을 예수 그리스도께 양도하십시오. 그는 우리를 얻기 위해 죽으셨습니다. 그는 우리의 죄를 용서하시기 위해 우리의 죄를 짊어지셨습니다. 만일 우리가 우리를 위해 자신을 주신 그분께 우리 자신을 드린다면, 우리는 사람들의 주인이 될 것이며, 세상의 주인이 될 것이며, 생명과 사망의 주인이 될 것이며, 시간과 영원의 주인이 될 것입니다.

과거에 정복자들은 자기 부하들에게 신하로서의 충성과 섬김을 조건으로 땅과 통치권을 주곤 했습니다. 우주의 왕(King)이신 그리스도는 자기 종들을 왕들(kings)로 삼으십니다. 그리고 그들로 하여금 자신의 통치권에 참여하도록 하실 것입니다. 그럼으로써 다음과 같은 거의 믿을 수 없는 약속이 그들에게 이루어질 것입니다. "이기는 자는 모든 것을 상속받을 것이라." 만일 여러분이 그리스도의 것이라면, 모든 것이 여러분의 것입니다.

9
세 가지 종류의 판단

“너희에게나 다른 사람에게나 판단 받는 것이 내게는 매우 작은 일이라
나도 나를 판단하지 아니하노니 내가 자책할 아무 것도 깨닫지 못하나
이로 말미암아 의롭다 함을 얻지 못하노라 다만 나를 심판하실 이는 주시니라”
고전 4:3, 4

고린도교회는 헬라 사회의 특성인 분파주의로 얼룩져 있었습니다. 그리하여 세 명의 위대한 지도자 바울과 베드로와 아볼로는 그들에 의해 서로 싸움 붙여진 꼴이 되었습니다. 그들은 어느 한 파당에 의해 부당하게 높임을 받은 반면, 다른 파당들에 의해서는 부당하게 평가절하를 당했습니다. 그러나 이들 지도자 자신들은 서로 친밀한 유대관계를 유지하는 가운데 모두가 한 주인의 종이며 서로 동역자임을 느끼고 있었습니다.

바울은 문맥 속에서 베드로와 아볼로를 자신과 연결시키면서 고린도인들에게 “우리”를 그리스도의 종들로, 그러므로 사람들이 아니라 그리스도 앞에 책임질 자들로 생각할 것을 명합니다. 그리고 하나님의 비밀을 맡은 청지기로서, 즉 오랫동안 감추었다가 이제 나타난 진리를 나누어주는 자들로서, 그리고 그 일에 대해 오직 주 앞에 책임져야 할 자들로서 생각하라고 말합니다. 그리스도 앞에 책임져야 하는 존재로서 그들은 다른 사람들이 자신들에 대해 어떻게 생각하는지에 대해서는 그다지 큰 주의를 기울이지 않았습니다. 또 그리스도 앞에 책임져야 하는 존재로서 그들은 자

신들의 양심의 증거를 최종적이며 절대적인 것으로 받아들일 수 없었습니다. 이러한 것들을 넘어서는 또 하나의 판단이 있을 것이었습니다.

이와 같이 우리는 여기에서 세 가지 종류의 판단을 보게 됩니다. 그것은 사람들의 판단과 자기 양심의 판단과 예수 그리스도의 판단입니다. 본문에서 바울은 첫 번째 판단에서 두 번째 판단으로, 그리고 두 번째 판단에서 세 번째 판단으로 논의를 전개합니다. 사람들의 판단에 의존하는 것은 저급한 일입니다. 그것보다는 양심의 판단을 따르는 것이 훨씬 더 나은 일입니다. 그러나 설령 양심의 찬동(贊同)이 있다 할지라도, 그것이 최종적인 것은 아닙니다. 최후의 판단이 남아 있는데, 그것은 예수 그리스도의 판단으로서 그가 우리에 대해 어떻게 생각하느냐 하는 것입니다. 이제 우리는 이러한 세 가지 종류의 판단을 간략하게나마 살펴보아야만 합니다.

1. 첫째로, 가장 저급한 것으로서 사람들의 판단입니다.

"너희에게나 다른 사람들에게나 판단 받는 것이 내게는 매우 작은 일이라." 바울에게 있어 이것은 이미 그리스도인이 된 자들에게나 혹은 바깥 세상에 있는 자들에게나 마찬가지였습니다. 바울의 서신들은 그가 대적들의 끊임없는 비방과 비판에 시달렸음을 잘 보여줍니다. 먹구름 속에 번쩍이는 번개 같은 아픔의 토로와 한여름에 쏟아지는 장대비 같은 괴로운 감정의 폭발은 이것을 잘 보여줍니다. 그러나 그는 그러한 감정에 매몰되지 않았습니다. 그는 곧바로 자신의 나약한 감정을 떨쳐버리고 스스로를 굳게 해야만 했습니다. 그는 사람들의 판단에 대해 거칠게 대하거나 퉁명스럽게 대하거나 경멸하는 투로 대하지 않았습니다. 그는 그러한 것들에 대해 합당한 가치를 부여했습니다. 그렇지만 그는 이러한 가장 하급의 법정에 대해 상고(上告)할 수 있는 두 개의 상급 법정이 있다고 생각했습니다. 하나는 자신의 양심에 호소하는 것이고, 또 하나는 하늘에 계신 주님께 호소하는 것이었습니다.

사람들의 판단이라고 하는 하급 법정이 가진 힘은 매우 강력합니다. 그것은 항상 우리 옆에 앉아서 우리 모두에 대해 판결을 내립니다. 우리가 항상 그 판결문이 읽혀지는 것을 듣지는 않는다고 하더라도 말입니다. 어쨌든 그 법정은 강력한 힘을 가지고 있습니다. 다른 사람들이 우리를 어떻게 생각하며 또 어떻게 말하는지에 대해 항상 무시하는 태도로 맞서는 것은 좋은 일이 아닙니다. 그러나 이것보다 훨씬 더 큰 위험은 반대쪽 극단에 놓여 있습니다. 즉 다른 사람들의 말이나 생각에 우리가 지나칠 정도로 예민하게 귀를 기울이며 맹종적일 정도로 과도하게 영향을 받는 경우입니다. 밀턴은 세평(世評)에 과도하게 귀를 기울이는 것을 "고상한 마음이 가진 마지막 약점"이라고 말합니다. 사람으로부터의 좋은 평판을 사랑하고 열망하며, 그에 따라 살아가는 것은 나약한 것입니다. 설령 그로 인해 큰 자극을 받고 또 그로 말미암아 존귀와 영광을 얻는 계기가 되었다 하더라도 말입니다.

그러나 이와 같이 좀 더 고상한 형태의 세평(世評)을 좇는 것뿐만 아니라 좀 더 저급한 형태의 세평을 좇는 가운데에도 사람들의 판단의 법정에 과도하게 귀를 기울이는 것은 여러 가지 방식으로 우리를 약하게 만듭니다(사실 세평이라야 일반적으로 우리 주위를 둘러싸고 있는 대여섯 사람의 숙덕거리는 소리에 불과합니다). 얼마나 많은 사람들이 이처럼 사람들의 말에 과도하게 귀를 기울이는 가운데 자신들의 원칙을 잃어버리고 말았습니까? 여러분 가운데 얼마나 많은 사람들이 타지(他地)에 가면 여기에서는 결코 가지 않았던 이상한 곳에 종종 들르곤 합니까? 우리들 가운데 얼마나 많은 사람들이 다른 사람들이 어떻게 볼까 어떻게 말할까 따위를 두려워하는 가운데 마땅히 가야 할 길을 머뭇거리곤 합니까? 사람들의 판단에 과도하게 귀를 기울이다 보면 자칫 외식(外飾)으로 흐를 가능성이 매우 높아집니다. 의식적이든 무의식적이든 사람들의 생각과 말에 의존하여 어떤 일을 하는 사람과, 사람들로부터 좋은 평판을 얻기 위해 그렇지 않음에도 불구하고 그런 척하는 사람 사이에는 종이 한 장의 차이만이 있을 뿐입니다.

기독교 신앙은 다수의 왁자지껄한 소리나 사람들의 판단에 절대적인 의미를 부여하지 않는데, 이것이 핵심적으로 의미하는 바는 다음과 같습니다. 즉 우리는 예수 그리스도와의 인격적인 사랑의 관계 속으로 들어왔으므로 그로부터 삶의 모든 힘을 끌어오며, 그로부터 삶의 모든 법칙을 끌어오며, 그로부터 삶의 모든 자극을 끌어오며, 그로부터 삶의 모든 상급을 끌어온다는 것입니다. 만일 우리와 그리스도 사이에 직접적인 교통이 있다면, 만일 우리가 그로부터 그가 주시는 생명 곧 "죄와 사망의 법으로부터 해방된" 생명을 끌어온다면, 우리는 단지 피상적인 것만을 볼 뿐인 사람들이 우리에 대해 어떻게 생각하며 어떻게 말하는지 따위에는 큰 주의를 기울이지 않게 될 것입니다. 그리고 우리는 우리 자신을 사람들이 아니라 그리스도께 위탁할 것입니다. 그리스도를 향해 똑바로 나아갈 수 있는 사람들, 그 삶이 그리스도로 채워진 사람들, 그리스도로부터 모든 것을 끌어오는 사람들, 그리고 그들의 행동과 성격이 그리스도의 만짐과 그의 성령에 의해 빚어지는 사람들은 그리스도의 판단 외에 다른 판단들에는 크게 개의치 않습니다. 그리고 사람들이 자신들에 대해 생각하고 말하는 것에 대해 더 적게 생각할수록, 그들은 더 견고해지고 고상해지며 그리스도를 더 많이 닮게 될 것입니다.

사람들의 판단에 과도하게 귀를 기울이지 않는 것에 어떤 경멸이나 거친 태도를 섞을 필요는 전혀 없습니다. 그것은 비단으로 만든 장갑을 쇠로 만든 손에 끼우는 꼴입니다. 사람들의 판단에 좌우되지 않는 이러한 독립(獨立)은 모든 온유함과 겸손함의 터 위에 세워져야 합니다. 그렇지 않으면 그러한 독립은 잘못되고 왜곡된 것입니다. "너희에게나 다른 사람에게나 판단 받는 것이 내게는 매우 작은 일이라"는 말은 "나는 너희들이 나에 대해 어떻게 생각하든 전혀 관심이 없다"는 어투로 말해져서는 안 됩니다. 도리어 그 말은 "나는 오직 한 분의 인정(認定)에 최고의 의미를 부여합니다. 그분이 인정해 주신다면 그 외에 다른 모든 것들은 능히 감당할 수 있습니다"라는 의미로 말해져야 합니다.

이러한 '사람들의 판단으로부터의 독립'을 나는 여러분 모두가 좀 더 풍성하게 계발하기를 바랍니다. 여러분이 여러분 자신이 됨에 있어 오늘날보다 더 절실한 때는 없었던 것 같습니다. 여러분은 하나님이 여러분에게 나타내시는 것을 여러분 자신의 눈으로 보아야 합니다. 여러분은 여러분에게 주어진 길을 여러분 자신의 발로 걸어가야 합니다. 다른 사람들이 그에 대해 뭐라고 말하든지 말입니다. 오늘날 우리 모두는 유리로 만든 집에 살고 있습니다. 모든 사람이 다른 모든 사람의 모든 것에 대해 압니다. 그리고 사람들은 다른 사람들에 대해 말하기를 좋아합니다. 민주주의의 해악은 모든 사람을 비슷하게 만드는 것입니다. 민주주의는 수많은 사람들을 마치 기계에서 찍어낸 것처럼 서로 비슷한 사람들로 만드는 경향이 있습니다. 그러므로 우리는 여기의 교훈 즉 기독교 신앙의 결과는 개별성의 강화로 직결된다는 사실을 우리 부모 세대보다 훨씬 더 깊이 마음에 새길 필요가 있습니다. 우리 주위에 천사들이 많이 있다면, 그나마 훨씬 나을 것입니다. 그러나 우리는 마치 해변에 있는 돌들처럼 서로 부대끼는 가운데 닳고 닳은 사람들에 의해 둘러싸여 있습니다. 그리하여 사회는 완전히 획일적이고 무미건조해집니다.

형제들이여, 여러분은 여러분 자신이 되어야 합니다. 여러분은 주변 사람들로부터 도움과 충고를 받는 가운데서도 항상 "사람들로부터 판단 받는 것을 매우 작은 일"로 여겨야 합니다. 각자 맡은 일터에서 일하는 젊은 이들이여! 한창 공부하는 학생들이여! 한창 자라나는 소년소녀들이여! 여러분은 다른 사람들의 말에 지나친 관심을 갖지 마십시오. "여러분 자신의 눈으로 보십시오." 여러분 주위의 시끌벅적한 소리는 한 귀로 듣고, 한 귀로 흘리십시오. 우리 귀를 따갑게 하는 요란한 소리들이 있을 것입니다. 그러나 만일 우리가 높은 산꼭대기로 올라간다면, 우리는 모든 것을 발아래 내려다볼 수 있을 것입니다. 그리고 온갖 요란한 소리들은 들리지 않을 것입니다. 그럴 때 우리는 고요와 침묵 속에서 그리스도께서 속삭이는 세미한 음성을 듣게 될 것입니다. "잘 하였도다 착하고 충성된 종이여." 사람들의 말에 과도하게 귀를 기울이는 시험을 이긴 자들은 이런 칭찬을 받을 자격이 있습니다.

2. 둘째로, 그것보다 조금 더 높은 것으로서 자기 양심의 판단입니다.

"나도 나를 판단하지 아니하노니"라는 여기의 바울의 말은 그가 다른 곳에서 한 "우리가 우리를 판단했다면 우리가 판단을 받지 아니할 것이라"는 말과 상충되지 않습니다(고전 11:31, 한글개역개정판에는 "우리가 우리를 살폈으면 판단을 받지 아니하려니와"로 되어 있음). 그러므로 여기의 바울의 말은 그가 자신의 성격이나 행동에 대해 스스로 어떤 평가도 하지 않는 것을 의미하는 것이 아닙니다. 이어지는 구절을 볼 때, 그가 어떤 의미에서 스스로를 판단한 것은 너무도 명백합니다. 왜냐하면 거기에서 그는 "내가 자책할 아무 것도 깨닫지 못하나"라고 말하고 있기 때문입니다(4절). 만일 그가 스스로에 대해 자책할 것이 없다고 느꼈다면, 이미 거기에는 스스로를 판단하는 것이 선행되어야만 합니다. 그러나 그가 스스로에 대해 자책할 것을 알지 못한 것은 그의 삶의 전체 영역을 포괄하는 것으로 이해되어서는 안 됩니다. 그것은 지금의 주제 즉 '하나님의 비밀을 맡은 자로서의 충성됨'의 주제에 한정되어야 합니다. 그러나 바울은 이러한 영역에서 자책할 것이 없다고 생각하면서도 동시에 자신의 충성되지 못함을 인정하지 않을 수 없었습니다. 왜냐하면 그는 계속해서 이렇게 말하고 있기 때문입니다. "그러나 이로 말미암아 내가 의롭다 함을 얻지 못하노라."

우리의 양심의 판단은 절대적이지 않습니다. 추측컨대 양심은 스스로를 정당화할 때보다는 스스로를 정죄할 때 좀 더 신뢰할 만한 것으로 생각됩니다. 양심이 스스로에 대해 "네가 잘못했어"라고 말할 때, 그러한 판단을 외면하는 것은 어리석은 일입니다. 반면 양심이 스스로에 대해 "네가 옳아"라고 말할 때, 그러한 판단을 좀 더 세심히 고찰하지 않고 그대로 받아들이는 것 역시 똑같이 어리석은 일입니다. 결코 그릇되지 않는 유일한 말은 "옳다 옳다, 아니라 아니라"라는 말뿐입니다. 그러나 이것을 넘어 "이것이 옳으니 저것이 옳으니" 혹은 "내가 옳으니 네가 옳으니" 하는 판단에는 얼마든지 오류가 있을 수 있습니다. 이것은 모든 사람이 경험하는 바가 아닙니까? 어쨌든 우리의 기독교적 성품이 증진될수록, 우리는 과거에 별로 잘못될 것이 없다고 생각했던 것들이 사실은 그렇지 않다는 사실을 더 많이 발견하게 될 것입니다.

흐릿한 조명 아래서 잘 보이지 않던 것들이 조명이 밝아짐에 따라 분명하게 드러나는 사실을 우리는 역사를 통해서나 혹은 우리 자신의 경험 속에서 흔히 볼 수 있습니다. 그리스도의 교회가, 그리스도의 복음이 노예에 대해, 성관계에 대해, 술 취함에 대해, 전쟁에 대해 그리고 기타 수많은 문제들에 대해 가르치는 바를 발견하는데 얼마나 많은 시간이 필요했습니까? 이것은 지금도 마찬가지입니다. 오늘날의 우리가 아직 충분히 이해하지 못하고 있는 것이 많이 있을 것입니다. 그리고 우리의 후손들은 우리가 그러한 사실들을 알지 못한 것에 대해 의아하게 생각할 것입니다. 순교자와 핍박자가 똑같이 말합니다. "우리는 하나님을 섬기고 있노라!" 우리 각자의 경험을 통해 처음에 옳다고 생각했던 것이 나중에 잘못된 것으로 드러나는 경우는 얼마나 흔한 일입니까? "너희를 핍박하는 자들이 스스로 생각하기를 우리는 하나님을 섬기노라 할 것이라."

그러므로 형제들이여, 만일 여러분의 양심이 여러분에게 어떤 일이 잘못되었다고 외치며 가까이 가지 못하게 막는다면, 그러한 내적 경고에 귀를 기울이십시오. 그렇지만 여러분의 양심이 어떤 일에 대해 잘못될 것이 없다고 하며 가까이 가도 괜찮은 것으로 허용한다면, 그러한 내적 증거를 지나치게 확신하지 마십시오. "자기가 옳다 하는 바로 자기를 정죄하지 아니하는 자는 복이 있도다"(롬 14:22). 숲의 덤불 밑에는 비록 보이지는 않지만 여러분의 손이나 발을 찌르는 은밀한 것들이 있게 마련입니다. 우리가 사는 집은 깨끗하고 안락하며 잘 정돈되어 있을 것입니다. 그러나 그 아래에 있는 지하실은 어떻습니까? 거기에는 각종 벌레와 곤충 등 무는 것과 쏘는 것이 가득하지 않습니까?

사랑하는 형제들이여, 여러분의 양심이 여러분에게 "그것을 해도 좋다"라고 말할 때, 여러분은 예수 그리스도께 가서 "제가 그것을 해도 좋을까요?"라고 묻는 것이 좋습니다. "하나님이여 나를 살피사 내게 무슨 악한 행위가 있나 보시고 나를 영원한 길로 인도하소서"(시 139:23, 24). "내가 자책할 아무 것도 깨닫지 못하나 이로 말미암아 의롭다 함을 얻지 못하노라."

3. 셋째로, 최종적인 판단으로서 예수 그리스도의 판단입니다.

"다만 나를 심판하시는 이는 주시니라." 여기에서 "주"는 분명히 예수 그리스도를 지칭하는 것입니다. 앞의 문맥으로 볼 때도 그렇고, 그의 오심에 대해 이야기하는 다음 구절로 볼 때도 그렇습니다. 또 바울 사도가 여기에서 말하는 심판(혹은 판단, judgment)이 현재의 예비적인 심판이란 것 역시도 똑같이 분명합니다. 바울은 "나를 심판하실 이"라고 말하지 않고 "나를 심판하시는 이"라고 말합니다(한글개역개정판에는 "나를 심판하실 이"라고 되어 있음). 그것은 미래의 심판이 아니라 지금 여기에서의 심판입니다. 우리를 둘러싸고 있는 사람들이 우리에 대해 피상적으로 평가하며 판단합니다. 또 우리 양심이 우리를 의롭다 하기도 하고 정죄하기도 합니다. 그러나 이런 것들은 절대적이지도 않고 무오(無誤)하지도 않습니다. 그런데 우리에게는 이런 것들과 함께, 그러나 침묵 속에서 제기되는 또 하나의 판단(심판, judgment)이 있습니다. 고요한 눈이 우리를 응시하며 키질을 합니다. 그 눈은 우리의 모든 것을 압니다. 그 판단은 절대적이며 오류가 없습니다. 왜냐하면 그 앞에서는 "모든 감추인 것들과 숨어 있는 것들"이 밝히 드러나기 때문입니다. 또 그에게는 모든 "마음의 계획" 즉 모든 행동의 근원이 되는 모든 동기(動機)들이 투명하게 드러납니다. 그러므로 우리의 모든 것을 아시는 예수 그리스도께서 우리에 대해 하시는 판단은 우리의 어떠함에 대한 최종적인 판단입니다.

이러한 예수 그리스도의 판단은 앞에서 다룬 다른 두 판단을 아무것도 아닌 것으로 만들어 버립니다. 집안의 모든 일을 맡아 양식을 나눠주는 청지기를 생각해 보십시오. 그에게 있어 다른 종들이 이러쿵저러쿵 말하는 것이 무슨 그리 큰일이겠습니까? 그는 자신에게 맡겨진 모든 직무에 대해 주인에게 회계장부를 제출하며 주인과 더불어 회계해야 합니다. 그에게 중요한 것은 주인의 판단이 아니겠습니까?

황제로부터 어떤 식민지를 관할하는 총독으로 임명받은 사람을 생각해 보십시오. 그 총독에게 있어 식민지 백성들이 자신에 대해 어떻게 생각하느냐 하는 것도 어느 정도 중요한 면이 있을 수 있지만, 그러나 그가 결국 책임져야 하는 것은 황제 앞에서입니다. 우리도 마찬가지입니다. 우리는 만왕의 왕을 섬기며, 결국 그와 더불어 회계(會計)해야 합니다. 원형경기장에 있는 검투사에게 있어 수많은 관중들의 엄지손가락이 올라가느냐 내려가느냐 하는 것은 큰 문제가 아닙니다. 그에게 있어 중요한 것은 보라색 휘장 가운데 앉아 있는 황제의 엄지손가락이 올라가느냐 내려가느냐 하는 것입니다. 우리도 마찬가지입니다. 비록 우리에게 "구름같이 둘러싼 허다한 증인들"이 있다 할지라도, 우리는 오직 최고의 심판자이신 예수 그리스도를 바라봅니다. 검투사에게 있어 살고 죽는 것이 황제의 엄지손가락에 달려 있는 것처럼, 우리에게 있어 최종적인 옳고 그름은 예수 그리스도의 판단에 달려 있는 것입니다.

우리 각자의 삶 속에서 펼쳐지는 이러한 심판은 미래의 영원한 심판과 비교할 때 임시적이며 예비적입니다. 바울은 여기의 문맥 속에서 서로 구별되는 두 단어를 사용하는데, 그것이 흠정역에서는 똑같이 'judge'(판단하다)로 번역되었습니다. 하나는 여기의 세 절(즉 3절에서 5절)에서 사용된 것으로서 예비적인 심리(審理)를 의미하는 것이고, 다른 하나는 뒤에 나오는 것으로서 최종적이며 결정적인 판결을 의미하는 것입니다. 이와 같이, 형제들이여, 그리스도께서는 자신의 최종적인 판결을 위한 자료들을 모으고 계십니다. 그리고 여러분과 나는 증거와 함께 제출될 진술서를 쓰고 있습니다. 세상이 우리에 대해 말하는 것은 얼마나 하잘것없는 것입니까? 하늘의 백보좌 앞에서 다음과 같이 말하는 어떤 사람을 상상해 보십시오. "나는 주변 사람들로부터 좋은 평가를 받았나이다. 많은 신문들과 잡지들이 수도 없이 나에 대한 기사를 실었나이다. 나의 이름은 대리석 조상(彫像)에 새겨졌으며, 나의 이웃들이 내가 행했던 여러 덕행들을 증언하나이다." 그러나 그의 이름은 그 대리석 조상이 마지막 심판의 불에 타기 오래 전에 벌써 지워졌을 것입니다.

형제들이여, 예수 그리스도로부터의 칭찬을 구하십시오. 그것이 참된 칭찬입니다. 만일 그가 "잘 하였도다 착하고 충성된 종아"라고 말씀하신다면, 사람들이 우리에게 무슨 말을 한들 그것이 우리에게 무슨 대단한 일이겠습니까? 반면 만일 그가 "내가 너를 도무지 알지 못하노라"라고 말씀하신다면, 우리가 사람들로부터 받은 모든 칭찬과 칭송이 무슨 의미가 있겠습니까? "그런즉 우리가 살든지 죽든지 그를 기쁘시게 하기를 힘쓰노라."

10
명절(festival)을 지키는 삶

"이러므로 우리가 명절을 지키되 묵은 누룩으로 말고
누룩이 없이 오직 순전함과 진실함의 떡으로 하자"
고전 5:8

고린도교회에는 매우 끔찍한 음행이 있었습니다. 바울은 준엄한 어조로 그러한 죄인을 교회로부터 내쫓으라고 명령할 정도로 그러한 음행을 호되게 책망했습니다. 그렇게 했던 것은 온 교회가 그러한 음행에 전염되는 것을 막기 위해서였습니다. 이와 관련하여 그는 누룩의 은유를 사용합니다. "적은 누룩이 온 덩어리에 퍼지는 것을 알지 못하느냐?" 여기의 "누룩"이란 단어는 유대인의 유월절과 관련한 모임으로부터 끌어온 것입니다. 그는 모든 유대 가정에서 누룩이 들어있는 것은 샅샅이 찾아 제하던 것을 회상했습니다. 유월절 어린 양이 죽임을 당한 후 이어지는 절기가 있었는데, 그것이 바로 무교절이었습니다. 지금 바울은 고린도교회의 죄는 잠시 제쳐둔 채 그리스도인의 삶이 무엇이며, 그것이 어떻게 자양분을 공급받으며, 또 그것이 무엇을 요구하는지에 대한 매우 심오하며 통찰력 있는 관점을 제시합니다. 그는 말합니다. "이러므로 우리가 명절을 지키되 누룩이 없이 오직 순전함과 진실함의 떡으로 하자." 여기의 "이러므로"는 우리를 그 앞의 구절로 데려갑니다. "우리의 유월절 양 곧 그리스도께서 희생되셨느니라." 이러므로 — 즉 우리의 유월절 양 그리스도께서 희생되셨으므로 — 우리에게 삶을 축제(festival)로 만들며 스스로를 정결케 하는 권세와 함께 그렇게 해야 하는 의무가 부여되었느니라. 축제의 개념 속에는 두 가지가 함축되어 있는데, 그것은 기쁨과 풍성한 양식입니다. 그러므로 여기에는 세 가지 논점이 있습니다. 첫째로 그리스도인의 삶은 축제라는 것이며, 둘째로 그것은 유월절 희생제물로 자양분을 공급받는다는 사실이며, 셋째로 그것은 묵은 누룩을 깨끗이 제하는 것을 요구한다는 사실입니다.

1. 첫째로, 그리스도인의 삶은 계속적인 축제여야 합니다.

그리스도인의 삶이 축제(명절)라고요? 사실 그리스도인의 삶은 축제로서보다는 싸움이나 씨름 혹은 경주 등으로 더 자주 묘사되어 왔습니다. 그리고 이러한 은유들은 축제라는 은유보다 우리가 처한 실제적인 사실들이나 우리 마음이 경험하는 바와 더 잘 부합되는 것으로 보입니다. 그러나 축제의 은유는 싸움이나 경주 같은 은유보다 더 깊은 곳까지 들어가며, 그리스도인의 삶의 전투적인 측면을 결코 무시하지 않습니다. 바울보다 더 전투적인 삶을 산 사람은 아무도 없었습니다. 어느 누구도 바울보다 더 무거운 사명을 받은 자는 없었으며, 또 그것을 그보다 더 즐겁게 감당한 자도 없었습니다. 어느 누구도 그보다 더 격렬한 싸움을 싸운 자는 없었으며, 또 그보다 더 용감하게 싸운 자도 없었습니다. 그리스도인의 삶이 계속적인 축제여야 한다고 말할 때, 그것은 쾌락주의적인 것을 의미하는 것도 아니며 그리스도인의 삶을 둘러싸고 있는 모든 고통과 슬픔 등을 배제시키는 것도 결코 아닙니다.

그렇지만 여러분은 이렇게 말할 것입니다. "아! 그리스도인의 삶을 축제라고 부르는 것이야 나쁠 것이 없겠지요. 그러나, 첫째로, 우리의 인생길에서 부딪히는 난관과 고통 속에서 계속해서 기뻐하는 것은 불가능합니다. 그리고, 둘째로, 슬프고 괴로운 상황은 무시하고 즐거운 마음만 가지라고 말하는 것은 불합리한 일입니다."

사실입니다. 그러나 항상 삶을 즐거워하는 성품을 계발하는 것은 충분히 가능한 일입니다. 우리는 매일의 인생길을 걸어감에 있어 그것을 귀하게 여기며 감사하는 쪽으로 선택할 수 있습니다. 모든 감정은 그에 선행하는 생각이나 감각적인 경험을 따라가는 법입니다. 우리는 우리의 여러 가지 생각 가운데 어느 한 쪽의 생각을 골라잡을 수 있으며, 우리 삶의 다양한 측면에서 어느 측면을 주로 볼 것인지를 결정할 수 있습니다.

시커먼 먹구름이 잔뜩 끼여 있는 하늘을 생각해 보십시오. 그러나 사이사이에 고요한 호수 같은 파란 공간도 있습니다. 여기에서 여러분은 무엇을 볼 것입니까? 여러분은 먹구름을 볼 것인지, 아니면 파란 공간을 볼 것인지 선택할 수 있습니다. 먹구름은 낮은 영역에 있습니다. 반면 파란 하늘은 광대무변의 우주를 가득 채우고 있습니다. 먹구름은 잠시 있는 것이며, 우리가 바라보는 동안에도 계속해서 변합니다. 설령 먹구름이 세상을 어둡게 하며 천둥으로 요란하게 한다 할지라도, 그것은 잠시뿐입니다. 만일 우리가 지혜로운 자라면, 우리는 우리의 시선을 먹구름이 아니라 그 위에 있는 파란 하늘에 고정시킬 것입니다. 그러면 우리의 마음은 요란하고 시끄러운 소리가 아닌 고상한 기쁨으로 채워질 것입니다. 그리고 우리의 마음은 요란한 거품을 내며 끓어오르는 대신 고요함으로 채워질 것입니다.

만일 우리가 계속적인 기쁨의 원천이 하나님 자신임을 기억하고 "주 안에서 기뻐하라"는 명령에 귀를 기울인다면, 우리는 "항상 기뻐하는" 것이 결코 불가능한 것이 아니라는 사실을 발견하게 될 것입니다. 왜냐하면 하나님과 그의 충족하심과 그의 가까이 계심과 그의 임재와 그의 따뜻한 눈길과 그의 도움의 손길과 그의 부드러운 위로 등에 대한 생각이 우리의 쓰라린 마음으로부터 고통의 가시를 뽑아줄 것이며, 우리로 하여금 모든 무거운 짐들을 지탱하도록 힘을 북돋워 줄 것입니다. 그리고 그럼으로써 우리는 "잠시 여러 가지 시험으로 고민"하는 가운데서도 크게 기뻐할 수 있게 될 것입니다. 멕시코 난류는 북반구를 관통하여 흐르는 가운데 빙산들을 녹이며 북극해를 따뜻하게 만듭니다. 이와 같이 '주의 기쁨'(joy of the Lord)도 우리의 삶을 영원한 축제로 만들어줄 즐거움을 우리에게 가져다줄 것입니다.

또 여기에는 우리가 할 수 있는 또 하나의 것이 있습니다. 그것은 우리에게 고통과 슬픔을 가져다주는 각가지 상황들을 우리가 기독교 신앙의 진리 위에서 해석할 수 있다는 사실입니다. 즉 우리는 그러한 상황들을 우리를 슬프게 하거나 기쁘게 하는 것으로서 뿐만 아니라 또한 우리로 하여금 하나님을 더욱 뜨겁게 사랑하게 하며 하나님의 사랑을 더욱 확신하게 하며 하나님께 더욱 순종하는 태도를 갖게 하는 것으로 해석할 수 있다는 것입니다.

형제들이여, 만일 우리가 우리의 삶과 그 속에서 펼쳐지는 모든 일들을 우리를 더 큰 축복의 그릇이 되도록 훈련시키는 것으로 받아들인다면, 우리는 "주 안에서 항상 기뻐하라"는 말씀을 들을 때 별로 놀라지 않게 될 것입니다. 또 그럴 때 우리는 비록 무화과나무가 무성하지 못하며 포도나무에 열매가 없으며 감람나무에 소출이 없으며 밭에 먹을 것이 없으며 우리에 양이 없으며 외양간에 소가 없을지라도 우리의 구원의 하나님으로 인해 기뻐할 수 있게 될 것입니다. 만일 우리가 그것을 올바로 이해하고 받아들인다면, 우리에게 다가오는 어두운 먹구름조차도 아름다운 무지개를 가져오는 소망의 구름 같은 것이 될 것입니다. 그리고 그럴 때 우리는 "너희가 여러 가지 시험을 만나거든 온전히 기쁘게 여기라"는 역설적인 명령의 의미를 올바로 이해하게 될 것입니다. 결국 그러한 역설적인 명령은 실상 정결한 믿음으로부터 말미암은 참된 지혜의 음성인 것입니다.

여기에서 본문이 명령문의 형태로 되어 있는 것을 주목하십시오. 따라서 본문은 그러한 명령에 순종하는 것, 그러므로 삶이 계속적인 축제라고 하는 사실을 실현하는 것이 전반적으로 우리에게 달려 있다는 사실을 함축합니다. 사람들의 기질은 서로 다릅니다. 어떤 사람은 기질적으로 어두운 면을 보는 경향이 있고, 또 어떤 사람은 기질적으로 밝은 면을 보는 경향이 있습니다. 만일 우리의 기독교가 우리의 기질을 수정하거나 혹은 어느 정도 변화시킬 수 없다면, 기독교의 가치는 매우 작은 것이 될 것입니다. 주의 기쁨은 우리의 힘입니다. 따라서 주 안에서 기쁨을 계발시키는 것은 우리의 의무입니다. 그리스도인들에게 있어 이와 같이 계속적인 고요와 하늘의 기쁨을 추구하는 것이 그들에게 달려 있는 것과 마찬가지로 그리스도인으로서의 행동과 성품에 있어서의 아름다운 덕을 계발하는 것 역시도 그들에게 달려 있는 것입니다.

2. 둘째로, 그리스도인의 삶에는 어린 양의 희생제물이 계속해서 공급되어야 합니다.

"우리의 유월절 양 곧 그리스도께서 희생되셨느니라 이러므로 우리가 명절을 지키되." 바울의 글에서 유월절 어린 양이 예수 그리스도의 모형임을 분명하게 언급하는 구절은 여기가 유일하다는 사실은 매우 주목할 만합니다. 그러한 사실을 여기에서처럼 분명하게 언급하는 구절이 신약에 또 한 군데 있습니다. 그것은 요한복음의 십자가 이야기 속에 있는데, 거기에서 요한은 그리스도께서 뼈가 부러지지 않고 죽으신 것을 "그 뼈가 하나도 꺾이우지 아니하리라"는 예언이 이루어진 것으로 인식합니다.

그렇지만 그리스도를 "우리를 위해 희생되신 우리의 유월절 어린 양"으로 분명하게 언급하는 것이 바울의 글에서 본문이 유일함에도 불구하고, 그와 같은 사상은 신약 전체를 관통하여 흐릅니다. 주의 만찬의 기저(基底)에 있는 것도 바로 이것입니다. 예수 그리스도는 "대대로 영원히 기념할 것이라"는 말씀과 함께 세워진, 그리하여 유대인들에게 가장 거룩한 명절인 유월절에 대해 사실상 이렇게 말씀하셨습니다. "너희는 더 이상 유월절을 기념할 필요가 없느니라. 내가 참된 유월절 어린 양 즉 죽음의 천사의 칼을 막기 위해 그 피가 문 인방에 뿌려지고 영원한 생명을 주기 위해 그 살이 나누어진 유월절 어린 양이니라. 너희는 나를 기념하여 이 일을 행하라."

형제들이여, 예수 그리스도의 이러한 선언은 얼마나 엄청난 것입니까? 주의 만찬은 예수님 자신이 스스로를 유월절 어린 양으로 생각했음을 증거합니다. 그러나 우리가 여기에서 주목해야 할 요점은 과거 유월절에 죽임을 당한 어린 양이 이스라엘 백성들의 양식이 되었던 것처럼, 십자가 위에서 죽으신 그리스도가 우리의 영혼과 우리의 기독교적 삶에 자양분을 공급하는 양식이 된다는 사실입니다. "그러므로 우리가 명절을 지키되."

예수 그리스도를 먹고 마시는 것, 이것이 모든 그리스도인의 삶의 핵심입니다. 그러면 그를 먹고 마시는 것은 무엇을 의미하는 것입니까? 예전에 유대인들이 이렇게 물었습니다. "이 사람이 어찌 능히 자기 살을 우리에게 주어 먹게 하겠느냐?" 이에 예수님은 매우 단호하게 대답했는데, 그 의미가 오늘의 우리에게는 너무나 분명하지만, 그러나 당시 유대인들에게는 매우 애매모호했습니다. 그가 세상의 생명을 위해 주는 살은 우리의 영혼을 위한 자양분으로서 단순한 믿음의 행동으로 매일같이 취해져야 합니다. 그것은 자양분뿐 아니라 생명을 가져다주는 양식입니다. 우리를 위한 그리스도의 죽으심은 우리 안에서 그리스도께서 사시는 기초입니다. 그러나 그것은 단지 기초일 뿐입니다. 만일 우리를 위해 죽으신 그가 우리 안에 살지 않는다면, 그의 죽으심이 우리에게 무슨 소용이 있겠습니까? 우리는 믿음으로 그를 먹고 마십니다. 이것은 죄를 위한 대속의 제물을 믿는 것뿐만 아니라 영원한 생명을 전달하며 유지시키는 것으로서 그 제물을 먹는 것입니다. "우리의 유월절 양 곧 그리스도께서 우리를 위해 희생되셨느니라 그러므로 우리가 명절을 지키되."

우리의 마음이 그리스도가 누구시며, 무슨 일을 했으며, 무슨 일을 하고 있으며, 무슨 일을 하실 것인지 등을 묵상함으로써 그를 먹고 마실 때, 우리는 명절(feast)을 지키는 것입니다. 우리가 그를 모든 것을 비추는 빛으로 받아들일 때, 우리는 그와 그의 말씀과 그의 사역과 그의 고난과 부활과 승천과 하나님 우편에 앉아 계신 것 안에서 하나님의 어떠하심에 대한 완전한 계시와 사람이 누구인지에 대한 완전한 발견과 죄가 무엇인지에 대한 완전한 나타남과 사람이 어떻게 될 수 있는지에 대한 완전한 예언을 얻게 될 것입니다. 그리고 우리는 우리의 영혼이 하나님과 사람과 우주와 미래에 대해 제기하는 모든 물음에 대한 답을 얻게 될 것입니다. 또 우리가 우리의 생각과 목적과 열망을 겸손하게 그리스도의 권위에 순복시킬 때, 그리고 우리의 뜻을 그의 뜻 아래 놓을 때, 우리는 그리스도를 먹고 마시는 것입니다. 또 우리가 "주여 주여"라고 말할 뿐만 아니라 그가 말씀하시는 것을 행할 때, 우리는 예수 그리스도를 먹고 마시는 것입니다. 또 우리가 그리스도의 크고 거룩하며 지혜로우며 모든 것을 주시며 모든 것을 만족시키시는 사랑으로 하여금 우리 마음속을 쉼 없이 흐르도록 할 때, 그리고 우리 마음을 그 사랑 위에 굳게 고정시킬 때, 우리는 그리스도를 먹고 마시는 것입니다.

이와 같이 우리의 생각과 양심과 의지와 마음이 예수 그리스도께 향하고 그 안에서 자양분을 공급받을 때, 우리는 그가 모든 백성들을 위해 준비한 기름진 것들의 잔치로 채워질 것입니다. 오직 그 양식으로서만 우리는 만족함을 얻을 것입니다. 돼지의 쥐엄열매는 아버지의 아들을 위한 양식이 될 수 없습니다. 만일 우리가 우리 영혼의 양식을 위해 죽임을 당한 유월절 어린 양 외에 다른 것을 바라본다면, 우리는 "양식이 아닌 것을 위해 돈을 쓰며 만족케 하지 못하는 것을 위해 수고하는" 것입니다.

3. 셋째로, 그리스도인의 삶은 계속해서 묵은 누룩을 제하는 삶이어야 합니다.

누룩은 모든 형태의 악을 나타내는 너무도 생생한 상징입니다. 유대인의 유월절 의식에서와 마찬가지로, 누룩이 들어간 모든 것으로부터 정결케 하는 것이 그리스도의 잔치에 참예하는 것, 즉 그리스도를 먹고 마시는 잔치에 참예하는 것에 대한 필수불가결의 조건입니다. 앞에서 이야기한 것처럼, 예수 그리스도를 먹고 마시는 것은 우리의 누룩이 제하여지지 않는 한 절대로 불가능합니다. 어린아이들은 사탕 따위의 단 것을 먹음으로써 식욕을 망쳐놓곤 합니다. 이와 마찬가지로 많은 사람들이 세상의 달콤한 유혹의 열망에 탐닉하는 가운데 그리스도를 먹고 마시는 식욕을 망가뜨립니다. 그러나 형제들이여, 만일 여러분이 그리스도인이라면, 여러분은 악에 접촉한 분량만큼 그리스도를 먹고 마시는 여러분의 식욕이 망가진다는 사실을 발견할 것입니다. 여러분이 저급한 것을 갈망할 때, 특별히 여러분이 추구하는 것에 악의 색채가 드리워져 있을 때, 하나님의 떡 즉 예수 그리스도를 먹고 마시는 여러분의 목구멍은 급격히 수축될 것입니다.

　그러나 예수 그리스도 안에 실제적으로 참예하기 위해 모든 죄를 절대적으로 깨끗하게 해야만 하는 것은 아니라는 사실을 기억하십시오. 유대인들은 유월절 잔치를 시작하기 전에 각자 자기 집으로부터 모든 누룩을 제해야만 했습니다. 만일 이것이 우리에게도 똑같이 해당되는 조건이라면, 우리는 얼마나 절망스럽겠습니까? 그러나 우리에게 요구되는 것은 정결케 하는 노력입니다. 비록 완전하지는 못하다 하더라도 말입니다. 설령 우리가 완전하지는 못하다 할지라도 죄를 미워하며 제하려고 노력한다면, 우리는 하늘로부터 온 떡에 능히 참예할 수 있을 것입니다.

　나아가 우리가 이미 그리스도에 참예했기 때문에 이와 같이 우리 스스로를 정결케 하는 권능을 가진다는 사실을 주목하십시오. 우리에게 악을 이기는 새 생명이 부여된 것은 그와 같이 그리스도에 참예함으로 말미암은 것입니다. 본문 바로 앞에서 바울은 묵은 누룩을 제하라는 자신의 명령을 "너희는 누룩 없는 자"라는 사실 위에 근거시킵니다. 본질적으로 말할 때, 여기의 고린도인들은 누룩 없는 자들입니다. 설령 묵은 누룩을 제하라는 명령을 받고 있다 하더라도 말입니다. 다시 말해서, 고린도의 그리스도인들을 향한 바울의 명령은 "너희의 본질을 현실화하라, 너희가 소유한 권능을 활용하라, 너희는 믿음으로 모든 죄와 부패를 이길 수 있는 새 생명을 받았으니 그 생명을 사용하라, 너희는 누룩 없는 자들이니 묵은 누룩을 제하라"는 것입니다.

　이제 마지막으로 한 마디만 더 하고자 합니다. 이와 같이 스스로를 정결케 하는 것이 모든 그리스도인의 의무이며, 유월절 어린 양에 참예하는 조건임을 강조하는 본문의 엄중한 훈계는 앞에서 언급한 것처럼 악이 가진 전염성이라고 하는 마귀적인 힘의 개념 위에 기초합니다. 여러분이 악을 내어버리든지, 아니면 악이 여러분 안에 있는 선한 것들을 질식시키든지, 둘 중의 하나입니다. 악은 스스로 자라며 퍼집니다. 그리고 빵 덩어리 전체를 부풀게 할 때까지 그 속에서 계속해서 역사(役事)합니다. 개울에 자라고 있는 수초들을 생각해 보십시오. 몇 해가 지나고 나면 결국 수초들이 물길의 일부를 막아버리게 될 것입니다. 늪지대에 있는 녹조(綠藻)들을 생각해 보십시오. 머지않은 장래에 그 늪지대는 녹조들로 완전히 덮일 것입니다. 만일 우리가 악을 제하지 않으면, 악이 우리로부터 선한 것들을 제할 것입니다. 이와 같이 슬금슬금 자라며 다가오는 악을 제하기 위해 여러분에게 부여된 힘을 사용하십시오. 어떤 사람이 자신의 포도주를 저장해 놓은 지하실에 오랜만에 들어갔습니다. 그러나 거기에서 그는 통 속에 포도주는 하나도 없고 엄청나게 피어난 곰팡이들만을 발견했을 뿐입니다. 어둠 속에서 모든 포도주는 아무도 모르게 조금씩 조금씩 사라져갔던 것입니다. 나는 우리 가운데 적지 않은 사람들이 이와 같지 않은지 심히 우려합니다.

우리 모두에게 있어 이와 같이 영속적으로 명절(혹은 축제, festival)을 지키는 것은 충분히 가능한 일입니다. 예수 그리스도 안에 살며, 그에 근거하여 살며, 또 그를 위해 살 때, 우리는 죄와 슬픔과 무거운 짐 등 모든 원수들을 이기게 될 것입니다. 만일 우리가 뜻하기만 한다면, 우리는 폭풍우의 요란함이 없는 고요한 지대에 거할 수 있습니다. 고난과 슬픔의 우레가 내리치는 가운데서도 끊어지지 않는 아름다운 음악의 선율을 들으며 말입니다. 그리고 우리는 원수들 앞에서 우리를 위해 베풀어진 상(床)을 발견하게 될 것이며, 그것을 통해 우리는 새 힘을 얻고 믿음의 선한 싸움을 싸울 수 있도록 다시 일어서게 될 것입니다. 그의 나라에서 그와 함께 그의 상(床)에 앉아 먹고 마시게 될 때까지 말입니다.

11
형식이냐 본질이냐?

"할례 받는 것도 아무 것도 아니요 할례 받지 아니하는 것도 아무 것도 아니로되
오직 하나님의 계명을 지킬 따름이니라" 고전 7:19
"할례나 무할례가 아무 것도 아니로되
오직 새로 지으심을 받는 것만이 중요하니라" 갈 6:15
"그리스도 예수 안에서는 할례나 무할례나 효력이 없으되
사랑으로써 역사하는 믿음뿐이니라" 갈 5:6

바울의 일생을 몹시 괴롭히며 그의 활동을 제약했던 큰 논쟁은, 이방인이 단지 믿음의 문을 통해 교회에 들어올 수 있느냐, 아니면 반드시 할례의 문을 통과해야만 하느냐 하는 것이었습니다. 우리 모두는 바울이 이에 대해 어떻게 답했는지를 압니다. 결국 시간이 모든 논쟁을 결말지어주는 법입니다. 이 문제도 시간이 흐름에 따라 다시금 재론할 필요가 없을 정도로 완전하게 결말지어졌습니다. 이제는 이 문제를 거론하는 것이 시간낭비 외에 아무것도 아닌 것처럼 느껴질 정도입니다. 그러나 그 당시 서로 논쟁을 벌였던 원리들은 영원합니다. 비록 그러한 원리들이 구체적으로 나타나는 형태는 시대에 따라 다양하다 하더라도 말입니다.

한쪽에 의식파(儀式派, Ritualist)가 있고, 다른 한쪽에 성결파(聖潔派, Puritan)가 있습니다. 양자(兩者)는 인간 본성의 영원한 두 성향을 대표하는데, 그와 관련하여 오늘날에도 우리는 옛 원수들이 서로 새로운 얼굴을

하고 또다시 나타나 싸우는 것을 보게 됩니다. 본문의 세 구절은 외적인 의식과 영적인 본질의 상대적 가치의 문제에 대한 바울의 견해입니다. 본문의 세 구절의 앞부분은 거의 똑같지만, 뒷부분은 다양하게 나타납니다. 세 구절 모두에서 바울은 거의 동일한 언어로 "할례 받는 것도 아무것도 아니요 할례 받지 않는 것도 아무것도 아니"라고 확언합니다. 다시 말해서, 더 고상한 것들과 비교할 때, 의식파의 의식(儀式)과 성결파의 항변(抗辯)이 똑같이 하찮은 것이라는 것입니다. 그러고 나서 그는 더 고상한 것들을 다양하게 제시합니다. 첫 번째 구절에서 그는 가장 중요한 것으로서 "하나님의 계명을 지키는 것"을 제시합니다. 그리고 두 번째 구절에서는 한층 더 깊이 들어가 가장 중요한 것으로서 "새로운 피조물이 되는 것"을 제시합니다. 그리고 마지막 구절에서 그는 가장 깊은 바닥까지 내려가 가장 중요한 것으로서 "사랑으로 역사하는 믿음"을 제시합니다.

여기에서 나는 먼저 모든 형식주의(externalism)가 아무것도 아님을 삼중적으로 선언하는 것을 살펴보고, 그 다음에 본질적인 것으로서 제시되는 세 가지를 살펴보고자 합니다.

1. 첫째로, 바울은 외적인 의식(儀式)들은 아무것도 아니라고 매우 단호한 어조로 선언합니다.

본문의 세 구절 중 두 구절은 "할례 받는 것도 아무것도 아니요 할례 받지 않는 것도 아무것도 아니"라고 말합니다. 그리고 나머지 한 구절은 "할례나 무할례나 효력이 없다"고 말합니다. 할례는 그 자체로서 아무것도 아니며 아무런 효력도 갖지 않습니다. 바울이 이렇게 말하는 것이 할례가 유대인의 의식이었기 때문이었을까요? 그렇지 않습니다. 그가 그렇게 말한 것은 할례가 의식(儀式, rite)이었기 때문입니다. 바울은 꼭 필요한 한 가지는 영적인 본질임을 깨달았습니다. 그리고 그것은 어떤 종류의 의식으로도 만들어낼 수 없는 것임을 그는 배웠습니다. 나는 여기의 이러한 원리를 유대인의 의식을 넘어 다른 의식들에게까지 적용시킬 수 있다고 믿습니다. 바울도 그렇게 믿었음을 우리는 고린도전서 1장의 세례를 말하는 구절 속에서 엿볼 수 있습니다. 그는 사실상 이렇게 말하고 있었습니다. "나는 그리스보와 가이오와 스데바나 집 사람에게 세례를 베풀었노라. 그리고 확실치는 않지만 이들이 전부라고 생각하노라. 나는 일종의 세례명부 같은 것을 가지고 있지 않노라. 주께서 나를 보내신 것은 세례를 베풀게 하려 하심이 아니요 오직 복음을 전하게 하려 하심이라."

영적인 결과물을 산출하는 것은 의식이 아니라 진리였습니다. 따라서 바울은 자신의 사명이 진리를 전파하는 것이라고 생각하면서 의식을 집행하는 것은 다른 사람들에게 남겨 두었습니다. 그러므로 우리는 여기의 원리를 모든 예배 의식과 교회의 형식들에까지 확장시키면서 기독교의 모든 내적인 본질들과 비교할 때 그것들은 아무것도 아니며 또 아무 효력도 갖지 못한다고 말할 수 있습니다.

물론 그런 것들도 나름대로의 가치를 가지고 있습니다. 우리가 이 땅에서 육체를 입고 살아가는 동안 우리는 외적인 형태와 상징적인 의식들을 가져야만 합니다. 우리가 더 이상 성전을 보지 못하게 되는 것은 하늘에서입니다. 우리의 감각적인 본성은 우리가 하나님 앞에 나아감에 있어 외적인 의식들의 도움을 필요로 합니다. 머리를 숙이고 눈을 감고 무릎을 꿇을 때, 우리는 더 잘 기도하게 될 것입니다. 실재(實在)를 실제화함에 있어 그리고 진리를 표현하며 구체화함에 있어, 형식들은 매우 큰 도움이 됩니다. 음악은 우리의 영혼을 더욱 고양(高揚)시킬 수 있으며, 그림은 우리의 상상력을 더욱 심화시킬 수 있습니다. 바로 이것이 예배에 있어 모든 외적인 조력물(助力物)들이 갖는 가치입니다. 그것들은 거룩한 진리를 인식하며 사람의 마음을 경건한 감정으로 채우는데 도움이 될 수 있습니다.

그러므로 이와 같은 외적인 의식들은 나름대로 가치를 가지고 있으며 — 비록 보조적이며 종속적인 가치라 하더라도 말입니다 — 그런 측면에서 그것들은 아무것도 아닌 것이 아니며, 또 아무 효력이 없는 것도 아닙니다. 그러나 이러한 모든 외적인 의식들은 쉽사리 자신들의 본분을 벗어나기 쉬운 경향이 있습니다. 그리고 우리는 우리 자신의 약함으로 인해 그것들을 우리를 고양시키는 수단으로 사용하는 대신 그런 것들에 과도하게 집착하는 가운데 예배에 있어서의 우리의 감각적인 욕구를 만족시키는 잘못을 범하는 경향이 있습니다. 한 조각의 스테인드글라스가 천사의 형상이나 성자들의 그림으로 빛날 수 있습니다. 그러나 그것은 그 만큼의 빛을 차단하며, 우리로 하여금 그것을 통해 외부를 볼 수 없도록 만듭니다. 이와 같이 모든 외적인 예배형식은 그것들에게 부여된 속성 이상의 것을 취하고, 또 우리를 그것들의 수준으로 끌어내리려는 강력한 성향을 가집니다. 만일 영혼을 담을 만큼만의 육체가 있다면, 그리고 내용을 구체화할 만큼만의 형식이 있다면, 바로 그것이 우리가 바라는 전부입니다. 그 이상은 위험합니다.

예배에 있어서의 모든 형식은 마치 불과 같습니다. 불은 선한 종이어야 합니다. 그렇지 않으면 악한 주인이 될 것입니다. 예배에 있어서의 모든 형식은 항상 부차적인 위치에 놓여야 합니다. 그렇지 않으면 기독교 예배의 영성은 사람들이 알아채지 못하는 사이에 서서히 사라져 버리고 마침내 죽은 형식만 남게 될 것입니다.

사랑하는 형제들이여, 이런 일이 진행될 때 그리고 사람들이 형식은 반드시 있어야만 하는 것이라고 말하기 시작할 때, 우리는 "그것들은 아무 것도 아니다"라는 바울에 말에 다시금 귀를 기울여야 합니다. 형식들은 어떤 부분에서 유용합니다. 그러나 만일 사람들이 그것들을 필수적이며 본질적인 것으로 만든다면, 그리고 은혜가 그런 것들을 통해 전달된다고 말한다면, 우리는 그것들이 아무것도 아니며 아무런 효력도 갖지 못한다는 사실을 분명하게 제시해야 합니다. 본질적인 것은 영적인 속성을 만들어내는 것뿐인데, 그러한 형식들은 영적인 속성들을 결코 만들어내지 못하기 때문입니다.

오늘날 우리는 의식주의와 미학적 예배가 다시 유행하기 시작하는 것을 목도하고 있습니다. 이러한 경향은 감독교회뿐만 아니라 비국교도 교회들 가운데서도 마찬가지입니다. 과거 화려한 예배의식과 각종 예배 보조물들을 싫어하던 자들 가운데에서조차 말입니다. 여기저기에서 사람들은 예배당을 콘서트홀로 바꾸며, 복음을 선포하는 대신 소위 "찬양예배"라는 것을 드립니다. 이러한 사실을 감안할 때, 오늘날이야말로 과거 그 어느 때보다도, 모든 형식은 아무것도 아니라는 원리를 다시금 분명하게 말해야 할 때라고 생각됩니다. 형식은 예배가 아니며, 의식(儀式)은 영(靈)을 억누를 수 있습니다. 그리고 사람들은 자신들이 만든 감각적인 것들에 스스로 넘어갈 수 있으며, 실제적인 예배와 헌신은 없이 미학적(美學的)인 감정에 사로잡힐 수 있습니다.

이와 같은 외적인 것들은 오직 복음의 위대한 진리에 대한 우리의 이해를 좀 더 깊게 하고, 우리의 감정을 좀 더 풍성하게 하는 데에만 가치가 있을 뿐입니다. 그럴 때, 그것들은 도움이 됩니다. 그러나 그렇지 않을 때, 그것들은 훼방하는 것이 되며, 우리는 그것들과 더불어 싸워야 합니다. 그러므로 우리는 본문에서 바울이 선포한 것을 오늘날 다시금 선포해야 합니다. "할례 받는 것은 아무것도 아니요 오직 하나님의 계명을 지킬 따름이니라."

나아가 바울이 덧붙인 "할례 받지 않는 것도 아무것도 아니라"는 말씀을 주목해 보십시오. 일평생 어떤 잘못된 가르침과 더불어 싸워온 사람에게 있어, 자신이 역설해 온 가치를 과장하지 않는 것은 결코 쉬운 일이 아닙니다. 또 각종 형식들에 대한 의존으로부터 해방된 사람에게 있어, 자신의 무형식(formlessness)에 과도한 가치를 부여하지 않는 것 역시 매우 어려운 일입니다. 어떤 사람이 국교도 의식주의자이거나 가톨릭 신자이기 때문에 참된 그리스도인이 될 수 없다고 생각하는 청교도는, 어떤 청교도가 그들의 세례를 받지 않는 한 결코 그리스도인이 될 수 없다고 생각하는 국교도 의식주의자나 가톨릭 신자와 똑같은 잘못을 범하는 것입니다. 두 부류의 사람은 정확히 똑같습니다. 다만 차이가 있다면, 한 쪽 부류의 사람은 이쪽 극단에 서 있는 반면, 다른 쪽 부류의 사람은 저쪽 극단에 서 있다는 사실 뿐입니다. 간소한 예배를 주창하는 자들 가운데 화려한 의식을 추구하는 자들 못지않은 미신과 우상 숭배의 요소가 있을 수 있습니다. 스스로 "바알에게 무릎 꿇지" 않았다고 생각하는 비국교도들 가운데 어떤 사람들은 다른 교파에서 나타나는 의식주의에 대한 미신적인 혐오 가운데 그러한 의식을 맹목적으로 의지하는 자들 못지않은 진정한 우상 숭배자일 수 있습니다.

바울과 함께 이렇게 말할 수 있는 사람은 기독교적 성품을 정말로 많이 이룬 사람입니다. "할례 받는 것은 아무것도 아니며 할례 받지 않는 것도 아무것도 아니니라. 할례 받는 것이나 할례 받지 않는 것이나 본질적인 것은 아니니라."

2. 둘째로, 여기에 나타나는 본질적인 것들의 다양한 표현들을 살펴봅시다.

우리는 첫 번째 본문에서 다음과 같은 말씀을 읽습니다. "할례 받는 것도 아무 것도 아니요 할례 받지 아니하는 것도 아무 것도 아니로되 오직 하나님의 계명을 지킬 따름이니라." 만일 우리가 이 문장을 좀 더 자연스럽게 마무리한다면 이렇게 될 것입니다. "오직 하나님의 계명을 지키는 것이 모든 것이니라."

물론 바울에게 있어 "하나님의 계명을 지키는" 것은 단순히 외적인 순종을 의미하는 것이 아닙니다. 그는 그것보다 좀 더 심오한 어떤 것을 의미합니다. 그것을 우리는 이렇게 표현할 수 있습니다. 즉 기독교적 생명의 한 가지 본질은 자신의 의지를 하나님의 의지와 일치시키는 것이라는 것입니다. 단순한 외적 순종이 아니라 나의 의지를 하늘에 계신 아버지의 의지에 전적으로 순종시키며 굴복시키는 것입니다. 바로 이것이 가장 중요한 것이며, 하나님이 원하시는 것이며, 모든 의식과 예식의 목적이며, 하나님의 말씀과 모든 계시의 목적입니다. 성경, 그리스도의 사명, 그의 고난과 죽음, 그의 성령의 은사, 그리고 모든 부분의 하나님의 섭리 — 이 모든 것이 이러한 한 가지 목적과 목표로 모아집니다. 이러한 목적 즉 인간의 의지가 하늘 아버지의 크고 무한하신 의지에 온전히 그리고 즐거이 순복하게 되는 것을 위해 아버지께서 지금까지 일하셨으며, 그리스도께서도 일하십니다.

형제들이여, 사람의 의지가 하나님의 의지에 맞추어질 때, 바로 이것이 인간의 본성의 완성입니다. 마치 빛이 투명한 유리를 통과하는 것처럼 하나님의 의지가 아무런 저항이나 굴절 없이 자유롭게 통과하는 것을 사람의 의지가 허용할 때, 또 마치 전신기(電信機)의 바늘이 전신원의 손에 반응하는 것처럼 사람의 의지가 하나님의 손가락의 접촉에 반응할 때, 그는 하나님과 신앙이 그를 위해 할 수 있는 모든 것을, 그리고 그의 본성이 얻을 수 있는 모든 것을 얻은 것입니다. 그의 발밑에는 각종 의식과 형식과 외적인 행동들의 사다리가 있을는지 모르지만, 그는 그것들을 통해 고요하고 축복된 높은 곳으로 올라갑니다. "할례 받는 것도 아무 것도 아니요 할례 받지 아니하는 것도 아무 것도 아니로되 오직 하나님의 계명을 지키는 것이 모든 것이니라."

이와 같은 의지의 순복은 여러분의 기독교 신앙의 전체이면서 동시에 그것을 시험하는 것입니다. 여러분의 기독교 신앙은 단지 여러분이 "믿음"이라고 부르는 것으로 이루어지지 않습니다. 그것은 또한 감정들로 이루어지는 것도 아닙니다. 아무리 깊고 축복되며 참된 감정들이라 하더라도 말입니다. 또 그것은 어떤 교리를 받아들이는 것으로 이루어지는 것도 아닙니다. 이 모든 것들은 목적에 이르는 수단들입니다. 그것들은 생명의 바퀴를 움직이도록 의도된 것입니다. 그것들은 여러분의 참된 본성을 일으켜 세우며, 여러분의 최고의 소원이 "아버지여 내 원대로 마시옵고 아버지의 원대로 되기를 원하나이다"가 되도록 의도된 것입니다. 이것이 여러분의 열망이 되는 분량만큼, 여러분은 스스로를 그리스도인으로 부를 권리를 갖게 됩니다.

여기에서 우리는 다음과 같은 질문을 예상할 수 있습니다. "우리의 의지를 이와 같이 순복시키는 것에 대해 말하는 것은 참으로 좋습니다. 그렇지만 어떻게 우리가 그렇게 할 수 있습니까?" 이러한 질문에 대답하기 위해 우리는 두 번째 본문으로 가야 합니다. "할례나 무할례가 아무 것도 아니로되 오직 새로 지으심을 받는 것만이 중요하니라"(갈 6:15). 이것은 만일 우리가 하나님의 의지에 순복하고자 하면 우리는 반드시 새로 지으심을 받아야만 한다는 의미입니다. 그렇습니다. 우리는 반드시 새로 지으심을 받아야 합니다. 우리 자신의 양심은 다음과 같은 사실 즉 우리가 지금까지

해온 모든 노력과 경험으로 비추어볼 때 만일 우리가 우리 안에서 벌어지는 싸움에 이기고자 하면 우리 자신의 힘보다 더 강한 어떤 힘이 꼭 필요하다는 사실을 분명하게 보여줍니다. "여러분의 의지를 하나님께 복종시키십시오, 그러면 모든 일이 잘 되며 형통할 것입니다"라고 말하는 것보다 더 맥빠지고 무력한 것은 없을 것입니다. 단지 이렇게 말하는 것이 전부일 뿐이라면, 사람들은 분명 이렇게 반응할 것입니다. "우리는 그렇게 할 수 없습니다. 우리의 의지를 하나님의 의지에 복종시키라고 말하느니 차라리 표범에게 그 반점을 변하게 하라고 하며 구스 인에게 그 피부를 변하게 하라고 말하십시오. 우리는 그렇게 할 수 없습니다."

그러나 형제들이여, "새로 지으심을 받는"이라는 어구 속에 하나님으로부터의 약속이 담겨 있습니다. 왜냐하면 지으심을 받는 것은 곧 창조주를 함축하기 때문입니다. 우리는 만드신 자는 하나님이지 우리 자신이 아닙니다. 그리스도께서 우리에게 주시는 마음은 우리 마음 가운데 거하시는 그 자신의 생명의 선물(혹은 은사, gift)입니다. 바로 이것이 우리의 의지를 묶고 있는 죄와 사망의 법으로부터 우리를 자유케 하는 강력한 힘입니다. 이와 같이 그리스도의 마음이 주어질 때 우리는 그의 형상으로 빚어지며, 새로운 기호(嗜好)와 새로운 열망과 새로운 능력이 우리 안에 주입(注入)됩니다. 그럼으로써 우리는 우리의 의지를 하나님의 의지에 복종시키고자 애씀에 있어 우리 자신의 보잘것없는 힘에만 의지하도록 남겨지지 않게 되는 것입니다. 그렇게 하는 대신 하나님의 계명을 지키는 순종과 거룩과 사랑이 우리의 새로워진 영 안에서 샘솟을 것입니다.

오랜 세월 스스로를 하나님이 원하시는 모습으로 만들고자 애써 온 여러분들이여, 다음과 같은 말씀에 귀를 기울여 보십시오. "그런즉 누구든지 그리스도 안에 있으면 새로운 피조물이라 이전 것은 지나갔으니 보라 새 것이 되었도다." 본질적인 것은 하나님의 계명을 지키는 것입니다. 그리고 우리가 하나님의 계명을 지킬 수 있게 되는 유일한 길은 그리스도의 형상으로 새롭게 지으심을 받는 것입니다. 오직 그리스도만이 "항상 하나님이 기뻐하시는 일만을 행한" 유일한 분이기 때문입니다.

이제 우리는 마지막 본문에 이르렀습니다. "그리스도 예수 안에서는 할례나 무할례나 효력이 없으되 사랑으로써 역사하는 믿음뿐이니라." 즉 만일 우리가 새롭게 지으심을 받고자 하면, 우리는 그리스도 예수를 믿는 믿음을 가져야만 한다는 것입니다. 이제 우리는 마침내 뿌리까지 내려왔습니다. 우리는 하나님의 계명을 지켜야 합니다. 만일 우리가 하나님의 계명을 지키고자 하면, 우리는 새롭게 지으심을 받아야만 합니다. 그러면 우리가 어떻게 새롭게 지으심을 받습니까? 그에 대한 대답은 "사랑으로 역사하는 믿음으로"입니다.

바울은 외적인 의식(儀式)들이 사람으로 하여금 새로운 본성(new nature)에 참예하도록 만들어 줄 수 있다고 믿지 않았습니다. 바울이 믿은 것은 사람이 예수 그리스도를 믿을 때 그리스도의 생명이 그 사람의 열린 마음속으로 흘러들어오고, 그럼으로써 그 안에서 새로운 영과 새로운 본성이 태어나게 된다는 것입니다. 그러므로 본문의 세 구절에 나타난 바울의 세 가지 요구는 마침내 모두 여기로 모입니다. 그리고 여기의 것 즉 "사랑으로 역사하는 믿음"은 모든 것의 출발점이면서 동시에 다른 두 가지의 조건이 됩니다. "할례나 무할례나 효력이 없으되 사랑으로써 역사하는 믿음뿐이니라." 그리스도를 믿는 자는 그리스도께 자기 마음을 엽니다. 그러면 그리스도는 자신의 새 창조의 영과 함께 우리 안으로 들어와 그의 권능의 날에 그의 계명들을 지킬 의지를 우리에게 주입(注入)시킵니다.

이와 같이 믿음은 우리를 순종으로 이끎에 있어 "사랑으로 역사하는" 방식으로 그렇게 합니다. 믿음이 우리를 사랑으로 이끌 때, 그 믿음은 스스로를 살아 있는 믿음으로 드러냅니다. 그리고 믿음은 사랑으로써 자신의 결과물을 산출합니다.

여기의 믿음에는 두 가지가 함축되어 있습니다. 첫째는 만일 여러분이 그리스도를 믿는다면 여러분은 그를 사랑할 것이라는 것입니다. 이것은 너무도 명백합니다. 만일 여러분이 그리스도를 믿지 않는다면, 여러분은 그를 사랑하지 않을 것입니다. 여기에는 많은 의미가 담겨 있지만, 그러나 지금은 그냥 지나치고자 합니다. 여러분은 여러분 스스로를 어떤 특별한 종교적 감정의 발작 속으로 끌어들일 수 없습니다. 또 특별한 결심이나 노력으로 사랑의 감정을 가질 수도 없습니다. 여러분이 할 수 있는 모든 것은 주님께 가서 그를 바라보며 그 옆에 머무는 것입니다. 그럴 때 여러분은 자연스럽게 뜨거운 사랑의 감정을 갖게 될 것입니다. 만일 여러분이 믿으면, 여러분은 사랑할 수 있습니다. 여러분의 믿음이 여러분으로 하여금 사랑하도록 만들 것입니다. 만일 여러분이 믿지 않는다면, 여러분은 결코 그를 사랑하지 않을 것입니다.

믿음에 함축된 두 번째 것은 만일 여러분이 사랑하면 여러분은 순종할 것이라는 것입니다. 이 역시 너무도 명백합니다. 하나님의 계명을 지키는 것은 쉬울 것입니다. 그 마음에 사랑이 있을 때 말입니다. 그 마음에 사랑이 있을 때, 그 의지는 굴복할 것입니다. 피조물의 쇠 같이 완악한 의지를 녹일 수 있는 유일한 불은 사랑입니다. 의지는 강요될 수 없습니다. 힘으로 내리쳐 보십시오. 그것은 더 완악해질 것입니다. 그것은 부드럽게 만져질 때 순복할 것입니다. 만일 여러분이 마치 복음서의 귀신들린 자의 경우처럼 의지에다가 쇠고랑을 채우려고 한다면, 의지는 미친 듯이 날뛸 것이며 쇠고랑은 곧 끊어질 것입니다. 여러분의 의지를 부드러운 사랑의 사슬로 매십시오. 그러면 어린아이라도 그것을 끌고 갈 수 있을 것입니다. 이와 같이 믿음은 사랑으로 역사합니다. 왜냐하면 우리는 우리가 믿는 자를 사랑할 것이며 또 우리가 사랑하는 자를 순종할 것이기 때문입니다.

이와 같이 믿음은 모든 것의 뿌리입니다. 꼭 필요한 것은 믿음 외에 아무것도 없습니다. 그것으로부터 변화시키는 영의 모든 역사와 순종하는 의지의 모든 축복된 결과들이 따라올 것입니다.

형제들이여, 바울과 야고보는 여기에서 서로 악수합니다. 행함 없는(여기의 표현대로 하면 "역사하지 않는") 믿음은 죽은 믿음입니다. 여러분이 "믿음"이라고 생각하는 것을 그대로 신뢰하지 말고 면밀하게 검토하십시오. 그것은 무엇인가를 행하는 믿음입니까? 그 믿음은 여러분으로 하여금 그리스도를 닮아가도록 돕습니까? 그 믿음은 그리스도의 영이 들어오도록 여러분의 마음을 열게 만듭니까? 그 믿음은 여러분의 마음을 그리스도의 사랑으로 채웁니까? 순종으로 스스로를 증명하는 바로 그 사랑 말입니다. 이것들은 누구나 대답할 수 있는 분명한 질문들이면서 동시에 모든 문제의 뿌리를 건드리는 핵심적인 질문들입니다. 만일 여러분의 믿음이 그러하다면, 그것은 참된 믿음입니다. 그러나 그렇지 않다면, 그것은 참된 믿음이 아닙니다.

 '형식'도 의지하지 말며 '형식으로부터 자유로운 것'도 의지하지 마십시오. 그것들이 여러분을 구원해주지 않을 것이며, 여러분으로 하여금 좀 더 그리스도와 같아지도록 만들어주지도 않을 것입니다. 그것들은 여러분의 죄 사함이나 정결이나 거룩이나 축복에 아무 도움도 되지 않을 것입니다. 이와 같은 측면에서 우리가 그것들을 가지고 있다고 해서 더 나은 것도 아니며, 그것들을 가지고 있지 않다고 해서 더 못한 것도 아닙니다. 만일 여러분이 그리스도를 믿는다면, 바로 그 믿음에 의해 여러분의 마음은 모든 거룩한 순종으로 빚어져가며 또 새로워질 것입니다. 그러면 여러분은 여러분이 필요로 하는 모든 것을 가진 것입니다. 반면 만일 여러분이 그리스도를 믿지 않는다면, 여러분은 정말로 필요한 한 가지를 가지고 있지 않은 것입니다. 설령 여러분이 모든 기독교 예식에 참예하며, 기독교의 모든 진리를 믿으며, 형식에 대한 모든 미신적인 믿음과 더불어 열심히 싸워왔더라도 말입니다. 왜냐하면 "그리스도 예수 안에서는 할례나 무할례나 효력이 없으되 오직 사랑으로써 역사하는 믿음뿐"이기 때문입니다.

12
종과 자유인

"주 안에서 부르심을 받은 자는 종이라도 주께 속한 자유인이요 또 그와 같이
자유인으로 있을 때에 부르심을 받은 자는 그리스도의 종이니라"
고전 7:22

이러한 놀랄 만한 말은 놀랄 만한 문맥 속에서 나타나며 또한 놀랄 만한 목적을 위해 사용됩니다. 여기에서 바울은 참된 기독교의 결과가 외적인 상황의 중요성을 감소시킨다는 원리를 제시하고 있습니다. 그리고 이와 같은 원리 위에서 그는 세상에서 보편적으로 받아들여지는 일반적인 삶의 교훈에 크게 상관하지 말 것을 조언합니다. 그는 사실상 이렇게 말합니다. "어떤 것을 얻는다든지 혹은 어떤 높은 자리에 오르는 것에 지나치게 관심을 갖지 말 것이니라. 너희는 어디에 있든지 하나님의 뜻을 행할 것이며, 그 밖의 다른 것들은 크게 상관하지 말 것이니라." 세상은 이렇게 말합니다. "더 나은 것을 얻기 위해 노력하고 분투하며 투쟁하라." 바울은 이렇게 말합니다. "너희는 하나님께 더 가까이 감으로써 너희 스스로를 더 낮게 만들 것이니라. 너희가 그렇게 한다면, 너희가 종이냐? 염려하지 말 것이니라. 그러나 너희가 자유롭게 될 수 있거든 그것을 이용하라. 너희가 아내에게 매였느냐? 벗어나려고 애쓰지 말 것이니라. 너희가 벗어나 있느냐? 매이려고 애쓰지 말 것이니라. 너희가 할례자냐? 무할례자가 되려고 하지 말 것이니라. 너희가 이방인이냐? 유대인이 되려고 하지 말 것

이니라." 외적인 것들에 대해 상관하지 마십시오. 중요한 것은 예수 그리스도께 대한 우리의 관계입니다. 왜냐하면 그 안에서 왜곡된 상황들로 인한 모든 불이익이 보상되고 또 겉만 번지르르한 모든 피상적인 선(善)들이 벗겨지는 가운데 참되며 영원한 축복만이 남을 것이기 때문입니다.

본 설교 속에서 나는 이와 같은 일반적인 원리는 다루지 않을 것입니다. 또한 노예제도에 대한 바울의 태도가 어떤 것인지도 다루지 않을 것이며, 그러한 제도의 희생자들에게 제시되는 조언도 다루지 않을 것입니다. 비록 노예제도라고 하는 과거의 악습(惡習)에 대한 기독교의 태도를 고찰하는 것이 오늘날의 절박한 문제들에 많은 유용한 빛을 던져준다 하더라도 말입니다. 다만 나는 여기에서 바울이 그리스도인의 삶의 본질과 관련하여 제시하는 새로운 관점(觀點)에 초점을 맞추고자 합니다. 그것은 노예와 자유인이라고 하는 대립(antithesis)의 양자(兩者)를 모두 포함합니다. 그리스도인은 비록 외적으로는 자유인이라 할지라도 그리스도의 노예이며, 또 외적으로는 멍에 아래 있는 노예라 할지라도 예수 그리스도와의 연합으로 인해 자유인입니다.

여기에 동일한 중심 사상이 서로 다른 방향으로 적용된 두 개념이 있는데, 첫째는 그리스도의 자유인은 노예라는 것이고 둘째로 그리스도의 노예는 자유인이라는 것입니다. 이제 두 가지 개념을 간략하게나마 살펴보도록 합시다.

1. 첫째로, 그리스도의 자유인은 노예입니다.

사람이 사람의 노예가 되는 끔찍한 악(惡)을 다루는 신약의 방식은 매우 놀랄 만합니다. 노예제도라는 끔찍한 악습(惡習)은 선한 교훈을 산출하는 것과는 아무 상관 없어 보입니다. 그러나 바울은 모든 그리스도인과 구주이신 예수 그리스도의 특별한 관계를 설명하는 도구로서 노예제도를 취하는데 조금도 주저하지 않습니다. 예수 그리스도는 주인이며, 우리는 노예입니다. 우리는 여기의 단어가 대부분의 경우 부적절하게 이해되어 왔다는 사실을 기억할 필요가 있습니다. "종"(servant)은 스스로의 자유로운 의지로 일정 기간 임금을 받고 어떤 특정한 일에 고용된 자들을 의미하지 않습니다. 그것은 "멍에 아래 있는 노예"로서, 다른 사람의 재산이 된 자를 의미합니다. 그 단어를 둘러싸고 있는 모든 추악한 것들은 기독교의 영역으로 통째로 옮겨집니다. 그리고 거기에서 그것들은 추악한 것 대신 아름다운 모양을 취하면서, 그리스도인들의 주인이신 예수 그리스도께 대한 그들의 의존과 순복과 관련한 가장 심오하며 축복된 진리들을 표현하는 도구로 사용됩니다.

그러면 이러한 은유 — 만일 우리가 이것을 은유라고 부른다면 — 아래 깔려 있는 중심적인 개념은 무엇일까요? 그것은 "무조건적인 순종을 요구하는 절대적인 권위"입니다. 예수 그리스도는 우리 각자에게 명령할 수 있는 절대적인 권리를 갖고 계시며, 우리는 그의 발아래 완전하게 그리고 어떤 불평이나 머뭇거림 없이 복종해야 합니다. 그리스도의 권위는 최고의 전제 군주가 가진 가장 전제적인 통치권보다 더 높으며, 우리의 순복은 가장 낮은 노예의 가장 저열한 굴복보다도 더 낮습니다. 그것은 어느 누구도 다른 사람의 의지를 강제할 수 없으며, 또 외적인 순종 이상의 것을 요구할 수도 얻을 수도 없기 때문입니다. 만일 그렇게 하면 결국 증오의 마음이 폭발하여 폭동이 일어나게 될 것입니다. 그러나 예수 그리스도는 외적인 순종뿐 아니라 그 이상의 완전한 것까지 요구하십니다. 그리고 만일 우리가 스스로를 그리스도인이라 부른다면, 우리는 외적인 순종과 섬김뿐 아니라 우리 자신을 스스로의 의지와 열망으로, 그리고 완전하고 절대적이며 항구적으로 그분께 드릴 것입니다.

예수회(the Jesuits)의 창설자인 로욜라는 자신의 종단의 모든 회원들은 스스로를 마치 시체처럼 혹은 소경의 손에 들린 지팡이처럼 지도자의 처분에 맡겨야 한다는 규칙을 정했습니다. 그것은 무시무시한 것이었습니다. 그러나 스스로를 다른 자의 의지에 절대적으로 맡기는 것은 — 로욜라가 정한 규칙처럼 말입니다 — 모든 그리스도인의 의무입니다. 만일 우리가 그리스도께서 명령하시는 것에 대해 반항하는 마음을 가지고 있거나 혹은 그가 부여하는 어떤 일이나 고난으로부터 움츠리면서 자신이 좋아하는 것을 좇는 성향을 계속 붙잡고 있다면, 우리는 그리스도의 제자가 되는 것이 무엇을 의미하는 것인지를 새롭게 배워야만 합니다.

사랑하는 형제들이여, 절대적인 순복이 제자를 만드는 모든 것은 아닙니다. 그것은 다만 필요조건일 뿐입니다. 그것이 없이는 제자라는 이름으로 불릴 수 없습니다. 그러므로 나는 여기에서 다시금 여러분에게 강조하고 싶습니다. "그분 앞에 머리를 숙이십시오. 여러분의 완악한 의지를 굴복시키고, 여러분 자신을 그분께 드리며, 그분을 여러분의 전 존재를 다스리는 절대적인 주권자로 받아들이십시오." 여러분은 이러한 모범을 따르는 그리스도인입니까? 자유인으로서, 여러분은 그리스도의 노예입니까?

주인이 자기 집의 노예들에게 어떤 종류의 일을 맡기느냐 하는 것은 아무런 문제가 아닙니다. 어떤 사람은 시종(侍從)으로 쓰임받을 것이며, 또 어떤 사람은 신발을 닦는 자로 쓰임받을 것입니다. 만일 주인이 통치자라면, 어떤 종은 한 지방의 총독으로 파송되기도 할 것이며, 어떤 종은 원로원의 의원으로 세워지기도 할 것입니다. 그들은 모두 종들이며, 각자가 행하는 일은 똑같이 중요합니다.

모든 일은 하나님 앞에 똑같도다.
처음도 없고 나중도 없도다.

여러분과 내가 어떤 일로 부름을 받았는가 하는 것은 아무런 문제가 아닙니다. 그것은 아무것도 아닙니다. 그렇다면 어째서 우리는 눈에 띄는 자리를 얻으려고 혹은 칭송과 영광이 따르는 일을 하려고 싸우며 마음을 쏟을 필요가 있겠습니까? 세상은 이렇게 말할 수 있습니다. "네 역할을 잘 수행하라. 거기에 모든 영광과 존귀가 놓여 있느니라." 그러나 무슨 일을 하든지 그리스도를 섬기는 것처럼 한다면, 다시 말해서 모든 일들 속에서 그리스도를 섬긴다면, 그의 모든 종들은 그 앞에서 똑같을 것입니다.

주인은 자신이 소유한 노예들의 삶과 죽음에 대한 절대적인 권세를 가지고 있었습니다. 그는 노예들을 팔아버릴 수도 있었고, 남편과 아내 사이 그리고 부모와 자녀 사이도 갈라놓을 수 있었습니다. 노예는 그의 소유였으며, 그는 고대법의 잔인한 논리에 따라 자기가 원하는 일이라면 무슨 일이든지 할 수 있었습니다. 만유의 주인이시며 모든 섭리의 주인이신 예수 그리스도는 어떤 사람에게 "가라"라고 말씀하실 수 있습니다. 그러면 그는 사망의 음침한 골짜기 속으로 들어갑니다. 또 주님은 가장 긴밀하게 결속된 두 사람에게 "너희는 서로 떨어질지어다. 내가 너희 중 한 사람은 이곳에서 사용하고, 또 한 사람은 저곳에서 사용할 것이니라"라고 말씀하실 수 있습니다. 만일 우리가 지혜롭다면, 또 실제적인 의미에서 그의 종들이라면, 우리는 그의 최고로 주권적이며 그러면서 동시에 가장 사랑이 넘치는 섭리의 지시를 발로 차버리지 않을 것입니다. 그렇게 하는 대신, 삶과 죽음 그리고 모든 것의 결정권을 그에게 드리기를 기뻐하면서 이렇게 말할 것입니다: "우리가 살아도 주의 것이요 죽어도 주의 것이라 살든지 죽든지 우리는 그의 것이라."

또 노예가 소유한 모든 것은 그 주인의 것이었습니다. 주인은 노예에게 약간의 살림살이와 함께 작은 집을 마련해 주었으며, 필요한 채소를 심어 먹을 수 있도록 조그만 땅을 주었습니다. 그러므로 그 땅에서 나는 모든 채소는 궁극적으로 주인에게 속했습니다. 이와 같이 만일 우리가 그리스도의 종이라면, 우리의 은행계좌도 그리스도의 것이며, 우리의 지갑도 그리스도의 것이며, 우리의 의복도 그리스도의 것입니다. 뿐만 아니라 우리의 방앗간과 공장과 가게와 사업까지도 모두 그의 것입니다. 그러나 만일 우리가 그리스도의 소유를 가지고 우리 마음대로 사용하는 권리를 편취한다면, 우리는 그의 종이 아닙니다.

나아가 여기에서 우리는 그리스도의 제자와 노예 사이의 또 한 가지 유사점을 발견할 수 있습니다. 바울은 노예시장의 악습을 그리스도와 우리 사이의 특별한 관계를 설명하는데 사용하는데, 그럼으로써 노예시장의 끔찍한 잔혹함은 여기에서 어느 정도 정화되고 정결케 됩니다. 우리는 본문에 뒤이어 "너희는 값으로 사신 것이니"라는 말씀이 나오는 것을 보게 됩니다(23절). 예수 그리스도는 자신을 위해 우리를 사셨습니다. 마음을 살

수 있는 가격은 오직 하나뿐입니다. 그것은 마음입니다. 어떤 사람을 내 것으로 얻는 방법은 오직 하나뿐입니다. 그것은 나 자신을 그에게 주는 것입니다.

그러므로 만일 우리가 "그가 우리를 위해 자신을 주신 것은 우리를 그의 소유된 백성으로 삼기 위한 것입니다"라고 말한다면, 우리는 기독교의 핵심적인 중심 속으로 들어온 것입니다. 이와 같이 그리스도께서 그의 노예를 사신 것은 '절대적인 순복의 요구'라고 하는 언뜻 보면 지나치게 가혹하게 보이는 요구를 가장 은혜롭고 축복된 특권으로 바꾸어 놓습니다. 어떤 사람이 자신을 나에게 줌으로 해서 내가 그의 소유가 되었다면, 순복은 사랑의 언어가 될 것이며, 두 의지가 하나로 일치되는 것은 서로에게 기쁨이 될 것입니다. 만일 어떤 사람이 그리스도의 사랑 안에서 그분과의 연합의 관계 속으로 들어왔다면, 그는 자신을 완전히 그리고 영원히 그리스도를 섬기는 일에 드리는 것보다 더 복된 것은 아무것도 없다는 사실을 발견하게 될 것입니다.

노예제도의 끔찍한 악습 가운데 한 가지 긍정적인 부분은 그것이 주인에게 노예를 위해 필요한 모든 것들을 공급할 의무를 지운다는 사실입니다. 그럼으로써 노예들은 노예제도의 끔찍한 잔혹함 가운데서도 생활의 염려 없이 어린아이처럼 명랑하게 살 수 있었습니다. 이와 같이 노예제도의 악습 속에도 이러한 긍정적인 면이 있었다면, 우리와 그리스도 사이의 관계에서야 얼마나 복되고 선한 것이 많겠습니까? 만일 내가 그리스도의 노예라면, 그의 소유를 보살피는 것은 그의 일이며 나는 그에 대해 걱정할 필요가 없습니다. 만일 내가 그의 노예라면, 그는 자신의 일이 온전히 이루어지기 위해서라도 나의 양식과 필요한 것들을 채워주실 것입니다. 따라서 우리는 우리의 모든 염려를 그에게 맡길 수 있습니다. 왜냐하면 그가 우리를 위해 염려하시기 때문입니다. 그러므로 형제들이여, 만일 우리가 그리스도의 노예라면, 우리에게는 절대적인 순복과 함께 모든 염려를 주께 맡기는 것이 뒤따를 것입니다.

2. 둘째로, 그리스도의 노예는 자유인입니다.

본문이 제시하는 것처럼, "주 안에서 부르심을 받은 자는 종이라도 주께 속한 자유인"입니다. 자유인은 노예로부터 해방된 자였으며, 따라서 자기를 해방시켜준 옛 주인에게 감사의 관계에 서 있었습니다. 이와 같이 "자유인"(freedman)이라는 단어 자체 속에 족쇄를 풀어준 자에게 대한 순복의 개념이 담겨 있습니다.

그러나 이것과는 별개로 우리는 또 다른 면을 살펴보아야 합니다. 우리의 일상생활을 얽어매는 많은 멍에와 족쇄들로부터 벗어나는 여러 가지 경우들이 있지만, 그러나 사람이 가장 깊은 의미에서 정말로 자유인이 되는 유일한 길은 예수 그리스도를 믿는 믿음으로 말미암는 길입니다.

나는 지혜와 진리와 높고 위대한 목적과 다양한 종류의 문화가 — 비록 낮은 의미에서라 할지라도 — 어떻게 사람들을 자아와 육신과 죄와 세상과 기타 우리를 묶고 있는 다른 많은 족쇄들로부터 해방시켜 왔는지를 잘 압니다. 그러나 나는 그러한 과정은 예수 그리스도께 대한 절대적인 순복에 의해 이루어지는 것처럼 그렇게 완전하고 확실하게 이루어지는 것이 아님을 분명히 확신합니다.

교우 여러분, 만일 우리가 정말로 그분께 우리의 마음과 의지와 삶과 행동을 포함하는 우리 전체를 드리며, 우리의 지성(知性)을 그의 무오(無誤)한 말씀에 순복시키며, 우리의 의지를 그의 권위 아래 놓으며, 우리의 행동을 그의 완전한 모범에 따르게 하며 모든 일에 있어 그를 섬기며 그의 임재를 구현하기를 추구한다면, 우리는 우리를 묶고 있는 한 가지 실제적인 멍에 즉 우리 자신의 악한 자아의 멍에로부터 해방될 것입니다. 우리의 내적 자아라는 폭군보다 더 지독한 폭군은 없습니다. 또 우리 자신의 혈기와 정욕과 기질과 기타 우리 안에서 요란하게 떠들며 우리를 붙잡고 흔들려 하는 각종 추잡한 것들에 끌려 다니는 것보다 더 큰 멍에는 없습니다. 이와 같이 우리 본성의 저급한 부분의 무자비한 지배로부터 완전하고 확실하게 벗어나는 유일한 방법이 있는데, 그것은 예수 그리스도께 돌이켜 다음과 같이 말하는 것입니다. "주여! 주께서 내 안에 있는 혼란한 왕국을 다스리소서. 나는 그것을 다스릴 수 없나이다. 주께서 인도하시고 지도하시고 정복하소서." 여러분이 주님께 모든 통치권을 양도하면서 "주여 말씀하소서 종이 듣겠나이다 내가 여기 있사오니 나를 보내소서"라고 말할 때, 비로소 여러분은 스스로를 다스릴 수 있게 될 뿐만 아니라 여러분 자신의 악한 본성의 모든 충동으로부터 해방될 수 있을 것입니다.

그리고 그것이 외적인 것들에 의존하는 멍에로부터 해방되는 유일한 방법입니다. 본문은 참된 기독교 신앙이 사람을 외적인 다양한 상황들로부터 자유롭게 해준다고 말하는 문맥 속에서 언급된 것입니다. 기독교 신앙은 정말로 그렇게 만드는 힘을 가지고 있습니다. 왜냐하면 그것은 우리의 삶 속에 모든 손실과 제한과 고통에 대한 충분한 보상과 함께, (세상의 모든 선한 것들은 단지 그림자에 불과한) 진정한 선(善)을 가져다주기 때문입니다. 그러므로 노예는 그리스도 안에서 자유인이 될 수 있으며, 가난한 자는 그 안에서 부요한 자가 될 수 있으며, 슬퍼하는 자는 그 안에서 기뻐하는 자가 될 수 있으며, 기뻐하는 자는 그 안에서 과도하게 기뻐하는 것으로부터 해방될 수 있으며, 부요한 자는 그 안에서 재물로 인한 죄와 유혹으로부터 벗어날 수 있으며, 자유인은 그 안에서 자신의 자유를 참으로 자유케 하는 그분께 양도하는 법을 배울 수 있습니다.

이와 같이 만일 우리가 예수 그리스도 안에 있는 충분한 보상과 우리가 필요로 하며 바라는 모든 것에 대한 충분한 만족을 갖는다면, 우리는 우리를 둘러싸고 있는 세상의 모든 변하는 것들에 대해 그렇게 조바심하며 스스로를 분요케 할 필요가 없을 것입니다. 그런 것들은 그냥 내버려 두십시오. 있는 것은 있는 대로 내버려 두고, 없는 것은 없는 대로 내버려 두십시오. 어둠이 빛을 가립니까? 그대로 내버려 두십시오. 빛이 어둠을 비춥니까? 그대로 내버려 두십시오. 여름과 겨울이 서로 번갈아 지나가도록 내버려 두십시오. 고난과 형통이 서로 교차되도록 내버려 두십시오. 우리는 이 모든 것들에 의해 영향을 받지 않는 진정한 축복의 근원을 가지고 있습니다. 얼음이 연못의 수면을 덮을는지 모릅니다. 그러나 깊은 곳의 물의 온도는 겨울이나 여름이나 똑같습니다. 태풍이 해면(海面)을 휩쓸는지 모릅니다. 그러나 그 심연(深淵)에는 요동하지 않는 고요함이 있습니다. 이와 같이 그리스도께 굳게 붙어 있는 자는 사람을 외적 삶의 세세한 것들에게로 결박시키는 모든 멍에로부터 해방됩니다.

만일 우리가 그리스도의 종이라면, 우리는 그의 소유인 분량만큼 우리를 둘러싸고 있는 모든 예속들로부터 해방될 것입니다. 우리를 둘러싸고 있는 사람들의 말이나 생각이나 시선 따위를 모두 포함해서 말입니다. 과감하게 혼자가 되십시오. 여러분의 믿음을 첫째 자리에 놓으십시오. 주위의 노예들이 무슨 말을 하든지 신경 쓰지 마십시오. 중요한 것은 그리스도께서 웃으시느냐 찌푸리느냐 하는 것입니다. "너희는 값으로 사신 것이니 사람들의 종이 되지 말라"(23절).

그러므로 형제들이여, "오늘날 여러분이 섬길 자를 선택"하십시오. 여러분은 모든 것으로부터 독립적일 수 없습니다. 여러분은 어떤 것이든지 혹은 어떤 자를 섬겨야 합니다. 여러분의 선택이 매우 좁은 한계 안에 있다는 사실을 인식하십시오. 그것은 '예수 그리스도를 섬기든지' 아니면 '자유롭게 되는지'의 선택이 아닙니다. 그것은 '예수 그리스도를 섬기든지' 아니면 '다른 것을 섬기든지'의 선택입니다. 그리고 다른 것 속에는 자신의 악한 자아, 세상, 사람들, 육체, 마귀 등이 포함될 것입니다. 여러분의 선택은 무엇입니까? 예수 그리스도께서는 여러분을 사셨습니다. 여러분은 그의 죽음으로 인해 그의 것이 되었습니다, 여러분 자신을 그에게 드리십시오. 이것이 여러분을 결박하고 있는 모든 사슬들을 깨뜨리는 유일한 길입니다. 죄를 행하는 자는 죄의 종입니다. 그러나 "만일 아들이 자유케 하면 여러분은 참으로 자유케 될" 것입니다. 왕의 종은 방백도 되고 귀족도 됩니다. "만물이 너희 것이요 너희는 그리스도의 것이니라." 그리스도께 "주여! 진실로 나는 주의 종이로소이다"라고 말하는 자들은 그분으로부터 왕과 제사장의 직급을 받습니다. 그리고 그들은 그리스도와 함께 영원히 다스릴 것입니다.

13
그리스도인의 삶

"형제들아 너희는 각각 부르심을 받은 그대로 하나님과 함께 거하라"
고전 7:24

우리는 본문의 명령이 불과 몇 구절 속에서 세 번 반복되는 것을 보게 됩니다. 첫 번째는 17절입니다. "오직 주께서 각 사람에게 나눠 주신 대로 하나님이 각 사람을 부르신 그대로 행하라." 두 번째는 20절입니다. "각 사람은 부르심을 받은 그 부르심 그대로 지내라." 그리고 세 번째가 본문입니다.

이와 같이 동일한 명령을 수 차례 반복하는 이유는 분명합니다. 초창기 그리스도인들에게는 그들을 둘러싸고 있는 큰 시험이 있었습니다. 이교로부터 기독교로의 거대한 전환은 사람들 사이의 가장 기본적인 관계까지도 허물어뜨리는 듯 보였으며, 모든 외적인 것들은 방향을 잡지 못한 채 표류하고 있었습니다. 혁명으로 인해 어떤 사람이 과거의 자신으로부터 분리되었을 때, 그가 자신의 외적인 삶의 상황들까지 바꾸려고 하는 것은 너무도 흔한 일입니다. 이렇게 하여 남편과 아내가 서로 결별한다든지, 유대인 개종자는 이방인처럼 되려고 하고, 이방인 개종자는 유대인처럼 되려고 하는 일이 벌어졌습니다. 또 노예는 자유인이 되려고 하고, 자유인은 자신의 옛 신분에 대한 혐오감으로 인해 노예가 되려고 하기도 했습니다. 이와 같은 세 경우가 결혼과 할례와 노예를 다루는 각각의 문맥에서 모두 언급됩니다. 그리고 세 경우 모두에서 바울은 "너희가 있는 그 자리에 그대로 있으라"고 조언합니다. 하나님이 여러분을 부르셨을 때 여러분이 어떤 상태에 있었든지, 여러분은 그 자리에 그대로 머물러 있으십시오.

한편 바울과 그의 동역자들이 이러한 교훈을 그토록 계속해서 역설한 데에는 그럴 만한 이유가 있었습니다. 만일 초창기 기독교가 단순한 사회 변혁의 도구로 변질되어 버리고 만다면, 기독교의 발전은 고사하고 그것의 가치와 힘이 상당 부분 상실될 것이었기 때문입니다. 바울은 외적인 상황을 변화시킬 것을 장려하는 말은 한 마디로 하지 않았습니다. 그는 노예 제도를 그대로 내버려 두었습니다. 그는 전쟁을 그대로 내버려 두었습니다. 그는 로마제국의 폭정을 그대로 내버려 두었습니다. 그것은 그가 겁쟁이였기 때문도 아니며, 그러한 것들이 끼어들 가치가 없는 일이라고 생각했기 때문도 아니었습니다.

그렇게 했던 것은 나무를 좋게 만들면 그 열매도 좋아질 것이라고 믿었기 때문이었습니다. 바울은 자신이 전파하는 원리들이 계속해서 퍼져나갈 것을 믿었습니다. 그러면 악한 나무는 점점 더 숨이 막히고 힘을 잃을 것이었습니다. 그러면 그 나무가 죽는 것은 시간문제일 것이었습니다. 본문 속에도 이와 동일한 개념이 나타납니다. "형제들아 너희는 각각 부르심을 받은 그대로 하나님과 함께 거하라." 그는 사실상 이렇게 말하고 있습니다. "외적인 조건들을 변화시키려고 하지도 말고 그런 것들로 분란을 일으키지도 말라. 너희가 가진 믿음을 굳게 붙잡으라. 그런 것들은 그냥 내버려 두라. 그것들은 저절로 바로잡혀질 것이니라. 너희가 종이냐? 자유인이 되려고 하지 말라. 너희가 할례 받은 자냐? 무할례자가 되려고 하지 말라. 모든 것을 변화시키는 중심적인 힘을 붙잡으라. 나머지 모든 것은 시간문제일 뿐이니라."

이와 같이 본문의 개념은 초대교회 당시의 여러 구체적인 상황들에 적용되는 것 외에도 모든 시대에 적용되는 보편적인 원리로서, 대부분의 사람들을 지배하는 일반적인 삶의 원리들과 충돌되는 원리를 담고 있습니다. 일반적인 삶의 원리는 이렇게 말합니다. "쟁취하라!" 반면 바울의 원리는 이렇게 말합니다. "쟁취하고 얻는데 마음을 두지 말라!" 일반적인 삶의 원리는 이렇게 말합니다. "상황들을 너희가 원하는 쪽으로 바꾸도록 노력하고 시도하라." 반면 바울의 원리는 이렇게 말합니다. "상황들은 그대로 내버려 두라. 아니 좀 더 정확하게 말하면, 하나님으로 하여금 상황들을 다루시도록 맡기라. 하나님을 가까이 하고 그의 손을 굳게 붙잡으라. 그러면 나머지 모든 것들은 잘 될 것이니라."

바울은 단지 모든 상황을 그대로 내버려 두라고만 가르치지 않았습니다. 바울은 앞에서 이렇게 명령했습니다. "각 사람은 부르심을 받은 그 부르심 그대로 지내라"(20절). 이 말을 하면서 바울은 자칫 사람들이 이 말을 오해할 수 있다고 생각했습니다. 그리하여 세 번째 반복할 때 그는 "하나님과 함께"라는 구절을 포함시킵니다. "형제들아 너희는 각각 부르심을 받은 그대로 '하나님과 함께' 거하라"(24절). 그렇습니다. 바로 그것입니다. 그것은 금욕주의적인 스토아 사상도 아니며, 외적인 것들에 대한 위선적이며 광신적인 무관심도 아닙니다. 기독교는 외적인 것들의 힘과 중요성을 부인하지 않습니다. 또 그리스도인들은 어느 정도 하나님이 주신 자연적인 기질과 성향을 따르며, 자신들의 계획과 목표 속에서 비록 종속적이나마 삶의 방향과 욕구를 발견합니다. 그럼에도 불구하고 우리는 "각각 부르심을 받은 대로 하나님과 함께" 거하면서 하나님과의 교제를 더욱 증진시키고자 노력해야 합니다. 바로 그것이 우리가 해야만 하는 가장 주된 일입니다. 이와 같은 바울의 개념은 우리에게 다음과 같은 사실들을 가르쳐 줍니다.

1. 첫째로, 우리의 삶에 있어 우리가 감당해야 할 주된 노력은 하나님과의 연합이어야 한다는 사실.

"하나님과 함께 거하라"는 말씀은 다음과 같은 두 가지를 함축하는 것으로 생각됩니다 — 첫째로, 하나님과의 지속적인 교제와, 둘째로, 모든 상황 속에서 하나님의 뜻을 인정하는 것.

전자(前者)와 관련하여 우리는 우리의 의지와 마음과, 빛과 사랑과 순종을 위하여 우리에게 계시된 하나님의 의지와 마음과 생각을 갖고 있습니다. "하나님과 함께 거하라"는 바울의 교훈은 첫째로 우리의 삶의 모든 순간에 우리가 우리의 전 존재를 하늘 아버지의 완전하시고 무한하신 본질로 향하도록 노력하며, 또 그분과의 접촉으로 말미암아 우리의 전 존재가 더 풍성해지고 평온해지도록 노력하라는 것입니다.

매일같이 이러한 교훈에 순종할 때 우리의 삶은 얼마나 달라지겠습니까? 모든 일 속에서 그리고 모든 일에 앞서 우리는 하늘에서 우리의 어둠을 비추시고자 기다리고 계시는 아버지를 생각해야 합니다. 또 우리는 변하고 달라지는 모든 것들 속에서, 그리고 사랑은 메마른 채 겉치레의 인사뿐인 냉랭함 속에서 완전한 사랑의 빛이 온전한 부드러움과 평온함으로 우리 마음을 채울 준비가 되어 있음을 느껴야 합니다. 우리는 지고(至高)의 절대적인 의지 앞에 엎드려야 합니다. 그것은 "하나님이 그분 안에서 목적하신 영원한 목적"이며 동시에 "그의 선한 즐거움과 그의 은혜의 경륜"입니다.

만일 하나님이 우리를 가까이 하신다면 그리고 하나님의 마음이 우리를 향해 열린다면 그리고 하나님의 뜻이 모든 것을 주관하신다면, 우리의 삶 속에 불안과 낙심 가운데 요동하며 흔들릴 여지가 있겠습니까? 그런 것들은 우리의 의지와 마음과 생각에 조금도 부족함이 없는 하나님의 임재 앞에서 모두 사라질 것입니다. 마치 해가 뜨면 그 뜨거운 열기가, 열매 맺는 나무 밑에서 자라고 있는 잡초들을 마르게 하는 것처럼 말입니다. "너희는 각각 부르심을 받은 그대로 하나님과 함께 거하라."

우리의 전 존재가 하나님으로 채워질 때 나타나는 두 번째 결과는 하나님의 의지가 모든 상황 속에서 역사(役事)하며 또 모든 상황을 결정한다는 사실을 인정하는 것입니다. 우리의 영혼이 하나님으로 채워질 때, 우리는 그분을 모든 곳에서 보게 될 것입니다. 그리고 이것, 즉 우리에게 일어나는 모든 일을 하나님과 연결시키는 것이 우리의 진지한 노력이 되어야 합니다. 우리는 전능자의 의지를 보아야만 합니다. 그것은 모든 존재를 관통하여 흐르는 가운데 모든 이차적인 원인들을 통해 스스로를 나타내는 침묵의 에너지(silent energy)입니다. 그리고 그것은 세상의 모든 복잡하고 요란한 사건들 속에서 그 자체의 분명한 목적을 향해 나아갑니다. 때로 어리석은 인생들의 대적과 경건치 않은 자들의 무지로 굽어지기도 하는 가운데서도 말입니다.

이와 같은 믿음은 우리에게 일어나는 일들에 있어 눈에 보이는 원인들을 간과하라든지 혹은 전능자의 의지가 사람들의 삶 속에서 역사하는 분명한 법칙들을 부인하라고 요구하지 않습니다. 이차적인 원인들이라고요? 그렇습니다. 사람들의 대적과 범죄라고요? 그렇습니다. 우리 자신의 어리석음과 죄라고요? 분명히 그렇습니다. 사회 혹은 세상 전체에서 일어나는 무차별적인 축복과 불행이라고요? 분명히 그렇습니다. 그러나 눈에 보이는 원인들은 근본적인 원인이 아닙니다. 그것들은 단지 매개물에 불과합니다. 힘을 만들어 내는 곳은 엔진입니다. 그러나 앞에서 언급한 것들은 단지 엔진에서 만들어진 힘을 바퀴로 전달해주는 축이나 벨트일 뿐입니다. 그것들은 힘을 만들어 내는 것과는 아무 상관 없습니다. 사람들의 대적과 훼방은 도리어 신적 목적을 돕는 결과가 됩니다. 마치 방파제를 때리는 파도가 도리어 방파제를 더욱 견고하게 만드는 것처럼 말입니다.

우리의 어리석음과 죄는 정말로 우리의 삶을 고통으로 얼룩지게 만들며, 우리에게 육체의 고난과 불행을 가져다주며, 우리의 영혼을 쏘는 것으로 괴롭게 만들 것입니다. 그것은 정말로 우리 자신의 책임이며, 우리는 그것을 이해할 수 없는 심판으로 간주할 아무런 권리도 갖지 못합니다. 그것들은 우리 자신의 어리석은 손으로 뿌린 씨로부터 말미암은 것들입니다. 그러나 하나님은 "죄의 삯은 사망"이라는 사실을 경고하기 위해 우리로 하여금 그러한 것들을 경험하게 하셨습니다. 그러므로 우리는 그러한 것들을 하나님이 사랑과 긍휼 가운데 보내신 징계로 간주해야 합니다. 어떤 사람이 자신의 잘못과 어리석음으로 진흙구덩이에 빠졌을 때, 일반적으로 하나님은 그를 그곳으로부터 건져내기 위해 개입하지 않습니다. 그러한 진흙구덩이 속에서 교훈을 깨닫기 전까지는 말입니다. 어떤 큰 재앙이나 혹은 큰 기쁨이 수많은 사람들에게 큰 영향을 끼쳐 왔다는 사실은 그것들이 그 자체 안에 특별한 교훈과 의미를 담고 있는 사실을 분명하게 보여줍니다. 어떤 동일한 행동 속에 한쪽 면에는 보편성이 있으며, 다른 쪽 면에는 특수성과 개별성이 있다는 사실을 우리는 인식해야 합니다. 특별 섭리라고 하는 통상적인 관념은 자칫 우리의 삶의 어떤 부분은 다른 부분과 비교하여 하나님의 의지가 덜 관련되는 것 같은 인상을 심어줄 우려가 있습니다. 그것은 어떤 특별한 장소만을 성별시킴으로써 나머지 모든 땅을 세속화시켜버리는 것과 매우 유사합니다.

　그러나 참된 신앙은 삶의 모든 영역이 하나님의 의지 아래 있음을 믿는 것입니다. 거대한 폭풍에 휘말린 사람의 경우에서와 마찬가지로 모든 사람에게 햇빛이 비취는 보편적인 경우에서도 우리는 똑같이 하나님의 의지가 작동하고 있다는 사실을 믿어야 합니다. 폭풍에 휘말린 자가 폭풍을 움직이는 자의 목적 안에 포함되는 것처럼, 모든 사람에게 햇빛이 비취게 하는 것도 하나님의 목적 안에 포함되는 것입니다. 여기의 바울의 교훈처럼, 우리는 매일같이 우리의 영혼을 하나님 안에 견고하게 닻을 내리고 안식해야 합니다. 그리고 우리는 하나님의 손을 굳게 붙잡고 세상의 모든 상황들이 어우러져 추는 현란한 춤을 보면서 이렇게 말해야 합니다. "뜻이 하늘에서 이루어진 것 같이 땅에서도 이루어지이다." 하나님의 뜻(의지, will)은 모든 사건들 속에서 이루어질 뿐만 아니라 우리의 즐거운 순종과 우리의 삶의 분깃을 감사함으로 받아들이는 것을 통해서도 또한 이루어집니다.

2. 둘째로, 그와 같은 하나님과의 연합은 지금 우리가 처해 있는 현재의 상황을 기꺼이 받아들이도록 만든다는 사실.

　본문을 통해 바울이 말하고자 의도하는 것은 이것입니다. "너희는 그와 같은 세상적인 상황들 속에서 '부르심'을 받았느니라. 이러한 사실은 그와 같은 상황들이 최고의 그리고 가장 부요한 축복들을 가로막지 못한다는 사실을 증명하느니라. 하나님의 빛은 그런 것들을 통과해 너희 영혼에 비출 수 있느니라. 이와 같은 경험으로 인해 너희들은 그런 상황들 안에서도 하나님과의 교제가 가능함을 아느니라. 그러므로 너희는 지금 너희가 있는 자리에 그대로 있으면서 그러한 상황들 속으로 찾아오시는 하나님을 굳게 붙잡으라.”

이러한 개념처럼 만일 우리가 하나님과 더불어 실제적이며 살아 있는 교제 속으로 들어왔다면, 그리고 만일 우리가 외적인 것을 관통하여 전능자의 의지에 이르는 지혜를 얻었다면, 그렇다면 어째서 우리는 지금의 상황을 바꾸는 일에 그토록 골몰할 필요가 있겠습니까? 왜 우리가 세상의 변하는 것들을 바꾸는 일로 스스로를 분요케 해야만 한단 말입니까? 그 모든 것들이 하나님의 마음과 의지가 나타나는 것인데 말입니다. 그 모든 것들은 우리를 연단하시는 수단들입니다. 그 모든 변하는 것들 가운데 오직 하나의 목적이 작동하는데, 그것은 우리로 그의 거룩하심에 참예하는 자가 되게 하는 것입니다.

바로 이것이 우리가 세상을 바라보는 관점이어야 합니다. 그럴 때 우리는 세상에 대해 과도하게 마음을 빼앗기며 매이지 않게 될 것입니다. 마음의 평온함과 고요함은 우리의 것이며, 외적인 모든 좋은 것들과 매혹하는 것들을 올바로 평가하는 것도 우리의 것이며, 하나님이 우리를 두신 자리를 기꺼이 받아들이는 것 역시도 우리의 것입니다. 만일 우리가 하나님과의 교제를 통해 우리의 일이 근본적으로 그의 뜻(의지, will)을 행하는 것이며 또 우리의 모든 소유와 상태가 근본적으로 우리로 하여금 그와 같아지도록 만드는 수단임을 배웠다면 말입니다. 대부분의 사람들은 자신들에게 주어진 소유나 상태가 좋은 것인지 나쁜 것인지를 그것들이 즐거움(pleasure)을 가져다주는지 혹은 고통을 가져다주는지로 평가합니다(“자신들에게 주어진 소유나 상태”라는 표현은 이를테면 부유한 집에 태어나거나 가난한 집에 태어나는 것 혹은 자유인으로 태어나거나 노예로 태어나는 것 등을 말하는 것임 — 역주). 만일 그들에게 주어진 소유나 상태가 그들에게 즐거움을 가져다주면, 그들은 그것을 좋은 것으로 평가합니다. 반면 그들에게 주어진 소유나 상태가 그들에게 고통을 가져다주면, 그들은 그것을 나쁜 것으로 평가합니다. 그러나 이것은 매우 피상적이며 불충분한 평가입니다. 그것은 마치 장정(裝幀)의 화려함 여부로 책을 평가하는 것과 마찬가지입니다. 우리는 다음과 같이 말해서는 안 됩니다. "인생은 둘로 구분되는도다. 저쪽에 모든 즐거움이 있고 이쪽에 모든 괴로움이 있도다. 모든 것이 이와 같이 구분되는도다." 그렇게 말하는 대신 우리는 이렇게 말해야 합니다. "전체가 하나로다. 왜냐하면 그 모든 것이 하나의 목적으로부터 말미암으며 또 하나의 목적지로 향하기 때문이로다."

우리 삶의 외적인 것들과 관련하여 물을 가치가 있는 유일한 질문은 이것입니다. "그것들이 우리로 선한 사람이 되게 하는데 얼마나 도움이 되는가? 그것들이 하나님을 깨닫게 하는 우리의 이해력을 얼마나 넓게 열어 주는가? 그것들이 우리의 영을 하나님의 만짐에 얼마나 민감하게 만들어 주는가? 그것들이 우리로 하나님의 더 큰 은사들을 얼마나 잘 받아들이도록 만들어 주는가? 그것들이 우리로 다음 세상을 위해 얼마나 잘 준비하도록 만들어 주는가?" 삶에 대한 개념에 있어 이것보다 더 위대하고 장엄하며 만족스러운 개념이 또 있습니까? 어떤 일에 대하여 그것이 고통스러우냐 즐거우냐 하는 것으로 염려하는 것은 벽돌을 쌓고 있는 벽돌공이 지금 벽돌을 올리고 있는가 아니면 회반죽을 바르고 있는가 하는 것으로 염려하는 것만큼이나 어리석은 일입니다. 물을 가치가 있는 유일한 질문은 "건물이 세워지고 있는가?" 하는 것입니다.

우리는 마치 작가(作家)들처럼 각자 자신의 인생을 써 갑니다. 여기 한 장의 종이가 있고, 그 아래 먹종이가 있습니다. 우리는 계속해서 인생의 페이지들을 써 갑니다. 그리고 장차 두 세상을 나누고 있었던 먹종이가 제거될 때, 우리 자신이 기록한 우리 각자의 인생사(人生史)가 온전히 드러날 것입니다. 문제는 "우리가 그날에 나타날 어떤 종류의 자서전을 기록하고 있는가?" 하는 것과 "우리의 상황들이 우리의 삶 속에서 하나님의 뜻과 예수 그리스도의 형상을 옮겨 쓰는데 얼마나 도움이 되었는가?" 하는 것입니다.

그러므로 만일 우리가 우리 삶 속에서 일어나는 상반되는 것들, 예컨대 여름과 겨울, 비바람과 햇빛, 얻음과 잃음, 노동과 안식 등이 똑같이 하나님의 뜻의 산물이며, 똑같이 하나님의 마음이 나타난 것이며, 똑같이 우리를 훈련하기 위한 하나님의 수단들이었음을 깨닫는다면, 우리는 세상의 없어지는 것들에 대한 과도한 열망과 욕심으로부터 우리 자신을 지켜줄 호신부(護身符)를 갖게 되는 것입니다. 교회 회의에 참석하기 위해 먼 길을 여행하던 어떤 성직자가 있었습니다. 그는 여행 중에 말을 타고 스위스의 큰 호수들 가운데 한 곳을 지나가고 있었습니다. 그는 하루 종일 말을 타고 그 호수 곁을 지나가면서 교회 회의에서 논의할 의제에 골몰하고 있었습니다. 이윽고 해질녘에 그는 시종(侍從)에게 묻습니다. "도대체 호수가 어디에 있지?"

형제들이여, 우리도 이와 같아야 하지 않겠습니까? 만일 우리가 보이는 세상을 넘어 보이지 않는 세상을 바라본다면, 또 어두운 세상 속에서 변하지 않는 참된 실재(實在)를 바라본다면, 또 그늘진 곳에서 햇빛을 바라본다면, 우리는 거대한 홍수처럼 쏟아지는 수많은 일들을 통과하는 여행길에서 세상의 변하는 것들에 대해 그다지 큰 주의를 기울이지 않을 것입니다. "형제들아 너희는 각각 부르심을 받은 그대로 하나님과 함께 거하라."

3. 셋째로, 이와 같이 우리에게 주어진 상황들을 기꺼이 받아들이는 것은 참된 지혜로부터 말미암은 것이라는 사실.

본문의 명령으로부터 우리는 두세 가지 정도의 주제를 추출할 수 있습니다. 첫 번째 주제는 매우 오래되고 진부한 것인데, 그것은 모든 외적인 것들 속에는 고통과 즐거움(pleasure)이 거의 동량(同量)으로 담겨 있다는 것입니다. 일 년 동안의 낮과 밤의 총 길이는 북극과 적도에서 똑같습니다. 각각 절반씩입니다. 어떤 곳에서는 하루 24시간 가운데 낮과 밤이 각각 12시간씩 똑같습니다. 그런가 하면 어떤 곳에서는 몇 달 동안 계속해서 지루한 밤이 지속되는가 하면, 또 어떤 곳에서는 계속해서 낮이 지속되기도 합니다. 그러나 한 해의 마지막 시점에서 그 모든 시간을 더해보면, 북극에 있는 사람이나 적도에 있는 사람이나 그들에게 주어진 낮과 밤의 총 시간은 똑같습니다. 여러분과 내가 북극과 적도 사이의 어느 지점에 있는가 하는 것은 아무런 문제도 아닙니다. 모든 것이 완성될 때, 우리는 모두 똑같을 것입니다. 수입이 많은 부자라고해서 수입이 적은 가난한 사람보다 꼭 더 큰 행복을 갖는 것은 아닙니다. 이와 같이 모든 상태에 명(明)과 암(暗)이 함께 있다면, 그리고 모든 일에 있어 고통의 분량과 즐거움의 분량이 거의 동량(同量)을 이룬다면, 그리고 우리가 고통이나 즐거움을 경험하는 것이 우리가 어디에 있는가에 달려 있는 것이 아니라 우리가 누구인가에 달려 있다면, 우리의 상태를 변화시키고자 그토록 안달할 필요가 어디에 있겠습니까?

이와 같이 모든 사람의 삶에 있어 고통의 총량과 즐거움의 총량은 거의 동량(同量)입니다. 그럼에도 불구하고 우리는 어떤 상황은 우리에게 하나님과의 경건한 교제의 열매를 더 풍성하게 맺도록 만들어 준다는 사실을 잊지 말아야 합니다.

본문으로부터 우리가 추출할 수 있는 또 하나의 주제는 이것입니다. 즉 만일 우리가 그리스도 안에서 우리에게 주어진 모든 상황들을 기꺼이 받아들일 수 있다면, 우리에게 있어 외적인 것들을 변화시키기 위해 스스로를 분요케 할 필요가 어디에 있겠느냐는 것입니다. 자유인이 되고자 노심초사하는 노예들에게 바울은 이렇게 말합니다. "주 안에서 부르심을 받은 자는 종이라도 주께 속한 자유인이요 또 그와 같이 자유인으로 있을 때에 부르심을 받은 자는 그리스도의 종이니라"(22절). 만일 우리가 이러한 원리를 일반화시킨다면 이렇게 될 것입니다. 즉 우리는 예수 그리스도와의 연합 속에서 모든 종류의 외적인 관계들이 가져다주는 모든 축복들을 소유하게 된다는 것입니다.

구체적인 예를 들어 봅시다. 만일 어떤 사람이 노예라면, 그는 그리스도 안에서 자유인이 될 수 있습니다. 만일 그가 자유인이라면, 그는 그리스도 안에서 절대적인 주인에 대한 완전한 순복의 기쁨을 얻을 수 있습니다. 만일 우리가 홀로 있다면, 우리는 그리스도와 함께 하는 모든 기쁨을 누릴 수 있습니다. 만일 우리가 많은 사람들에 의해 둘러싸여 정신이 없는 가운데 혼자만의 시간을 갖기를 원한다면, 우리는 그리스도와의 교제 속에서 완전히 혼자만의 평온을 얻을 수 있습니다. 만일 우리가 부요하여 때로 좀 유혹을 덜 받던 가난하던 시절을 생각하며 좀 더 가난해졌으면 하고 바란다면, 우리는 그리스도와의 교제 속에서 때로 가난해지기를 소망하는 축복을 가질 수 있습니다. 만일 우리가 가난한 가운데 좀 더 부요함으로써 오늘의 걱정거리와 내일의 염려로부터 벗어났으면 하고 바란다면, 우리는 그리스도의 부요하심 안에서 더 큰 부요함을 누릴 수 있습니다.

이와 같이 여러분은 이 모든 다양한 상황들을 통과하면서 스스로에게 이렇게 말할 수 있을 것입니다. "내가 그리스도 안에서 모든 것을 가지고 있는데 세상의 작은 것들을 추구할 필요가 도대체 어디에 있겠는가?" 만일 우리가 만유의 주님을 소유하고 있다면, 그것으로 충분합니다. 그는 고난 속에서도 평안과 고요함을 주실 것이며, 질병 속에서도 하늘의 소망 가운데 건강의 빛과 힘을 주실 것입니다. 그는 부요함 속에서 가난한 자의 겸손함을 주실 것이며, 가난함 속에서 부요한 자의 넉넉함을 주실 것입니다. 그는 사망에서나 생명에서나 세상이 현혹하는 모든 것 이상의 것을 주실 것입니다.

마지막으로, 나는 본문과는 직접적으로 연결되지는 않지만 그러나 빠뜨릴 수 없는 사실 하나를 제시하려고 합니다. 그것은 이 같은 본문의 원리와 세상의 교훈 사이의 직접적인 대립관계입니다. 본문은 매우 혁명적입니다. 그것은 다음과 같은 세상의 표어들과는 정반대입니다. "밀고 올라가라." "높은 자리를 취하라." "무슨 일을 행하든지 반드시 성공하라." 이것은 오늘날 세상의 철학이 되었습니다. 오늘날의 문명과 진보의 기저(基底)에 이와 같이 현재 상태에 대해 끊임없이 불만족하며, 앞으로 한 걸음 더 나아가기를 열망하는 마음이 자리잡고 있습니다. 오늘날 이러한 철학은 종교가 되었습니다. 이러한 철학을 거부하며 "그것은 우상 숭배"라고 말하는 것은 신성모독으로 여겨질 정도입니다.

사랑하는 형제들이여, 나는 다음과 같은 사실을 추호도 의심하지 않습니다. 만일 내가 다음 주 화요일에 맨체스터 증권거래소에 가서 "가난은 그 자체로 악이 아니며, 사람이 세상에 온 것은 더 많은 재물을 얻기 위함이 아니라 하나님께 더 가까이 나아가기 위함"이라고 말한다면, 그것은 "하나님은 없다"라고 말하는 것보다 두 배나 나를 더 바보로 만드는 말이 될 것이라는 사실 말입니다. 만일 여러분이 하나님의 은혜로 본문의 이 같은 원리를 굳게 붙잡는다면, 그리고 "부요하신 자로서 우리를 위해 가난하게 되신" 주님을 신뢰하는 가운데 그 같은 원리를 실천하고자 굳게 결심한다면, 여러분은 여러분이 얻는 것들이 다른 사람들의 손으로 흘러가는 것을 감수할 각오를 해야만 할 것입니다. 예전에 어떤 이교도는 이렇게 말했습니다. "가장 적은 것을 필요로 하는 자가 신들(gods)에게 가장 가깝다." 그러나 나는 그 문장을 이렇게 바꾸고 싶습니다. "가장 많은 것을 필요로 하는 자가 신들에게 가장 가깝다." 우리를 둘러싸고 있는 세상에서의 상황들보다, 계속해서 덕을 이루며 또 그리스도를 닮아가기를 간절히 열망하는 마음이 훨씬 더 중요하지 않겠습니까? "아무 것도 염려하지 말고 다만 모든 일에 기도와 간구로, 너희 구할 것을 감사함으로 하나님께 아뢰라 그리하면 모든 지각에 뛰어난 하나님의 평강이 그리스도 예수 안에서 너희 마음과 생각을 지키시리라"(빌 4:6, 7).

14
덕을 세우는 사랑

"우상의 제물에 대하여는 우리가 다 지식이 있는 줄을 아나 지식은 교만하게 하며 사랑은 덕을 세우나니 만일 누구든지 무엇을 아는 줄로 생각하면 아직도 마땅히 알 것을 알지 못하는 것이요 또 누구든지 하나님을 사랑하면 그 사람은 하나님도 알아 주시느니라 그러므로 우상의 제물을 먹는 일에 대하여는 우리가 우상은 세상에 아무 것도 아니며 또한 하나님은 한 분밖에 없는 줄 아노라 비록 하늘에나 땅에나 신이라 불리는 자가 있어 많은 신과 많은 주가 있으나 그러나 우리에게는 한 하나님 곧 아버지가 계시니 만물이 그에게서 났고 우리도 그를 위하여 있고 또한 한 주 예수 그리스도께서 계시니 만물이 그로 말미암고 우리도 그로 말미암아 있느니라 그러나 이 지식은 모든 사람에게 있는 것은 아니므로 어떤 이들은 지금까지 우상에 대한 습관이 있어 우상의 제물로 알고 먹는 고로 그들의 양심이 약하여지고 더러워지느니라 음식은 우리를 하나님 앞에 내세우지 못하나니 우리가 먹지 않는다고 해서 더 못사는 것도 아니고 먹는다고 해서 더 잘사는 것도 아니니라 그런즉 너희의 자유가 믿음이 약한 자들에게 걸려 넘어지게 하는 것이 되지 않도록 조심하라 지식 있는 네가 우상의 집에 앉아 먹는 것을 누구든지 보면 그 믿음이 약한 자들의 양심이 담력을 얻어 우상의 제물을 먹게 되지 않겠느냐 그러면 네 지식으로 그 믿음이 약한 자가 멸망하나니 그는 그리스도께서 위하여 죽으신 형제라 이같이 너희가 형제에게 죄를 지어 그 약한 양심을 상하게 하는 것이 곧 그리스도에게 죄를 짓는 것이니라 그러므로 만일 음식이 내 형제를 실족하게 한다면 나는 영원히 고기를 먹지 아니하여 내 형제를 실족하지 않게 하리라"

고전 8:1-13

이방인들의 우상 숭배와 그들의 일상생활은 서로 매우 긴밀하게 연결되어 있습니다. 모든 선교현장에서 우리는 그러한 사실을 분명하게 발견합니다. 우상을 섬기는 이방 사회에서 우상 숭배와 전혀 관련되지 않는 분야를 찾는 것은 거의 불가능합니다. 기독교가 영국 사회와 밀접하게 엉켜있는 것처럼, 이방 종교들도 그것을 따르는 자들의 삶과 밀접하게 엉켜있습니다. 바울은 고린도교회의 성도들에게 양심의 문제에 대해 가르쳤는데, 이로 인해 그들은 그리스도인이 통상적인 잔치나 제사에 참여할 수 있느냐 하는 문제로 서로 나뉘고 말았습니다.

어떤 경우에는 가장 멀리 돌아가는 길이 가장 짧은 길이 되기도 합니다. 바울은 당면한 주제는 잠시 제쳐두고, 먼저 지식과 사랑을 서로 대조시킵니다. 이러한 대조는 그의 목적과 잘 부합했습니다. 작은 문제들은 큰 원리에 기초하여 해결되어야 하는 법입니다.

본문에서 바울이 제시하는 첫 번째 원리는 지식에 대한 사랑의 우월성입니다. 우리는 먼저 바울이 — 여기에 다소간 풍자의 기미가 있는 것처럼 보이기는 하지만 — 고린도인들의 지식을 분명하게 인정했다는 사실을 주목할 필요가 있습니다. "우리는 우리 모두가 지식을 가지고 있음을 아느니라"(1절, We know that we all have knowledge, 한글개역개정판에는 "우리가 다 지식이 있는 줄을 아나"라고 되어 있음). 그 말은 이런 의미일 것입니다. "너희 고린도인들은 너희가 매우 뛰어난 사람들임을 충분히 아느니라. 너희는 너희가 아는 것을 알고 있으며, 나는 그것을 충분히 인정하느니라."

그러나 이러한 인정의 말에 이어 곧바로 돌연하며 날카로운 말이 따릅니다. "지식은 교만하게 한다"는 말씀이 마치 갑자기 찌르는 창처럼 바울의 입으로부터 튀어 나옵니다. 여기에서 교만하게 한다는 것은 문자적으로 부풀어 오르는 것을 의미합니다. 어떤 것이 부풀어 오를 때, 그것은 공기가 주입(注入)됨으로써 그렇게 되는 것입니다. 그러므로 더 많이 부풀어 오를수록 더 가벼워지고 더 공허(空虛)해질 것입니다. 바울의 말은 마치 뽀족한 창끝처럼 부풀어 오른 것을 찌릅니다. 물론 바울의 이러한 말이 지식의 필연적인 결과를 의미하는 것은 아닙니다. 다만 지식에 사랑이 따르지 않을 때, 지식이 가져오는 통상적인 결과를 말하는 것일 뿐입니다. 지식은 종종 사람들을 '지나친 자만심'과 '그것의 힘과 가치에 대한 잘못된 평가'와 '그것에 대한 과대평가'와 '그것을 갖지 못한 자들에 대한 무시와 경멸'로 이끄는 경향이 있는데, 이것은 뛰어난 지식이나 업적의 슬픈 결과입니다. "지식은 교만하게 한다"는 바울의 단호한 말은 우리 모두의 경험 속에서 분명하게 확증됩니다.

반면, 사랑은 세웁니다(Love builds up, 한글개역개정판에는 "사랑은 덕을 세우나니"라고 되어 있음). 여기에서 "세운다"는 것의 주된 개념은 통상적으로 우리 이웃의 진보(進步) 특별히 종교적인 영역에서의 진보를 돕는 것으로 간주됩니다. 그렇지만 개인적인 성품을 향상시키는 사랑의 속성 역시도 간과되어서는 안 됩니다. 우리의 성품을 향상시키는 일과 관련해서도, 승리의 영예는 사랑에게 주어져야 합니다. 사랑은 지식이 산출하는 결과보다 훨씬 더 큰 결과를 산출합니다. 더욱이 자신의 지식을 자랑하는 것은 "마땅히 알 것을 알지 못하는" 것에 대한 확실한 증거입니다. 우리가 습득한 지식이 더 실제적일수록 우리는 우리의 부족함을 더 많이 깨닫게 될 것입니다. 자기를 과대평가하는 것은 지적으로든 도덕적으로든 성장하는 것을 방해합니다. 특별히 지적인 과대평가는 그 중에서도 가장 나쁩니다.

매우 특별한 의미로, 하나님에 대한 사랑은 지식과 반대됩니다. 특별한 대상과는 상관 없는 단순한 감정으로서의 사랑이 아니라 하나님께 향하여진 사랑 말입니다. 그것은 하나님께 향해진 사랑이 모든 탁월함의 기초이면서 동시에 사람들에 대한 모든 참된 사랑의 기초이기 때문입니다. 물론 하나님에 대한 사랑은 참된 지식과 대립되지 않습니다. 다만 지식에 대한 헛된 자만과 대립될 뿐입니다. 바울은 3절에서 하나님을 사랑하는 자는 우리가 쉽게 기대하는 대로 "하나님을 아느니라"라고 말하는 대신 "하나님이 알아 주시느니라"라고 말함으로써 자신의 결론을 바꿉니다. 물론 "하나님을 사랑하는 자는 그를 아느니라"라고 말해도 틀리지 않습니다. 그렇지만 본문과 같은 표현이 하나님의 관심의 대상으로서의 인간의 개념을 좀 더 강하게 부각시킵니다. 사람의 성품을 향상시키거나 혹은 다른 사람을 배려하는 마음을 증진시키거나 혹은 하나님의 보호하심을 확고히 하는 등과 관련하여, 사랑이 첫 번째 자리에 서고, 지식은 두 번째 자리에 섭니다.

그러면 이 모든 것이 우리가 지금 다루고 있는 문제, 즉 우상의 제물을 먹는 문제와 무슨 관계가 있습니까? 그것은 이 문제가 지식의 관점에서 바라볼 때와 사랑의 관점에서 바라볼 때 각각 다른 방향으로 풀릴 것이기 때문입니다. 바울은 4절부터 6절에서 우상의 제물을 먹는 문제를 지식의 토대 위에서 다룹니다. 오직 한 분의 하나님이 계시며 그분은 예수 그리스도를 통해 스스로를 나타내시며 일하셨다고 하는 기독교의 근본적인 진리는 모든 고린도인들에 의해 받아들여졌습니다. 바울은 여기에서 그와 같은 기독교의 근본적인 진리를 광범위하게 진술합니다. 그는 헬라의 많은 신과 많은 주에 상응하는 어떤 실재(實在)도 없음을 분명하게 확언하면서 모든 그리스도인은 오직 한 분의 하나님과 한 분의 주님만을 인정한다고 단언합니다. 한 분 하나님은 만물이 말미암은 그리고 그리스도인으로서 우리가 속한 바로 그 하나님입니다. 또 한 분의 주님은 그를 통해 모든 창조의 역사가 이루어지고, 은혜가 전달되며, 그의 구속사역을 통해 우리에게 참된 생명이 주어지는 바로 그 주님입니다. 만일 어떤 신자(信者)가 이러한 진리들을 충분하게 깨달았다면, 그는 특별한 해를 받는다든지 혹은 우상 숭배를 인정하게 된다든지 혹은 다시 그곳으로 돌아간다든지 하는 따위의 위험이 없이 이방인의 제사에 참예할 수 있을 것이었습니다.

우상은 아무것도 아니며 따라서 우상에게 드려진 고기를 먹는 것은 하등 문제될 것이 없다는 주장의 근거는 바로 이것이었습니다. 그리고 바울은 이렇게 주장하는 자들이 더 강한 자들임을 충분히 인정합니다. 그리하여 만일 다른 고려사항이 없다면, 그에게 제기된 양심의 문제에 대한 대답은 그러한 주장과 맥락을 같이하는 것이 되었을 것입니다. 그러나 여기에는 지식보다 더 중요한 것이 있는데, 그것은 사랑입니다.

그리하여 본장의 나머지 모든 부분에서 바울은 형제들을 위한 사랑의 관심에 초점을 맞춥니다. 7절에서 바울은 "지식이 있는" 자들에게 새로운 깨달음이 예전의 관계까지 모두 지워버리는 것은 아님을 일깨워줍니다. 이와 유사한 사례들을 우리는 오늘날에도 대부분의 선교현장에서 발견할 수 있습니다. 모든 사람은 오랜 세월 굳어진 습관이 갑자기 극복되지 않음을 잘 압니다. 약한 신자에게 있어 우상의 잔치에 참예하는 것은 매우 위험한 일입니다. 왜냐하면 그로 말미암아 예전의 구습(舊習)으로 다시 돌아갈 가능성이 높기 때문입니다.

7절의 고려사항 뒤에 자연스럽게 9절 이하의 개념이 이어집니다. 그러나 그러한 개념을 다루기에 앞서 바울은 8절에 또 하나의 개념을 끼워 넣습니다. 여기에서 바울은 어떤 종류의 음식에 참예하는 것이든 혹은 참예하지 않는 것이든 그 자체로서 신앙적인 삶에 도움이 되지도 혹은 방해가 되지도 않는다고 단언합니다. 바울이 주장하는 이러한 원리의 취지는 지금 다루고 있는 문제의 중요성을 약화시키면서, 우리가 어떤 행동을 할 것인지 혹은 말 것인지를 결정함에 있어 다른 사람들의 약함을 고려해야 한다는 사실을 제시하기 위함인 것으로 보입니다.

그러한 사실을 전제하면서 바울은 마침내 마지막 논점에 도달합니다. 즉 그리스도인들은 약한 형제들로 하여금 실족당하지 않도록 하기 위해 자신의 자유를 제한해야 한다는 것입니다. 바울은 방금 우상의 잔치에 참예하는 것의 위험성에 대해 지적했었습니다. 이제 그는 10절에서 강한 자들로 인해 약한 자들이 거리낌으로 행하게 될 수 있음을 지적하면서 자신의 입장을 마무리합니다. 우리에게는 해롭지 않은 것이 다른 사람에게는 치명적인 것이 될 수 있습니다. 그리고 만일 우리가 그들을 그와 같이 이끈다면, 그들의 피가 우리 머리 위에 떨어질 것입니다.

이와 같이 형제를 실족케 하는 행동이 우리 주님의 모범과 부합하지 않는다는 사실이 11절에 강력하게 제시됩니다. 우리는 여기에서 세 가지 개념이 크게 강조되는 것을 발견합니다. 첫째로, 인간의 운명(그가 멸망하나니), 둘째로, 멸망을 당한 자와 멸망케 한 자의 관계(형제), 셋째로, 멸망을 당한 자를 위해 그리스도께서 하신 일(그를 위해 죽으심). 이러한 장엄한 개념들은 12절에서 좀 더 심화(深化)되는데, 거기에서 우리는 약한 자들과 그리스도 사이의 친밀한 연합을 보게 됩니다. 그리스도는 자신을 그들과 동일시하십니다. 그러므로 그들에게 어떤 해를 끼치는 것은 곧 그리스도께 해를 끼치는 것입니다.

약한 그리스도인 혹은 무지한 그리스도인으로 하여금 시험에 빠지며 실족케 만드는 것보다 더 큰 죄는 없습니다. 오늘날 이러한 사실은 좀 더 분명하게 강조할 필요가 있습니다. 특별히 이론적인 분야에서든 실천적인 분야에서든 자신들이 다른 사람들보다 더 많은 지식을 가지고 있다고 생각하는 그리스도인들은 이와 같은 사실을 새롭게 되새겨야 합니다.

마침내 바울은 13절에서 우상의 제물을 먹는 문제에 대한 결론을 제시합니다. "그러므로 만일 음식이 내 형제를 실족하게 한다면 나는 영원히 고기를 먹지 아니하여 내 형제를 실족하지 않게 하리라." 그는 자신이 어떻게 하겠다는 말로 결론을 맺는데, 이것은 참으로 아름다운 일입니다. 그는 다른 사람들에게 명령을 내리는 것으로 결론을 맺기보다는 자신의 결심을 선언하는 것으로 결론을 맺고자 했습니다. 그것은 그의 특유의 열정으로 말미암은 것이었습니다. 의심의 여지 없이 고린도의 자유주의적인 사람들(liberal party)에게 있어 다른 사람들의 약함 때문에 자신들의 자유가 제한되어야 한다는 바울의 가르침은 그다지 흡족하게 느껴지지 않았을 것입니다. 그러나 그들은 바울 자신의 모범에 입을 다물지 않을 수 없었습니다.

여기의 원리는 오늘날의 금주(禁酒) 문제에 직접적으로 적용될 수 있을 것입니다. 어떤 사람의 "적당함"이 다른 사람들을 "무절제함"으로 이끄는 경우는 너무도 흔한 일입니다. 이러한 일로 인해 교회는 많은 유망한 젊은 이들을 계속해서 빼앗겨 왔습니다. 어떻게 우리가 "그리스도께서 위하여 죽으신 형제가 멸망을 당하는" 위험을 무릅쓰면서까지 이러한 일들을 "적당히" 행할 수 있겠습니까?

15
복음을 전하지 않는 죄

"내가 복음을 전할지라도 자랑할 것이 없음은 내가 부득불 할 일임이라
만일 복음을 전하지 아니하면 내게 화가 있을 것이로다
내가 내 자의로 이것을 행하면 상을 얻으려니와
내가 자의로 아니한다 할지라도 나는 사명을 받았노라"
고전 9:16, 17

본문은 바울이 교회들로부터 사역을 위한 비용을 받지 않는 자신의 원칙을 이야기하는 문맥 속에서 언급된 것입니다. 그는 선물(gifts)은 받았지만 보수(pay)는 받지 않았습니다. 그 이유에 대한 그의 설명은 매우 흥미롭고, 솔직하며, 기사도(騎士道)적입니다. 그는 자신의 권리를 강력하게 주장합니다. 그것을 기꺼이 포기하는 말을 하는 중에도 말입니다. 그가 자신의 권리를 포기하는 이유는 그것을 통해 더 높은 어떤 것을 얻고자 열망하기 때문입니다. 그에게 있어 복음을 전파하는 것은 자신에게 맡겨진 일이며, 마땅히 감당해야 할 일이었습니다. 그러므로 그는 그 일로 인해 어떤 감사나 칭송도 기대하지 않았습니다. 다만 복음을 전하는 것 자체가 그에게 있어 기쁨이며 즐거움이었습니다.

여기에서 우리는 바울의 행동을 자극하는 두 가지 큰 원리를 보게 됩니다. 첫째는, 그의 '빚진 자 의식'이며, 둘째는, 할 수만 있다면 더 많이 하고자 하는 뜨거운 열망입니다. 물론 그는 지금 여기에서 사도로서 말하고

있고 따라서 그의 모범을 우리에게 무조건적으로 적용시킬 수는 없을 것입니다. 그럼에도 불구하고 나는 그의 행동을 자극한 동기들은 오늘날 우리들에게 무조건적으로 적용될 수 있다고 생각합니다.

그러한 동기들로서 우리는 여기에서 세 가지를 발견할 수 있는데, 첫째는 말해야 하는 의무이며, 둘째는 말하지 않는 것에 대한 징벌이며, 셋째는 의무를 뛰어넘는 즐거운 순종입니다.

1. 첫째로, 여기에서 '말해야 하는 의무'를 주목하십시오.

바울에게는 특별한 의미에서 "부득불 해야 할 일"이 있었습니다. 그것은 처음에 다메섹 도상에서 주어졌으며, 이후 그의 생애에서 수차례 반복되었습니다. 물론 그의 부르심은 직접적이며 초자연적이라는 점에서 우리의 부르심과 다릅니다. 또 그에게 맡겨진 사역의 범위와 그에게 주어진 은사의 광채 역시 우리의 그것과 다릅니다. 그러나 '빚진 자'라는 사실에 있어서는 그는 우리와 다르지 않습니다. 모든 그리스도인은 복음을 전함에 있어 바울과 마찬가지로 '빚진 자'입니다. 복음을 전하는 사명은 사도직에 근거하지 않습니다. "너희는 가서 모든 민족에게 복음을 전파하라"는 예수 그리스도의 명령은 열한 사도에게만 향하여진 것이 아니라 모든 세대의 교회들에게 향하여진 것이었습니다. 기독교 신앙을 전파하는 우리의 의무와 관련하여 다른 많은 동기들이 있을지라도, 그러나 나는 그것의 근거를 이와 같은 예수 그리스도의 분명한 명령 위에 세워야 한다고 생각합니다. 그 명령이야말로 예수 그리스도를 구주로 고백하는 모든 그리스도인을 포괄하는 명령입니다.

그 명령 즉 "모든 민족에게 복음을 전파하라"는 명령은 영원합니다. 그 명령은 거기에 부가된 약속과 함께 모든 시대에 동일하게 적용됩니다. 뒤의 약속은 앞의 명령에 의존합니다. "볼지어다 내가 세상 끝날까지 너희와 항상 함께 있으리라"는 약속은 "모든 민족에게 복음을 전파하라"는 명령에 종속됩니다. 아니, 거기에서 한 걸음 더 나아가, 뒤의 약속은 앞의 명령을 이행하는 조건 위에서 유효합니다. 왜냐하면 "내가 항상 너희와 함께 있으리라”는 약속은 “모든 민족에게 가서 복음을 전파하는” 교회에게 주어진 것이기 때문입니다.

이와 같이 복음을 전파하는 사명은 모든 교회에게 주어진 것입니다. 따라서 우리는 그것이 또한 각각의 그리스도인들을 구속(속박)하는 사실을 기억해야 합니다. 물론 이 문제뿐만 아니라 모든 부분에 있어 마찬가지이기는 하지만, 여기에는 매우 보편적인 오류가 한 가지 있습니다. 그것은 복음을 전파하는 의무를 공동체에 부여된 것으로만 여긴 채 개인들은 이리저리 빠진다는 것입니다. 그러나 우리는 전체로서의 교회가 그 모든 지체들의 총합 외에 아무것도 아니라는 사실을 기억해야 합니다. 지체들에게 부과된 것이 아무것도 없다면 공동체에 부과된 것도 아무것도 없는 것입니다. 그리스도께서 전체에게 말씀하셨다면, 그것은 각각의 사람들에게 말씀하신 것입니다. 만일 그리스도께서 공동체에 복음을 전파하는 사명을 주셨다면, 그것은 여러분과 나에게 주신 것입니다.

물론 이러한 명령을 순종하는 데에는 다양한 형태가 있습니다. 장소적인 제한성이라든지 다른 의무들이라든지 하는 것들이 복음을 전파하는 사명을 다양하게 만들 것입니다. 온 천하를 다니며 복음을 전파하는 것이 모든 사람의 의무는 아닙니다. 그러나 예수 그리스도의 복음을 알지 못하는 사람들에게 복음을 전달하는 직접적인 일은 모든 그리스도인에게 속합니다. 여러분은 다른 사람을 사서 여러분의 의무를 대체시킬 수 없습니다. 마치 여러분이 군대에 가는 대신 다른 사람을 사서 대신 보내는 것처럼 말입니다. 복음을 전파하는 것은 우리 각자 한 사람 한 사람의 의무입니다. 만일 우리가 그리스도의 사랑과 권세에 대해 안다면, 우리가 그것을 안다는 바로 그 사실 때문에 우리 모두는 우리가 미칠 수 있는 사람들에게 그것을 말할 의무가 있습니다. 여러분 주변에는 항상 복음이 전달되어야 할 사람들이 있을 것입니다. 여러분이 찾기만 한다면 말입니다. 모든 그리스도인에게는 복음을 전달함에 있어 다른 누구보다 더 효과적으로 전달할 수 있는 어떤 대상이 반드시 있게 마련입니다. 여러분 주변에는 여러분의 친구들과 가까운 친척들이 있을 것이며, 또 여러분이 매일 만나는 사람들이 있을 것입니다. 여러분은 그들 모두를 한자리에 모아놓고 지금 제가 하고 있는 것처럼 설교(preach)할 수는 없을 것입니다. 신약에서 "복음을 전하다"는 의미로 사용된 단어가 "대중적인 설교"를 의미하는 것은 아닙니다. 그것은 여러 사람을 모아놓고 설교나 강연을 하는 것을 함축하지 않습니다. 그것은 단지 왕의 포고문을 전달하는 사자(使者)의 일을 함축할 뿐입니다. 예수 그리스도를 발견한 모든 사람은 "나는 메시야를 만났다"고 말할 수 있으며, 그를 아는 모든 사람은 "와 보라 주께서 내 영혼을 위해 하신 일을 내가 말하리라"고 말할 수 있습니다. 여러분은 그렇게 할 수 있습니다. 그렇기 때문에 여러분은 그렇게 할 의무를 가지고 있습니다. 만일 여러분이 "누워 잠자기를 좋아하는 벙어리 개들" 가운데 하나라면, 불행하게도 여러분은 여러분에게 가장 큰 기쁨과 특권의 근원이 되는 의무를 까맣게 잊어버리고 있는 것입니다.

형제들이여, 이 세상의 그 어떤 것도 여러분으로부터 다른 사람들에게 예수 그리스도와 그의 구원에 대해 개인적이며 직접적으로 말해야 하는 의무를 면제시켜 줄 수 없습니다. 만일 여러분이 "주여 주께서 아시거니와 내가 내 입술을 금하지 않았나이다"라고 말할 수 없다면, 여러분은 여러분에게 주어진 의무를 충성스럽게 감당하지 못한 것입니다.

그러나 이러한 직접적인 노력 외에도 복음전파의 사명을 이행하는 다른 간접적인 방법들이 있습니다. 그것은 직접적으로 복음을 전하는 자들과 마음을 같이 하며 여러 가지 방면으로 돕는 것인데, 그에 대해서는 여기에서 다루지 않겠습니다.

교회에 대한 예수 그리스도의 이상(理想)은 모든 사람이 복음을 전파하는 군사가 되는 것이었습니다. 여기에 비전투원은 아무도 없습니다. 모두가 전투원입니다. 물론 그들 가운데 어떤 사람들은 진(陣)에 남아 각종 물자를 관리하는 일로 차출되고, 또 어떤 사람들은 전선에 나가 싸우도록 차출된다 하더라도 말입니다. 그러면 이러한 이상은 우리의 교회들 가운데 이루어지고 있습니까? 그러나 그리스도의 이상을 실현함에 있어 아무 일도 하지 않는 사람들이 우리 가운데 얼마나 많이 있습니까? 우리 가운데 적지 않은 사람들이 우리 비국교도 교회(Nonconformist church)의 "자발성의 원칙"을 "내가 좋아하지 않는 한 어떤 일도 할 필요가 없는" 정신으로 이해하고 있는 것처럼 보입니다. 물론 어떤 사람도 우리를 강제할 수는 없습니다. 그러나 만일 예수 그리스도께서 우리에게 "가라"고 말씀하셨는데 우리가 "나는 가지 않겠나이다"라고 말한다면, 우리와 예수 그리스도 사이에는 회계(會計)할 일이 남을 것입니다. 사람의 지배력이 점점 더 약해질수록 그리스도의 지배력은 점점 더 커질 것입니다. 만일 기독교적인 순종이 자발성의 원칙을 가지고 있다면, 우리는 우리의 마음속에 "기꺼이 순종하려는 자발적인 마음"이 있는지를 살필 의무가 있습니다.

우리 모두는 어떤 핑계로도 면제될 수 없는 엄중한 의무를 가지고 있습니다. 그것은 수많은 핑계들을 매우 불충분한 것으로 만듭니다. 오늘날의 세대에는 선교정신을 싸늘하게 냉각시키는 것들이 많이 있습니다. 우리는 이방세계에 대해 과거보다 훨씬 더 많이 압니다. 그리고 이러한 친숙함은 우리의 절박성을 감소시킵니다. 그리하여 우리 가운데 많은 사람들은 예수 그리스도의 이름을 알지 못하고 죽는 자들의 운명에 대해 그다지 절박한 마음을 갖지 않습니다. 우리는 비교종교학을 하나의 학문으로 다루는 가운데, 도리어 그것이 많은 경우 수많은 사람들에 대한 무지와 냉담의 먹구름을 더 짙게 만든다는 사실을 깨닫지 못합니다. 이 모든 것들이 오늘날 많은 선한 그리스도인들의 열정을 냉각시킵니다. 그러나 예수 그리스도의 명령은 오늘날에도 그대로 남아 있습니다.

그러면 어떤 사람들은 "나는 고향(home)에서 일하고 싶습니다"라고 말할 것입니다. 좋습니다. 만일 여러분이 거기에서 할 수 있는 모든 일을 하고 있다면 말입니다. 그러면 여러분은 기독교 사역의 한 국면을 성실하게 감당하고 있는 것입니다. 분업(分業)의 원칙은 여러분이 다른 밭(field)으로 가지 않는 것을 정당화시켜 줄 것입니다. 그러나 만일 여러분이 그곳에서 여러분의 모든 힘을 쏟지 않는다면, 여러분은 다른 곳에서 아무 일도 하지 않은 것에 대해 아무런 핑계도 댈 수 없을 것입니다. 예수 그리스도께서는 여전히 말씀하십니다. "너희는 가서 모든 민족에게 복음을 전파하라.”

그러면 어떤 사람들은 이렇게 말할 것입니다. “나는 선교단체들을 믿을 수 없습니다. 그들은 너무도 많은 돈을 낭비합니다. 나는 많은 선교사들이 일은 거의 하지 않으면서 많은 돈을 쓰며 사치스럽게 생활한다는 이야기를 많이 들었습니다.” 그럴 수도 있겠지요. 부분적으로 사실일 수 있습니다. 그들에게 그렇게 말해준 사람들이 어떤 종류의 사람들인지 나는 잘 모르지만 말입니다. 그렇지만 설령 그것이 사실이라 하더라도, 과연 그러한 말이 예수 그리스도의 명령을 폐할 수 있습니까? 어떤 사람들이 십계명 가운데 어떤 한 계명을 제대로 이행하지 못한다는 이유로 여러분은 그 계명을 십계명 돌판으로부터 지워버릴 수 있습니까? 결코 그럴 수 없습니다. 예수 그리스도께서는 여전히 “너희는 가서 모든 민족에게 복음을 전파하라”고 말씀하십니다.

나는 가끔 기독교 공동체에 새롭게 받아들여지는 혹은 계속해서 그 일원으로 존속하는 조건이 모든 민족에게 복음을 전파하라는 명령에 순종하는 여부가 되는 날이 올는지도 모른다는 생각을 하곤 합니다. 꿀벌들 중에는 일 년 중 어떤 특정한 때에 자기들 가운데 일하기 싫어하는 게으른 벌들을 쏘아 죽이는 일이 있습니다. 물론 나는 기독교 공동체에서 이런 일이 일어나는 것을 바라지는 않습니다만, 그러나 모든 공동체로부터 쓸모없는 군살을 제거하는 것은 우리 모두에게, 즉 계속해서 공동체에 남아 있는 자들에게나 그것으로부터 배제되는 자들에게나 모두에게 유익한 일이 될 수 있다고 여겨집니다. 복음을 전하라는 명령에 순종하는 것이 교회의 지체가 되는 조건이든지 아니든지 간에, 그것이 그리스도와 교제를 갖는 그러므로 건강한 그리스도인의 삶을 누리는 조건이 된다는 것은 분명한 사실입니다.

2. 둘째로, 여기에서 '말하지 않는 것에 대한 징벌'을 주목하십시오.

“만일 복음을 전하지 아니하면 내게 화가 있을 것이로다.” 추측컨대 아마도 바울은 여기에서 일차적으로 미래에 이루어질 일에 대해 생각하고 있었을 것입니다. 그러나 나는 또 그것이 전부는 아니라고 생각합니다. 여하튼 간에, 나는 여기에서, 말하지 않는 것에 대한 이 땅에서의 징벌과 미래의 징벌에 대해 간략하게 지적하고자 합니다.

"만일 복음을 전하지 아니하면 내게 화가 있을 것이로다." 만일 여러분이 그리스도의 진리에 대해 입을 다문 채 아무 말도 하지 않는다면, 바로 그것 때문에 여러분은 예수 그리스도와의 교제의 많은 부분을 잃어버리게 될 것입니다. 만일 다른 사람들에게 가서 그리스도에 대해 말했다면 훨씬 더 행복하고 즐겁고 더 풍성한 그리스도인의 삶을 누렸을 그리스도인들이 얼마나 많이 있습니까? 그들이 자신들의 마음속에서 하나님의 말씀을 닫아버렸기 때문에, 그러한 말씀은 알아볼 수 없는 모양으로 녹아버리고 결국에는 없어져버리고 맙니다. 쌀쌀한 가을 아침 온 지면을 덮는 그러나 신선한 바람이 불어오면 어느덧 사라져 버릴 희뿌연 안개처럼, 많은 그리스도인들의 마음 한켠에는 찬란한 햇빛을 가리는, 그러나 그리스도의 신선한 바람이 불어오면 금방 사라져버릴 축축한 습기가 있습니다. 여러분은 행복한 그리스도인이 되기를 원합니까? 그러면 예수 그리스도를 위해 일하십시오. 물론 여기에는 그와 관련하여 우리가 고려해야 할 다른 것들이 있을 것입니다. 그러나 말해야 할 때 말하지 않고, 일해야 할 때 일하지 않은 게으른 그리스도인들에게 화가 있을 것이라는 것은 여전히 진실입니다.

나아가 거기에는 긍휼히 여김을 잃어버리는 화와 함께 자기 삶에 빠진 채 겪게 되는 온갖 종류의 고통과 괴로움의 화가 있을 것입니다. 또 거기에는 자신의 믿음을 진리 안에 굳게 세우는 최고의 방법 가운데 하나를 잃어버리는 화가 있을 것입니다. 왜냐하면 믿음을 진리 안에 굳게 세우는 최고의 방법 가운데 하나가 바로 그것을 다른 사람들과 나누는 것이기 때문입니다. 만일 어떤 것을 가장 잘 배우고 싶다면, 그것을 가르치십시오. 만일 어떤 과학의 원리를 잘 이해하기를 바란다면, 다른 사람에게 그것을 설명하고자 노력하십시오. 만일 여러분이 오늘날 온갖 논쟁과 다툼이 난무하는 시대에 복음의 참된 핵심이 어디에 있는지, 그리고 하나님의 계시의 본질이 무엇인지 알기를 원한다면, 죄인들에게 가서 그들을 위해 죽으신 예수 그리스도에 대해 말하십시오. 그러면 여러분은 그것이 바로 십자가와 그 위에서 세상을 위해 죽으신 예수 그리스도라는 사실을 발견하게 될 것입니다. 바로 이것이 사람의 마음을 움직일 수 있는 능력입니다. 또 그럼으로써 여러분은 오늘날 모든 것이 불확실하며 요동하는 시대에 어둠 속에 빛을 가져다주는 그리고 죄와 고통 속에 빠진 영혼을 온전케 하는 확실한 것을 붙잡게 될 것입니다. 또 거기에는 여러분을 바라보며 "나는 당신에게 큰 빚을 졌습니다"라고 말해줄 수 있는 사람을 갖지 못하는 화가 있습니다. 형제들이여, 만일 우리의 보잘것없는 몇 마디 말을 통해 그리스도께서 어떤 사람의 마음속에 들어가셨다면, 우리에게 있어 그것보다 더 큰 기쁨이 어디에 있겠습니까? 만일 여러분이 입을 닫아버린 채 주님의 명령을 외면한다면, 여러분은 이 모든 것을 내던져 버리는 것입니다.

그렇지만 이것이 전부가 아닙니다. 왜냐하면 미래에 회계(會計)해야 할 것이 남아 있기 때문입니다. 생각건대 대부분의 그리스도인들은 주인의 명령을 잘 지켰는지 그렇지 않은지에 따라 장차 완전히 다른 결과가 나타날 것이라는 엄연한 사실을 너무도 깨닫지 못하는 것 같습니다. 나는 사람이 매우 불완전한 믿음으로도 구원받을 수 있음을 믿습니다. "구원을 받되 불 가운데 받은 것처럼" 그렇게 구원받는 사람도 있을 것이며, "영원한 나라에 넉넉하게 들어가는" 사람도 있을 것입니다. 그러나 그 삶이 그리스도의 원리에 너무도 적게 영향을 받고 그리스도인으로서의 명백한 의무들을 게을리한 자들은, 그리스도의 사랑의 권능 앞에 스스로를 순복시키며 그의 명령에 따라 살고자 애쓴 자들과 결코 동일한 수준의 축복 위에 서지 못할 것입니다.

천국은 모든 것이 다 똑같은 곳이 아닙니다. 모든 사람은 거기에서 각자에게 합당한 복을 받을 것입니다. 각자의 용량은 서로 다릅니다. 그리고 그 용량을 결정하는 주된 요소는 세상에서 사는 동안 그리스도의 모든 명령을 얼마나 잘 순종했는가 하는 것이 될 것입니다. 나는 여러분 모두가 다음과 같은 사실을 꼭 마음에 담기를 간절히 바랍니다. 즉 그때 하나님 앞에 서서 "보소서 여기에 제가 있사오며 또 주께서 제게 주신 자녀들이 있나이다"라고 말할 수 있는 자들은, 오직 자신만을 구원했을 뿐 자기 외에 아무도 데려갈 수 없는 자들보다 훨씬 더 빛나는 면류관을 쓰게 될 것이라는 사실 말입니다.

어떤 사람들은 배를 타고 그 땅에 도달할 것이지만, 어떤 사람들은 파선한 채 깨어진 나무 조각 만을 붙들고 겨우 그 땅에 도달할 것입니다. 그들모두 안전하게 그 땅에 도달하기는 했지만, 그러나 그들의 위치는 너무나다릅니다. 그들이 어느 위치에 서느냐 하는 것은 그리스도인으로서의 그들의 삶에 달려 있습니다. 그리고 그들의 삶에 있어서의 한 가지 주된 요소는 복음을 전파하라는 주님의 명령에 그들이 얼마나 순종했는가 하는것입니다.

3. 셋째로, 여기에서 '의무를 뛰어넘는 즐거운 순종'을 주목하십시오.

"내가 내 자의로 이것을 행하면 상을 얻으려니와." 바울은 자신에게 요구된 것 이상을 행하기를 열망했습니다. 그것은 자신의 주인에 대한 사랑과 자신에게 주어진 의무를 감사함으로 받아들이는 것에 대한 분명한 증표였습니다. 자신의 일을 사랑하는 화가는 자신의 그림 위에 많은 손질을가할 것입니다. 그는 캔버스 앞에서 더 많은 시간을 머무르며 그곳에 더많은 관심과 정성을 쏟아 부을 것입니다. 왜 그렇게 할까요? 그것은 자신의 일을 사랑하기 때문입니다. 책망당하지 않는 한도 내에서 가능하면 가장 적게 일하려고 애쓰는 종은 매우 저급한 동기에 의해 움직여지는 것입니다. 됫박의 눈금을 조금이라도 넘지 않게 하려고 애쓰는 상인은 매우 인색하게 장사하는 것입니다. 그러나 후한 손으로 "흔들어 누르고 넘치게"주는 상인도 있는데, 그가 그렇게 하는 것은 주는 것을 좋아하기 때문입니다.

이것은 그리스도인의 삶에 있어서도 마찬가지입니다. 우리 가운데 "내가 어떻게 가장 작은 희생으로 가장 큰 것을 얻을 수 있을꼬?"라고 묻는사람들이 많이 있습니다. 이것은 그리스도인으로서의 의무는 가능한 벗어버리고, 할 수 있는 대로 최소한의 사랑과 봉사와 노력을 들이려고 하는 것입니다.

이것이 무엇을 의미하는 것일까요? 이것은 우리가 노예임을 의미합니다. 이것은 만일 우리가 아무 일도 하지 않을 수만 있다면 아무 일도 하지 않겠다는 의미입니다. 또 그것은 무엇을 의미하는 것일까요? 그것은 우리가 주님에 대해 무관심하며 우리에게 맡겨진 일을 좋아하지 않음을 의미합니다. 또 그것은 무엇을 의미합니까? 그것은 우리의 일이 칭찬받을 만한 자격이 없으며 따라서 아무런 상급도 따르지 않을 것임을 의미합니다. 만일 우리가 그리스도를 사랑한다면, 우리는 할 수만 있다면 그리스도께서 명령하신 것보다 더 많은 일을 하려고 애쓸 것입니다. 왕에 대한 사랑의 증표로서 그리고 우리에게 맡겨진 일을 즐거워하는 증표로서 말입니다. 물론 그리스도의 일을 수행함에 있어 필요 이상의 지나치게 많은 일이라는 개념은 존재하지 않을 것입니다. 아무리 많은 일을 한다고 할지라도 말입니다. 그럼에도 불구하고 기독교적 헌신과 자기희생에 있어, 만일 어떤 사람이 그 높이에 오른다면 칭찬을 받겠지만 그러나 오르지 못했다고 하여 책망받지는 않을 어떤 높이가 있습니다. 우리에게 필요한 것은 우리의 수고를 기꺼이 허비하는 것입니다. 유다는 "무슨 의도로 이것을 허비하느냐?"고 말할는지 모르지만, 그러나 예수님은 "그가 내게 좋은 일을 하였느니라"라고 말씀하실 것입니다. 그리고 우리의 수고의 향유는 영원토록 아름다운 향기를 발할 것입니다.

그러므로 형제들이여, 결론은 우리에게 맡겨진 일을 억지로 수행하지 말자는 것입니다. 그렇게 하는 것은 단지 노예의 모습일 뿐입니다. 그렇게 한다면 거기에 아무 축복도 없을 것이며 상급도 따르지 않을 것입니다. "어떻게 하면 가장 조금만 일할 수 있을까?"라고 묻지 마십시오. 그렇게 묻는 대신 "어떻게 하면 더 많은 일을 할 수 있을까?"라고 물으십시오. 그렇게 한다면, 우리는 주님께 아무 비용도 들지 않는 번제물을 드리지는 않을 것입니다. 그리스도의 입장에서, 그는 우리에게 사랑의 증표로서 복음 전파의 명령을 주셨습니다. 청지기의 직분은 그가 우리를 신뢰하는 증표입니다. 그러므로 우리에게 주어진 사명은 영광스러운 것이면서 동시에 은혜로 말미암은 것입니다. 반면 우리의 입장에서, 마지못해 공물(供物)을 바치는 것처럼 하지 말고 할 수만 있으면 더 많이 드리고 싶은 마음으로 우리에게 맡겨진 일을 감당합시다. 그분께 대한 사랑 때문에 말입니다. 이와 같이 예수 그리스도께 자신들의 모든 사랑과 노력과 봉사를 드린 자들은 백배로 돌려받을 것입니다. 왜냐하면 우리 주님은 어느 누구에게도 빚을 지지 않으실 것이기 때문입니다. "내가 갚으려니와 네가 이 외에 네 자신이 내게 빚진 것은 내가 말하지 아니하노라"(몬 1:19).

16
사람의 종

"내가 모든 사람에게서 자유로우나 스스로 모든 사람에게 종이 된 것은 더 많은
사람을 얻고자 함이라 유대인들에게 내가 유대인과 같이 된 것은 유대인들을 얻
고자 함이요 율법 아래에 있는 자들에게는 내가 율법 아래에 있지 아니하나 율
법 아래에 있는 자 같이 된 것은 율법 아래에 있는 자들을 얻고자 함이요 율법
없는 자에게는 내가 하나님께는 율법 없는 자가 아니요 도리어 그리스도의 율법
아래에 있는 자이나 율법 없는 자와 같이 된 것은 율법 없는 자들을 얻고자 함이
라 약한 자들에게 내가 약한 자와 같이 된 것은 약한 자들을 얻고자 함이요 내가
여러 사람에게 여러 모습이 된 것은 아무쪼록 몇 사람이라도 구원하고자 함이니
내가 복음을 위하여 모든 것을 행함은 복음에 참여하고자 함이라"

고전 9:19-23

자신에 대해 많이 말함에도 불구하고 바울은 결코 자기중심적인 사람
이 아닙니다. 그가 "나는 이러저러하다"라고 말할 때, 그것은 그 말을 듣
는 사람들도 동일하게 행동할 것을 가르치는 한 가지 방식이었습니다. 그
는 어느 누구에게도 자신은 결코 지지 않는 짐을 지우려고 하지 않았습니
다. "나를 따르라"고 말할 수 있는 지도자에게는 많은 추종자들이 따를 것
입니다. 이와 같이 본 단락에서도 바울은 고린도인들에게 자신의 행동을
따를 것을 실제적으로 가르치고 있습니다.

다른 사람의 구원과 관련하여 모든 그리스도인에게 부과되는 큰 원칙은

가능한 한 그들과의 접촉점 혹은 유사점을 찾으라는 것입니다. 이것은 복음의 진리를 분명하게 제시하지 않으면서 단순히 모든 사람을 기쁘게 하기 위해 불분명하게 처신하는 것을 의미하지 않습니다. 모든 토끼를 다 잡으려 하다가는 한 마리도 잡지 못하게 될 것입니다. 이쪽저쪽을 다 바라보는 자는 훌륭한 복음전도자가 되지 못할 것입니다. 복음을 전하는 자가 복음을 받는 자와 동화(同化)되는 것은 그의 영혼에 대한 사랑과 그에게 진리를 가져다주고자 하는 열정 때문입니다. 그렇지 않다면 그러한 동화(同化)는 소심함 내지는 정직하지 못함 외에 아무것도 아닌 것이 될 것입니다. 이웃에 대한 사랑이 곧 그들의 악한 행동에 동참하는 것을 의미하는 것은 아닙니다.

이와 같이 동화에 있어 어떤 분명한 한계가 있기는 하지만, 그러나 복음을 전함에 있어 그리스도인들은 상당한 범위의 융통성을 가질 수 있습니다. 만일 우리가 그들을 도우려고 한다면, 우리는 그들에게 다가가야 합니다. 특별히 우리는 우리 자신을 그들과 심정적(心情的)으로 동일시하고 유사점을 확대하고자 노력해야 합니다. 그들을 예수 그리스도에게로 이끌고자 한다면 말입니다. 그리스도 자신도 사람들을 얻기 위해 사람이 되셨습니다. 마찬가지로 그의 종들도 그렇게 해야 합니다. 과거에 노예들에게 그리스도를 전파하기 위해 자원해서 노예가 된 전도자가 있었습니다. 오늘날의 우리도 그러한 정신을 본받을 필요가 있습니다.

만일 우리가 멀찌감치 떨어져서 저 아래 있는 사람들에게 복음을 던져 준다면, 우리는 아무런 열매도 얻지 못할 것입니다. 우리가 그들의 삶의 상황 속으로 들어감을 그들이 느껴야만 합니다. 우리가 전하는 말이 힘을 얻기 위해서는 말입니다. 이것은 나이가 많든 적든 모든 전도자에게 있어 동일합니다. 어린아이들에게 복음을 전하려고 합니까? 여러분은 어린아이가 되어야 합니다. 그리고 여러분이 어린아이의 본질 속으로 들어감을 보여주려고 노력해야 합니다. 그렇게 하지 않으면 여러분은 아무런 열매도 거두지 못할 것입니다.

본문에서 바울은 자신이 계속해서 실천해 온 세 가지 사례(事例)를 제시합니다. 그는 본래 유대인이었습니다. 그러나 회심 후 그는 전혀 새로운 의미에서 "유대인이 되어야" 했습니다. 회심 후 바울은 예전의 자신으로부터 완전히 벗어났습니다. 만일 자신만을 생각했다면, 그는 유대인의 모든 규례와 관습을 버렸을 것입니다. 그러나 그는 할 수만 있으면 다른 사람들의 사상과 충돌하지 않으려고 했습니다. 그리하여 할례를 받아야 구원받을 수 있다는 사상과는 죽기까지 싸움을 벌였음에도 불구하고, 그는 주저하지 않고 디모데에게 할례를 베풀었습니다. 또 그리스도인에게 있어 모든 옛 의식이 폐지되었음을 굳게 믿었음에도 불구하고, 그는 많은 유대인 신자들의 편견과 충돌하지 않으려고 성전예배에 참여함으로써 자신이 "율법의 규례대로" 행하는 것을 기꺼이 나타내고자 했습니다. 만일 다른 사람들이 그에게 "너는 이러이러하게 해야 한다"라고 말한다면, 그의 대답은 "나는 그럴 수 없노라"일 것이었습니다. 그러나 만일 그것이 화해할 수 있는 문제라면, 그는 최대한 양보할 준비가 되어 있었습니다.

다음으로 그가 제시하는 사람들은 앞에서 제시한 부류의 사람들과 다른 부류의 사람이 아니라 같은 부류의 그러나 다른 관점(觀點)에서 바라본 사람들입니다. "율법 아래 있는 자"라는 표현은 물론 유대인을 지칭하는 것이지만, 그러나 혈통에 의거하여 그렇다는 것이 아니라 그들의 종교에 의거하여 그렇다는 것입니다. 다시 말해서, 유대인으로 태어났다고 해서 "율법 아래 있는 자"인 것은 아닙니다. 그들이 율법주의적인 유대교를 신봉함으로써 "율법 아래 있는 자"가 되는 것입니다. 그런데 여기에서 바울은 기꺼이 그들 가운데 한 자리를 차지하려고 하고 있습니다. 그렇지만 그는 이 일로 인해 오해받기를 원치 않습니다. 그리하여 이와 같이 자원하여 자신의 자유를 제한하는 데에는 특별한 목적이 있음을 분명하게 제시합니다. 그는 "율법 아래 있는 자"가 아닙니다. 그의 믿음의 골자에 따르면, 그는 모세 율법의 어떤 부분과도 상관이 없었습니다. 왜냐하면 그리스도께서 그를 자유케 하셨기 때문이었습니다.

바울이 기꺼이 스스로를 동일시하려고 했던 두 번째 부류의 사람들은 첫 번째 부류의 사람들과 정반대의 사람들로서 "율법 없는 이방인들"이었습니다. 그가 아레오바고 언덕에서 설교할 때에는 회당에서 설교할 때와 달랐습니다. 복음은 매우 다양한 측면을 가지고 있습니다. 이러한 다면적(多面的)인 복음에는 모세의 율법에 대해 한 번도 들어보지 못한 이방인들에게 적합한 측면도 포함되어 있었습니다. 그리하여 바울은 그러한 유사성 혹은 접촉점을 헬라인과 야만인들에게 연결시켰습니다. 그러나 여기에서도 그의 동화(同化)는 분명한 목적을 가진 것이었습니다. 따라서 그는 스스로 모세의 율법을 지킬 의무를 인식하지 않음에도 불구하고(왜냐하면 "그리스도의 율법 아래" 있기 때문에) 스스로에 대해 "율법 없는 자가 아니"라고 언명(言明)합니다.

바울이 제시하는 세 번째 부류의 사람은 "약한 자"입니다. 이들은 8장에서 언급한 "매우 예민한 양심을 가진" 사람들이었습니다. 거기에서 바울은 강한 형제들에게 이들의 좁은 관점(narrow views)을 존중하고, 이들의 양심을 고려하여 그들의 자유를 제한하도록 훈계했었습니다. 만일 그렇게 하지 않는다면, 자칫 이들 약한 자들의 양심이 약하여지고 더러워질 수 있을 것이었기 때문입니다. 오늘날에 있어 이러한 교훈은 바울의 시대만큼이나 아니 어쩌면 그때보다 더 절실합니다. 왜냐하면 오늘날 그리스도인들 사이에 너무나 다양한 문화가 있으며, 또한 각자의 삶의 조건이나 교육의 정도 따위가 너무도 다르기 때문입니다. 이러한 다양성으로 인해 많은 문제들에 대한 그리스도인들의 관점 역시도 다양해질 수밖에 없습니다. 이와 관련하여 우리가 따라야할 대원칙이 여기에 제시됩니다. 여러분의 양심에 거침이 되지 않는 한, 다른 사람들과 같아지십시오. 허용될 수 있는 일이라면, 기꺼이 여러분의 자유를 제한하십시오. 편협한 생각을 가진 사람들의 의견까지도 존중해서 말입니다. 그러나 그렇게 하는 동기(動機)는 그들의 최고의 선, 곧 우리 주님을 위해 그들을 "얻기" 위한 것이어야 합니다.

23절은 우리에게 바울이 따랐던 큰 원칙을 보여줍니다. 그러한 원칙은 그로 하여금 "모든 사람에게 모든 것이 되도록" 이끌었습니다. 지금까지 이야기한 것처럼, 그들의 구원을 위해 말입니다. 뿐만 아니라 그러한 원칙은 그로 하여금 스스로를 연단하며 분투하도록 이끌었습니다. 이번에는 다른 사람들의 구원이 아닌 그 자신의 구원을 위해서 말입니다. 우리는 그것을 그의 계속되는 이야기 속에서 들을 수 있습니다. "복음을 위하여"는 뒤쪽을 가리키는 것으로 보입니다. 반면 "복음에 참여하고자 함"은 앞쪽을 가리킵니다. 우리가 복음을 전파하는 것은 다른 사람을 구원하기 위함만이 아니라 그를 통해 우리가 살고 또 그로 말미암아 우리 자신이 구원을 받기 위함입니다.

17
상을 받기 위한 달음질

"운동장에서 달음질하는 자들이 다 달릴지라도 오직 상을 받는 사람은
한 사람인 줄을 너희가 알지 못하느냐
너희도 상을 받도록 이와 같이 달음질하라"

고전 9:24

"이와 같이 달음질하라." 이것이 "상을 받을 수 있도록 달음질하라"는 의미일까요? 생각컨대 대부분의 사람들이 본문을 피상적으로 읽음으로써 그와 같이 이해하는 것 같습니다. 그러나 여기의 "이와 같이"는 그것보다 훨씬 더 중요한 의미를 담고 있습니다. 그것은 대조어(對照語)입니다. 바울은 지금 그들 앞에 그들에게 매우 친숙한 그림을 제시하고 있습니다. 우리가 잘 아는 것처럼, 그리스의 가장 유명한 경주 가운데 하나가 고린도 인근에서 정기적으로 개최되었습니다. 의심의 여지 없이 고린도의 많은 회심자들이 그러한 경주를 보았을 것이며, 심지어 직접 참가한 자들도 있었을 것입니다. 본문에서 바울은 "운동장" 혹은 "달음질하는 자"(경주자) 등의 단어를 사용하는데, 이것은 고린도인들에게 매우 친숙한 단어들이었습니다. 바울은 고린도인들로 하여금 열심히 달리는 경주자들을 상상하도록 만듭니다. 그들은 팽팽하게 긴장된 근육을 가지고 최선을 다해 달립니다. 그리고 그들 가운데 가장 열심히 달린 한 사람이 승자가 됩니다. 바울은 말합니다. "지금 숨을 헐떡거리고 있는 승자를 보라. 바로 그

것이 너희가 달려야 할 모습이니라. 너희도 그와 같이 달음질하라.” 그러므로 “이와 같이 달음질하라”는 것은 “상을 받을 수 있도록 달음질하라”는 의미가 아니라 “저기에 있는 승자처럼 달음질하라”는 의미입니다. 이제 여기에 등장하는 승자로부터 우리가 배워야 할 것들을 살펴보도록 합시다.

1. 첫째는 최대한도의 긴장과 힘과 투혼입니다.

그리스도인들에게 교훈을 주기 위해 바울이 이러한 그리스의 경주들을 취택한 것은 매우 주목할 만합니다. 왜냐하면 그러한 것들은 온갖 종류의 우상 숭배와 타락한 것들로 뒤엉켜 있었기 때문입니다. 따라서 어떤 유대인도 그러한 것들에 가까이 하려고 하지 않았으며, 초창기 그리스도인들에게 있어 그러한 것들과 어떤 형태로든 관련을 갖지 않는 것은 그들이 지켜야 할 의무의 일부였습니다.

그런데 여기에서 바울은 그러한 불결한 것들을 그리스도인들을 가르치기 위한 교훈의 도구로 사용합니다. 우리는 여기에서 매우 중요한 사실을 배울 수 있습니다. 즉 악한 것 속에도 선한 요소가 있다는 사실입니다. 우리가 그것을 주의 깊게 도출한다면 말입니다. 오늘날의 설교자들도 회중에게 교훈을 주기 위해 경마장에서 벌어지는 일들을 제시하면서 다음과 같이 말할 수 있을 것입니다. “여러분은 경마장에서 벌어지는 일을 통해 교훈을 얻어 그리스도인들이 어떻게 살아야 하는지를 배워야 합니다.”

신약이 “싸움”이라는 마귀적인 일을 다루는 것도 이와 동일한 원리에 근거한 것입니다. 싸움이라는 마귀적인 일이 그리스도의 군병의 상징으로 취택되는 것은 그 안에 사람들이 대장의 뜻에 절대적으로 복종하는 것과 대장의 손가락이 까딱하는 여하에 따라 그들의 목숨까지도 던질 준비가 되어 있는 것이 들어있기 때문입니다. 싸움 자체는 매우 악한 것이라 할지라도, 그러나 그 안에 들어있는 이와 같은 요소들은 얼마나 훌륭하며 숭고한 것입니까? 우리는 그러한 요소들을 좀 더 높은 차원에서 본받아야 합니다.

이와 같은 차원에서 바울은 우리에게 교훈을 주기 위해 그리스의 경주자들을 사용합니다. 비록 그것이 죄로 가득한 것이라 할지라도, 우리는 그것을 통해 최소한 다음과 같은 한 가지 중요한 교훈을 얻을 수 있습니다. "하찮은 상을 얻기 위해서도 저렇게 최선을 다해 달린다면, 최고의 상을 바라보는 자들은 얼마나 더 최선을 다해 달려야 하겠는가?" 바울은 말합니다. "만일 너희가 상을 받기를 바란다면, 그와 같이 달음질하라."

여기에서 그리스의 경주자들로 하여금 힘을 다해 달리도록 동기를 부여하는 상(償)과 그리스도인들이 붙잡고자 달려가는 상 사이의 대조를 주목하십시오. "그들은 썩을 승리자의 관을 얻고자 하되." 그것은 고작 월계수 잎을 엮은 것에 불과합니다. 그것은 동전 한 푼 정도의 가치밖에는 없는 것이며 스쳐가는 영광에 불과할 뿐, 그 이상은 아닙니다. 그들은 썩을 승리자의 관을 얻기 위해 그렇게 달립니다. 그런데 우리는 썩지 않는 관을 목표로 해서 달린다고 공언하면서도 그들처럼 힘을 다해 달리지 않습니다. 만일 우리가 사람들이 좇는 상과 그리스도인들이 바라보는 상 사이의 상대적 가치의 차이를 분명하게 인식한다면, 필경 우리는 양심의 가책을 느끼지 않을 수 없게 될 것입니다.

여기에서 우리가 배울 수 있는 교훈은 또 있습니다. 우리 그리스도인들은 스스로를 표본으로 삼고 스스로 견책할 수 있다는 사실입니다. 우리 본성의 한쪽 측면에서, 우리는 어떤 것을 얻고자 할 때 그 일에 대해 최선을 다하는 경향이 있습니다. 그리고 다른 쪽 측면에서, 상을 받든지 받지 않든지에 크게 개의치 않을 때는 매우 적은 일만으로도 쉽게 만족해버리고 마는 경향이 있습니다. 만일 여러분과 내가 정말로 바울이 말하는 영광의 면류관이 우리의 것이 될 수 있다고 굳게 믿는다면, 그리고 그것이 우리에게 완전히 충족하다고 굳게 믿는다면, 영광의 면류관을 향한 우리의 달음질은 분명 달라질 것입니다. 평균적인 그리스도인들에게 있어 그들의 생각의 대부분은 세상의 보이는 것들로 향하는 반면 보이지 않는 영원한 것들에 대해서는 아주 적은 부분만 향하여집니다. 때로 계곡물의 90%는 물레방아를 돌리는 일로 사용되고, 남은 10%만이 햇빛을 반사하며 온갖 초목을 자라게 하는 일에 사용됩니다. 이와 같이 많은 사람들의 경우 대부분의 삶의 에너지는 일상생활의 물레방아를 돌리는 일에 사용되고, 아주 적은 부분만이 하나님과 교제하는 일에 사용됩니다. 여러분은 돈을 벌기 위해 혹은 필요로 하는 어떤 것을 얻기 위해 달음질하는 것처럼 그렇게 달음질하십시오. 여러분은 스스로를 표본으로 삼으십시오. 그리고 스스로를 견책하십시오. 여러분 자신의 삶이 여러분에게 모든 것을 보여줄 것입니다. 만일 다른 사람들이 썩을 것을 위해 달음질하는 것처럼 여러분이 썩지 않는 상을 위해 달음질한다면, 여러분의 삶 전체는 달라질 것입니다. 일반적인 그리스도인들이 썩는 것과 썩지 않는 것을 위해 각각 절반씩만 노력을 분배한다면 어떨까요? 아니, 자신들의 기독교적 성품을 계발하며 예수 그리스도를 닮아가는 일에 그들의 노력의 십분의 일만이라도 사용한다면, 대부분의 기독교 공동체들은 새로운 생명력으로 넘치게 될 것입니다. 우리에게 있어 기독교적 성품을 계발하며 그리스도를 닮아가는 일에 사용되는 시간은 많으면 많을수록 좋을 것입니다. 그렇지만 우리는 얼마나 많은 시간을 다른 것들에 빼앗기고 있습니까? "너희도 상을 받도록 이와 같이 달음질하라."

2. 둘째는 엄격한 자기통제입니다.

숙달된 전문가가 되고자 노력하는 모든 사람은 "모든 일에 절제"합니다. 달음질하는 자들을 위한 훈련은 매우 엄격했습니다. 그들은 열 달 동안 체중을 조절하기 위한 엄격한 식이조절을 했으며, 포도주 같은 것은 입에 댈 수도 없었습니다. 그들은 불필요한 살이 조금도 남지 않을 때까지 매일같이 가혹한 체력훈련을 했습니다. 그러고 나서야 비로소 그들은 운동장에서 뛰도록 허락되었습니다. 바울은 우리에게 이것을 표본으로 삼으라고 말합니다. 그들은 경주에 나가기 위해 엄격한 훈련과 식이조절을 했습니다. 우리 역시도 경주의 일부로서 엄격한 자기통제를 실행해야 합니다. 그들이 삼간 것은 육체적 탐닉과 같은 나쁜 것들만이 아니었습니다. 그들은 또한 완전히 합법적인 것들까지도 기꺼이 삼갔습니다. 그러므로 우리에게 있어 "나는 이러이러한 악한 것들을 가까이 아니할 것입니다"라고 말하는 것만으로는 충분치 않습니다. 만일 여러분이 삼가는 대상이 단순히 명백한 죄들일 뿐이라면, 여러분은 성장하는 그리스도인이 되지 못할 것입니다. 물론 여러분은 모든 죄를 삼가야 하지만, 그러나 그것이 전부는 아닙니다. 여러분은 또한 모든 무거운 것들을 내려놓아야만 하는 것입니다. 죄는 아니지만 그러나 무거운 것들이 많이 있습니다. 만일 여러분이 빨리 달리고자 한다면, 여러분은 가벼워야 합니다. 만일 여러분이 세상에서 선한 일을 하고자 한다면, 여러분은 엄격한 절제와 함께 비록 합법적인 일이기는 하지만 그러나 여러분을 무겁게 만드는 많은 것들을 스스로 삼가야 합니다. 그렇게 하지 않는다면, 우리는 최고의 목적들을 이루는데 실패할 것입니다. 만일 여러분이 좀 더 고상한 목적을 추구하고자 한다면, 여러분은 육욕에 탐닉하는 것뿐 아니라 재정을 지출하는 것과 같은 일상적인 일에 이르기까지 많은 일들을 삼가야 합니다.

어떤 측면에서 볼 때, 그리스도인이 되는 것은 아주 쉬운 일입니다. 왜냐하면 그리스도인은 기본적으로 예수 그리스도를 믿는 사람이기 때문입니다. 이것은 그리 어려운 일이 아닙니다. 그러나 다른 측면에서 볼 때, 그리스도인이 되는 것은 매우 어려운 일입니다. 왜냐하면 참된 그리스도인은 예수 그리스도를 믿는 바로 그 사실 때문에 자신의 발꿈치를 자신 안에 있는 짐승의 목 위에 올려놓은 사람이기 때문입니다. 그들은 육체뿐만 아니라 마음의 욕망까지 예수 그리스도를 기쁘시게 하는 한 가지 목적에 종속시킵니다. "병사로 복무하는 자는 자기 생활에 얽매이는 자가 하나도 없나니 이는 병사로 모집한 자를 기쁘게 하려 함이라"(딤후 2:4). 만일 우리가 수많은 가시들을 끊어내지 않는다면, 다시 말해서 우리를 붙잡는 것들을 그냥 내버려 둔다면, 그리스도인으로서의 우리의 삶은 크게 향상되지 못할 것입니다. 우리에게는 엄격한 자기통제와 함께, 비록 합법적인 것이기는 하지만 그러나 우리를 그리스도로부터 멀리 떨어지게 만드는 많은 것들을 삼가는 것이 필요합니다. 만일 우리가 본문의 이교도 경주자들이 달음질하는 것처럼 그렇게 달음질하고자 한다면 말입니다.

3. 셋째는 분명한 목표입니다.

바울은 말합니다. "그러므로 나는 달음질하기를 향방 없는 것 같이 아니하고"(26절). 만일 달음질하는 자가 분명한 진로를 알지 못한 채 이리저리 왔다 갔다 한다면, 그는 틀림없이 뒤로 처질 것입니다. 우리는 그리스 신화가 기독교 토양으로 옮겨진 옛 우화를 잘 알고 있습니다. 황금 사과를 따기 위해 곁길로 간 경주자는 결국 상을 받을 소망을 상실하고 맙니다. 또 어느 방향으로 배를 몰아야 할지 알지 못하는 어리석은 항해사를 상상해 보십시오. 그가 키를 잡고 있는 배는 분명한 진로를 알지 못한 채 그 뱃머리가 이쪽저쪽으로 왔다 갔다 할 것입니다. 그런 배가 어떻게 경주에서 좋은 성적을 거둘 수 있겠습니까? 오늘은 그 얼굴을 시온으로 향하다가 내일은 세상으로 향하는 사람들은 오랜 시간이 지난 후에야 비로소 종착지에 도달하게 될 것입니다.

나는 오늘날의 평균적인 그리스도인들에게 있어 가장 결핍된 것은 다름 아닌 확고하며 분명한 목표라고 생각합니다. 여러분은 분명한 목표와 목적지를 가지고 있습니까? 바로 이것이 가장 중요한 질문입니다. 여러분은 한 문장으로 요약하여 적을 수 있는 인생의 분명한 목적을 가지고 있습니까? 아마도 여러분 가운데 많은 사람들은 어떤 일에 있어서는 목표를 가지고 있지만 다른 일에 있어서는 그렇지 않을 것입니다. 참으로 안타까운 것은 많은 그리스도인들이 하나님의 뜻을 행하는 것을 자신들의 목표로 삼지 않는다는 사실입니다. 어떤 경우 하나님의 뜻을 행하는 것이 어렵지 않을 때, 그들은 그렇게 행합니다. 그러나 어떤 시험이나 유혹이 다가오면, 그들은 더 이상 하나님의 뜻을 행하지 않습니다. 바람이 거세게 불 때 농부는 쟁기를 더 단단히 붙잡아야 합니다. 어떤 때 돛은 바람으로 가득 차는가 하면 어떤 때는 거의 비어있기도 합니다. 만일 우리가 어디로 가고자 하는지 분명하게 알지 못한다면, 또 시험이 다가올 때 "아니다"(No!)라고 말할 수 있는 강한 의지를 가지고 있지 못하다면, 우리가 나아가는 길에서 불어오는 여러 가지 시험들은 우리로 하여금 계속해서 똑바로 나아가지 못하도록 가로막을 것입니다. "너희는 믿음을 굳건하게 하여 저를 대적하라.” “그러므로 나는 달음질하기를 향방 없는 것 같이 아니하고.” 오늘은 이쪽 방향으로 달음질하고 내일은 저쪽 방향으로 달음질한다면 어떻게 되겠습니까?

이와 같은 분명한 목표는 우리 삶의 모든 다양한 영역에서 추구해야 할 목표입니다. 바울은 말합니다. “형제들아 나는 오직 한 일을 잡으려고 푯대를 향하여 달려가노라”(빌 3:13, 14). 그는 대부분의 사람들과 마찬가지로 많은 일을 행했습니다. 그러나 그가 행했던 수많은 종류의 일들은 근본적으로 모두 하나의 일이었습니다. 우리 역시도 모든 다양한 상황들 속에서 우리 앞에 놓여 있는 이와 같은 한 가지 분명한 목표를 굳게 붙잡아야 합니다. 우리가 행하는 일이 이런 일이든 혹은 저런 일이든, 우리는 동일하게 그리고 항상 더 나은 나라를 추구해야 합니다. 그리고 우리를 둘러싸고 있는 모든 상황들을 우리 주님을 더 많이 닮아가며 또 주님께로 더 가까이 나아가는 기회로 사용해야 합니다.

시편 기자가 다음과 같이 노래했을 때 그것은 결코 불가능한 기도가 아니었습니다. “내가 여호와께 바라는 한 가지 일 그것을 구하리니 곧 내가 내 평생에 여호와의 집에 살면서 여호와의 아름다움을 바라보며 그의 성전에서 사모하는 그것이라”(시 27:4). 다윗이 광야에서 양 떼와 함께 있었을 때, 사울의 왕궁에 있었을 때, 동굴에서 들짐승들과 함께 있었을 때, 사울에게 쫓겨 다닐 때, 그때에도 다윗은 “여호와의 집”에 있었습니까? 그는 항상 여호와의 집에 있었습니까? 그렇습니다. 어떤 상황에서도 그는 그렇게 할 수 있었습니다. 우리가 행하는 모든 일은 하나님의 뜻을 행하는 것일 수 있습니다. 우리의 삶을 둘러싸고 있는 다양한 상황들은 우리의 한결같은 순종에 의해 단순화되고 축복된 것이 될 수 있습니다. 그리하여 우리 역시도 바울처럼 말할 수 있습니다. “나는 오직 한 일을 잡으려고 푯대를 향하여 달려가노라.”

그러나 만일 우리가 궁극적인 목표에 대해 끊임없이 묵상하지 않는다면, 우리는 이러한 한 가지 목표를 계속해서 견고하게 붙잡지 못할 것입니다. 바울은 다른 서신에서, 달음질하는 자는 뒤에 있는 것은 잊어버리고 앞에 있는 것을 향해 달려가야 한다고 말합니다. 달음질하는 자는 몸을 앞으로 숙이고 달리며, 그의 시선과 마음은 정면을 향합니다. 마찬가지로 만일 우리가 유일하게 가치 있는 한 가지 목표를 갖고 살아가기를 원한다면, 그리고 그렇게 하고자 노력한다면, 우리는 높은 부르심의 상, 즉 의의 면류관을 계속해서 우리 앞으로 가져와야 합니다. 그럴 때 비로소 우리는 우리의 경주를 기쁨으로 마칠 수 있게 될 것이며, 또한 우리 앞에 의의 면류관이 있음을 바라보면서 소망 가운데 죽음을 맞이할 수 있게 될 것입니다.

18
승리자의 관

"그들은 썩을 승리자의 관을 얻고자 하되
우리는 썩지 아니할 것을 얻고자 하노라"
고전 9:25

그리스의 가장 유명한 체육 축제 가운데 하나가 고린도 인근에게 열렸는데, 여기에서 이긴 자는 소나무 가지와 잎으로 엮은 화관을 상으로 받았습니다. 열 달 동안의 고통스러운 훈련과 절제, 그리고 십 분 동안의 격렬한 경주에 대한 보상은 고작 가지와 잎을 비틀어 엮은 화관에 불과했습니다. 그것은 일주일만 지나도 금방 말라버릴 것이었으며, 승리자의 영예라는 것도 오래 가지 못할 것이었습니다. 훈련과 경주는 대단한 것이었지만 그러나 그 결과는 하찮은 것이었습니다. 인생에 있어 저급한 목표를 가지고 살아가는 자들도 이와 같습니다. 그들이 들이는 노력에 비할 때 그들이 추구하는 목표는 너무도 초라합니다. "무엇을 위하여?"라는 질문은 마치 먼지구름을 일으키는 마차바퀴로부터 물을 뿌리는 기구와 같습니다.

그리하여 바울은 그들의 노력은 크게 칭찬하지만 그러나 그 상은 너무도 보잘것없음을 지적하면서 "그들은 썩을 승리자의 관을 얻고자 하되"라고 말합니다. 우리는 여기에서 악한 것 속에도 선한 요소가 있음을 발견합니다. 그리스의 체육 축제는 우상 숭배와 불가분리적으로 뒤엉켜 있었으며 많은 감각적인 악으로 오염되어 있었습니다. 그렇지만 바울은 그러한 축제들을 고린도인들을 교훈하기 위한 도구로 사용합니다. 그것은 전쟁이나 노예제도 같은 것도 마찬가지였습니다. 비록 악으로 얼룩져 있다 할지라도 바울은 그것들로부터 훌륭한 요소를 끌어내어 그것을 그리스도인들의 모범으로 제시합니다.

여기에서 우리는 본문이 선한 그리스도인에게 주어지는 상을 "썩지 아니할 관"으로 부르는 것에 초점을 맞추고자 합니다. 그리고 그렇게 함에 있어 여기와 동일한 은유가 나타나는 성경의 다른 구절들을 함께 살펴보고자 합니다.

1. 첫째로, 관(冠, the crown)이란 표현을 주목하십시오.

우리는 바울이 죽음을 앞둔 시점에서 여기에서와 동일한 은유를 사용하는 것을 발견합니다. 그때 그는 큰 환희에 사로잡혀 있었습니다. 지금 그는 감옥에 갇혀 있으며 곧 죽게 될 것이었지만, 그러나 그러한 사실조차도 그에게 아무런 두려움을 가져다주지 못했습니다. 그때 그는 주께서 그에게 주실 "의의 관"(crown of righteousness, 혹은 '의의 면류관')을 생각하고 있었습니다. 또 야고보서는 시험을 참는 자들에게 다음과 같은 약속을 줍니다. "시험을 참는 자는 복이 있나니 이는 시련을 견디어 낸 자가 주께서 자기를 사랑하는 자들에게 약속하신 생명의 면류관(crown of life, 혹은 '생명의 관')을 얻을 것이기 때문이라"(약 1:12). 또 주님 자신도 핍박 가운데 있는 서머나 교회에게 그와 똑같은 약속을 반복합니다. "네가 죽도록 충성하라 그리하면 내가 생명의 관(crown of life)을 네게 주리라"(계 2:10). 또 장로들은 보좌에 앉은 자의 발 앞에 자신들의 "면류관"(crown, 혹은 '관')을 던졌으며, 사도 베드로는 장로들에게 그들의 의무를 신실하게 감당할 것을 격려하면서 그렇게 하면 "시들지 않는 영광의 관(crown of glory)을 얻을 것이라고 약속합니다(벧전 5:4). 본문을 포함한 이 모든 구절들로부터 우리는 몇 가지 교훈을 배울 수 있습니다.

지금까지 언급한 모든 구절들은 본문이 체육 축제에서의 상을 언급하는 것과는 달리 그에 대해서는 전혀 언급하지 않습니다. 아마도 경건한 유대인 출신이었던 베드로와 야고보는 올림푸스(Olympus)와 이스무스(Isthmus)의 경주에 대해서 한 번도 본 적이 없었을 것입니다. 어쩌면 그에 대해 들어보지도 못했을는지 모릅니다. 요한계시록은 "관"(冠)이란 은유를 유대의 풍습으로부터 끌어옵니다. 그러므로 우리는 여기의 은유들을 경기장이 아닌 다른 방향에서 살펴보아야 합니다. 또 앞에 인용된 모든 구절들에 나타나는 "관"(crown)은 마치 영국의 왕관(diadem)처럼 왕권을 나타내는 상징으로 사용된 것도 아닙니다. 왜냐하면 성경에서는 대체로 그와 같은 개념이 다른 단어로 표현되기 때문입니다. 여기의 모든 구절들에 나타나는 "관"은 어떤 초목을 엮어 만든 화관(花冠)입니다. 고대 사회에서 장미 화관은 주연(酒宴)에 참석한 자들을 위한 것이었으며, 소나무 가지나 감람나무 가지로 만든 화관은 경주에서 승리한 자를 위한 것이었으며, 월계관은 "위대한 정복자"를 위한 것이었습니다. 또 떡갈나무 잎을 엮은 것은 나라의 유력한 시민들의 머리에 씌워졌으며, 머틀(myrtle: 지중해 연안에 자생하는 허브의 일종)로 엮은 화관은 신부의 머리 위에 씌워졌습니다.

우리는 앞에서 언급한 모든 구절들에 등장하는 "관"(冠)의 개념을 경주장이나 통치권의 방향에서가 아니라 이와 같은 방향에서 살펴보아야 합니다.

나아가 "관"이란 단어의 이 모든 다양한 용법들을 살필 때, 우리는 거기에서 그리스도인의 목표인 "관"이 승리를 거둔 자가 편안하게 쉬는 상태와 축제의 즐거움 가운데 있는 상태를 나타내는 것을 보게 됩니다. 그러나 기독교적 미래(내세)의 개념 속에는 이러한 것들 외에도 또 다른 측면들이 존재합니다. 나는 기독교적 미래의 개념과 관련하여 위의 두 개념 즉 경주가 끝난 후 승리 가운데 편안하게 쉬는 것과 바라는 모든 것이 풍족하게 만족되는 개념만이 지나치게 부각됨으로써 기독교적 미래의 개념 속에 상당한 오해와 허구적인 것들이 들어오게 되었다고 생각합니다. 기독교적 미래의 개념은 축제와는 다른 것이며, 그것 이상입니다. 기독교적 미래의 개념은 쉬는 것과는 다른 것이며, 그것 이상입니다. 거기에는 우리가 이 땅에서 훈련하고 계발시킨 것들을 펼칠 광대한 무대가 있을 것입니다. 충성된 종에게는 여러 성읍을 다스릴 권세가 주어집니다. 그럼에도 불구하고 여전히 우리는 이 땅에서 펼쳐지는 모든 염려와 근심, 그리고 온갖 소동과 복잡한 일들을 경험합니다. 따라서 우리는 여전히 "관"이라는 개념이 우리의 가장 깊은 필요와 열망에 호소하는 것을 느낍니다.

이와 관련하여 옛 선지자 가운데 한 사람은 여기와 똑같은 은유를 사용합니다. "무릇 시온에서 슬퍼하는 자에게 화관을 주어 그 재를 대신하며 기쁨의 기름으로 그 슬픔을 대신하며 찬송의 옷으로 그 근심을 대신하시고"(사 61:3). 여기에서 이사야 선지자는 재를 대신하여 화관을, 그리고 슬픔을 대신하여 기쁨의 기름을, 그리고 근심을 대신하여 찬송의 옷을 약속합니다. 이와 같이 여기의 위대한 상징은 우리에게 모든 바라는 것들의 충족과, 축제에 수반되는 모든 풍성함과 즐거운 교제와, 모든 원수들에 대한 결정적인 정복을 약속합니다.

한 걸음 더 나아가 각각의 구절들을 개별적으로 살필 때, 우리는 그것들이 동일한 개념을 다양하게 표현하는 것임을 발견하게 됩니다. 그리고 그것들을 하나로 결합시킬 때, 그것으로부터 우리는 분명한 그림을 얻게 될 것입니다.

여기에서 관(冠)은 세 가지 방식으로 묘사됩니다. 첫째는 "생명의 관"(crown of life)이며, 둘째는 "영광의 관"(crown of glory)이며, 셋째는 "의의 관"(crown of righteousness)입니다. 나는 여기에 등장하는 세 가지 꾸밈어가 화관(花冠)의 재료를 나타낸다고 생각합니다. 영원한 생명의 꽃과 찬란한 영광의 꽃과 하얀 의의 꽃. 이것들은 모두 각 화관의 재료들입니다.

나는 이러한 개념을 길게 설명할 필요를 느끼지 않습니다. 우리에게 주어진 시간도 그것을 허락하지 않을 것입니다. 다만 지적하고 싶은 것은 우리가 여기에서 사람들이 원하는 충만한 생명의 약속을 갖는다는 사실입니다. 그 약속은 현재를 뛰어넘어 미래에 놓여 있습니다. 마치 그때에야 비로소 사람들이 처음으로 생명의 의미를 알게 될 것이라는 듯이 말입니다.

그때 사람들은 너무도 부드러우며 탄력적이며 생명력이 넘치는 에너지를 갖게 될 것입니다. 거기에는 영광과 아름다움으로 둘러싸인 새로운 입구들(new inlets)이 있을 것이며, 또 다양한 활동들을 위한 새로운 출구들(new outlets)이 있을 것입니다. 그들의 새로워진 존재는 더 이상 썩지 않는 영광스러운 것일 것입니다. 이 땅에서 우리는 "살아 있는 죽음"(living death)을 살지만, 그러나 그곳에서는 정말로 살 것입니다. 바로 그것이 우리의 "관"(冠)일 것입니다.

그러나 이 모든 생명의 충만한 조류(潮流)는 그리스도의 선물이라는 사실을 기억하십시오. 자연적인 불멸(不滅) 같은 것은 존재하지 않습니다. 가장 저급한 피조물로부터 가장 고급한 영(靈)에 이르기까지 모든 존재는 하나의 법칙에 의해 존재합니다. 그 모든 존재는 생명의 근원으로부터 각각 자기의 분량에 따라 생명을 분여(分與)받습니다. 만일 예수 그리스도가 생명을 부여하지 않는다면, 화관은 그들의 머리 위에서 시들 것이며 그들의 머리는 화관 아래서 녹아 없어질 것입니다. "내가 그에게 생명의 면류관을 주리라."

또 그것은 "영광"의 관입니다. 이것은 하나님의 영광이라고 하는 중심 빛으로부터 방사(放射)된 찬란한 빛을 의미합니다. "그 때에 의인들은 자기 아버지 나라에서 해와 같이 빛나리라"(마 13:43). 우리의 눈은 희미합니다. 그러나 최소한 우리는 하나님의 빛의 어렴풋한 섬광을 보면서 우리를 기다리고 있는 찬란한 영광을 기대할 수 있습니다. 여기에서는 모든 것이 희미하고 제한적이지만 그러나 우리는 장차 "그의 영광의 몸"과 같은 몸으로 변화될 것을 확신할 수 있습니다.

또 그것은 "의"의 관입니다. 물론 이러한 표현은 의(義)의 상급으로서의 화관을 의미하는 것일 수도 있습니다. 그러나 앞에서 언급한 다른 비슷한 표현들과 마찬가지로, 그것을 관(冠)을 구성하는 재료로 보는 것이 좀 더 타당한 것으로 생각됩니다. 거기에 축제의 기쁨이 있는 것만으로는 충분치 않습니다. 거기에 고요한 휴식이 있는 것만으로는 충분치 않습니다. 거기에 찬란한 영광이 있는 것만으로는 충분치 않습니다. 거기에 생명의 충만함이 있는 것만으로는 충분치 않습니다. 기독교는 강렬한 도덕적 열망을 가지고 있습니다. 그와 관련하여 거기에는 특별히 모든 죄의 종지(終止)와 함께 모든 정결함의 부여(賦與)가 있어야만 합니다. 이것은 "네 백성이 다 의롭게 될 것이라"는 옛 약속과 동일한 것을 의미합니다(사 60:21). 이것은 "그들이 흰 옷을 입고 나와 함께 다닐 것"이라는 승천하신 그리스도의 약속과 동일한 것을 의미합니다(계 3:4). 또 이를 통해 우리는 우리의 약하고 허물 많은 영이 마침내 절대적이며 완전무결한 의를 얻게 될 소망을 가질 수 있습니다.

이러한 것들이 우리의 관(冠)을 구성하는 요소들이며, 이러한 요소들 위에는 영원성의 표지가 찍혀 있습니다. 승자의 관은 잿더미 위에 던져지며, 주연(酒宴)에 참석한 자들의 화관은 그가 앉아 있는 연회장의 열기로 말미암아 시듭니다. 또 신부의 머리를 장식한 머틀 꽃도 결국은 시들고 맙니다. 그러나 생명의 관은 썩지 않습니다. 그것은 아마란스 꽃으로 장식되어 있습니다(amaranth는 "상상 속의 시들지 않는 영원한 꽃"을 의미함). 그것은 영원히 시들지 않는 가운데 항상 새로운 아름다움으로 피어오릅니다.

2. 둘째로, 관(冠)을 얻기 위한 훈련을 주목하십시오.

특별히 주목해야만 하는 것은 앞에 언급한 여러 구절들에서 그리스도가 관을 주는 자로서 크게 강조되고 있는 사실입니다. 다시 말해서, 축복된 미래는 노력에 의해 얻어지는 것이 아니라 값없이 주어지는 선물이라는 것입니다. 그것은 그것을 얻은 자의 손으로부터 주어지는 것입니다. 만일 그리스도의 머리에 가시관이 씌워지지 않았다면, 승리의 화관은 결코 우리 머리 위에 씌워지지 않았을 것입니다. 예수 그리스도는 유일한 길이 되십니다. 우리 모두는 그의 사역을 통해 하늘의 기업(基業)에 들어갈 수 있습니다. 또한 예수 그리스도는 상급을 베푸시는 의의 재판장으로서 우리에게 관(冠)을 주십니다. 그것은 그의 사랑의 은사(gift, 혹은 '선물')로서 영원히 남습니다. "죄의 삯은 사망"입니다. 그러나 그 다음 구절로 넘어가면, 우리는 징벌의 영역을 넘어서게 됩니다. "하나님의 은사는 그리스도 예수 우리 주 안에 있는 영생이니라."

이것이 모든 것의 기초가 되는 가장 근본적인 개념임은 두말할 나위도 없습니다. 그렇지만 그와 함께 그리스도의 은사에는 어떤 조건들이 있다는 사실 역시 분명하게 제시되어야만 합니다. 우리는 앞에 언급된 구절들 속에 그러한 조건들이 나타나 있는 것을 보게 됩니다. 특별히 본문에 이중적인 조건이 나타나는데, 그것은 '오랜 훈련'과 '끊임없는 노력'입니다. 바울은 죽음을 앞둔 상태에서 마지막으로 편지를 기록하면서 동일한 은유를 사용하는데, 거기에서 그는 선한 싸움을 싸우고 달려갈 길을 다 달렸다고 말하면서 의의 관(혹은 '의의 면류관')을 받을 것을 바라봅니다. 또 야고보는 그것이 시험을 참는 자에게 주어질 것이라고 말합니다. 또 베드로는 그것이 자기를 부인하면서 의무를 이행하는 자에게 주어지는 상급이라고 분명하게 말합니다. 승천하신 그리스도께서도 생명의 관(혹은 '생명의 면류관')의 필수적인 조건으로서 죽기까지 충성할 것을 제시합니다. 그리고 다른 구절들에서 우리는 그와 같은 관(冠)을 받을 수 있는 필수적인 조건으로서 그를 사랑하는 것과 그의 나타나심을 사모하는 것 등이 제시되는 것을 발견합니다.

만일 어떤 사람이 예수 그리스도의 임재를 즐길 만큼의 사랑을 갖고 있지 않다면, 그리고 그를 가까이 하기를 사모하지 않는다면, 그리고 특별히 그가 심판하시기 위해 다시 오시는 것을 기대하지 않는다면, 그리고 재판장 앞에 설 것을 생각하면서도 두려움을 느끼지 않는다면, 어떻게 그가 관(冠)을 받기를 기대할 수 있겠습니까? 결코 그럴 수 없습니다. 그는 결코 관을 받지 못할 것입니다. 우리 모두는 "내가 진정한 그리스도인인가?"라는 질문을 스스로에게 던져야 합니다.

이 모든 조건들을 우리는 하나로 묶을 수 있습니다. 그것은 우리의 의무를 매일같이 열심히 이행하며, 그리스도의 발자취를 따르는 일에 끊임없이 최선을 다하는 것입니다.

이와 같은 사실 역시 영생은 하나님의 선물이라는 교리 못지않게 충분하게 그리고 강조적으로 설교될 필요가 있습니다. 두 가지는 쌍둥이와 같은 것이며 서로 분리될 수 없습니다. 그러나 이와 같은 두 가지 개념 가운데 어느 하나만 지나치게 강조됨으로써 수많은 재앙들이 발생해 왔습니다. 우리는 둘을 서로 떨어지지 않도록 단단하게 엮어야 합니다. 마치 화관을 엮듯이 말입니다. 둘은 이론적으로 완전한 일관성을 가지고 있습니다. 그리고 우리는 우리의 믿음과 행함 속에서 둘을 완전하게 연합시켜야 합니다. 영원한 생명은 우리의 성실함과 부지런함의 조건 위에서 하나님의 선물입니다. 여러분이 게으른 그리스도인이든 그렇지 않든 매한가지가 결코 아닙니다. 이 땅에서 "예수를 바라보며 우리 앞에 놓인 경주를 성실하게 달려가는지 여부"가 장차 우리의 상태에 결정적인 차이를 만들 것입니다. 우리는 선물로서 관(冠)을 받을 것입니다. 동시에 우리는 상(賞)을 받기 위해 경쟁하는 자들처럼 최선을 다해 달려야 합니다.

3. 마지막으로, 삶을 위한 동기로서 상(賞)의 힘을 주목하십시오.

바울은 본문에서 썩지 않는 관을 얻고자 하는 열망이 기독교적 행동의 합법적인 근원이라고 분명하게 말합니다. 나는 그것이 저급하며 이기적인 동기라는 터무니없는 반론으로부터 기독교의 도덕성을 옹호하느라 시간을 낭비할 필요를 느끼지 않습니다. 왜냐하면 썩지 않는 관을 바라봄으로써 우리의 노력과 분투는 더욱 고무되기 때문입니다. 물론 상을 얻고자 하는 소망이 우리의 모든 행동에 있어 최고의 동기가 되어서는 안 됩니다. 다만 보조적인 자극제로서 받아들여질 수 있을 뿐입니다. 만일 주 예수 그리스도에 대한 사랑이 우리의 삶을 움직이는 주된 동기가 되지 않는다면, 우리는 그리스도인이 아닙니다. 만일 우리에게 주 예수 그리스도를 사랑하며 그와 같아지기를 열망하는 마음이 없다면, 우리는 그리스도인이 아닙니다. 반대로 주 예수 그리스도에 대한 사랑이 우리의 삶을 움직이는 주된 동기이며 또 우리에게 그를 사랑하며 그와 같아지기를 열망하는 마음이 있다면, 우리의 미약한 심령과 연약한 믿음은 얼마나 강해지며 새로워지겠습니까? 우리 앞에 안식과 승리와 충만한 생명과 찬란한 영광과 완전하고 정결한 의가 놓여 있으니 말입니다. 만일 이러한 소망이 저급하고 이기적인 동기라면, 하나님은 우리를 고무하며 격려하기 위해 그와 같이 저급하며 이기적인 동기를 사용하지 않았을 것입니다.

생각컨대 오늘날의 그리스도인들에게 있어 이러한 동기는 과거에 비해 그리고 마땅히 그렇게 되어야 하는 것에 비해 현저히 약화된 것으로 보입니다. 여러분은 통상적인 설교에서 천국에 대해 많이 듣지 못합니다. 나는 천국이 평균적인 그리스도인들의 마음속에서 그다지 큰 부분을 차지한다고 생각하지 않습니다. 오늘날 대부분의 사람들은 복음이 현재의 사회 속에서 갖는 의미에 큰 중요성을 부여합니다. 그런 가운데 어떤 사람들은 기독교가 하늘과 내세에 대해 말하는 것을 매우 싫어하며 심지어 못마땅하게까지 여깁니다. 이로 인해 우리의 행함을 고무하는 동기로서 영광스럽고 축복된 내세의 개념은 점점 약화되고 만 것으로 보입니다. 이렇게 하여 그리스도인들의 에너지는 마치 방치된 수도원의 프레스코 벽화처럼 계속해서 흐려지고 말았습니다.

사랑하는 형제들이여, 우리는 기독교 진리의 이러한 측면을 소홀히 여김으로써 너무도 쓰라린 고통을 겪고 있습니다. 만일 이 땅에서의 우리의 모든 행함이 기록되고 마지막에 하늘에서 다 말하게 될 것임을 정말로 믿는다면, 그리고 그러한 생각을 항상 가지고 살아간다면, 분명 우리의 행동은 크게 달라질 것입니다.

사실 우리는 내세에 대해 많이 알지 못합니다. 오늘날의 시대는 검증할 수 없는 가설에 대해서는 결코 받아들이지 않으려고 하는 특성이 있습니다. 정확한 지식과 확고한 믿음이 항상 같이 가는 것은 아니지만, 그러나 양자는 상호보완적입니다. 만일 어느 하나가 충분하지 못하다면, 다른 하나도 역시 충분하지 못하게 됩니다. 비록 심연(深淵)을 가로질러 던진 실이 매우 가냘프다 할지라도, 그것은 마치 하늘을 나는 연의 줄처럼 소망의 메시지를 담기에 충분히 튼튼합니다. 왜냐하면 그것으로 우리의 열망을 보낼 수 있기 때문입니다. 뿐만 아니라 그것은 그것을 따라 내려올 은혜의 선물들을 담기에도 충분히 튼튼합니다.

만일 우리가 영원한 것을 배제한다면, 우리는 아무것도 이해할 수 없게 될 것입니다. 안개가 사라지고 하얀 봉우리가 드러나지 않는 한, 히말라야의 장엄한 풍경은 결코 설명되지 않습니다. 여러분이 썩지 않는 관을 얻기 위해 정말로 진지하게 애쓰며 노력하지 않는 한, 여러분의 삶은 달라지지 않을 것이며 여러분의 슬픔과 고통은 잠잠해지지 않을 것입니다.

형제들이여, 이와 같은 위대한 개념을 여러분의 삶을 이끄는 장엄한 동기(動機)로서 분명하게 붙잡으십시오. 목표지점에 화관이 매달려 있습니다. 그러나 경기의 법칙에 따라 경주하지 않는 자는 결코 상을 얻지 못할 것입니다. 법칙은 두 가지입니다. 첫째는, 모든 사람은 오직 예수 그리스도를 믿는 믿음으로써만 경주에 들어갈 수 있다는 것이며, 둘째는, 모든 사람은 오직 신실한 노력에 의해서만 경주에서 이길 수 있다는 것입니다. 다시 말해서, 첫 번째 법칙은 "주 예수 그리스도를 믿으라"는 것이며, 두 번째 법칙은 "네가 가진 것을 굳게 잡아 아무도 네 면류관을 빼앗지 못하게 하라"는 것입니다.

19
자유의 한계

"모든 것이 가하나 모든 것이 유익한 것은 아니요 모든 것이 가하나 모든 것이 덕을 세우는 것은 아니니 누구든지 자기의 유익을 구하지 말고 남의 유익을 구하라 무릇 시장에서 파는 것은 양심을 위하여 묻지 말고 먹으라 이는 땅과 거기 충만한 것이 주의 것임이라 불신자 중 누가 너희를 청할 때에 너희가 가고자 하거든 너희 앞에 차려 놓은 것은 무엇이든지 양심을 위하여 묻지 말고 먹으라 누가 너희에게 이것이 제물이라 말하거든 알게 한 자와 그 양심을 위하여 먹지 말라 내가 말한 양심은 너희의 것이 아니요 남의 것이니 어찌하여 내 자유가 남의 양심으로 말미암아 판단을 받으리요 만일 내가 감사함으로 참여하면 어찌하여 내가 감사하는 것에 대하여 비방을 받으리요 그런즉 너희가 먹든지 마시든지 무엇을 하든지 다 하나님의 영광을 위하여 하라 유대인에게나 헬라인에게나 하나님의 교회에나 거치는 자가 되지 말고 나와 같이 모든 일에 모든 사람을 기쁘게 하여 자신의 유익을 구하지 아니하고 많은 사람의 유익을 구하여 그들로 구원을 받게 하라"

고전 10:23-33

본문에서 우리는 여러 가지 문제들을 대하는 바울의 일관된 대원칙을 보게 됩니다. 그는 어떤 문제에 직면하든 불문곡직 자신의 신학적 관점과 윤리적 관점만을 고집하는 부류의 사람이 결코 아니었습니다. 사소한 문제들을 조정하기 위해 그는 큰 진리들을 활용했습니다. 박사들을 베들레헴으로 인도했던 별처럼, 큰 진리들은 하늘에서 찬란하게 빛나는 가운데 사소한 문제들을 조정하며 인도합니다.

지금 고린도 교회가 당면한 문제는 오늘날의 우리에게는 매우 생소한 문제지만 그러나 그들에게는 매우 절박한 문제였습니다. 당시 고린도의 일상적인 삶은 우상 숭배와 불가분리적으로 뒤엉켜 있었습니다. 따라서 구조적인 우상 숭배의 위험에 떨어짐이 없이 비그리스도인들과의 교제를 지속하는 것은 매우 어려운 일이었습니다. 그런 가운데 항상 부딪혔던 문제는 개인적인 식탁에 제공되는 고기 중 상당수가 어떤 제사의식과 연결되어 도살되었다는 사실로 말미암은 것이었습니다. 이런 경우 그리스도인은 어떻게 해야 할까? 먹어도 되는가 아니면 먹으면 안 되는가? 당시 고린도교회에서는 양쪽 지지자들이 서로 격렬하게 대립하고 있었습니다. 본서에서 이 문제가 매우 넓은 지면(紙面)에 걸쳐 다루어진 사실로부터 우리는 이것이 그들에게 매우 중요한 문제였음을 알 수 있습니다.

8장에서도 비슷한 주제가 다루어졌었습니다. 거기에서의 문제는 그리스도인이 우상의 전(殿)의 잔치에 참석할 수 있는가 하는 문제였습니다. 물론 그때 제공되는 음식은 제물로 드려졌던 것이었습니다. 반면 본장에서 다루어지는 문제는 시장에서 구입한 고기와 관련한 것이었습니다. 그것은 제물로 드려졌던 것일 수도 있고, 그렇지 않을 수도 있었습니다. 이러한 문제를 다루는 바울의 태도는 매우 시사하는 바가 큽니다. 그는 당면한 문제를 해결함에 있어 먼저 큰 원칙들로 테두리를 칩니다. 여기에서도 그는 구체적인 답을 제시하기에 앞서 먼저 23절과 24절에서 일반적인 원칙을 제시합니다. 그리고 난 후 25절부터 30절에서 실제적인 해답을 제시합니다. 그리고 다시 그는 31절부터 33절 그리고 다음 장 1절에서 일반적인 원칙으로 되돌아옵니다. 이와 같은 일반적인 원칙들은 모든 행동들을 망라하기에 충분할 만큼의 광범위한 원칙들로서, 고린도교회의 당면 문제를 해결하기에도 매우 적합한 원칙들이었습니다.

우리는 바울의 방식이 얼마나 합당하고 적절한 것이었는지를 굳이 길게 논할 필요가 없습니다. 그의 조언(助言)은 이것이었습니다. "너희 앞에 놓인 고기가 어디로부터 온 것인지 묻지 말라. 만일 너희가 그것이 어디로부터 온 것인지 알지 못하고 먹었다면, 너희는 우상 숭배와 아무런 관련도 없는 것이 되느니라." 의심의 여지 없이 고린도의 그리스도인들 가운데 양심의 거리낌으로 그와 같은 질문을 던진 자들이 있었을 것입니다. 그리고 그들은 자신들의 엄격하고 민감한 양심에 대해 스스로 자부심을 가졌을 것입니다. 그러나 바울은 그들에게, 잠자고 있는 개는 그냥 내버려 두라고 말합니다. 그러나 만일 그 고기가 우상에게 드려졌었음이 밝혀지면, 바울은 그들처럼 그것을 먹지 말라고 가르칩니다. 이와 같이 가능한 한 앞으로 나아가려고 하는 융통성과, 원칙이 뒷받침되지 않는 한 단 한 발자국도 더 나가지 않으려고 하는 엄격함의 결합은 정말로 쉬운 일이 아니지만, 그러나 모든 그리스도인들이 따라야 할 기준입니다. 바울은 이와 같은 원칙을 예수 그리스도로부터 배웠습니다. 그리고 그리스도인들이 이러한 원칙을 따를 때, 복음은 세상에서 계속해서 더 많은 길을 열어나가게 될 것입니다.

여러 가지 문제들에 대처함에 있어 바울이 따랐던 제반 원리들은 하나의 큰 원리로 초점이 모아집니다. 그것은 다른 사람들을 고려하여 우리의 자유를 제한하는 것입니다. 실제적인 교훈으로 들어가기에 앞서 바울은 23절과 24절에서 다른 사람들과의 관계로부터 흘러나오는 의무에 관해 언급합니다. 우리 모두는 신비한 연쇄의 사슬로 함께 묶여 있습니다. 모든 사람이 우리의 이웃입니다. 따라서 우리는 우리가 무엇을 할 수 있는지 혹은 무엇을 해서는 안 되는지 등을 결정함에 있어 우리 자신뿐만 아니라 다른 사람들까지도 고려해야만 합니다. 우리는 합법적인 일까지도 삼가야 합니다. 만일 그로 인해 어떤 사람이 해를 받게 될 수 있다면 말입니다. 우리는 세상적인 측면에서든 신앙적인 측면에서든 우리 자신에게 손해가 되지 않도록 특정한 행동을 하고, 특정한 사업을 영위하며, 특정한 삶의 노선을 따를 수 있습니다. 그러나 그것이 전부는 아닙니다. 우리에게는 고려해야 할 것이 또 있습니다. 우리가 하는 일을 다른 사람들이 보고 똑같이 따라 할 수 있습니다. 그런데 그 일이 우리에게는 아무런 문제가 되지 않지만, 그러나 그들에게는 해(害)가 되고 심지어 치명적인 일이 될 수도 있습니다. 만일 그렇게 된다면, 우리는 그 일을 삼가지 않음으로써 다른 사람들에게 끼쳐진 해악에 대해 책임을 면할 수 없게 되는 것입니다.

"내가 내기 도박에 돈을 건들 그것이 무슨 문제가 된단 말입니까? 그 돈을 잃는다 해도 나로서는 크게 문제될 것이 없으며, 그것 때문에 안달하며 더 큰 도박에 빠지지도 않을 것입니다." 좋습니다. 그러나 그렇게 함으로써 당신은 수많은 사람들을 파멸시키는 도박이라는 나쁜 행습이 계속해서 유지되도록 돕고 있는 것입니다.

"나는 술을 적당한 정도로 통제할 수 있습니다. 그것이 나에게 아무런 해도 끼치지 못하고요. 나는 저녁식사와 함께 약간의 술을 마시고도 아무 문제 없이 기도 모임에 참석할 수 있습니다. 내가 그렇게 하는 것은 기독교적 자유 안에서 이루어지는 일입니다." 좋습니다. 그러나 그렇게 함으로써 당신은 우리나라를 에워싸고 있는 가장 큰 저주에 참여하고 있는 것입니다. 그리고 당신은 은근히 술 마시는 것을 옹호함으로써 많은 영혼들의 멸망에 책임을 지지 않을 수 없게 될 것입니다. 어떻게 어떤 그리스도인이 23절과 24절을 읽으면서도 모든 술을 삼가지 않을 수 있습니까? 내가 보기에 그것은 신비입니다. 23절과 24절은 적당한 음주에 대한 모든 핑곗거리를 일축하면서, 다른 사람들의 유익을 위해 자유를 제한하는 일련의 원리를 제시합니다. 여기의 말씀이 적용됨에 있어, 거의 대부분의 범죄와 가난의 직접적인 원인인 술 마시는 습관과 관련한 주제보다 더 적합한 주제가 무엇이겠습니까? 자신들의 "자유"를 주창하는 그리스도인들에게 우리는 다만 이렇게 말할 수 있을 뿐입니다. "자기가 옳다 하는 바로 자기를 정죄하지 아니하는 자는 복이 있도다"(롬 14:22).

구체적이며 실제적인 교훈에 뒤이어 동일한 ─ 물론 약간의 차이가 있기는 하지만 ─ 일반적인 원리가 또다시 제시됩니다(10:32-11:1). 여기에서도 이웃의 유익이 자유를 제한하는 이유로서 제시되지만, 그러나 그것이 "하나님의 영광"과 그리고 "그리스도를 본받는 것"과 연결됨으로써 더 높은 거룩성으로 고양(高揚)됩니다. "그런즉 너희가 먹든지 마시든지 무엇을 하든지 다 하나님의 영광을 위하여 하라"(31절).

여기의 상황을 오늘날의 상황으로 바꾸면 이렇게 될 것입니다. "너희의 먹고 마시는 일이 설령 너희에게는 아무런 해가 되지 않는다 할지라도 다른 형제들을 실족케 하는 것이 된다면, 어떻게 너희가 그런 일을 통해 하나님의 축복을 기대할 수 있겠느냐? 술로 인해 수많은 사람들의 몸과 영혼이 파멸을 당하는 것을 보면서도 너희가 계속해서 술을 금하지 않는다면, 너희가 어떻게 하나님의 영광을 위하여 마실 수 있겠느냐?" "유대인에게나 헬라인에게나 하나님의 교회에나 거치는 자가 되지 말고"(32절). 여러분의 어떤 행동이 다른 사람들을 실족케 하는 본이 되지 않도록 하십시오. 여기에서 24절의 "남"이 "유대인과 헬라인과 하나님의 교회"로 세분되어 언급되는 것을 주목하십시오. 다시 말해서, 여러분과 같은 민족이든 다른 민족이든 혹은 인척관계든 그렇지 않든, 여러분은 모든 사람에게 거치는 자가 되지 말아야 합니다.

그리스도인은 어느 누구로부터도 "당신이 나의 파멸의 원인"이라는 말을 듣지 않도록 스스로 삼가야 합니다. 그렇게 해야 하는 것은 모든 사람이 우리의 이웃이기 때문입니다. 그렇게 해야 하는 것은 우리가 하나님의 영광을 위해 살아야 하기 때문입니다. 만일 우리가 어떤 연약한 형제의 발 앞에 걸림돌을 놓는다면, 그것은 하나님의 영광을 가리는 것이 될 것입니다. 또 우리가 그렇게 해야 하는 것은 만일 그리스도께서 스스로를 인간의 한계 속에 제한하지 않으셨다면 그리고 스스로의 유익과 즐거움을 부인하지 않으셨다면, 우리는 생명도 소망도 얻지 못했을 것이기 때문입니다. 이 모든 이유 때문에 모든 그리스도인은 다른 사람들을 생각하면서 스스로의 자유를 제한할 책임을 갖습니다. 우리가 이웃의 유익을 위해 스스로 술을 삼갈 때, 우리는 이러한 책임을 올바로 이행하는 것이 될 것입니다.

20
나를 기념하라

"축사하시고 떼어 이르시되 이것은 너희를 위하는 내 몸이니
이것을 행하여 나를 기념하라 하시고"
고전 11:24

본문의 문맥 속에 담겨 있는 주의 만찬에 관한 이야기는 그 사건에 대한 가장 오래된 기록입니다. 본문의 연대는 복음서가 기록된 때보다도 훨씬 이전으로 거슬러 올라갑니다. 아마도 십자가 사건이 있은 후 25년 정도 지났을 때 기록된 것으로 보입니다. 본문은 고린도인들에게 말로 전달된 이전의 이야기를 전제합니다. 그것은 23절에 언급되고 있는 것처럼 그리스도 자신으로부터 기원하여 바울을 통해 전달된 것이었습니다. "내가 너희에게 전한 것은 주께 받은 것이니." 바울이 지금 이 글을 기록하는 목적은 성만찬 예식을 시행함에 있어서의 몇몇 오류를 바로잡기 위한 것이었습니다. 이와 같이 본문은 성만찬 예식이 처음 세워진 때와 매우 근접한 시기로 우리를 데려갑니다.

지금은 십자가 사건이 있은지 그리 많은 시간이 지나지 않았을 때였습니다. 따라서 당시 예수 그리스도 자신이 성만찬을 제정했다는 사실은 모든 그리스도인에게 있어 의문의 여지가 없는 일이었습니다. 어떤 사실이 선포되었을 때 그 사실에 대한 역사적 진실성의 증거로서 그것을 기념하는 어떤 의식(儀式)을 행하며, 그 의식을 세대를 통해 계속해서 이어가는

것은 매우 중요한 일입니다. 사실 예수 그리스도는 각종 의식들에는 거의 관심이 없었으며, 그가 세운 새로운 종교는 어떤 외적인 형식과는 너무도 거리가 멀었습니다. 그럼에도 불구하고 그는 두 개의 의식을 제정했는데, 하나는 일생 동안 오직 한 번 행하는 것이고, 또 하나는 수시로 반복하여 행하는 것이었습니다. 예수 그리스도가 이와 같은 두 개의 외적 규례를 제정한 이유는 그것들이 계시된 사실 전체를 망라하기 때문이었습니다. 뿐만 아니라 그것들은 또한 그리스도인의 경험의 모든 영역을 망라합니다. 이것들 외에 또 다른 의식은 필요치 않습니다. 왜냐하면 이 두 의식, 즉 가입(加入)의 의식인 세례와, 기념(紀念)의 의식인 성만찬이 하나의 계시로서 그리고 삶의 경험으로서 기독교의 모든 것을 말해주기 때문입니다.

뿐만 아니라 성만찬의 형식 속에는 과거와 현재와 미래에 대한 특별한 의미가 담겨 있습니다. 그것은 모든 계시와 모든 기독교적 경험뿐 아니라 모든 때를 망라합니다. 과거와 관련해서는, 그것은 본문이 보여주는 것처럼 한 인물과 그 인물의 생애에서 일어난 한 사건을 기념합니다. 현재와 관련해서는, 그것은 요한복음 6장이 제시하는 것처럼 기독교적 생명의 상징입니다. 그리고 미래와 관련해서는, 그것은 주님 자신이 그날 밤 다락방에서 "내가 아버지의 나라에서 너희와 함께 새 것으로 마실 때까지"라고 말씀하셨던 것처럼, 그리고 여기에서 바울이 "그가 오실 때까지"라고 말하는 것처럼 하나의 예언입니다. 이제 나는 성만찬 의식의 이러한 세 가지 측면에 초점을 맞추려고 하는데, 그것은 기독교의 모든 본질적인 진리와 모든 심오한 경험이 구체화된 것입니다.

1. 첫째로, 성만찬은 과거를 기념하는 것입니다.

"이것을 행하여 나를 기념하라"는 말씀은 단순히 "나를 기념하여"(in remembrance of Me) 이것을 행하라는 의미이기보다는 "나를 기억하기 위해"(for the remembering of Me) 이것을 행하라는 의미로 생각됩니다. 전자(前者)의 표현은 이를테면 "너희가 나를 기억하기 때문에 이것을 행하라"와 같은 것이 될 것입니다. 그러나 본문이 실제로 의미하는 바는 이것입니다. "너희가 나를 잊어버리는 것을 대비하여 이것을 행하라." 사람의 기억은 쉽게 잊히는 경향이 있습니다. 심지어 주님이 우리를 위해 주신 최고의 사랑과 희생마저도 그렇게 될 수 있습니다. 따라서 그것을 잊어버리지 않고 항상 기억하도록 하기 위해 이것을 행하라는 것입니다.

이러한 말씀은 매우 애틋하며 애수적인 분위기를 띱니다. 이것은 주님의 명령일 뿐만 아니라, 또한 자기가 사랑했던 사람들에 의해 잊히지 않기를 바라는 친구의 호소이기도 합니다. 그는 사랑하는 자들에게 애틋한 어조로 이렇게 호소합니다. "내가 너희를 떠날 때 나를 잊지 말아라. 너희로 나를 기억하도록 하기 위해 내가 이러한 상징을 너희에게 주노라. 그러므로 너희가 나를 잊어버리지 않도록 이것을 행하라."

사랑하는 형제들이여, 그러나 여기에는 이것보다 더 심오한 개념들이 들어 있습니다. "이것을 행하여 나를 기념하라." 예수 그리스도는 여기에서 매우 특별한, 아니 유일무이한 위치를 스스로에게 부여합니다. 그는 하나님을 예배하는 가장 거룩하고 고양(高揚)된 순간 속으로 들어와 말합니다. "너희가 하나님을 예배하는 가장 영적인 순간에 나를 기념하라. 너희가 하나님을 예배하는 최고의 시간을 나에게 돌리라."

여러분에게 묻고 싶습니다. 이것이 하나님으로부터 이탈되는 것입니까? 여러분은 그렇지 않다고 대답할 것입니다. 그러면 어째서 그렇지 않은 것일까요? 나는 여러분이 다음과 같은 질문을 스스로에게 정직하게 던지기를 바랍니다. "모든 환상이 사라진 삶의 마지막 순간에 이스라엘의 가장 큰 의식(儀式)인 유월절을 엄숙하게 옆으로 제치면서 '모세보다 큰 자가 여기 있도다. 이제 더 큰 구원이 이루어질 것이니 나를 기념하라'고 말하는 그는 도대체 스스로를 어떻게 생각했단 말인가?" 이것이 스스로 자기를 주장하고 있는 것일까요? 그래서 자신을 기념하는 것을 모든 종교적 열망의 최고의 정점(頂点)으로 만들고 있는 것일까요? 이것이 우리 모두가 "가장 숭고한 자"로 고백하는 자가 지금 하고 있는 일입니까? 정말로 그렇다면, 나는 어떻게 예수 그리스도가 오직 하나님께만 속하는 것을 자신에게 돌린 책임을 벗어날 수 있는지 그리고 어떻게 여러분과 내가 우상 숭배와 사람을 경배하는 죄를 피할 수 있는지 정말로 알고 싶습니다. "이 것을 행하여 — 하나님이 아니라 — 나를 기념하라." 이것은 얼마나 엄청 난 요구입니까? 만일 그가 육체로 오신 하나님이 아니라면, 이것은 정말 로 하나님의 영광을 탈취하는 것이 될 것입니다.

한 걸음 더 나아가, 모든 세대에 자신을 기념하도록 성만찬 의식을 제정 함에 있어 예수 그리스도는 자신의 죽음을 하늘과 땅의 모든 것이 집중되 는 최고의 순간으로 제시합니다. 우리는 그리스도의 죽음이 세상의 생명 임을 믿습니다. 그러나 어떤 사람들은 우리의 믿음을 반박하면서, 예수 그 리스도 자신은 이 땅에 살아 있는 동안 자신의 죽음에 대해서 아주 조금밖 에 말하지 않았다고 말합니다. 나는 그들의 견해가 상당히 과장되었다고 생각하지만, 그러나 그것과는 별개로 신적 진리가 나타나는 데에 어떤 점 진적인 과정이 필요하며, 따라서 예수 그리스도가 자신의 죽음에 대해 많 이 말하지 않은 것 역시도 이와 같은 차원에서 이해될 수 있다고 생각합니 다. 예수님은 예루살렘에서 별세하실 것에 대해 변화산에서는 모세와 엘 리야에게 충분하게 말씀하실 수 있었지만, 그러나 평지에서는 그 일이 이 루어질 때까지 많이 말씀하실 수 없었습니다. 그러나 그가 자신의 죽음에 대해 많이 말씀하셨든 그렇지 않았든지 간에, "이것을 행하여 나를 기념 하라"고 말씀하실 때 그는 자신의 죽음의 목적에 대해서는 분명하고 충분 하게 말씀하신 것이었습니다.

우리가 기념해야 하는 것은 단지 그의 인격체만이 아닙니다. 성만찬 의 식의 형식뿐 아니라 그 의식을 제정함에 있어 사용된 모든 언어와 그것이 유월절과 새 언약에 대해 갖는 관련성 등 모든 것을 종합해 볼 때, 우리는 그가 자신의 죽음을 세상 죄를 위한 희생제사로 보았음을 알 수 있습니다. 강포(强暴)에 의한 죽음을 나타내기 위함이 아니라면, "몸"과 "피"를 따로 기념하는 이유가 무엇이겠습니까? "너희를 위하여 떼어지는 내 몸"(24절, 한글개역개정판에는 "너희를 위하는 내 몸"이라고 되어 있음)이라든지 "죄 사함을 얻게 하려고 많은 사람을 위하여 흘리는 피"(마 26:28) 등의 언어는 도대체 무엇입니까? 유월절 희생제물과의 연결은 또 무엇이며,

"이것은 언약의 피"라는 선언은 또 무엇입니까? 모든 것이 "그의 죽음이 우리와 하나님 사이의 사랑의 관계의 기초"라는 개념으로 향하지 않는다면 말입니다. 또 죄 사함의 조건이 온 세상을 위한 그의 희생제사임을 나타내기 위한 것이 아니라면 말입니다.

바로 이것이 예수께서 우리가 기념하기를 바라는 핵심입니다. 이와 같은 방식으로 그는 우리의 감사하는 마음속에 영원히 살기를 바라시는 것입니다.

성만찬 속에 이것 외에 다른 무슨 목적이 있겠습니까? 만일 성만찬이 이후 세대가 그렇게 만든 것처럼 정말로 신비적인 것이라면, 상식적으로 생각할 때 예수께서 그 의식을 제정하실 때 어떻게 그의 입술로부터 그런 쪽으로는 단 한 마디도 나오지 않을 수 있겠습니까? 다락방에서 성만찬 의식을 제정할 때 그것의 의미가 무엇인지, 그리고 지금 무슨 일을 하고 있는지에 대해 누구보다도 가장 잘 아는 사람은 다름 아닌 바로 그 자신이었습니다. 나는 성만찬의 목적이 단순히 기념하는 것이며, 그런 점에서 그것이 그의 죽음을 선포하는 것이라고 생각합니다. 이 부분에서 나는 순전한 츠빙글리주의자라고 불리는 것에 대해 조금도 불만을 갖지 않습니다. 성만찬에는 마술적인 것도, 신비적인 것도, 신성한 것도 없습니다. 그것이 우리에게 축복이 되는 것은 그것이 우리로 예수 그리스도를 기념하도록 만들어 주기 때문입니다. 그것은 우리 마음을 그리스도께로 이끄는 다른 수단들과 하등 다를 것이 없습니다. 다만 이끄는 방식에 차이가 있을 뿐입니다. 설교는 말로써 그렇게 하며, 성만찬은 상징으로써 그렇게 합니다. 그것들 사이에 나타나는 차이는 단지 이것뿐입니다. 우리가 "기념하라"는 단순한 말씀을 어떻게 받아들이느냐 하는데 따라 자칫 미신적인 기독교로 나아가는 길이 활짝 열리기도 합니다. "이것을 행하여 나를 기념하라"는 말씀 그 자체 속에 성만찬에 대한 그리스도의 모든 목적이 담겨 있습니다.

2. 둘째로, 성만찬은 기독교적 생명의 상징입니다.

과거가 아무리 달콤하며 값진 것이라 할지라도, 과거 자체만으로는 영혼의 생명을 위해 불충분합니다. 그러므로 성만찬이라는 기념 의식은 그것이 기념이라는 바로 그 사실 때문에 현재를 위한 상징이 됩니다.

요한복음 6장에서 우리는 성만찬이 제정되기 상당 시간 전에 그에 관해 언급된 이야기를 듣습니다. 그것은 물질적인 형태로 표현하는 것과 동일한 개념을 말로써 표현합니다. 죽으신 그리스도는 지금 그리스도인들 안에서 살고 계시는 그리스도입니다. 만일 우리와 예수 그리스도의 관계가 단지 "그가 자신의 희생으로 죄를 속하기 위해 세상 끝에 한 번 나타나신" 것일 뿐이라면, 또 만일 우리가 오랜 세월의 망각을 거슬러 그가 나타났던 역사적 과거를 되돌아보아야만 하는 것일 뿐이라면, 그러한 회상(回想)은 그리스도인들이 지금 누리고 있는 것과는 달리 별다른 달콤함을 가져다주지 못할 것입니다. 그러나 만일 우리를 위해 죽으신 그리스도가 지금 우리 안에 계신 그리스도라는 생각을 갖는다면, 만일 그가 지금 우리 안에 계신 그리스도가 아니라면 그는 우리를 위한 그리스도도 아닐 것임을 깨닫는다면, 만일 우리가 지금 여기에서 믿음과 묵상으로 그를 먹고 마시지 않는다면 그의 죽음이 우리의 죄를 없애주지 못할 것임을 생각한다면, 우리의 회상은 정말로 복된 것이 될 것입니다. 기독교적 생명은 단지 과거의 역사적 그리스도를 회상하는 것에 불과한 것이 아닙니다. 그것은 지금 우리와 함께 계시는 살아 계신 그리스도에게 현재적으로 참여하는 것입니다.

예수 그리스도는 우리 각자에게 가까이 계시며, 우리는 그를 우리 영의 양식으로 삼을 수 있습니다. 우리는 그에 근거하여 살아야 합니다. 그는 우리 자신의 먹고 마시는 행동에 의해 우리와 연합됩니다. 이것은 결코 신비주의가 아닙니다. 순전한 실재(實在)입니다. 이것이 없이는 기독교적 생명도 없습니다. 신자(信者)의 참된 생명은 그의 영혼이 예수 그리스도를 먹고 마시는 것입니다. 그것은 우리의 생각이 예수 안에 성육신된 진리를 받아들이고 묵상하며 소화(消化)시키는 것이며, 우리의 마음이 그의 따뜻하고 부드러우며 겸손한 사랑을 먹고 마시는 것이며, 우리의 의지가 계명들 가운데 나타난 그의 의지로 자양분을 공급받는 것이며, 우리의 소망이 우리의 소망이신 그로 채워지는 것입니다. 다시 말해서, 우리의 전 존재가 예수 그리스도 안에서 자양분을 공급받는 것입니다. 여러분은 여러분의 영의 힘과 모든 능력의 자양분이 살아 계신 주님과의 사랑의 교제 안에서 발견되는 분량만큼 그리스도인입니다.

이 모든 친밀하고 달콤하며 거룩한 교제는 오직 그의 죽음의 문을 통해 그에게 다가가는 자들에게만 가능함을 기억하십시오. 살아 계신 그리스도로 먹고 마시는 것은 그리스도 전체를 먹고 마시는 것이어야만 합니다. 우리의 영이 자양분을 공급받는 것은 그리스도께서 우리를 구원하기 위해 성육신하셨다는 사실뿐만이 아니라 또한 그가 우리를 영접하기 위해 십자가에 달리셨다는 사실에도 근거하는 것이어야 합니다. "나를 먹는 자는 나로 인하여 살리라"는 말씀은 "내 살을 먹고 내 피를 마시는 자는 영원히 살리라"는 말씀 안에서 최고(最高)로 설명됩니다.

형제들이여, 지금 여러분의 영혼은 굶주리고 있지 않습니까? 여러분의 영혼은 지금 어디에서 풍족함을 얻고 있습니까? 지금 여러분의 영혼은 돼지의 주엄열매로 채워지고 있습니까, 아니면 "하늘로부터 내려온 생명의 떡"으로 채워지고 있습니까?

3. 마지막으로, 기념이며 상징인 성만찬은 동시에 예언입니다.

우리 주님은 성만찬을 제정하는 자리에서 미래와 관련하여 이렇게 언급합니다. "내 아버지의 나라에서 새것으로 너희와 함께 마시는 날까지"(마 26:29). 또 본문에서 바울은 "그가 오실 때까지"라는 말로 성만찬 의식에 영속성을 부여하면서 동시에 그것의 예언적 측면을 강조합니다. 그의 죽음은 필연적으로 그의 다시 오심을 함축합니다. 십자가와 보좌는 불가분리적으로 연결됩니다. 그리스도의 죽음은 그 속성상 결코 끝(end)일 수 없습니다. 만일 그리스도가 많은 사람들의 죄를 짊어지고 한 번 드려졌었다면, 그는 필연적으로 죄와 상관없이 두 번째 오셔야만 합니다. 성만찬 의식은 그것이 의식이라는 바로 그 사실 때문에 그것의 필요성이 끝날 때에 대한 예언입니다. "그때에 사람들이 여호와의 언약궤를 다시는 말하지 아니할 것이요 그때에 예루살렘이 그들에게 여호와의 보좌라 일컬음이 될 것이라"(렘 3:16, 17). 거룩한 성 새 예루살렘에는 성전이 없을 것입니다. 왜냐하면 전능하신 주 하나님과 어린 양이 성전이시기 때문입니다. 이와 같이 모든 외적인 예배는 완전한 때가 올 것에 대한 예언입니다. 완전한 것이 올 때, 그것을 도왔던 외적인 것들과 거기로 올라가도록 놓였던 사닥다리는 사라지게 될 것입니다.

그러나 기념과 상징은 그 이상의 의미에서 예언입니다. 성만찬이 세워지던 날 제자들은 그리스도의 말씀을 절반 정도밖에는 이해하지 못한 채 그와의 교제가 끝나게 될 것을 생각하면서 혼란한 생각과 흐르는 눈물로 뒤엉켜 있었습니다. 그러한 다락방의 모습은 하늘에서의 더 나은 교제를 보여주는 충분한 그림이 되지 못했습니다. 그러나 비록 그날 밤 주께서 무거운 마음을 가지고 계셨다 할지라도, 또 제자들은 단지 부분적인 이해와 부분적인 사랑만을 가지고 있었다 할지라도, 또 그들은 주를 부인하며 배반할 것이었다 할지라도, 또 주님을 버려두고 도망칠 것이었다 할지라도, 그럼에도 불구하고 성만찬은 하늘에서의 그리스도의 식탁에 대한 예언이었습니다. 천국은 잔치입니다. 이러한 표현은 홀로 있는 자들에게 교제를, 수고하는 자들에게 안식을, 애통하는 자들에게 기쁨의 기름을, 그리고 모든 바라는 것들에 충만한 만족을 약속합니다. 그러한 하늘의 잔치는 다락방에서의 잔치를 훨씬 능가합니다. 다락방에서는 주님 자신은 떡과 포도주에 참예하지 않았습니다. 오직 제자들에게만 나누어주었을 뿐입니다. 그러나 하늘에서는 우리는 주님과 함께 그리고 주님은 우리와 함께 먹고 마실 것입니다. 또 주님은 이 땅에서 허리를 묶고 수건을 들고 제자들의 발을 씻겼던 것처럼 하늘에서도 그들을 섬길 것입니다. 미래는 "우리가 더 이상 밖으로 나가지 않을 것"이라는 측면에서 과거와 다를 것입니다. 거기에는 더 이상 슬픔이나 다툼이나 서로 알지 못하는 것이 없을 것입니다. 반면 미래는 우리가 그리스도와 잔치를 벌이게 될 것이라는 측면에서 과거와 같을 것입니다. 왜냐하면 영광스럽게 변화되신 예수 그리스도는 영원히 우리 영의 양식이 되실 것이기 때문입니다. 그리고 그의 과거의 십자가의 사실은 영원히 우리 소망의 기초일 것입니다.

그러므로 사랑하는 형제들이여, 비록 우리의 성만찬 의식에 많은 오류와 무지가 있다 할지라도, 또 마치 애굽의 이스라엘 백성들이 유월절 밤에 손에 지팡이를 들고 허리에 띠를 띠고 유월절 양과 함께 쓴 나물이 올려진 식탁에 둘러앉았던 것처럼 그와 같이 우리가 성만찬 식탁에 둘러앉는다 할지라도, 또 우리의 옆자리가 비었다 할지라도, 또 성만찬이라는 외적인 의식에 대한 우리의 이해가 흐릿하며 불완전하다 할지라도, 그럼에도 불구하고 우리는 우리를 위해 기다리고 있는 은혜의 그림자를 볼 수 있습니다. 우리가 더 이상 밖으로 나가지 않는다면 말입니다. 모든 빈 자리들은 채워질 것이며, 쓴 나물은 하늘의 아스포델과 하나님의 보좌를 둘러싼 향긋한 꽃 무더기로 바뀔 것입니다(asphodel은 그리스 신화에 나오는 시들지 않는 낙원의 꽃을 의미함-역주). 그때 우리는 하늘의 영광 가운데 그리스도와 더불어 잔치를 벌일 것이며, 그의 쓴 십자가와 고뇌를 이 모든 것을 가져다준 것으로서 기억하게 될 것입니다. "이를 행하여 나를 기념하라." 성만찬으로 하여금 여러분의 내적 생명의 상징과 장차 우리가 이르게 될 하늘의 예언이 되게 하십시오.

21
보편적인 은사

"각 사람에게 성령을 나타내심은 유익하게 하려 하심이라"
고전 12:7

성령강림절이 기념하는 위대한 사실은 너무나 자주 마치 그것이 단회적인 은사로서 오순절 날 다락방에 있었던 자들에게만 한정되는 것처럼 간주됩니다. 또 우리는 종종 기독교 세계에 제2의 오순절 즉 하나님의 성령이 새롭게 부어지는 것이 필요하다는 말을 듣습니다. 그러나 이러한 생각들은 첫 오순절의 성격과 의미를 오해하는 것입니다. 그것은 그 안에 단회적인 요소를 가지면서 동시에 본질적으로 영원한 것이었습니다. 급하고 강한 바람과 여러 언어로 쏟아내는 이상한 말은 모두 단회적인 것이었습니다. 급하고 강한 바람은 그때 다락방을 휩쓸고 지나갔으며, 이후 그 다락방은 더 이상 그러한 바람으로 채워지지 않았습니다. 또 불의 혀처럼 갈라지는 것도 시간이 지남과 함께 소멸되고 그들의 머리로부터 사라져 버렸습니다. 또 여러 언어들로 시끌벅적하던 것도 잠잠해졌습니다. 그러나 이러한 것들이 상징하는 것은 영원합니다. 우리는 오순절을 마치 거대한 저수지로부터 수문이 갑작스럽게 열리면서 물이 터져 나오는 것처럼, 그래서 동일한 일이 반복될 때마다 요란하게 물이 쏟아져 나오는 것처럼 생각해서는 안 됩니다. 도리어 우리는 그것을 메마른 강바닥에 물이 요란한 소리를 내며 급하게 흘러들어가는 것으로, 그래서 그 이후로는 조용히 그러나 끊어지지 않고 계속해서 흐르는 것으로 생각해야 합니다. 만일 교회와 개인들에게 오순절의 은사가 메말라간다면, 그것은 그것이 주어지지 않았기 때문이 아니라 받아들여지지 않았기 때문입니다.

본문은 우리에게 다음과 같은 두 가지를 말해 줍니다. 첫째로, 모든 그리스도인이 이러한 은사를 소유한다는 것, 다시 말해서 성령의 나타남이 모든 그리스도인에게 주어진다는 것과, 둘째로, 각각의 은사는 모두의 유익을 위한 것이라는 것 말입니다. "각 사람에게 성령을 나타내심은 유익하게 하려 하심이라."

1. 첫째로, 은사의 보편성을 주목하십시오.

이것은 우리 주님 자신이 하신 말씀 속에도 이미 분명하게 함축되어 있습니다. 예수 그리스도는 "나를 믿는 자는 그 배에서 생수의 강이 흘러나오리라"고 말씀하셨는데(요 7:38), 이것은 그의 나라의 모든 지체에게 보편적으로 적용될 불변의 법칙으로 선언되었습니다. 이 이야기를 자신의 복음서에 기록한 요한은 뒤이어 이렇게 덧붙입니다. "이는 그를 믿는 자들이 받을 성령을 가리켜 말씀하신 것이라"(39절). 여기에는 조건이 있습니다. 믿음이 있는 곳에 하나님의 성령이 주어집니다. 그리고 주어지는 정도는 믿음이 실행되는 분량만큼입니다. 본문 역시도 성령의 은사와 관련한 이러한 근본적인 원리와 일맥상통합니다. 본문뿐 아니라 은사에 대해 말하는 성경의 다른 구절들도 마찬가지입니다. 그 모든 구절들을 여기에서 일일이 열거할 수는 없지만, 그러나 몇몇 구절은 꼭 인용하고 싶습니다. 그렇게 하고자 하는 것은 내가 보기에 너무나 많은 그리스도인들이 성령의 은사가 교회 전체에 주어진 보편적인 유산(heritage)이라는 사실을 인식하지 못한 채, 다만 바라고 열망하는 대상으로만, 다시 말해서 마치 지금 자신이 소유하고 있지 못한 것처럼 혹은 어떤 선택받은 소수에게만 한정된 것처럼 생각하고 있기 때문입니다. 내가 여기에서 인용하고 싶은 첫 번째 구절은 고린도전서 3장 16절입니다. "너희가 하나님의 성전인 것을 알지 못하느뇨"(고전 3:16). 또 바울은 본문에 뒤이은 문맥에서 "우리가 다 한 성령을 마시게 하셨느니라"라고 말합니다(고전 12:13). 그는 또 "누구든지 그리스도의 영이 없으면 그리스도의 사람이 아니라"고 단호하게 말합니다(롬 8:9). 그리고 성경의 다른 구절들에서도 이와 동일한 원리가 제시되는데, 나는 오늘날의 교회가 이러한 원리를 새롭게 되새길 필요가 있다고 생각합니다.

이와 같은 성령의 은사의 보편성은 또한 그리스도의 사역의 개념 속에도 함축되어 있습니다. 우리는 그리스도의 사역을 어떤 사람이 처음 그리스도인이 되었을 때 이루어진 것으로만, 즉 죄 사함 받고 하나님께 열납된 것으로만 제한해서는 안 됩니다. 물론 우리는 모든 것의 기초가 되는 그와 같은 위대한 은사(gift, 혹은 '선물')를 결코 과소평가해서는 안 됩니다. 그러나 "믿음의 분량을 따라 예언하자"라고 말한다고 해서 그러한 위대한 은사가 과소평가되는 것은 아닙니다. 그러나 "믿음의 분량"이란 표현과 기독교 진리의 완전성, 그리고 그리스도의 은사들의 완전성은 매우 광범위하게 오해되어 왔습니다. 소위 복음주의자로 불리는 많은 설교자들이 백성들에 대한 그리스도의 본질적인 은사가 죄 사함도 아니고 열납(悅納)도 아니고 칭의도 아니고 오직 생명이라는 사실을 거의 강조하지 않은 것 때문에 말입니다. 죄 사함과 열납됨과 하나님과의 관계가 새롭게 된 것 등은 모두 예비적인 것들일 뿐입니다. 그것들은 마치 생수의 강이 흘러넘치도록 하기 위해 수로(水路)를 준비하며 저수지의 입구를 막고 있는 장애물을 치우는 것에 불과합니다.

그리스도께서 주신 생명은 성령의 은사의 결과물입니다. "이와 같이 누구든지 그리스도의 영이 없으면 그리스도의 사람이 아니라." 그러한 생명은 우리 쪽으로부터 바라본 은사이며, 성령은 하나님 쪽으로부터 바라본 은사입니다. "아들이 있는 자에게는 생명이 있느니라"(요일 5:12). 왜냐하면 그리스도 안에 있는 생명의 성령의 법이 죄와 사망의 법으로부터 그를 해방하였기 때문입니다. 만일 이것이 사실이라면, 성령의 감동과 감화를 바라보는 모든 저급한 관점들, 다시 말해서 그것을 어떤 특정한 사람들에게만 제한시키는 관점들은 설 자리를 잃어버릴 것입니다. 그것은 광란적인 것도 아니며, 예외적이며 드문 현상도 아니며, 초자연적인 고양된 행동도 아닙니다.

또 이러한 은사는 사람의 의식과 별개의 어떤 것이 아닙니다. 생수의 강은 어디로부터 우리 영의 수로 속으로 흘러들어올까요? 그것은 훨씬 더 높은 곳으로부터입니다. 그 물길을 우리가 의식하고 지각하기 훨씬 이전의 높은 상류로부터 말입니다. 물은 여러 근원(根源)으로부터 흘러 서로 섞이며 분리되지 않은 채 잔잔히 흘러내려옵니다. "성령이 친히 우리의 영과 **더불어** (우리가 하나님의 자녀인 것을) 증언하시나니"(롬 8:16). 여러분은 여러분 안에서 두 음성이 말하는 것을 기대해서는 안 됩니다. 여러분이 기대해야 하는 것은 오직 하나의 음성일 뿐입니다.

또한 성령의 은사의 보편성은 교회의 구조와 본질 그 자체에 놓여 있습니다. 바울은 "주의 영이 있는 곳에 자유함이 있느니라"라고 말합니다. 왜 그렇습니까? 그것은 각각의 그리스도인이 진리와 의와 거룩의 유일한 근원에 나아갈 수 있기 때문입니다. 또 그것은 오늘날 남종과 여종들에게 하나님의 성령이 부어짐으로 그들이 예언하기 때문입니다. 그리고 그럼으로써 교회의 자유로운 생명력이 풍성해지고 개별적인 지체들의 존귀함이 온전히 드러났기 때문입니다. "너희는 거룩하신 자에게서 기름 부음을 받았느니라"는 말씀은 모든 그리스도인들을 향하여 언급된 것입니다(요일 2:20). 그러므로 우리는 우리를 가르칠 자를 필요로 하지 않습니다(요일 2:27, "너희는 주께 받은 바 기름 부음이 너희 안에 거하나니 아무도 너희를 가르칠 필요가 없고"). 어떤 사람이나 사람들의 단체나 사람들이 만든 어떤 문서조차도 그리스도의 자유로운 백성들을 속박하는 권위나 표준이 될 수 없습니다.

2. 둘째로, 이러한 보편적인 은사의 다면성(多面性)을 주목하십시오.

많은 그리스도인들이 이와 같은 보편성을 깨닫지 못하는 여러 이유들 가운데 하나는 그들이 성령의 은사가 펼쳐지는 광범위한 영역을 너무나 많이 제한하기 때문입니다. 성령이 행하는 일과 관련하여 우리는 좀 더 넓은 관점을 가져야 합니다. 그것의 보편적인 나타남이 얼마나 실제적이며 가시적(可視的)인지 이해하고자 한다면 말입니다. 이와 관련하여 성경이 가르치는 바를 살펴보십시오. 성막을 위해 놋 작업을 한 사람은 "하나님의 신으로 충만"했습니다. 시편을 지은 시인들은 종종 하나님의 손가락이 연주하는 비파로 묘사되곤 했습니다. 삼손에게 엄청난 힘이 주어진 것은 "하나님의 신이 그에게 임했기" 때문이었습니다. 예술과 노래와 조언(助言)과 나라의 올바른 정책을 결정하고 합당한 수단을 적용하는 것 등이 구약에서 하나님의 신에게 돌려집니다(특히 후자의 경우를 우리는 요셉이나 다니엘 같은 사람들에게서 많이 보게 됩니다). 심지어 육체의 힘의 근원까지도 하나님의 신에게 돌려집니다.

또 우리는 초대교회에서 성령이 역사한 다른 영역을 보게 됩니다. 여기에서는 우리가 잘 아는 것처럼 많이 이적과 기사와 방언을 말하는 것이 수반되었습니다. 그 시대의 성령의 표적들은 볼 수도 있었고 들을 수도 있었습니다. 앞에서 말한 것처럼 물이 강바닥에 처음 들어올 때는 급하고 강하게 그리고 요란한 소리를 내며 쏟아져 들어옵니다. 그러다가 나중에는 잠잠해지게 됩니다. 본문의 문맥에서 우리는 성령의 나타남으로 말미암은 여러 은사들을 보게 됩니다. 그 중 어떤 것은 이적(異蹟)적인 것이며, 또 어떤 것은 자연적인 재능이 고양(高揚)된 것입니다. 그러나 모든 것은 공동체로서 교회와 관련된 것이며, 공동체의 유익을 위해 주어진 것입니다.

그러나 이것이 전부가 아닙니다. 또 다른 부류가 있습니다. 만일 여러분이 갈라디아서를 펼친다면, 여러분은 바울이 "성령의 열매"라고 부르는 놀라운 목록을 발견하게 될 것입니다. "오직 성령의 열매는 사랑과 희락과 화평과 오래 참음과 자비와 양선과 충성과 온유와 절제니"(갈 5:22, 23). 이것들은 모두 개인적인 경험 속에서 맺히는 도덕적이며 신앙적인 열매들입니다.

우리는 이 모든 것들을 성령의 역사의 개념 속에 포함시켜야 합니다. 그것은 구약의 여기저기에 나타난 것처럼 매우 세속적(secular)입니다. 또 그것은 초대교회 때 나타났던 것처럼 이적적(miraculous)입니다. 또 그것은 여기의 본문에 나타난 것처럼 교회적(ecclesiastical)입니다. 뿐만 아니라 그것은 순전히 개인적이며 도덕적이며 신앙적인 감정이며 행동입니다. 분명한 사실은 그리스도인의 삶 가운데 나타나는 모든 것이 — 죄는 제외하고 말입니다 — 성령의 나타남입니다. 그로부터 모든 선한 생각과 계획과 일들이 진행됩니다. 그는 "양자(養子)의 영"입니다. 우리 마음속에 "아바 아버지"라 부르짖는 뜨거운 열망이 솟아오를 때, 그것은 단지 우리의 음성일 뿐만 아니라 또한 성령의 음성입니다. 또한 그는 "중보의 영"입니다. 우리 영혼에 무한한 선에 대한 열망이 솟아오르며 그와 더 가깝게 연결되고자 하는 소망이 솟아오를 때, 그것 역시도 하나님의 성령의 음성입니다. 성령께서 우리의 기도를 따라 어떤 선물을 주셨을 때, 우리의 기도는 정말로 "달콤할" 것입니다. 마찬가지로 그리스도인의 모든 다양한 감정과 경험들 역시도 성령과 그것의 기관인 우리 영의 합작품입니다.

여기에서 다소 투박한 예화를 하나 들어보도록 합시다. 그것은 쏘라는 명령과 함께 활과 화살을 받은 한 왕과 관련한 이야기입니다. 선지자의 강한 손이 왕의 약한 손 위에 얹어졌습니다. 왕의 약한 손은 선지자의 강한 손이 얹어짐으로 강해졌습니다. 그들은 함께 활을 당겼으며 화살을 쏘았습니다. 왕이 활을 당겼지만, 그러나 그의 손을 붙잡고 강하게 하여 그로 활을 쏘게 만들어준 것은 선지자의 손이었습니다. 바로 이것이 성령이 우리와 함께 역사하는 방법입니다.

3. 마지막으로, 이와 같이 보편적인 은사가 다양하게 나타나는 목적을 주목하십시오.

"각 사람에게 성령을 나타내심은 유익하게 하려 하심이라." 그것은 그 은사를 소유한 자의 유익을 위한 것이면서 동시에 나머지 모든 형제들의 유익을 위한 것입니다.

기독교회에 "우리는 모두 성령을 가지고 있으며 따라서 또 다른 것을 필요로 하지 않는다"라고 말하는 사람들이 있어 왔습니다. 만일 우리가 "성령의 나타남은 모든 사람에게 주어지는 것"이란 개념만을 붙잡는다면, 거기에는 자칫 "나는 부요하여 부족함이 없도다"라는 식의 그릇된 생각이 비집고 들어올 여지가 생길 수 있습니다. 그것은 우리를 또 다른 일련의 악(惡)으로 이끌 것입니다. 그러나 거기에서 그치지 않고 계속해서 "그것은 유익하게 하기 위함이라"라고 말한다면, 모든 오류는 해결될 것입니다. 왜냐하면 우리 모두는 어떤 것(something)을 가지고 있지만, 그러나 어느 누구도 모든 것(everything)을 가지고 있지는 못하기 때문입니다. 그러므로 한편으로 우리는 서로를 필요로 하며, 다른 한편으로 우리는 우리가 가진 것을 사용할 책임을 갖게 됩니다.

여러분에게 생명이 주어진 것은 그것을 화려하게 장식하거나 혹은 과시하게 하기 위함이 아닙니다. 하물며 그것을 꽉 붙잡은 채 그것으로 아무것도 하지 않게 하기 위함은 더더욱 아닙니다. 여러분에게 생명이 주어진 것은 그 생명이 여러분을 통해 다른 사람들에게 퍼져나가게 하기 위함입니다.

"꽃받침에 이슬을 가득 머금은 채 서 있는 꽃을 보라.
그것을 옆에 있는 다른 꽃들도 함께 공유하는도다."

우리에게 생명이 주어진 것은 그것을 통해 다른 사람들에게 열매를 맺게 하기 위함입니다. 힘은 곧 의무입니다. 나에게 어떤 힘이 있다면, 그것은 곧 나에게 그에 따르는 어떤 의무가 있음을 의미하는 것입니다. 마찬가지로 주어진 재능 역시 의무입니다. 만일 나에게 어떤 재능이 주어졌다면, 그것은 나에게 일할 것을 명령하는 것입니다. "각 사람에게 성령을 나타내심은 유익하게 하려 하심이라."

여러분은 물의 흐름을 조절할 수 있습니다. 왜냐하면 여러분에게는 수문(水門)이 있기 때문입니다. 여러분은 그것을 닫을 수도 있고 열 수도 있습니다. 나는 앞에서 하나님의 성령의 충만을 소유하는 유일한 조건이 예수 그리스도를 믿는 믿음이라고 말했습니다. 그러므로 여러분이 더 많이 믿을수록 여러분은 더 많은 은사를 갖게 되며, 여러분이 더 적게 믿을수록 여러분은 더 적은 은사를 갖게 됩니다. 여러분은 여러분의 열망의 크기와 강렬함의 여하에 따라 더 많이 받을 수도 있고 더 적게 받을 수도 있습니다. 만일 여러분이 흔들리며 떨리는 손으로 빈 잔을 들고 있다면, 그 안에 견고한 손으로 붙잡고 있을 때 채워지게 될 분량만큼의 기름은 결코 채워지지 못할 것입니다. 왜냐하면 기름의 일부가 엎질러질 것이기 때문입니다. 빈 그릇에 기름이 채워진 과부의 옛 이야기를 떠올려 보십시오. 더 이상의 그릇이 없어지자 기름은 그치고 말았습니다. 여러분에게 성령이 아주 조금의 분량밖에 주어지지 않는 이유는 여러분이 그것을 채울 그릇을 아주 조금밖에 내밀지 않았기 때문입니다. 여러분은 성령의 부어짐을 대수롭지 않게 여김으로써 그것을 감소시킬 수 있으며, 바로 이것이 오늘날 그리스도인이라 일컬어지는 수많은 사람들이 행하는 일입니다.

또 여러분은 여러분에게 주어진 것을 게을리 사용함으로써 그것을 감소시킬 수 있습니다. 어떤 사람이 여러분의 영적 생명을 통해 유익을 얻습니까? 그것을 통해 여러분 자신이 큰 유익을 얻습니까? 그것이 세상의 어떤 사람들에게 작은 분량이라도 선을 이룹니까? 만일 여러분이 그리스도인이라면, 여러분에게 "성령의 나타남"이 주어집니다. 그러나 만일 여러분이 그러한 "성령의 나타남"을 땅에 묻어버린 채 그것으로 여러분 자신에게든 다른 사람들에게든 아무 선도 행치 않는다면, 그것은 어느 사이엔가 사라져 버릴 것입니다. 그리고 어느 순간 여러분은 그릇들이 비어 있음을, 다시 말해서 주의 영이 떠나셨음을 발견하고 경악하게 될 것입니다. "하나님의 성령을 근심하게 하지 말라 그 안에서 너희가 구원의 날까지 인치심을 받았느니라"(엡 4:30).

22
항상 있을 것

"사랑은 언제까지나 떨어지지 아니하되 예언도 폐하고 방언도 그치고
지식도 폐하리라 그런즉 믿음, 소망, 사랑, 이 세 가지는 항상
있을 것인데 그 중의 제일은 사랑이라"
고전 13:8, 13

이와 같이 중간에 끼어있는 구절들을 빼버리고 두 구절을 곧바로 연결시킴으로써 우리는 바울 사도의 생각의 흐름을 가장 잘 이해할 수 있게 됩니다. 여기에서 빠뜨린 부분(즉 9-12절)은 8절에 대한 부연설명에 불과합니다. 그리고 이처럼 두 구절을 바로 연결시킬 때, 바울이 대조시키고 있는 두 부류가 선명하게 드러납니다. 각 부류는 모두 세 가지로 되어 있는데, 전자의 부류는 예언과 방언과 지식이며 후자의 부류는 믿음과 소망과 사랑입니다. 또 이러한 대조로써 바울 사도가 의도한 요점, 즉 전자의 일시성과 후자의 영원성이 분명하게 드러납니다. 반면 양자의 대조는 몇몇 오류에 의해 그 선명도가 떨어지는데, 여기에서 나는 그에 관해 약간의 설명을 할 필요를 느낍니다.

"예언도 폐하고 방언도 그칠 것"이라는 8절의 언급은 종종 초대교회의 이적적인 은사들이 짧은 기간 동안만 존재하는 것임을 의미하는 것으로 오해되어 왔습니다. 설령 그것이 사실일 수 있다 할지라도, 그러나 바울이 여기에서 의미하는 바는 그것이 아닙니다. 그가 말하는 "그침"은 완전한

미래의 빛 가운데서의 그침입니다. 또 믿음 소망 사랑과 관련한 13절의 언급 역시도 마치 믿음과 소망은 여기의 상태에 속하는 반면 사랑은 영원하기 때문에 사랑이 셋 중에서 가장 큼을 의미하는 것으로 종종 오해되어 왔습니다. 이러한 오해의 주된 이유는 13절 초두의 "그런즉"(now)의 의미를 잘못 이해했기 때문입니다. 이것은 통상적으로 "그때""(then)와 대조되는 의미로서 "지금은"으로 이해되어 왔습니다. 마치 12절에서처럼 말입니다. "우리가 지금은 거울로 보는 것 같이 희미하나 그 때에는 얼굴과 얼굴을 대하여 볼 것이요 지금은 내가 부분적으로 아나 그 때에는 주께서 나를 아신 것 같이 내가 온전히 알리라." 그러나 13절의 "now"(한글개역개정판에는 "그런즉"으로 되어 있음)는 문법학자들이 말하는 것처럼 "시간적인" 것이 아니라 "논리적인" 것입니다. 다시 말해서, 그것은 시간을 가리키는 것이 아니라 논리적인 결과를 가리키는 것으로서, "그러므로" 혹은 "그런즉" 정도의 의미를 갖습니다. "그런즉 믿음과 소망과 사랑은 항상 있을 것인데."

이렇게 볼 때 전체적인 요점은 그리스도인의 경험에 있어 일시적인 것과 영원한 것을 대조하는 것입니다. 만일 우리가 여기에 내포된 진리를 올바로 붙잡는다면, 우리의 생각과 행동은 혁명적으로 바뀌게 될 것입니다.

1. 첫째로, 사라질 것은 무엇입니까?

바울은 예언과 방언과 지식이 모두 폐하여지고 그칠 것이라고 말합니다. 이러한 세 가지는 모두 이 땅에서의 그리스도인의 삶에 속한 특별한 은사들이었습니다. 이러한 은사들은 자연적인 재능들을 고양(高揚)시키는 것들이었습니다. 따라서 우리는 이와 같은 세 단어를 가장 넓은 의미로 받아들여야 합니다. 그렇게 이해할 때, 그것들은 이 땅에 있어서의 우리의 모든 말하는 방식과 이해하는 방식이 일시적임을 나타내는 것이 됩니다.

이 땅에서의 지식은 폐하여질 것입니다. "지식도 폐하리라." 이어지는 구절들에서 언급되는 것처럼, 그것이 폐하여지는 것은 온전한 것이 부분적인 것을 덮어버릴 것이기 때문입니다. 마치 밀물이 해변 곳곳에 있는 조그만 웅덩이들을 덮어버리는 것처럼 말입니다. 이 땅에서의 인식 방식인 지식이 폐하여지는 데에는 또 다른 이유가 있는데, 그것은 이 땅에서는 그 것이 간접적인 반면 하늘에서는 직접적일 것이기 때문입니다. "그 때에는 얼굴과 얼굴을 대하여 볼 것이요." 이것은 철학자들이 직관(直觀)이라고 부르는 것입니다. 이 땅에서 우리의 지식은 "조금씩 점진적으로" 발전합 니다. 그런 가운데 때로 오류가 발생하기도 하며, 그런 과정을 통해 원리 와 법칙들을 더듬어 나갑니다. 여기에서 그것은 마치 이빨 빠진 톱니바퀴 처럼 불완전합니다. 그러나 거기에서는 "얼굴과 얼굴을 대하여" 볼 것입 니다. 거기에서 불완전한 지식은 폐하여질 것이며, 이 땅의 많은 지식과 학문들은 쓸모없는 것이 되어버릴 것입니다. 거대한 방직기가 등장했을 때 베틀에 앉아 옷감을 짜는 기술은 더 이상 쓸모없는 것이 되고 마는 것 처럼 말입니다. 그때가 되면 이 땅의 많은 지식들이 그와 같이 될 것입니 다.

또 말하는 방식들도 그칠 것입니다. 새로운 경험들과 함께 새로운 의사 전달 방식들이 도래할 것입니다. 사람은 말을 할 수 있는 반면 동물들은 으르렁거리거나 짖을 수 있을 뿐입니다. 이와 같이 하늘에서 사람들은 새 로운 경험들과 함께 새로운 의사전달 방식들을 갖게 될 것입니다. 말하는 방식과 관련하여 지금 가지고 있는 방식과 장차 갖게 될 방식 사이의 대조 는 마치 팔을 흔드는 옛 수신호(手信號)와 오늘날의 전보(電報) 사이의 차 이와 같을 것입니다.

내세의 삶 속으로 들어가면서 "나는 유럽에 사는 어느 누구보다도 산스 크리트어를 더 많이 알았습니다" "나는 노래를 잘 불렀습니다" "나는 철 학의 대가였습니다" "나는 위대한 웅변가였습니다"라고 말하는 어떤 사람 들을 상상해 보십시오. "방언들"(tongues)은 그칠 것입니다. 이 땅에 속했 던 모든 말하는 방식들과 그것을 지탱하는 모든 것들은 폐하여질 것이며 쓸모없는 것이 될 것입니다.

형제들이여, 이와 같이 가장 고상한 것들과 관련하여 그것이 사실이라 면, 하물며 우리 대부분이 갖고 있는 세속적인 계획이나 목표와 관련해서는 얼마나 더 사실이겠습니까? 그것들은 모두 폐하여질 것입니다. 대부분의 사람들에게 있어 삶의 전반적인 관심과 행동을 형성했던 것들은 모두 사라지고 없어질 것입니다.

2. 둘째로, 남아 있을 것은 무엇입니까?

"그런즉 믿음, 소망, 사랑, 이 세 가지는 머무르는데"(한글개역개정판은 "항상 있을 것인데"로 되어 있음). 여기에서 바울은 주어가 복수(複數)임에도 불구하고 동사를 3인칭 단수형으로 사용합니다(abideth these three, faith, hope, love; KJV). 여기에서 그는 어린아이조차도 하지 않는 어처구니없는 실수를 한 것일까요? 그렇지 않습니다. 우리는 이러한 문법적 불규칙 속에서 매우 중요한 사실을 발견할 수 있습니다. 그것은 바울이 믿음과 소망과 사랑에다가 3인칭 단수형 동사를 배정함으로써 그것을 본질상 하나의 실재로 다루었다는 사실입니다. 그것은 마치 삼중성(三重星, triple star)처럼 항상 그 자리에 있으면서 계속해서 빛을 비춥니다. 빛의 삼원색은 하나로 합쳐짐으로써 흰색 빛이 됩니다. "그런즉 믿음, 소망, 사랑, 이 세 가지는 머무르는데"(abideth these three, faith, hope, love). 여기에 나타나는 문법적인 불규칙을 굳이 바로잡으려고 하지 마십시오. 그렇게 해봐야 도리어 그 의미만 망가뜨릴 뿐입니다. 그렇게 하는 대신 그가 말하고자 했던 의도를 살피십시오. 그와 같은 표현으로써 그가 말하고자 했던 것은 뒤의 두 가지 즉 소망과 사랑은 앞의 것 즉 믿음으로부터 나오는 것이라는 것입니다. 그러므로 믿음이 없이는 소망과 사랑은 아무것도 아니며, 소망과 사랑이 없는 믿음은 죽은 것이라는 것입니다.

믿음은 소망을 낳습니다. 세상의 소망과 기독교적 소망 사이에는 큰 차이가 있습니다. 예수 그리스도 안에 있는 하나님의 계시와 분리된 소망은 단지 가능성을 저울에 달아보는 것에 불과합니다. 종종 저울의 눈금이 강렬한 열망의 무게에 의해 움직이곤 하지만, 그러나 모든 것은 불확실하며 분명한 기초를 갖지 못합니다. 그 소망이 믿음으로부터 나오는 것이 아니라면 말입니다. 이것은 다음과 같은 사실을 의미합니다. 즉 우리가 어떤 실제적인 소망을 세울 수 있는 유일한 기초는 예수 그리스도와 그의 말씀과 그의 사랑과 그의 권능을 믿는 믿음이며, 우리가 하늘에 대한 소망을 세울 수 있는 유일한 기초는 그의 부활과 현재의 영광을 믿는 믿음이라는 사실입니다. 이러한 것들을 믿는 사람은 그리고 오직 그러한 사람만이 자신의 소망을 세울 수 있는 반석과 같은 기초를 갖게 됩니다.

또 믿음은 사랑을 낳습니다. 바울과 요한은 그 기질에 있어 많이 다릅니다. 한 사람은 사변적(speculative)이며, 다른 한 사람은 신비적(mystical)입니다. 한 사람은 변론적이며, 다른 한 사람은 단순히 본 것을 말합니다. 그럼에도 불구하고, 이 문제에 있어 둘은 완전히 일치합니다. 왜냐하면 사랑의 사도 요한에게 있어 하나님에 대한 모든 사랑의 기초는 "하나님이 우리를 사랑하시는 사랑을 우리가 알고 믿었다"는 사실과 "우리가 그를 사랑하는 것은 그가 먼저 우리를 사랑하셨기 때문"이라는 사실이며, 반면 바울에게 있어 그것은 "우리가 아직 죄인이었을 때에 그리스도께서 우리를 위해 죽으신" 사실로부터 분명하게 나타난 하나님의 사랑을 우리가 믿음으로 받아들이는 것이기 때문입니다. 이와 같이 믿음과 소망과 사랑, 이 세 가지는 하나로 연합된 삼위일체이며, 항상 있을 것입니다. 바로 이것이 본문 13절의 주된 요점입니다. 나는 이와 관련하여 몇 마디를 좀 더 덧붙이고자 합니다.

나는 앞에서 13절 초두에 있는 "now"가 마치 시간적으로 이 땅에서의 상태를 의미하는 것처럼 오해되어 왔다는 사실을 지적했습니다(흠정역 13절은 다음과 같음: And now abideth faith, hope, charity, these three; but the greatest of these is charity). 그러나 바울이 의미한 것은 그것이 아니었습니다. 왜냐하면 믿음과 소망과 사랑, 세 가지의 머무름 모두가 영원한 머무름이기 때문입니다. 또 믿음과 소망과 사랑 모두가 이 땅의 형태뿐 아니라 하늘의 형태도 가지고 있기 때문입니다. 이에 대해 좀 더 상세하게 살펴보도록 합시다.

바울은 "믿음은 머무른다"(faith abides)라고 말합니다. 그것은 이 땅에서처럼 하늘에서도 머무를 것입니다. 많은 사람들이 믿음을 보는 것과 반대되는 것으로 생각합니다. 추측컨대 아마도 백 명 중 아흔 명은 그렇게 생각하는 것 같습니다. 그러나 성경에 그런 가르침은 없습니다. 어떤 측면에서 믿음이 보는 것과 반대되는 것은 사실입니다. 바울 역시도 "우리는 믿음으로 행하고 보는 것으로 행하지 아니한다"고 말합니다(고후 5:7). 그러나 이러한 반의적 표현은 단지 믿음이 의미하는 바의 일부만을 가리킬 뿐입니다. 만일 믿음이 보는 것과 반대되는 것이라면, 우리가 "주께서 우리를 아신 것 같이 그렇게 온전히 알게" 될 때(12절) 그리고 "그의 참모습 그대로 보게" 될 때(요일 3:2) 믿음은 그 작용을 그치게 될 것입니다. 그러나 믿음의 본질은 믿음의 대상이 눈에 보이지 않는 데 있는 것이 아니라, 눈에 보이든 보이지 않든 그 대상을 신뢰하는 감정에 있는 것입니다. 절대적인 신뢰와 의지라는 가장 깊은 의미에서, 믿음은 이 땅의 모든 희미함 가운데서도 빛나는 것처럼 장차 하늘의 모든 영광의 광채들 속에서도 빛날 것입니다. 영원에서 영원까지, 영화롭게 된 자들의 삶은 그리스도 안에서 하나님을 의지하는 것이 될 것입니다. 믿음은 "머무릅니다." 이 땅에서도 머무르며, 하늘에서도 머무를 것입니다.

또 소망은 "머무릅니다." 믿음이 보는 것의 반대 개념이 아닌 것처럼, 소망은 실현되는 것의 반대 개념이 아닙니다. 도리어 미래(내세)는 무한하신 하나님이 우리의 영에 지속적으로 소통(疏通)하는 것으로서 스스로를 나타냅니다. 그러한 지속적인 소통 속에 지속적인 진보(進步)가 있으며, 지속적인 진보가 있는 곳에 소망이 있습니다. 때로 우리 앞에 아지랑이처럼 춤추면서 우리를 진흙탕 속으로 이끌고는 사라져 버리곤 했던 소망은 이제 우리에게 보이지 않는 영광들을 말해주며 우리를 하늘의 깊은 곳과 하나님의 충만으로 이끌 것입니다. 소망은 "머무릅니다."

또 사랑은 "머무릅니다." 여기에서 나는 이러한 사실을 굳이 길게 설명할 필요를 느끼지 않습니다. 왜냐하면 사랑이 하나님에 대한 사람의 관계의 영원한 형태라는 사실을 아무도 부인하지 않을 것이기 때문입니다. 이와 같이 사랑은 영원히 지속됩니다.

본문에서 바울은 사랑이 다른 둘보다 더 크다고 말합니다. 그것은 믿음과 소망은 오직 피조물에게만 속하며 그들에게 도래할 어떤 선(善)을 기대하며 그것에 의존하는 것인 반면, 사랑은 하나님과 공유(共有)하는 것이기 때문입니다. 붙여진 불은 붙이는 불과 그 근원이 같습니다. 사람 안에 있는 사랑은 하나님 안에 있는 사랑과 같은 것입니다. 이것이 사람의 본성의 절정(絕頂)이며, 모든 의무를 이루는 것입니다. 그리고 이것이 모든 완전한 것들의 면류관입니다. 이와 같이 믿음과 소망과 사랑은 머무는데, 그 중에 가장 큰 것은 사랑입니다.

3. 마지막으로, 이 모든 것으로부터 무엇이 따릅니까?

먼저 우리는 사랑의 의미를 올바로 이해해야 합니다. 여러분은 사람들이 다음과 같이 말하는 것을 들어보았을 것입니다. "나는 바울의 신학에 대해서는 별로 관심이 없습니다. 내가 원하는 것은 고린도전서 13장입니다. 거기에 사랑을 찬미하는 너무도 아름다운 말씀이 기록되어 있지 않습니까? 너무도 우리 가슴에 와 닿는 말씀이 아닙니까?" 그렇습니다. 정말로 아름다운 말씀입니다. 그렇지만 여러분은 "사랑"(love)이라는 단어로 바울이 무엇을 의미하고 있는지 알고 계십니까? 나는 그 단어를 "동정"(同情, charity)의 의미로 사용하지 않습니다. 왜냐하면 동정이라는 아름다운 단어는 마치 땅에 떨어지는 불붙은 유성(流星)처럼 그 표면에 자신의 밝은 빛을 급속도로 흐려지게 만드는 찌꺼기를 가지고 있기 때문입니다. 오늘날 동정은 다른 사람의 감정을 자기 마음대로 추측하며 판단하는 것 혹은 다른 사람의 궁핍에 약간의 돈을 주는 것을 의미하기에 이르렀습니다. 바울의 신학에 많은 관심을 기울이지 않을 때, 자칫 우리는 이와 같이 본래 그가 의도한 것과는 다르게 이해할 수 있습니다. 사랑에 대한 바울의 개념은 예수 그리스도를 믿는 믿음으로 마음속에 부어진 신적 사랑에 대한 인간의 사랑의 반응입니다. 언제까지나 떨어지지 않으며 모든 것을 견디며 모든 것을 바라는 그의 사랑의 개념은 하나님의 사랑이라는 거대한 강의 한 지류에 불과합니다. 만일 우리가 바울이 사랑이라는 단어로 의미한 것을 올바로 이해한다면, 우리는 그의 사랑의 찬미가 그의 다른 글들과 마찬가지로 매우 신학적이라는 사실을 발견하게 될 것입니다. 만일 사람들에 대한 우리의 사랑이 바울이 제시하는 신적 근원을 갖지 못한다면, 우리가 할 수 있는 일은 고작 아름다운 글에 대한 의미 없는 찬탄 외에 아무것도 아닐 것입니다.

나아가 우리는 믿음과 소망과 사랑의 영원성이라는 이 위대한 개념을 우리가 추구할 최고의 미래의 모습으로 받아들여야 합니다. 우리가 하늘의 생명과 관련한 여러 가지 사색과 이론들로 혼란에 빠지는 것은 매우 쉬운 일입니다. 나는 그러한 것들에 대해 많은 관심을 기울이지 않습니다. 큰 문들이 그것의 비밀을 굳게 지키고 있는 가운데 몇몇 산광(散光)만이 그 길을 비추어 줄 뿐입니다. 그에 대해 더 적게 말할수록 우리는 더 적은 오류에 빠지게 될 것입니다. 수사적 표현을 계시로 바꾸며 신약의 상징들을 마치 그것들이 실재의 형상(image) 이상의 어떤 것을 담고 있는 것처럼 받아들임으로써 곁길로 빠지게 되는 것은 흔히 있는 일입니다. 우리는 금 길과 비파와 면류관과 흰 옷 너머로, 이 땅에서의 불완전한 그리스도 같은(imperfect, Christlike) 삶이 하늘에서의 완전한 하나님 같은(perfect, Godlike) 삶의 본질이라는 위대한 개념이 있음을 직시해야 합니다. "그런즉 믿음 소망 사랑 이 세 가지는 머무르는데."

마지막으로, 우리는 영원한 것들에 우리의 삶을 일치시켜야 합니다. 잠시 있을 것들이 언젠가 사라진다고 해서 그것이 그것들을 대수롭지 않게 여길 이유가 되는 것은 결코 아닙니다. 왜냐하면 우리는 그러한 것들을 활용함으로써 우리의 성품을 형성하며, 그러한 성품은 영원히 남기 때문입니다. 그렇지만 영원한 것들을 먼저 추구함으로써 영원한 성품을 형성하고, 그 토대 위에 일시적인 것들을 잘 활용하여 그것이 좀 더 촉진되도록 하는 것이 가장 훌륭한 방법입니다.

일과 재물 외에는 아무것도 모르는, 그리고 그것도 하나님과의 관계에서가 아니라 단지 피상적인 측면으로만 아는 어떤 사람을 상상해 보십시오. 만일 그 앞에 책상도 없고 장부(帳簿)도 없는 세계에 펼쳐진다면, 그는 무엇을 하겠습니까? 마찬가지로 만일 여러분이 이 땅에서 추구하며 위하여 수고했던 모든 것들이 사라질 때, 여러분은 무엇을 하겠습니까? 여러분이 세상일에 골몰하고 있는 어느 순간 사자(使者)가 나타나 "따라 오라! 우리가 너를 기다렸노라"라고 말하는 것을 상상해 보십시오. 어느 순간 오게 될 일에 대해 여러분은 준비되어 있습니까? 여러분은 지혜로운 사람입니까? 그러나 대부분의 사람들은 위의 사람처럼 잠시 있을 일에만 골몰하다가 사자를 만납니다. 이것이 우리들 가운데 너무나 많은 사람들이 행하고 있는 일입니다. 많은 사람들이 매일같이 그렇게 하며, 하루 종일 그렇게 하며, 오직 그렇게만 행합니다. 옛 선지자는 단호한 어조로 말합니다. "그의 중년에 그것이 떠나겠고 그는 마침내 어리석은 자가 되리라"(렘 17:11).

　사라질 것은 무엇입니까? 인식하는 방식이나 말하는 방식들은 사라질 것입니다. 세상의 사랑과 직업과 각종 의무들과 여러 관계들은 모두 사라질 것입니다. 만일 우리가 그런 것들만 좇아 살아간다면, 우리는 조만간 벌거벗은 채로 남겨질 것입니다. 그러나 만일 우리가 믿음과 소망과 사랑으로 옷 입는다면, 우리는 벌거벗은 채로 발견되지 않을 것입니다. 숭고하며 영원한 것들을 계발하십시오. 그러면 죽음조차도 여러분으로부터 그것들을 빼앗지 못할 것입니다. 세상의 모든 것들은 지나갈 것입니다. 그러나 믿음과 소망과 사랑은 그리스도께서 사시는 것처럼, 그리고 그 안에서 우리가 사는 것처럼 영원히 머물 것입니다.

23
부활의 능력

"내가 받은 것을 먼저 너희에게 전하였노니 이는 성경대로 그리스도께서
우리 죄를 위하여 죽으시고 장사 지낸 바 되셨다가
성경대로 사흘 만에 다시 살아나사"
고전 15:3, 4

성탄절은 아마도 예수 그리스도가 진짜로 탄생한 날은 아닐 것입니다. 그러나 부활절은 분명히 그렇습니다. 계절적으로도 그때는 참으로 적절합니다. 팔레스타인의 기후에서 유월절은 성전에 추수의 첫 열매가 드려지는 때였습니다. 유월절은 출애굽을 기념하는 역사적인 절기였을 뿐만 아니라 첫 열매를 드리는 절기이기도 했습니다. 바울이 20절에서 "그리스도께서 죽은 자 가운데서 다시 살아나사 잠자는 자들의 첫 열매가 되셨도다"라고 말할 때, 그의 마음속에 유월절의 이러한 측면과 우리 주님의 부활이 서로 연결되어 있었을 것입니다.

영국과 같은 추운 기후에서도 부활절은 계절적으로 참으로 적절합니다. 봄에 새싹이 나오고 꽃이 피는 것을 통해 우리는 생명이 티끌로부터 다시 일어나는 것을 보게 되는데, 그것은 죽음의 겨울이 지난 후 찾아오는 봄에 대한 대자연의 놀라운 수수께끼입니다.

이와 같이 부활절은 계절적으로 우리에게 죽음은 결코 영원한 것이 아니라는 소망을 일깨워 줍니다. 이제 부활과 관련하여 자연스럽게 제기되

는 개념들을 살펴봅시다.

1. 첫째로, 바울의 복음이 제시하는 사실들(facts)을 주목하십시오.

3절에서 바울은 내가 받은 것을 "먼저"(first of all) 너희에게 전하였노라고 말합니다. 여기에서 "먼저"는 복음을 전파함에 있어서의 시간의 순서를 가리킬 뿐만 아니라 또한 중요성의 순서도 가리킵니다. 왜냐하면 여기에서 제시하는 사실들이야말로 모든 것의 기초가 되는 가장 근본적인 사실들이기 때문입니다. 여기에서 나의 관심을 잡아끄는 첫 번째 요점은 복음이 역사적 사실(historical fact)의 단순한 기록과 함께 시작된다는 점입니다. 복음은 하나의 철학이 되며, 종교적 체계가 됩니다. 그것은 하나님의 계시입니다. 그것은 사람의 어떠함을 드러내는 것입니다. 그것은 윤리적 교훈의 체계입니다. 그것은 도덕과 철학과 종교를 하나로 묶은 것입니다. 그러나 복음은 "먼저"(first of all) 세상에서 일어났던 어떤 일에 대한 이야기입니다.

정말로 그렇다면, 이러한 사실은 복음을 전파하는 사람들에게 한 가지 중요한 교훈을 가져다줍니다. 그들은 자신들의 임무가 예수 그리스도의 죽음과 부활이라고 하는 근본적이며 가장 중요하며 초자연적인 위대한 사실을 역설하는 것임을 잊어서는 안 됩니다. 그들은 그 안에 담겨 있는 모든 심오한 의미들을 펼쳐야 합니다. 그것이 가진 의미를 더 깊이 파들어 갈수록 그들은 더 풍성한 결실을 맺을 것입니다. 그들은 그 안에 담겨 있는 무한한 위로의 보화들을 열어젖혀야 하며, 또한 그 안에 싸여 있는 강력한 행동의 동기(動機)들을 역설해야 합니다. 그러나 설령 그들이 그러한 사실들을 광범위하게 적용하며 펼쳐나갔다 할지라도 만일 "먼저" 성경대로 그리스도께서 우리 죄를 위하여 죽으시고 성경대로 다시 살아나셨다고 분명하게 선포하지 않는다면, 그들은 충성된 청지기도 칭찬받는 종도 되지 못할 것입니다.

복음의 이와 같은 근본적이며 본질적인 성격이 오늘날 소위 "자유주의자"라 불리는 자들의 사상에 어떻게 일격을 가하는지 주목하십시오. 오늘날 우리는 초자연적인 것들을 배제하고 부활의 이야기로부터 미심쩍은 것들을 빼버리고서도 훌륭한 그리스도인이 되는 것이 충분히 가능하다는 이야기를 종종 듣습니다. 그럴는지도 모르지요. 그러나 나는 다음과 같은 사실을 생각할 때, 그와 같은 말에 고개를 갸우뚱하지 않을 수 없습니다. 즉 만일 기독교의 근본적인 특성이 어떤 사실들을 선포하는 것이라면, 그러한 사실들을 믿지 않는 자가 어떻게 스스로를 그리스도인이라 부를 권리를 가질 수 있겠느냐 하는 것입니다.

나아가 우리는 그러한 사실들을 선포하는 것 안에 그에 대한 설명의 요소가 내포되어 있다는 사실을 주목해야 합니다. 본문이 '예수' 께서 죽으셨다고 말하지 않고 '그리스도' 께서 죽으셨다고 말하는 것을 눈여겨보십시오. 사람이 되셔서 우리의 형제로 오신 '예수' 께서 죽음의 길을 지나가셨다는 것은 정말로 위대한 진리입니다. 그러나 바울이 여기에서 말하는 것은 그것이 아닙니다. 여기에서 그가 말하는 바는 "그리스도께서 죽으셨다"는 것입니다. 그리스도는 그 안에 모든 진리 체계 곧 그가 모든 신적 계시의 정점(頂點)이며 인(印)이며 궁극적인 말씀이라는 사실이 응축되어 있는 하나의 직분을 가리키는 이름입니다. 죽으신 자는 그리스도입니다. 이것을 빼버린다면, 예수의 죽음은 복음이 아닙니다.

"그리스도께서 우리 죄를 위하여 죽으시고." 만일 바울이 단지 "그리스도께서 우리를 위하여 죽으시고"라고 말했다면, 그것은 그의 죽음이 — 예컨대 인류의 다른 훌륭한 선각자들의 죽음과 마찬가지로 — 인류에게 유용했음을 의미하는 것일 수 있었습니다. 그러나 그가 "그리스도께서 우리 죄를 위하여 죽으시고"라고 말할 때, 그것은 그리스도께서 인간의 죄를 위한 속죄의 희생제물로서 죽었음을 의미하는 것 외에 다른 의미가 있을 수 없게 됩니다. 그리스도께서 "우리 죄를 위하여" 죽었다는 말씀의 의미가 그가 우리를 위해 죄의 징벌을 담당했다는 의미가 아니면 무엇이겠습니까? 그리고 그는 마침내 "성경대로 다시 살아"나심으로써 오래 전부터 계시된 하나님의 목적을 성취했습니다.

어떤 사람이 예루살렘 성문 밖에서 십자가에 못 박혀 죽었다가 사흘 만에 다시 살아났다는 이야기에 다음과 같은 세 가지 설명이 덧붙여집니다 — 첫째로, 그의 위엄과, 둘째로, 그의 죽음의 목적과, 셋째로, 오래 전부터 계시된 하나님의 목적의 성취. 이와 같은 세 가지 설명이 그 이야기를 복음으로 바꾸는 것입니다.

그러므로 형제들이여, 이것이 없다면 예수 그리스도의 죽음은 우리에게 아무것도 아닙니다. 그렇다면 그를 따랐던 수많은 성도들의 죽음은 또 무엇이란 말입니까? 만일 열두 명의 어부들이 십자가의 이야기만을 가지고 나갔다면 — 그것이 의미하는 바에 대한 설명은 없이 말입니다 — 과연 그들이 세상을 그토록 진동(震動)시킬 수 있었을까요? 그리고 그와 같은 형태의 기독교가 수많은 사람들을 감동시키며 세상에서 그토록 큰일을 수행할 수 있었을까요? 우리는 결코 자유주의적인 기독교를 받아들여서는 안 됩니다. 만일 우리가 기독교를 자유주의화(自由主義化) 시킨다면, 기독교는 어느새 증발해 버리고 말 것입니다. 그리고 만일 우리가 바울과 함께 "우리가 받은 것을 먼저 너희에게 전하노니 그 죽음과 부활은 성경대로 우리 죄를 위한 그리스도의 죽음과 부활"이라고 말하기를 주저한다면, 필경 우리는 기독교를 증발시키게 될 것입니다. 위에 언급한 세 가지 설명이 바로 바울의 복음을 만드는 사실들입니다.

2. 둘째로, 무엇이 그러한 사실들을 굳게 세우는지 주목하십시오.

본문에 언급된 복음의 진술은 현존하는 사복음서보다도 훨씬 오래된 것입니다. 본서 즉 고린도전서는 어떤 학자도 반론을 제기하지 않는 바울의 네 편지들 가운데 하나입니다. 본서가 십자가 이후 25년 어간에 그리고 복음서가 기록되기 이전에 기록된 바울의 저작물이라는 것은 공인된 사실입니다. 우리는 본서를 통해 당시 교회가 무엇을 선포했는지를 발견할 수 있습니다. 그것은 예수 그리스도의 부활이 기독교가 선포한 보편적인 주제였다는 사실입니다. 그리고 그것은 모든 기독교 공동체들에 의해 공통적으로 받아들여졌습니다. 이것은 너무도 명백한 사실입니다. 왜냐하면 초창기 기독교회에는 상당한 정도의 바울의 반대자들이 있었기 때문입니다. 그들은 할 수만 있으면 바울을 비방하며 참소하고자 했습니다. 만일 바울이 당시 교회에서 일반적으로 받아들여지는 어떤 교리나 가르침을 잘못 진술하면, 그들은 즉각 그를 참소할 것이었습니다. 그러므로 우리는 본 장의 진술이 역사적으로 참되다는 사실을 반론의 여지가 없는 것으로 받아들일 수 있습니다. 또 우리는 예수 그리스도께서 죽은 후 25년 정도 되었던 당시의 모든 기독교 공동체와 모든 기독교 교사들이 부활의 사실을 믿고 또 선포했음을 분명한 사실로 받아들일 수 있습니다.

만일 이것이 사실이라면, 그 필연적인 결과로서 그리스도의 부활에 대한 믿음이 보편화된 것은 당시(즉 그리스도의 죽음 후 25년 어간)보다도 훨씬 이전으로 올라가게 됩니다. 왜냐하면 오순절과, 바울이 본서를 기록할 때 사이에 부활이라는 놀랄 만한 새로운 창작물이 만들어지고 뿌리를 내릴 시간적 공간은 사실상 불가능하기 때문입니다. 결국 그리스도의 부활에 대한 믿음이 보편화된 것은 사실상 그의 죽음 직후가 될 수밖에 없습니다.

나는 이에 대해 길게 논할 필요를 느끼지 않습니다. 만일 예수 그리스도가 죽은 자 가운데서 다시 살아나셨다는 믿음이 그의 죽음 직후에 생기지 않았다면, 교회는 결코 존재하지 않았을 것입니다. 그들이 뿔뿔이 흩어지지 않은 이유가 무엇이겠습니까? 수레바퀴로부터 중심의 쬠쇠를 빼 보십시오. 그러면 바퀴살들은 어떻게 되겠습니까? 죽은 그리스도는 결코 살아 있는 교회의 기초가 될 수 없습니다. 만일 그리스도가 죽은 자 가운데서 다시 살아나지 않았다면, 제자들은 가말리엘이 산헤드린에서 말한 것처럼 뿔뿔이 흩어졌을 것입니다. "이 전에 드다가 일어나 스스로 선전하매 사람이 약 사백 명이나 따르더니 그가 죽임을 당하매 따르던 모든 사람들이 흩어져 없어졌고"(행 5:36). 분명히 그렇게 되었을 것입니다. 교회가 존재했다는 사실은 그 전제(前提)로서 부활에 대한 믿음을 요구합니다.

그러면 우리는 그들의 믿음을 어떻게 평가할 수 있을까요? 나는 오늘날 어느 누구도 그들의 증언의 진실성을 의심하지 않을 것이라고 생각합니다. 최소한의 분별력이라도 가지고 있는 사람이라면, 설령 그들이 광신적이며 오류에 빠졌을지는 모르지만 그러나 적어도 한 가지 분명한 것은 그들이 하나님에 대한 거짓 증인은 아니었다고 생각할 것입니다.

그러면 우리는 그들을 신뢰할 수 있을까요? 그리스도의 부활의 사실이 그들 앞에 처음 펼쳐졌을 때 뭐가 뭔지 알지 못한 채 어리둥절해 있었던 것과 그들의 무지와 어느 정도 시간이 지난 후에야 비로소 믿게 된 것 등은 그들이 그러한 사실을 꾸며낸 것이 아님을, 그리고 그것이 실제적인 역사적 사실임을 분명하게 말해줍니다. 그것은 그들의 병적인 상상력이 작동된 결과도 아니었으며, 자신들의 열망을 실제화(實際化)시킨 것도 아니었습니다. 그것은 그들이 보고 경험한 것이었습니다. 따라서 그것은 부활을 허구화시키는 모든 이론들을 터무니없는 것으로 만들어 버립니다. 그들과 부활하신 그리스도 사이에는 긴 대화가 있었습니다. 어떤 때는 아침에 나타나셨으며, 어떤 때는 저녁에 나타났습니다. 어떤 때는 감람산의 경우처럼 멀찍이 떨어져 나타나셨으며, 어떤 때는 다락방의 경우처럼 가까이 나타나셨습니다. 어떤 때는 한 사람에게 나타나셨으며, 어떤 때는 여러 사람들에게 나타나셨습니다. 같은 장소에서 오백 명의 사람이 똑같은 오류에 빠진 것을 상상해 보십시오. 그들 모두가 아무것도 보지 못했으면서 보았다고 착각하는 것을 상상해 보십시오. 기적을 믿는 것은 쉬운 일이 아닙니다. 도리어 그것을 터무니없는 것으로 받아들이는 것이 쉬운 일입니다. 그러므로 부활신앙에 대한 이와 같은 현대적인 설명이야말로 정말로 터무니없는 것입니다.

여기에 우리가 주의를 기울여야 할 또 하나의 요점이 있습니다. 그것은 본문의 "장사 지낸 바 되셨다가"라는 짧막한 구절입니다. 어째서 바울은 십자가와 부활의 사실 중간에 이것을 끼워 넣은 것일까요? 어쩌면 그것은 그리스도의 죽음의 사실을 강조하기 위한 것일는지 모릅니다. 그러나 나는 다른 이유를 생각하고 싶습니다. 예수 그리스도가 성문으로부터 멀리 떨어져 있지 않은 무덤 속에 눕혀진 것이 사실이라면, 그러한 사실은 부활을 믿지 않는 각종 이론들에 대해 심각한 일격을 가하게 될 것입니다. 만일 무덤이 거기에 있었다면(당시의 무덤은 오늘날과 같은 종류의 무덤이 아니라 돌로 입구를 막아 놓은 굴이었으며 누구든지 입구의 돌을 굴려내고 안으로 들어갈 수 있었습니다), 상식적으로 생각할 때 어째서 당시 유대인 지도자들은 "시체가 거기에 있는지 가보자"라고 말함으로써 성가신 이단(異端)을 종식시키려 하지 않았을까요?

오늘날 부활을 부인하는 자들은 "만일 예수 그리스도의 시신이 무덤에 그대로 있었다면, 어떻게 부활에 대한 믿음이 생겨나고 지속될 수 있었을까?"라는 질문에 정직하게 대답해야 합니다. 만일 그리스도의 시신이 무덤에 없었다면, 그 다음엔 어떤 결론이 불가피합니까? 만일 제자들이 시신을 훔쳤다면, 그리스도의 부활을 전파한 그들은 악독한 기만자들이 될 것입니다. 또 우리는 앞에서 그러한 가정이 터무니없는 것임을 살펴보았습니다. 반면 만일 그리스도를 대적했던 자들이 시신을 훔쳤다면(사실 그들은 이렇게 할 이유가 없었지만), 어째서 그들은 시신을 제시하며 "너희들의 터무니없는 거짓말에 대한 대답이 여기에 있도다, 보라 이것이 그의 시신이로다, 그가 죽은 자 가운데 다시 살아났다는 터무니없는 거짓말을 더 이상 퍼뜨리지 말지어다"라고 말하지 않았을까요?

그리스도는 성경대로 죽으시고 장사되셨습니다. 그리고 천사들의 말처럼 다시 살아나셨습니다. "그는 여기에 계시지 않고 살아나셨느니라."

나는 예수 그리스도의 부활이 의심할 수 없는 증거 위에 세워진 것이라고 분명하게 말하고 싶습니다. 그것을 믿지 않는 이유는 증거가 불충분해서가 아니라 그릇된 편견 때문입니다.

3. 마지막으로, 그 사실들이 무엇을 세우는지 주목하십시오.

나는 부활을 목격한 자들의 증언이 기독교를 위한 증거의 전부라고는 결코 생각하지 않습니다. 복음의 진리를 세움에 있어 부활 외에도 다른 많은 사실들이 있습니다. 그렇지만 여전히 부활의 사실은 복음의 진리를 세우는 강력한 버팀목입니다.

부활과 관련하여 내가 분명히 하고자 하는 첫 번째 요점은 그리스도의 부활과, 기적을 받아들이는 것 사이의 관련성입니다. 우리는 종종 기적과 같은 것은 불가능하다는 이야기를 듣습니다. 그것은 만물의 질서를 거스르는 것이라는 것입니다. 그러나 예수 그리스도는 죽은 자 가운데서 다시 살아나셨으며, 이것은 복음의 다른 모든 기적들을 받아들이는 문을 활짝 열어젖힙니다. 유사과학적(類似科學的)인 회의주의의 편견에 부응하기 위해 기독교의 초자연성을 깎아내리는 것은 아무 소용없는 일입니다. 여러분이 부활을 완전히 포기할 준비가 되어 있지 않다면 말입니다. 중요한 것은 "여러분이 예수 그리스도가 죽은 자 가운데서 다시 살아나셨음을 믿는가 믿지 않는가?" 하는 것입니다. 만일 초자연을 부인하는 여러분의 견해가 정당한 것이라면, 그리스도는 죽은 자 가운데서 다시 살아나지 않은 것입니다. 그리고 여러분은 그 결과에 직면해야 합니다. 만일 그리스도가 죽은 자 가운데서 다시 살아나셨다면, 여러분은 기적의 불가능성에 대한 모든 논의를 즉시 중단하고 초자연적 계시를, 자신을 사람들에게 알리는 하나님의 방법으로 기꺼이 받아들여야 합니다.

나아가 우리는 부활과 그리스도의 사역 및 주장 사이의 관련성을 살펴보아야만 합니다. 만일 그리스도가 어떤 알지 못하는 무덤에 그냥 누워 있다면 또 만일 그가 사망을 깨뜨렸다는 제자들의 생각이 잘못된 것이었다면, 그의 죽음은 아무것도 아닌 것이었을 것입니다. 그것은 사람들의 죄와 아무 상관 없는 것이며, 우리에게 있어 과거의 수많은 사람들의 죽음과 하등 다를 것이 없을 것입니다. 그러나 만일 그가 죽은 자 가운데 다시 살아나셨다면, 그의 부활은 십자가의 의미를 밝혀줄 것입니다. 그리고 우리는 그의 죽음이 세상의 생명이며, "그가 채찍에 맞음으로 우리가 나음을 입었다"는 사실을 깨닫게 될 것입니다.

한 걸음 더 나아가 여러분은 그리스도께서 세상에 계실 때 스스로에 대해 말씀하셨던 것들을 되새겨야 합니다. 그는 스스로를 하나님의 아들로 주장하셨으며, 절대적인 순종과 믿음 그리고 최고의 사랑을 요구하셨습니다. 그리고 그는 자신을 믿는 것을 하나님을 믿는 것과 동일시하셨습니다. 결국 우리는 다음과 같은 두 가지 중에서 하나를 선택해야만 합니다. 첫째로, 예수 그리스도는 죽은 자 가운데 살아나셨으며 그러한 부활로써 하늘과 땅의 모든 권세를 가지신 하나님의 아들로 선포되셨다는 것과, 둘째로, 예수 그리스도는 죽은 자 가운데 다시 살아나지 않았으며 그 결과 아무것도 아니었다는 것 중에서 말입니다. 후자의 경우라면, 그는 '속이는 자' 였든지 혹은 '속은 자' 였든지 둘 중 하나입니다. 그리고 어느 경우든 그는 우리의 공경과 사랑의 대상이 될 수 없습니다. 어떤 사람들이 그리스도의 부활을 배격하면서도 그에 대한 참된 공경심을 갖고 있다면, 그들은 얼마나 불합리한 사람들입니까? 그렇지만 그들이 그렇게 할 수 있는 권리를 가지고 있는가 하는 것은 또 다른 문제입니다.

나는 다음과 같이 고백하지 않을 수 없습니다. 즉 만일 내가 예수 그리스도께서 죽은 자 가운데 다시 살아나셨음을 믿지 않았다면, 나에게 있어 그를 '나의 삶의 본보기' 로 혹은 '신앙의 스승' 으로 받아들이는 것은 매우 어려운 일이었을 것이라고 말입니다. 내가 보기에 그리스도는 아름다운 영혼을 가진 성자(聖者)라기보다는, '모든 것' 이든지 아니면 '아무것' 도 아니든지 둘 중 하나입니다. 만일 그가 죽은 자 가운데 살아나셨다면, 그는 '모든 것' 입니다. 반대로 만일 그가 죽은 자 가운데 살아나지 않았다면, 그는 '아무것' 도 아닙니다.

마지막으로, 예수 그리스도의 부활과 우리의 미래의 소망 사이의 관련성을 주목하십시오. 그리스도의 부활은 우리에게 생명이 유기체와 아무 상관 없음을 가르쳐 줍니다. 그것은 몸과 별개로 존재하는 것입니다. 또 그리스도의 부활은 우리에게 사람이 그 존재의 본질이 바뀌지 않으면서도 사망을 통과할 수 있음을 가르쳐 줍니다. 또 그것은 땅에 있는 장막 집이 그리스도께서 하나님 우편에 거하시는 영광의 집처럼 변화될 수 있음을 우리에게 가르쳐 줍니다. 불멸성에 대한 절대적인 증거와 관련하여, 예수 그리스도의 부활보다 더 강력한 것은 아무것도 없습니다.

만일 우리가 바울의 복음의 근본적인 사실들을 온전히 받아들인다면, 우리는 죽는 것을 두려워할 필요가 없습니다. 왜냐하면 그리스도께서 죽으심으로 인해 사망이 사망을 당했기 때문입니다. 우리는 우리가 다시 살 것인지 의심을 품을 필요가 없습니다. 왜냐하면 그리스도께서 죽으셨다가 영원히 다시 사셨기 때문입니다. 삼손은 성문(城門)들을 자기 어깨에 짊어지고 치워 버렸습니다. 이제 사망은 더 이상 감옥이 아닙니다. 이제 그것은 통로일 뿐입니다. 만일 우리가 그리스도 위에 우리 스스로를 세운다면, 우리는 다음과 같은 승리의 노래를 부를 수 있을 것입니다. "사망아 네가 쏘는 것이 어디 있느냐 … 우리 주 예수 그리스도로 말미암아 우리에게 승리를 주시는 하나님께 감사하노라"(고전 15:55-57).

24
남아 있는 자와 잠든 자

"그 후에 오백여 형제에게 일시에 보이셨나니 그 중에 지금까지
대다수는 살아 있고 어떤 사람은 잠들었으며"

고전 15:6

부활 후 25년 정도 되었을 때 교회들 가운데 부활하신 그리스도를 목격한 자들로 알려진 수백 명의 제자들이 있었습니다. 그들 가운데 대다수는 살아 있었으며, 일부는 죽었습니다. 어떤 사건이 벌어진 후 25년이 지났다면, 통상적인 경우는 살아 있는 자가 소수이고 죽은 자가 다수일 것입니다. "그 중에 지금까지 대다수는 잠들었고 어떤 사람은 살아 있으며" — 대체로 이렇게 되는 것이 통상적인 경우일 것입니다. 아마도 여기에는 그들 목격자들의 생명을 연장시킨 특별한 신적 개입이 있었던 것으로 보입니다. 그들의 증언이 좀 더 오랜 세월 계속되도록 하기 위해서 말입니다. 그러나 어떤 경우든 간에 그들은 분명 중요한 인물들이었습니다. 그들은 주변 사람들로부터 경의와 주목의 대상이었을 것입니다. 우리는 그러한 사실을 여기에서 바울이 살아 있는 자들과 죽은 자들의 비율을 비교적 정확히 알고 있었던 사실에서 알 수 있습니다. 우리는 이들 가운데 한 사람의 이름을 본서보다 훨씬 나중에 기록된 사도행전에서 듣게 됩니다. "오랜 제자 구브로 사람 나손"(행 21:16).

본문 속에서 우리는 초대교회의 삶의 일면을 살짝이나마 엿볼 수 있습

니다. 그러나 여기에서의 나의 주된 목적은 여러분으로 하여금 바울이 살아있는 자와 죽은 자에 대해 붙이는 특별한 표현에 주의를 기울이도록 만드는 것입니다. 어느 경우에서도 그는 "살아 있는" 혹은 "죽은" 등의 통상적이며 일반적인 단어를 사용하지 않습니다. 대신에 그는 "남아 있는"(remaining)과 "잠든"(falling asleep)이라는 단어를 사용합니다(한글개역개정판에는 "살아 있는"과 "잠든"으로 되어 있음). 이러한 표현들은 매우 의미심장합니다. 그들이 살아 있는 것이 "남아 있는" 것으로, 또 죽은 것이 "잠든" 것으로 표현되는 이유는 그들이 부활하신 그리스도를 목격했다는 사실에 기인합니다. 다시 말해서, 이러한 두 가지 놀랄 만한 표현을 통해 우리는 부활하신 그리스도 안에서 사는 것과 죽는 것에 대한 새로운 관점을 보게 됩니다. 이제 나는 여기에서 다음과 같은 두 가지 질문을 살펴보고자 합니다.

1. 첫 번째 질문은, 부활하신 그리스도를 목격한 자들에게 살아 있는 것이 무엇이 될 수 있는가 하는 것입니다.

"그 중에 지금까지 대다수는 남아 있으며." "남아 있는"이란 단어는 "살아 있는"이나 "생존한"의 동의어가 아닙니다. 그것은 우리에게 그들이 지금까지 살아 있다는 사실뿐만 아니라 그들이 살고 있는 삶의 종류에 대해 말해줍니다. 이것은 매우 의미심장합니다. 왜냐하면 여기의 표현은 우리 주님이 "내가 올 때까지 그를 머물게 하고자 할지라도 네게 무슨 상관이냐"라는 매우 의미심장한 예언적 말씀을 하실 때 사용하셨던 표현과 똑같은 것이기 때문입니다(요 21:22). 우리는 요한복음에서 이 말이 형제들 가운데 널리 퍼졌다는 이야기를 듣습니다(23절). 그러한 사실을 감안할 때, 바울이 이 글을 기록하는 순간 그의 기억 속에 그 말이 떠올라 "남아 있는" 혹은 "머무는"과 같은 특이한 표현을 사용했을 수 있다고 보는 것은 결코 지나친 추측이 아닙니다. 그러므로 만일 우리가 그와 같은 의미심장한 표현에 주의를 기울인다면, 우리는 거기로부터 몇 가지 중요한 사실을 발견하게 될 것입니다.

그 중 하나는 부활하신 그리스도를 목격할 때, 우리의 삶은 진정으로 고요하며 평온하게 될 것이라는 사실입니다. 부활을 목격한 오백 명의 제자 가운데 그 후 갈릴리 산지에 있는 자신의 시골집으로 돌아간 어떤 한 제자를 상상해 보십시오. 만일 부활을 목격하지 않았다면 매우 중요하게 느껴졌을 어떤 일이 이제 부활을 목격한 자의 마음속에서는 그 일이 얼마나 대단치 않은 일로 느껴졌겠습니까? 그리스도의 부활에 대한 우리의 믿음도 그와 동일한 효과를 가질 것입니다. 그리고 그것은 부활하신 그리스도의 나타남이 우리의 내적 눈에 선명하게 비추는 분량만큼 효과를 가질 것입니다. 만일 우리가 우리의 둥지를 세상이라는 나무의 흔들리는 가지 위에 튼다면, 그러한 둥지들은 바람이 불 때마다 흔들릴 것이며 결국엔 거센 폭풍에 의해 날아가게 될 것입니다. 그러나 만일 우리가 우리의 둥지를 비둘기처럼 바위틈에 튼다면, 우리는 비둘기처럼 평온할 것입니다. 그러면 우리를 요동케 하는 모든 것들은 그칠 것입니다. 그리고 거대한 대양의 요동치는 수면(水面) 위로 그의 형상이 다가올 것입니다. 그럴 때 그의 발아래 파도는 잔잔해질 것이며, 그의 음성 앞에 바람은 고요해질 것입니다. 그리스도를 보는 자들은 이런저런 일로 요동칠 필요가 없습니다. 아무것도 싣지 않은 배는 바다 위에서 요란하게 흔들리지만, 그러나 화물을 가득 실은 배는 거의 흔들리지 않습니다. 그리스도께서 타고 계시는 배는 어떤 폭풍에도 요동치지 않을 것이며, 파선(破船)당할 것을 두려워할 필요가 없습니다. 주님을 바라볼 때 고요함이 임할 것이며, 우리는 "남아 있을" 것입니다. 왜냐하면 우리는 이러한 피난처로부터 도망칠 필요도 없을 뿐만 아니라 거기로부터 쫓겨나지도 않을 것이기 때문입니다. 그를 믿는 자는 혼란 가운데 허둥대지 않을 것입니다.

이 땅에서 벌어지는 사소한 일들에 대해 "이것은 대수롭지 않은 일이야"라고 말하는 성향을 계발하는 것은 좋은 일입니다. 그러나 세상의 사소한 일들에 대해 이와 같이 대수롭지 않게 여기는 마음을 냉소적인 무관심으로 변질되지 않게 하는 유일한 방법은 그러한 마음을 그리스도 위에 세우는 것입니다. 그분을 중요성의 척도로 삼으십시오. 그러면 여러분은 여러분의 모든 것을 희생시켜도 좋을 정도로 가치 있는 것은 세상에 아무것도 없으며, 또한 여러분의 수고와 노력을 요구하기에 너무 작은 그런 일도 아무것도 없다는 사실을 발견하게 될 것입니다. 그리스도 안에서 누리는 고요함을 희생시켜도 좋을 만큼 대단한 일은 세상에 존재하지 않습니다.

나아가 부활하신 그리스도를 볼 때, 우리는 우리의 의무에 계속해서 착념하게 될 것입니다. 그리스도께서 우리에게 주신 의무 가운데 우리의 입맛에 맞지 않는 것도 있을 것입니다. 그러나 만일 우리 눈앞에 그가 계시다면, 그러한 의무는 더 이상 입맛에 맞지 않는 것이 되지 않을 것입니다. 그리고 작은 일은 더 이상 작은 일이 되지 않을 것입니다. 만일 우리 눈앞에 그가 계시다면, 우리는 그 안에서 온갖 슬픔과 고난에도 불구하고 끝까지 인내하며 자신의 길을 가심으로 마침내 영광과 존귀의 관을 쓰신 위대한 모범을 보게 될 것입니다. 부활하신 그리스도는 영광이 충성의 결과이며 면류관이 십자가의 결과임을 보여주는 훌륭한 실례(實例)입니다. 부활하신 그리스도는 자신을 신뢰하는 자들을 돕는 자이십니다. 아버지의 뜻을 행하기 위해 죽으시고 죽으심으로써 영광과 존귀의 관을 쓰신 주님을 믿음의 눈으로 바라보는 것으로부터 나오는 가장 분명한 교훈들 가운데 하나는, 우리의 영을 주께 맡기고 계속해서 인내로써 선한 일을 경주하며 우리가 부름을 받은 그 부름에 계속해서 거하라는 것입니다.

나아가 부활하신 그리스도를 볼 때, 우리는 잠잠히 기대(期待)하는 삶을 살게 될 것입니다. "내가 올 때까지 그를 머물게 하고자 할지라도"라는 말씀은 그와 같은 뉘앙스를 담고 있습니다. 그 사도는 하늘로부터 오시는 주를 기다릴 것이었으며, 주의 부활을 목격한 오백 명의 형제들은 남은 삶을 주의 다시 오심에 대한 고요한 열망과 쉼 없는 기대로써 채워갈 것이었습니다. 이와 같이 초창기 그리스도인들은 예수 그리스도께서 곧 오실 것이라고 기대했습니다. 그러한 기대는 시간적인 임박성의 측면에서는 이루어지지 않았지만, 그러나 이천 년이 지난 오늘날에도 살아 있는 모든 그리스도인들의 삶 속에 그대로 남아 있습니다. 주께서 하늘로부터 다시 오실 것에 대한 계속적인 기대와 열망과 믿음은 오늘날까지도 기독교적 생명력의 매우 중요한 한 요소입니다. 부활의 당연한 결과로서 첫 번째 것은 승천입니다. 계속해서 예수 그리스도께서 비록 육체로는 부재(不在)하나 여전히 신적 임재 가운데 세상을 통치하시는 긴 기간이 이어집니다. 그리고 마침내 승천하실 때와 똑같은 모습으로 다시 오십니다. 미래를 바라보는 모든 중심에 주의 재림이 놓여 있지 않은 한, 우리의 믿음은 결코 온전한 믿음이 되지 못할 것입니다.

시간의 문제는 아무런 의미도 갖지 못합니다. 주의 다시 오심은 십자가와 무덤에 장사되심과 부활의 사실에 의해 확실하며 필연적인 것이 됩니다. 그는 오셨습니다. 그러므로 그는 또 오실 것입니다. 그는 가셨습니다. 그렇기 때문에 그는 다시 오실 것입니다. 따라서 우리가 육체 가운데 살아가는 모든 삶은 하늘로부터 하나님의 아들을 기다리는 삶이어야 하며, 또한 그의 나타나심을 인내하며 믿음으로 기대하는 삶이어야 합니다. 그리고 그가 나타나실 때 우리도 그와 함께 영광 가운데 나타날 것입니다.

이와 같이 우리가 부활하신 주님을 보고 또 믿을 때, 우리는 평온한 삶을 누리며 인내 가운데 계속해서 의무에 착념하며 주의 재림의 확실한 소망으로 채워지게 될 것입니다. 부활하신 그리스도를 믿는 믿음 위에 굳게 서 있는 자들에게 있어 세상의 염려와 근심과 두려움과 마음을 빼앗는 것과 심령을 미약하게 하는 것들이 무슨 상관이겠습니까?

2. 두 번째 질문은, 부활하신 그리스도를 목격한 자들에게 죽는 것이 무엇이 될 수 있는가 하는 것입니다.

"어떤 사람은 잠들었으며." 잠자는 것은 죽음에 대한 가장 자연스럽고 선명한 은유입니다. 이러한 은유는 기독교에서 뿐만 아니라 다른 많은 언어들에서도 광범위하게 발견되지만 그러나 양자(兩者) 사이에는 큰 차이가 있습니다. 기독교에서 죽음이 잠자는 것으로 불리는 이유는 이교의 경우보다 훨씬 심오합니다. 심지어 어떤 경우에는 정반대이기도 합니다. 왜냐하면 기독교에서 죽음을 잠자는 것으로 표현하는 핵심적인 이유가 언젠가는 깨어날 것을 확신하기 때문인 반면, 다른 곳에서는 종종 그것이 영원히 깨지 않는 잠으로 묘사되기 때문입니다. 우리는 여기에서 죽음이라는 사실과 죽은 자의 상태가 예수 그리스도의 부활을 믿는 믿음의 빛 위에 놓이는 것을 보게 됩니다.

어떤 사람들은 "잠들었습니다." 여기에서 죽음은 어떤 사람의 자아가 단지 안식에 들어가는 것으로, 그래서 주위 세계의 의식으로부터 분리되는 것으로 묘사됩니다. 신약에서 몸과 영혼이 분리되는 것을 표현하기 위해 혹은 몸이 영혼으로부터 또는 영혼이 몸으로부터 분리된 상태를 표현하기 위해 **죽음**이라는 단어가 거의 사용되지 않는 것은 참으로 주목할 만합니다. 죽음이라는 단어가 사용되는 것은 대부분 영혼이 하나님으로부터 분리되는 것을 표현할 때입니다. 또 신약은 사람이 이 땅에서 거주하던 집으로부터 분리되는 물리적인 사실을 상징적으로 표현하기 위해 죽음이라는 단어를 예외적으로 사용합니다. 어쨌든 기독교가 죽음을 잠자는 것으로 표현하는 이유는 세상이 그렇게 하는 이유와 반대입니다. 세상은 죽음을 너무도 두려워합니다. 그래서 그것을 있는 그대로 부르기를 주저합니다. 그러나 기독교 신앙은 죽음을 거의 두려워하지 않습니다. 따라서 그와 같이 사소한 것은 그 자체의 이름으로 불릴 가치가 없다고 생각하면서 다만 "잠자는" 것으로 부릅니다.

심지어 죽음에 떨어지는 상황이 매우 고통스럽고 폭력적인 때조차도 성경은 잠이란 단어를 사용합니다. 첫 번째 순교자 스데반이 돌에 맞아 피투성이가 되어 죽는 것조차도 잠자는 것으로 표현된 것은 참으로 놀랍지 않습니까? 만일 죽음을 잠자는 것으로 표현하는 것이 가장 적절치 않은 경우가 있다면, 그것은 다름 아닌 성난 군중들이 던진 돌에 온 몸이 피투성이가 된 채 죽어간 스데반의 경우였을 것입니다. 그러나 성경은 "그가 이 말을 하고 자니라"라고 말합니다(행 7:60). 만일 이와 같은 죽음에조차 그와 같은 표현을 사용할 수 있다면, 어떤 종류의 육체적인 고통조차도 죽음에 대해 그와 같은 표현을 사용하는 것을 부적절하게 만들지 못할 것입니다.

나아가 본문은 죽음이라는 사실 자체뿐 아니라 죽은 자의 상태까지도 지칭합니다. 그들은 잠에 떨어졌으며, 계속해서 자고 있습니다. 이러한 은유 속에 얼마나 많은 의미가 담겨 있습니까? 나는 이에 대해 굳이 길게 설명할 필요를 느끼지 않습니다.

여기에는 휴식의 개념이 담겨 있습니다. "그들이 수고를 그치고 쉬리니"(계 14:13). 잠은 힘을 회복시킵니다. 잠은 사람으로 하여금 외부 세계로부터의 모든 수고와 교제로부터 단절되게 합니다. 우리는 이러한 유추(類推)를 보이지 않는 세계로 확장시킬 수 있습니다. 우리는 그리스도 안에서 잠자는 자들과 외적 세계 사이의 관계에 대해 아무것도 알지 못합니다. 어쩌면 그들은 이 땅에서 일어나는 어떤 일들에 대해 알는지도 모릅니다. 그들이 모든 것을 알고 계시는 그리스도 안에서 잠자고 있으니까 말입니다. 그리고 그리스도께서 그들에게 알려주시기를 원하는 분량만큼 말입니다. 또 어쩌면 그들은 하늘의 집이 예비되기를 기다리는 동안에조차 그리스도를 통해 어떤 할 일을 갖고 있는지도 모릅니다. 그렇지만 꼭 그렇게 추측할 필요는 없으며, 또 그렇게 한다고 해서 특별한 유익이 있는 것도 아닙니다. 다만 잠이라고 하는 달콤한 상징은 휴식의 개념을 담고 있으며, 그들은 마치 어린아이가 엄마의 품속에서 안식하듯이 그리스도의 품속에서 안식한다고 말하는 것으로 충분합니다.

나아가 잠이라는 상징 속에는 자의식(自意識)의 지속이라는 개념이 담겨 있습니다. 잠자는 사람은 그 존재가 중단되지 않습니다. 마찬가지로 사람이 죽는다고 해서 그 존재가 중단되는 것은 아닙니다. 이러한 은유로부터 종종 죽음과 부활 사이의 공간을 의식이 없는 기간으로 이해해야 한다는 논의가 있어 왔습니다. 그러나 내가 볼 때는 잠이라는 상징은 그와 반대의 개념을 함축하는 것 같습니다. 잠자는 사람은 자신을 자신으로 아는 것을 멈추지 않습니다. 자기정체성에 대한 그와 같은 신비한 의식은 깨어 있을 때뿐 아니라 잠자고 있을 때에도 계속됩니다. 우리가 꿈을 통해 충분히 이해할 수 있는 것처럼 말입니다. 이와 같이 잠자는 자들은 스스로의 존재를 압니다.

마지막으로 잠이라는 상징 속에는 깨어난다는 개념이 포함되어 있습니다. 잠은 문장 중간에 끼여 있는 삽입구와 같습니다. 만일 밤이 온다면, 아침이 옵니다. 겨울이 온다면, 봄이 멀지 않은 것입니다. 잠자는 자들은 깨어날 것입니다. 그리고 그들은 "주의 형상으로 깨어날 때" 만족할 것입니다. 이와 같이 잠이라는 은유 속에 세 가지 개념, 즉 휴식과 자의식의 지속과 깨어남의 개념이 내포되어 있습니다.

부활하신 그리스도는 그와 같은 소망의 유일한 기초입니다. 그리고 그러한 소망을 품을 수 있는 유일한 자격은 그에 대한 믿음입니다. 불멸을 증명하는 것은 열린 무덤 외에 아무것도 없습니다. 불멸이라는 거대한 구조물의 무게를 떠받치기에 다른 기초들은 너무 약합니다. 미래의 생명에 대한 형이상학적이며 윤리적인 논의는 비평가들의 반론에 맞설 힘을 갖지 못합니다. 그들의 반론에 대항할 수 있는 유일한 무기는 예수 그리스도께서 죽으시고 다시 살아나셨다는 역사적 사실입니다. 그는 살아나셨습니다. 그러므로 죽음은 개인적 존재의 종결이 아닙니다. 그는 살아나셨습니다. 그러므로 인류에게 있어 무덤을 넘어서는 생명이 가능한 것입니다. 그는 살아나셨습니다. 그러므로 세상 죄를 위한 그의 희생제사는 열납되었으며, 우리는 우리의 죄책의 무거운 짐으로부터 구원받을 수 있게 되었습니다. 그는 살아나셨습니다. 그러므로 그는 권능으로 하나님의 아들로 선포되셨습니다. 그는 살아나셨습니다. 그러므로 우리는 그의 부활과 영광에 참여할 수 있게 되었습니다. 우리가 그를 믿는다면 말입니다. 고대 그리스의 건축자들은 종종 신전을 세운 터를 견고하게 다지는 일에 그다지 주의를 기울이지 않았습니다. 그리하여 많은 신전들이 허물어졌습니다. 영원히 허물어지지 않는 불멸의 성전(Temple of Immortality)은 오직 "예수 그리스도께서 죽은 자 가운데 다시 살아나셨다"는 복음의 반석 위에 세워질 수 있을 뿐입니다. 그러므로 형제들이여, 우리는 우리의 모든 소망을 그 한 가지 사실 위에 세워야만 합니다.

그러므로 우리에게 있어 생명으로부터 사망으로의 평온하며 고요한 이행(移行)은 부활하신 그리스도를 바라보는 조건 위에서만 가능합니다. 바울은 본문에 나오는 부활의 목격자들이 죽음을 고요하며 담담하게 받아들였음을 암시합니다. 그들이 그렇게 할 수 있었던 것은 부활하신 그리스도를 목격한 기억이 한순간도 그들의 뇌리를 떠나지 않았기 때문입니다. 부활하신 그리스도에 대한 믿음은 우리의 영혼을 굳게 붙잡아주는 버팀줄이며, 우리가 붙잡을 수 있는 것은 그 외에 아무것도 없습니다.

바울은 또 다른 서신에서 그리스도의 부활을 믿는 것이 우리 부활에 대한 소망의 확실한 기초일 뿐 아니라 죽음에 대한 전체적인 관점을 바꾸는 능력을 가진 것이라고 말합니다. "우리가 예수께서 죽으셨다가 다시 살아나심을 믿을진대 이와 같이 예수 안에서 자는 자들도 하나님이 그와 함께 데리고 오시리라"(살전 4:14). 이러한 말씀을 통해 바울이 강조하는 바를 주목해 보십시오. 그리스도의 죽음은 실제적인 죽음이며, 그에 대한 믿음은 우리의 죽음을 "잠자는" 것으로 순화(純化)시킵니다. 그는 우리의 죽음을 짊어지셨습니다. 만일 우리의 심령이 사랑하는 주 안에 안식하고 있다면, 사망의 불꽃은 더 이상 활활 타오르지 않는 가공의 불꽃에 불과할 것입니다. 우리는 그 불을 통과하면서 별다른 뜨거움을 느끼지 않을 것이며, 소멸되는 것은 우리를 묶고 있던 멍에들일 것입니다. 그리스도는 사망을 폐하셨습니다. 물론 죽음이라는 실제적인 사실은 그대로 남아 있습니다. 그러나 만일 우리가 부활하신 그리스도를 믿는다면, 사람들에게 죽음의 개념을 형성시켰던 모든 것은 사라질 것입니다. 정확하게 동일한 상황 속에서 죽은 두 사람을 상상해 보십시오. 그들은 같은 병에 걸렸으며, 같은 병원의 같은 병실에 함께 있었습니다. 그럼에도 불구하고 두 사람의 죽음 사이에는 하늘과 땅의 차이가 있을 수 있습니다.

사랑하는 형제들이여, 우리 모두는 마지막 싸움을 통과해야 합니다. 우리는 마치 아기의 요람을 내려다보는 어머니의 얼굴처럼 우리를 내려다보는 주님의 사랑의 얼굴과 함께 평온하게 잠들 수도 있습니다. 그런가 하면 우리는 세상의 모든 것으로부터 떠나기 싫어 발버둥치면서 어쩔 수 없이 죽음을 맞이할 수도 있습니다.

여러분은 어느 것을 선택하겠습니까? 이에 대한 답변은 "당신은 죽으셨다가 영원히 다시 사신 그리스도를 바라보고 있습니까?"라는 질문에 여러분이 어떻게 대답하느냐에 달려 있습니다. 여러분은 바울이 전파한 복음 즉 "성경대로 그리스도께서 우리 죄를 위하여 죽으시고 장사 지낸 바 되셨다가 성경대로 사흘 만에 다시 살아나셨다"는 복음을 굳게 붙잡고 있습니까? 만일 그렇다면, 여러분의 삶은 고요함 가운데 계속해서 그리스도를 기다리며 기대하는 삶이 될 것입니다. 그리고 여러분에게 있어 죽음은 잠자는 것 외에 아무것도 아닌 것이 될 것입니다.

25
바울의 자기 평가

"그러나 내가 나 된 것은 하나님의 은혜로 된 것이니 내게 주신 그의 은혜가

헛되지 아니하여 내가 모든 사도보다 더 많이 수고하였으나

내가 한 것이 아니요 오직 나와 함께 하신 하나님의 은혜로라"

고전 15:10

바울은 끊임없이 자신의 신학과 사도직을 옹호해야만 했습니다. 물론 본 문맥의 주된 취지는 단순히 그가 전한 복음을 분명히 하기 위한 것이었지만, 그러나 여기에서도 그는 약간 방향을 틀어 자신의 주장을 확증하고 뒷받침하기 위해 자신과 다른 사도들 사이에 아무런 차이도 존재하지 않음을 부연하여 이야기합니다. 그는 자신의 사도직과 자신이 전파한 기독교적 진리들을 옹호하기 위해 계속해서 이런 노력을 기울여야만 했습니다. 그런데 그가 그 일을 하는 방식은 너무도 아름답고 주목할 만합니다. 그는 순간 욱하는 마음으로 자신을 옹호하다가 즉시로 스스로를 돌아봅니다. "내가 나 된 것은 하나님의 은혜로 된 것이니." 그는 자신이 누구이며, 얼마나 많은 일을 수행했는지를 말하다가 순간 스스로에 대해 깊이 숙고합니다. "아니야, 다른 사람들이 말하도록 그냥 내버려 두자. 나의 나 된 것은 하나님의 은혜로 된 것이 아닌가? 그것이 무엇이든지 간에 말이야. 내가 말해야만 하는 모든 것은 하나님이 나를 만드셨으며 나는 다만 그를 도운 것뿐이라는 것 아닌가? 그것은 내게 주신 하나님의 은혜가 헛되지

않았기 때문이 아닌가? 고린도인들은 열매로써 나를 판단할 수 있을 것이라.” 우리는 여기에서 몇 가지 중요한 사실을 발견할 수 있습니다.

1. 첫째로, 사람을 만드는 유일한 힘(one power)에 관하여.

“내가 나 된 것은 하나님의 은혜로 된 것이니.” 여기의 “은혜”라는 단어는 대부분의 사람들에 의해 별 의미 없는 것으로 간과되어 왔습니다. 그러나 바울이 그 단어를 사용할 때, 그의 마음속에는 매우 분명한 개념이 자리 잡고 있었습니다. 우리가 여기에 사용된 “은혜”라는 단어를 일단 사람의 인격과 성품을 고상하게 변화시키며 열매를 맺게 하는 어떤 것이라고 생각할지라도, 그것은 크게 틀리지는 않은 생각이 될 것입니다. 바울에게 있어 하나님의 은혜는 다음과 같은 두 가지를 함축합니다. 첫째는 하나님의 능동적인 사랑이며, 둘째는 그 사랑으로 주어지는 선물들(gifts)입니다. 이러한 두 가지는 마치 뿌리와 열매처럼 서로 연결되어 있습니다. 근본적으로는 하나인 이러한 두 가지는 바울이 생각하기에 모두 예수 그리스도 안에 모아집니다. 그것들은 그리스도를 통해 우리에게 다가오며, 우리의 본성을 고상하게 변화시키며, 우리로 하여금 아름다운 인격으로 옷 입게 만듭니다.

생각컨대 여러분과 나를 좀 더 고상하며 순전하며 하나님을 닮은 사람으로 만드는 것은 다름 아닌 하나의 뿌리로부터 나오는 이 두 가지입니다. 사람에게 있어 고상하며 순전한 삶을 위해 가장 필요한 것이 무엇이겠습니까? 바로 이 두 가지입니다. 그것들이야말로 양심의 명령을 수행하는 동기와 힘입니다.

모든 사람은 좀 더 고상(高尙)한 사람이 되고 싶어합니다. 그럼에도 불구하고 그렇게 되지 못하는 것은 그에 대한 분명한 인식이 없기 때문이 아닙니다. 또 그런 삶의 본보기가 없기 때문도 아닙니다. 그것은 오직 여기의 두 가지 즉 고상한 삶을 위한 ‘동기’와 그렇게 할 수 있는 ‘힘’이 결핍되었기 때문입니다. 바로 여기에 바울의 복음이 들어옵니다. “내가 나 된 것은 하나님의 은혜로 된 것이니.” 바로 이 “은혜”가 우리가 결핍된 모든 것을 채워줍니다.

은혜는 동기를 채워줍니다. 사람의 의지를 굴복시킴에 있어 하나님의 사랑을 깨닫는 것보다 더 강력한 것은 아무것도 없습니다. 하나님의 사랑에 접촉할 때, 우리는 그분께 순종하게 될 것입니다. 여러분은 이기적인 동기로 하나님을 움직이려고 시도할 수 있으며, 또 "이렇게 해야 한다" "저렇게 해야 한다" 따위의 말로 하나님의 귀를 요란케 하려고 시도할 수 있을 것입니다. 그렇지만 거기에는 아무런 응답도 없을 것입니다. 여러분은 율법의 쇠망치로 마음을 부드럽게 만들 수 없습니다. 여러분은 사람들 앞에서 채찍을 휘두름으로써 그들로 하여금 올바른 일을 행하도록 강제할 수 없습니다. 여러분은 마음 외에 그 어떤 것으로도 사람의 의지를 움직일 수 없습니다. 만일 여러분이 가장 깊은 근원을 건드릴 수 있다면, 비로소 여러분은 전체를 움직일 수 있게 될 것입니다.

여러분은 미약한 손으로는 꿈쩍도 하지 않는 거대한 기계를 보셨을 것입니다. 그러나 한쪽 귀퉁이에 작은 동력전달장치가 감추어져 있습니다. 그것을 건드리면, 그 기계는 천천히 움직이기 시작하다가 마침내 거대한 몸체 전체가 작동하게 됩니다. 또 여러분은 영국 남부에 있는 흔들바위들을 알고 계실 것입니다. 육중한 바위들은 마치 어린아이 하나가 손가락만 갖다 대도 금방 움직일 것처럼 아슬아슬하게 균형을 유지하고 있습니다. 이와 같이 전인(全人)도 오직 사랑의 만짐에 의해 움직여지도록 만들어졌습니다. 우리에게 와서 "너희가 나를 사랑하면 내 계명을 지키라"고 말하는 은혜는 인간의 완악하며 자기중심적인 의지를 움직여 고상한 삶의 열매를 맺는 순종으로 이끄는 유일한 동기입니다.

은혜의 또 다른 측면 역시도 똑같이 우리가 필요로 하는 것입니다. 사람에게 결핍된 것은 첫째는, 고상한 선에 대한 '의지'이며, 둘째는 그 의지를 실행하는 '힘'입니다. 우리 안에서 의지를 갖게 하시며 또 행하게 하시는 이는 하나님입니다. 사상가든 자선사업가든 학자든 그 삶을 참된 아름다움과 자기희생적 고상함의 높이까지 고양(高揚)시킬 수 있는 힘은 어디에도 없다고 나는 감히 단언합니다. 예수 그리스도 안에 있는 은혜의 전달에 의해 우리에게 오는 것과 같은 힘 말입니다.

사랑하는 형제들이여, 나는 복음의 핵심적인 선물(혹은 은사, gift)이 다름 아닌 실제적인 새 생명의 전달이라는 개념을 끊임없이 주장하고 싶습니다. 이러한 새 생명이야말로 새로운 열망과 새로운 소망과 새로운 목표와 새로운 재능으로 채워진 새로운 본성으로서, 사람을 참된 아름다움과 평온함으로 고양시키는 것입니다. 그것은 하나님의 은혜로서, 그의 거룩한 성령의 선물입니다.

만일 이것이 사실이라면, 그 뒤에 무엇이 따르겠습니까? 그것은 분명 다음과 같은 사실, 즉 그동안 자신의 이상(理想)을 실현하며 선한 목표에 도달하려고 헛되이 노력해 온 여러분들에게 자기중심적이며 자기의존적이며 자기로부터 말미암은 노력의 방법보다 더 나은 방법이 있다는 사실일 것입니다. 그것은 위대한 힘이 들어오도록 여러분의 마음과 영혼을 여는 것입니다. 그러면 우리 주 예수 그리스도의 은혜가 우리 안에서, 그리고 우리를 위해 우리가 해야만 하는, 그러나 그동안 할 수 없었던 모든 것을 행할 것입니다.

사랑하는 형제들이여, 나는 여러분 가운데 많은 사람들이 나름대로 노력하며 의의 길을 추구하다가 결국에는 실패하곤 했을 것이라고 생각합니다. 이제 이 복음을 받아들이고, 그것을 실제로 시험해 보십시오. 그리스도 예수 안에 있는 하나님의 사랑과, 그 사랑이 가져다주는 생명이 여러분 안에 거하는 가운데 여러분을 그의 형상으로 빚어나갈 것입니다. 여러분이 그렇게 하고자 뜻하기만 한다면 말입니다. 그러면 그리스도 안에 있는 생명의 성령의 법이 죄와 사망의 법으로부터 여러분을 자유케 할 것입니다.

모든 고상한 삶은 전투입니다. 여러분과 내가, 이만을 가지고 우리를 대적하기 위해 오는 자를 일만으로 맞설 수 있겠습니까? 병력을 보충해 달라고 구하십시오. 그러면 예수 그리스도께서 오셔서 여러분으로 하여금 훌륭하게 전쟁을 수행하도록 도울 것입니다. 모든 고상한 삶은 자기를 부인하는 것이며 스스로를 억제하는 것입니다. 우리의 미약하고 연약한 손이 어떻게 강력한 힘을 발휘하여 우리를 파멸케 하려고 다가오는 모든 수레바퀴들을 능히 막을 수 있겠습니까? 그리스도를 부르십시오. 그리고 그의 온유한 손을 여러분의 손 위에 얹으십시오. 그럴 때 여러분은 다가오는 수레바퀴들을 막을 수 있을 것이며, 자기를 부인할 수 있게 될 것입니다. 모든 고상한 삶은 기초로부터 조금씩 쌓아올리는 것입니다. 여러분과 내가 우리의 한정된 자원과 미약한 힘으로 그 일을 완수할 수 있겠습니까? 지나가는 사람들이 모두 우리를 비웃으며 "이 사람들이 쌓기 시작했다가 능히 마치지 못하는도다"라고 말하지 않겠습니까? 바로 이것이 그리스도 없이 선을 이루고자 애써왔던 모든 사람들의 묘비 위에 새겨진 비문(碑文)입니다. 그들의 선은 결국 끝마치지 못한 미완성의 구조물과 같은 것입니다. 그리스도께 가십시오. 그의 손이 기초를 놓았으니 또한 그의 손이 마칠 것입니다. 스스로 기초석이 되신 그리스도는 또한 모퉁이의 머릿돌이 되실 것입니다.

나는 이러한 개념들이 우리 모두에게 얼마나 중요한 교훈을 가져다주는지 굳이 장황하게 설명할 필요를 느끼지 않습니다. 형제들이여, 나는 여기에서 인간성을 고양(高揚)시키려는 모든 노력을 불문곡직 평가절하하려는 것이 아닙니다. 그러나 만일 내가, 개인을 재창조함이 없이 인간성과 사회와 국가를 개선하려는 모든 노력은 결국 쓸모없는 것임을 분명하게 말하지 않는다면, 나는 나 자신의 양심과 나아가 하나님이 내게 주신 메시지에 충실하지 못한 자가 될 것입니다.

2. 둘째로, 우리 자신이 성취한 것을 어떻게 생각해야 하는지에 관하여.

앞에서 우리는 은혜의 두 측면을 살펴보았습니다. 바울은 자신의 인격과 교회에서의 명성과 사도의 직분과 사역의 성공 등 자신의 모든 것이 하나님의 은혜로 된 것임을 고백합니다. 그는 자신의 벗은 몸을 은혜의 영광스러운 옷으로 옷 입혔습니다. 그는 자신이 성취한 것들을 과시하며 자랑하지 않습니다. 도리어 겸손하게 그러면서도 위엄 있는 태도로 이렇게 말합니다. "나의 어떠함에 대해 평가하는 것은 나의 몫이 아니라 너희의 몫이니라." 실제로 그는 본문에서 자신이 다른 사도들보다 더 많은 수고를 감당했노라고 다소 고양된 어투로 주장합니다. 그러나 그는 곧바로 "그러나 그 모든 것이 하나님의 은혜로 된 것"임을 잠잠히 고백합니다.

그렇다고 해서 우리가 할 수 있는 것에 대해 무지해야 한다든지 혹은 무지한 척해야 함을 의미하는 것은 아닙니다. 우리는 종종, 천재는 자신의 재능을 의식하지 못한다는 이야기를 듣습니다. 그러나 그것은 부분적으로만 사실일 뿐입니다. 어떤 정신적이거나 혹은 지적인 분야에서 최상의 능력을 발휘하며 성공을 이룩한 최고의 본보기들은 자신들이 성취한 업적을 인식하지 못했을 수도 있습니다. 그러나 만일 어떤 사람이 어떤 종류의 일을 할 수 있을 때, 그가 자신이 그 일을 할 수 있음을 인식한다고 해서 해로울 것은 아무것도 없습니다. 유일한 해악(害惡)은 그렇게 생각함으로써 자신을 대단한 사람으로 여기는 가운데 스스로를 형제들 위에 높이는 것입니다. 소위 말하는 "능력에 대한 무의식" 즉 자기 능력을 의식하지 못해야 한다는 생각은 자칫 위선으로 흐를 소지를 대단히 많이 가지고 있습니다. 어떤 분야에서든 하나님과 사람을 위해 큰일을 행하도록 선택된 대부분의 사람들은 자신들이 그 일을 할 수 있음을 인식하고 있었습니다.

그렇지만 어쨌든 우리가 우리 자신에 대해 덜 생각하는 것이 더 나을 것입니다. 그리고 은혜의 부어짐에 대해 더 온전히 인식할수록 우리는 불필요한 자기주장이라든지 자기 능력을 과시하는 것 따위를 덜 하게 될 것입니다. 만일 우리가 하나님을 위해 많은 일을 행했다면, 만일 우리가 많은 것을 성취했다면, 만일 우리가 우리의 삶을 아름답게 빚어 나갔다면, 만일 우리가 우리의 재능을 계속해서 증진시켰다면, 만일 우리의 삶이 더 높은 고상함과 더 아름다운 그리스도의 형상으로 고양(高揚)되었다면, 우리는 바울의 다음과 같은 두 가지 태도를 꼭 본받도록 노력해야 합니다. 첫째는, 모든 것이 하나님의 은혜로 말미암은 것일 뿐 우리는 아무것도 아니라는 사실에 대한 분명한 인식입니다. "네게 있는 것 중에 받지 아니한 것이 무엇이냐 네가 받았은즉 어찌하여 받지 아니한 것 같이 자랑하느냐"(고전 4:7). 그리고 둘째는, 자신이 어떠하다고 스스로 평가하는 것을 겸손하게 내려놓는 것입니다. 사람이 자신의 능력과 업적을 인식할 수 있을 것입니다. 그러나 그것을 자기 자신과 직접 연결시켜 평가하는 것은 매우 어려운 일입니다.

사랑하는 형제들이여, 자신에 대한 과대평가는 열 달란트 받은 사람들만의 문제가 결코 아닙니다. 그것은 한 달란트 받은 사람들 사이에서도 똑같이 발생할 수 있는 문제입니다. 그들도 자기를 주장하며 다른 사람들로부터 인정받기를 기대합니다. 그럴 때 그들 역시도 열 달란트 받은 자들처럼 "나의 모든 것은 하나님의 은혜로 된 것"이란 바울의 태도를 되새길 필요가 있습니다.

3. 셋째로, 하나님의 은혜와 협동할 책임에 관하여.

바울은 말합니다. "내게 주신 그의 은혜가 헛되지 아니하여 내가 모든 사도보다 더 많이 수고하였으나 내가 한 것이 아니요 오직 나와 함께 하신 하나님의 은혜로라." 우리의 마음과 열망을 움직이시는 분은 하나님이십니다. 그러나 그러한 은혜는 우리의 충성되지 않음이나 우리의 받아들이지 않음이나 우리의 그릇 사용함이나 우리의 대수롭지 않게 여김 등에 의해 배척될 수 있습니다. 바울은 자신으로 하여금 일하도록 이끌어준 은혜에 스스로를 굴복시켰습니다. 여러분도 여러분 자신을 그와 같이 굴복시켰습니까?

바울은 말합니다. "내가 나 된 것은 하나님의 은혜로 된 것이니." 만일 그가 "그의 그 된 것의 대부분"이 하나님의 뜻과 목적에 대하여 죽은 것임을 알았다면, 그렇게 말할 수밖에 없었지 않았을까요? 지금 여러분의 여러분 된 것이 하나님과 관련이 있습니까? 그렇지 않으면, 하나님과 관련된 부분보다 마귀와 관련된 부분이 더 많습니까? 바울은 복음과 그리스도의 영의 강력한 힘 앞에 스스로를 굴복시켰습니다. 그랬기에 그는 "내가 나 된 것은 하나님의 은혜로 된 것이며 나는 그가 나를 만드는 것을 도왔노라"라고 말할 수 있었습니다. 여러분도 이와 같이 말할 수 있습니까?

여러분의 삶을 돌이켜 보십시오. 여러분은 여러분의 삶의 모든 부분들에서 하나님과 그의 사랑에 대해 얼마큼 의식하고 있습니까? 여러분의 인격을 돌이켜 보십시오. 그 안에 하나님의 은혜의 화살들이 얼마나 박혀 있습니까? 여러분은 매일같이 성령으로 세례 받고 있습니까? 지금의 여러분을 만든 것은 하나님의 은혜입니까, 아니면 천성과 자아와 세상과 육체입니까?

형제들이여, 하나님의 도우심이 필요하다는 사실을 굳게 붙잡으십시오. 왜냐하면 자신이 얼마나 약한지 알지 못하며 그래서 하나님의 도우심이 절대적으로 필요하다는 사실을 알지 못할 때, 그분의 도우심은 임하지 않기 때문입니다. 산등성이는 높지만 그러나 물이 없기 때문에 항상 메말라 있습니다. 강은 오직 저 낮은 골짜기로만 흐를 뿐입니다. "하나님은 교만한 자를 대적하시나 겸손한 자에게는 은혜를 주시나니." 여러분의 마음을 여십시오. 그리고 소성시키며 정결케 하는 이러한 힘들을 받아들이십시오. 매일같이 이 모든 은혜의 원천, 즉 예수 그리스도 자신과 긴밀하게 접촉하십시오. 믿음과 열망과 사랑과 교제와 묵상과 가까이 나아감과, 같은 마음을 품는 것과 섬기는 것 등을 통해서 말입니다. 우리는 우리가 소유하고 있는 은혜를 부지런히 사용해야 합니다. 왜냐하면 "무릇 있는 자는 받겠고 없는 자는 그 있는 것도 빼앗길" 것이기 때문입니다(눅 19:26). 그러므로 형제들이여, 간절히 권하노니 하나님의 은혜를 헛되이 받지 마십시오.

26
모든 사도가 동일한 것을 전파함

"그러므로 나나 그들이나 이같이 전파하매 너희도 이같이 믿었느니라"

고전 15:11

헬라인의 특성 가운데 하나는 분파정신이었으며, 그러한 특성은 고린도교회 속으로 그대로 흘러들어왔습니다. 우리는 그곳에 바울을 반대했던 무리들이 상당수 있었음을 압니다. 그들은 스스로를 아볼로에게 속한 자, 게바(즉 베드로)에게 속한 자 등으로 불렀습니다. 따라서 그들의 존재를 잘 알고 있었던 바울은 이야기를 진행시켜 나가는 가운데 약간 방향을 돌려 자신이 말한 모든 내용이 다른 사도들과 조금도 다르지 않음을 역설합니다. 본문에서 "그들"은 다른 모든 사도들을 의미하며, "이같이"는 앞에서 이야기한 복음의 개요를 의미합니다.

만일 자신의 과실을 찾기에 혈안이 되어 있는 자들이 없었다면, 바울은 굳이 이 같은 말을 할 필요가 없었을 것입니다. 지도자들끼리는 서로 일치함에도 불구하고 그들을 추종하는 자들끼리는 서로 다투며 반목하는 경우는 결코 드문 일이 아닙니다. 사실 바울과 다른 사도들 사이에는 적지 않은 차이가 있었습니다. 사람들 간에 성격이나 기질 혹은 기독교 진리에 대한 어떤 관점이 서로 다른 것은 자연스러운 일입니다. 그럼에도 불구하고 그들 사이에는 모든 차이점들을 덮는 완전한 일치성이 있었습니다. "나나 그들이나 이같이 전파하매."

여기에서 나는 모든 사도들과 초창기 기독교 지도자들이 전파한 메시지의 내용이 서로 완전하게 일치했던 사실과 그러한 사실로부터 우리가 어떤 교훈을 얻을 수 있는지에 대해 이야기하고자 합니다.

1. 첫째로, 일치성이라는 사실 자체를 주목하십시오.

모든 사도들과 초창기 기독교 교사들이 전파한 것은 완전히 동일한 메시지였습니다. 앞에서 언급한 것처럼, 그들은 성격적으로 많은 차이가 있었습니다. 그럼에도 불구하고 그들 사이에는 — 특별히 그들이 전파한 메시지와 관련하여 — 매우 큰 공통성이 있었습니다. 그들이 전파한 것은 동일한 복음이었습니다. 우리는 그것을 본장 3절과 4절에서 발견할 수 있습니다. "이는 성경대로 그리스도께서 우리 죄를 위하여 죽으시고 장사 지낸 바 되셨다가 성경대로 사흘 만에 다시 살아나사." 바울이 확언하는 것처럼 여기에는 어떤 이견(異見)도 없었습니다. 모든 사도들은 바울이 전파한 메시지를 복음의 본질에 부합하는 것으로 인정했습니다. 그것은 세상에 다양한 모습으로 선포되었지만 그러나 본질에 있어서는 하나였습니다.

그러면 사도들이 전파한 복음의 기저(基底)에 무엇이 있었을까요? 우리는 거기에 한 인물이 서 있는 것을 보게 됩니다. 그는 그리스도로 불린 인물입니다. 옛 시대의 계시들은 그의 그림자와 모형이며, 그에 대한 예언과 예표적인 의식들이었습니다. 구약의 제사장직과 희생제사들 역시 마찬가지였습니다. 그는 오래 전부터 사람들이 소망해 온 대상이었습니다. 그러한 소망은 근거 없는 망상이든지 아니면 그 안에서 실현된 소망입니다. 그는 모든 사도들에 의해 하나님으로부터 선지자와 제사장과 왕으로 기름부음 받은 자로 선포되었습니다. 그는 구약에서 희생제사, 성전, 제사장 등으로 예표된 모든 것을 성취하기 위해 세상에 오셨으며, 모든 사도들에 의해 이스라엘과 온 세상의 왕으로 선포되었습니다.

모든 사도들은 그리스도의 인격과 관련해서만 일치한 것이 아니었습니다. 그들은 또한 그의 생애와 죽음과 부활의 사실들과 관련해서도 완전히 일치했습니다. 그러나 단지 외적인 사실만을 선포하는 것은 복음이 아닙니다. 여러분은 거기에다가 "우리 죄를 위하여"를 덧붙여야 합니다. 그럴 때 비로소 그 사실은 세상을 위한 복된 소식이 되기 시작합니다. 만일 "우리 죄를 위하여"가 덧붙여지지 않는다면, 사실 자체만으로는 한 토막의 역사에 불과하며, 어떤 순교자나 영웅 혹은 성자의 죽음 이상의 이야기가 되지 못할 것입니다. 역사적 사실 자체만으로는 충분하지 않습니다. 거기에 그 사실에 대한 설명이 덧붙여져야 합니다. 이와 같이 그의 죽음과 부활이라는 단순한 역사적 사실의 선포는 그 사실의 의미에 대한 설명이 덧붙여짐으로써 복음으로 바뀌는 것입니다. "그가 우리 죄를 위하여 죽으시고."

만일 어떤 한 인물의 죽음을 통한 죄로부터의 구속이 세상을 위한 복음의 근본적인 개념이라면, 필경 그 인물은 신적 속성을 가진 자일 것입니다. 그리스도가 무슨 일을 하기 위해 오셨는지를 알 때, 비로소 우리는 그가 누구인지를 알게 될 것입니다. 만일 여러분이 그리스도의 사역 속에서 단지 인간의 위대한 행동이나 가르침만을 인식할 뿐이라면, 여러분은 그가 누구인지에 대한 아주 낮은 개념만을 얻게 될 것입니다. 그럴 때 여러분은 그를 사람의 아들들 가운데 가장 뛰어난 인물 이상으로는 보지 못할 것입니다. 그러나 만일 여러분이 "그가 우리 죄를 위하여 죽으셨음"을 깨닫는다면, 여러분은 그 안에서 성육신하신 영원하신 하나님의 아들을 발견하게 될 것입니다.

나아가 본문은 복음의 내용을 부활을 선포하는 것으로 제시합니다. 이에 대해 나는 여기에서 자세히 설명할 필요를 느끼지 않습니다. 어쨌든 요점은 이것입니다. 첫째로, 그리스도와, 둘째로, 그와 관련한 두 가지 사실 즉 그의 죽음과 부활과, 셋째로, 세상 죄를 속하기 위함이라는 그의 죽음의 위대한 의미. 바로 이것이 초대교회 교사들이 한 목소리로 선포한 요점입니다.

현존하는 기록들이 어떻게 바울의 주장을 지지하는지를 밝히는 것은 여기에서의 우리의 과제가 아닙니다. 다만 여기에서 내가 여러분에게 일깨워주고자 하는 것은 바울에 대한 교회 일각의 반대가 어떻게 아무런 결실도 맺지 못했는가 하는 것입니다. 바울에 대한 소위 유대화주의자들의 유일한 반대는 그가 전파한 복음이 아니라, 이방인들이 할례를 받지 않고도 예수 그리스도를 믿음으로 교회에 들어올 수 있다는 그의 가르침이었습니다. 이렇게 볼 때 만일 바울의 가르침 속에서 보편적인 기독교의 가르침으로부터 약간이라도 이탈된 어떤 것이 발견된다면, 평생 그를 쫓아다니며 괴롭혔던 원수들은 개 떼 같이 덤벼들어 물고 뜯었을 것입니다. 그러나 어느 누구도 그렇게 하지 않고 그가 가르치는 것을 그대로 내버려 두었는데, 그것은 그의 가르침이 다른 사도들의 가르침과 하등 다르지 않았기 때문입니다.

만일 우리에게 시간이 허락된다면, 이러한 일치성을 확인시켜 주는 구절들을 좀 더 상세하게 살펴보는 것이 필요할 것입니다. 그렇지만 여기에서는 그렇게 하지 않을 것입니다. 왜냐하면 몇몇 증거 본문들(proof-texts)을 살피는 것보다 그러한 가르침들이 신약 전체의 구조를 형성한 사실 자체가 훨씬 더 중요하기 때문입니다. 그렇지만 한두 구절은 간단하게라도 살펴보고 지나가도록 하겠습니다. 예를 들어, 베드로는 우리가 "흠 없고 점 없는 어린 양 같은 그리스도의 보배로운 피로 구속"되었다고 말하면서 "그가 친히 나무에 달려 그 몸으로 우리 죄를 담당하셨다"고 선포합니다. 요한 역시도 "그가 우리를 사랑하사 그의 피로 우리 죄에서 우리를 해방하셨다"고 말하면서 "죽임을 당하신 어린 양은 능력과 부와 지혜와 힘과 존귀와 영광과 찬송을 받으시기에 합당하도다"라고 기록합니다. 또 히브리서 기자도 "그리스도께서 대제사장으로 오셔서 자기의 피로 영원한 속죄를 이루사 단번에 성소에 들어가셨다"는 말로 자신의 모든 가르침을 요약합니다.

앞에서 언급한 것처럼 바울과 베드로의 일치성에는 한계가 있습니다. 왜냐하면 할례와 관련한 주제들에 있어 둘 사이에 적지 않은 다툼이 있었기 때문입니다. 사도들의 글들은 어떤 때는 매우 놀랄 정도로 차이를 나타냅니다. 바울은 신학적 개념들을 확장시킴에 있어 베드로보다 훨씬 더 적극적입니다. 그런가 하면 바울과 베드로는 요한의 신비한 지혜에 대해서는 거의 다루지 않습니다. 그러나 앞에서 제시한 사실들, 즉 그리스도의 인성과 신성, 그의 죽음과 부활, 그의 죽음의 의미 등은 모두에게 동일합니다. 오케스트라의 악기들은 다양합니다. 감미로운 플루트가 있는가 하면 낭랑한 트럼펫도 있으며 그 외에도 다양한 소리를 내는 각종 악기들이 있습니다. 그러나 그 모든 악기들은 조화를 이루며 하나의 아름다운 음악을 만들어 냅니다. "그러므로 나나 그들이나 이같이 전파하매 너희도 이같이 믿었느니라."

2. 둘째로, 이러한 일치성에 대한 유일한 설명.

그리스도의 신성과 대속의 죽음을 믿지 않았던 사람들이 앞에 제시한 구절들을 그 자체의 의미와 동떨어지게 이해하려고 갖은 애를 다 쓰던 때가 있었습니다. 그러나 오늘날에는 그렇게 하는 사람이 별로 없는 것 같습니다. 나는 바울과 베드로와 요한 모두가 두 가지 사실, 즉 그리스도가 영원하신 하나님의 아들이며, 그의 죽음은 세상 죄를 위한 속죄의 희생제사임을 가르친 것을 받아들이지 않는 사람은 이제 거의 없다고 생각합니다. 그러나 그들은 그것이 나사렛 예수의 초기 가르침은 아니었으며 따라서 사도들의 일치성은 그의 말씀을 제대로 이해하지 못한 채 후에 덧붙이는 과정에서 생겨난 것이라고 말합니다.

그러나 이러한 추측은 거의 개연성이 없는 것입니다. 왜냐하면 시간적으로도 맞지 않기 때문입니다. 바울이 본문을 기록한 것은 주후 56년 내지 57년이었습니다. 그때는 십자가 사건으로부터 불과 25년 정도밖에 되지 않았을 때입니다. 이와 같이 짧은 시간에 어떻게 이러한 거대한 가르침의 혁명이 일어나 본래의 가르침에 덧붙여지고 뿌리를 내릴 수 있었겠습니까? 우리는 그러한 변이(變異)의 흔적을 어디에서도 발견할 수 없습니다. 사도행전에 기록된 베드로의 초기 설교들은 나중에 기록된 서신들보다 교리적으로 덜 발전된 것입니다. 그럼에도 불구하고 거기에서 우리는 죄 사함과 관련한 그리스도의 메시야 되심과 죽음과 부활이 후대의 서신들에서처럼 온전하게 선포되고 있는 것을 보게 됩니다. 사도들은 처음부터 그와 같이 증언하였습니다. 만일 그러한 것들을 전파함에 있어 그들이

나사렛 예수의 단순한 가르침을 왜곡시키면서 그의 인격과 죽음에 다른 의미를 부여했다면, 그들은 그에 대한 기억이 매우 생생하고 강렬했을 때 그렇게 한 것이 될 것입니다. 내가 볼 때, 기독교 초창기 지도자들이 그렇게 했을 것이라고 보는 것은 절대로 불가능합니다.

또 다른 비평도 살펴보도록 합시다. 만일 모든 사도들이 나사렛 예수의 본래 가르침을 잘못 이해한 것이라면, 다시 말해서 그리스도의 죽음을 세상 죄를 위한 희생제물로 선포한 것이 그리스도 자신의 가르침과 맞지 않는 것이라면, 모든 사도들이 똑같이 오해한 것은 정말로 이상한 일이 아닙니까? 여러 제자들이 한 스승의 가르침을 오해했다고 상상해 보십시오. 그들 모두가 똑같은 내용으로 오해하는 것이 과연 가능할까요? 이런 경우 일반적으로 제자들은 여러 갈래로 오해하게 될 것이며, 그들은 여러 분파로 갈라지게 될 것입니다. 그런데 앞에서 살펴본 바와 같이 사도들은 모두 똑같은 오류와 오해의 구덩이에 떨어졌습니다. 과연 이것이 있을 법한 일일까요?

어떤 스승이 제자들에게 무엇인가를 가르치고 있다고 상상해 보십시오. 그런데 모든 제자들이 그의 가르침을 잘못 이해했습니다. 그렇다면, 과연 이런 가르침이 정말로 숭고한 가치를 갖는 위대한 가르침일까요? 만일 교회 전체가 예수 그리스도께서 가르친 모든 것을 잘못 이해했다면, 그의 가르침 속에는 정말로 위대하며 숭고한 것이 별로 없다고 생각할 수밖에 없을 것입니다. 왜냐하면 그의 가르침은 너무나 애매모호해서 그것을 들은 모든 자들을 오해와 오류의 구덩이에 빠뜨렸기 때문입니다.

형제들이여, 결코 그럴 수 없습니다. 모든 사도들이 일치한 것은 그들이 전파한 것이 예수 그리스도의 생애와 가르침의 모든 사실들과 정확하게 합치되기 때문입니다. 여기에서 굳이 예수 그리스도 자신의 말씀을 장황하게 인용할 필요는 없습니다. 다만 몇몇 말씀만 짤막하게 언급하는 것으로 충분할 것입니다. "이 성전을 헐라 내가 사흘 만에 다시 세우리라." "모세가 광야에서 뱀을 든 것처럼 인자도 들려야 하리니." "내가 줄 떡은 곧 세상의 생명을 위한 내 살이니라." "인자가 온 것은 섬김을 받으려 함이 아니라 도리어 섬기려 하고 자기 목숨을 많은 사람의 대속물로 주려 함이니라.” “이것은 죄 사함을 얻게 하려고 많은 사람을 위하여 흘리는 바 나의 피 곧 언약의 피니라 이것을 행하여 나를 기념하라.” 이 모든 말씀들에 대하여 “예수 그리스도께서 성경대로 우리 죄를 위하여 죽으셨다”는 설명 외에 다른 어떤 설명이 가능하겠습니까? 이 모든 말씀을, 자신들의 귀로 직접 듣고 또 그가 죽은 자 가운데 다시 살아나셔서 하늘로 올라간 것을 자신들의 눈으로 직접 본 자들을 생각해 보십시오. 그들 모두가 일치되게 그리고 열정적으로 그러한 사실을 선포한 것은 얼마나 당연한 일입니까?

아마도 여러분은 복음서에 있는 그리스도의 가르침 속에서 그의 대속의 죽음과 관련한 명확한 교리적 진술은 발견하지 못할 것입니다. 나는 그러한 사실을 기꺼이 인정합니다. 그러나 그것으로 인해 나는 조금도 놀라지 않습니다. 예수 그리스도 자신의 말씀 속에 어떤 교리적인 진술이 나타나지 않는다고 해서 거기에 그와 같은 개념이 담겨 있지 않은 것은 결코 아닙니다. 교리적인 진술까지는 아니라 할지라도 내가 앞에서 제시한 구절들은 그러한 개념을 충분하게 보여줍니다. 또 그의 말씀 가운데 어떤 교리적인 진술이 없는 것에 대해 우리는 충분히 이해할 수 있습니다. 예수 그리스도는 희생제사가 선포될 수 있도록 하기에 앞서 먼저 희생제사를 드려야만 했습니다. 그 자신도 자신의 말을 결정적이며 궁극적인 계시로서 십자가보다 앞세우지 않았습니다. “내가 너희에게 할 말이 많으나 지금은 너희가 감당치 못하리라.” 십자가는 교리(doctrine)로서 전개되기 전에 먼저 그 사실(fact)이 있어야만 했습니다. 사도들이 일치되게 전파한 것은 그리스도의 메시야 되심과 그의 대속의 죽음 두 가지였습니다. 그들이 이것을 일치되게 전파한 것은 그것이 예수 그리스도 자신으로부터 직접 들은 것이라는 사실 외에는 다른 어떤 것으로도 설명될 수 없습니다.

3. 셋째로, 이러한 일치성의 교훈.

복음의 핵심이 무엇인지 분명하게 인식합시다. 그것은 하나님의 아들의 성육신과 희생제사로 인한 구속의 메시지입니다. 이러한 성육신과 희생제사로부터 사람들 가운데 행하시는 성령의 역사에 대한 모든 위대한 교훈들이 뒤따르게 됩니다. 그러나 모든 것의 출발점은 "그리스도께서 성경대로 우리 죄를 위하여 죽으셨다"는 사실입니다. 그리고 이러한 메시지는 모든 영혼의 가장 깊은 필요와 만나며, 모든 지혜와 진리와 힘의 우주 속으로 펼쳐지게 됩니다. 그러나 만일 우리가 이러한 메시지의 중심적인 의미를 확고하게 붙잡지 못한다면, 우리는 그 안에서 세상 죄를 위한 희생제사를 보지 못할 것입니다. 여러분은 배를 가볍게 만들기 위해 돛을 배 밖으로 던져버릴 수 있습니다. 그러면 배는 마치 통나무처럼 물 위에 떠다니게 될 것입니다. 만일 교회들이 새로운 사조(思潮)에 부응하기 위해 이러한 핵심적인 진리를 함부로 뜯어고친다면, 교회들은 자신들의 힘과 성장의 원동력을 스스로 내던져버리는 꼴이 될 것입니다.

만일 여러분이 내가 지금까지 제시한 사실들을 굳게 붙잡는다면, 여러분은 "복음서의 그리스도로 돌아가자"는 오늘날의 외침이 어떤 면에서 옳고 또 어디에서 잘못될 수 있는지에 대한 분명한 경계를 파악할 수 있게 될 것입니다. 생각컨대, 과거에 — 오늘날에도 어느 정도 그렇습니다마는 — 우리 복음주의 계열의 설교자들이 예수 그리스도라는 인물에 대해서보다 그에 대한 교리들에 대해 더 많이 말해온 경향이 있는 것 같습니다. 만일 "그리스도로 돌아가자"는 외침이 "속죄와 구속에 대해서는 너무 많이 이야기하지 말고 이제 구속하시는 그리스도에 대해 많이 이야기하자"라는 의미라면, 나는 온 마음으로 "아멘"이라고 화답할 것입니다. 우리는 항상 사시고 죽으시고 부활하신 그를 전면에 내세워야 합니다.

그러나 만일 오늘날의 그러한 외침이, 복음서의 그리스도와 서신서의 그리스도가 서로 다르며, 복음서의 그리스도로 돌아가는 것이 "그가 성경대로 우리 죄를 위하여 죽으셨다"는 사도들의 선포로부터 이탈되는 것을 의미하는 것이라면, 나는 그것이 교회를 치명적인 나락에 떨어뜨리는 것이라고 단언합니다. 또한 그것은 분명한 사실들에 배치되는 거짓입니다. 왜냐하면 서신서의 그리스도는 곧 복음서의 그리스도이기 때문입니다. 만일 차이가 있다면, 후자(복음서)에서는 "사실들"이 나타나고 전자(서신서)

에서는 "그러한 사실들의 의미"가 나타난다는 것뿐입니다.

마지막으로, 본문은 우리에게 우리가 이러한 일치된 증언과 어떻게 관련되는지를 가르쳐줍니다. "그러므로 나나 그들이나 이같이 전파하매 너희도 이같이 믿었느니라." 형제들이여, 여러분도 이같이 믿습니까? 다시 말해서, 여러분은 성육신하신 하나님의 아들이 우리 죄를 위해 십자가에 죽으시고, 우리를 살리기 위해 다시 사셨으며, 우리로 그의 영광에 참여하도록 하기 위해 영화롭게 되셨음을 믿습니까? 이것이 여러분의 복음입니까? 그러나 이러한 사실에 대한 지적인 이해로 만족하지 마십시오.

"너희도 이같이 믿었느니라"는 말씀은 "나는 나의 죄를 위해 죽으신 그리스도를 믿습니다"라는 고백보다 훨씬 더 많은 것을 의미합니다. 여러분은 여러분 자신을 죄인으로서 그리스도 위에 던져야 합니다. 그리고 그렇게 던질 때, 여러분은 여러분에게까지 전해진 그 이야기가 결코 공허한 이야기가 아니라는 사실을 발견하게 될 것입니다. 도리어 여러분은 여러분의 경험 속에서 "그가 우리 죄를 위하여 죽으셨다"는 사실이 확증되는 것과, 여러분의 죄가 사하여지고 새로운 사랑이 부어졌다는 사실을 깨닫게 될 것입니다. 그리고 여러분은 바울과 다른 사도들을 바라보며 이렇게 말하게 될 것입니다. "이제 내가 믿는 것은 당신들의 말로 인함이 아니니 이는 나 자신이 직접 그를 보고 또 그의 말을 들었음이라"(요 4:42).

27
부활의 확실성

"그러나 이제 그리스도께서 죽은 자 가운데서 다시 살아나사

잠자는 자들의 첫 열매가 되셨도다"

고전 15:20

바울은 만일 우리에게 죽은 그리스도만 있을 뿐이라면 그로부터 어떤 결과가 불가피할 것인지에 대해 깊이 묵상합니다. 그는 만일 그렇다면 자신은 더 이상 아무것도 전파할 것이 없을 것이요 우리는 더 이상 아무것도 믿을 것이 없게 될 것이라고 생각합니다. 그는 구원의 모든 소망과 불멸을 보증해 주는 유일한 근거가 사라져 버릴 것이라고 생각합니다. 나아가 그는 가짜 복음을 믿고 헛된 믿음을 따라 살다가 아무 근거 없는 소망 가운데 죽은 그리스도인들이 그렇지 않은 사람들보다 훨씬 더 불쌍할 것이라고 생각합니다.

그러다가 그의 어조는 갑자기 바뀝니다. 그의 감정은 우울한 단조(短調)로부터 갑자기 승리의 탄성으로 돌변합니다. "그러나 이제 그리스도께서 죽은 자 가운데서 다시 살아나사 잠자는 자들의 첫 열매가 되셨도다." 여기에 나오는 "이제"(now)는 시간적인 now가 아니라 논리적인 now입니다.

유대인들은 유월절 의식의 일부로 한 다발의 보리를 성전에 드렸습니다. 그리고 그것을 추수의 첫 열매로서 하나님께 봉헌하는 의미로, 그리고

모든 밭에 추수가 풍성하게 거두어질 것을 믿는 믿음의 증표로 하나님 앞에서 흔들었습니다. 예수 그리스도의 부활과 시기적으로 겹치는 이러한 의식 속에서 우리는 어떤 암시를 발견할 수 있는데, 특별히 본문은 그의 부활을 추수 전체의 보증이며 예언인 첫 열매로 묘사합니다.

본문으로부터 우리는 두 가지 주된 개념을 발견할 수 있는데, 첫째는, 그리스도의 부활의 절대적인 확실성이며, 둘째는, 그로부터 말미암는 축복된 결과입니다.

1. 첫째로, 그리스도의 부활의 확실성.

바울은 부활의 역사적 사실에 대한 분명한 확신을 가지고 모든 반론과 불신에 도전하면서 말합니다. "이제 그리스도께서 죽은 자 가운데서 다시 살아나셨도다." 여러분은 말할 것입니다. "그래, 보는 것이 믿는 것이지. 그는 우리는 결코 가질 수 없는 증거를 가졌거든." 그때로부터 열아홉 세기가 지난 오늘날의 우리들도 이러한 확실한 믿음의 줄을 붙잡는 것이 가능할까요? 오늘날과 같은 불신과 의심의 시대에 바울의 뜨거운 열정으로부터 나오는 분명한 믿음을 우리도 가질 수 있을까요? 이성과 합리의 시대인 오늘날 감정이 아니라 증거에 의해 인도되는 우리가 세상 앞에 서서 옛 신앙고백을 그대로 받아들일 수 있을까요? "그 아들 우리 주 예수 그리스도를 믿사오니 … 본디오 빌라도에게 고난을 받으사 십자가에 못 박혀 죽으시고 장사한 지 사흘 만에 죽은 자 가운데서 다시 살아나시며." 나는 그렇게 할 수 있다고 분명히 믿습니다.

사실을 입증하는 방법은 증인들의 증거를 조사하는 것입니다. 다시 말해서, 어떤 사실을 목격한 사람들을 증인석에 세우고 그들의 증거가 받아들일 가치가 있는지 여부를 확실히 하는 것입니다.

논의를 본격적으로 시작하기에 앞서 나는 예수 그리스도의 부활과 관련한 문제를 혼란케 하는 것들을 먼저 살펴보고 싶습니다. 오늘날 우리는, 기적은 불가능하기 때문에 부활은 결코 일어날 수 없다든지, 혹은 죽음은 인간 존재의 종결이기 때문에 부활은 결코 일어날 수 없다는 따위의 이야기를 종종 듣습니다. 이것은 주장된 어떤 사실들에 대해 그 진위를 확인하는 올바른 방법이 아닙니다. 기적은 불가능한 것이라든지 혹은 죽음은 모든 존재의 종결이라는 따위의 이론에 집착한 나머지 신약 저자들의 증언을 무시하는 자들은 가장 엄격한 의미에서 편견의 희생자들이며 비논리적인 사람들입니다. 어떤 사실이 선포되었을 때, 우리가 살펴보아야 할 것은 그와 관련한 이론이 아니라 그에 대한 증거입니다.

부활에 대해 다루는 고린도전서 15장은 복음서 안에 담겨 있는 부활 이야기보다 더 오래된 것이며, 또한 그것들로부터 독립된 것입니다. 또 고린도전서는 논란의 여지 없는 바울의 네 서신들 가운데 하나입니다. 심지어 가장 현대적인 비평학자들조차도 그에 대해 이의를 제기하지 않습니다. 그러므로 십자가 이후 25년 남짓 되었을 때 기록된 본장은 우리를 부활의 사건과 가장 가까운 곳으로 데려감과 함께 당시 모든 교회가 그리스도의 부활을 보편적으로 믿었음을 보여줍니다. 뿐만 아니라 그것은 우리로 하여금 바울이 회심할 때에도 모든 교회가 그 사실을 보편적으로 믿었음을 유추할 수 있도록 만들어 줍니다. 바울이 회심한 것은 십자가 후 5년 내지 6년을 넘어가지 않습니다. 그러므로 본문은 우리를 거의 동시대의 증언 앞으로 데려갑니다. 그리스도의 부활에 대한 믿음은 서서히 그리고 점진적으로 발전된 것이 아닙니다. 우리가 그 증거를 받아들이든 받아들이지 않든, 우리는 그것이 그리스도의 부활의 사실과 거의 동시대적인 증언임을 받아들여야만 합니다.

나아가 사도들의 증언은 동시대적인 것일 뿐만 아니라 충분히 신뢰할 만합니다. 그들의 증언이 거짓이라는 예전의 이론들은 오래 전에 소멸되었습니다. 너무도 당연한 일이 아닙니까? 마리아, 베드로, 요한, 바울 등 수많은 사람들이 터무니없는 거짓말을 공모한 공모자들이었다고 믿는 것은 얼마나 터무니없는 믿음입니까? 그리고 그러한 터무니없는 거짓과 사기로부터 어떻게 그렇게 숭고하고 위대하며 거룩한 체계가 만들어질 수 있겠습니까? 거짓은 결코 위대한 결과를 만들어 내지 못합니다. 이러한 사실은 사도들의 증언을 받아들이지 않는 학자들조차도 인정하지 않을 수 없었습니다. 바울은 문맥 속에서 사도들의 증언이 참이라는 것 외에 다른 선택의 여지는 없음을 역설합니다. 그는 말합니다. "그리스도께서 만일 다시 살아나지 못하셨으면 우리가 하나님의 거짓 증인으로 발견되리니." 이것은 쉽게 풀어 말하면, 사도들이 "경건한 위증자(僞證者)" 즉 하나님을 기쁘시게 하기 위해 거짓말을 하는 자들이 될 것이라는 것입니다. 만일 그리스도께서 부활하지 않으셨다면, 그들은 하나님의 나라를 진척시키기 위해 분명한 거짓을 맹세한 꼴이 되는 것입니다. 이러한 이론을 받아들이지 않는다면, 우리가 선택할 수 있는 것은 그들의 메시지가 참이었음을 받아들이는 것뿐입니다.

그것이 환각(幻覺)이었다는 또 하나의 이론 역시 터무니없기는 마찬가지입니다. 오백 명의 사람들이 한자리에서 똑같은 환각에 빠졌다고요? 서로 대화하며 오랜 시간 함께 있으면서 빠지는 환각도 있습니까? 한 달이 넘는 기간 동안 간헐적으로 반복되는 환각도 있습니까? 함께 먹고 마시며, 묻고 대답하며, 손을 잡고 숨결을 느끼는 환각도 있습니까? 그 환각은 수많은 무리가 그의 승천을 바라보는 것에서 절정에 이른 환각입니까? 내가 볼 때 이런 이론을 주장하는 사람들이 환각에 빠진 것 같습니다. 사도들의 증언이 환각의 소산이라고 주장하는 것은 다른 말 위에 안장을 얹는 꼴입니다. 나는 정말로 합리적인 사람이라면 "우리는 그가 살아나신 것을 보았다"고 증언하는 사도들의 말을 듣고 "그는 정말로 살아나셨다"고 응답할 것이라고 믿습니다.

여기에서 한 가지 지적하고 싶은 것이 있습니다. 그것은 어떤 사실에 대한 반대의 경우의 불합리성을 증명하는 것이 그 사실의 확실성을 증명하는 매우 유용한 방법이라는 사실입니다. 예를 들어 봅시다. 내가 예수 그리스도의 부활을 믿는 여러 이유들 가운데 하나는, 만일 예수 그리스도가 다시 살아나지 않았다면 어떻게 교회가 십자가 이후 1주일 동안 존재하는 것이 가능할 수 있었는지 이해할 수 없기 때문입니다. 어째서 그들은 모두 흩어지지 않았습니까? 사실 그들은 십자가 직후에 "우리는 이 사람이 이스라엘을 속량할 자라고 바랐노라"라고 말하며 크게 낙망했습니다(눅

24:21). 그랬던 그들이 어째서 그 자연적인 결과로서 "아! 이제 다 끝났구나"라고 말하면서 뿔뿔이 흩어지지 않았습니까? 그들의 주인은 그들을 떠났으며, 그들 사이의 결속력은 와해되었으며, 그들의 모든 소망은 깨어졌습니다. 그런 그들이 어째서 "우리가 실수하였도다. 허황된 환상은 이제 모두 잊어버리고 갈릴리 호수로 돌아가 물고기나 잡자"라고 말하지 않았을까요? 세례 요한이 죽자 그를 따르던 제자들은 그렇게 하지 않았습니까? 어째서 그리스도의 제자들은 그렇게 하지 않았을까요? 그것은 그리스도가 다시 살아나셔서 그들을 다시금 새롭게 결속시켰기 때문입니다. 목자를 치면 양이 흩어지는 법입니다. 그리고 목자가 다시 나타나 흩어진 양 무리를 다시 찾아 모으지 않는 한 흩어진 양들은 다시 모여지지 않습니다. 죽은 그리스도를 가진 기독교 혹은 부활 없는 기독교는 부활이라는 기적보다 더 믿기 어렵습니다. 왜냐하면 너무도 불합리하기 때문입니다.

또 한 가지 지적하고 싶은 것이 있습니다. 그것을 설명하기 위해 한 가지 예화를 들겠습니다. 찰스 1세가 처형된 후 영국의 어느 한 모퉁이에서 스스로 찰스 왕을 사칭하는 자가 일어나 "내가 찰스 왕이다"라고 말하는 것을 상상해 보십시오. 청교도 지도자들에게 있어 그런 어처구니없는 일을 종식시키는 가장 확실한 방법은 사람들을 성 조지 교회로 데려가 "봐라! 저기에 찰스 왕의 시신과 관이 있지 않은가?"라고 말하는 것일 것입니다. 제자들은 그리스도가 죽은 지 채 1주일도 되지 않아서 그가 다시 살아났다고 선포했습니다. 그러나 유대 지도자들에게는 무덤과 파수꾼들과 무덤을 인봉했던 돌이 있었습니다. 그들은 사람들에게 "그의 무덤에 가 보라, 그러면 그의 시체를 볼 수 있을 것"이라고 말함으로써 그토록 어처구니없는 허튼 소리를 순식간에 잠재울 수 있었을 것입니다. 만일 예수 그리스도가 다시 살아나지 않았다면, 그의 시체는 어떻게 되었습니까? 이 질문에 어느 누구도 **명쾌하게** 대답하지 못했으며, 앞으로도 그럴 것입니다. 제자들이 예수의 시체를 훔쳐갔다는 유대인들의 서툰 거짓말은 단지 무덤이 비어 있었음을 인정한 것에 불과했습니다. 만일 무덤이 비어 있었다면, 그가 다시 살아났든지 아니면 제자들이 사기꾼이든지 둘 중 하나입니다.

그러나 우리는 앞에서 후자(後者)가 너무도 불합리하며 믿을 수 없는 이론임을 충분히 살펴보았습니다.

그러므로 사랑하는 형제들이여, 모든 사실과 정황을 감안할 때 우리가 확실하게 받아들일 수 있는 유일한 결론은 이것입니다. "그리스도께서 죽은 자 가운데서 다시 살아나사 잠자는 자들의 첫 열매가 되셨도다."

2. 둘째로, 부활의 확실성의 결과.

본 문맥에서 바울은 만일 그리스도께서 다시 살지 않으셨다면 어떤 결과가 불가피하게 따르는지에 대해 장황하게 이야기합니다. 이것을 뒤집으면, 우리는 그리스도의 부활이 얼마나 확실한 사실인지에 대해, 그리고 바울의 입술에서 왜 그토록 놀라운 탄성이 터져 나왔는지에 대해 이해하게 될 것입니다. 여기에서 우리에게 부활절이 왜 그토록 큰 기쁨이어야 하는지에 대한 몇 가지 이유를 살펴보도록 합시다.

첫째로, 부활하신 그리스도가 우리에게 완전한 복음을 가져다주기 때문입니다. 죽은 그리스도는 복음을 아무것도 아닌 것으로 만듭니다. 바울은 말합니다. "그리스도께서 만일 다시 살아나지 못하셨으면 우리가 전파하는 것도 헛것이요"(14절). 여기에서 "우리가 전파하는 것"은 전파하는 행동을 의미하는 것이 아니라 전파하는 것의 내용을 의미하는 것입니다. 만일 그리스도가 다시 살아나지 않았다면, 복음은 아무 알맹이도 없는 공허한 것이 되었을 것입니다. 그 안에 바람 외에 아무것도 없는 공허한 풍선처럼 말입니다.

바울이 전파한 것은 무엇이었습니까? 요컨대 그것은 이것이었습니다. "예수 그리스도는 하나님의 아들로서 우리를 위해 육신을 입고 이 땅에 오셨으며, 우리 범죄함을 위해 십자가에서 죽으시고 부활하시고 승천하셨으며, 심판자로서 다시 오실 것이라." 바로 이것이 바울이 전파한 복음의 요체였습니다. 그는 부활 없는 복음을 상상하며 말합니다. "그러면 복음은 모두 허깨비 같은 것이 될 것이라. 만일 나에게 죄로부터 구원을 가져다주는 십자가를 전파하는 것이 없다면, 나는 전파할 것이 아무것도 없게 될 것이라. 왜냐하면 부활 없는 십자가는 아무것도 아니기 때문이라.”

사랑하는 형제들이여, 예수 그리스도의 부활의 사실 위에 복음을 복음되게 하는 모든 것이 달려 있습니다. 부활을 배제해 보십시오. 그러면 아무것도 남지 않을 것입니다. 그의 아름다운 도덕적 교훈들과 위대한 삶은 그와 관련한 모든 오해와 오류로 인해 망쳐지게 될 것이며, 복음이라고 부를 만한 것은 아무것도 남지 않게 될 것입니다. 여러분은 복음에서 황량하고 쓸쓸한 십자가를 봅니다. 그러나 그 건너편에 부활이 없다면, 십자가는 계속해서 황량하고 쓸쓸한 죽은 십자가로 남을 것입니다. 십자가를 설명하기 위해서는 부활이 있어야만 합니다. 그럴 때 그의 생애와 죽음은 하나님이 육신 가운데 나타나신 것으로서, 그리고 우리 죄를 속량하는 것으로서 분명하게 드러날 것입니다. 부활이 없다면, 우리는 복음이라는 이름으로 전파할 아무것도 갖지 못하게 될 것입니다.

우리가 믿음으로 붙잡는 것은 살아 계신 그리스도입니다. 본 문맥에서 바울은 죽은 그리스도는 우리의 믿음을 “헛 것”으로 만든다고 두 번 반복해서 말합니다(14, 17절). 그러나 실제로 그는 서로 다른 단어를 사용합니다. 14절에서 그 단어는 문자적으로 “공허한”을 의미하는 반면 17절에서는 “아무 효과 없는”을 의미합니다. 그러므로 우리는 여기에서 두 가지 개념을 보게 되는데, 그것은 만일 그리스도께서 다시 살아나지 않으셨다면 우리의 믿음은 “공허하며” 동시에 “아무 효과 없는” 것이 되고 만다는 것입니다.

우리의 믿음에 알맹이를 가져다주는 것은 부활하신 그리스도입니다. 부활하신 그리스도가 없다면, 우리는 붙잡을 것을 아무것도 갖지 못하게 될 것입니다.

죽은 그리스도를 누가 믿겠습니까? 단지 인간일 뿐인 그리스도를 누가 믿겠습니까? 그것은 어떤 사람을 믿는 신성모독적인 행위와 하등 다를 것이 없을 것입니다. 우리가 그를 하나님의 아들로 선포된 자로서 인식하게 되는 것은 오직 부활로 말미암는 것입니다. 그의 부활을 배제한다면, 우리 믿음은 아무런 근거도 갖지 못하게 됩니다. 만일 우리가 살아 계신 구주를 바라보며 우리의 연약한 손을 그를 향해 뻗는다면, 그는 우리에게 기울여 우리 손을 붙잡으실 것입니다. 만일 여러분에게 부활하신 그리스도가 없다면, 여러분은 믿음을 실행할 수 없습니다. 또 만일 여러분이 믿음을 실행하지 못한다면, 여러분의 삶은 아무것도 아닌 것이 되고 말 것입니다.

나아가 만일 그리스도께서 다시 살아나지 않으셨다면, 우리의 믿음은 아무 효력도 없고 아무런 실체도 없는 공허한 것이 될 것입니다. 그것은 마치 아기가 죽은 엄마로부터 젖을 찾는 것이나, 사람이 꺼진 등불로부터 불을 붙이려고 하는 것과 같을 것입니다. 그리스도의 부활이 없다면, 우리의 구원도 없습니다. 왜냐하면 구원은 그의 부활로 말미암기 때문입니다. 우리는 그의 죽음이 우리의 희생제사이며 그의 사심이 우리를 거룩하게 하는 것임을 믿습니다. 그런 그가 다시 살아나지 않았다면, 그의 죽음의 모든 의미와 효력은 사라질 것이며, 그와 함께 우리의 죄 사함도 사라질 것입니다. 예수 그리스도의 십자가는 오직 그의 부활에 의해서만 설명될 수 있습니다. 우리가 그의 피를 통해 구속을 받는 것도 역시 부활로 말미암는 것입니다. 이러한 사실을 깨달을 때 비로소 우리는 우리를 모든 악의 지배로부터 자유케 하는 새로운 본성을 갖게 됩니다.

사랑하는 형제들이여, 우리의 믿음을 견고하게 붙잡아주는 근본적인 토대는 다름 아닌 그리스도의 부활입니다. 그리고 부활하신 그리스도께서 우리 손을 붙잡아 "우리를 기가 막힐 웅덩이와 수렁에서 끌어올리시고 우리 발을 반석 위에" 두십니다(시 40:2). 그러나 만일 그가 죽은 후 그대로 무덤에 누워 있다면, 여러분의 믿음은 헛것이 되고 말 것입니다. 왜냐하면 여러분이 붙잡는 것은 그림자나 허깨비 같은 것 외에 아무것도 아니기 때문입니다. 또 여러분의 믿음은 아무런 의미도 아무런 목적도 없는 것이 될 것이며, 여러분은 여전히 죄 가운데 있을 것입니다.

이제 마지막으로 살펴볼 것은 부활하신 그리스도가 우리 부활의 보증이 되신다는 사실입니다. 물론 불멸의 개념은 예수 그리스도의 부활과는 별개로 많은 사람들에게서 널리 발견됩니다. 그러나 불멸에 대한 확실한 보증과, 그것에 대한 예감이나 열망이나 바람이나 두려움 사이에는 하늘과 땅의 차이가 있습니다. 유럽의 많은 사람들이 대서양 서쪽에 미지의 대륙이 있을 것이라고 추측했습니다. 그러나 콜럼버스가 그곳에 갔다 옴으로써 모든 추측과 의문에 종지부를 찍었습니다. 예수 그리스도와는 별개로 많은 사람들이 죽음을 넘어서는 불멸의 개념을 마음에 품고 있었습니다. 그러나 예수 그리스도께서 그곳에 갔다 오심으로써 비로소 불멸의 개념은 확실한 기초와 보증을 갖게 되었습니다. 이제 우리는 저 너머에 새로운 땅이 있음을 안다고 분명하게 말할 수 있습니다.

많은 사람들이 우리에게 죽음은 모든 것의 끝이라고 말합니다. 현대의 모든 형태의 유물론(materialism, 혹은 물질주의)은 죽음이 인격의 소멸이라고 단언합니다. 그러나 예수 그리스도는 죽으셨다가 죽음으로부터 다시 나오셨습니다. 형제들이여, 오늘날 예수 그리스도의 부활을 믿지 않는 많은 유럽인들이 불멸의 개념을 받아들이지 않는 것은 너무나 당연한 일이 아닙니까? 오늘날의 영국의 짙은 어둠을 밝히는 한 줄기 확실한 빛은 — 바울 당시의 고린도에서와 마찬가지로 — 예수 그리스도가 죽으셨다가 다시 살아나셨다는 사실입니다.

만일 여러분이 믿음으로 받아들이기만 한다면, 여러분은 예수 그리스도의 불멸의 생명에 참여하게 될 것입니다. "첫 열매"는 장차 곳간에 들어갈 알곡들이 온 밭에 가득 차게 될 것에 대한 보증이며 예언입니다. 바울은 계속해서 그리스도에게 속한 자들이 그와 연합된 결과로 다시 살아날 것을 이야기합니다. 예수 그리스도는 우리 모두를 위해 사망을 정복하셨습니다. 그는 감옥에 들어가셨으며, 그 쇠문을 자기 어깨에 메고 그곳으로부터 나오셨습니다. 그럼으로써 이제 우리가 그곳에 갇혀 있는 것은 불가능하게 되었습니다. 두 종류의 부활이 있는데, 하나는 그리스도의 종들의 부활이며, 또 하나는 다른 자들의 부활입니다. 두렵게도 둘은 그 결과에 있어 본질적으로 다릅니다. "땅의 티끌 가운데에서 자는 자 중에서 많은 사람이 깨어나 영생을 받는 자도 있겠고 수치를 당하여서 영원히 부끄러움을 당할 자도 있을 것이며"(단 12:2).

여러분의 죽은 영혼을 예수 그리스도의 생명으로 채우십시오. 회개와 믿음으로 말입니다. 그러면 때가 되면 여러분의 몸까지도 그의 영광의 몸의 형상으로 바꾸어 주실 것입니다. "그는 만물을 자기에게 복종하게 하실 수 있는 자의 역사로 우리의 낮은 몸을 자기 영광의 몸의 형체와 같이 변하게 하시리라"(빌 3:21).

28
사망이 사망을 당함

"그러나 이제 그리스도께서 죽은 자 가운데서 다시 살아나사 잠자는 자들의 첫 열매가 되셨도다 사망이 한 사람으로 말미암았으니 죽은 자의 부활도 한 사람으로 말미암는도다 … 형제들아 내가 이것을 말하노니 혈과 육은 하나님 나라를 이어 받을 수 없고 또한 썩는 것은 썩지 아니하는 것을 유업으로 받지 못하느니라 보라 내가 너희에게 비밀을 말하노니 우리가 다 잠 잘 것이 아니요 마지막 나팔에 순식간에 홀연히 다 변화되리니 나팔 소리가 나매 죽은 자들이 썩지 아니할 것으로 다시 살아나고 우리도 변화되리라 이 썩을 것이 반드시 썩지 아니할 것을 입겠고 이 죽을 것이 죽지 아니함을 입으리로다 이 썩을 것이 썩지 아니함을 입고 이 죽을 것이 죽지 아니함을 입을 때에는 사망을 삼키고 이기리라고 기록된 말씀이 이루어지리라 사망아 너의 승리가 어디 있느냐 사망아 네가 쏘는 것이 어디 있느냐 사망이 쏘는 것은 죄요 죄의 권능은 율법이라 우리 주 예수 그리스도로 말미암아 우리에게 승리를 주시는 하나님께 감사하노니 그러므로 내 사랑하는 형제들아 견실하며 흔들리지 말고 항상 주의 일에 더욱 힘쓰는 자들이 되라 이는 너희 수고가 주 안에서 헛되지 않은 줄 앎이라"

고전 15:20-21, 50-58

본문은 그리스도의 부활의 사실로부터 터져 나오는 승리의 환호성과 함께 시작됩니다. 예수 그리스도의 부활이 아침에 솟아오르는 태양처럼 어둠을 뚫고 떠오를 때, 인간 삶의 모든 공허하고 헛된 것들은 신기루처럼 사라져 버립니다. 그리스도의 부활은 목격자들의 신뢰할 만한 증언으로부터 확립된 분명한 역사적 사실입니다. 그러나 증인들의 증언에도 불구하고 온 세상이 그 의미를 알게 되는 것은 증언 자체가 아니라 계시로부터 오는 것입니다. 그리스도의 부활을 목격한 자들은 "그리스도께서 죽은 자 가운데 다시 살아나셨다"고 선포했습니다. 그렇지만 계속해서 "그가 잠자는 자들의 첫 열매가 되셨다"고 말하는 것은 그것과는 또 다른 차원의 문제입니다.

무덤으로부터 다시 살아난 자는 마치 유월절 첫 열매로 드려진 한 묶음의 곡식단과 같았습니다. 그것은 곳간을 채울 알곡이 온 밭에 가득할 것을 보여주는 예언입니다. 예수 그리스도의 부활은 죽음이 인간 존재의 종결이 아니라 죽음 속에서도 생명이 지속됨을 보여주는 예언일 뿐만 아니라 그리스도인들의 부활의 원천이며 근거이기도 합니다. 인류는 한 사람으로부터 기원했으며, 따라서 죄가 모든 사람에게 퍼지고 그 결과로 모든 사람이 죽음 아래 떨어졌습니다. 만일 물의 근원이 오염된다면, 거기로부터 흘러나오는 모든 물이 오염될 것입니다. 인간이 사망의 권세로부터 구속되고자 하면, 거기에는 새로운 생명의 근원이 있어야만 합니다. 그리고 그 근원과 연합되는 것이 그로부터 생명을 전달받는 조건입니다. 바울이 여기에서 다루는 것은 그리스도인들의 부활입니다. 다른 사람들도 부활할 것이지만 그러나 그 결과는 전혀 다를 것입니다. 그리스도의 부활은 우리가 미래에 깨어 있을 것을 확증해 주며, 그럼으로써 우리의 죽음을 "잠자는 것"으로 바꾸어 줍니다. 여기의 잠자는 것은 보통의 잠처럼 의식이 없는 것을 의미하지 않습니다. 다만 모든 수고로부터 쉬는 가운데 외적 세계와의 접촉을 중단하는 것을 의미할 뿐입니다.

50-58절에서 바울은 목격자나 추론가가 아니라, 새로운 "신비"를 계시하는 자로 등장합니다. "신비"의 성경적 의미는, 감추어져 있던 것이 계시에 의해 알려지는 것입니다. 그러나 바울은 신비를 드러내기에 앞서 먼저 혈과 육에 속한 것은 미래의 삶에 적합하지 않음을 역설합니다. 오늘날의 말로 표현하면, 유기체와 환경은 서로 적합화(適合化)되어야 합니다. 물고

기에게는 물이 있어야 하며, 북극에 서식하는 동물은 적도에서 생존할 수 없습니다. 이 땅에서의 삶에 적합화된 몸은 다음 세상의 환경과 조화되지 못할 것입니다. 그러면 우리가 영적 세계에 적합화된 몸을 가질 수 있는 가능성이 있습니까? 하나님의 계시를 떠나서 생각할 때, 그 대답은 "없다"(no)입니다. 그러나 "신비"는 "있다"(yes)고 대답합니다. 만일 내세에 복된 삶이 있다면, 육체적인 것은 반드시 영적인 것으로 바뀌어야만 합니다.

본문은 모든 그리스도인에게 이러한 필연적인 변화가 일어날 것을 확증합니다. 그들이 이미 죽었든지 아니면 주께서 강림하실 때까지 남아있든지 간에 말입니다. 바울과 그의 동시대 사람들은 어느 부류에 속할까요? 그들은 주의 강림을 보지 못하고 죽을까요? 아니면 그때까지 남아 있을까요? 우리는 바울이 그에 대해 어떤 때는 이렇게 예상하고, 또 다른 때는 저렇게 예상하는 것을 볼 수 있습니다. 그러나 어떤 경우든 그는 내주하시는 예수의 영이 산 자와 죽은 자에게 필요한 변화를 일으킬 것을 확신합니다. 52절의 장엄한 묘사는 데살로니가전서 4장 16절과 병행관계를 이루는데, 그것은 시내 산에서의 하나님의 현현을 생각나게 합니다. 나팔은 신적 임재의 표지였습니다. "나팔 소리가 나매." 그의 마지막 강림은 갑자기 나타날 것입니다. 천사의 우렁찬 그리고 갑작스런 나팔소리는 다른 모든 소리들을 잠잠케 하고 세상을 침묵케 할 것입니다.

이후 펼쳐지는 무대는 정말로 놀랍습니다. 먼저, 죽은 자들이 썩지 않을 몸으로 다시 일어나고, 살아 있는 자들의 몸도 그와 같이 변할 것입니다. 비록 죽은 자라 할지라도 벌거벗은 몸으로 발견되지 않을 것입니다. 그들은 흰 옷을 입을 것입니다. 살아 있는 자들도, 이를테면 "진흙으로 만든 썩을 옷" 위에 영광스러운 옷을 덧입을 것입니다. 다시 말해서, 그들은 이 땅의 몸이 "세상에서 더 이상 희게 될 수 없도록" 빛날 때까지 변화되는 기적을 경험할 것입니다. 살아 있는 자들은 죽은 자들의 부활을 볼 것이며, 죽은 자 가운데 부활한 자들은 산 자들이 변화되는 것을 볼 것입니다. 그 후 두 무리는 서로 연합되어 그리스도와 함께 영원히 거할 것입니다.

52절의 "우리"에 나타나는 것처럼, 바울은 자신과 고린도교회 성도들이 살아 있는 자들의 부류에 속할 것으로 기대했습니다. 이를테면 그는 "이 썩을 것이 썩지 아니함을 입을 것"이라고 말할 때 자신의 몸을 가리켰던 것입니다. 여기에서 "썩을 것"은 — 설령 도덕적인 의미가 그 뒤에 다소 깔려 있다 할지라도 — 본질적으로 육체적인 의미로 사용된 것입니다.

바울은 승리의 환호성과 함께 자신의 긴 논의와 계시를 끝냅니다. 옛 선지자들의 강렬한 말씀들이 그의 마음속으로 파고 들어오고, 그는 거기에 새롭고 더 장엄한 의미를 부여합니다. 이사야 선지자는 "이 산에서" 모든 열방을 덮었던 베일이 벗겨질 때에 대해, 그리고 사망이 영원히 삼켜질 때에 대해 노래했습니다. 바울은 이러한 말씀들을 생각하면서 이사야가 바라본 것이 젊음과 아름다움과 힘과 지혜까지도 무차별적으로 삼켜버리는 괴물 자신이 삼켜질 때 성취될 것이라고 말합니다. 또 호세아는 이스라엘의 회복을 부활의 표상으로 예언했습니다. 바울은 그러한 말씀에다가 더 큰 의미를 부여합니다.

바울은 그러한 말씀을 살짝 바꾸어 사망이 사람을 정복했지만, 그러나 사람이 그리스도 안에서 그 정복자를 정복할 것이라는 위대한 기독교적 개념을 표현합니다. 이렇게 함으로써 그는 사망을, 쏘는 독을 품은 뱀으로 묘사합니다. 그리고 이로부터 사망의 죽이는 권세가 죄로부터 말미암는다는 개념을 유추합니다. 나아가 그는 죄의 권능은 율법이라고, 다시 말해서 율법이 죄를 자극한다고 말합니다. 그것은 패역한 인간성 속에 금지된 것을 더 하고 싶어하는 성향이 있음을 지적하는 것입니다. 결과적으로 율법은 이상(理想)을 제시함으로써 그것으로부터의 이탈인 죄를 드러냅니다. 이와 같이 율법의 개념으로부터 죄의 개념이 따르고, 죄의 개념으로부터 사망의 개념이 따릅니다. 그와 마찬가지로 정죄하고 죽이는 것으로서의 율법의 개념은 또한 우리를 사망과 죄와 율법이라는 우울한 삼원소로부터 피하게 해주는 그리스도께로 인도합니다.

그리스도와의 연합을 통해 우리 각자는 그의 부활하신 불멸의 생명에 참여하게 됩니다. 그리고 그렇게 됨으로써 삼키는 자인 사망 자신이 삼킴을 당하게 됩니다. 정복자인 사망은 완전히 그리고 영원하게 정복을 당합니다. 쏘는 독을 품은 뱀인 사망에게서 모든 독이 뽑아졌으며 이제 아무런 해도 끼칠 수 없게 되었습니다. 그리스도 안에서의 이러한 기대는 이 땅에서 시작됩니다. 하나님은 우리에게 승리를 주시되 지금 이 땅에서 우리가 살고 있는 동안 주십니다. 비록 이 땅에서의 우리의 삶이 죽음으로 끝날 것이라 할지라도 말입니다. 그리고 하나님은 장차 우리를 부활시킴으로써 완전한 승리를 주실 것입니다. 그때 우리는 더 이상 죽을 수 없게 될 것이며, 사망 자체가 사망을 당합니다.

그리스도인에게 있어 최고의 소망은 최고의 의무와 긴밀한 관계를 갖습니다. 바울의 승리의 노래는 "견실하며 흔들리지 말고 항상 주의 일에 더욱 힘쓰는 자들이 되라"는 단순하고도 실제적인 훈계와 함께 끝납니다. 그리고 그는 계속해서 "너희 수고가 헛되지 않을" 것이라고 덧붙이는데, 우리는 여기에서 우리가 주의 일에 더욱 힘써야 하는 이유와 동기를 발견하게 됩니다. 설령 우리가 이 땅에서 수고의 열매를 보지 못한다 할지라도 그것은 결코 없어지지 아니하고 다시 우리에게 돌아올 것입니다. 마치 비둘기가 방주로 돌아온 것처럼 말입니다. 노아가 돌아온 비둘기를 반갑게 품에 안은 것처럼, 우리도 우리의 수고의 열매를 반갑게 품에 안게 될 것입니다.

29
강함과 사랑

"깨어 믿음에 굳게 서서 남자답게 강건하라
너희 모든 일을 사랑으로 행하라"
고전 16:13, 14

13절의 네 가지 교훈과 14절의 교훈 사이에는 특별한 대조가 있습니다. 전자(前者)는 마치 연발 권총을 쏘는 것처럼 짤막하고 날카롭게 울리지만, 후자는 좀 더 부드럽게 울려 퍼집니다. 전자의 어감은 마치 군대에서 장군이 병사들에게 명령하는 것 같으며, 거기에는 전체적으로 군대적인 은유가 흐르고 있습니다. 적이 전진해 오며 위협하고 있으므로 파수꾼들은 졸지 말고 눈을 크게 뜨고 지켜야 합니다. 적이 가까이 다가오고 있으므로 병사들은 각자의 위치에 굳게 서서 전투를 준비해야 합니다. "남자답게 강건하라."

이어 전쟁의 장면은 시야에서 사라지고 장군의 말은 온유한 교사의 부드러운 훈계로 순화됩니다. "너희 모든 일을 사랑으로 행하라." 왜냐하면 사랑이 전쟁보다 더 나으며 칼보다 더 강하기 때문입니다. 이와 같이 13절과 14절은 서로 대조될 뿐만 아니라 또한 밀접한 연결관계도 가지고 있습니다. 고린도교회에 대한 장문의 편지의 마지막 부분에 해당되는 여기의 훈계들은 의심의 여지 없이 그가 지금 말하고 있는 대상들의 결함을 반영하고 있습니다. 그들은 너무도 분파주의적이었습니다. 따라서 그들은 모든 일을 사랑으로 행하라는 훈계를 받을 필요가 있었습니다. 또 부활과 관련한 바울의 긴 설명 속에 잘 나타나는 것처럼 그들의 교리적 토대는 매우 취약했으며, 따라서 그들은 "믿음에 굳게 서라"는 훈계를 받을 필요가 있었습니다. 또 그들은 신앙적인 훈련을 게을리했으며, 따라서 기독교의 진리들을 굳게 붙잡고 있지 못했습니다. 그 결과 그들은 모든 면에서 나약했으며 믿음의 선한 싸움을 힘 있게 싸울 준비가 되어 있지 못했습니다. 이와 같이 우리는 본문의 여러 훈계들 속에서 비록 "성도라 부르심을 받은 하나님의 교회"로 불렸음에도 불구하고 많은 결함을 가진 미약한 공동체의 그림을 보게 됩니다. 이제 본문의 훈계들을 간략하게나마 살펴보도록 합시다.

첫째로, **깨어 있으라**(watch ye). 이것은 필경 다음과 같은 두 가지 중 하나를 의미할 것입니다 — 어쩌면 둘 다 의미할는지도 모릅니다. 첫째로, 눈을 크게 뜨고 있으라는 것과, 둘째로, 계속해서 경계하라는 것. 우리 주님도 여기와 똑같은 은유를 자주 그러나 특별한 의미를 담아 사용하셨습니다. 주님이 그와 같이 말씀하셨을 때, 대체로 그것은 그가 심판자로서 다시 오는 것을 대망(待望)할 것을 가르치는 교훈이었습니다. 바울도 때로 그러한 의미로 사용하곤 했지만, 그러나 여기에서는 다른 의미로 사용되었습니다.

앞에서 말한 것처럼, 본문의 기저(基底)에는 군사적인 개념이 깔려 있습니다. 만일 파수꾼들이 잠에 빠진다면 군대는 어떻게 되겠습니까? 그리스도인에게 있어 적 앞에서 깨어 있는 것보다 더 중요한 본분이 무엇이겠습니까? 각종 악과 유혹들이 밀려오는 앞에서 눈을 뜨고 있다는 의미로 깨어 있는 것은 그리스도인의 삶에 있어 가장 중요한 부분 가운데 일부입니다. 그와 같이 깨어 있는 것의 일부는 우리가 그렇게 해야 하는 이유와 동기를 면밀하게 살피는 것입니다. 우리가 그와 같이 깨어 있을 때, 각종 악과 유혹들이 우리 안에 틈타고 들어올 길은 차단될 것입니다. 많은 사람들은 실제적인 악을 행하는 것을 피하는 것으로 만족하면서, 마음의 동기나 상태 등에 대해서는 크게 상관하지 않는 경향이 있습니다. 물론 우리가 행동에 주의하는 것은 매우 좋은 일입니다. 그러나 사람의 여하는 그 마음이 어떤 생각으로 채워져 있는가 하는데 달려 있는 법입니다. 내가 어떤 일을 행할 때 그것이 선한 것인가 혹은 악한 것인가 여부는 전적으로 내가 그 일을 행하는 동기에 의해 결정됩니다. 만일 우리가 우리의 마음의 생각과 동기를 부지런히 살피지 않는다면, 우리는 스스로 속이는 오류에 빠질 가능성이 매우 높습니다. 우리의 동기가 매우 선하다고 확신하면서 말입니다.

이와 같이 깨어 있는 것의 한 측면은 우리가 어떤 행동을 할 때 그 행동의 이유와 동기를 습관적으로 검토하는 것입니다. 우리는 항상 스스로에 대해 다음과 같이 물어야 합니다. "내가 무엇을 위해 이것을 행하고 있는가?" 그렇게 할 때 우리는 우리의 그릇된 행동의 상당 부분을 미연에 방지하게 될 것입니다. 마치 엔진으로부터 동력을 차단하는 것처럼 말입니다. 우리가 우리 마음의 생각과 동기를 더 예민하게 살필수록, 우리의 행동은 더욱 선한 길로 계속해서 나아가게 될 것입니다. 어떤 것이 우리 마음속으로 들어오려고 할 때, 우리가 그것을 세심하게 검토하면 검토할수록 우리는 그것이 양의 옷을 입은 이리가 아닌 것을 더 확신할 수 있게 될 것입니다. 그것들로 하여금 자기 신분증을 제시하게 하십시오. 여러분의 항구에 들어오려고 하는 모든 배들로 하여금 즉시 접항(接港)하도록 허락하지 말고 당분간 항구로부터 떨어져 있도록 하십시오. 경찰관이 승선하여 모든 것을 살피고 난 후 접항 허락서를 발급해 줄 때까지 말입니다. "깨어 있으라." 왜냐하면 저 너머 컴컴한 어둠 속에 시커먼 무리가 모여 있기 때문입니다. 병사들이 잠에 빠져 있다면 그 결과가 얼마나 참혹하겠습니까?

둘째로, **믿음에 굳게 서라.** 본문은 적들이 계속해서 가까이 다가오는 것을 상정합니다. 그러므로 바울은 "깨어 있으라"는 훈계에 이어 "믿음에 굳게 서라"는 두 번째 훈계를 덧붙입니다. 만일 깨어 있어 믿음에 굳게 서지 않는다면, 적들이 부지불식간에 우리 앞에 들이닥칠 것입니다. 만일 깨어 있지 않는다면, 우리는 우리의 대오(隊伍)를 유지할 수 없게 될 것입니다. 첫 번째 명령이 무너지면 두 번째 명령도 마찬가지일 것입니다. 만일 여러분이 "깨어 있지" 않는다면, 여러분은 "굳게 서지" 못할 것입니다. 많은 사람들로 붐비는 거리를 걷고 있는 어떤 사람을 상상해 보십시오. 그는 작은 접촉으로도 금방 균형을 잃고 비틀거릴 것입니다. 그러나 그러한 상황을 예상하고 미리 대비한다면, 그는 여러 번의 접촉으로도 균형을 잃지 않고 굳게 설 것입니다. 그러므로 우리는 "깨어 있어야" 합니다. 갑작스런 공격이라 할지라도 만일 우리가 그것을 미리 간파하고 있다면, 그것은 훨씬 위력이 약한 것이 될 것입니다.

"믿음에 굳게 서라." 여기의 "믿음"과 관련하여, 나는 이것이 "우리가 믿는 어떤 것" 혹은 "우리가 믿는 어떤 진리들의 체계"를 의미하지 않는다고 생각합니다. 이것은 매우 교회적인 의미의 믿음이지만, 그러나 그것은 신약이 의미하는 바와 같지 않습니다. 성경에서 믿음은 우리가 믿는 진리들의 체계를 의미하지 않고 그러한 진리들을 믿는 행동을 의미합니다. "믿음에 굳게 서라"는 두 번째 명령은 우리에게 다음과 같은 사실을 말해 줍니다. 즉 깨어 있는 것에 더해서, 그리고 우리의 견고함의 기초로서 예수 그리스도 안에 있는 하나님의 계시에 대한 믿음이 우리를 똑바로 그리고 굳게 서도록 만들어 줄 것이라는 사실 말입니다.

그렇지만 우리가 굳게 서는 것이 우리가 믿기 때문이 아니라 우리가 믿는 대상 때문임을 잊지 마십시오. 우리의 발이 좋은 신으로 잘 신겨져 있다고 상상해 보십시오. 병사에게 있어 좋은 신은 칼과 방패 못지않게 중요하지 않습니까? 그렇지만 만일 그 발이 견고한 땅에 굳게 세워지지 않는다면, 우리는 적의 공격에 잘 대처할 수 없게 될 것입니다. 그러므로 우리를 강하게 만들어 주는 것은 우리가 진리를 붙잡고 있다는 사실이 아니라 우리가 붙잡고 있는 그 진리인 것입니다. 다시 말해서, 우리의 발을 굳게 세워주는 것은 발판을 딛고 있는 발이 아니라 발을 받치고 있는 발판인 것입니다. 그렇지만 믿음이 없다면 그러한 견고함은 결코 우리에게 전달되지 못할 것입니다. "깨어 믿음에 굳게 서라."

셋째로, 계속해서 두 가지 훈계가 이어지는데, 둘은 똑같지는 않더라도 매우 긴밀하게 연결되어 있습니다. 바울은 먼저 **"남자답게 행동하라"**

(quit you like men, 한글개역개정판에는 "남자답게"라고만 되어 있음)
고 말합니다. 전쟁터에서 남자의 역할을 맡아라. 너희의 모든 근육의 힘을
다해 싸워라. 그와 함께 바울은 계속해서 **"강건하라"**고 덧붙입니다. 만일
여러분이 남자가 아니라면, 여러분은 남자의 역할을 맡을 수 없습니다. 여
기의 "강건하라"는 훈계는 원문으로 볼 때 "강건하게 되어라"에 좀 더 가
깝습니다. 남자들에게 "강건하라"고 말하는 것이 무슨 소용이 있겠습니
까? 나약한 남자들에게 "용기를 내어 너희의 힘을 보여라"라고 말하는 것
은 십중팔구 시간낭비입니다. 그러나 바울은 여기에서 매우 특이한 단어
를 사용합니다. 바울이 이 단어를 다른 곳에서 어떤 의미로 사용했는지를
살필 때, 우리는 이 단어가 여기에서 어떤 의미로 사용되었는지를 알 수
있게 될 것입니다.

그는 에베소서에서 이렇게 말합니다. "그의 성령으로 말미암아 너희 속
사람을 능력으로 강건하게 하시오며"(3:16). 나약한 사람에게 모든 능력의
근원을 가리키면서 "강건하라"고 말하는 것이 그 사람을 조롱하는 것입니
까? 결코 그렇지 않습니다. 도리어 그 근원으로 말미암아 우리의 약함은
강함으로 바꾸어질 것입니다. 나무토막들을 취하여 석화천(石化泉)에 던
져 보십시오. 그러면 거기에 들어 있는 많은 무기질 원소들이 나무속으로
스며들어갈 것입니다. 그러면 그 나무들은 돌로 바뀌지는 않지만 그러나
돌처럼 단단해질 것입니다. 이와 같이 우리가 스스로를 모든 능력의 근원
속으로 던지면, 하나님의 강건함이 우리 안으로 스며들어오게 될 것입니
다. 그러면 우리는 어떤 의무든지 능히 감당할 수 있게 될 것이며 "우리를
사랑하신 자로 말미암아 넉넉히 이기는 자"가 될 것입니다. 그러므로 "남
자답게 행동하라"는 훈계는 결코 조롱하는 것도, 공허한 것도, 쓸데없는
것도 아닙니다. "남자답게 행동하라, 강건하라, 그리고 남자가 되어라."
만일 우리가 합당한 조건을 지키기만 한다면, 하나님의 능력이 때를 따라
우리에게 부어질 것입니다. 다음과 같은 위대한 약속에 따라 말입니다.
"내 은혜가 네게 족하도다 이는 내 능력이 약한 데서 온전하여짐이라"(고
후 12:9).

지금까지 우리는 전쟁과 관련한 분위기를 풍기는 훈계들을 모두 살펴보았습니다. 이제 우리는 그러한 훈계들을 뒤로 하고 좀 더 부드러운 훈계로 나아갈 때가 되었습니다. "너희 모든 일을 사랑으로 행하라."

여러 파당으로 나뉘어 서로 물고 뜯는 고린도인들에게 이것은 참으로 어려운 교훈이었습니다. 그러나 이러한 교훈은 기독교 공동체에서 벌어지는 각종 다툼들을 억누르기 위한 것보다 훨씬 더 넓게 적용될 수 있는 것이었습니다. 여기의 교훈은 모든 계명들을 요약한 것입니다. 우리가 사랑을 바울이 사용하는 대로 가장 넓은 의미로 받아들인다면 말입니다. 우리는 종종 그것을 둘로 나누어, 어떤 때는 하나님에 대한 사랑을 의미하는 것으로 생각하고, 또 어떤 때는 사람에 대한 사랑을 의미하는 것으로 생각합니다. 그러나 신약에서 둘은 결코 나누어질 수 없는 것으로 나타납니다. 그러므로 우리는 본문의 위대한 교훈을 사랑이란 단어가 갖는 풍성하고도 광범위한 의미에 비추어 해석해야 합니다.

먼저 우리는 그리스도인의 모든 싸움에 있어 참된 승리자는 다름 아닌 사랑이란 사실을 기억해야 합니다. 만일 우리가 하나님을 사랑한다면, 다시 말해서 어느 때든지 우리 마음이 그의 사랑을 의식하며 그에게로 향한다면, 과연 어떤 악이나 유혹이 우리를 주관할 수 있을까요? 그것들이 변장한 마귀들임을 우리가 충분히 알아챌 수 있지 않겠습니까? 우리가 하나님을 사랑하는 분량만큼 우리는 모든 죄를 이길 것입니다. 그리고 하나님의 따뜻하고 달콤한 빛이 우리 영혼을 비출 때, 우리는 어떤 유혹 속에서든 그 속에 감추어진 더럽고 불결한 것들을 능히 분별할 수 있게 될 것입니다. 만일 여러분이 믿음의 싸움에서 승리자가 되기를 원한다면, 그것을 위한 참된 방법은 "하나님의 사랑 안에서 자신을 지키는" 것임을 잊지 마십시오(유 1:21). "너희 모든 일을 사랑으로 행하라."

또 여기에서 바울이 위대한 진리를 얼마나 아름답게 제시하고 있는지 주목하십시오. 우리는 사랑과 온유함이야말로 가장 강한 것임을 종종 잊는 경향이 있습니다. 진정으로 강한 사람은 세상이 추구하는 것처럼 어떤 육체적인 힘이나 혹은 지적인 힘을 가진 사람이 아니라 사랑이 많은 사람입니다. 만일 우리가 정말로 아름다운 기독교적 성품을 이룬다면, 필경 우리의 삶 속에서 사랑과 강함이 온전히 일체가 되어 나타날 것입니다. 이런 사람이 정말로 온전한 사람입니다. 나아가 우리는 사랑과 강함이 완전하게 결합된 예를 우리 구주 안에서 보게 됩니다. 왜냐하면 그 안에서 "강하신 하나님의 아들"과 "불멸의 사랑"이 최고의 형태로 나타나기 때문입니다. 그리스도께서 승리하신 것처럼 그의 병사들도 승리할 것입니다. 깨어 있는 것과 굳게 서는 것과 남자답게 용기 있게 행동하는 것과 강건한 것이 모두 사랑 안에서 세례를 받으며, 또 그것으로 말미암아 온전케 된다면 말입니다.

30
저주와 은혜

"나 바울은 친필로 너희에게 문안하노니
만일 누구든지 주를 사랑하지 아니하면 저주를 받을지어다
우리 주여 오시옵소서 주 예수 그리스도의 은혜가 너희와 함께 하고
나의 사랑이 그리스도 예수 안에서 너희 무리와 함께 할지어다"
고전 16:21-24

고린도교회를 향한 바울의 긴 편지는 엄중함과 부드러움이 특이하게 혼합된 마지막 인사와 함께 끝납니다. 서신 전체에 걸쳐 그는 훈계와 책망과 분개가 뒤섞인 어조를 취하지 않을 수 없었습니다. 그는 고린도인들의 많은 잘못들, 예컨대 그들의 분파적 정신과 도덕성이 결여된 것과 패역한 죄를 묵인한 것과 주의 만찬을 잘못되게 행한 것과 부활을 부인한 것 등에 대해 견책하지 않을 수 없었습니다. 그런 가운데 본문의 마지막 엄중한 경고에서 그는 이러한 모든 악들의 근원을 주를 사랑하지 않는 것으로 간주하면서 그것의 치명적인 결과를 경고합니다. "저주를 받을지어다."

그러나 바울은 이러한 두려운 말로 자신의 편지를 끝맺고 싶어하지 않습니다. 우레에 이어 부드러운 비가 따르고, 그 빗방울 위에 햇빛이 반짝입니다. "주 예수 그리스도의 은혜가 너희와 함께 하고." 바울은 편지의 마지막을 책망이나 경고의 분위기로 끝맺기를 원치 않습니다. 그는 자신이 그들 모두를 사랑한다는 사실을 나타내기를 바랍니다. 그리하여 바울

은 그들 모두를 불러 모읍니다. 그들은 분파주의자들이며, 죄 가운데 빠진 가련한 형제들이며, 부활의 교리를 잘못 이해한 자들이었습니다. 그런 그들 모두를 바울은 자신의 마지막 인사 속으로 불러 모아 말합니다. "지금까지 너희를 심하게 꾸짖었지만 그러나 나는 정말로 너희를 사랑하노라."

정말 멋지지 않습니까? 이처럼 마지막 인사말에서 경고와 사랑의 말이 나란히 나타나는 사실을 통해 우리는 바울의 성품을 새롭게 발견할 수 있습니다. 이처럼 엄중함과 부드러움이 뒤엉킨 가운데 우리는 바울이 전파한 복음의 참된 성격을 발견할 수 있습니다. 여기에서 우리가 살펴보고자 하는 것은 바로 이 부분입니다.

1. 첫째로, 주를 사랑하지 않는 자들에게 임할 두려운 운명을 주목하십시오.

여기에 번역되지 않은 채 원문 그대로 나오는 '아나테마'와 '마라나타' 두 단어를 주목하십시오(KJV의 22절은 다음과 같음: If any man love not the Lord Jesus Christ, let him be Anathema Maranatha). 여기에서 첫 번째로 주목해야 할 사실은 뒤에 나오는 '마라나타'가 앞에 나오는 '아나테마'와 독립적으로 별도의 한 문장을 형성한다는 사실입니다. 아나테마는 '제물' 혹은 '드려진 것'을 의미합니다. 신약에서 그 단어의 의미는 구약을 헬라어로 번역한 번역본에서 그 단어가 어떻게 사용되었나 하는 것과 관련됩니다. 구약의 헬라어 역본에서 아나테마는 특별한 의미로 하나님께 구별되어 드려진 사람이나 물건을 지칭합니다. 예를 들어, 가나안 정복의 이야기 속에서 우리는 "저주받은"(accused) 혹은 "드려진"(devoted) 혹은 "쫓겨난"(put under a ban) 사람이나 물건이나 장소(예컨대 여리고 도성 같은) 등에 대해 읽게 됩니다. 이러한 "드려짐"은 그렇게 드려진 사람이나 물건이 멸망으로 운명지워지는 그러한 종류의 드려짐이었습니다. 가나안 정복 중에 행해진 모든 두려운 일들은 바로 이와 같은 개념 하에서 이루어진 것이었습니다. 그 기저(基底)에 있는 개념은 악한 것들이 하나님과 접촉할 때 그것은 필연적으로 멸망을 당해야만 한다는 것이었습니다. 본문의 '아나테마'의 의미는 바로 이와 관련된 것입니다.

본문에서 그것은 매우 은유적으로 사용되었습니다. 그것은 마치 죄로 가득 찬 도성들이 하나님과 접촉될 때 즉시로 멸망을 당했던 것처럼 주를 사랑하지 않는 자들이 그와 같이 될 것을 시사합니다.

또 하나의 단어 '마라나타'는 위에서 언급한 것처럼 앞의 '아나테마'와는 별개로 새로운 문장을 형성합니다. 마라나타는 아마도 바울 시대에 팔레스타인 지역의 지방어(地方語)였던 것으로 보입니다. 그리고 '아겔다마' '에바다' 등과 같이 복음서 곳곳에 흩어져 있는 번역되지 않은 단어들 대부분이 여기에 속하는 것으로 생각됩니다. 마라나타는 "우리 주께서 오신다"(our Lord comes)를 의미합니다. 바울이 왜 이방인 교회에 보내는 편지에다가 이와 같은 낯선 언어를 사용했는지에 대해 우리는 아무것도 알지 못합니다. 어쩌면 그것은 초창기 유대인 그리스도인들 사이에 일종의 암호 같은 것이었으며, 그런 가운데 자연스럽게 바울의 입술에서 나온 것이었는지도 모릅니다. 그러나 어쨌든 여기에서 '마라나타'란 단어를 사용한 것은 앞의 경고가 이루어질 때를 가리킴으로써 그 경고를 좀 더 강력하게 하기 위한 것이었습니다. "만일 누구든지 주를 사랑하지 아니하면 저주를 받을지어다 우리 주여 오시옵소서." 우리가 여기에서 주목해야 할 또 하나의 사실은 22절 전반부가 바울 편에서의 어떤 기원이나 바라는 바가 아니라 일종의 엄숙한 예언적 경고라는 사실입니다. 우리는 22절 전체를 다음과 같은 한 문장으로 표현할 수 있을 것입니다 ― 사랑의 주님의 오심은 그를 사랑하지 않는 자들의 멸망이니라.

"우리 주여 오시옵소서." 바울의 기독교는 시제적(時制的)으로 다음과 같은 두 사실로 모아집니다. 하나는 과거시제로서 그리스도께서 오셨다는 것이고, 또 하나는 미래시제로서 그리스도께서 오실 것이라는 것입니다. 전자는 기념을 위한 것으로서 '요람에의 오심'이며, 후자는 소망을 위한 것으로서 '영광의 보좌에의 오심'입니다. 그리고 현수교(懸垂橋)의 튼튼한 양 교각 같은 이러한 두 시제(時制) 사이에 현재라고 하는 연약한 구조물이 걸려 있습니다. 오늘날 많은 사람들은 전자(前者)에 대한 믿음과 함께 후자(後者)에 대한 기대를 잃어버리고 말았습니다. 그러나 만일 우리가 두 번째 오심이 첫 번째 오심의 필연적인 귀결이면서 동시에 완성이라는 사실을 깨닫지 못한다면, 우리는 성경을 제대로 이해하지 못한 것입니다. 생명에 대한 신약의 모든 관점들은 바로 이런 토대 위에 세워져 있습니다. 두 번째 오심은 자석처럼 유익한 두려움으로 사람들을 예수 그리스도께로 이끕니다. 본문에는 '주의 오심의 때'에 관한 어떤 암시도 나타나 있지 않습니다. 때와 관련한 세세한 것들은 비본질적인 것이며 따라서 우리는 그런 것들에 주의를 기울일 필요가 없습니다. 그가 두 번째로 오실 것이란 약속이 오늘 당장 성취되든지 혹은 수천 년 후에 성취되는지 그 사실 자체는 똑같습니다. 또 우리 삶을 움직이는 동기(動機)로서의 영향력 또한 마찬가지입니다. 그가 오실 때 여러분과 내가 그 자리에 있기만 하다면 말입니다.

육체로 오신 것 외에도 과거에 그의 오심은 여러 차례 있었습니다. 역사 속에 이미 나타났던 주의 날들(the days of the Lord)은 한두 번이 아닙니다. 그 모든 날들의 한 가지 특징은 그를 대적한 자들이 즉각적으로 멸망을 당하는 것이었습니다. 성경은 이러한 '주의 오심'의 개념을 나타내는 일련의 은유들을 가지고 있는데, 그것은 홍수라든지 혹은 추수라든지 혹은 하나님이 잠에서 깨어나시는 것 등입니다. 이 모든 것들은 동일한 개념을 나타냅니다. 주의 날 혹은 주의 오심은 이러한 예표적이며 예비적인 심판의 날들이 갖는 모든 특징들을 포함하면서 동시에 그것들을 훨씬 더 능가합니다. 이 부분을 상세하게 다루는 것은 본 설교의 목적에서 벗어나는 것입니다. 여기에서는 다만 다음과 같은 질문을 여러분과 나 자신에게 던지는 것으로 만족하고자 합니다. "여러분과 나는 마라나타라는 옛 교회의 암호에다가 정말로 그에 합당한 중요성을 부여하고 있습니까?"

사랑의 주님의 오심은 곧 그를 사랑하지 않는 자들의 멸망을 의미합니다. 아나테마에 함축된 멸망은 존재의 종지(終止)가 아니라 죽음을 의미합니다. 그런데 그 죽음은 죽음보다 더 나쁜 죽음입니다. 왜냐하면 그것은 살았으나 죽은 것이기 때문입니다. 자신의 모든 과거가 소멸된 어떤 사람을 상상해 보십시오. 그의 모든 노력과 소유와 기억과 의식이 사라지고 소멸되었습니다. 자신의 옛 자아와 현재의 자아를 돌아볼 때, 그는 모든 것이 사라지고 다만 혼돈만을 느낄 뿐입니다. 이것이 그에게 '아나테마'의 성취가 아니면 무엇이겠습니까?

이러한 개념들에 더하여 그가 사랑 없는 심판 앞에서 떨고 있는 것을 상상해 보십시오. 그것은 얼마나 두려운 모습입니까? 그러한 두려움을 설명하는데 사람의 유창한 말이 무슨 필요가 있겠습니까? 주를 사랑하지 않는 심령은 사랑의 주님 앞에서 결코 평안을 가질 수 없습니다. 그가 사랑하지 않는 것은 사랑을 알지 못하며 또 믿지도 않기 때문입니다. 그러므로 사랑하지 않는 심령은 단지 그리스도의 진노의 측면만을 인식할 수 있을 뿐입니다. 그것은 사랑의 열매를 결여한 심령입니다. 히브리서는 "모든 사람과 더불어 화평함과 거룩함을 따르라 이것이 없이는 아무도 주를 보지 못하리라"(12:14)라고 경고하는데, 바로 이것이 결여된 심령입니다. 그러므로 주를 사랑하지 않는 심령이 무한하신 사랑의 주님과 접촉될 때 생명이 아니라 죽음이, 빛이 아니라 어둠이, 소망이 아니라 두려움이 따를 것이라는 경고는 결코 자의적인 것도 잔혹한 것도 아닙니다. 여기에서 바울이 긍정어를 사용하지 않고 부정어를 사용한 것을 주목하십시오. 그는 "주를 미워하는 자는"이라고 말하지 않고 "주를 사랑하지 않는 자는"이라고 말합니다. 믿음의 열매인 적극적인 사랑의 감정은 의를 행하는 원동력으로서 그리스도 앞에 설 때 칭찬받는 조건입니다. 그러므로 그것의 부재(不在)는 그가 멸망에 떨어질 운명임을 보여주는 충분한 증거가 됩니다.

2. 둘째로, 오실 주님이 주시는 현재적 은혜를 주목하십시오.

"우리 주여 오시옵소서 주 예수 그리스도의 은혜가 너희와 함께 할지어다." 이 두 가지는 서로 모순되지 않습니다. 그러나 우리는 종종 그것들이 서로 모순되는 것처럼 다룹니다. 어떤 사람은 이러한 반명제의 이쪽 부분만을 붙잡고, 또 어떤 사람은 저쪽 부분만을 붙잡으면서, 그것들을 분리시켜 서로 모순되는 이론들을 만들어 냅니다. 그러나 참된 진리는 둘을 함께 붙잡으면서, 은혜 없는 두려움도 없으며 두려움 없는 은혜도 없다고 말합니다. 만일 우리가 신적 성품 가운데 두려운 측면을 희생시킨다면, 우리는 부지불식간에 은혜로운 측면까지도 희생시키고 말게 될 것입니다. 만일 여러분이 하나님에게서 두려운 속성을 배제시켜 버린다면, 그의 사랑 역시 이래도 좋고 저래도 좋다는 식의 왜곡된 사랑밖에는 아무것도 남지 않을 것입니다. 주의 두려움과 주의 사랑은 우리의 생각 속에서든 우리의 가르침에서든 결코 나누어져서는 안 됩니다.

오실 주님이 주시는 현재적 은혜가 무엇인지 주목하십시오. 그것은 고린도교회 성도들의 모든 허물과 연약함을 끌어안는 은혜입니다 — 주 예수 그리스도의 은혜가 너희와 함께 할지어다. 고린도교회에는 "나는 바울에게, 나는 아볼로에게, 나는 게바에게, 나는 그리스도에게 속한 자라"라고 말하는 자들이 있었습니다. 그 교회에는 "이방인 중에서도 없는" 더러운 죄로 영혼과 육체를 더럽히고, 공동체를 타락시키며, 그리스도의 이름을 모독한 자들이 있었습니다. 그 교회에는 함께 성찬에 참여하면서도 어떤 사람은 배고프고, 어떤 사람은 취하는 일도 있었습니다. 그 교회에는 죽은 자의 부활을 믿지 않는 자들이 있었습니다. 그럼에도 불구하고 바울은 거대한 무지개, 즉 그들 모두를 에워싸는 사랑의 무지개를 던집니다. 그리고 그들 모두를 에워싸는 사랑은 그 품에 아무도 배제하지 않습니다. 긍휼을 베풀며 용서하며 정결케 하는 은혜는 가장 악하고 죄 많고 더러운 인생들조차도 기댈 수 있는 은혜입니다. 다시 오실 주 예수 그리스도가 우리 모두와 함께 하시며, 또 우리의 악하고 연약한 형제들과 함께 하신다는 사실을 잊지 마십시오. 그의 모든 것을 에워싸는, 모든 것을 소망하는, 모든 것을 잊어버리는, 모든 것을 회복시키는 사랑 안에서 말입니다. 우리의 마음을 충만한 빛으로 채우기 위해 필요한 모든 것은 우리가 그를 완전히 신뢰하는 가운데, 율법의 완성이며 복음의 면류관인 사랑으로 그를 사랑하는 것입니다.

3. 마지막으로, 바울 사도 자신의 따뜻한 사랑의 메시지를 주목하십시오.

"나의 사랑이 그리스도 예수 안에서 너희 무리와 함께 할지어다." 사도 자신으로부터의 마지막 사랑의 메시지는 매우 파격적입니다. 바울의 서신들 가운데, 말미에 그리스도의 은혜를 구하는 장엄한 기원에 이어 자신의 사랑의 메시지를 덧붙이는 것은 여기 외에 다른 곳에서는 나타나지 않습니다. 그러나 바울은 여기에서 자신의 통상적인 관례를 벗어나 마지막 개인적인 인사말을 덧붙입니다: 나의 사랑이 그리스도 예수 안에서 너희 무리와 함께 할지어다. 어쩌면 그는 고린도교회의 성도들에게 주님의 마음과 함께 자신의 마음을 남겨야겠다고 느끼고 있는지 모릅니다. 책망은 사랑의 증표입니다. 엄중한 꾸짖음은 사랑의 언어일 수 있습니다. 있음직한 악들에 대해 단호하게 경고하는 것은 사랑의 의무입니다. 이와 같이 바울은 자신이 꾸짖고 있었던 모든 자들을 자신의 사랑의 품으로 끌어안고 있는데, 바로 이것이 그들을 꾸짖었던 근본적인 이유였습니다.

여기의 마지막 사랑의 메시지는 마치 치유하는 향유(香油)처럼 그의 엄중한 꾸짖음으로 상처받은 심령들에 부어져야 했습니다. 그리고 그것은 그들의 상처가 증오하는 적에 의해서가 아니라 사랑하는 친구에 의해 야기된 것임을 보여주었습니다. 이러한 마지막 사랑의 미소는 사실상 이렇게 이야기하고 있습니다. "내가 사실을 말했다고 해서 너희의 적이 되겠느냐? 그 모든 것은 내가 너희를 정말로 사랑했음을 나타내는 것이니라."

바울의 경우를 복음 전반으로 확장시켜 보십시오. 기독교가 주의 두려움을 전파할 때, 많은 사람들은 기독교를 "악의적이며 사랑이 없다"고 비난합니다. 그러나 과연 그렇습니까? 결코 그렇지 않습니다. 참된 복음이라면 마땅히 주를 사랑하지 않는 자들의 죽음과 멸망에 대해 분명하게 말해야 합니다. 위험한 장소에 세워진 표지판을 생각해 보십시오. 그 표지판은 그곳을 지나는 모든 사람들에게 그곳에 특별한 위험이 있음을 알려줍니다. 그렇지만 어떤 사람이 그 표지판과 충돌했다고 해서 그 표지판을 비난하겠습니까? 복음이 사람들에게 두려운 위험을 경고하면서 그곳으로 향하지 말도록 경고한다고 해서 복음을 무자비하며 냉혹한 것이라고 비난하겠습니까? 복음은 주의 두려움을 분명하게 말하면서 사람들로 하여금 그것을 피하도록 설득합니다. 사람들이 우리에게 "영광의 주님 앞에서 영원한 멸망에 대해 말하는 것이 당신들의 복음입니까?"라고 묻는다면, 그에 대한 우리의 대답은 이것입니다. "그렇습니다. 그럼으로써 그것을 듣는 자들로 하여금 그러한 진노를 피하고 영원한 피난처인 만세반석으로 나아가도록 하기 위한 것입니다."

그러므로 사랑하는 형제들이여, 여기서 말하는 결론은 "온 마음과 믿음으로 심판주이신 사랑의 주님이 주시는 현재적 은혜를 붙잡자"는 것입니다. 여러분은 그렇게 할 수 있습니다. 또 그렇게 하는 것이 여러분의 유일한 소망입니다. 그러면 여러분은 그렇게 하셨습니까? 그렇다면, 여러분은 여러분의 머리를 주의 보좌를 향해 들고 기뻐할 수 있을 것입니다. 친구이신 구주께서 마침내 오셔서 도우시고 축복하시며 구원하실 것을 아는 자들처럼 말입니다. 그러나 만일 그렇지 않다면, 주를 사랑하지 않는 자들은 그가 오실 때 마치 불타는 낙엽처럼 오그라들 것이라는 경고를 마음을 열고 받아들이십시오. 그때는 그를 사랑하는 자들에게는 생명의 날이 될 것이지만, 그렇지 않은 자들에게는 멸망의 날이 될 것입니다. "이로써 사랑이 우리에게 온전히 이루어진 것은 우리로 심판 날에 담대함을 가지게 하려 함이니"(요일 4:17).

고린도후서

1
하나님의 '예'와 사람들의 '아멘'

"하나님의 약속은 얼마든지 그리스도 안에서 예가 되니
그런즉 그로 말미암아 우리가 아멘 하여 하나님께 영광을 돌리게 되느니라"
고후 1:20
For how many soever be the promises of God, in Him is the yea:
wherefore also through Him is the Amen(Revised Version).
For all the promises of God in him [are] yea, and in him Amen,
unto the glory of God by us(KJV).

본문은 개정역(Revised Version)에서 개정됨으로써 영어권 독자들이 그 힘과 아름다움을 좀 더 잘 이해할 수 있게 된 여러 구절들 가운데 하나입니다. 우리가 어떤 본문을 좀 더 잘 이해하게 되는 것은 일부 그 본문을 읽는 방식에 달려 있기도 하지만, 그러나 또 다른 부분은 번역에 달려 있기도 합니다. 흠정역(KJV)에서 '예'와 '아멘'은 거의 동의어적인 표현으로서 본질적으로 동일한 것, 즉 예수 그리스도가 하나님의 약속의 확증이며 인을 치는 것이라는 사실을 가리키고 있는 것으로 보입니다. 그러나 개정역에서 특별히 대명사가 바뀐 것은 바울이 '예'와 '아멘'을 서로 다른 의미로 사용했음을 좀 더 분명하게 보여줍니다. 전자는 하나님의 음성이며, 후자는 사람의 음성입니다. 전자는 신적 계시의 확증과 관련되며, 후자는 그러한 계시에 대한 우리의 믿음과 관련됩니다. 하나님이 그리스도 안에서 말씀하실 때, 하나님은 자신이 전에 말한 모든 것을 확증하십니다. 또 하나님이 그리스도 안에서 말씀하시는 것을 우리가 들을 때, 우리의 입술은 그러한 위대한 약속들에 대해 '아멘'으로 화답합니다. 그러므로 우리는 여기에서 주의 일하심에 있어서의 양쪽 측면을 보게 되는데, 한쪽 측면은 하나님이 그리스도 안에서 자신의 이전의 계시들을 확증하는 것이며, 다른 측면은 그러한 계시에 사람이 보내는 믿음의 동의입니다. 따라서 나는 여기에서 그와 같은 두 측면을 살펴보고자 합니다. 첫째는, 그리스도 안에서의 하나님의 확증이며, 둘째는, 그리스도를 통한 인간의 확신입니다.

확증과 확신은 항상 함께 가는 것은 아닙니다. 우리는 매우 의심스러운 사실에 대해서도 매우 강력하게 확신할 수 있는 반면, 매우 확실한 사실에 대해서도 매우 심하게 의심할 수 있습니다. 우리가 어떤 진리나 사실들을 확실한 것으로 말할 때, 그것은 우리가 그것들에 대해 어떻게 생각하느냐 하는 것이 아니라 그것들이 근거하는 증거 안에서 그것들이 무엇이냐 하는 것을 의미합니다. 확실한 사실은 반박할 수 없는 증거를 가진 사실입니다. 그리고 확실한 사실 앞에서 사람이 가져야 할 올바른 태도는 그 사실의 확실성을 받아들이는 것입니다. 지금 바울 사도는 우리에게 이러한 두 가지, 즉 예수 그리스도 안에서 우리에게 주어진 것과, 예수 그리스도를 통해 우리에게 주어진 것에 대해 말하고 있습니다. 이제 이러한 두 가지 측면을 살펴보도록 합시다.

1. 첫째로, 그리스도 안에서의 하나님의 확증.

본문이 가리키는 것은 물론 구약 전반에 걸친 모든 위대한 약속들입니다. 바울은 이러한 약속들이 예수 그리스도의 나타남과 사역 안에서 사람들에게 인쳐지고 확증되었다고 말합니다. 이와 관련하여 나는 여러분이 우리에게 있어 예수 그리스도 안에서 의심의 여지 없이 확증된 것들에 대해 간단하게나마 생각해보기를 바랍니다.

먼저 하나님의 마음에 대한 확증이 있습니다. 우리에 대한 하나님의 뜻과 태도와 관련하여, 우리는 대체로 추측하고 바라고 소망하며 의문을 품는 정도입니다. 옛 성직자 가운데 한 사람은 어디에선가 이렇게 말했습니다. "하나님을 아는 다른 모든 길은 마치 당긴 활과 같은 반면 그리스도는 직선으로 뻗은 길이다." 하늘에 계신 하나님이 사람들에 대해 사랑의 마음을 가지고 계시다는 사실을 우리가 확신할 수 있는 유일한 방편은 예수 그리스도에 의한 것입니다. 우리가 그러한 사실을 도대체 어떻게 확신할 수 있는지 생각해 보십시오. 말이나 논증은 별로 중요하지 않습니다. 오직 사실만이 중요할 뿐입니다. 단순히 "하나님은 사랑이라"라고 말하는 계시는 — 설령 그것이 너무도 값진 것이라 할지라도 — 우리의 필요에 충분치 못합니다. 우리는 사랑이 실제로 행해지는 것을 보기를 원합니다. 우리가 그것을 확신할 수 있으려면 말입니다. 하나님의 사랑을 증명하는 유일한 방법은 그것을 실제적인 행동으로 증거하는 것입니다. 우리는 그러한 증거를 어디에서 얻습니까? 바로 예수 그리스도의 십자가 위에서입니다. 다른 어떤 것도 하나님이 우리를 사랑하신다는 사실에 대한 확실한 증거가 되지 못합니다. "사랑은 여기 있으니 우리가 하나님을 사랑한 것이 아니요 하나님이 우리를 사랑하사 우리 죄를 속하기 위하여 화목 제물로 그 아들을 보내셨음이라"(요일 4:10).

어떤 사람들은 "도대체 하나님의 사랑을 증명할 필요가 어디에 있단 말인가?"라는 의문을 가질 것입니다. 물론 이런 의문을 갖는 사람은 기독교적 환경 속에서 살아온 사람들일 것입니다. 그들은 이렇게 말합니다. "우리는 하나님이 우리를 사랑하신다는 사실을 증명하는 역사적 계시를 원하지 않노라." 그러나 그들이 그와 같이 생각하는 것 자체도 그들의 모든 생각이 의식적으로든 무의식적으로든 그들이 지금 필요 없다고 말하는 바로 그 계시에 의해 채색되고 조명되었기 때문입니다. 하나님의 사랑은 우리의 가장 소중한 믿음의 주제이면서 동시에 가장 무시무시한 의심의 주제이기도 합니다. 하나님의 마음이 우리에 대한 사랑으로 가득 차 있다는 사실을 절대적으로 확신할 수 있는 유일한 길은 하나님이 우리에게 계시하신 대로 우리가 하나님을 바라보는 것입니다. 단순히 그리스도의 말씀 안에서가 아니라 그의 생애와 죽음 전체를 통해 말입니다. 왜냐하면 그리스도의 말씀은 — 물론 너무도 값진 것이기는 하지만 — 하나님의 계시의 지극히 작은 일부에 불과하며, 또한 그리스도의 생애와 죽음 안에서 하나님의 마음이 우리에게 완전하게 나타나기 때문입니다. 그리스도께서 자신과 관련하여 말씀하신 것을 되새겨 보십시오. 그는 "나에게 들은 자는 아버지를 깨닫느니라"라고 말하지 않고 "나를 본 자는 아버지도 보았느니라"라고 말씀하셨습니다. "하나님의 약속은 얼마든지 그리스도 안에서 예가 되니." 하나님의 사랑의 마음에 대한 희미한 계시들이 예수 그리스도의 생애와 죽음의 사실에 의해 확증됩니다. 하나님은 "우리가 아직 죄인 되었을 때에 그리스도께서 우리를 위하여 죽으심으로 우리에 대한 자기의 사랑을 확증"하셨습니다(롬 5:8).

나아가 우리는 그리스도 안에서 죄 사함의 확증을 갖습니다. 우리의 경험은 우리에게 죄 사함의 분명한 확증이 필요함을 알려줍니다. 사람들이 그것을 항상 느끼지는 않습니다. 많은 사람들이 그것을 그냥 스치고 지나갑니다. 그리고 그들은 매우 피상적인 삶의 방식 속에서 죄와 관련한 가르침을 필요 없는 것으로 여깁니다. 그러나 조용한 시간에 자신의 삶을 돌아보며 하나님의 율법과 직면할 때, 지금까지 악을 행하는 것과 그로 말미암는 하나님의 두려운 징벌을 대수롭지 않게 여겼던 것은 일순간 사라지고 맙니다. 그러므로 나는 죄 사함과 관련한 메시지가 없는 종교는 오랫동안 지속되며 강력한 힘을 발휘할 수 없을 것이라고 확신합니다.

또 나는 오늘날 기독교가 상대적으로 힘이 약해진 이유 가운데 하나가 이와 같은 인간의 가장 근본적인 필요가 충분히 부응되지 못했기 때문이라고 생각합니다. 우리의 종교체계 속에는 반드시 죄와 관련한 분명한 메시지가 있어야만 합니다. 각성된 양심의 필요에 부응하는 유일한 메시지는 의로우신 예수 그리스도께서 우리 죄인들을 위해 죽으셨다는 고전적인 메시지입니다. 세상의 다른 모든 종교들이 나름대로 죄 사함의 도리를 더듬어 찾고자 했지만 그러나 모두 실패했습니다. 그러나 여기에 하나님의 '예'가 있습니다. 오직 그 위에다가 우리는 우리 영혼의 모든 무거운 것들을 걸 수 있습니다. 우리를 무시무시한 진흙 구덩이로부터 끌어올려 줄 밧줄을 상상해 보십시오. 우리는 그것에 우리 스스로를 맡기기 전에 먼저 그것을 시험해 볼 필요가 있습니다. 오늘날 세상에 죄 사함과 관련한 피상적인 이론들이 많이 있습니다. "우리가 그 안에서 그의 피로 말미암아 구속 곧 죄 사함을 받았으니"라고 말하는 하나만을 제외하고, 나머지 모든 이론들은 마치 중간이 반쯤 잘려져서 어느 정도 무게가 가해지면 즉시 끊어져 버릴 밧줄과 같습니다. 죄의 두려운 실재와 그것의 심오한 의미를 깨달은 자가 의지할 수 있는 밧줄은 "그리스도께서 단번에 죄를 위하여 죽으사 의인으로서 불의한 자를 대신하셨으니 이는 우리를 하나님 앞으로 인도하려 하심이라"라고 말하는 복음 외에 아무것도 없습니다(벧전 3:18). "하나님의 약속은 얼마든지 그리스도 안에서 예가 되니."

또 우리는 그리스도 안에서 삶에 있어서의 완전한 확실성을 발견합니다. 그리스도는 우리의 모든 행동에 있어 절대적이며 완전한 모범입니다. 비록 거기에 불확실한 것이나 혼돈케 하는 것들이 있다 할지라도, 우리는 그 안에서 도덕과 의무와 기타 우리가 알아야 할 모든 것의 절대적인 기준을 보게 됩니다. 그러므로 우리가 지향할 절대적인 목표는 예수 그리스도를 닮는 것입니다. 그러므로 신적 계시의 약속들뿐만 아니라 그것의 윤리적 측면에서의 엄숙한 계명들까지도 예수 그리스도 안에서 '예'가 됩니다. 그는 우리 삶의 율법을 굳게 세웁니다.

나아가 우리는 보호를 받는다든지 인도를 받는다든지 모든 필요한 것들을 공급받는 등에 있어서도 예수 그리스도 안에서 확증을 갖습니다. 왜냐하면 예수 그리스도는 하나님의 약속들을 확증할 뿐만 아니라 또한 성취하기 때문입니다. 만일 우리가 우리 삶 속에 사랑하는 주님을 모시고 있다면, 또 만일 그가 그를 사랑하며 의지하는 자들에게 속하는 것처럼 우리에게 속한다면, 우리는 그 안에서 하나님이 다른 곳에서 주신 모든 약속들을 실제적으로 소유합니다.

그리스도는 다양한 측면을 가지고 있습니다. 그는 모든 사람에게 각자가 요구하는 모든 것이 되십니다. 그는 이를테면 "사탕으로 가득 찬 상자"

입니다. "그 안에 모든 보화가 감취어져" 있습니다. 지혜와 지식뿐만 아니라 거룩한 선물들까지 말입니다. 그것을 얻고자 하면 우리는 단지 그에게 가기만 하면 됩니다. 남태평양의 따뜻한 섬들에서는 나무 한 그루가 사람에게 필요한 모든 것을 제공해 줍니다. 그들의 음식을 위해 열매를 제공해 주고, 거주할 집을 위해 잎을 제공해 줄 뿐만 아니라 기타 막대기와 실과 바늘과 의복과 마실 것까지 제공해 줍니다. 그와 같이 생명 나무이신 예수 그리스도 자신이 모든 약속들의 총체입니다. 만일 우리가 그를 갖는다면, 우리는 우리가 필요로 하는 모든 것을 갖는 것입니다.

마지막으로, 그리스도 안에서 우리는 미래와 관련한 확증을 갖습니다. 앞에서 하나님의 마음의 계시와 관련하여 말했을 때와 마찬가지로 미래와 관련한 계시에서도 단지 말 자체만으로는 충분하지 않습니다. 우리에게 말과 논증은 이미 충분합니다. 우리에게 필요한 것은 사실들입니다. 미래의 삶과 관련해서 "아마도 이럴 것이다" 따위의 추측은 이미 충분합니다. 우리에게 필요한 것은 누군가가 삶과 죽음 사이의 심연을 통과하여 갔다가 다시 돌아오는 것입니다. 그러므로 우리는 그리스도의 부활 안에서 불멸을 확신할 수 있는 하나의 사실을 갖게 됩니다. 아울러 나는 그 사실 외에 또 다른 사실이 있다고는 생각하지 않습니다. 오직 그 사실 위에서 우리는 "만일 사람이 죽으면 다시 사는가?"란 질문에 대한 완전한 대답을 얻게 됩니다. 오늘날의 세대는 내가 보기에 다음과 같은 양자택일 아래 놓여 있습니다 ― 그리스도의 부활을 받아들이느냐, 아니면 우리가 짐승처럼 죽어 소멸되는 것을 받아들이느냐. "하나님의 약속은 얼마든지 그리스도 안에서 예가 되니."

2. 둘째로, 하나님의 확증에 응답하는 인간의 확신.

하나님의 확증이 "그리스도 안에서" 되어지는 것이라면, 그에 대한 인간의 확신은 "그리스도를 통해서" 되어지는 것입니다. 하나님의 확증에 대한 그리스도인의 합당한 태도는 그것을 주저 없이, 그리고 즐거이 동의하며 받아들이는 것입니다. 이와 같이 인간의 확신은 하나님의 확증에 대한 합당한 응답입니다.

우리가 확신하는 것들과 그것들이 근거하는 기초 사이에는 분명한 일치가 있어야 합니다. 자기 아들의 생애와 죽음으로 인침받은 최고의 확증으로 오시는 하나님께 거의 목구멍에 들러붙은 목소리로 마지못해 "아멘"으로 대답하는 것은 참으로 초라한 응답입니다. 반석 위에다가 반석을 세우십시오. 하나님이 확증하시는 확실한 것들을 확신하십시오. 튼튼한 버팀줄을 굳은 손으로 붙잡으십시오. 움직일 수 없는 확고한 기초를 확고하게 붙잡으십시오. 바위(rock)에 찰싹 달라붙어 있는 굴처럼 영원한 반석(the Rock)에 굳게 달라붙어 있으십시오. 신자(信者)에게 머뭇거림이 있을 때, 그것은 계시의 확실성에 대한 모독입니다.

하나님의 확증에 대한 인간의 합당한 반응인 이러한 확신과 머뭇거리며 동의하는 반쪽짜리 믿음 사이의 틈은 얼마나 깊고 넓습니까? 이에 대한 이유는 부분적으로 도덕적이며, 부분적으로 지적입니다. 오늘날의 풍조는 보이지 않는 세계와 관련한 믿음을 주저 없이 고백하는 것에 대해 호의적이지 않습니다. 또 많은 사람들이 편협한 자 혹은 교조주의자로 불리는 것을 두려워하는 가운데 "아, 그럴 수도 있겠네요, 그렇지만 나는 꼭 그렇게 확신하지는 않습니다"라고 말하는 것을 매우 포용적이며 관대하며 교양 있는 태도로 여깁니다. 그러나 그리스도 안에서 '예'가 되는 하나님의 모든 약속들에 대해 우리는 마땅히 그리스도를 통해 '아멘'으로 응답해야 합니다.

우리에게는 언제까지나 불확실한 것들이 많이 있습니다. 더 굳은 확신일수록 그러한 확신이 붙잡을 수 있는 대상은 더 적어집니다. 그렇지만 그러한 것들이 아주 적다할지라도, 그것들은 우리에게 매우 충분할 것입니다. 그리스도 안에서 확증되는 모든 진리들, 예컨대 하나님의 마음, 죄 사함의 메시지, 삶을 위한 법칙, 인도하심과 보호하심과 거룩하게 하심의 은사들, 불멸의 확실한 소망 등의 진리들에 대해 우리는 그것들을 분명하게 확신해야 합니다. 설령 그러한 진리들 가운데 어떤 불확실성의 영역이 있다 할지라도 말입니다. 그리스도인의 언어는 "우리는 안다"입니다. "우리는 바란다, 우리는 추측한다, 우리는 추론한다, 우리는 생각한다"가 아니라 "우리는 안다"입니다. 그럴 때 우리는 그러한 확신의 풍성한 축복과 능력을 경험하게 될 것입니다.

그러한 고요한 확신이 가져다주는 축복은 너무도 크고 분명한 것이어서 굳이 여기에서 길게 논할 필요조차 없습니다. 특별히 오늘날과 같은 급변하는 세상에서는 더욱 그러합니다. 그렇지만 본 설교를 마치기 전에 한 가지는 분명히 지적하고자 하는데, 그것은 그러한 확신을 얻을 수 있는 통로와 관련한 것입니다. "그로 말미암아(through him) 우리가 아멘 하여." 그가 바로 그 통로입니다. 그가 확증하는 진리들은 그 자신과 하나로 뒤엉켜 있습니다. 따라서 여러분은 그리스도를 배제하고서는 그러한 진리들을 얻을 수 없습니다. 그리스도와 그의 복음 사이의 관계는 다른 교사들과 그들이 전파하는 말 사이의 관계와 전혀 다릅니다. 여러분은 플라톤의 말을 받아들일 수 있습니다. 그렇게 말하는 플라톤에 대해 여러분이 어떻게 생각하든지 간에 말입니다. 그러나 여러분은 그리스도와 그의 가르침을 플라톤의 경우처럼 분리시킬 수 없습니다. 만일 여러분이 그리스도의 가르침을 받아들인다면, 여러분은 그리스도 자신을 받아들여야만 합니다. 그러므로 그리스도를 오류 없는 완전한 계시자로 믿고, 지적(知的)으로 그를 받아들이십시오. 여러분의 마음과 의지를 여러분의 주가 되시는 그에게 복종시키십시오. 그리고 그를 여러분의 모든 소망의 축복의 원천으로 신뢰하십시오. 바로 이것이 확신에 이르는 길이며, 여러분이 취할 수 있는 다른 길은 없습니다.

이와 같이 만일 우리가 그리스도를 가까이 하면, 우리는 하나님의 약속들이 우리의 삶 속에서 현재적으로 경험되며 성취되는 것을 보게 될 것입니다. 그리고 우리는 그러한 약속들을 더욱 확신하게 될 것입니다. 왜냐하면 우리는 이미 그것들을 가지고 있기 때문입니다. 사람들이 우리에게 이렇게 묻는 것을 상상해 보십시오. "우리는 하나님에 대해 무엇인가를 알 수 있습니까? 도대체 하나님이 계시기는 한 것입니까? 죄 사함 같은 것이 정말로 있습니까? 우리는 삶에 있어서의 절대적인 법칙들을 발견할 수 있습니까? 죽음 너머에 어떤 것이 있습니까?" 이와 같은 물음들에 대해 우리는 이렇게 대답할 수 있습니다. "내가 한 가지 아는 것은 예수 그리스도가 나의 구주가 되신다는 사실과 그 안에서 내가 하나님과 죄 사함과 마땅히 행할 의무와 거룩하게 되는 것과 안전하게 거하는 것과 영원히 사는 것을 안다는 사실입니다. 다른 것은 몰라도 최소한 이것은 내가 분명히 압니다."

높은 곳으로 올라가 보십시오. 그러면 여러분은 모든 것을 흐릿하게 만드는 안개 위에 있게 될 것입니다. 안개 아래 있는 사람들은 안개 너머에 무엇이 있는지를 두고 서로 말다툼을 벌일 것입니다. 그러나 안개 위에 있는 여러분은 멀리 해변이 있는 것을 보면서 그 해변의 아름다움을 만끽할 것입니다. 우리는 하나님의 모든 약속들을 현재적으로 소유합니다. 어떤 사람들은 그러한 약속들의 확실성을 의심할는지 모르지만, 그러나 자기가 하나님의 자녀임을 아는 자들은, 그리고 죄 사함과 인도하심과 기도 응답을 경험한 자들은 모든 것을 분명하게 압니다.

이와 같이 그리스도께 가까이 붙어 있으면서 그의 손을 굳게 붙잡으십시오. 그러면 여러분은 하나님의 '예'에 대해 즐겁게 '아멘'으로 화답할 수 있을 것입니다. 왜냐하면 우리는 그 안에서 아버지를 알며, 그 안에서 우리가 죄 사함을 받았음을 알며, 그 안에서 하나님이 우리를 도우시며 인도하시며 축복하시기 위해 가까이 계심을 알며, 그 안에서 "이 땅의 장막 집이 무너져도 하늘의 집이 있음을" 알기 때문입니다. 그러므로 우리는 항상 확신합니다. 그리고 하늘의 음성이 '예'라고 말할 때, 우리는 목소리를 합쳐 "아멘! 주는 신실하며 참된 증인이시나이다"라고 화답합니다.

2
기름 부으심과 굳건하게 하심

"우리를 너희와 함께 그리스도 안에서 굳건하게 하시고
우리에게 기름을 부으신 이는 하나님이시니"
고후 1:21

여기에서 기름 부으심과 굳건하게 하심이라는 두 단어가 함께 나오는 것은 사소하며 일상적인 것들을 큰 진리의 틀 안에서 보고자 했던 바울의 전형적인 습관의 일례(一例)입니다. 본문의 문맥에 나타나는 것처럼 그는 고린도에 가고자 했던 자신의 계획을 포기하지 않을 수 없었습니다. 그러자 그의 생애 내내 그의 발꿈치를 물고 늘어졌던 대적자들은 그가 계획을 변경한 것을 그에 대한 또 다른 비난의 기회로 삼았습니다. 그들은 그가 제멋대로 움직이는 변덕스러운 사람이라고 말하면서, 한쪽 입으로는 '예'라고 하면서 다른 쪽 입으로는 '아니'라고 말했습니다. 바울은 이러한 참소에 대해 격렬하면서도 엄중하게 항변합니다. 그들의 참소에 대한 응답으로 그는 하나님의 신실하심과 함께 그가 전파한 복음과 하나님의 위대한 '예'를 가리킵니다. 사실상 그는 이렇게 말합니다. "어떻게 내가 그렇게 변덕을 부릴 수 있겠느냐? 나의 전 존재는 견고하며 흔들림 없는 복음으로 붙잡혀 있는데, 그런 내가 어떻게 제멋대로 움직이며 변덕을 부리겠느냐? 메시지를 전하는 자는 자기가 전하는 메시지와 같아지는 법이니라. 어떤 사람이 신실하신 하나님과 교제한다면, 그 역시도 신실한 자가 되지 않겠느냐? 하나님의 '예'의 확증과 우리의 '아멘'의 확신은 우리의 성품을 그와 같이 확고하게 만들 것이니라." 기독교 복음은 견고한 복음입니다. 그런데 그 복음을 받은 자가 견고한 삶의 태도를 갖지 못한 채 제멋대로 행동하며 변덕을 부린다는 것은 분명한 모순입니다. 문맥에서 바울은 복음의 굳건함을 가리키는 것에서 한 걸음 더 나아가, 기름 부음을 통해 하나님이 신자들에게 주시는 굳건함의 사실을 가리킵니다.

그러므로 본문을 통해 우리는 굳건함과 견고함이 그리스도인의 표지이며, 이러한 기독교적 굳건함은 기름 부음을 통해 하나님 자신으로부터 직접적으로 오는 선물이라는 사실을 발견하게 됩니다. 이제 이와 관련하여 다음과 같은 몇 가지를 살펴보도록 합시다.

1. 첫째로, 이러한 기독교적 굳건함의 근원을 주목하십시오.

내가 볼 때 원문의 표현은 하반절의 "기름 부음"이 상반절의 "굳건함"의 조건이라는, 다시 말해서 하나님이 성령의 기름 부음을 통해 이와 같은 기독교적 굳건함을 주신다는 의미를 담고 있는 것으로 보입니다.

여기에서 바울이 하나의 덕(德)의 기초를 얼마나 깊이까지 파고들어가고 있는지 주목하십시오. 사람이 굳건함의 성품을 계발시키는 데는 여러 방법들이 있습니다. 많은 훈련을 통해 그렇게 할 수도 있을 것입니다. 그러나 본문은 그것보다 훨씬 더 깊은 신적(神的)인 기초가 필요하다고 말합니다. 사람의 나약하며 변덕적인 의지와 제멋대로 왔다 갔다 하는 우유부단한 심령에 하나님의 영으로 말미암아 주어지는 강함과 견고함과 굳건함이 전달되어야 합니다.

성경의 처음부터 끝까지 "기름 부음"은 참된 신적 영향력이 전달되는 것을 상징합니다. 선지자와 제사장과 왕의 머리 위에 부어지는 기름은 그들의 직분에 합당한 신적 영향력이 그들에게 전달되는 것을 표현하는 것이었습니다. 지금 우리의 목적과는 다소 동떨어지기는 하지만, 그러나 그와 같은 상징이 얼마나 적절한 것이었는지에 대해 한 마디 하고 지나가고 싶습니다. 어떤 것 위에 기름이 부어질 때, 그 기름은 그것의 표면을 부드럽게 만듭니다. 만일 우리가 기름을 피부에 바른다면, 우리의 피부는 유연하게 되며 영양을 공급받고 윤기 있게 될 것입니다. 이와 같이 기름을 붓는 것은 하나님이 자기 자녀들에게 주시는 성령의 은밀하며, 조용하며, 소생시키며, 영양을 공급하며, 윤기 있게 하는 영향력을 적절히 상징합니다.

특별히 여기에서 성령의 기름 부음은 기독교적 굳건함의 참된 근거와 기초로서 언급되고 있습니다. 따라서 본문의 기름 부음은 단순히 사도나 다른 직분에 임명받는 것을 의미하는 것이 아니라, 모든 그리스도인이 그것을 소유함을 나타내는 것입니다. 사도 요한도 소수의 선택된 사람들만이 아니라 기독교회 전체가 기름 부음을 받았음을 이야기합니다 — 너희는 거룩하신 자에게서 기름 부음을 받고(요일 2:20). 살아 계신 그리스도와 연결된 모든 남자와 여자가 그로부터 이 위대한 은사를 받습니다.

나아가 이러한 성령의 기름 부음이 그리스도의 기름 부음으로부터 말미암은 것이며, 그것과 동류(同類)라는 사실을 주목하십시오. 우리는 종종 "그리스도"라는 단어를 그 본래의 의미는 망각한 채 고유명사로만 사용하곤 합니다. 그리스도는 "기름 부음을 받은 자"를 의미합니다. 본문을 다시 한 번 세밀하게 살펴보십시오 — "우리를 너희와 함께 그리스도 안에서 굳건하게 하시고 우리에게 기름을 부으신 이는 하나님이시니." 그것을 우리는 이렇게 읽을 수 있습니다 — "우리를 너희와 함께 '기름 부음을 받은 자' 안에서 굳건하게 하시고 우리에게 기름을 부으신 이는 하나님이시니." 상반절과 하반절에서 똑같은 뿌리를 가진 두 단어가 나란히 사용된 것을 주목하십시오. 바울이 이와 같이 같은 뿌리를 가진 두 단어를 나란히 사용한 것이 단순한 우연이거나 아니면 그의 어휘 사용능력이 빈약해서였기 때문일까요? 그와 같은 표현으로서 그가 다음과 같은 의미를 나타내고자 한 것은 아니었을까요? "만일 너희가 그리스도인(Christian)이라면, 너희 각자는 매우 참된 의미에서 그리스도(Christ)이니라."

여러분 역시도 기름 부음을 받은 자입니다. 여러분 역시도 하나님의 메시야입니다. 여러분 위에도 그리스도 위에 부어졌던 동일한 성령이 부어졌습니다. 물론 그 분량에 있어서는 차이가 있지만 말입니다. 그에게는 한량 없이(without measure) 부어졌지만, 여러분에게는 어느 정도 분량만큼(in a measure) 부어졌습니다. 그리스도께서 교회에 주신 은사들 가운데 가장 주된 은사는 그 자신의 생명의 은사입니다. 그의 모든 형제들은 그의 머리 위에 부어졌던 기름으로 기름 부음을 받습니다. 마치 "아론의 수염에 흘러서 그의 옷깃까지 내리는" 기름처럼 말입니다(시 133:2). 그리스도 위에 임한 기름 부음으로 기름 부음을 받음으로써, 그의 모든 백성들은 그와 동일한 본성을 주장하며, 그와 동일한 운명을 소망할 수 있게 되었습니다. 만일 그리스도가 그와 같은 기름 부음으로 세상을 위한 선지자와 제사장과 왕이 되셨다면, 그의 모든 자녀들도 2차적인 그러나 실제적인 방식으로 그러한 직분들에 참여합니다. 그들은 사람들에게 하나님을 알리는 선지자들이며, 영적 제사를 드리는 제사장들이며, 최소한 스스로를 다스리는 그리고 뜻하기만 한다면 세상을 다스리는 — 왜냐하면 세상은 하나님을 사랑하며 섬기는 자들을 섬기며 순종하기 때문입니다 — 왕들입니다. 여러분은 성령의 기름 부음을 받았습니다. 그리고 그런 면에서 여러분은 '메시야'이며 '그리스도'입니다.

이것이 정말로 사실이라면, 모든 그리스도인들에게 주어진 이와 같은 거룩한 기름 부음이 모든 굳건함의 기초라는 사실은 너무도 분명합니다.

우리는 그리스도의 온유함에 대해 많이 이야기합니다. 그리고 그것은 아무리 강조해도 결코 지나치지 않습니다. 그러나 우리는 자칫 그것이 힘의 온유함이라는 사실을 쉽게 잊을 우려가 있습니다. 우리는 온유함이란 속성에 있어 그것의 남성적인 측면을 충분히 주목하지 않습니다. 불굴의 의지와 분명한 목표와 모든 시험 앞에서의 변함없는 순종 같은 것 말입니다. 그리스도와 관련하여 우리 앞에 떠오르는 모습은 굳은 의지와 결연한 태도로 끝까지 목적지를 향해 나아가는 모습보다 병든 자들을 불쌍히 여기는 모습이 훨씬 더 강렬한 것 같습니다. 그러나 그리스도 안에 있는 남성적 측면의 온유함 역시도 결코 간과되어서는 안 됩니다. 그러한 그리스도께서 우리에게 그의 영을 주셔서 우리로 하여금 선한 일을 행함에 있어 그 자신처럼 굳건하며 견고하며 흔들림 없도록 만들어 주십니다.

그와, 같이 거룩한 영은 우리의 나약하며 변덕스러운 성품을 고쳐줄 것입니다. 왜냐하면 우리의 의지는 순종 안에서 확고하게 될 때까지 결코 확고하게 되지 않으며, 하나님을 섬기기로 선택할 때까지 결코 자유케 되지 않기 때문입니다. 하나님이 주시는 거룩한 영은 우리 마음의 우유부단함을 고쳐줄 것이며, 우리를 그리스도께 굳게 결속시킬 것입니다. 또 그 영은 외적인 것들에 매여 있는 우리의 나약함을 고쳐줄 것입니다. 우리 모두는 그 바늘이 쉽게 위 아래로 흔들리는 아네로이드(aneroid) 기압계와 너무도 흡사합니다. 그렇지만 만일 그리스도의 영이 우리 안에 거한다면, 그 영은 우리를 묶고 있는 세상의 각종 끈들을 끊어버릴 것이며, 우리로 하여금 세상이 가져다주는 것보다 훨씬 더 깊은 사랑을 소유하도록 만들어 줄 것입니다. 그럴 때 우리를 둘러싼 세상의 모든 풍조들은 무력하게 될 것입니다. 만일 우리 안에 거룩한 영이 거한다면, 그 영은 우리로 진리의 고귀함과 그리스도의 복음의 확실한 축복을 경험하도록 만들어 줄 것입니다. 그리고 그럴 때 우리가 그러한 상급을 가져다주는 믿음을 저버리는 것은 불가능한 일이 될 것입니다. 그 마음속에 그리스도를 아는 것이 있으며, 거룩한 영의 은사로 예수 그리스도와 굳게 결속된 자 외에는 어느 누구도 참된 진리 즉 그리스도의 인격과 굳게 결속될 수 없습니다.

사랑하는 형제들이여, 오늘날 세상은 굳건함에 대한 각종 지혜의 말들로 가득 차 있으며, 확고한 목표와 단호한 성품을 선(善)을 이루는 기초로서 높이 평가합니다. 그런 가운데 우리의 복음은 초라하며 보잘것없는 것처럼 여겨집니다. 그러나 우리가 참으로 굳건하며 견고하게 되는 것은 오직 굳건하며 견고하신 예수 그리스도와 단단히 결합됨으로써 그렇게 되는 것이라는 사실을 잊지 마십시오. 그리고 여러분 안에 내주하시는 그리스도께 더 단단히 붙어 있으십시오. 그러면 여러분은 더욱 굳건하고 견고한 자가 될 것입니다.

2. 둘째로, 이러한 기독교적 굳건함의 목표 혹은 목적을 주목하십시오.

"우리를 너희와 함께 그리스도 안에서 굳건하게 하시고." 이러한 말씀은 두 가지를 함축하는 것으로 보이는데, 그 중 하나는 하나님의 영으로 말미암아 이루어지는 우리의 굳건함은 우리가 예수 그리스도와 관계하는 그 관계 속에서의 굳건함이라는 것입니다. 우리는 그리스도와의 관계 속에서 굳건하게 세워집니다. 다시 말해서, 바울이 여기에서 첫 번째로 의미하는 것은 그가 그리스도이시며, 하나님의 아들이시며, 세상의 구주이시며, 자신의 구주시라는 사실에 대한 분명한 확신입니다. 이것이 첫 번째 단계입니다. 지적(知的)인 확신이 없이 굳건한 사람은 진정으로 굳건한 사람이 아닙니다. 그것은 단지 강팍하며 완악한 것에 불과합니다. 우리의 발걸음은 통상적으로 우리의 이해와 인식에 의해 인도됩니다. 만일 우리의 굳건함이 예수 그리스도가 우리의 삶과 죽음 그리고 우리의 내적 존재와 외적 존재를 위한 모든 것임을 분명하고도 지적(知的)으로 받아들이는 것에 기초하지 않는다면, 우리의 굳건함은 아무것도 아닙니다.

바울이 두 번째로 의미하는 것은 그리스도와 관련한 우리의 믿음과 사랑의 굳건함입니다. 만일 그리스도로부터 온유함의 끊임없는 물결이 영원히 흘러나온다면, 그에 상응하여 우리의 마음도 계속해서 열린 가운데 감사의 마음이 끊이지 않을 것입니다. 만일 우리에 대한 그리스도의 사랑이 굳건하다면 우리의 마음에는 흔들림이나 동요나 변덕스러움이 없게 될 것입니다. 그리스도의 사랑은 영원합니다. 그리고 그는 자신의 마음을 나타내시며 전달하시는데 어떤 변덕스러움이나 동요도 없습니다. 그러므로 그리스도께 대한 우리의 믿음과 사랑에도 그와 같은 굳건함이 있어야 합니다. 이와 같이 바울은 지적 확신과 계속적인 사랑의 응답에 있어서의 굳건함뿐만 아니라 항상 그의 뜻을 행할 준비가 되어 있는 항시적(恒時的)인 순종까지도 의미합니다.

그러므로 우리는 그의 '예'에 대해 우리의 '아멘'으로 응답해야 합니다. 또 우리에게 변함없는 그리스도가 계시므로, 우리 역시도 변함없이 그 위에 굳게 서야 합니다. 오늘날 평균적인 그리스도인들의 모습을 특징짓는 변덕스럽고 요동치는 믿음과 사랑과 순종은 우리가 가진 굳건함의 영이 얼마나 빈약한가를 보여주는 슬픈 증거들입니다. 하나님의 '예'는 우리의 우물쭈물하는 '아멘'으로 응답되며, 하나님의 진리는 머뭇거림 가운데 받아들여지며, 하나님의 사랑은 오직 부분적으로만 보답되며, 하나님의 일은 마지못해 행해집니다. "내 사랑하는 형제들아 견실하며 흔들리지말고 항상 주의 일에 더욱 힘쓰는 자들이 되라"(고전 15:58).

위의 말씀 즉 "우리를 너희와 함께 그리스도 안에서 굳건하게 하시고"란 말씀이 두 번째로 함축하는 것은, 그러한 굳건함이 결과적으로 우리로 예수 그리스도께로 더 깊이 들어가며, 그를 더 풍성하게 소유하도록 이끈다는 사실입니다. 우리가 우리 주님을 더 많이 닮아갈 수 있는 유일한 길은 그 곁에 더 굳건하게 붙어 있는 것입니다. 만일 여러분이 어떤 풍경을 바라볼 때 가만히 자리에 앉아서 수동적으로만 응시한다면, 여러분은 그 풍경으로부터 어떤 특별한 영감을 얻지 못할 것입니다. 그냥 스치고 지나갈 뿐인 행인은 호수의 아름다움을 보지 못할 것입니다. 여러분이 어떤 사람과 여름과 겨울을 함께 보내기 전까지는 그를 잘 알 수 없을 것입니다. 만일 여러분이 어떤 주제에 대해 급하게 일견(一見)하고 지나갈 뿐이라면, 여러분은 결코 그 주제를 깊이 깨닫지 못할 것입니다.

아이작 뉴턴 경은 이렇게 말하곤 했습니다. "나는 결코 천재가 아닙니다. 다만 내 앞에 놓인 주제를 항상 붙잡고 있었을 뿐입니다." "내 안에 거하라 가지가 포도나무에 붙어 있지 아니하면 스스로 열매를 맺을 수 없음 같이 너희도 내 안에 있지 아니하면 그러하리라"(요 15:4). 그리스도께 변함없이 굳건하게 붙어 있는 것이 그의 모습으로 자라가며 계속해서 그의 아름다움을 더 많이 받는 조건입니다. "너는 여호와를 기다릴지어다 강하고 담대하며 여호와를 기다릴지어다"(시 27:14).

3. 마지막으로, 기독교적 굳건함이 스스로를 나타내는 일상적이며 통상적인 영역을 주목하십시오.

바울이 고린도에 가고자 한 것은 그들에게 기독교의 큰 원리들을 가르치기 위함이었습니다. 이로부터 우리는 일상생활의 사소한 일들은 하나님의 은혜의 가장 높은 은사들과 하나님의 말씀의 가장 큰 진리들에 의해 통제되어야 한다는 사실을 배우게 됩니다. 볼록렌즈로 태양의 빛을 모아 주방의 불을 붙이는 것은 결코 태양을 모독하는 것이 아닙니다. 마찬가지로 하나님의 거룩한 영이 우리로 하여금 우리의 일상생활의 사소한 일들을 올바로 처리하도록 도와준다고 말한다고 해서, 그것이 성령을 모독하는 것은 아닙니다. 만일 우리의 신앙이 일상의 사소한 일들에 영향을 끼치지 말아야 한다면, 그렇다면 그것은 도대체 어떤 일에 영향을 끼쳐야 한다는 말입니까? 우리의 삶은 사소한 일들로 이루어집니다. 그런데 만일 이와 같은 사소한 일들이 우리의 신앙의 영역이 아니라면, 도대체 무엇이 우리의 신앙의 영역이란 말입니까? 만일 여러분의 신앙이 사소한 일들에 영향을 끼치지 못한다면, 그것은 큰 일들에도 영향을 끼치지 못할 것입니다. 만일 여러분이 천천히 걷고 있는 말을 어거할 만한 능력을 갖고 있지 못하다면, 도대체 어떻게 전속력으로 달리는 말을 어거할 수 있겠습니까? "작은 일에 충성된 자는 큰 일에도 충성되니라." 그러므로 우리는 다음과 같은 두 가지 사실을 잊지 말아야 합니다. 첫째로, 우리의 모든 신앙은 우리의 삶 속에서 작동된다는 사실과, 둘째로, 우리의 모든 삶은 우리의 신앙으로부터 나온 동기들에 의해 지배된다는 사실 말입니다.

여기에서 굳건함과 견고함이라는 특별한 덕을 다시 한 번 생각해 봅시다. 만일 여러분이 이러한 덕을 가지고 있지 못하다면, 여러분은 세상에서 어떠한 선(善)도 행할 수 없을 것입니다. 만일 어떤 사람이 주변의 반대를 극복할 수 있는 굳건함을 갖고 있지 못하다면, 그는 어떤 선에도 이르지 못할 것입니다. 모든 탁월함의 기초는 세상의 외적인 것들은 무시하고 하나님과 그리스도로로부터 말미암는 굳건한 자기 신뢰와 자기 중심을 계발하는 것입니다. 나는 여기에서 특별히 젊은이들에게 권고하고 싶습니다. 만일 여러분이 어떤 특별한 일을 행하거나 혹은 특별한 존재가 되기를 원한다면, 여러분은 굳건하며 흔들리지 않는 성품을 계발해야만 합니다. 그렇게 될 수 있는 한 가지 확실한 방법이 있는데, 그것은 여러분 안에 "강하신 하나님의 아들"을 모셔들이는 것입니다. 그리고 바로 그분 안에서 여러분의 저항과 순종과 순복의 힘을 발견하십시오. "내가 주를 항상 내 앞에 모심이여 그가 나의 오른쪽에 계시므로 내가 흔들리지 아니하리로다"(시 16:8).

세상에는 두 부류의 사람들이 있습니다. 첫째 부류는 아무런 뿌리도 없는 쭉정이로 상징되는 사람들입니다. 그들은 추수 때 타작마당에서 바람에 날아갈 것입니다. 이것은 그 삶의 원리가 주변 사람들의 지껄이는 소리에 매여 있는 많은 사람들의 그림입니다. 그들의 삶의 원리는 마치 굴뚝에서 나오는 연기처럼 바람 부는 대로 움직입니다. 그들은 선을 위한 삶의 의지가 아니라 바람 부는 대로 살아갑니다. 둘째 부류는 깊이 뿌리를 내린 나무로 상징되는 사람들입니다. 그들은 깊이 뿌리를 내리는 만큼 더 높이 올라갑니다. 뿌리가 더 깊이 뻗어 내려갈수록 가지는 더 푸른 잎과 풍성한 열매를 맺습니다. "우리가 시작할 때에 확신한 것을 끝까지 견고히 잡고 있으면 그리스도와 함께 참여한 자가 되리라"(히 3:14).

3
인침과 보증

"그가 또한 우리에게 인치시고 보증으로 우리 마음에 성령을 주셨느니라"
고후 1:22

본문과 본문의 앞 절에서 우리는 세 개의 강력한 은유를 보게 되는데, 그것은 '기름 부음'과 '인침'과 '보증'입니다. 그리고 이 세 가지 실재는 모두 하나님의 행동과 관련됩니다. 위의 세 은유는 모두 동일한 주제를 언급하는데, 그 주제는 마지막 것에서 충분하게 설명됩니다. '보증'은 "우리 마음에 성령을 주심"으로써 이루어집니다. 그리고 이것은 앞의 두 은유들에 대해서도 마찬가지입니다. 왜냐하면 '기름 부음'도 성령의 기름 부음이며, '인침'도 성령의 인침이기 때문입니다.

나아가 이러한 세 은유는 모두 하나의 동일한 행동을 언급합니다. 다시 말해서, 그것들은 서로 다른 세 개가 아니라 하나의 세 측면입니다. 마치 햇빛이 열원(熱源)과 광원(光源)과 전원(電源)의 세 측면을 갖는 것처럼 말입니다. 그러므로 '기름 부음'과 '인침'과 '보증'은 한 성령의 한 은사입니다. 나아가 이러한 세 은유 모두는 그리스도인들의 보편적인 특권을 선언합니다. 예수 그리스도를 사랑하는 모든 사람은 자기 믿음의 분량대로 성령을 받습니다. "누구든지 그리스도의 영이 없으면 그리스도의 사람이 아니라"(롬 8:9).

1. 본문의 첫 번째 은유인 성령의 '인침'을 주목하십시오.

밀랍 같은 물질에 인(印)을 찍는 것을 상상해 보십시오. 그것에 인을 찍기 위해서는 먼저 그것을 따뜻하게 데움으로써 부드럽고 말랑말랑하게 만들어야 합니다. 그리고 그 위에 인을 찍으면 그 자리에 그 인과 똑같은 표지가 남겨집니다. 우리는 여기에서 인이라는 상징과 그리스도인의 삶 사이에 존재하는 유사성을 발견할 수 있습니다. 하나님의 영은 우리의 영들 속으로 들어와 우리의 딱딱한 심령을 부드럽고 말랑말랑하게 만들고 그 위에 인을 찍습니다. 이와 같이 우리의 심령에 인을 찍기 위해서는 먼저 우리의 심령을 믿음과 사랑의 온화함과 따뜻함으로 녹여야 합니다. 이러한 일반적인 이야기를 좀 더 상세하게 살펴보도록 합시다.

신적 내주(內住)하심은 모든 그리스도인에게 주어지는 그리스도의 보편적인 은사입니다. 그런데 이와 같은 모든 신적 내주하심은 그들로 하여금 내주하시는 자의 형상을 닮도록 이끕니다. 인간의 영 안에는 하나님의 형상을 받아들이는 어떤 용기(容器) 같은 것이 있는데, 그것은 자발적이며 의식적인 행동뿐 아니라 사랑이나 의나 참된 성결 등으로 존재합니다. 사람의 마음속으로 들어온 하나님의 영은 자신의 지혜로 그 마음을 지혜롭게 만들며, 자신의 힘으로 그 마음을 강하게 만들며, 자신의 은혜로 그 마음을 은혜롭게 만들며, 자신의 온유함으로 그 마음을 온유하게 만들며, 자신의 거룩함으로 그 마음을 거룩하게 만듭니다. 요컨대 하나님의 영이 어떤 사람의 마음속으로 들어올 때, 그 마음은 하나님의 영의 속성과 비슷하게 빚어질 것입니다.

뿐만 아니라 성령의 '인침'에는 서로 대응되는 특성도 있습니다. 어떤 인(印)을 부드러운 밀랍 위에 찍었다고 상상해 보십시오. 그러면 인의 튀어나온 부분은 밀랍에서는 들어간 부분이 되고, 인의 들어간 부분은 밀랍에서는 튀어나온 부분이 될 것입니다. 이와 같이 하나님의 영이 우리의 영 안으로 들어올 때, 그 영의 약속들은 믿음을 불러일으키고, 그 영의 은사들은 모든 것을 주실 것에 대한 열망을 불러일으킬 것입니다. 받는 자의 사랑은 주는 자의 사랑과 대응할 것이며, 결핍의 의식은 하나님의 충족함과 대응할 것이며, 우리의 텅 빔은 하나님의 가득 참과 대응할 것이며, 기도는 약속과 대응할 것이며, "아바 아버지"란 부르짖음은 "너는 내 아들이라"는 말씀과 대응할 것입니다. 또 열망과 간구와 간절함으로 위를 바라보는 눈은 아래를 향해 사랑을 베푸시는 따뜻한 눈과 대응할 것이며, 열린 마음은 뻗은 손과 대응할 것입니다.

나아가 밀랍에 인이 찍히는 것은 그것이 부드럽기 때문임을 주목하십시오. 요컨대 우리의 마음은 믿음으로써 하나님의 영의 내주(內住)하심을 위해 준비되어야 합니다. 단단한 돌판 같은 것에는 인이 찍히지 않을 것이며, 어떤 흔적도 남지 않을 것입니다. 하나님이 사람을 인치는 방법은 동전을 주조하는 것과는 다릅니다. 동전을 주조할 때는 차가운 쇠를 그냥 압착기로 눌러 강제로 모양을 새기지만, 그러나 하나님은 먼저 사람의 마음을 부드럽게 만드시고 난 후 따뜻하며 온화한 접촉으로 그 마음 위에 당신의 모양을 새깁니다. 그러므로 형제들이여, 우리는 여기에서 매우 중요한 교훈을 배울 수 있습니다. 즉 만일 여러분이 선해지기를 바란다면, 먼저 여러분의 마음을 부드럽게 하고서 의의 영과 접촉하십시오.

나아가 이러한 기독교적 성품들이 우리가 하나님께 속했음을 보여주는 참된 표적이라는 사실을 주목하십시오. 인(印)은 소유권을 나타내는 표지입니다. 그렇지 않습니까? 굵은 화살(broad arrow) 인장이 찍혀 있을 때, 그것이 왕실 소유의 물건임을 모든 사람이 압니다. 이와 같이 우리의 성품 위에 찍힌 성령의 인은 우리가 하나님께 속하며 하나님은 우리에게 속함을 나타내는 분명한 증표입니다. 다시 말해서, 어떤 사람이 그리스도인임을 보여주는 가장 확실한 증거는 그가 소유한 하나님의 모양 혹은 하나님과의 유사성입니다. 이와 같은 하나님의 모양 혹은 하나님과의 유사성은 한편으로는 세상을 위한 것이며, 또 한편으로는 그 자신을 위한 것입니다. 나는 그리스도인들이 그들 자신의 평강과 안식과 기쁨을 위해 마땅히 자신들이 그리스도인이며 하나님의 자녀라는 의식을 가져야만 한다고 믿습니다. 그렇지만 그러한 의식은 다른 사람들에게는 여러분이 그리스도인임을 증명하는 표적이 되지 못합니다. 그러나 만일 여러분이 외적인 덕과 아름다운 성품을 풍성하게 나타낸다면, 사람들은 여러분을 보고 이렇게 말할 것입니다. "이는 참으로 훌륭한 그리스도인이 아닌가!" 설령 여러분이 "나는 그리스도께 속하며 그리스도는 나에게 속한다"는 확신을 갖고 있지 못할 때에라도, 그들은 그렇게 말할 것입니다. 그러므로 두 가지, 즉 내적 확신과 외적 성품은 함께 가야 합니다. 하나님의 모양과 양자의 영과 그것을 붙잡는 믿음이 우리의 내적 생명 위에 찍혀야 하며, 또 외적인 삶을 위해 우리의 행실에 의의 선명한 인침이 있어야 합니다. 하나님은 자기 백성들 위에 자신의 이름을 새깁니다. 그러므로 선함과 온유함과 인내와 악을 미워하는 것과 열심히 선을 행하는 등의 그들의 모든 덕들은 실제적으로 "하나님의 표지"입니다.

여러분이 그리스도에게 속했다고 하는 복된 의식이, 여러분 자신의 외적인 의의 삶에 의해 여러분 자신과 다른 사람들에게 증명된다는 것은 아무리 강조해도 지나치지 않습니다. 여러분의 삶 위에 "본 제품은 순금 제품임을 보증함"이란 검인 도장과 같은 인이 찍혀 있습니까? 여러분 위에 여러분이 그리스도에게 속했음을 확증하는 의의 인이 찍혀 있습니까? 그러한 인(印)이 여러분의 전 존재 속에 스며들어 있습니까? 우리에게는 보이지만 다른 사람들에게는 보이지 않는 하나님의 인은 우리가 그에게 속했다고 하는 우리의 의식(意識)입니다. 그러나 그러한 의식은 하나님의 영이 만들어 내는 거룩한 삶의 외적 증거 여부에 의해 사실로서 입증되든지, 아니면 허상이나 위선으로 드러날 것입니다.

이와 같이 하나님의 소유권을 나타내는 성령의 인침은 또한 안전의 약속이기도 합니다. 도장을 찍는 것은 이제 그것이 모든 침해와 절도와 손상으로부터 안전하게 지켜짐을 나타내기 위한 것입니다. 특별히 본문의 은유에는 이러한 의미가 강하게 함축되어 있습니다. 인(印)이 안전의 약속인 것은 바로 그것이 소유권의 표지이기 때문입니다. 하나님의 영이 우리 안에 내주하심으로써 우리가 선과 공의를 사랑하며 열망하게 될 때, 그것은 새로 점령한 영토에 하나님의 깃발을 꽂는 것과 같은 것입니다. 그러면 하나님이 새롭게 자신의 소유가 된 것을 지키고 보존하지 않겠습니까? 우리를 아무렇지도 않게 포기할 정도로 그렇게 우리가 하나님께 대수롭지 않은 존재일까요? 결코 그렇지 않습니다. 그렇지만 우리가 하나님의 구원을 확신하게 되는 것은 하나님이 우리를 마귀와 우리 자신의 악한 마음으로부터 구원하실 때 비로소 그렇게 되는 것입니다. 그러므로 은밀하며 달콤한 내적 교제와 외적으로 나타나는 기독교적 성품이야말로 우리가 하나님께 속했다는 사실을 증명하는 완전한 보증이 되는 것입니다. 하나님 안에 거하십시오. 그러면 하나님이 여러분을 굳게 붙잡으실 것이며, 그의 힘이 여러분을 구원에 이르도록 지킬 것입니다. 그리고 바로 그 힘이 우리를 지키심으로 우리는 마침내 최종적인 구원에 이르게 될 것입니다.

2. 둘째로, 성령의 '보증'을 주목하십시오.

'보증'(혹은 보증금, 계약금; earnest)은 물건을 구입할 때나 혹은 어떤 계약을 맺을 때 나중에 전체 금액이 지급될 것에 대한 확증으로서 미리 주는 적은 금액의 돈을 의미합니다. 바울은 본문에서 성령의 '인침'이 또한 '보증'(혹은 보증금)이라고 말합니다. 인을 치는 것은 인침을 받은 자들에 대한 하나님의 소유권과 그들의 안전을 보장하는 것일 뿐만 아니라 또한 미래를 가리키면서 미래를 확증하는 것이기도 합니다.

성령의 인침이 '보증'(earnest)인 것은 **첫째로** 기독교적 성품과 경험이 장차 받을 기업의 보증이기 때문입니다. 그것은 이 땅에서의 기독교적 삶의 경험들이 불멸이기 때문입니다. 예수 그리스도가 죽음으로부터 부활한 것은 미래의 생명에 대한 객관적이며 외적인 증거입니다. 반면 기독교적 열망과 교제와 하나님을 굳게 붙잡는 등의 기독교적 삶의 사실들은 미래의 생명에 대한 주관적이며 내적인 증거들입니다. 실제로 만일 여러분이 구약을 펼친다면, 여러분은 살아 계신 하나님과의 축복된 교제의 경험으로부터 불멸의 소망이 솟아오르는 것을 보게 될 것입니다. 시편 기자가 "내 영혼을 음부에 버리지 아니하시며 주의 거룩한 자로 썩음을 당하지 않게 하실 것임이로다"라고 말했을 때, 그의 마음은 불멸의 확신으로 물결치고 있었던 것입니다. 마찬가지로 다른 시편 기자가 "주는 내 마음의 반석이시요 나의 영원한 분깃이시라"(시 73:26)라고 말했을 때, 그의 눈에는 저 멀리 희미하게 보이는 영원의 땅이 펼쳐져 있었던 것입니다. 우리도 동일한 것을 경험합니다. 우리가 하늘에 속한 미래의 삶을 믿노라고 아무리 많이 말한다고 하더라도, 우리가 그것을 우리 자신에게 이루어질 사실로서 실제적으로 붙잡는 것은 우리가 이 땅에서 하나님과 교제하며 접촉하는 분량만큼일 것입니다. 불멸의 확신은 이 땅에서 하나님과 즐거운 교제를 나누는 것의 직접적인 결과입니다. 겸손한 사랑으로 하나님을 향할 때 하나님 역시도 사랑의 얼굴로 자신을 향한다는 사실을 아는 자는 그 어떤 것도 이러한 교제를 깨뜨릴 수 없음을 분명히 확신할 것입니다.

믿음, 사랑, 자기 부인, 하나님과의 교제 — 이러한 것들이 죽음과 무슨 상관이 있습니까? 이러한 것들은 죽음의 칼에 의해 베어지지 않습니다. 빛이 칼에 의해 베어질 수 있겠습니까? 무력한 칼날은 빛을 그냥 지나갈 뿐입니다. 칼을 아무리 강하게 휘둘러도 아무 일도 생기지 않습니다. 죽음은 많은 유대의 끈들을 벨 수 있습니다. 그러나 하나님과 영혼을 묶고 있는 보이지 않는 견고한 끈은 결코 베어지지 않습니다. 죽음은 어둠의 문을 열고 우리 모두를 그곳으로 모는 — 마치 양들을 도살장으로 모는 것처럼 말입니다 — 냉혹한 문지기입니다. 그러나 믿음으로 하나님의 손을 붙잡는 법을 배운 자들에게 냉혹한 문지기는 부드러운 소녀로 바뀝니다. 그녀는 문을 지키고 있다가, 자기 앞에 나아오는 자들에게 빛과 온기(溫氣)와 평온의 문을 열어줍니다. 이와 같이 죽음은 하나님과의 교제를 결코 깨뜨릴 수 없습니다. 그리고 하나님과의 교제를 의식하는 것이야말로 장차 받을 기업의 확실한 보증입니다.

성령의 인침의 모든 결과들은 분명 불완전합니다. 그러나 그것은 분명 완전을 향해 나아갑니다. 이 땅에서 그 엔진은 절반의 속도로 작동합니다. 그러나 그 엔진은 훨씬 더 큰 힘을 낼 수 있는 능력을 가지고 있습니다. 그리스도인 안에 내재한 그러한 힘들은 분명 더 크고 더 많은 일을 행할 수 있는 능력을 가지고 있으며, 결국 그렇게 될 것입니다. 이와 같은 우리의 불완전한 기독교, 적고 보잘것없는 믿음, 작은 사랑과 흔들리는 결심, 어설픈 행함과 세상에 대한 집착 — 이 모든 것들은 예수 그리스도께서 위하여 짊어지신 것이 아닙니까? 분명 이 땅에서는 완전한 원(圓)의 단 편린에 불과하지만, 그러나 하늘에서는 완전한 원이 될 것입니다. 불완전한 것들은 마침내 완전하게 될 것이며, 하나님은 그렇게 하실 수 있습니다. 길은 하늘로 뻗어있으며, 마침내 그 길은 우리 하나님 자신이 해와 달이 되시는 하늘의 도성에까지 이어집니다. 그리고 그 길은 우리 모두를 그 도성까지 데려갈 것입니다.

성령의 인침이 보증인 것은 **둘째로** 그것이 전체의 일부이기 때문입니다. 우리는 이 땅에서의 종교적 경험들로서 하늘의 것들을 구상화(具象化)합니다. 하인이 고용되었을 때 그에게 주어진 한두 실링의 돈은 장차 연말에 지급될 급료와 같은 통화(通貨)입니다. 오늘 주어진 동전 몇 잎은 같은 금고로부터 나오는 것이며, 같은 금속으로부터 주조된 것이며, 같은 나라의 같은 통화의 일부입니다. 마찬가지로 이 땅에서는 작은 것으로 주어질지라도 장차 하늘에서는 무한한 부요함으로 주어질 것입니다. 여러분의 이 땅에서의 믿음과 사랑과 순종과 하나님과의 교제를 생각해 보십시오. 이제 그것들의 모든 한계를 제하십시오. 그것들로부터 모든 불완전한 것들을 빼고, 최상의 가능성을 곱하십시오. 그리고 그것들에 계속적인 힘을 더하고 영원까지 늘이십시오. 그러면 여러분은 하늘에 도달하게 될 것입니다. 보증(혹은 보증금)은 장차 받게 될 하늘의 기업의 작은 일부입니다.

그러므로 사랑하는 형제들이여, 여기에 우리 모두에게 주어진 은사가 있습니다. 그것은 우리의 연약함이 절실히 필요로 하는 은사며, 우리의 모든 나약한 본성을 위한 은사며, 우리의 모든 미약한 의지를 위한 은사며, 각종 올무로 둘러싸인 채 무거운 짐을 지고 싸우고 있는 우리의 모든 형제들을 위한 은사입니다. 그러므로 여러분과 나는 각자의 마음속에 하나님의 영, 강함의 영, 사랑과 굳건한 정신의 영, 양자의 영, 하나님을 아는 지혜와 계시의 영을 가질 수 있습니다. 그리고 그 영으로 말미암아 우리의 어둠이 밝혀지며, 우리의 마음이 하나님께 붙들어 매여지며, 우리의 영혼이 소생되며, 우리 가운데 가장 약한 자가 하나님의 사자처럼 강해집니다.

그리고 우리가 그 영을 받을 수 있는 조건은 바울이 제시한 것처럼 바로 이것입니다. "그 안에서 또한 믿어 약속의 성령으로 인치심을 받았으니 이는 우리 기업의 보증이 되사"(엡 1:13, 14). 우리의 주시며 성령을 주시는 자이신 예수 그리스도는 명절 끝 날에 서서 이렇게 외치셨습니다. "누구든지 목마르거든 내게로 와서 마시라 나를 믿는 자는 성경에 이름과 같이 그 배에서 생수의 강이 흘러나오리라 하시니 이는 그를 믿는 자들이 받을 성령을 가리켜 말씀하신 것이라"(요 7:37-39).

4
개선행렬

"항상 우리를 그리스도 안에서 이기게 하시고 우리로 말미암아 각처에서
그리스도를 아는 냄새를 나타내시는 하나님께 감사하노라"
고후 2:14

아마도 여러분은 로마 군대의 개선행렬에 대해 어느 정도 알고 있을
것이며, 나름대로 그에 대한 그림을 그려볼 수 있을 것입니다. 제일 앞에
흰 말들이 끄는 전차를 탄 장군이 있으며, 그 뒤를 월계관을 쓴 병사들이
따릅니다. 그리고 그 뒤에 시무룩한 표정의 포로들이 뒤따릅니다. 한편 구
경하는 군중들의 환호성과 함께 곳곳에서 향의 연기가 하늘로 올라갑니
다. 본문에서 바울의 마음에 있었던 것이 바로 이런 그림이었습니다.

바울은 자신과 자신의 동역자들을 정복당한 포로들로 생각합니다. 정복
자를 따르는 가운데 그의 승리를 빛나게 만드는 포로들 말입니다. 그는 그
와 같이 포로가 된 것을 매우 영광스럽게 생각합니다. 그에게 있어 최고의
수치는 도리어 최고의 영광이었습니다. 승리한 정복자의 전차를 따르는
포로들의 입술에서는 온갖 욕설과 저주가 나올 것이었습니다. 그러나 바
울의 입술에서는 억누를 수 없는 찬미가 쏟아져 나옵니다. 그리고 그는 군
중들의 환호에 기꺼이 동참합니다.

그리고 나서 바울은 개선 의식(儀式)의 다른 부분을 바라봅니다. 하늘로
올라가는 향의 연기가 그의 두 감각기관, 즉 그의 시각(視覺)과 후각(嗅覺)

을 자극합니다. 향의 연기는 마치 소용돌이치는 구름처럼 하늘로 올라가면서 향기로운 냄새를 풍깁니다. 그것을 바라보면서 그는 말합니다. "그리스도를 아는 냄새를 나타내시는 하나님께 감사하노라." 신적 사랑의 불꽃으로 불붙은 마음으로부터 거룩한 삶의 향기와 냄새가 피어오를 것입니다.

이와 같이 모든 그리스도인들 앞에는 그들의 삶의 이상(理想)과 비밀이 놓여 있습니다. 그리고 이것은 복음전파의 사역을 맡은 좁은 의미의 기독교 사역자들에게만 해당되는 것이 아닙니다.

우리는 여기에서 세 가지 개념을 볼 수 있는데, 첫째로, 정복당한 포로의 개념과, 둘째로, 정복자의 개선에 동참하는 포로의 개념과, 셋째로, 정복자의 권능의 전리품과 증거로서 끌려온 포로의 개념입니다. 나는 이러한 세 가지 개념이 여기에서 바울이 생각하고 있었던 것들을 설명해 준다고 생각합니다. 이제 그러한 것들을 하나씩 살펴보도록 합시다.

1. 첫째로, 모든 그리스도인들이 가장 참된 의미에서 정복당한 포로들이라는 사실을 주목하십시오.

모든 그리스도인은 그들을 정복한 정복자의 전차 바퀴에 묶인 포로들입니다. 이것은 그들이 전에는 그 정복자와 적대적인 관계에 있었음을 함축합니다. 바울 자신의 경험을 돌이켜 보십시오. 그는 지금 교리에 대해 말하고 있는 것이 아니라 자기 자신에 대해 말하고 있습니다. 그는 사실상 이렇게 말합니다. "나는 원수였으나 정복을 당했도다."

그러면 바울은 어떤 종류의 원수였습니까? 그는 자신이 그리스도인이 되기 전에 순전하며 부끄럽지 않는 삶을 살았었다고 말합니다. 그는 "율법의 의로는 흠이 없는" 사람이었습니다. 그는 율법의 모든 의무를 준행하는 사람이었으며, 온전하며 순전하며 절제하는 사람이었습니다. 어떤 사람도 그를 정죄할 수 없었습니다. 그는 자기 양심에 비추어 "이러저러한 일들을 행했어야 했는데"라고 말할 필요가 없었습니다. 이와 같이 순전하며 부끄럽지 않은 삶을 살았음에도 불구하고, 그는 지난날들을 돌아보며 "이 모든 것에도 불구하고 나는 원수였도다"라고 말합니다. 왜 그렇습니까? 그것은 지난날들을 돌아볼 때 그는 자신의 삶 속에 진정한 의미의 믿음과 사랑이 메말라 있었음을 인정하지 않을 수 없었기 때문입니다.

나는 여기에서 여러분들에게도 말하고 싶습니다. "바울의 이름을 여러분의 이름으로 바꾸십시오. 바울의 이야기는 여러분에게도 똑같이 사실입니다." 아마도 여러분은 순전하며 의로운 삶을 살려고 노력하는 훌륭한 사람들일는지 모릅니다. 여러분은 모든 의무를 행하며 악을 미워하며 멀리하는지 모릅니다. 그럼에도 불구하고 그리스도의 참된 백성이 되기 전까지는 여러분의 의지와 마음의 가장 깊은 곳은 여전히 정복되어야만 하는 곳으로 남아 있습니다. 나는 지금 설교를 듣고 있는 모든 사람들이 설교가 끝난 후 곧바로 죄 속으로 달려 들어갈 것이라고 말하고 있는 것이 아닙니다. 그렇지만 어떤 사람들은 틀림없이 그렇게 할 것입니다. 왜냐하면 어디에나 그 삶이 불결하며 그 생각이 온갖 어두운 것들로 오염된 사람들이 있게 마련이기 때문입니다. 그렇지만 대부분의 사람들은 그렇게까지는 하지 않을 것입니다. 그러나 나는 여러분에게 묻고 싶습니다. 여러분의 의지는 깨어지고 굴복되었습니까? 여러분의 심령은 평강의 왕이요 생명의 왕에 의해 굴복되고 정복되었습니까? 만일 그렇지 않다면, 여러분의 모든 의와 훌륭함과 외적인 종교성에도 불구하고 여러분의 내적 자아는 여전히 적대적이며 반역적입니다. 바로 이것이 본문이 말하는 바의 기초입니다.

그 외에 본문은 또 무엇을 제시합니까? 본문은 아무런 무기도 들지 않고 순전한 사랑 그 자체로 거둔 놀라운 승리를 제시합니다. 첫 기독교 황제인 콘스탄티누스 황제와 관련하여 말하여진 것과 마찬가지로, 하늘의 위대한 황제에 대하여도 "In hoc signo vinces!" 즉 "이 표지로 정복하라"고 말하여질 수 있습니다. 왜냐하면 그의 유일한 무기는 자기 아들의 십자가이기 때문입니다. 또 하나님은 오로지 무한한 사랑과 희생과 고난과 긍휼로 싸우기 때문입니다. 하나님은 마치 태양이 따뜻한 빛을 내리쬠으로서 두꺼운 얼음을 녹이는 것처럼 그렇게 정복합니다. 이와 같은 하나님은 그리스도 안에서 인간의 싸늘하며 강퍅한 죄성(罪性)과 더불어 싸우십니다. 그리고 그러한 죄성을 사랑과 찬미가 흐르는 아름다운 강으로 바꿉니다. 하나님은 오직 인내와 긍휼과 사랑으로 정복합니다.

본문 상반절은 또 우리에게 정복당한 포로의 참된 굴복에 대해 가르쳐 줍니다. 우리가 그에게 정복되는 것은 우리가 그의 사랑을 인식하며 받아들일 때입니다. 하나님이 우리를 정복하심에 있어 필요한 것은 오직 우리가 그의 크신 사랑을 인식하는 것뿐입니다.

또 본문에 나타난 승리의 개선행렬의 그림 속에서 우리는 모든 그리스도인들에 대한 장엄한 호소와 명령이 나타나는 것을 발견할 수 있습니다. 정복자의 전차 바퀴에 묶인 채 끌려오는 포로들을 생각해 보십시오. 그들은 무장해제를 당한 채 아무런 저항도 하지 못하고 줄에 묶인 채 자기 나라로부터 끌려옵니다. 그들이 살고 죽는 것은 오직 앞에서 전차를 타고 가고 있는 정복자의 마음 여하에 달려 있습니다. 이것은 우리 모든 그리스도인들의 모습을 보여주는 그림입니다. 만일 하나님이 그리스도 안에서 우리를 사랑하셨음을 믿는다면, 우리에게는 완전하며 무조건적인 굴복과 우리의 모든 의지와 소유를 포기하는 것이 필요합니다. 바로 이러한 것들이 정복당한 포로의 상황과 부합하는 의무들입니다.

이와 같이 만일 우리가 무한하신 사랑의 포로가 되었다면 그리고 값으로 산 것이 되었다면, 우리는 전적으로 우리 주인에게 예속되며, 살고 죽는 것이 완전히 그에게 달려 있게 될 것입니다. 여러분은 그의 창과 활의 포로인 분량만큼 그리스도인입니다. 여러분이 가진 영토는, 단지 봉신(封臣)에 불과함을 인정하는 분량만큼, 그리고 그를 향해 손을 뻗으며 다음과 같이 말하는 분량만큼 입니다. "주여 내가 여기 있나이다. 주께서 원하시는 대로 종에게 행하소서. 종은 종의 것이 아니나이다. 오직 주께서 나의 의지가 되시며 나의 왕이 되시며 나의 주관자가 되시나이다." 예수회(Society of Jesus)의 창시자 로욜라는 자신의 종단의 기본적인 규율로서 예수회의 모든 지체들은 사람의 손에 들린 막대기처럼 혹은 시체처럼 되어야만 한다고 말하곤 했습니다. 이것은 신성모독적이며 악한 주장이었지만, 그러나 그 안에 진정한 예수 공동체(Society of Jesus) 속에 들어온 자들과 관련한 진리의 단편이 들어 있습니다. 우리는 우리 스스로를 예수의 막대기와 지팡이로서 그의 손에 놓아야 하며, 우리 스스로를 그에게 온전히 굴복시켜야 합니다. 그렇지만 시체처럼 그렇게 하는 것이 아니라 "죽은 자 가운데 다시 살아난 자들처럼" 그렇게 해야 합니다.

2. 둘째로, 정복당한 포로들이 정복자의 개선행렬에 동참하는 것을 주목하십시오.

두 무리가 개선행렬을 이루고 있는데, 한 무리는 장군과 함께 싸운 병사들이고, 또 한 무리는 장군을 대적하여 싸운 포로들입니다. 어떤 주석가들은 여기에서 바울이 자신과 자신의 동역자들을 정복당한 포로들의 무리가 아니라 정복한 병사들의 무리에 속하는 것으로 여겼다고 생각합니다. 그러나 내가 볼 때 그러한 생각은 내가 채택하고 있는 입장보다 개연성이 훨씬 떨어진다고 여겨집니다. 그리고 그것은 전체 그림과도 잘 맞지 않는 것 같습니다. 그렇지만 바울의 생각이 어떤 것이었든지 간에, 본문은 가장 깊은 그리스도인의 삶의 실재 속에서 정복당해 포로가 된 적들이 이제 정복한 군대와 동맹관계가 됨을 암시합니다. 다른 말로 표현하면, 그리스도에 의해 정복당한 자들이 그리스도와 함께 개선행렬에 동참하는 것입니다. 바울의 입술로부터 터져 나오는 찬미는 이와 동일한 개념을 나타냅니다. 그는 자신을 정복한 자의 개선행렬에 동참하는 것을 조금도 부끄럽게 여기지 않고 도리어 영광으로 여기면서 감사와 찬미를 올립니다.

그리스도에 의해 정복당한 자들이 그리스도와 함께 개선행렬에 동참하는 개념을 좀 더 깊이 살펴보도록 합시다. 살고 죽는 것까지 포함되는 절대적이며 무조건적인 항복은 단지 자유의 또 다른 이름에 불과합니다. 예수 그리스도에게 절대적으로 의존한(dependent) 사람은 그 외에 자신을 포함한 모든 것으로부터 절대적으로 독립적(independent)입니다. 다시 말해서, 그리스도의 종이 되는 것은 그 외에 모든 것의 주인이 되는 것입니다. 우리가 스스로를 그리스도께 굴복시키며 기꺼이 순종의 멍에를 받아들일 때, 그리스도는 다른 모든 멍에들을 우리의 손으로부터 끊어버릴 것이며, 자신 외에 그 어떤 것도 우리의 주인이 되도록 허락하지 않을 것입니다. 만일 여러분이 그의 종이라면, 여러분은 다른 모든 것들로부터 자유롭습니다. 여러분이 스스로를 예수 그리스도께 굴복시키면, 바로 그 분량만큼 여러분은 모든 예속(隷屬)으로부터 자유를 얻게 될 것입니다. 여러분 자신의 의지나 약함 혹은 습관과 기호(嗜好)까지 포함해서 말입니다. 또 여러분은 사람들에게 의존하는 것으로부터, 다시 말해서 "그들이 나를 어떻게 생각할꼬?"라는 따위에 매이는 것으로부터 자유케 될 것입니다. 또 여러분은 어떤 외적인 것들에 의존하는 것으로부터, 예컨대 이것 혹은 저것이 없으면 살 수 없다고 느끼는 것으로부터 자유케 될 것입니다. 또 여러분은 사람을 괴롭히는 각종 두려움과 헛된 희망들로부터 해방될 것입니다. 만일 여러분이 그리스도를 여러분의 주인으로 삼는다면, 여러분은 세상과 시간과 사람들과 여타 다른 모든 것들의 주인이 될 것입니다. 이와 같이 그리스도에 의해 정복당할 때, 여러분은 그의 개선행렬에 동참하게 될 것입니다.

또 여기의 개념 속에서 우리는 의지와 사랑의 절대적이며 무조건적인 굴복이 사람에게 있어 최고의 영광이라는 사실을 발견할 수 있습니다. 사실 정복자의 전차 바퀴에 묶여 끌려오는 것은 큰 수치입니다. 이런 상황에서 포로로 끌려오는 어떤 왕들은 그러한 수치를 당하느니 차라리 스스로 목숨을 끊는 것을 선택하기도 했습니다. 마찬가지로 우리에게 있어 스스로를 사람의 통치에 굴복시키거나 사람에게 의존하는 것은 수치스러운 일입니다. 그러나 그리스도의 발아래 엎드려 스스로를 그에게 온전히 굴복시키는 것은 가장 큰 영광이며 존귀입니다. 또 스스로를 그리스도께 굴복시키는 것은 인간의 본성을 고양(高揚)시키는 것입니다. 참으로 존귀한 자들은 "정복자와 함께 나아오는" 자들입니다. 우리가 스스로를 그에게 굴복시키며 그를 우리 왕으로 삼을 때, 우리에게 존귀한 신분이 주어지며 우리는 높은 지위로 승귀(昇貴)됩니다. 우리가 스스로를 그의 통치에 굴복시킬 때, 우리의 모든 힘과 재능은 더욱 고양(高揚)되며 축복된 것이 됩니다. 이와 같이 그리스도에 의해 정복당한 자는 그리스도와 함께 개선행렬에 참여합니다.

또 여기의 개념 속에서 우리는 그와 같은 절대적이며 무조건적인 굴복이 우리를 주님과 온전히 연합시키는 사실을 발견할 수 있습니다. 그럼으로써 우리는 그에게 속한 모든 것에 참여하며, 나아가 이와 같이 그의 개선행렬에도 참여하게 되는 것입니다. 만일 우리가 우리의 의지와 마음을 그리스도께 굴복시킨다면, 우리는 그와 한 영으로 연합됩니다. 그러면 "우리의 모든 것은 그의 것이며 그의 모든 것은 우리의 것"이 됩니다. 그는 만물의 상속자입니다. 따라서 상속자로서 그에게 속한 모든 것이 우리의 소유가 됩니다. "만물은 다 너희의 것이요 너희는 그리스도의 것이니라"(고전 3:21, 23). 이와 같이 그리스도의 영토는 그를 사랑하는 모든 자들의 영토이며, 그의 기업은 스스로를 그에게 연합시킨 모든 자들의 기업입니다. 그리스도의 머리 위에 빛나는 영광은 그의 종들의 머리 위에서도 똑같이 빛납니다. 그리스도의 머리 위에 있는 "많은 면류관들"은 그가 자신을 따르는 자들에게 씌워주신 면류관들입니다.

이와 같이 형제들이여, 하나님에 의해 이김을 당하는 것은 세상을 이기는 것이며, 그리스도에 의해 정복을 당하는 것은 그와 함께 개선행렬에 동참하는 것입니다. 야곱은 얍복 나루에서 밤새도록 어떤 사람과 씨름을 하다가 허벅지 관절을 침을 받아 위골되었습니다. 그렇지만 그런 그에게 다음과 같은 말씀이 덧붙여집니다. "네 이름을 다시는 야곱이라 부를 것이 아니요 이스라엘이라 부를 것이니 이는 네가 하나님과 및 사람들과 겨루어 이겼음이니라"(창 32:28). 이와 같이 하나님께 이김을 당하는 것은 곧 이기는 것입니다.

3. 마지막으로, 정복당한 포로들이 정복자의 권능을 나타내는 전리품이며 증거라는 사실을 주목하십시오.

이러한 개념은 본문의 상반절과 하반절에서 모두 나타납니다. 본문에서 바울이 묘사하는 두 가지 상징 즉 승리의 개선행렬의 상징과 하늘로 솟아오르는 향기로운 향의 상징은 동일한 개념을 담고 있는데, 그것은 예수 그리스도께서 사람들을 정복하고 그들을 자신의 전차 바퀴에 결박하여 데려오는 목적이 그로부터 자신의 권능을 나타내며 자신의 이름을 널리 알리기 위한 것이라는 것입니다.

이것은 매우 광범위한 주제를 포괄하는 것이지만 그러나 여기에서는 간단하게만 다루도록 하겠습니다. 무엇보다도 여기의 개념이 나타내는 것은 예수 그리스도께서 자신의 십자가와 고난을 통해 사람들의 마음과 의지를 정복하는 것은 그의 권능을 나타내는 최고의 증거라는 사실입니다. 이것은 세상 역사 속에서 그 유례를 찾아볼 수 없는 완전히 독특한 것입니다. 이와 유사한 것은 어디에도 없습니다. 한 갈릴리 청년의 죽음이 모든 세대의 사람들의 마음속에 불러일으킨 위대한 믿음과 열정은 전혀 그 유례(類例)도 없고, 들어본 적도 없는 것입니다. 다른 모든 스승들은 "하나님의 뜻에 따라 단지 그 세대에만 봉사할" 뿐입니다. 그리고 그들의 이름은 세월이 지남에 따라 점차 희미해지며 짙은 안개 속에 묻혀 버립니다. 그러나 그리스도의 영향력에는 시간이 아무런 힘도 갖지 못합니다. 지금은 그리스도가 죽은 후 열아홉 세기가 지난 세대입니다. 그럼에도 불구하고 오늘날 우리를 그리스도와 묶는 끈은 그를 직접 보았던 자들을 묶었던 끈과 하등 다를 것이 없습니다. 어떤 경우는 더 질기고 더 강력할 수도 있습니다.

나사렛 예수로부터 모든 세대에 걸쳐 많은 사람들을 절대적으로 소유하며 통치하며 변화시키는 영적인 힘이 나오는 사실은 세상 역사 속에서 완전히 독특한 사실입니다. 오늘날의 세대는 모든 것은 실용주의의 시험을 거쳐야 한다고 지적하면서 다음과 같이 말합니다. "좋아, 그것이 정말로 효과적이며 유용한 것인지 살펴보자." 나는 기독교가 이러한 시험을 기피할 필요가 없다고 생각합니다. 열아홉 세기에 걸친 수많은 사람들의 행렬, 즉 그리스도를 자신의 정복자로 고백하며 자신들의 모든 선(善)을 그에게 돌리는 거룩한 백성들의 행렬은 온 세상에 그리스도의 권능을 나타내는 분명한 증거입니다. 이러한 증거의 위대한 힘을 누가 뒤엎을 수 있겠습니까? 나는 사람들에게 다음과 같은 간단한 질문을 던지고 싶습니다 ─ 예수 그리스도의 속죄와 희생을 믿는 체계 외에 다른 어느 체계가 사람들에게 이와 비슷한 것을 가져다주는가? 그리스도는 모든 세대에 걸쳐 자신의 정복의 증거로서 수많은 포로들을 거느리고 계십니다.

이제 여러분에게 한 가지 일깨워주고 싶은 것이 있는데, 그것은 본문이 우리 그리스도인들에게 매우 엄숙한 의무를 암시한다는 사실입니다. 우리에게는, 우리가 누구의 소유이며, 그가 우리를 위해 무슨 일을 행하셨는지를 항상 말할 의무가 있습니다. 로마의 개선행렬이 하늘로 피어오르는 향의 아름다운 냄새와 함께 아피아 가도(Appian Way)를 따라 원로원 광장을 지나 유피테르 신전까지 이어졌던 것처럼, 우리 역시도 그리스도의 이름의 아름다운 향기로 둘러싸인 세상을 행진하며 말과 행실로 그를 증거해야 합니다. 그리스도를 위해 말하며, 그리스도처럼 살며, 삶 속에서 그가 우리를 다스리는 것을 나타내며, 말로써 그것을 고백해야 합니다. 그렇게 함으로써 우리는 그의 권능을 드러내게 됩니다.

나아가 바울의 감사는 우리 역시도 기회 있을 때마다 감사를 드려야 함을 가르쳐줍니다. 많은 그리스도인들이 선한 일에 봉사하며 돈을 쓰는 것을 지나치게 아까워하는 경향이 있습니다. 그들은 세상에서 그러한 일을 하는 것을 영광으로 생각하기보다 무거운 짐으로 생각합니다. 그러나 여기에서의 바울의 마음은 주인에 대한 사랑으로 가득 차 있습니다. 지금 그의 마음은 그리스도께서 자신에게 그러한 일을 행할 기회를 주셨다는 생각과 함께 감사로 가득 차 있습니다. 주님은 여러분이 원하기만 하면 여러분에게도 그렇게 하실 것입니다.

그러므로 사랑하는 형제들이여, 우리는 다음과 같은 엄숙한 질문을 스스로에게 던져야 합니다 — 나는 이 위대한 개선행렬에서 무슨 역할을 맡고 있나? 우리 모두는 그리스도의 전차 바퀴를 따라 행진하고 있습니다. 우리가 알든 모르든 상관없이 말입니다. 그러나 고대의 개선행렬에는 두 부류의 사람들이 있었습니다. 거기에는 힘으로는 정복을 당했지만 그러나 마음으로는 정복을 당하지 않은 사람들이 있었습니다. 그들의 눈은 악의와 증오로 불타고 있었습니다. 비록 모든 무장을 해제당했을지라도 말입니다. 또 한 부류는 정복자와 함께 싸워 승리를 거두고 그의 통치를 기뻐했던 자들이었습니다. 이제 개선행렬은 유피테르 신전 문 앞에 도착합니다. 그러면 전자의 사람들 가운데 일부는 그 문 앞에서 죽임을 당합니다. 여러분 중에 마지못해 그리스도를 따르는 자들이 있습니까? 다음과 같은 말씀을 꼭 기억하시기 바랍니다. "내가 왕 됨을 원하지 아니하던 저 원수들을 이리로 끌어다가 내 앞에서 죽이라"(눅 19:27). 한편 마음과 영혼을 그리스도께 굴복시키면서 그의 위대한 사랑을 기꺼이 받아들인 사람들에게는 다음과 같은 복된 말씀이 주어질 것입니다. "이기는 자는 모든 것을 상속으로 받으리라." 여러분은 두 부류 가운데 어느 쪽에 속합니까? 여러분은 그와 연합하여 그의 승리에 동참하는 병사들이 될 것입니까, 아니면 비록 힘으로는 정복을 당했지만 그러나 그의 사랑에 녹아지지 않은 그의 원수들이 될 것입니까? 그 선택은 바로 여러분 자신에게 달려 있습니다.

5
보는 것과 변화되는 것

"우리가 다 수건을 벗은 얼굴로 거울을 보는 것 같이 주의 영광을 보매
그와 같은 형상으로 변화하여"
고후 3:18

본문이 포함되어 있는 전체 문단은 바울 사도의 마음속에 있었던 뜨거운 열정과 자부심을 보여주는 한 예입니다. 그러한 열정과 자부심은 전차 바퀴처럼 움직임으로써 동력을 얻으며 회전함으로써 불을 일으킵니다. 그의 문체의 특성 가운데 하나는 "한 마디만 하고 지나가는" 것입니다. 그가 제시하는 각각의 개념 둘레에는 이를테면 고리 같은 것이 걸려 있습니다. 그리고 그러한 고리들에 다른 개념들이 계속 이어집니다. 이러한 특성은 얼핏 보면 독자(讀者)에게 혼란을 일으킬 수 있습니다. 그러나 그것은 혼란이 아니라 부요함입니다. 비옥한 토양으로 말미암은 울창한 덤불이 거대한 나무들을 질식시키지 않는 것처럼, 이러한 부요함은 본래의 주제를 말살시키지 않습니다.

여기에서의 바울의 직접적인 목적은 기독교 사역을 특징짓는 개방성, 다시 말해서, 감추거나 비밀로 하지 않고 모든 것을 온전히 드러내는 특성에 대해 설명하는 것으로 보입니다. 그렇게 함에 있어 그는 모세의 얼굴을 덮었던 수건을 언급합니다. 그것은 옛 언약시대의 표상입니다. 그것은 부분적인 계시이며, 수건을 통해 희미하게 비치는 것이며, 상징들을 통해 빛

나는 것이며, 여기에서는 의식(儀式)으로 저기에서는 모형으로 표현된 것이며, 어렴풋한 예언입니다. 그것은 수건을 벗은 얼굴로 세상을 직면하거나 분명하게 비추는 하나님의 빛이 아닙니다. 그러나 기독교는 이와 정반대입니다. 기독교는 어떤 비전적(秘傳的)인 교리들을 가지고 있지 않으며, 진리를 가리는 어떤 암시나 비의(秘意)나 상징이나 의식(儀式) 등을 가지고 있지 않습니다. 그것은 말과 행동으로 이루어진, 그리고 사람들이 충분히 이해할 수 있는 명료한 계시입니다. 따라서 기독교 교사들은 있는 그대로 선포해야 합니다.

그러나 바울은 수건이라는 표현에다가 훨씬 더 큰 의미를 부여합니다. 그것은 두 계시 사이의 대조를 제시합니다. 수건을 덮은 모세는 구름으로 덮인 옛 계시를 의미합니다. 모세의 얼굴에 있던 사라질 희미한 빛은 폐지된 옛 영광들을 회상시킵니다. 그리고 나서 바울은 재빨리 회당에 있는 수건을 덮은 독자(讀者)들로 초점을 옮깁니다. 그들은 이를테면 모세의 껍데기를 흉내내는 자들이었으며, 완악한 불신앙과 편견으로 그 영혼이 어두워진 자들이었습니다.

이 모든 대조가 여기의 본문에 나타나 있습니다. 유대교는 하나님을 보았던 한 사람의 율법 수여자를 가지고 있었습니다. 그리고 그동안 백성들은 산 아래 머물러 있었습니다. 반면 기독교는 우리 모두를 하나님을 보도록 이끕니다. 심지어 가장 낮고 비천한 자들조차도 모든 장벽을 넘어 찬란한 영광이 바라다 보이는 곳으로 올라갈 수 있습니다. 모세는 하나님의 영광으로 빛나는 얼굴을 수건으로 가렸습니다. 반면 우리는 수건을 벗은 얼굴로 사람들 사이에서 빛을 비춰야 합니다. 그는 일시적이며 잠정적인 빛을 가지고 있었을 뿐이지만, 우리는 영원한 빛을 가지고 있습니다. 모세의 얼굴은 빛났지만 그러나 그 빛은 고작 피부 정도의 깊이에 불과했습니다. 그러나 우리가 가진 빛은 마음속 깊은 곳에 있으며, 우리의 모든 것을 빛의 형상으로 바꿉니다.

이와 같이 우리는 여기에서 기독교적 삶의 가장 높은 개념들을 보게 되는데, 그것은 직접 보는 것이며 보편적인 것이며 명백한 것이며 영원한 것이며 변화시키는 것입니다.

1. 첫째로, 기독교적 삶은 그리스도의 영광을 보며 그것을 반사하는 삶이라는 사실을 주목하십시오.

우리 역본에서 "거울을 보는 것 같이"로 번역된 단어가 정말로 그러한 의미인지, 아니면 "거울이 반사하는 것 같이"를 의미하는 것인지 하는 것은 확실치 않습니다. 아마도 후자가 문맥이 요구하는 바와 그리고 지금 본문이 다루고 있는 사실과 좀 더 잘 부합되는 것처럼 보입니다. 만일 여기에서 반사된 빛의 개념이 배제된다면, 모세의 경우와의 병행관계가 분명치 못하게 됩니다. 거울을 들여다보는 것은 모세의 얼굴에 빛나는 하나님의 영광이 너무도 눈부셔 수건으로 가려야만 했던 정황과 잘 부합하지 않습니다. 뿐만 아니라 만일 기독교에서 하나님을 보는 것이 단지 거울을 통해 간접적으로 보는 것일 뿐이라면, 그것은 우리의 경우가 모세의 경우보다 열등함을 의미하는 것일 수밖에 없습니다. 왜냐하면 모세는 하나님을 대면하여 보았기 때문입니다. 그러나 문맥의 전체적인 어조는 우리 기독교의 경우가 구약의 경우보다 더 우월함을 역설하는 것입니다. 그러므로 이 모든 사실들을 감안할 때, "거울을 보는 것 같이"로 이해하는 것보다 "거울이 반사하는 것 같이"로 이해하는 것이 좀 더 나은 것 같습니다.

그러나 그 단어의 정확한 의미가 무엇이든지 간에 그것이 의도하는 것은 두 행동 모두를 포함합니다. 먼저 빛을 받지 않는다면 빛을 반사하는 것도 없습니다. 육체의 시각과 관련하여, 눈은 거울과 같습니다. 지각하는 눈 속에서 형상화되어 인식된 것의 이미지가 없다면 보는 것도 없습니다. 영적인 시각과 관련하여, 무엇인가를 보는 영혼 역시도 거울과 같습니다. 영혼은 즉각적으로 보고 반사합니다. 이와 같이 본문은 기독교적 삶을 하나님의 빛이 비추고 나타나는 것으로 묘사합니다.

이와 같이 이 땅에 있는 그리스도인들에게 속한 것으로서 직접적으로 그리고 방해받지 않고 '보는' 위대한 진리는 우리 중 많은 사람들에게 이상하게 들릴 것입니다. 그들은 말합니다. "그것은 참으로 이상한 말이 아닌가? 바울 자신이 우리가 거울을 통해 흐릿하게 본다고 말하지 않았는 가? 우리는 보는 것이 아니라 믿음으로 행하지 않는가? 그러한 절대적인 불가능성 외에도 우리는 육체와 감각의 수건에 덮여 있지 않은가? 바로 그것이 '모든 열방의 지면을 덮은' 죄의 장막이 아닌가? 그것이 심지어 그 의 얼굴을 보며 그 이마에 그의 이름을 가진 그의 종들에게조차 영원한 빛 의 많은 부분을 가리고 있지 않은가?"

이러한 난제들은 우리가 다음과 같은 두 가지 사실을 고려할 때 쉽게 해 결됩니다. 첫째로, 보는 것의 대상과, 둘째로, 보는 것 자체의 실제적인 성 격.

전자와 관련하여, 우리가 "수건을 벗은 얼굴로 그 영광을 보는 주"는 누 구입니까? 두말할 필요도 없이 그는 예수 그리스도입니다. 신약에서 '주' 가 나타나는 대부분의 경우들에서와 마찬가지로 여기에서도 그것은 우리 형제로서 나타나신 하나님의 이름입니다. 우리가 보고 또 반사하는 영광 은 절대적인 신적 완전성의 불가해하며 전달할 수 없는 광채가 아닙니다. 오히려 요한이 말한 것처럼, 우리는 그 영광을 우리 가운데 장막을 치신 자 안에서 봅니다. 그것은 완전한 사랑과 긍휼의 말씀 가운데 나타난 영광 입니다. 그것은 하나님에 의해 다스려지는 의지의 영광이며, 그 의지 안에 거하시며 그 의지를 통해 역사하시는 자의 영광입니다. 그것은 무죄함과 완전한 인간성의 영광이며, 따라서 명백한 하나님의 형상의 영광입니다.

또 후자 즉 보는 것 자체와 관련하여, 불가능한 것으로 여겨지는 그러한 '봄'은 무한하신 하나님에 대한 육체적 지각과 완전한 이해입니다. 그리 스도 안에서 실제적으로 주어진 '봄'은 믿음으로 말미암아 영혼으로 보는 것입니다. 그것은 그의 임재에 대한 직접적이며 즉각적인 지각이며, 생각 으로 그의 진리 안에서 그를 지각하는 것입니다. 그것은 마음으로 그의 사 랑 안에서 그를 느끼는 것이며, 우리의 열린 영 속에서 그의 은혜로운 에 너지와 접촉하는 것입니다. 믿음이 보는 것과 반대되는 것은 어떤 면에서 사실입니다. 그러나 동시에 믿음은 육체적 지각과 병행(竝行)되기도 합니 다. 믿음으로 살아 계신 주를 붙잡는 자는 안구(眼球)가 빛을 접촉하는 것처럼 실제적이며 직접적이며 확실하게 접촉합니다. 감각은 "보는 것이 믿는 것이다"라고 말합니다. 반면 보이지 않는 주를 붙잡는 영은 "믿는 것이 보는 것이다"라고 말합니다. 우리의 육체는 마치 다리(bridge)와 같습니다. 그것은 나 자신이 아니라 나의 도구입니다. 그것은 나를 바깥세상과 연결시킵니다. 그것은 나 자신을 전혀 건드리지 못하며, 나는 그것을 나의 감각 속에서 오직 믿음으로 압니다. 그러나 내가 주를 사랑하고 믿을 때, 어떤 것도 나와 주님 사이를 방해하지 못합니다. 그러면 하나님의 영이 나의 영과 결합되며, 나는 나 자신 안에서 그의 임재에 대한 증거를 갖습니다. 그는 스스로를 드러냄으로써 그 존재를 증거하는 빛입니다. 우리는 영의 지각을 통해 아는 것이 눈으로 보는 것을 통해 아는 것보다 열등하다고 생각할 필요가 없습니다. 비록 육체가 우리에게서 영적 세계를 가리고 있다 할지라도, 우리는 우리로부터 하나님을 실제적으로 가리는 유일한 수건인 죄가 그리스도 안에서 제거되었음을 잊지 말아야 합니다. 그럼으로써 보지 못하고 믿는 자는 장차, 곧 육체가 소멸되고 하늘의 묵시가 임할 때 완전하게 보게 될 것입니다. 어떤 면에서 "우리가 거울을 통해 희미하게 보는" 것은 사실입니다. 그러나 "우리가 다 수건을 벗은 얼굴로 주의 영광을 보며 반사하는" 것 역시 똑같이 사실입니다.

나아가 바울이 이러한 특권의 보편성을 강조하는 것을 주목하십시오 — "우리가 다." 이와 같이 주의 영광을 보는 것은 소수의 선택받은 자들에게만 속하지 않습니다. 또 그것은 어떤 특별한 능력이나 은사에 의존하지도 않습니다. 우리 가운데 하나님의 영광을 볼 수 없을 정도로 너무도 약하며 비천하며 무지하며 죄로 둘러싸인 사람은 아무도 없습니다. 누구에게나 하나님의 영광의 빛이 머물 수 있습니다.

옛 언약의 시대에 구름을 뚫고 비추는 빛은 마치 아침에 산 정상들을 비추는 빛과 같았습니다. 그때에는 그와 같은 모습으로 오직 특별한 사람들에게만 비추었습니다. 모세와 다윗과 엘리야 — 이런 특별한 사람들이 이른 아침의 떠오르는 빛을 붙잡았습니다. 그러는 동안 모든 골짜기들은 어슴푸레한 그림자 속에서 잠자고 있었으며 희뿌연 안개가 평지를 뒤덮고 있었습니다. 그러나 이제 정오가 되었습니다. 천정(天頂)의 보좌로부터 찬란한 태양이 깊숙한 골짜기까지 빛을 쏟아내며, 이름 없는 작은 들꽃까지 그 빛을 붙잡습니다. 이제 그 어느 것도 그 빛의 따뜻함으로부터 배제되지 않습니다. 오늘날에는 어떤 특권계급도 존재하지 않습니다. 하나님의 영광을 보는 것으로부터 일반 백성들을 배제시키기 위한 장벽은 더 이상 존재하지 않습니다. 그리스도는 자신의 모든 종들에게 스스로를 계시하셨습니다. 자신에 대한 그들의 열망의 분량만큼 말입니다. 어떤 특별한 은사들은 어떤 소수의 사람들에게만 속할 수 있습니다. 그럼에도 불구하고 가장 큰 은사는 모두에게 속합니다. 남종과 여종들이 성령을 받으며, 자녀들이 예언하며, 젊은이들이 환상을 보며, 늙은이들이 꿈을 꿉니다. 보통 사람들이 그리스도의 가장 고귀한 은사를 소유한 자로서 하나님의 교회 안에 우뚝 섭니다. 그리스도에 의해 구속된 자들은 그의 얼굴을 보며 그의 모양으로 영화로워집니다. 유대교에서는 오직 영감을 받은 소수만이 그 빛을 보았습니다. 그러나 오늘날은 우리 모두가 그의 영광을 봅니다.

나아가 이와 같이 주의 영광을 보는 것은 반사하는 것을 포함합니다. 다시 말해서 우리는 우리가 본 빛을 되비칩니다.

그리스도를 본 자들 안에는 그리스도가 형상화됩니다. 그러나 이러한 개념은 다음 단락에 속한 주제이므로 여기에서는 길게 다루지 않을 것입니다. 다만 여기에서는 보는 것을 그대로 반사시키는 개념만을 살펴보려고 합니다. 이것은 그리스도의 영광을 소유한 모든 자들의 필연적인 결과일 것입니다. 그리스도의 영광을 보는 것의 필연적인 결과는 그것을 반사하는 것입니다. 이것은 너무도 당연합니다. 만일 여러분이 어떤 사람의 눈을 가까이에서 바라본다면, 여러분은 그가 바라보는 것의 상(像)이 그 눈에 맺히는 것을 보게 될 것입니다. 마찬가지로 만일 우리의 마음이 그리스도를 바라보고 있다면, 우리의 마음 위에 그리스도의 상이 나타날 것입니다. 우리의 성품은 우리가 바라보는 것을 나타낼 것입니다. 특별히 그리스도인으로서 우리는 마땅히 그의 형상을 담고 있어야 합니다. 그럴 때 사람들은 우리가 그리스도와 함께 있다는 사실을 인정하지 않을 수 없게 될 것입니다.

이러한 사실은 주를 보았다고 말하는 우리 모두에게 심각한 질문을 던집니다. 우리에게 있어 보는 것과 반사하는 것이 함께 갑니까? 우리의 성품은 숫자와 바늘뿐 아니라 그 뒤에 있는 톱니바퀴들까지 환하게 보이는 투명 시계 같습니까? 우리 존재의 감춰어진 모든 것이 빛으로 드러나게 될 것이란 사실을 기억하십시오. 우리가 붙잡는 확신들과 우리의 마음을 지배하는 감정들이 우리의 삶을 빚을 것입니다. 만일 우리가 그리스도에 대한 생생한 지각을 갖고 있다면, 우리의 얼굴을 바라보는 사람들은 우리의 얼굴을 천사의 얼굴처럼 만드는 것이 무엇인지 말해줄 수 있을 것입니다. 이와 같이 보는 것과 반사하는 것은 서로 나누어질 수 없습니다. 전자는 그리스도를 향한 그리스도인들의 태도와 행동을 묘사하는 것이며, 후자는 사람들과의 관계 속에서의 동일한 태도와 행동을 묘사하는 것입니다. 그러므로 여러분이 그리스도의 영광을 보고 그것을 반사할 때, 사람들은 여러분을 통해 하나님의 영광을 보게 될 것입니다.

그리스도와의 교제는 우리의 성품 속에서 온전히 드러나며 그러한 교제로 말미암은 아름다움은 우리의 얼굴 위에 그대로 나타날 것입니다. 뿐만 아니라 우리는 우리가 본 빛을 다른 사람들에게 전달하는데 의식적인 노력을 기울여야 합니다. 문맥에 나타나는 것처럼, 하나님이 우리 마음속에 비출 때 우리는 그리스도 예수의 얼굴 안에 있는 하나님의 영광의 빛을 전달할 수 있게 됩니다. 모든 수건들을 벗어버리십시오. 아무것도 남겨두지 마십시오. 분명하게 말하며 명백하게 드러내는 것을 두려워하지 마십시오. 비전(秘傳)적인 교리 같은 것은 존재하지 않습니다. 우리는, 은밀하며 감추어 있으며 비밀스러운 것들을 부인해야 합니다. 진리를 완전하게 드러내는 것이 우리의 능력이며, 그렇게 하는 것이 우리의 의무입니다. 우리가 모든 것을 분명하게 드러낼 때 그리고 만일 어떤 빛이 가려진다면 그것은 우리가 그 빛을 감추거나 가렸기 때문이 아니라 단지 사람들의 눈이 어두워졌기 때문일 때, 우리는 모든 사람들의 피로부터 깨끗할 것입니다. 이 모든 것은 바울에게서와 마찬가지로 그리스도의 영광을 보는 보편적인 특권을 가진 모든 사람들에게 사실입니다. 그들 모두의 일은 사람들에게 예수 그리스도의 이름을 알게 하는 것입니다. 만일 그들이 게으름으로든지 혹은 부주의함으로든지 그러한 분명한 의무를 회피한다면, 그들은 하나님이 자신들에게 빛을 비춘 목적을 거스르고, 나아가 그 빛을 끄는 자리까지 나아가게 될 것입니다.

그러므로 우리는 본문으로부터 다음과 같은 실제적인 교훈을 배워야만 합니다. 즉 우리는 우리가 믿는 것을 분명하게 드러내야 하며, 우리 삶의 비밀을 가능한 한 열린 비밀로 만들어야 한다는 것 말입니다. 여러분은 여러분 자신의 영혼의 경험으로부터 빛을 끌어올 필요가 없습니다. 그런 것들은 그냥 감추어지게 내버려 두십시오. 세상은 여러분의 고백으로 인해 더 나아지지 않을 것입니다. 세상이 필요로 하는 것은 여러분의 고백이 아니라 여러분의 주님입니다. 그분에 대한 여러분의 감정이 아니라 그분 자신을 나타내십시오. 바울은 다음 장에서 이렇게 말합니다. "우리는 우리를 전파하는 것이 아니라 오직 그리스도 예수의 주 되신 것을 전파함이라"(고후 4:5). 우리가 지붕에서 전파해야 하는 것은 그리스도에 대한 우리의 감정이 아닙니다. 이런 것들은 그냥 수건에 가려지게 하십시오. 그러나 여러분의 구주와 관련해서는 아무것도 가려지지 말게 하십시오. 수건을 벗은 얼굴로 그리스도를 향하십시오. 그리고 그 얼굴을 사람들에게 돌리십시오. 그러면 그리스도께로부터 온 빛이 여러분의 얼굴로부터 다른 사람들에게로 비칠 것입니다. "일어나라 빛을 발하라 이는 네 빛이 이르렀고 여호와의 영광이 네 위에 임하였음이니라"(사 60:1).

2. 둘째로, 이와 같이 그리스도의 영광을 보는 삶은 그러므로 점진적인 변화의 삶이라는 사실을 주목하십시오.

모세의 얼굴에 있었던 밝은 빛은 단지 피부의 깊이에 불과했습니다. 그것은 시간이 흐름과 함께 아무런 흔적도 남기지 않고 완전히 사라져 없어졌습니다. 그것은 슬픔이나 근심의 흔적을 지우지 못했으며, 강렬하며 엄격한 얼굴선을 바꾸지 못했습니다. 그러나 바울은, 우리가 본 영광은 우리

속 깊숙이 내려가 우리를 우리가 바라보는 형상대로 변화시킨다고 말합니다. 이와 같이 영원성도 변화시키는 힘도 갖지 못한 피상적인 빛은 아무것도 변화시키지 못하는 율법의 무력성을 보여줍니다. 그리고 그러한 무력성 반대편에 바울은 그리스도를 바라봄으로써 그를 닮아가는 기독교적 진보의 위대한 원리를 제시합니다.

여기의 거울의 은유가 모든 부분에 다 적용되는 것은 아닙니다. 오직 부분적으로만 유용할 뿐입니다. 거울에 빛이 비췰 때 그것이 반짝이는 것은 빛이 차가운 거울 표면을 뚫고 들어가지 않기 때문입니다. 그것이 거울인 것은 빛을 삼키기 때문이 아니라 반사시키기 때문입니다. 그러나 우리 영의 거울에서는 이와 반대입니다. 우리의 영이 그리스도의 영광의 빛을 나타내려면 먼저 그 빛으로 채워져야 합니다. 우리의 영의 거울은 일반적인 거울과는 다릅니다. 우리 위에 임하는 빛은 외딴 산중턱을 비추는 빛과는 다릅니다. 그러한 빛은 아무것도 변화시키지 못하고 마침내 사라져 버립니다. 산중턱은 잠깐 빛을 받아 밝아졌지만 그러나 이내 적막함 속에 남겨집니다. 도리어 우리에게 임하는 빛은 구름을 비추는 빛과 같습니다. 빛이 구름에 비추면 구름은 불타듯이 붉게 물들며 아름답고 영광스러운 모습으로 변화됩니다. 이와 같이 우리도 그리스도의 영광을 반사시키기 전에 먼저 그것을 깊숙이 받아들여야 합니다. 우리는 우리 마음 깊숙이까지 그리스도로 채워야 합니다. 그러면 우리의 삶을 통해 그가 마치 빛이 비추는 것처럼 드러날 것입니다.

나아가 그리스도를 계속해서 봄으로써 우리는 계속해서 변화될 것입니다. 여기에 기독교 도덕의 대원리가 있습니다. "우리가 다 주의 영광을 보매 그와 같은 형상으로 변화하여." 우리의 성품을 온전케 하는 힘은 예수를 바라보는데 있습니다. 그것은 막연히 바라보는 것이 아니라, 사랑과 믿음으로 응시(凝視)하는 것입니다. 바로 이러한 응시가 우리를 그의 놀라운 형상으로 빚어냅니다. 바로 이것이 옛 화가들이 요한을 주님과 가장 비슷한 모습으로 그릴 때 가졌던 생각이었습니다. 사랑은 우리를 그 대상과 비슷하게 만듭니다. 우리는 사랑하는 가족들 사이에서 그 음색이라든지 외모라든지 혹은 동작 따위가 비슷한 것을 종종 볼 수 있습니다. 하물며 우리 영혼이 구주를 무한히 앙망하며 바랄 때, 그로부터 나오는 변화시키는 힘은 얼마나 강력한 것이겠습니까? 완벽하게 다듬어진 대리석 앞에 놓인 거친 사암(砂岩) 덩어리가 단지 그 자리에 놓여 있다는 사실 때문에 그와 똑같은 모습으로 다듬어지는 것은 얼마나 놀라운 일입니까? 여러분의 마음을 그리스도 앞에 놓으십시오. 그를 바라보십시오. 그를 사랑하십시오. 그에 대해 생각하십시오. 그의 순전한 얼굴로 여러분의 마음과 영혼을 비추게 하십시오. 마치 태양이 그 빛에 노출된 감광판에 그대로 찍히는 것처럼 말입니다. 이와 같이 예수 그리스도가 "여러분 안에서 형상화될" 것입니다. 자석 옆에 있는 쇠는 자석처럼 됩니다. 그리스도와 함께 거하는 영혼은 그리스도와 비슷하게 됩니다. 로마 가톨릭의 전설 가운데, 성인들이 십자가에 달린 예수상을 계속 응시하였을 때 그들의 몸에 예수의 상처와 비슷한 것이 생기고 그럼으로써 그 몸에 주의 흔적을 갖게 되었다는 이야기가 있습니다. 우리는 이러한 전설 속에서 여기의 진리가 매우 조악(粗惡)한 방식으로 나타나는 것을 볼 수 있습니다. 이 이야기는 매우 거칠고 섬뜩하기까지 하지만, 그러나 그 기저(基底)에 있는 개념은 진리입니다. 여러분의 얼굴을 십자가로 향하고 사랑과 경외의 마음으로 응시해 보십시오. 그러면 여러분은 그의 죽음과 하나가 될 것이며 장차 "그의 부활의 형상과 같이" 될 것입니다.

사랑하는 교우 여러분, "우리가 무엇을 바라볼 때 그것과 비슷하게 될 것"이라는 메시지는 나름대로 이런저런 선을 행하고자 애쓰느라 지쳐 있는 우리에게 큰 소망을 불러일으킵니다. 여러분은 일평생 허물을 고치고 스스로를 더 나은 사람이 되게 하고자 무던히 노력해 왔을 것입니다. 이제 이 방법을 사용해 보십시오. 의무가 아니라 사랑이 여러분을 이끌도록 만들어 보십시오. 손과 무릎으로 가파른 절벽을 기어오르느라 애쓰는 대신, 그리스도와의 교제가 여러분을 올라가게 하도록 만들어 보십시오. 여러분의 구주를 바라보고 그의 영을 붙잡으십시오. 그 얼굴을 북쪽으로 향한 채 여행하는 사람은 계속해서 차가운 공기를 느낄 것입니다. 이제 그 얼굴을 한낮의 해가 머무는 따뜻한 남쪽으로 향하십시오. 그러면 그의 얼굴은 항상 포근함을 느끼게 될 것입니다. "예수를 바라보는 것"은 우리의 모든 허물과 죄에 대한 최고의 치료제이며, "우리 앞에 놓인 경주"를 끝까지 완주하도록 만들어 주는 유일한 조건입니다. 여기에 기초하지 않은 채 이루어지는 끝없는 노력은 충분히 깊은 곳까지 이르지 못하며 마침내 실패로 끝나게 될 것입니다. 그러나 그리스도를 응시할 때 비로소 우리의 삶 속에 우리의 목적지를 향한 선한 싸움을 끝까지 감당할 수 있도록 만들어 주는 능력이 계속해서 솟아오를 것입니다. 그러므로 이제 자아(自我)를 좇는 것을 그치고 우리의 눈을 구주께 고정시킵시다. 그의 형상이 우리 본성 위에 온전히 찍힐 때까지 말입니다.

이러한 변화는 점진적으로 이루어집니다. 본문은 그것을 일생을 통한 과정으로 제시합니다. "그와 같은 형상으로 변화"하는 것은 오랜 시간에 걸친 지속적인 작업입니다. 또 "영광에서 영광에 이르는" 것은 다양한 등급과 정도(程度)를 가진 일련의 과정입니다. 설령 그 과정이 느리다 할지라도 조급해하지 마십시오. 그것이 완성될 것이라고 기대하지 마십시오. 인생은 그렇게 될 수 있을 만큼 충분히 길지 못합니다. 동시에 부분적인 변화로 만족하지 마십시오. 지금 여러분의 영혼 안에서 재생된 것은 거대한 형상의 한 조각에 불과합니다. 지금은 단지 흐릿한 그림에 불과하며, 아직도 많은 과정이 남아 있다는 사실을 잊지 마십시오.

이와 같이 그리스도를 닮는 것이 모든 신앙의 목표이며, 그에게로 돌이키는 것이 그 출발점입니다. 교리, 경건한 감정, 예배와 의식, 교회와 조직 — 이 모든 것은 단지 보조적인 것으로서 가치를 가질 뿐입니다. 이처럼 그리스도를 닮는 것을 여러분의 삶의 목적으로 삼으십시오. 바로 이것이 기독교의 목적입니다. 앞에 열거한 것들은 우리로 예수 그리스도를 닮게 하는데 도움이 되는 것들입니다. 그리고 그러한 도움의 분량은 그것들이 우리에게 구주를 나타내는 분량과 비례하는데, 그것은 그의 형상이 우리의 완전함이며 그를 바라보는 것이 우리의 변화이기 때문입니다.

3. 마지막으로, 그리스도의 영광을 바라보는 삶은 마침내 그와 완전히 똑같게 되는 데까지 이를 것이라는 사실을 주목하십시오.

"그와 같은 형상으로 변화하여 영광에서 영광에 이르니." 구주의 얼굴로부터 그리스도인의 마음 위로 떨어지는 찬란한 빛은 영원하며 점진적입니다. 그의 형상은 점점 더 커지며, 더 깊어지며, 더 진실해지며, 모든 면에서 더 완전해집니다. 그리고 그것은 어떤 그리스도인이 그리스도의 영광으로 흠뻑 적실 때까지 그리스도 안으로 스며들어갑니다. 그리하여 그의 존재의 모든 영역이 그의 구주와 같아집니다. 바로 이것이 하늘의 소망입니다. 우리는 이 땅에서 그것에 계속해서 가까이 나아갈 수 있을 뿐이며, 마침내 때가 되면 그곳에 이르게 될 것입니다. 거기에서 우리는 이 땅에서 죄로 얼룩진 육체에 둘러싸여 있는 동안에는 기대할 수 없었던 변화들을 보게 될 것입니다. 우리는 "우리의 낮은 몸을 자기 영광의 몸의 형체와 같이 변하게 하실" 그의 강력한 역사를 바라봅니다(빌 3:21). 이와 같이 선한 백성들은 의인들에게 약속된 육체적 변화를 열망합니다.

그러나 우리는 종종 그리스도의 완전한 형상을 단지 죽음 이후에 시작되는 변화와 지나치게 관련시키는 나머지 그러한 주된 변화가 여기에서 시작되어야 한다는 사실을 쉽게 잊는 경향이 있습니다. 장차 하늘에서 이루어질 것으로 약속된 그리고 우리 주님과 같은 영광스러운 육체의 생명은 위대하고 놀라운 것입니다. 그러나 그것은 단지 여기에서 믿음과 사랑으로 시작되는, 그리고 육체의 변화보다 훨씬 더 위대한 영적 본성의 변화의 최종적인 결과일 뿐입니다. 부활의 불멸의 옷으로 덧입는 것은 좋은 일입니다. 그것은 그리스도와 같아지는 것입니다. 그러나 우리 마음이 그와 같아지는 것은 더 좋은 일입니다. 그의 참된 형상은 우리가 그가 느끼는 것처럼 느끼고, 그가 생각하는 것처럼 생각하며, 그가 뜻하는 것처럼 뜻하는 것입니다. 또 하나님께 대한 동일한 감정과 동일한 사랑과 동일한 태도를 갖는 것입니다. 그것은 그의 마음과 우리의 마음이 마치 한 맥박처럼 함께 고동치는 것이며, 같은 생명을 소유하는 것입니다. 이와 같이 그의 영과 우리의 영이 한 영으로 연합되며 같아지기 시작할 때, 나머지 모든 것들은 자연히 따라올 것입니다. 우리의 본성 전체가 변화되어 그리스도의 본성과 같아져야 합니다. 그리고 그러한 과정은 그 일이 그를 사랑하는 모든 자 안에서 온전하게 이루어질 때까지 결코 멈추지 않을 것입니다. 그러나 이 땅에서의 시작이 핵심적으로 중요합니다. 왜냐하면 그것이 나머지 모든 것을 이끌기 때문입니다. "예수를 죽은 자 가운데서 살리신 이의 영이 너희 안에 거하시면 그리스도 예수를 죽은 자 가운데서 살리신 이가 너희 안에 거하시는 그의 영으로 말미암아 너희 죽을 몸도 살리시리라"(롬 8:11).

이와 같이 우리의 몸과 영이 그리스도의 몸과 영과 완전하게 같아지는 것이 이 땅에서 믿음과 사랑으로 시작된 과정의 마지막 종착지인데, 여기에다가 본문은 다음과 같은 주목할 만한 개념을 덧붙입니다. "우리가 그와 같은 형상으로 변화하여." 그와 같은 '무엇'이라고요? 바울은 우리가 그와 같은 '형상'으로 변화될 것이라고 말합니다. 여기에서 단수형의 '형상'이 사용된 것 속에는 그와 완전하게 같아진 모든 자들의 온전함의 개념이 담겨 있는 것으로 여겨집니다. 마치 그가 이와 같이 말하는 것처럼 말입니다. "우리의 기질과 성격이 제각각이며 우리의 살아온 역사가 다르며 우리가 받은 영향이 서로 상이함에도 불구하고, 우리 모두는 동일한 형상으로 자라가고 있으며 마침내 완전하게 같아지는 데까지 이를 것이라." "우리가 많으나 하나이니 이는 우리 모두가 하나에 참예할 것이기 때문이라."

나아가 우리는 이러한 개념을 바울의 서신들에 종종 나타나는 또 다른 개념과 연결시킬 수 있을 것입니다. 예를 들어, 에베소서에서 바울은 이러한 일이 어떤 분명한 지점에 이를 때까지 — 다시 말해서, 그의 표현대로 "온전한 사람"에 이를 때까지 — 계속되어야 한다고 말합니다. 우리 전체가 함께 온전한 사람을 만듭니다. 다시 말해서, 전체가 한 형상을 만드는 것입니다. 아마도 바울이 여기에서 생각하고 있었던 것은 아무라도 능히 셀 수 없는 큰 무리가 하나의 집합체로서 그리스도의 충만의 완전한 형상을 이룬다는 생각이었을 것입니다. 어떤 한 개인도 — 심지어 최고 수준의 완전함에 이른 자라 할지라도 — 그러한 모든 아름다움의 무한한 총화(總和)의 충만한 형상이 될 수 없습니다. 반면 우리가 전체로서 모아질 때, 각자의 기질과 성화(聖化)의 다양성에도 불구하고 우리는 집합적으로 그리스도의 몸이 됨으로써 그의 온전한 형상을 이루게 됩니다.

프리즘에 빛이 투사되는 것을 생각해 보십시오. 프리즘의 각 면은 각자의 각도로 빛을 받아 그것을 각자의 색깔로 반사시킬 것입니다. 반면 흰색의 완전한 빛은 그 모든 광선들이 하나로 합쳐질 때 이루어집니다. 이와 같이 개개 그리스도인들은 그리스도의 영광의 빛을 각자 자신의 믿음의 분량대로 받고 또 그렇게 반사시킵니다. 그러나 그리스도의 완전한 형상이 이루어지는 것은 그 모든 빛이 하나로 합쳐질 때입니다.

여기에서 한 가지 지적하고 싶은 것이 있습니다. 그것은 모두가 동일한 형상을 담고 있다 할지라도 그러나 획일적인 것은 아니며, 또 무한한 다양성이 있다 할지라도 거기에 어떤 불일치도 없다는 사실입니다. 그것은 마치 옛 수도사의 그림 속에 있는 천사들의 합창단과 같습니다. 여기에 묘사된 천사들은 모두 그 머리 위에 불의 혀 같은 것이 있으며, 똑같이 발끝까지 내려오는 긴 옷을 입었으며, 똑같이 금발을 하고 있습니다. 그러나 그들 각자는 서로 다른 별개의 존재들로서 저마다의 기쁨 속에서 서로 다른 악기를 들고 있습니다. 그리고 각자의 위치에서 "어떤 부조화도 없는 완전한 음악"을 만들어 냅니다. 우리 모두는 동일한 형상으로 변화될 것입니다. 그러나 각각의 마음은 각각의 축복으로 자랄 것이며, 각각의 영혼은 각각의 개별적인 완전함의 광채로 빛날 것입니다.

나아가 변화의 법칙은 이 땅에서나 하늘에서나 동일합니다. 이 땅에서 우리는 그를 부분적으로 보며, 그러므로 부분적으로 자랍니다. 그러나 하늘에서는 그를 있는 바 그대로 보게 될 것이며, 그러므로 그와 완전하게 같아질 것입니다. 변화산에서의 우리 주님의 변형은 우리에게 있어 우리가 기대하는 것의 상징이며 예언이 될 수 있습니다. 그에게 이루어졌던 것이 우리에게도 이루어질 것입니다. 우리 안에 내주하는 영광이 겉으로 드러날 것이며, 우리의 용모는 빛과 같이 빛날 것이며, 우리의 옷은 "어떤 빨래하는 사람도 더 이상 희게 할 수 없을 정도로" 희어질 것입니다. 그 빛은 사라지지 않을 것이며, 우리는 우리의 눈이 흐려지거나 우리가 구름 속으로 들어갈 것을 염려할 필요가 없을 것입니다. 도리어 우리는 주님 곁에서 찬란한 빛 가운데 서 있었던 모세와 엘리야처럼 될 것입니다. 우리는 그의 곁으로부터 쫓겨나지 않을 것이며, 그가 지은 영원한 성전에 거하며 영원히 그를 볼 것입니다. 우리의 복된 영혼은 우리가 바라보는 대상처럼 변할 것이며, 그렇게 변화됨에 따라 그를 더 완전하게 보게 될 것입니다. "그가 나타나시면 우리가 그와 같을 줄을 아는 것은 그의 참모습 그대로 볼 것이기 때문이니"(요일 3:2).

6
보이지 않는 것을 주목함

"우리가 주목하는 것은 보이는 것이 아니요 보이지 않는 것이니
보이는 것은 잠깐이요 보이지 않는 것은 영원함이라"
고후 4:18

사람들은 물질주의자(materialists)와 이상주의자(idealists)의 두 부류로 나눌 수 있습니다. 대부분의 사람들은 감각적으로 만져지고 향유될 수 있는 것들을 중요하게 여기며 추구합니다. 반면 소수의 이상주의자들이나 도덕주의자들은 손으로 만져지지 않는 영적 부요를 소중하게 여기며 추구합니다. 아마도 대부분의 사람들은 후자의 부류가 더 고상하다고 인정할 것입니다. 나는 이와 같은 넓은 구별이 매우 중요하다는 사실을 기꺼이 인정하면서, 그러나 여기에서 바울이 제시하고 있는 것은 그와 같은 양자의 대립관계를 부각시키는 것이 아니라는 사실을 덧붙이고자 합니다. "보이는 것"과 "보이지 않는 것"에 대한 그의 개념은 그것보다 훨씬 더 크고 광범위합니다. "보이는 것"으로서 그는 보이는 세계 전체를 의미하며, "보이지 않는 것"으로서 그는 보이는 세계를 넘어서는 영적 실재들을 의미합니다.

여기에서 "보이는 것"과 "보이지 않는 것"을 단순히 현재와 미래를 의미하는 것으로 이해하지 않도록 주의하십시오. 바울에게 있어 "보이지 않는 것"은 "미래의 상태"가 아니라 현재적인 것입니다. 우리가 "보이지 않

는 것"을 우리 앞에 멀리 떨어져 있는 것으로서 생각하느냐, 아니면 우리 가운데 있는 것으로서 생각하느냐 등과 관련한 모든 차이들이 바로 이로부터 야기됩니다. 본문의 "보이는 것"과 "보이지 않는 것"의 두 부류를 습관적으로 "현재"와 "미래"라는 그릇된 구별에 따라 생각하지 마십시오.

1. 첫째로, "보이는 것"을 주목하는 것은 "보이지 않는 것"을 주목하는 토대 위에 세워져야 합니다.

여기에서의 바울의 관념은 만일 우리가 보이는 것을 제대로 이해하기를 원한다면 혹은 보이는 것으로부터 최고의 선을 얻기를 원한다면 우리가 "보이지 않는 것"을 봄(vision)의 영역으로 데려가야 한다는 것입니다. 지금 그가 다루고 있는 상황은 환난 가운데 빠져있는 사람의 상황입니다. 그는 우리가 "보이지 않는 것을 주목하는" 동안 지극히 크고 영원한 영광의 중한 것을 이루게 하는 "잠시 있는 경한 환난"에 대해 말하고 있습니다. 그러나 물론 이러한 언급의 기초가 되는 원리는 모든 종류의 삶의 조건들에 광범위하게 적용됩니다.

이것으로부터 곧바로 나오는 개념은 오직 우리가 "보이지 않는 것들"을 취하여 그것들을 모든 것을 판단하는 잣대로 삼을 때 비로소 우리는 "보이는 것들"을 올바로 이해할 수 있다는 것입니다. 자신과 자신의 형제들을 평생 동안 짓눌렀던 무거운 짐들에 대해 바울은 "잠시 받는" 것이며 "경한" 것으로 말하고 있는데, 이것은 참으로 놀라운 역설이 아닐 수 없습니다. 이러한 역설은 오직 우리가 "보이는 것"을 넘어 그 위에 펼쳐 있는 아름다운 땅을 바라볼 때 비로소 가능해집니다. 히말라야를 본 사람은 헬벨린 산을 보면서 별로 압도되지 않을 것입니다(Helvellyn: 영국에 있는 한 산). 영원한 것들을 바라보는 자들은 지금 있는 것들의 강도와 내구성을 측정할 수 있는 참된 잣대를 가지고 있습니다. 작은 산골마을 사람들은 자기들의 작은 일들을 세상에서 제일 큰 일로 생각합니다. 런던에 와서 그곳에서 벌어지는 엄청난 일들을 보기 전까지는 말입니다. 우리 역시도 이들처럼 행동하기 쉽습니다.

만일 여러분과 내가 우리의 마음속에 영원의 빛과 "영원한 영광의 중한 것"을 계속해서 채운다면, 우리는 가장 큰 환난과 시련까지도 그 크기와 깊이와 넓이를 훨씬 작게 측정할 수 있는 잣대를 갖게 될 것입니다. 그리고 그러한 잣대를 가지고 이 땅의 모든 것들을 그 본래의 크기와 깊이와 넓이로 되돌리게 될 것입니다. 우리가 무엇이 큰 것이고 무엇이 작은 것인지 계속해서 틀리게 측정하는 것은 그러한 잣대가 없기 때문입니다. 무거운 쇳덩이가 우리의 깨어진 심령 위에 놓일 때, 우리는 "아, 이제 나는 죽었어"라고 비명을 지를 준비를 하게 됩니다. 그러한 것들을 대수롭지 않게 여기는 대신에 말입니다.

반면 어떤 것을 매우 작게 측정하는 잣대가 또 어떤 것에 대하여는 매우 크고 영원하게 측정하는 사실을 잊지 마십시오. 왜냐하면 이 땅에서의 사소하며 대수롭지 않은 일들이라 할지라도 그것들이 영원과 연결되어 있기 때문이며, 또 사람이 이 땅에서 행하는 모든 일은 그의 이 땅에서의 모습을 보여주는 것으로서 영원한 중요성을 갖기 때문입니다. 우리 앞에 어떤 기계가 있는 것을 생각해 보십시오. 우리에게는 단지 그 기계만 보일 뿐이지만, 그러나 그 기계는 축대로 연결되어 벽을 통과해 뒤에 있는 방의 동력장치와 연결되어 있습니다. 만일 여러분이 벽 저쪽에서 이루어지는 일들을 알지 못한다면, 이쪽에서 크랭크와 휠들이 행하는 일을 제대로 이해하지 못할 것입니다. 만일 여러분이 여러분의 삶으로부터 영원을 차단한다면, 여러분의 삶은 풀리지 않는 수수께끼가 될 것입니다. 그러한 경우 "인생은 살 만한 가치가 있는 것인가?"라는 질문에 대한 답은 부정적인 것이 될 수밖에 없을 것이라고 나는 감히 말하고 싶습니다. 무엇인가 열심히 말하고 있는 사람을 생각해 보십시오. 그러나 만일 그 안에 "보이지 않는 것들"의 빛이 빛나고 있지 않다면, 그것은 "요란하기만 하고 의미는 없는" 어리석은 자의 시끄러운 소리에 불과할 것입니다.

나아가 보이지 않는 것을 주목할 때, 우리는 영원을 위해 준비하게 됩니다.

바울 사도는 우리로 "영원한 영광의 중한 것"을 위해 준비시키는 환난의 효과에 대해 말하고 있습니다. 그는 그러한 환난 속에서 우리가 계속해서 "보이지 않는 것"을 주목한다고 말합니다. 그러나 어떤 외적인 상황이나 사건들도 우리를 위해 영원한 영광의 중한 것을 준비시킬 수 없습니다. 그것들이 우리를 그러한 영광을 위해 준비시키지 않는다면 말입니다. 환난은 우리에게 축복된 결과를 가져다줍니다. 우리에게 있어 그 결과에 합당한 분량만큼 말입니다. 또 바울은 다음 장에서 같은 동사를 사용하여 "곧 이것을 우리에게 이루게 하시고 보증으로 성령을 우리에게 주신 이는 하나님이시니라"라고 말합니다(고후 5:5). 이와 같이 우리를 위해 그 일을 이루는 것(working the thing for us)과 우리로 그 일을 이루게 하는 것(working us for the thing)은 하나이며 동일한 과정입니다. 이 땅에서의 우리의 다양한 의무들과 상황들은 우리를 위해 영원한 영광을 준비할 것입니다. 만일 그것들이 우리를 영원한 영광을 위해 준비시킨다면 말입니다. 그리고 이러한 외적인 것들이 우리의 성품을 빚는 분량만큼, 그것들은 "지극히 크고 영원한 영광의 중한" 것을 우리에게 이루게 합니다.

어떤 사람이 이 땅에서 환난을 많이 당할 때, 사람들은 종종 하나님이 그에게 미래의 축복을 보상으로 주실 것이라고 말하곤 합니다. 그렇지만 항상 그런 것은 아닙니다. 만일 그가 "보이지 않는 것"을 바라보는 토대 위에 그러한 환난을 받았다면, 분명 그럴 것입니다. 그러나 그렇지 않다면, 그와 같은 축복된 결과가 맺히지 않을 것입니다. 사람의 성품이 하늘의 영광으로 옷입혀지기에 합당하도록 다듬어지고 빚어지는 데에는 여러 가지 방법이 있는데, 그 가운데 하나는 영원한 것들을 바라보는 가운데 잠시 있는 것들은 그냥 지나치는 것입니다. 만일 여러분이 오늘을 이해하기를 원한다면, 여러분은 오늘 속에 영원을 끌어들여야 합니다. 만일 여러분이 오늘을 활용하기를 원한다면, 여러분은 오늘을 영원한 세계의 빛과 함께 활용해야 합니다. 이 모든 것의 결론은 이것입니다. 즉 보이는 것은 보이지 않는 것과 연결되지 않는 한 결코 이해될 수 없으며, 보이는 것은 오로지 그것이 우리로 영원한 영광의 중한 것을 위해 준비시킬 때에만 비로소 우리를 위해 영원한 영광의 중한 것을 준비할 것이라는 사실입니다.

2. 둘째로, 이와 같이 "보이지 않는 것"을 바라보는 것은 오직 예수 그리스도를 통해서만 가능합니다.

예수 그리스도는 멀리 있는 땅을 보여주는 유일한 창문입니다. 비유적으로 말해서, 그는 신세계에 갔다 돌아온 콜럼버스와 같습니다. 대서양 건너 신세계가 있을 것이라고 많은 사람들이 믿기도 하고, 의심하기도 하고, 논쟁을 벌이기도 했습니다. 그러나 콜럼버스가 그곳에 갔다가 돌아옴으로써 모든 논쟁에 종지부를 찍고 그것은 움직일 수 없는 사실이 되었습니다. 마찬가지로 많은 사람들이 미래의 불멸의 삶을 소망하기도 하고, 다양한 형태로 믿기도 하며, 그것이 정말로 사실일까 하여 두려워하기도 하며, 그것의 존재에 대해 끊임없이 논쟁을 벌이기도 합니다. 그럼에도 불구하고, 모든 것은 불확실한 채로 남아있었습니다. 우리의 형제이신 예수 그리스도께서 사망의 흑암 속으로 들어가셨다가 다시 돌아오실 때까지 말입니다. 이처럼 우리는 오직 예수 그리스도 안에서 보이지 않는 것을 바라볼 수 있습니다.

이와 같이 예수 그리스도께서 우리에게 확증을 주셨기 때문에 우리는 "나는 다음 생명이 있다고 생각합니다, 있을 것으로 소망합니다, 있을 줄 확신합니다" 따위로 말할 필요가 없습니다. 우리는 "나는 다음 생명이 있음을 압니다"라고 말할 수 있습니다. 그가 이 모든 일을 행하셨을 뿐만 아니라 지금 하나님 보좌 우편에서 영광 가운데 살아 계시기 때문에 우리는 다음 생명의 존재를 확실하게 알 수 있습니다. 이제 우리는 어둠 가운데 더듬거릴 필요가 없습니다. 우리는 그를 바라봅니다. 우리의 앎은 비록 제한적이기는 하지만 그러나 복된 것입니다. 우리는 황금 길과 보좌들과 비파들에 대해 말할 수 있으며, "거기에는 밤이 없으며 애통하는 것이나 곡하는 것이나 아픈 것이 다시 있지 아니하리니 처음 것들이 다 지나갔음이러라"라고 말할 수 있습니다. 그러나 이와 같이 각종 은유들로 묘사된, 그리고 "무엇 무엇이 없는" 따위의 소극적인 표현으로 묘사된 미래의 생명은 매우 불충분합니다. 성경은 거기에서 멈추지 않고 계속해서 다음과 같은 적극적인 표현을 덧붙입니다. "이기는 그에게는 내가 내 보좌에 함께 앉게 하여 주리라"(계 3:21). "그가 나타나시면 우리가 그와 같을 줄을 아는 것은 그의 참모습 그대로 볼 것이기 때문이니"(요일 3:2). 이와 같이 그리스도와 가까이 있게 되는 것, 그와 교제하는 것, 그와 같아지는 것, 그와 함께 보좌에 앉는 것 이상의 것들에 대해서는 우리는 알지도 못하고 알 필요도 없다고 나는 생각합니다.

이와 같이 예수 그리스도는 불멸의 생명과 관련한 우리의 지식의 유일한 매개체이며, 그 자신이 하늘의 계시입니다. 뿐만 아니라 사람이 불멸의 개념을 간절히 사모하게 되는 것 역시도 오직 그로 말미암는 것입니다. 여러분의 경우에는 어떤지 모르겠지만, 나에게 있어 나의 의식적 존재가 영구히 지속될 것이란 것은 참으로 당황스럽고 끔찍한 개념입니다. 그것은 나의 마음을 기쁘게 하기보다 무겁고 두렵게 만듭니다. 나는 이러한 사실을 고백하는 것을 조금도 부끄럽게 여기지 않습니다. 나는 대부분의 사람들이 일반적으로 그와 같은 불멸의 개념을 기쁨과 감사로 받아들일 것이라고는 믿지 않습니다. 그들이 그것을 예수 그리스도와 함께 하는 삶이며, 예수 그리스도 안에서의 삶이며, 예수 그리스도와 같아지는 삶임을 느끼지 않는 한 말입니다. "떠나는 것"은 슬픈 일입니다. 그것이 "훨씬 더 나은" 것이 되는 것은 오직 우리가 "그리스도와 함께" 거한다고 말할 수 있을 때뿐입니다. 비유적으로 말하면, 그는 망원경이면서 동시에 별입니다. 우리는 그를 통해 그를 봅니다. 그럴 때 비로소 보이지 않는 모든 것이 그 주위에 모여 복된 것이 됩니다.

3. 마지막으로, 이와 같이 보이지 않는 것을 바라보는 것은 모든 그리스도인들의 습관이 되어야 합니다.

바울은 그리스도인이 "보이지 않는 것"을 바라보는 것을 지극히 당연한 일로 받아들였습니다. 원문(原文)은 이러한 사실을 좀 더 분명하게 보여줍니다. 그는 우리가 보이지 않는 것을 바라보는 동안 "영원한 영광의 중한 것"이 마치 자연적인 과정처럼 이루어진다고 말합니다. 그는 고린도인들과 관련하여 이것을 자연스러운 것으로 받아들입니다. 고린도인들에게 그렇다면 우리에게도 그러하지 않겠습니까?

이와 같은 축복된 결과를 산출하는 것은 어떤 종류의 "바라봄"인지 주목하십시오. 바울이 여기에서 사용하는 단어는 "바라봄"을 의미하는 통상적인 단어들보다 좀 더 강렬한 단어입니다. 그 단어는 "응시하다" "주목하다" "집중해서 바라보다"의 의미를 갖습니다. 그것은 흥미를 갖고 집중된 노력으로 응시하는 것입니다. 갑판 위에 서서 수평선을 멍하니 바라보는 사람은 아무것도 보지 못합니다. 그러나 그 옆에서 날카로운 눈을 뜨고 수평선을 응시하는 항해사를 상상해 보십시오. 그는 손을 이마에 올려놓고 햇빛을 가린 채 수평선을 뚫어지게 응시하다가 마침내 육지의 흐릿한 윤곽을 발견합니다. 만일 여러분이 무엇을 찾는지 별 생각 없이 멍하니 바라보다가 세상적인 휘황찬란한 것들로 눈길을 돌린다면, 여러분은 "보이지 않는 것들"을 거의 보지 못하게 될 것입니다. 보이지 않는 것들을 보기 위해서는 집중된 관심과 뚫어지게 바라보는 응시가 필요합니다. 만일 여러분이 멀리 있는 것을 보고자 한다면, 여러분은 눈의 초점을 바꾸어야만 합니다.

본문 앞 부분의 "우리가 주목하는 것은 보이는 것이 아니"라는 구절을 주목해 보십시오. 이 땅에서는 보이는 것들이 우리의 안구(眼球)를 사로잡습니다. 그러므로 만일 우리가 단호하게 우리의 눈을 다른 쪽으로 돌리지 않는다면, 우리는 보이는 것 이상의 다른 아무것도 보지 못할 것입니다. 만일 우리가 보이는 것들의 강압적인 힘에 아무런 저항도 하지 않는다면, 그것들이 우리를 독점할 것입니다. 푸른 식물이 가득한 둘러싸인 비옥한 골짜기에 살고 있는, 그러나 그곳의 녹지(綠地) 외에는 아무 곳도 보지 못한 사람들을 생각해 보십시오. 만일 우리가 바다 건너 멀리 떨어진 도시의 망루를 보려고 한다면, 우리는 산꼭대기로 올라가야만 합니다. 교우 여러분, 만일 여러분이 세상의 보이는 것들에 대하여 계속해서 여러분의 시선을 고정시킨다면, 여러분은 보이지 않는 것들을 하나도 보지 못할 것입니다.

바울은 마음과 생각과 믿음을 끊임없이 "보이지 않는 것들"과 접촉시키고자 하는 이와 같은 의식적인 노력을 그리스도인의 중요한 특성으로 간주합니다. 나는 오늘날의 대부분의 그리스도인들이 바울이 여기에서 제시하는 원리와 멀리 떨어져 살아가는 것에 대해 크게 우려하지 않을 수 없습니다. 내가 볼 때 오늘날의 강단에서는 죽음 이후의 삶에 대해 과거에 비해 훨씬 더 적게 선포되는 것 같습니다. 특별히 오늘날 많은 그리스도인들의 마음속에 영원의 개념과 하늘에서의 우리의 처소의 개념이 그다지 중요한 위치를 차지하지 못하는 것 같습니다. 여기에는 여러 가지 이유들이 있겠지만, 내가 보기에 오늘날 '복음의 현재적 기능'이 크게 강조되는 것이 그러한 이유들 가운데 하나로 보입니다. 또 이와 같은 풍조는 미래(내세)의 생명에 대하여 불신하거나 의심하는 분위기를 지나치게 의식함으로써, 그리고 기독교의 독특한 특성을 단호히 주장하는 것을 꺼리게 만드는 오늘날의 분위기에 너무나 쉽게 굴복함으로써 온 것으로 보입니다. 결국 그것은 '믿음의 부족'으로부터 오는 것입니다.

사랑하는 교우 여러분, 우리가 습관적으로 "보이지 않는 것들"을 바라본다면, 우리의 모습은 얼마나 달라지겠습니까? 세상의 풍조는 계속해서 변해 왔고 앞으로도 그럴 것입니다. 그러나 우리가 계속해서 보이지 않는 것들을 바라본다면, 저 멀리 보이는 희미한 윤곽은 점점 더 분명하게 보일 것입니다. 그렇지만 우리가 영원을 바라보는 것은 고산지대에 사는 사람들이 높은 산봉우리들을 바라보는 것과는 분명 달라야 합니다. 세상의 거대한 산봉우리들은 대부분의 시간은 안개 속에 가려져 있다가, 아침이나 저녁의 짧은 시간 동안만 잠시 그 모습을 드러냅니다. 바로 이것이 오늘날 많은 사람들이 "보이지 않는 것"을 바라보는 방식입니다. 그러므로 우리는 너무도 연약하며, "보이지 않는 것들"을 깨닫지 못하며, 그것들로부터 별다른 유익을 얻지 못합니다.

사랑하는 교우 여러분, 세상의 보이는 것들, 즉 겉만 번지르르한 것들로부터 우리의 눈을 돌립시다. 그리고 우리의 영의 눈을 하나님 보좌 우편을 향해 엽시다. 우리 앞에 두 종류의 대상이 놓여 있습니다. 하나는 잠시 있다가 영원히 사라지는 것이며, 또 하나는 영원히 빛나는 것입니다. 우리의 눈이 어디로 향하겠습니까? 우리는 잠시 있다가 사라지는 것으로부터 눈을 돌려 영원한 것을 바라보는 것을 선택해야 합니다. "보이는 것들"이 잠시 있다가 사라질 것이 정말로 사실이라면, 상식과 이성을 가진 사람이라면 분명 보이지 않는 영원한 것들을 바라볼 것입니다. 그리고 그럴 때, 이 땅에서 "잠시 받는 환난의 경한 것"이라든지, 세상에서 부딪히는 모든 슬픔과 기쁨 그리고 모든 상황들이 우리를 위해 "지극히 크고 영원한 영광의 중한 것"을 이룰 것입니다.

7
장막과 집

"만일 땅에 있는 우리의 장막 집이 무너지면 하나님께서 지으신 집
곧 손으로 지은 것이 아니요 하늘에 있는 영원한 집이
우리에게 있는 줄 아느니라"

고후 5:1

본문 속에는 지식과 무지, 그리고 의심과 확실성이 놀랍게 뒤엉켜 있습니다. 바울은 많은 사람들이 확신하지 못하는 것을 분명하게 압니다. 그런가 하면 그는 또 오늘날 모든 사람들이 확신하는 것에 대해 의문을 품습니다. "만일 땅에 있는 우리의 장막 집이 무너지면" — 땅에 있는 우리의 장막 집이 무너지는 것은 "만일"이라는 단어를 쓸 필요 없이 확실한 것입니다. 그러나 우리는 바울을 포함한 초창기 그리스도인들에게 있어 그들이 그리스도 강림하실 때까지 살아있을지 아니면 그 전에 죽을지 여부는 불확실한 것이었음을 기억할 필요가 있습니다. 만일 그때까지 죽지 않고 살아 있게 된다면, 그들은 "변화될" 것이었습니다. 지금 본문을 기록하고 있는 바울의 마음속에는 바로 이러한 가능성이 자리 잡고 있었습니다. 그의 이러한 제한적인 지식은 우리 주님 자신의 말씀과 완전하게 일치됩니다. "때와 시기는 아버지께서 자기의 권한에 두셨으니 너희가 알 바 아니요" (행 1:7). 이와 같은 제한적인 지식은 영감받은 교사로서의 그의 권위를 조금도 훼손하지 않습니다. 그의 이와 같은 제한적인 지식으로 인한 머뭇거

림도 놀랍지만, 그의 단호한 확증 역시 그에 못지않게 놀랍습니다. 그는 자신이 죽고 난 후 자신을 위해 준비되어 있는 집이 있음을 알고 있는데, 그것은 예수께서 이미 입으신 것과 같은 영광의 몸입니다.

1. 첫째로, 최종적인 미래에 대한 기독교적 확실성을 주목하십시오.

자신이 살고 있는 육체를 자신의 처소로 묘사하는 것은 매우 친숙한 은유로서 굳이 여기에서 길게 설명할 필요는 없을 것으로 생각합니다. 다만 우리는 여기에서 나와 나의 육체가 분명하게 구별되는 것을 좀 더 세밀히 살펴볼 필요가 있습니다. 우리와 우리의 육체 사이의 관계는 우리와 우리가 이 땅에서 거주하는 집과의 관계와 같습니다. 어리석은 감각은 죽음을 보좌에 앉히며 그것을 주(lord)라 부르지만, 분명한 확증을 가진 그리스도인들은 확실하게 선을 그으면서 자신들의 육체에 일어나는 어떤 일도 자신들을 요동케 하지 못함을 단언합니다. 그들은 이 집에서 저 집으로 아무 요동 없이 지나갈 수 있습니다. 오늘날 우리는 생명과 의식은 단지 육체 기관의 기능에 불과하며 육체가 소멸되면 그것들도 같이 소멸된다는 이야기를 많이 듣는데, 이와 같은 때에 특별히 우리는 이러한 말씀을 굳게 붙잡아야 합니다. 결코 그렇지 않습니다. 여기에 나타난 바울의 가르침이 오늘날 유행하는 사이비 과학보다 훨씬 더 사실입니다. 여기에서 나는 사이비 과학(pseudo-science)이란 표현을 썼는데, 실제로 그것은 과학이 아니라 과학으로부터 추론한 것입니다.

우리는 육체가 전인(全人)의 일부라는 복된 개념을 결코 잊어서는 안 됩니다. 인간에 대한 하나님의 모든 계획이 완성되는 미래를 상상해 보십시오. 그것이 의식(意識)이 외부 세계와 연결될 수 있는 어떤 도구 혹은 환경도 갖지 못한 채 유령처럼 떠도는 그런 미래겠습니까? 몸과 혼과 영의 삼위일체는 영원한 삼위일체입니다. 육체적 형체를 가지는 것은 외부 세계와의 관계를 의미하는 것으로서, 그와 같은 명확한 형체를 가질 때 비로소 완전한 사람이 되는 것입니다. 3절에 표현된 대로, 벗은 자로 거하는 것은 사람에게 있어 결코 바랄 만한 것이 아니며, 그것은 결코 사람의 최종적인 운명이 되지 않을 것입니다. 우리의 미래 개념과 관련하여 전인(全人)이 몸과 혼과 영을 요구한다는 것은 매우 중요한 사실입니다.

여기에서 본문이 다루는 두 상태의 특성으로 눈을 돌려보도록 합시다. 그러면 우리는 매우 친숙하면서도 강력한 개념들을 얻게 될 것입니다. "만일 땅에 있는 우리의 장막 집이 무너지면 손으로 지은 것이 아니요 하늘에 있는 영원한 집이 우리에게 있는 줄 아느니라."

지금 바울의 생각을 사로잡고 있는 대조는 "땅"과 "하늘", 그리고 "장막"과 "집"의 대조입니다.

먼저 바울은 지금 얇은 천과 약한 기둥을 가진 일시적인 장막과 튼튼하게 지어진 "영원한 집" 혹은 영구적인 건물을 대조합니다. 여기에 현재의 처소가 가지고 있는 약함과 일시성과 머지않아 없어지게 될 것이라는 개념이 내포되어 있습니다. 더 이상 힘에 지나는 수고도, 피곤함도, 재충전의 필요도 없게 될 것입니다. 더 이상 아픈 것과 약한 것도 없을 것이며, 썩음도 없을 것입니다. "썩을 것으로 심고 썩지 아니할 것으로 다시 살아날" 것이며(고전 15:42), 따라서 그들은 더 이상 죽을 수 없습니다. 그것이 본래적인 불멸성 때문인지 아니면 그리스도의 불멸의 생명이 끊임없이 부어지기 때문인지 하는 논쟁은 여기에서 필요치 않습니다. 다만 우리에게 있어 필요한 것은 베두인족의 장막, 즉 사막의 모래 위에 잠시 쳤다가 곧 철거하는, 그래서 가운데 모닥불의 흔적 외에 아무것도 남지 않는 일시적인 장막과 영구한 집 사이의 대조가 우리가 이 땅에서 거주하는 영의 처소 즉 지금의 몸과 장차 갖게 될 영광의 몸 사이의 대조라는 사실입니다.

또 하나의 대조 역시도 앞의 대조에 못지않게 영광스럽고 놀랍습니다. "땅에 있는 장막 집"은 그 재료뿐 아니라 그것의 모든 관계들과 기능들까지 규정합니다. 우리 육체의 장막이 "땅"과 관련되는 것은 단지 그것이 흙으로 지은 집이기 때문만이 아니라 또한 그것이 그 모든 기능들에 있어 이 땅의 낮은 질서에 속하기 때문입니다. 반면 장차 들어가게 될 집이 "하늘"과 관련되는 것은 그와 같은 미래의 처소를 만들 수 있는 권능이 "하늘에" 있기 때문입니다. 또 그것이 그렇게 표현된 것은 장차 그곳에 들어갈 자들에게 그것의 확실함을 나타내고, 나아가 그곳에 거주하게 될 자들이 만나게 될 새로운 질서를 표현하기 위한 것입니다. "혈과 육은 하나님 나라를 이어 받을 수 없고 또한 썩는 것은 썩지 아니하는 것을 유업으로 받지 못하느니라"(고전 15:50). 그와 같은 미래의 영의 집은 그것이 거하는 영역 즉 하늘에 적합한 것이 될 것입니다. 이와 같이 지금 바울의 생각 속에 이 같은 두 대조가 자리 잡고 있습니다.

미래의 육체 구조와 관련한 이러한 개념이 우리가 물질(matter)로 부르는 것의 특성과 맞지 않는다고 생각하는 사람들이 틀림없이 있을 것입니다. 그러나 바울은 "짐승의 육체도 있고 새의 육체도 있으며" "해의 영광이 다르고 달의 영광이 다르다"고 말합니다(고전 15:39, 41). 그의 이러한 옛 논증은 오늘날에도 완전히 유효합니다.

여러분은 장차 우리의 영이 입게 될 영광의 몸이 썩지 않는 물질로 되는 것이 불가능하다고 단언할 정도로 그렇게 창조세계의 모든 가능성들을 충분히 압니까? 물질의 형태는 정말로 다양하며, 그 속에는 본문의 영광의 몸의 물질도 포함될 수 있습니다. 열대나라의 어떤 왕의 이야기를 생각해 보십시오. 어떤 사람이 왕에게 물이 딱딱한 고체로 변화될 수 있다고 말하자, 왕은 그 말에 코웃음을 칩니다. 이러한 옛 이야기를 여기의 논의에 적용시킬 수 있지 않을까요? 하나님의 창조세계와 관련하여 우리가 모든 것을 다 안다는 식의 지나친 확신은 금물입니다. 우리는 오직 제한적으로밖에는 알지 못한다는 사실을 기꺼이 받아들이면서도 얼마든지 "하나님께서 지으신 집 곧 하늘에 있는 영원한 집이 우리에게 있는 줄 아느니라"라고 고백할 수 있습니다.

본 단락에서 한 가지 더 지적하고 싶은 것이 있습니다. 그것은 본문을 포함한 전체 문맥이 죽은 자의 부활이 의미하는 것 위에 큰 빛을 던진다는 사실입니다. 사실 부활의 교리 위에는 여러 가지 오해와 과장과 터무니없는 개념들이 덧붙여져 왔습니다. 우리는 "하늘의 네 바람으로부터 흩어진 먼지들이 모여드는" 따위의 이야기들을 너무나 많이 들었습니다. 그러나 본문이 가르치는 바는 현재의 몸과 미래의 몸이 서로 완전한 대조를 이룬다는 것입니다. 부활은 과거에 죽은 몸을 다시 취하는 것을 의미하는 것이 아니라, 다른 몸을 가진 사람으로 다시 사는 것을 의미하는 것입니다. 따라서 성경의 표현도 "그 몸의 부활"(the resurrection of the body)이 아니라 "그 죽은 자의 부활"(the resurrection of the dead)입니다. 그것은 "하늘의" 집이며, "하늘로부터" 오는 것입니다.

우리는 장막을 남겨두고 떠납니다.

> "생명과 생각은 나란히 사라졌도다.
> 문들과 창문들을 활짝 열어젖힌 채 남겨두고.
> 그들은 얼마나 부주의한 거주자들이었던가!"

그들은 부주의해도 상관없습니다. 왜냐하면 하늘에 영광스럽고 썩지 않는 또 다른 집이 있기 때문입니다.

우리는 "장막"을 남겨두고 "집"으로 들어갑니다. 이 땅에는 어떤 불멸의 씨도 없습니다. 또 다른 은유를 사용해 말하면, 우리는 지금까지 입고 있던 옷을 벗고 다른 옷을 입음으로 벗은 자들로 발견되지 않습니다. 죽은 자의 부활은 영이 하늘로부터 온 집을 입는 것입니다. 두 거주지 사이의 차이는 마치 북극에 사는 사람들의 거주지와 열대지방에 사는 사람들의 거주지 사이의 차이와 같습니다. 북극에 사는 사람들의 거주지는 눈과 얼음 사이에서 매서운 눈보라를 이겨내고 혹독한 추위를 막아줄 만큼 충분히 튼튼하고 견고하게 지어져야 합니다. 반면 사철 따뜻한 열대 기후 속에서 살아가는 사람들을 위한 거주지는 매우 얼기설기하고 단순합니다. 마찬가지로 이 땅에서의 우리의 거주지는 작은 창문과 작은 문으로 이루어진 허술한 장막과 같지만, 장래 들어가게 될 거주지는 새로운 세계에서 넓은 전망을 열어줄 큰 창문을 가진 멋진 집과 같을 것입니다. 그러므로 이 땅에서 좁은 헛간에 살고 있는 동안에도 하나님이 자기를 사랑하는 자들을 위해 예비한 집 곧 넓은 전망을 제공하는 아름답고 멋진 집을 바라봅시다.

2. 둘째로, 우리가 어떻게 이런 확실성에 도달할 수 있는지 주목하십시오.

본문에 뒤이어 곧바로 "for"가 나오는 것을 주목하십시오(KJV 2절은 "For"로 시작됨. For in this we groan, earnestly desiring to be clothed upon with our house which is from heaven). 이것은 매우 놀랄 만한 방식으로 앞 절 말미의 "아느니라"의 이유를 제시합니다. "우리에게 있는 줄 아느니라 … 왜냐하면 참으로 우리가 여기 있어 탄식하며 하늘로부터 오는 우리 처소로 덧입기를 간절히 사모하기 때문이라." 이와 같은 독특한 배치는 그리스도인의 영혼 속에 어떤 사모함이 있든 그러한 사모함은 그 자체의 성취의 예언이 된다는 사실을 나타냅니다. 우리는 하늘에 집이 있음을 압니다. 왜냐하면 그에 대한 사모함이 있기 때문입니다. 그리고 그러한 사모함은 우리가 하나님께 더 가까이 다가갈수록 더 깊어지고 더 강렬해집니다. 이것은 광범위하게 적용될 수 있는 개념이지만, 그러나 그것을 확장하는 것은 여기에서의 우리의 목적이 아닙니다.

문맥에 분명하게 나타나는 것처럼 그것은 그 자체의 한계를 가지고 있는데, 여기에는 결코 만족될 수 없는 인간적인 요소들과 만족될 수밖에 없는 하나님의 열망이 서로 뒤엉켜 있습니다. 그러나 최소한 우리는 여기에서 다음과 같은 사실은 굳게 붙잡을 수 있습니다. 즉 불멸에 대한 그리스도인들의 열망은 그것을 느끼는 자들에게 불멸의 확실성을 확증해 주는 것이라는 사실 말입니다. "주를 기뻐하라 그가 네 마음의 소원을 네게 이루어 주시리로다"(시 37:4). 우리가 간절히 열망이 만족되지 못할 인간적 요소들과 섞일 수 있다 할지라도, 그러나 그것의 본질은 그 자신의 성취의 예언입니다. 남쪽을 향해 날아가는 황새가 따뜻한 나라에 도착할 것이 확실한 것처럼, 우리도 다음과 같이 확실하게 말할 수 있습니다. "나는 하늘에 예비된 집이 있음을 아노라. 왜냐하면 나는 그것을 열망하며 벗은 자로 발견되지 않으려 하기 때문이라."

물론 그와 같은 사모함과 열망과 동경이 사실에 대한 증거는 아닙니다. 다만 그것들을 어렴풋한 바람으로부터 굳은 확신으로 바꾸는 어떤 사실이 있음을 보여주는 것일 뿐입니다. 죽음 속에서도 생명이 지속되며 무덤에

의해서도 개인의 정체성이 계속되는 것에 대해 세상이 받은 유일한 증거
는 예수 그리스도가 죽은 자 가운데 부활한 것입니다. 불멸에 대한 우리의
믿음은 단순히 우리 자신의 주관적인 열망이나 사모함에 의존하는 것이
아니라, 이러한 열망과 사모함이 예수 그리스도가 죽은 자 가운데 부활하
셨다는 위대한 사실에 의해 확증되는 것에 의존합니다. 그러므로 우리는
우리 안에 있는 열망이 결코 헛되지 않음을 압니다. 이와 같이 우리는 첫
째로 그의 경험에 근거해서, 그리고 둘째로 그러한 경험이 불러일으키는
열망에 근거해서 그러한 확실함에 이릅니다.

아마도 어떤 사람들은 "우리가 … 아느니라"는 바울의 말에 이의를 제
기할 것입니다. 왜냐하면 그들은 객관적인 사실(facts)에만 확실성을 부여
해야 한다고 믿기 때문입니다. 그렇지만 만일 그들이 나무나 돌의 존재에
대한 확실성과는 달리 하나님의 사랑이나 불멸에 대해서는 확실하게 말할
수 없다고 주장한다면, 나는 감각에 의해 인지될 수 있는 것 외에 다른 영
역의 사실들이 있음을 단호히 주장할 것입니다. 불멸의 확실성은 다른 어
떤 것 못지않게 확실하며, 사실적이며, 신뢰할 수 있습니다. "우리에게 하
나님의 집이 있다고 생각한다, 믿는다, 소망한다, 확신한다" 등으로 말하
는 것은 충분치 않습니다. 우리는 "우리에게 하나님의 집이 있음을 아노
라"라고 확실하게 말할 수 있습니다.

3. 마지막으로, 이러한 확실성이 가져다주는 결과를 주목하십시오.

바울은 본문 첫머리의 "For"를 통해 본문이 앞 절 즉 전장(前章) 18절에
대한 이유임을 보여줍니다(KJV의 본문 1절은 "For"로 시작됨). "우리가
주목하는 것은 보이는 것이 아니요 보이지 않는 것이니 그것은 만일 땅에
있는 우리의 장막 집이 무너지면 하늘에 있는 영원한 집이 우리에게 있는
줄 알기 때문이라."

다시 말해서, 그와 같은 확실성은 사람들의 생각을 이 땅의 일시적인 것
들로부터 영원한 미래의 장엄한 것들로 바꾸게 만드는 것입니다. 부활과
불멸에 대한 오늘날의 개념을 부인하십시오. 그것은 너무도 보잘것없고

무력합니다. 거기에는 아무런 힘도 없으며 축복된 것도 없습니다. 그 안에 우리가 붙잡을 것은 아무것도 없습니다. 죽은 자의 부활과, 미래의 부활의 몸의 존재에 대한 믿음이 없다면, 사실상 믿음은 존재하지 않는 것입니다.

만일 우리가 우리 자신의 개인적인 유익을 확신하지 못한다면, 우리는 그곳으로 우리의 생각을 끌고 가지 않을 것입니다. 우리를 위해 준비된 집이 있음을 알 때, 우리는 기꺼이 우리의 마음과 열망을 그곳으로 향하게 할 것입니다. 우리는 보이지 않는 것들을 바라봅니다. 왜냐하면 우리에게 영원한 집이 있음을 알기 때문입니다.

이러한 확실성은 또한 사람으로 하여금 자기 장막을 떠나는 것을 기꺼이 받아들이도록 만들 것입니다. 본문에 이은 구절들에서 바울이 말하고 있는 것이 바로 이것입니다. 그는 사람들이 땅에 속한 육체를 떠나 "벗은 자"가 되는 것을 두려워하며 움츠린다고 말합니다. 그러나 우리는 우리를 위해 영광스러운 집이 준비되어 있음을 압니다. 그리고 우리가 그 집에 들어가는 날까지, 다시 말해서 소위 중간 상태 동안, 우리는 그리스도 안에 거하며 그와 함께 할 것입니다. 그러므로 우리는 즐거이 육체의 집을 떠나 그리스도 안에 있는 집으로 갈 수 있습니다. "우리가 담대하여 원하는 바는 차라리 몸을 떠나 주와 함께 있는 그것이라"(고후 5:8).

교우 여러분, 여러분은 여러분의 미래에 대해 이와 같이 생각합니까? 정말로 그렇다면, 바울이 본문과 관련한 문맥의 마지막 구절에서 말한 것을 마음에 새기십시오. "그런즉 우리는 몸으로 있든지 떠나든지 주를 기쁘시게 하는 자가 되기를 힘쓰노라"(9절).

8
참을성 있는 일꾼

"곧 이것을 우리에게 이루게 하신 이는 하나님이시니라"

고후 5:5

본문은 마치 인생의 비밀을 꿰뚫은 것처럼 하나님의 비밀 속으로 깊이 들어갑니다. 바울에게 있어 내적으로든 외적으로든 우리가 경험하는 모든 것은 하나님의 일하심으로부터 말미암는 것입니다. 그에게 있어 인생은 단순히 무의미한 순환이나 혹은 막연한 힘들의 우연한 작용이 아닙니다. 도리어 그것은 위대한 일꾼이신 하나님이 천천히 만들어 가는 것입니다. 바울은 마치 이러한 과정의 의미를 훤히 들여다보고 있는 것처럼 말합니다. 그는 이러한 신적 목적을 분명하게 인지(認知)하면서 모든 일을 그런 관점에서 바라보는 것이 모든 슬픔과 의심과 낙망과 두려움을 극복하게 하는 마법과 같은 것이 될 것이라고 믿습니다. 그리하여 그는 이렇게 덧붙입니다. "그러므로 우리가 항상 담대하노라"(6절). 그는 또 다른 곳에서 하나님을 "모든 일을 그의 뜻의 결정대로 일하시는 이"로 묘사합니다(엡 1:11). 이러한 주제와 관련하여 다음과 같은 몇 가지 개념들을 살펴보도록 합시다.

1. 첫째로, 하나님의 모든 일하심의 궁극적인 목적을 주목하십시오.

"곧 이것을 우리에게 이루게 하신 이는 하나님이시니라." 여기에서 "이것”이 무엇입니까? 그것을 이해하기 위해 우리는 잠시 앞의 문맥을 되돌아볼 필요가 있습니다. 바울 사도는 심지어 선한 자들조차도 “땅에 있는 장막 집이 무너지는”, 즉 죽음에 대해 느끼는 본능적인 거리낌에 대해 말하고 있었습니다. 그는 인간의 영이 가질 수 있는 세 가지 다른 상태를 구별합니다 — 첫째로 땅에 속한 몸 안에 거하는 것과, 둘째로 벗은 것과, 셋째로 하늘에 있는 영원한 집으로 옷 입는 것. 그리고 특별히 마지막 것과 관련하여, 그는 자신과 자신의 형제들에게 거기에 도달하는 두 가지 가능한 길이 있음을 예상합니다. 첫 번째 길은 죽음을 통해 지금의 몸을 잃어버리고 그가 “벗음”이라고 부르는 기간을 지난 후에 얻는 것입니다. 그리고 두 번째 길은 이를테면 영광의 몸으로 덧입는 것입니다. 다시 말해서, 옛 옷을 벗지 않고 혼인예복을 덧입는 것인데, 이것은 그리스도께서 오실 때 살아 있는 형제들에게 주어지는 것입니다. 바울은 그리스도인들의 마음 깊은 곳에 첫 번째 길을 꺼리고 두 번째 길을 선호하는 마음이 있다고 말합니다. 그러면서 그는 “죽을 것이 생명에 삼켜질” 것을 사모한다고 말합니다(4절). 마치 바닷가의 모래톱이 밀물에 의해 서서히 덮여지고 삼켜지는 것처럼 말입니다. 그러고 나서 그는 말합니다. “곧 이것을 우리에게 이루게 하신 이는 하나님이시니라.”

물론 본문의 “이것”을 하늘에 있는 집에 이르는 두 번째 길을 의미하는 것으로 보는 것은 불가능합니다. 왜냐하면 바울은 자신과 자신의 형제들이 죽을지 아니면 변화될지 알지 못했기 때문입니다. 그는 문맥 속에서 죽음을 자신과 형제들에게 있어 필연적인 것이 아니라 하나의 가능한 사건으로 말합니다. “만일 땅에 있는 우리의 장막 집이 무너지면”(1절). 그러므로 우리는 바울이 하나님이 우리를 다루심에 있어서의 모든 계획으로 생각하고 있는 “이것”을 우리가 그와 같은 궁극적인 상태에 도달할 수 있는 어떤 방식이 아니라 첫 번째 길이든 두 번째 길이든 하나님의 자녀들이 도달하게 되는 궁극적인 상태 자체를 의미하는 것이라고 생각해야 합니다. 다시 말해서, 하나님이 자기 자녀들을 다루심에 있어 최고의 목표는 단순히 축복된 영적 생명이 아니라 완전한 영이 영화된 몸 안에 사는 인간성의 완성인 것입니다. 이와 같은 형체성, 즉 순수한 영이 영화된 몸의 형체를 취하는 것이 우리와 관련한 하나님의 뜻의 최고의 목표입니다.

그와 같은 영화된 몸은 문맥 속에서 놀라운 표현으로 묘사됩니다. 이 땅에서 우리는 장막 가운데 거하지만, 하늘에서는 집에 거할 것입니다. 이 땅에서 우리는 손으로 지은 집, 즉 부모로부터 전달된 물질적인 몸 안에 거하지만, 하늘에서는 하나님이 지으신 집에 거할 것입니다. 이 땅에서 우리는 부서지지 쉬운 흙집에 거합니다. 비가 오면 흙이 떨어져나가고, 번개에 맞으면 허물어지고, 바람에 쓰러지기도 합니다. 그러다가 마침내 허물어져 땅 위에 폐허더미가 됩니다. 그러나 하늘에서는 썩는 것도 변화되는 것도 없는, 하나님이 직접 지으신 영원한 집에 거할 것입니다. 이 땅에서 우리는 사라지는 세상에 속한 몸 안에 살지만, 하늘에서는 하늘의 속성에 참여하는 집, 곧 완전한 영이 거하기에 합당한 몸으로 살 것입니다.

그러므로 바울은 하나님의 목적은 그 놀라움에 있어 끝이 없다고 말합니다. 손으로 짓지 않은 집 곧 하늘에 있는 영원한 하나님의 집이야말로 하나님이 자기 자녀들을 위해 계획하신 최종적인 종착지입니다.

2. 둘째로, 하나님이 일하시는 더딘 과정을 주목하십시오.

여기에서 바울은 "이루게 하신"(hath wrought)이라는 매우 특이한 표현을 사용합니다. 그것은 단순한 행동뿐 아니라 지속적인 수고와 노력이 따르는 일의 개념을 담고 있습니다. 그것은 마치 딱딱한 대리석을 다듬는 조각가나 쇠붙이를 깎는 금속세공자의 경우와 같습니다. 이와 같이 여기에 나타나는 하나님의 모습은 오랜 시간 수고와 노력을 아끼지 않으면서 작업하는 기술자의 모습입니다. 이러한 위대한 기술자는 "일찍 일어나" 하루 종일 작업하며 수고를 아끼지 않습니다. 때로 흰 대리석 속에서 검은 돌맥이 나타나기도 하고 딱딱한 돌에 끌이 되튀기도 하지만, 그러나 위대한 기술자는 결코 낙망하지 않습니다.

우리는 여기에서 매우 중요한 개념을 발견할 수 있습니다. 그것은 하나님이 우리를 다듬으심에 있어 한순간에 혹은 단번의 끌질로 그렇게 하지 않는다는 사실입니다. 그것은 하나님의 방법이 아닙니다. 세상은 그렇게 만들 수 있지만, 성도(聖徒)는 그렇게 만들 수 없습니다. 우주에 대하여는 말씀만 하시면 그렇게 되었습니다. "하나님이 이르시되 빛이 있으라 하시니 빛이 있었고"(창 1:3). 그러나 하나님은 "거룩함이 있으라"라고 말씀하실 수 없고 또 그렇게 말씀하시지 않습니다. 하나님은 어떤 사람을 "성도의 기업"에 합당한 자로 만들기 위해 그렇게 말씀하실 수 없습니다. 그렇게 하기 위해서는 그 사람의 일생 동안 하나님의 지속적인 에너지가 투입되어야 합니다.

여기에서 우리는 또 하나의 개념을 발견할 수 있는데, 그것은 사람의 영이 그리스도와 같아지기 전까지는 하나님이 그에게 영화된 몸을 주실 수 없다는 사실입니다. 하나님은 부활 때에 악인으로 하여금 그리스도의 영광의 몸으로 일어나도록 하실 수 없습니다. 그것은 오직 정결하게 된 자들에게만 한정됩니다. 왜냐하면 오직 정결한 영만이 영화된 몸에 합당하기 때문입니다. 완전한 몸 안에 거할 수 있는 것은 오직 완전한 영뿐입니다. 악인의 영혼은 하나님이 그리스도와 같아진 자들을 위해 예비한 영화된 몸을 입을 수 없습니다. 악인이 영화된 몸을 입는 것은 마치 벌새가 조개껍데기 속에 들어가 둥지를 튼 것과 같습니다.

죽은 자의 부활에는 두 가지 원리가 작동합니다. 하나는 선한 자들에게 작동되는 원리이고, 또 하나는 악한 자들에게 작동되는 원리입니다. 영화된 몸은 이 땅의 물질적인 몸의 연장선상에 있지 않습니다. 그것은 그리스도와 같아진 완전한 영이 보이는 형체로 나타난 것입니다. 어떤 이들은 영광과 불멸로 들어갈 것이며, 어떤 이들은 영원한 수치와 수욕을 당할 것입니다. 만일 우리가 마침내 영광스럽게 변화된 몸으로 서고자 한다면, 먼저 우리는 마음과 영이 변화되는 것으로부터 시작해야만 합니다. 마음과 영이 변화된 것처럼, 어느 날 몸도 그와 같이 변화될 것입니다.

"곧 이것을 우리에게 이루게 하시고." 하나님은 그것을 우리에게 이루게 하셨습니다. 그것은 우리를 그렇게 만드는 바로 그 행동으로 그렇게 하신 것입니다. 단지 세상만을 그 대상으로 한다면, 인간의 본질은 풀리지 않는 수수께끼입니다. 인간에게 다양한 능력과 재능이 주어진 것은 자명한 사실입니다. 그러나 만일 그러한 능력과 재능이 실행되는 영역을 이 세상으로만 한정시킨다면, 이것보다 더 큰 낭비는 어디에도 없을 것입니다. 만일 여러분이 우리 대부분이 세상에서 행하는 바를 생각해 본다면, 여러분은 우리에게 주어진 것과 우리가 행하는 것 사이에 얼마나 엄청난 불균형이 있는지 발견하게 될 것입니다. 다른 모든 피조물들은 자신들의 환경과 적절하게 부합합니다. 그들 가운데 어느 것도 자신들의 환경보다 더 크지 않습니다. 그러나 여러분과 나는 그렇지 않습니다. 여우는 굴을 가지고 있고, 공중의 새는 보금자리를 가지고 있습니다. 그들은 모두 자신들의 상황과 부합합니다.

그러나 우리는 비록 잠재된 형태라 할지라도 무한한 능력과 재능을 가지고 있습니다. 그리고 그것은 이 세상에서 아주 조금밖에 펼쳐지지 않습니다. 따라서 인간을 바라보면서 우리는 다음과 같은 질문을 던지게 됩니다. "어찌하여 주께서는 모든 사람을 헛되이 만드셨나이까? 만일 우리에게 이 보잘것없는 현재 외에 아무것도 없다면, 우리가 다 무엇이며 우리의 행하는 모든 것이 다 무엇이겠나이까?" 그렇다면 우리를 만드신 하나님은 실수를 범한 꼴이 될 것입니다.

생명과 인간은 한 가지 가설을 제외하고는 풀리지 않는 수수께끼입니다. 그것은 이 세상이 못자리이며, 어느 날 못자리에 있는 어린 모종들이 뽑혀 다른 곳에 심겨질 것이라는 가설입니다. 절대적이며 완전한 사랑을 느끼는 마음, 무한한 선의 개념을 인식하는 영, 까닭 없는 불안 — 이 모든 것들은 그것들이 온전히 설명되는 또 다른 영역이 있음을 선포합니다. 사람을 볼 때, 우리는 다음과 같이 말할 수 있을 뿐입니다. "곧 이것을 그에게 이루게 하신 이는 하나님이시니라."

이러한 목적을 위해 하나님이 일하시는 두 번째 영역이 있는데, 그것은 "섭리"라고 불리는 영역입니다. 만일 우리가 무엇을 위해 연단을 받는지 그 대상이 아무것도 없다면, 우리가 이 땅을 지나가면서 받는 모든 연단은 도대체 무슨 의미가 있는 것이겠습니까? 또 만일 장인(匠人)의 삶이 뒤따르지 않는다면, 도제(徒弟)로서의 모든 수고와 노력이 무슨 의미가 있는 것이겠습니까?

> "소망과 두려움으로 뜨겁게 달구어지도다.
> 그리고 치익 소리를 내며 물통에 들어갔다가,
> 운명의 망치로 두드려 맞는도다."

만일 이 모든 과정 뒤에 잘 다듬어진 쟁기가 나오지 않는다면, 이 모든 고통과 연단이 무슨 의미가 있겠습니까? 만일 죽음으로 모든 재능이 끝난다면, 그렇게 오랜 세월 재능을 갈고 닦는 것은 얼마나 딱한 일입니까? 만일 우리가 하나님의 학교에서 교육을 받고 그곳을 떠나자마자 모든 교육 받은 것을 잊어버린다면, 그 모든 수고와 노력과 회초리가 무슨 의미가 있겠습니까? 교우 여러분, 만일 인생의 목적이 하늘에 있지 않다면, 인생은 정말로 풀리지 않는 수수께끼일 것입니다. 만일 이 땅에서의 모든 슬픔과 수고와 연단과 추위와 더위와 빛과 어둠이 우리로 하여금 완전한 세계에서 완전한 몸으로 사는 완전한 영혼의 완전한 삶을 위한 준비로 의도된 것이 아니라면, 인생은 정말로 영원한 수수께끼일 것입니다.

하나님이 일하시는 세 번째 영역이 있습니다. 첫 번째가 창조의 영역이고 두 번째가 섭리의 영역이라면, 세 번째는 구속의 영역입니다. 만일 고상한 기독교적 삶을 통해 어느 정도 신적 축복과 은사를 받는 것이 전부라면, 그의 오심과 죽으심에 무슨 의미와 가치가 있겠습니까? 십자가의 의미와 목적, 그리고 세미한 음성 가운데 역사하는 성령의 모든 다루심의 의미와 목적은 우리가 — 첫째는 영으로, 그리고 둘째는 나중에 몸으로 — 우리 구주와 같아지는 것입니다.

참된 그리스도인의 모든 영적 경험 속에는 불멸에 대한 예언이 담겨 있습니다. 문맥 속에서 우리는 한 가지 요점을 발견할 수 있는데, 그것은 하나님의 영이 신자의 영혼 속에서 역사하는 열망들은 그 자체로 그것들이 성취되는 확증이라는 것입니다. 그러나 만일 여러분이 본문 앞에 있는 구절들로 눈을 돌린다면, 여러분은 바울이 "하늘로부터 오는 우리 처소로 덧입기를 간절히 사모하는 탄식"을 우리가 "손으로 짓지 않은 하나님의 집"을 가지고 있는 것에 대한 증거로서 제시하는 것을 발견하게 될 것입니다(2절). 다시 말해서, 그리스도인의 마음 안에 있는 모든 사모함 속에는 그것의 성취의 확증이 들어 있다는 것입니다. 그 마음이 그리스도의 영으로 풍성하게 채워지고 하나님과 긴밀하게 연결되어 있다면 말입니다. 하나님이 그것을 이루게 하신 것은 그 열망이 채워지고, 또 하나님을 향해 열린 입이 하나님이 계획하신 것으로 풍성하게 채워지도록 하기 위함입니다. 이와 같이 하나님은 우리로 열망하도록 만듦으로써 우리에게 이루십니다. 그리하여 하나님은 당신이 열망하시는 것을 주십니다. 그러므로 우리는 이러한 열망을 품어야 합니다. 죽음을 피하는 행운이나 축복된 종착지에 도달하는 방법을 선택하는 따위의 열망이 아니라 우리의 위대한 종착지 자체에 대한 열망 말입니다. 그리고 우리 마음속에 항상 다음과 같은 생각을 품읍시다. "하나님의 계획은 나로 하여금 그리스도의 영화된 인성(人性, Manhood)에 참여하도록 하는 것이라. 그리고 내가 그러한 인성을 얻는 것이 나와 함께 행하시는 자의 최고의 목적이라."

3. 마지막으로, 여기에 나타난 확실성과 확신을 주목하십시오.

본문의 의미를 다시 한 번 깊이 묵상해 보십시오. "곧 이것을 우리에게 이루게 하신 이는 하나님이시니라." 그렇다면 우리는 그 일이 헛되이 중단되지 않을 것을 확신할 수 있습니다. 하나님은 자신이 시작한 일을 결코 끝내지 못하는 분이 아닙니다. 위대한 일꾼은 무궁무진한 자원과 변함없는 목적과 무한한 인내를 갖고 계십니다. 그는 자기의 일을 끝마칠 것입니다.

이집트의 채석장들에서 여러분은 반쯤 다듬어진 돌들을 보게 될 것입니다. 그것들은 본래 어떤 거대한 신전으로 옮겨질 계획이었지만, 거기에 그냥 남아 있습니다. 작업은 완성되지 못한 채 끝났으며, 돌들은 본래 계획된 장소로 옮겨지지 못했습니다. 그러나 하나님의 채석장에는 반쯤 다듬어진 돌들이 없습니다. 마치 히람에 의해 레바논의 목재들이 예루살렘으로 옮겨졌던 것처럼, 채석장의 돌들은 아름답게 다듬어진 후 하늘의 성전으로 옮겨집니다. 하나님이 당신의 일을 완성하실 것은 확실한 사실입니다. "이것을 우리에게 이루게 하신 이는 하나님"이시므로, 우리는 하나님이 이 일을 마치기까지 멈추지 않을 것을 확신할 수 있습니다.

그러나 그것은 여러분이 훼방하고 좌절시킬 수 있는 확실성입니다. 그 일은 여러분이 방해할 수 있는 일입니다. 예레미야의 비유 속에 나오는 토기장이를 생각해 보십시오. 그는 자기 작업실에서 토기를 만들다가 어떤 것들은 자기 손으로 깨뜨려 버립니다. 그것은 그러한 토기들이 토기장이가 원하는 대로 만들어지지 않았기 때문입니다. 이러한 은유의 의미는 토기장이의 작업이 실패할 수도 있다는 것입니다. 여러분은 하나님의 다루심을 훼방할 수 있습니다. 그리고 창조와 섭리와 구속에 있어서의 하나님의 목적은 여러분과 관련하여 무위로 끝날 수 있습니다. "너희를 권하노니 하나님의 은혜를 헛되이 받지 말라"(고후 6:1). 또 하나님은 예레미야를 통해 이렇게 말씀하십니다. "내가 너희 자녀들을 때린 것이 무익함은 그들이 징계를 받아들이지 아니함이라"(렘 2:30).

하나님의 자비하심 가운데 어떤 것은 헛되이 낭비되며, 그리스도의 고난과 죽으심은 우리 중 어떤 사람들에게 무익하게 되고 맙니다. 사랑하는 교우 여러분, 여러분을 향하신 하나님의 일이 헛되이 끝나도록 하지 말고, 스스로를 거기에 순복시키십시오. 그가 여러분의 성품을 빚고 계시는 것을 즐거움으로 확신하십시오. 설령 고통스러운 것이라 할지라도, 하나님의 섭리들을 기쁨으로 받아들이십시오. 왜냐하면 그런 섭리들을 통해 하나님이 여러분을 하늘에 합당하도록 준비시키기 때문입니다. 대리석을 깎는 끌은 날카롭습니다.

마찬가지로 하나님의 끌이 여러분의 마음을 깎을 때, 거기에는 고통이 따를 것입니다. 인내하고 또 인내하십시오. 그리고 조각가의 끌질과 망치질의 의미를 이해하십시오. 그리고 일생 동안 하나님의 손이 행하시는 작업을 보십시오. 고난과 연단 속에서 그 속에 담긴 하나님의 뜻을 기꺼이 받아들이면서, 그분께 돌이켜 "주여 주의 인자하심이 영원하오니 주의 손으로 지으신 것을 버리지 마옵소서"(시 138:8)라고 부르짖으십시오. 그러면 여러분은 주께서 여러분에게 행하시는 작업을 반드시 완성하실 것을 확신할 수 있게 될 것입니다.

9
옛 집과 새 집

"우리가 담대하여 원하는 바는 차라리 몸을 떠나 주와 함께 있는 그것이라"

고후 5:8

본문에서 우리는 두 가지를 배울 수 있는데, 첫째는 죽음에 대한 기독교적 관점이며, 둘째는 죽음을 바라보는 그리스도인의 태도입니다.

1. 첫째로, 죽음에 대한 기독교적 관점을 주목하십시오.

여기에서 바울이 언급하고 있는 것은 죽은 자의 상태가 아니라 죽음의 사실 그 자체입니다. 본문을 좀 더 정확하게 그리고 좀 더 문자적으로 번역하면 이렇게 될 것입니다. "우리가 담대하여 원하는 바는 차라리 집으로부터 몸으로부터 떠나 집으로 주께로 가는 것이라." 물론 이 땅의 몸으로부터 주께로 옮겨지는 순간은 곧바로 영원한 상태로 이어지지만, 그러나 지금 본문이 주목하고 있는 것은 옮겨지는 순간입니다. 집의 은유에 대해서는 본 장 앞 부분에서 충분히 다루었는데, 거기에서 우리는 "이 땅의 장막"이라는 일시적인 집과 성도들이 부활의 때에 받게 될 썩지 않는 영광의 몸인 "하나님의 집"이 대조되는 것을 살펴보았습니다. 그러므로 죽음에 대한 기독교적 관점은 단순히 거주지가 바뀌는 것입니다.

바울은 사람과 그가 거하는 처소 사이를 분명하게 구분합니다. 생명은 유기적 구조의 결과 그 이상입니다. 의식하고 생각하며 느끼는 것은 물질의 기능 그 이상입니다. 어떤 물질주의 철학자도 자신의 철학 체계 안에서 원인과 결과 사이의 특이한 차이를 완전히 설명할 수도 없었고, 앞으로도 그럴 것입니다. 어떻게 신경이 한쪽으로는 정신적인 감정을 일으키는 반면 다른 쪽으로는 육체적인 고통을 일으키는지, 어떻게 뇌의 물리적인 떨림이 각종 생각을 일으키는지 등에 대해서 말입니다. 어떤 물질주의 철학자도 이에 대해 만족할 만한 답변을 내놓지 못합니다. 어떤 이론도 이러한 신비를 충분하게 해결하지 못합니다.

우리의 본능과 양심은 이와 같은 물질주의적인 이론에 선뜻 납득하지 못합니다. 그러한 이론은 인간의 행동을 기계적인 결과로 환원시키면서 그 결과 모든 책임성을 말살합니다. 사람은 그가 거주하는 거처 이상입니다. 여러분은 해변에 있는 조개껍데기를 발로 짓밟음으로써 그 안에 거주하고 있는 작은 생물들을 죽입니다. 그러나 여러분은 장막 안에 살고 있는 사람을 전혀 건드리지 않고서 그 장막을 쓰러뜨리고 말뚝을 뽑을 수 있습니다. 어리석은 자들은 죽음을 가장 두려운 것으로서 그리고 최종적인 것으로서 받아들입니다. 그러나 지혜로운 자들은 "생명과 생각이 문과 창문을 활짝 열어놓은 채 나란히 사라졌도다"라고 말합니다. 그들에게 죽음은 고작 그것에 불과할 뿐입니다.

나아가 본문은 우리에게 한 집으로부터의 떠남은 다른 집으로 들어가는 것임을 암시합니다. 전에는 몸이 집이었지만, 이제는 예수 그리스도가 집이 됩니다. 지금까지 몸이 붙잡고 있었던 것을 이제 주 예수 그리스도가 취하게 되는 것은 얼마나 아름답고 복된 일입니까?

어쨌든 그것은 우리에게 그리스도인의 영혼 앞에 예수 그리스도와의 좀 더 깊고 긴밀한 새로운 연합이 기다리고 있음을 가르쳐 줍니다. 이 땅의 육체적 기관은 그 자체의 한계성과 함께, 필연적으로 육체를 벗은 영혼에게 가능한 긴밀한 교제를 가로막습니다. 영이 육체의 장막에 거함으로써 어느 정도의 '막힘' 이 생기는지 우리는 잘 알지 못합니다. 그러나 한 가지 아는 것은 설령 이 땅에서 우리의 영혼이 믿음으로 그리스도 안에 거할 수 있다 할지라도, 장차 훨씬 더 깊고 긴밀하며 친밀한 교제가 이루어지게 될 것이란 사실입니다. 그때의 교제는 지금의 교제가 바울 자신에 의해 "주와 따로 있는 것"이라고 표현될 정도로 훨씬 더 깊고 친밀한 것이 될 것입니다(6절). 옛 사상가는 말합니다. "우리가 몸이라 불리는 거대한 것으로부터 벗어날 때 비로소 우리는 좀 더 우리 자신이 될 것이다." 또 그럴 때 우리는 좀 더 그리스도와 긴밀하게 연합될 것입니다. 왜냐하면 만일 우리가 그리스도인이라면, 그가 진정한 우리의 자아이며, 진정한 우리의 생명이기 때문입니다. 육체의 장막을 떠날 때 그리스도의 품에 얼마나 가깝게 깃들이게 될지 우리는 잘 알지 못합니다. 어떤 거대한 도시 한가운데 서 있는 허름한 건물을 상상해 보십시오. 그 건물이 철거되자, 그 자리에 그리고 그 건물에 의해 오랜 세월 가려졌던 곳에 햇빛이 쏟아져 들어옵니다. 이와 마찬가지로 "땅에 있는 장막 집"이 허물어질 때, 그것이 서 있던 자리에 빛이 쏟아져 들어올 것입니다. 이와 같이 "몸을 떠나는 것"은 "주와 함께 있는 것"이 될 것입니다.

한 걸음 더 나아가, 이제 우리는 사랑하는 이를 잃고 괴로워하는 자들이 종종 던지는 다음과 같은 질문에 대답할 수 있게 됩니다. "죽은 자들이 이 땅에 있는 우리와 관련하여 어떤 것을 알 수 있을까요? 그들은 주를 바라보며 안식하는 것 외에 다른 어떤 일을 행할 수 있을까요?" 만일 이 땅의 몸과 그것이 거하는 영의 관계와, 예수 그리스도와 그 안에 거하는 자의 관계 사이에 어떤 유비관계(類比關係)가 있다면, 그것은 육체처럼 그리스도도 자기 안에 거하는 영에게 외부 세계와 접촉하는 수단을 제공한다는 것일 것입니다.

비유적으로 말하면, 그리스도는 형체를 입지 않은 영의 감각기관일 수 있습니다. 그는 스스로를 표현하는 다른 수단을 갖지 못한 자의 손일 수 있습니다. 그러나 이 모든 것은 단순한 상상이요 추측일 뿐입니다. 그렇지만 예수 그리스도가 자신 안에서 모든 수고를 내려놓고 평안히 쉬는 자들에게 있어 그들이 지각(知覺)하며 행동하는 수단일 수 있다는 생각은 어느 정도 가능성이 있어 보입니다. 어쨌든 본문에서 우리는 이 땅에서의 모든 교제를 대수롭지 않은 것으로 만들어버리는 장차 갖게 될 예수 그리스도와의 정말로 깊고 긴밀한 교제를 분명하게 보게 됩니다.

나아가 옛 집으로부터 새 집으로의 이와 같은 옮김은 본문에서 순간적인 일로 간주됩니다. 그것은 "집으로부터 몸으로부터" 출발하여 그 종착지가 "집으로 주께로"인 긴 여행이 아닙니다. 그것은 하나의 행동이며 동시적인 행동입니다. 한쪽 측면에서 바라볼 때는 떠나는 것이고, 다른 쪽 측면에서 바라볼 때는 도착하는 것입니다. 다윗은 이렇게 말합니다. "나와 죽음의 사이는 한 걸음뿐이니라"(삼상 20:3). 한 발로는 땅을 딛고 또 한 발로는 바다를 딛고 서 있는 계시록의 힘센 천사를 생각해 보십시오. 그는 두 세계의 의식(意識)이 섞일 때, 그리고 이 땅의 장막 집을 벗고 하늘의 집으로 옷 입을 때 순간적으로 이곳에서 저곳으로 이행(移行)하는 영의 모형입니다.

이러한 이행이 곧 예수 그리스도와의 의식적인 교제의 상태로 들어감을 의미한다는 것은 굳이 길게 설명할 필요조차 없습니다. 영이 형체를 입지 못한 상태로 상당 기간 무의식의 상태에 있게 될 것이란 생각은 성경적으로 아무 근거 없는 허구입니다. 그러한 생각을 뒷받침해 주는 것처럼 보이는 한 가지가 "예수 안에 잠자고 있다"는 은유인데, 그것은 모든 활동을 그치고 쉬는 개념에 의해 충분히 설명됩니다. 분문은 그러한 생각과 양립되지 않습니다. 왜냐하면 몸을 떠난 영이 아무런 의식이 없는 상태에서 "주와 함께" 있음을 지각하는 것은 앞뒤가 맞지 않는 말이기 때문입니다.

그러므로 나는 죽음을 의식이 단절되지 않은 상태로 옛집에서 새집으로 순간적으로 이행하는 것이라고 생각합니다. 그리고 그러한 죽음은 우리를 이 땅에서 경험할 수 있는 것보다 훨씬 더 깊고 놀라우며 축복된 예수 그리스도와의 연합으로 데려갈 것입니다.

사랑하는 교우 여러분, 이것이 우리가 아는 것의 전부임을 기억하십시오. "그리스도와 함께" 있는 이것 외에 다른 모든 것은 불확실합니다. 그러나 그것은 우리의 믿음과 위로와 기다림을 위해 충분합니다. 주 안에서 죽는 것은 주 안에서 사는 것이며, 더 깊은 안식 속에 싸이는 것입니다. "주 안에서 죽는 자들은 복이 있도다"(계 14:13).

2. 둘째로, 죽음을 바라보는 그리스도인의 태도를 주목하십시오.

"우리가 담대하여 원하는 바는 차라리 몸을 떠나 주와 함께 있는 그것이라." 여기에서 나는 여러분에게 어떻게 바울이 이와 같은 감정 상태에 도달하게 되었는지 일깨워 주고자 합니다. 그는 육체의 옷을 벗는 것에 대한 대부분의 사람들의 움츠림에 대해 말하고 있었습니다. 그리고 그는 자신과 당시 많은 성도들의 바람, 즉 초창기 그리스도인들에게 가능한 것처럼 보였던 길(즉 예수 그리스도께서 돌아오실 때까지 살아 있다가 이 땅의 옷을 벗지 않고 하늘의 옷을 덧입는 것)을 통해 이와 같은 어두운 길을 피할 수 있을 것이란 바람을 피력했습니다. 그러고 나서 그는 죽음에 대한 이와 같은 본능적인 움츠림과 영화된 몸에 대한 열망이 그리스도인의 마음속에 너무도 강렬하다는 사실이야말로 그와 같은 영화된 몸이 우리를 위해 기다리고 있는 표적이라고 말합니다(이것은 매우 주목할 만한 개념입니다). 그는 "만일 땅에 있는 우리의 장막 집이 무너지면 하늘에 있는 영원한 집이 우리에게 있는 줄 아느니라"라고 말합니다(1절).

그리고 그것을 아는 이유는 "여기 있어 탄식하며 하늘로부터 오는 우리 처소로 덧입기를 간절히 사모"하기 때문입니다(2절). 우리는 여기에서 그리스도인의 열망이 그 자체의 성취의 예언임을 발견할 수 있습니다. 우리의 열망은 하나님이 주실 선물에 대한 예언입니다. 이와 같은 궁극적인 부활의 몸의 확실성 위에 본문에 표현된 그의 "원하는 바"가 세워집니다. 비록 육체의 죽음이 우리를 움츠리게 하는 것이라 할지라도, 그는 영광스러운 부활의 몸을 바라보며 옛집에 거하는 것보다 새집에 거하는 것을 더 좋아하며 사모합니다.

기독교 신앙은 육체의 죽음에 대한 자연스러운 움츠림을 정죄하지 않습니다. 옛집은 우리의 부주의한 돌봄으로 인해 여러 곳이 허물어지고 그을리고 때가 묻었다 할지라도 여전히 우리가 알고 있는 유일한 집입니다. 그리고 그 집을 떠나는 일은 우리가 한 번도 경험해보지 못한 낯선 일입니다. "벗은 자로 발견되지 않고 입은 자로 발견되고자" 하는 데에는 잘못된 것이 아무것도 없습니다. 그것은 우리의 자연스러운 본성입니다. 우리 주님도 "나는 받을 세례가 있으니 그것이 이루어지기까지 나의 답답함이 어떠하겠느냐"라고 말씀하셨습니다(눅 12:50). 우리 역시도 그와 같은 마음을 품을 수 있습니다. 그리고 그와 함께 "만일 할 만하시거든 이 잔을 내게서 지나가게 하옵소서"라고 똑같이 기도한다 할지라도, 특별히 잘못될 것은 없을 것입니다(마 26:39).

그러나 본문은 우리에게 육체의 죽음에 대한 이러한 움츠림에 반작용하는 강력한 소망이 있음을 보여줍니다. 그리고 그러한 반작용은 우리가 믿음의 삶을 사는 분량에 비례할 것입니다. 본문에는 이 땅의 물질적 구조체(構造體)들의 모든 일시성이 어떤 썩음도 알지 못하는 영원한 영구성으로 바뀌는 궁극적인 집에 대한 확신이 담겨 있습니다. "장막"은 "집"으로 대체되기 위해 사라질 것입니다. 이 땅의 집은 "손으로 짓지 않은" 영원한 집이 세워지기 위해 허물어질 것입니다. "그의 영광의 몸"에 대한 소망뿐만 아니라 "성령의 보증(earnest)"과 거기로부터 오는 축복된 경험들은 이 땅의 집이 허물어지는 것에 대한 우리의 자연적인 움츠림을 훨씬 작게 만들 것입니다. 만일 첫 열매가 성령 안에서 의와 평강과 희락이라면, 마지막 추수는 어떠하겠습니까? 만일 미리 주어진 "보증금"(혹은 보증, earnest)이 이토록 대단하다면, 장차 주어질 전체 기업의 부요는 얼마나 대단하겠습니까?

이러한 이유들로 인해 죽음이라는 순간적인 이행(移行)은 성도들에게 덜 고통스럽고 덜 거리끼는 것이 됩니다. 누가 차가운 시냇물에 발을 내딛기를 주저하겠습니까? 그것이 기껏해야 발목밖에는 차지 않고, 그렇게 함으로써 한 발자국만 건너면 지금까지 한 번도 경험해 보지 못한 놀라운 축복의 땅에 들어가게 될 것을 안다면 말입니다.

그러므로 죽음을 바라보는 그리스도인의 태도는 고요한 담대함으로 대하는 것입니다. 그들에게 신경질적이거나, 병적이거나, 과도하게 움츠리거나, 억지로 꾸민 것은 없습니다. 바울은 사실상 이렇게 말합니다. "만일 그것을 피할 수 있다면, 나는 그렇게 할 것이라. 그것은 불가피한 것이기는 하지만 그러나 반갑지는 않은 것이라. 그러나 하늘을 바라볼 때 나는 기꺼이 준비가 되노라. 나는 마지못해 끌려가는 것처럼 가지 않을 것이며, 절망적으로 매달리지 않을 것이며, 하늘에서 벌어질 일에 대해 두려워하지 않을 것이라. 도리어 나는 담대하게 나의 갈 길을 갈 준비가 항상 되어 있노라. 왜냐하면 그 길의 끝에 그리스도의 품이 있음을 확신하기 때문이라." 그는 기꺼이 육체의 집으로부터 떠날 준비가 되어 있었습니다. 그것은 그렇게 함으로써 하늘의 집으로 갈 수 있었기 때문입니다.

바울은 다른 곳에서도 이와 비슷한 말을 여러 번 남겼습니다. 그는 빌립보서에서 이렇게 말합니다. "차라리 세상을 떠나서 그리스도와 함께 있는 것이 훨씬 더 좋은 일이라"(1:23). 또 자신의 떠날 날이 눈앞에 다가왔으며 죽음이 바로 길모퉁이에서 기다리고 있음을 알았을 때, 그는 이렇게 기록합니다. "나의 달려갈 길을 마치고 믿음을 지켰으니 이제 후로는 나를 위하여 의의 면류관이 예비되었으므로 주 곧 의로우신 재판장이 그 날에 내게 주실 것이며"(딤 4:7, 8).

사랑하는 교우 여러분, 바로 이것이 우리가 따를 본입니다. 항상 담대하십시오. 그리고 사는 일에나 죽는 일에나 아무것도 두려워하지 마십시오. 육체의 집을 떠나 하늘의 집으로 가는 것을 기꺼이 기대하십시오.

불가피한 것과 직면하는 이 사람을 보십시오. 그는 지금 흥분하고 있는 것도 아니며 망상에 빠져 있는 것도 아닙니다. 바울이 죽음에 대해, 죄에 대해, 자신의 죄에 대해, 심판에 대해, 지옥에 대해 믿은 것을 기억하십시오. 그리고 그에게 어떻게 죽음의 어두운 것이 그리스도의 얼굴의 빛과 함께 아름다운 것으로 바뀌었는지 생각해 보십시오. 그에게 있어 죽음의 모든 두려운 것들은 다 사라져 버렸습니다. 여러분도 죽음에 대해 그렇게 생각합니까? 아니면, 죽음에 대해 움츠립니까? 왜 그렇게 합니까? 어째서 여러분은 그러한 움츠림을 이기는 바울의 방법을 취하지 않습니까? 만일 여러분이 "나에게 사는 것이 그리스도"라고 말할 수 있다면 "죽는 것도 유익함이라"라고 말하는데 아무런 어려움도 없게 될 것입니다(빌 1:21). 바로 이것이 죽음에 대한 그와 같은 의연한 태도를 갖게 하는 유일한 길입니다. 그럴 때 여러분은 이 땅의 초막에서 하늘의 왕궁으로 옮겨지는 것을

기꺼이 기대하게 될 것입니다. 그리고 손으로 짓지 않은 하늘에 있는 영원
한 하나님의 집으로 옮겨질 때까지 평강 가운데 잠잠히 기다릴 것입니다.

10
주를 기쁘시게 하는 자

"그런즉 우리는 몸으로 있든지 떠나든지
주를 기쁘시게 하는 자가 되기를 힘쓰노라"
고후 5:9

어떤 사람이 자신의 삶의 동기(動機)에 대해 언급할 때, 우리는 그것에 큰 주의를 기울이지 않든지 혹은 별로 신뢰하지 않는 경향이 있습니다. 특별히 고상하며 거창한 동기일 경우는 더욱 그렇습니다. 통상적인 그리스도인들에게 있어 바울이 여기에서 말한 것, 즉 예수 그리스도를 기쁘시게 하는 것을 자신의 최고의 목표와 목적으로 말하는 것은 매우 위험한 실험이 될 것입니다. 바울의 경우, 그 열매를 통해 나무의 어떠함이 충분히 드러났습니다. 분명 바울의 생애보다 더 고상한 자기 부인과 숭고한 열망으로 채워진 생애는 어디에도 없을 것입니다.

그러나 바울이 여기에서 자신의 믿음을 고백하고 있는 것만은 아닙니다. 그는 지금 모든 형제들의 이름으로 말하고 있습니다. 본문 앞머리에 나오는 "우리"는 스스로를 그리스도인으로 부르는 모든 이들을 포함합니다. 주를 기쁘시게 한다는 것은 예수 그리스도의 뜻을 다른 어떤 것보다도 더 높은 자리에 올려 놓는 것을 의미합니다. 사람을 참 그리스도인으로 만드는 것은 교리나 형식이나 생각이나 고백이나, 심지어 단순히 구원을 위해 그를 의뢰하는 믿음이 아니라 바로 이것입니다. 여러분은 정확하게 그리스도의 의지가 여러분의 삶에 있어 최고의 자리를 차지하는 분량만큼 그리스도인입니다. 다른 것들, 예컨대 여러분의 모든 신앙고백이나 정통 교리나 예배나 믿음은 거기에서 한 터럭도 더 나가지 못하게 합니다. "우리는 몸으로 있든지 떠나든지 주를 기쁘시게 하는 자가 되기를 힘쓰노라" ― 바로 여기에 모든 참 그리스도인들의 보편적인 특성과 표지가 있습니다.

본문에서 우리는 세 가지 요점을 발견할 수 있는데, 첫째는 그리스도인의 삶의 최고의 목표이며, 둘째는 그러한 목표가 요구하는 집중적인 노력이며, 셋째는 그러한 목표가 다른 외적인 것들은 하찮은 것으로 만들어 버린다는 사실입니다.

1. 첫째로, 그리스도인의 삶의 최고의 목표를 주목하십시오.

본문에서 "accepted"(열납되는)로 번역된 단어를 좀 더 문자적으로 그리고 바울의 의도에 맞게 번역한다면 "well-pleasing"(기쁘시게 하는)으로 번역할 수 있을 것입니다(참고로 KJV는 다음과 같음. Wherefore we labour, that, whether present or absent, we may be accepted of him: 우리는 몸으로 있든지 떠나든지 주께 열납되는 자가 되기를 힘쓰노라). 따라서 그 목표는 단순히 우리가 열납되는 혹은 받아들여지는 자가 되는 것이 아니라 그의 마음에 웃음과 기쁨을 가져다주는 사람이 되는 것입니다. 이와 같이 자신을 경외하며 자신의 뜻을 행하는 자들에 대해 예수 그리스도는 큰 기쁨을 갖습니다. 그리고 그러한 기쁨은 지금도 그를 따르는 자들로 인해 그의 마음에 채워지며, 특별히 마지막 심판 때에 온전히 선언될 것입니다.

그러므로 우리가 참 그리스도인의 최고의 목표를 올바로 이해하고자 한다면, 우리는 끊임없이 이 사실을 되새겨야 합니다. 이 땅에서의 모든 행동들 속에서, 항상 우리는 우리를 바라보시는 예수 그리스도의 마음에 기쁨을 가져다주는 삶을 살도록 노력해야 합니다. 우리는 "그리스도의 심판대 앞에 나타날 때" 심판장이 우리를 향해 기쁘게 환영하며 손을 뻗어 맞이할 수 있도록 그렇게 살아야 합니다. 이와 같이 예수 그리스도를 기쁘시게 하는 것을 여러분의 삶의 최고의 목표로 삼으십시오. 그렇게 하지 않으면 여러분의 삶은 실패로 끝나게 될 것입니다.

이와 같은 목표는 예수 그리스도와 우리의 현재적 관계라고 하는 매우 놀라운 개념을 함축합니다. 우리가 그리스도를 기쁘시게 할 수 있다는 것은 분명한 사실입니다. 부모들은 자녀가 성공하여 훌륭한 사람이 되었다는 소식을 들을 때 크게 기뻐할 것입니다. 마찬가지로 여러분과 내가 올바른 길로 행할 때, 예수 그리스도의 마음은 기쁨으로 가득 채워집니다. 우리는 종종 먼저 죽은 사랑하는 자들과 관련하여 그들이 우리와 우리의 행적에 대해 알지 못하는 것으로 생각하곤 합니다. 정말로 그런지 여부는 우리가 알지 못하지만, 그러나 이것 한 가지는 분명히 압니다. 곧 우리의 사랑하는 자들처럼 죽으셨다가 영원히 다시 사신 사람이신 예수 그리스도는 그의 인성(人性) 안에서 그의 자녀들의 모든 행적을 아시며 그들의 행적 여하에 따라 때로는 기뻐하시기도 하시고 때로는 슬퍼하시기도 하신다는 사실 말입니다. 만일 예수 그리스도가 그러하다면, 어쩌면 그와 함께 있는 자들도 그러할지 모릅니다. 혹 그들은 그러하지 않을지라도, 그리스도는 분명히 그러합니다. 여러분과 내가 올바른 길로 행할 때 예수 그리스도께서 기뻐하신다는 것은 너무도 평범하고 당연한 이야기입니다.

주를 사랑하는 그리스도인들에게 그러한 동기(動機)의 중요성을 강조하는데 무슨 말이 필요할까요? 기독교적 도덕성은 개별성, 즉 개개인들과 개별적으로 관련되는 특성을 갖습니다. 우리의 모든 의무가 "그리스도를 본받으라"는 한 명령에 모아지는 것처럼, 우리의 모든 의무를 위한 동기는 "너희가 나를 사랑하면 내 계명을 지키라"는 말씀 속에 그대로 나타납니다. 따라서 우리의 행동을 자극하는 기본적인 동기는 "내가 이러저러한 선을 행했으니 무엇을 받을 것"이라는 생각이 아니라 "나로 인해 고통당한 그의 마음에 순종으로 기쁨을 드릴 것"이라는 생각이어야 합니다. 우리가 "자기를 기쁘게 하지 않은" 자를 기쁘시게 하는 것은 분명 거룩을 추구함에 있어 가장 큰 동기가 됩니다. 삶에 있어서의 이러한 동기와 목표야말로 여타의 다른 것들과 얼마나 다르며 또 얼마나 더 복됩니까?

 "그 일이 옳으니 그 일을 하라"고 말하는 것과, "그 일을 하면 네가 더 행복해질 것이니 그 일을 하라" 혹은 "그리스도께서 기뻐하실 것이니 그 일을 하라"라고 말하는 것은 얼마나 다릅니까! 전자는 매우 냉랭하며 추상적입니다. 어떤 사람 앞에 서서 "가서 네 의무를 행하라"라고 말하는 것은 그로 하여금 굳건하게 자기의 일을 행하도록 만듦에 있어 저급(低級)한 방법입니다. "의무"란 단어는 설령 위압적인 힘은 가지고 있을지 모르지만 그러나 사람의 마음을 각성시키는 용어는 아닙니다. 그것은 우리 앞에 서 있는 어떤 여신상 같습니다. 그녀의 깊고 근엄한 눈 속에 어떤 고요함이나 평온함은 있을지 모르지만, 그러나 그녀의 엄격한 표정 속에 우리의 마음을 잡아끌며 호소하는 것은 아무것도 없습니다. 그러나 "의무"의 개념이 "나를 위해" 속으로 녹아들어가고, 차가운 대리석으로 만든 여신의 얼굴에 "신성의 충만한 은혜를 입은" 주님의 얼굴이 비칠 때, 그의 얼굴 위에 있는 웃음은 모든 심령을 사로잡는 강력한 동기(動機)가 됩니다. 의무를 감사로 바꾸십시오. 그리고 의무 앞에 그리스도를 놓으십시오. 그러면 모든 무거운 짐과 순종의 자기희생은 가볍고 즐거운 것이 될 것입니다.

 이와 같이 예수 그리스도를 기쁘게 하는 최고의 목표는 삶을 통해 매우 다양한 형태로 실행될 수 있다는 사실을 기억하십시오. 작은 일과 큰 일, 쉬운 일과 어려운 일, 눈에 띄는 일과 눈에 띄지 않는 일 — 이 모든 것이 그리스도를 기쁘시게 하는 그 한 가지 동기 위에 세워지고 그와 함께 협동할 때, 우리의 전 존재에 온전한 일관성이 이루어지게 될 것입니다. 그 한 가지 목표가 쇠기둥처럼 여러분의 인생 전체를 관통하게 하십시오. 그러면 그것이 여러분의 인생에 강력한 힘과 일관성을 부여해 줄 것입니다. 그것은 경직성과는 다릅니다. 그것은 유연한 일관성입니다. 그 동기의 울타리 안에 들어올 수 없는 것은 아무것도 없습니다. 여러분은 그리스도를 어느 때든지, 그리고 어느 곳에서든지 기쁘시게 할 수 있습니다. 그를 기쁘시게 하는 것과 불일치되는 유일한 것은 그에 대하여 죄를 범하는 것입니다. 만일 우리가 이러한 동기를 매일의 삶 속에서 항상 품고 살아간다면,

우리는 선과 악에 대한 강력한 분별력을 갖게 될 것입니다. 만일 여러분이 일상의 사소한 일들에서조차 고상하고 일관되며 위엄 있는 삶을 살기를 바란다면, 또 만일 여러분이 겉만 번지르르한 덕들과 은밀하게 숨어 있는 유혹들을 분별하는 잣대를 갖고자 한다면, 이 한 가지 목표를 항상 지니고 생활하는 가운데 그것을 삶 전체의 목적으로 삼으십시오.

2. 둘째로, 이와 같은 목표가 요구하는 집중적인 노력을 주목하십시오.

본문에서 "힘쓰노라"라고 번역된 단어는 성경에서 매우 특이하고 드물게 사용된 단어입니다. 그것은 문자적으로 "존귀를 좋아하는" 혹은 "존귀를 사랑하는 것에 의해 작동되는"을 의미합니다. 따라서 그 의미는 자연스럽게 "존귀를 위해 무엇인가를 얻고자 애쓰는"을 의미하는 것으로 확장됩니다. 다시 말해서, 그것은 부지런함과 열정적인 노력의 개념을 표현할 뿐만 아니라 그러한 부지런함과 열정을 위한 이유 즉 그리스도를 기쁘시게 함으로써 존귀케 되고자 하는 야심을 위한 열정과 부지런함까지도 나타냅니다. 이처럼 본문의 "힘쓰노라"는 행동뿐 아니라 동기까지 전 영역을 망라합니다. 이와 같이 그리스도를 기쁘시게 하는 목표는 우리의 집중적인 노력을 요구하는데, 우리는 그와 같은 집중적인 노력과 관련하여 다음과 같은 한두 가지 권고에 귀를 기울일 필요가 있습니다.

첫째로, 우리는 그리스도인으로서 예수 그리스도를 기쁘시게 하고자 하는 고상한 야심을 계발하고 증진할 필요가 있습니다. 모든 사람은 그 마음 깊은 곳에 칭찬을 받고자 하는 욕구를 가지고 있습니다. 하나님이 선한 목적을 위해 그것을 사람의 마음속에 두셨습니다. 그것은 우리로 하여금 다른 사람들로부터 "잘했어!"라는 말을 듣기 위한 삶을 살도록 하고자 하심이 아니라, 우리로 하여금 의를 추구하도록 이끄는 다른 동기들에 더하여 그리스도를 기쁘시게 하고자 하는 최고의 야심을 갖도록 하기 위함입니다. 모든 그리스도인은 마땅히 사람의 칭찬보다 예수 그리스도의 칭찬을 더 높은 곳에 놓아야 합니다. 그럴 때 우리는 예수 그리스도를 기쁘시게 하고자 하는 우리의 고상한 야심을 좀 더 계발시킬 수 있습니다. 사람의 칭찬을 추구하는 인생길은 좀 더 쉬운 길이기는 하지만 그러나 결국은 실패로 끝나는 길입니다. 나는 어떤 독일인이 쓴 책에서 다음과 같은 재미있는 이야기를 읽은 적어 있습니다. "어떤 늙은 교장(校長)이 모두를 기쁘게 하려고 노력했지만 결국 실패하고 말았다. 그러자 그는 '이제부터는 오직 그리스도만 기쁘시게 하려고 노력하리라' 라고 말했다. 그러자 그는 모두를 만족시키며 기쁘게 했다."

이러한 목표가 요구하는 집중적인 노력의 두 번째 부분은 모든 힘을 다해 그것을 실행하도록 애쓰는 것입니다. 바울은, 어떤 사람이 힘쓰고 애씀이 없이 예수 그리스도를 기쁘시게 할 수 있다고 믿지 않았습니다. 받으심직한 섬김에 대한 그의 관념은 힘쓰고 애쓰며 많은 것을 극복하면서 드린 섬김이었습니다. 사랑하는 교우 여러분, 그리스도는 보이지 않고 사람들만 의식하며 또 그리스도를 기쁘시게 하는 것 외에 다른 목표들을 좇고자 하는 마음으로 드리는 섬김은 결코 그리스도를 기쁘시게 한 적도 없었고 앞으로도 그럴 것입니다.

바울이 기독교적 삶으로 제시하는 은유들을 보십시오. 전쟁, 경주, 싸움, 성전을 건축하는 것 — 이 모든 것들은 오랜 시간 참고 견디며 인내하는 수고의 개념을 암시합니다. 그것들은 또한 반대의 세력 혹은 여러 가지 난관들과 더불어 싸우는 개념을 암시합니다. 이와 같이 우리는 힘을 다하며, 애쓰며, 노력해야 합니다. 예수 그리스도와 하나 되는 조건이 마치 꿈길을 걷는 것처럼 쉬울 것으로 생각하지 마십시오. 하늘을 향한 길이 마치 꽃신을 신고 걸어가는 꽃밭길일 것이라고 생각하지 마십시오. 다윗은 말합니다. "내가 값 없이는 내 하나님 여호와께 번제를 드리지 아니하리라"(삼하 24:24). 여러분에게 있어 그것은 여러분이 값을 치르는 바로 그 분량만큼의 가치를 갖게 될 것입니다. 우리가 정말로 그를 기쁘시게 하고자 한다면, 거기에는 반드시 집중된 노력이 있어야만 합니다.

그러나 집중된 노력보다 더 중요한 것이 있는데, 그것은 그리스도의 생명과 영이 우리 안으로 들어오는 것입니다. 그럴 때에만 비로소 우리는 그를 기쁘시게 할 수 있으며, 그렇게 되기 위해서는 우리의 마음을 여는 것이 필요합니다. 여러분과 나 안에서 그를 기쁘시게 하는 것은 그의 형상으로 변화된 바로 그것입니다. 이와 관련하여 오래 전의 청교도들의 예화가 있습니다. 대장장이는 녹인 쇳물에 자신의 얼굴이 비칠 때까지 풀무 옆에 앉아 있는다는 것입니다. 왜냐하면 그 때에야 비로소 그것이 순수한 쇳물이 되는 것이기 때문입니다. 이와 같이 우리 안에서 그리스도를 기쁘시게 하는 것은 우리 안에 반사된 그리스도 자신의 모습입니다. 우리 마음속에 그리스도 예수 안에 있는 영을 받아들임이 없이 어떻게 우리가 그와 닮은 모습을 얻을 수 있겠습니까? 그 영이 우리 안에 거함이 없이 그리고 우리 안에서 그와 동일한 형상을 빚음이 없이 어떻게 우리가 그와 닮은 모습을 얻을 수 있겠습니까? "두렵고 떨림으로 여러분의 구원을 이루십시오." 왜냐하면 "여러분 안에서 행하시는 이는 하나님"이시기 때문입니다(빌 2:13, 14). 예수 그리스도를 기쁘시게 하기 위해 힘쓰며 애쓰십시오. 그리고 무엇보다도 여러분을 변화시킬 수 있는 능력이 들어오도록 여러분의 마음을 여십시오.

3. 마지막으로, 이러한 목표가 다른 외적인 것들을 하찮은 것으로 만들어 버리는 사실을 주목하십시오.

바울은 말합니다. "그런즉 우리는 몸으로 있든지 떠나든지 주를 기쁘시게 하는 자가 되기를 힘쓰노라." 여기에 나오는 삽입구 "몸으로 있든지 떠나든지"를 주목해 보십시오. 둘 사이에 어떤 차이가 있습니까? 바울은 마치 그것이 아주 사소한 차이라는 듯이 말합니다. 그렇지 않습니까? 사람이 몸 안에 있느냐 혹은 몸 밖에 있느냐, 다시 말해서 그가 살았느냐 혹은 죽었느냐 하는 것은 매우 큰 차이입니다. 그럼에도 불구하고 여기에 산 것과 죽은 것을 별 차이 없는 것으로 만들어 버리는 너무도 위대하고 고상하며 모든 것을 포괄하는 목표가 있습니다. 만일 삶과 죽음의 차이조차 이와 같이 대수롭지 않은 것처럼 간주되고, 마침내 하나로 융합되어 버리고 만다면, 이 땅에 대단하게 여겨져야 할 것이 도대체 무엇이 있겠습니까?

그러므로 만일 우리가 우리의 모든 삶에 있어 항상 이와 같은 분명한 동기를 굳게 붙잡는다면, 다른 모든 조건들과 상황들은 하찮은 것들이 되고 말 것입니다.

부요하든 가난하든, 친구들로 둘러싸여 있든 홀로 있든, 즐겁든 슬프든, 희망적이든 절망적이든, 젊었든 늙었든, 피곤하든 기운이 넘치든, 박식하든 무식하든 — 그것은 아무것도 아닙니다. 오직 하나의 목표가 우리를 붙잡고 있을 뿐입니다. 그 눈이 그 위대한 목표를 향해 반짝이는 자들은 자신들이 지나가는 길에 대해서는 큰 주의를 기울이지 않습니다. 여러분은 이와 같은 원대한 목표를 가지고 있습니까? 그러나 눈앞의 목표를 좇아 살아가는 자들은 자신들의 능력을 충분히 발휘할 수 없을 것입니다.

오직 그리스도를 기쁘시게 하는 삶의 목표를 가질 때 비로소 우리는 그와 같은 결과를 갖게 될 것입니다. 이 땅에서든 하늘에서든 마찬가지입니다. 그러한 목표를 가질 때 우리의 인생행로는 땅으로부터 하늘로 이어진, 그리고 굽어지지 않은 곧은 길이 될 것입니다. 그리고 이와 같은 행복은, 오직 일시적이며 하찮은 것들 가운데 우리 구주의 얼굴에서 웃음을 보며 또 그것을 추구하는 자들의 것입니다. 이러한 삶은 이 땅에서나 죽을 때나 영원의 때에나 똑같을 것입니다. 다른 모든 목표들은 결국은 잊히고 사라질 것들이지만, 오직 주 예수 그리스도를 기쁘시게 하는 이 하나의 목표만은 영원한 목표가 될 것입니다. 그리고 그러한 목표는 하늘에서 온전히 이루어지게 될 것입니다.

사랑하는 교우 여러분, 이러한 목표를 가질 때 비로소 우리는 미래를 올바로 바라보게 된다는 사실을 기억하십시오. 그러한 목표는 우리로 하여금 장차 우리가 서게 될 심판대를 바라보도록 만듭니다. 여러분은 그때 그리스도를 기쁘시게 할 것이라고 생각합니까? 여러분은 그날에 그분의 웃음을 보게 될 것이라고 생각합니까? 아니면 산들과 바위들을 불러 "보좌에 앉으신 이의 얼굴에서와 그 어린 양의 진노에서 가려달라고"(계 6:16) 애원할 것입니까?

우리는 모두 서로서로 긴밀하게 연결되어 있습니다. 나는 다른 사람들의 이야기를 듣고, 다른 사람들은 나의 이야기를 듣습니다. 여러분은 그리스도를 기쁘시게 하는 삶의 첫 번째 조건이 다른 사람들이 말하는 것에 귀를 기울이지 않는 것이란 사실을 아십니까? 고대 스파르타인들은 종종 이렇게 말하며 영웅적 행위를 선동하곤 했습니다. "그들이 스파르타에 있는 우리에게 무슨 말을 할 것인가?" 식민지를 통치하는 총독은 식민지 백성들이 자신에 대해 어떻게 생각하는지에 대해서는 크게 마음을 두지 않습니다. 그에게 중요한 것은 본국 정부가 자신에 대해 어떻게 생각하느냐 하는 것입니다. 여러분도 마찬가지입니다. 다른 사람들이 여러분에 대해 어떻게 생각하느냐 하는 것에 지나치게 마음을 두지 마십시오. 여러분에게 중요한 것은 그리스도를 기쁘시게 하는 것입니다. 사람들을 기쁘게 하는 일로 스스로를 덜 괴롭게 할수록 여러분은 그 일에 더 많은 성공을 거두게 될 것입니다. 동료 병사들의 떠드는 소리에 귀를 기울이지 마십시오. 여러분의 최고의 상급은 장군의 웃음입니다.

> "영예는 세상의 흙 위에서 자라는 식물이 아니로다.
> 그것은 완전한 눈(目)에 의해 하늘에서 자라는 식물이로다.
> 모든 것을 심판하는 자의 완전한 증언,
> 모든 행동들에 대한 그의 마지막 선언,
> 그러한 하늘의 영예로써 그대의 상급을 기대할지어다."

11
강권하시는 사랑

"그리스도의 사랑이 우리를 강권하시는도다"
고후 5:14

다른 사람들과 같지 않은 것은 위험한 일입니다. 나아가 다른 사람들보다 더 나은 것은 더 위험한 일입니다. 세상에는 주변 사람들보다 더 높은 표준과 고상한 목표를 가지고 살아가는 사람들의 가치를 깎아내리는 용어들이 많이 있습니다. 그 가운데 흔히 애용되는 용어가 "미쳤다"는 것입니다. 오래 전에 사람들은 "선지자가 어리석었고 신에 감동하는 자가 미쳤나니"라고 말했습니다(호 9:7). 사람들은 예수님을 향해서도 "미쳤다"고 말했으며(막 3:21), 베스도도 재판 자리에 앉아 바울에게 그렇게 소리쳤습니다. 문맥에 나타나는 것처럼, 바울은 많은 사람들로부터 종종 그와 같은 말을 들었습니다. 13절에서 바울은 이렇게 말합니다. "우리가 만일 미쳤어도 하나님을 위한 것이요 정신이 온전하여도 너희를 위한 것이니." 이것은 다른 사람들이 자신에 대해 말한 것을 가정법 형식으로 다시 말한 것입니다. 분명 그에게는 주변 사람들에게 그와 같은 인상을 심어줄 만한 것들이 많이 있었습니다. 그는 죽은 자가 자신에게 나타났으며, 자신은 그와 더불어 대화를 나눴다고 말했습니다. 그는 삼층천에 끌려 올라갔었다고 말했습니다. 그는 그 시대의 관점으로 볼 때 매우 이상한 교리를 가지고 있었습니다. 그는 보잘것없는 일을 위해 화려한 경력을 포기했습니다.

그는 보통 사람들이 가지고 있는 삶의 목표와는 너무도 다른 목표를 가지고 있었습니다. 그는 불타는 열정을 가지고 있었습니다. 이 모든 것들은 세상의 관점에서 볼 때 "미친" 것이었습니다. 그러나 바울은 본문에서 이 모든 것에 대해 다음과 같은 위대한 말로 설명합니다. "그리스도의 사랑이 우리를 강권하시는도다." 어떤 사람이 그리스도의 강력한 사랑의 힘 아래 있을 때, 그러한 삶의 결과는 세상적 관점으로 "미친" **것이** 될 것입니다. 그러나 실상 그것은 온전한 정신의 완성입니다. 다음을 주목하십시오.

1. 첫째로, 이러한 강권하시는 사랑을 주목하십시오.

바울이 여기에서 "그리스도의 사랑"이라고 말할 때 의미한 것은 물론 그리스도에 대한 그의 사랑이 아니라 그에 대한 그리스도의 사랑입니다. 이것은 그가 그와 같은 표현을 사용할 때의 일반적인 용례(用例)와 일치합니다. 그리고 그것은 사실과도 부합합니다. 왜냐하면 우리의 삶을 실제적으로 변화시키는 힘은 그리스도에 대한 우리의 사랑이 아니라 우리에 대한 그리스도의 사랑으로부터 나오기 때문입니다. 그에 대한 우리의 사랑은 단지 그 힘이 우리에게 역사하는 조건일 뿐입니다. 여러분의 삶을 높은 곳까지 들어 올릴 지렛대와 받침을 얻기 위해, 여러분은 여러분 자신 밖으로 나가야만 합니다.

바울은 예수 그리스도의 지상 생애를 보지 못했습니다. 본문 가운데 "우리"를 주목하십시오. 아마도 여기의 "우리" 속에는 디모데도 포함되어 있는 것으로 여겨지는데, 그 역시도 예수 그리스도를 보지 못했습니다. 물론 바울이 지금 편지를 쓰고 있는 고린도의 신자들 역시도 그리스도를 보지 못했습니다. 그럼에도 불구하고 바울은 그리스도의 사랑의 위대한 은택(恩澤)을 취하여 그것을 그들 모두에게 펼치는데 조금도 주저하지 않습니다. 그 사랑은 시간과 공간을 초월합니다. 그것은 인간애(人間愛)를 포함하며, 그것과 함께 확장됩니다. 그리스도의 사랑은 어떤 것으로 인해서도 굽어지거나 폐하여지지 않고 우리를 모든 달콤함으로 감쌉니다. 그리고 우리 위에 자신의 모든 빛을 비추며 달콤한 이슬을 내립니다.

그러나 교우 여러분, 우리는 그 사랑이 인간의 모든 감정 속에 있는 약함을 공유(共有)하지 않는다는 사실을 기억해야 합니다. 인간의 감정은 폭이 좁을 때 강렬합니다. 마치 강의 폭이 좁을 때 그 물살이 거센 것처럼 말입니다. 강폭이 넓어지면 깊이는 얕아지고 물살은 약해집니다. 이와 같이 인간의 사랑은 그 대상이 소수일 때는 강렬하지만, 그 대상이 넓어지면 그 강렬함이 약해집니다. 따라서 인간에게 있어 보편적인, 즉 모두에 대한 사랑은 모두에 대한 무관심과 거의 동의어입니다. 그러나 우리 모두를 끌어안는 그리스도의 사랑과 "하나님과 어린 양의 보좌로부터 흘러나오는" 강은 폭이 좁을 때와 마찬가지로 폭이 가장 넓을 때에도 깊고 강렬합니다. 이와 같이 그리스도의 사랑은 보편적이면서 동시에 개별적입니다. 우리가 우리 나라를 사랑하는 것은 개개인을 보지 않고 모두를 일반화시킴으로써 그렇게 합니다. 그러나 그리스도는 세상을 사랑하시되 그 안에 있는 개개인들을 개별적으로 사랑하십니다. 그리스도의 은혜는 모두를 포괄하면서 동시에 개개인을 위해 개별적으로 임합니다.

> "태양으로부터 쏟아져 나오는 빛들은 가장 영광스러울지라도
> 그것을 바라보는 어느 누구도 멸시치 않는도다."

태양으로부터 쏟아져 나오는 빛들은 그것을 바라보는 모든 이들의 안구(眼球) 위에 그대로 떨어집니다. 그리스도의 옷깃에 두렵고 떨리는 마음으로 손을 댄 여인을 생각해 보십시오. 그때 주위에 수많은 사람들이 에워싸 떠밀고 있었음에도 불구하고 그리스도는 그 여인의 손길을 느끼셨습니다. 그는 지금도 우리 한 사람 한 사람을 자신의 사랑의 손길로 붙잡습니다. 그 사랑이 보편적인 것은 그것이 각각의 개인들에게 개별적으로 적용되기 때문입니다. 여러분과 나는 각각 개별적으로 우리 머리 위에 쏟아진 사랑의 빛을 가지고 있으며, 아무도 이 빛을 가로막지 못합니다. 그러므로 교우 여러분, 세상 전체를 포괄하는 사랑뿐 아니라 여러분 위에 개별적으로

부어지는 사랑을 느껴 보십시오.

그러나 이와 같은 예수 그리스도의 강권하시는 사랑을 보고 느끼기 위해서는 여기에서 바울이 가졌던 것과 같은 관점을 가져야만 합니다. 그가 말하는 것에 귀를 기울여 보십시오. "그리스도의 사랑이 우리를 강권하시는도다 우리가 생각하건대 한 사람이 모든 사람을 대신하여 죽었은즉 모든 사람이 죽은 것이라." 다시 말해서, 모든 사람을 위한 예수 그리스도의 죽음은 각각의 개별적인 사람들을 위한 죽음과 동일한 것이며, 그것은 하나님의 사랑이 사람들의 마음을 녹이는 용매제(溶媒劑)이며 예수 그리스도가 나와 여러분 그리고 우리 모두를 사랑하는 것의 증거라는 것입니다. 만일 여러분이 이러한 개념을 깨달았다면, 여러분은 예수 그리스도가 세상을 사랑하셨다는 말씀의 의미를 올바로 이해한 것입니다.

"그가 모든 사람을 위해 죽으셨다"는 말씀의 의미가 무엇이겠습니까? 만일 예수 그리스도가 자신의 죽음 안에서 세상 전체의 죄를 짊어지지 않았다면, 어떻게 그의 죽음의 사실이 세상 전체를 망라하는 의미를 가질 수 있겠습니까? 예수 그리스도의 죽음이 세상의 죄를 위한 것이라는 사실을 받아들이지 않으면서도 그에 대해 큰 호감과 존경을 표하는 사람들이 많이 있다는 사실을 나는 잘 알고 있습니다. 때로 사람들이 자신들의 믿는 도리보다 더 선할 수 있다는 사실은 어찌 보면 감사한 일이기도 합니다. 그러나 그러한 사실은 여기에서 내가 말하고 있는 것, 즉 만일 예수 그리스도가 모든 사람을 위해 죽으셨음을 우리가 믿지 않는다면 우리는 결코 그가 세상을 사랑하셨다는 말씀의 의미를 올바로 이해할 수 없다는 사실에 어떤 영향도 끼치지 않습니다.

그가 세상을 사랑하사 세상의 모든 죄를 짊어지셨다는 사실을 믿지 않는 상태에서도 사람들은 그를 칭송하며 그에 대해 탄복할 수 있을 것입니다. 그렇지만 그를 사랑할 수 있을까요? 결코 그럴 수 없습니다. 그러나 만일 우리가, 그의 죽음이 세상 전체를 포괄하는 의미를 가지며 그가 세상에 빛을 가져오기 위해 음부에 내려가셨다는 사실을 깨닫는다면, 우리는 그에게로 돌이켜 "주께서 나를 위해 죽으셨나이다. 부디 종으로 주를 위해 살도록 도우소서"라고 말할 수 있게 될 것입니다. 교우 여러분, 부디 그리스도의 죽음의 고귀한 의미를 값싼 호감과 존경심으로 바꾸지 마십시오. 그의 강권하시는 사랑은 모든 사람을 위해, 그리고 각각의 개별적인 사람들을 위해 죽으신 사랑입니다.

2. 둘째로, 이러한 강권하시는 사랑의 메아리를 주목하십시오.

나는 앞에서 우리에 대한 그리스도의 사랑은 강권하시는 힘이며, 그에 대한 우리의 사랑은 단지 그 힘이 작동하는 조건에 불과함을 이야기했습니다. 그러나 두 가지 사랑, 즉 우리에 대한 그리스도의 사랑과 그리스도에 대한 우리의 사랑 사이에 그러한 강권하시는 사랑을 우리의 마음으로 향하게 만드는 어떤 것이 있습니다. 그리스도의 사랑이 효력을 나타내기 위해 필요한 것으로서 분문이 제시하는 것을 주목하십시오 — "우리가 생각하건대." 그리스도의 사랑의 표현과 그 힘이 나를 붙잡는 것 사이에 그 사랑에 대한 우리의 생각이나 판단 혹은 인식이 있어야 합니다. 우리는 그것을 다음과 같은 상징으로 표현할 수 있을 것입니다. 이를테면 그는 손에 나팔을 잡고 서서 아름다운 선율로 나팔을 붑니다. 그렇게 하는 것은 그 선율이 사방으로 메아리치도록 하기 위함입니다. 그러나 바위가 그 메아리를 반사할 수 있으려면 먼저 그 메아리의 파동을 받아야만 합니다. 이와 같이 사랑이 응답되려면, 먼저 그 사랑을 믿고 아는 것이 선행되어야 합니다.

마음이 열망하는 유일한 메아리는 사랑받은 마음으로부터 나오는 사랑입니다. 우리 모두는 우리의 삶 속에서 그것을 압니다. 사랑은 사랑받기 위한 갈망일 뿐만 아니라 동시에 그 사랑을 밖으로 내보내는 것이기도 합니다. 둘은 분리될 수 없으며, 사랑은 오직 사랑으로밖에는 다른 어떤 것으로도 갚아지지 않습니다. 예수 그리스도는 우리 각자가 자신을 사랑하기를 바라십니다. 그가 우리를 사랑하신 것이 사실이라면, 그와 함께 우리의 마음도 그를 향해야 합니다. 사랑하는 교우 여러분, 이것은 단지 강단의 미사여구에 불과한 것이 아닙니다. 이것은 그리스도의 사랑에 대한 믿음과 결코 분리할 수 없는 단순하면서도 명백한 사실입니다. 설령 여러분이 이것 외에 다른 것들, 예컨대 입술의 찬미와 정통적인 신앙고백과 외적인 순복 같은 것들을 가져온다 할지라도, 불을 통과하는 유일한 금속은 이런 것들이 아니라 그의 사랑에 화답하는 여러분의 사랑이라는 정금입니다. 교우 여러분, 여러분은 이것을 예수 그리스도께 가져옵니까?

사랑은 사랑을 요구하며 찾습니다. 그의 사랑에 대한 유일한 메아리는 우리의 사랑입니다. 모든 것은 그로부터 시작됩니다. 만일 우리가 그를 사랑하고자 한다면, 먼저 우리는 우리에 대한 그의 사랑을 믿어야 합니다. 그리고 계속해서 그에 대한 우리의 사랑을 심화(深化)하며 강화(强化)하는 유일한 길은, 우리의 마음을 뜨겁게 만들고자 하는 우리 자신의 노력이라기보다 믿음의 눈으로 계속해서 그의 사랑을 응시하는 것입니다. 만일 여러분이 얼음을 녹게 하려고 한다면, 그것을 햇볕 아래 놓으십시오. 만일 여러분이 거울을 반짝이게 하려고 한다면, 그것을 닦느라 모든 시간을 허비하지 마십시오. 그것을 햇빛이 비치는 곳으로 가져가십시오. 그러면 거울은 영광 가운데 찬란하게 빛날 것입니다. "우리가 그를 사랑함은 그가 먼저 우리를 사랑하셨음이라"(요일 4:19). 여러분의 사랑이 바로 메아리입니다. 먼저 하늘로부터 내려오는 사랑의 음성을 듣고, 믿음으로 여러분 자신을 그 음성과 결합시키십시오.

그러나 이 땅에는 세상의 소리들에 대하여는 쉽게 공명(共鳴)하면서도 하늘의 소리에 대해서는 냉담한 사람들이 너무도 많습니다. 이것은 얼마나 슬픈 일입니까? 여러분의 마음의 현(絃)은 이웃 사람들이 울리는 악기 소리에 쉽게 공명하며 빠르게 떨립니다. 쾌락, 세속적인 목표들, 세상에서 삶을 즐겁게 만들어 주는 갖가지 것들 — 이런 소리들을 들을 때 여러분의 마음의 현은 쉽게 공명하며 떨리지만, 그러나 "그가 나를 사랑하사 나를 위해 자신을 주셨다"는 선율에는 쉽게 공명하지 않습니다. 나팔소리가 울리지만, 그러나 아무런 메아리도 없이 오직 침묵만이 흐릅니다. 교우 여러분, 이런 마음속에 어떻게 하나님의 은혜가 부어질 수 있겠습니까? 그리스도의 사랑에 접촉되고, 그 사랑이 메아리로 다시 울려 퍼지는 성도들이 되십시오.

3. 마지막으로, 이러한 메아리치는 사랑의 강력한 힘을 주목하십시오.

그것의 첫 번째 결과는 우리의 마음과 삶의 중심을 다른 쪽으로 변화시키는 것입니다. 바울이 본문에 뒤이어 말하는 것을 주목해 보십시오. "그가 모든 사람을 대신하여 죽으심은 살아 있는 자들로 하여금 다시는 그들 자신을 위하여 살지 않고"(15절). 이것은 위대한 변화입니다. 여러분의 삶 속에서 이것을 확실하게 지켜보십시오. 그러면 모든 고결한 것들이 뒤따를 것입니다. 자기를 중심으로 하기를 포기한 영혼 위에는, 비둘기가 찾아와 창문에 걸터앉듯이, 온갖 선하고 아름다운 것들이 찾아올 것입니다. 모든 사랑은 그것의 고양(高揚)시키며, 정결케 하며, 아름답게 하며, 고상하게 하며, 정복하는 모든 힘을 자신이 아닌 그 사랑하는 것을 중심으로 만드는 바로 그 사실로부터 끌어옵니다. 어머니의 자기희생이 그러하며, 결혼생활의 달콤한 상호관계가 그러하며, 고상하고 아름다운 모든 인간애(人間愛)가 그렇습니다. 사랑은 자기중심의 반대입니다. 그리고 최고 형태의 사랑은 그리스도인의 자기부인의 삶이며, 그것은 우리가 그리스도의 사랑의 힘 아래 있는 분량에 비례할 것입니다. 이것이 결국 나 자신과 여러분을 정죄하는 결과가 된다는 사실을 나는 잘 알고 있습니다. 그것은 정말로 사실입니다. 우리로 하여금 우리 자신을 위해 사는 것으로부터 건져내는 유일한 힘은 우리가 "나의 목적과 목표는 오직 예수 그리스도입니다"라고 말하는 것입니다. "이제 내가 육체 가운데 사는 것은 나를 사랑하사 나를 위하여 자기 자신을 버리신 하나님의 아들을 믿는 믿음 안에서 사는 것이라"(갈 2:20). 이것 외에 다른 비법은 없습니다.

나아가 우리는 모든 참된 사랑이 그 안에 그 대상을 동화(同化)시키는 특이한 힘을 가지고 있다는 사실을 보게 됩니다. 여러분은 반세기 동안 함께 산 부부 속에서 비슷한 생각과 선입관과 기호뿐 아니라 심지어 그 얼굴 모습까지 비슷하게 변화된 것을 볼 수 있을 것입니다. 그와 마찬가지로 만일 내가 예수 그리스도를 사랑한다면, 나는 점차로 그와 비슷해지고 "그와 같은 형상으로 변화하여 영광에서 영광에 이르게” 될 것입니다(고후 3:18).

나아가 사랑은 강권할 뿐만 아니라 강력한 힘으로 이끌기도 합니다. 왜냐하면 사랑으로 인해 그리스도의 뜻을 행하는 것이 즐거운 일이 되기 때문입니다. “내 멍에는 쉽고 내 짐은 가벼움이라”(마 11:30). 정말로 그리스도의 멍에는 쉽습니까? 그리스도인이 되는 것은 매우 어려운 일입니다. 그의 요구는 다른 어떤 것보다도 더 단호합니다. 그의 멍에가 쉬운 것은 그것이 가벼운 멍에이기 때문이 아니라, 그것이 사랑으로 덧입혀진 멍에이기 때문입니다. 그리고 그것은 모든 섬김의 행동을 성례전으로 만들며, 순종의 요체인 우리 자신의 의지를 굴복시키는 것을 즐거운 것으로 만듭니다.

그러므로 사랑하는 교우 여러분, 우리는 여기에서 모든 기독교적 도덕성과 그것의 모든 실제적인 훈계들의 독특한 특성을 보게 됩니다. 어떤 것을 형성함에 있어, 복음은 세상에서 가장 강한 힘입니다. 왜냐하면 그것의 표어가 “사랑하라, 그리고 네가 원하는 대로 행하라”이기 때문입니다. 여러분의 의지는 여러분의 사랑의 분량만큼 그리스도의 의지와 일치될 것입니다. 그와 같은 힘을 가진 것은 아무것도 없습니다. 우리는 무엇이 옳은지에 대해 듣기를 원치 않습니다. 우리는 그것을 행하는 분량보다 그것을 아는 분량이 훨씬 더 많습니다. 단순히 우리의 의무에 대해 말하는 하늘의 계시는 불필요합니다. “만일 능히 살게 하는 율법을 주셨더라면 의가 반드시 율법으로 말미암았으리라”(갈 3:21). 우리에게 필요한 것은 율법이 아니라 생명입니다. 그리고 우리에게 그 생명을 가져다주는 것은 그리스도의 사랑입니다.

그러므로 사랑하는 교우 여러분, 그러한 사랑에 의해 제재되기도 하고 강제되기도 하는 생명은 자유의 생명이며 또한 축복의 생명입니다. 그리스도의 사랑이 어떤 사람을 강권하는 분량만큼, 그에게 있어 그것이 어려운 것들을 쉽게 만들어주며, 불가능한 것을 가능한 것으로 만들어주며, 굽은 것을 곧게 만들어주며, 울퉁불퉁한 것을 평탄하게 만들어줍니다. 그리고 그럴 때, 의무는 즐거운 것이 되며 자아는 더 이상 훼방자가 되지 않습니다. 하나님의 사랑이 마음속에 뿌려질 때, 그리고 그 분량만큼 그 마음은 안식과 평강으로 채워질 것입니다. 그럴 때 그의 의지는 즐거이 순복하며, 그의 모든 힘은 즐거운 섬김을 위해 일어설 것입니다. 우리가 그리스도의 사랑으로 인해 그의 종이 될 때, 우리는 우리 자신과 세상의 주인이 됩니다. 그리고 그 사랑의 힘이 우리의 삶을 지배할 때, 땅과 그 안에 있는 모든 좋은 것들은 더 이상 그렇게 좋은 것이 되지 못합니다.

여러분은 그리스도께서 여러분을 사랑하신다는 것을 알고 또 믿습니까? 여러분은 그리스도께서 세상의 구원을 위해 십자가에 달렸을 때, 그의 심장 속에 여러분의 자리가 있었다는 사실을 알고 또 믿습니까? 여러분은 그 사랑에 대해 여러분의 사랑으로 응답했습니까? 그의 사랑이 여러분으로 하여금 모든 선을 행하며, 악을 멀리하도록 강권하는 압도하는 힘입니까? 그의 사랑이 여러분에게 끌어당기는 자석과 붙들어 매는 닻과 수비하는 요새와 조명하는 빛과 부요케 하는 보화입니까? 그의 사랑이 여러분에게 명령하는 율법입니까, 아니면 그것을 가능케 하는 힘입니까? 만일 후자라면, 여러분은 복된 자들입니다. 설령 사람들이 여러분을 보고 미쳤다고 말할는지 모르지만, 여러분은 참으로 복된 자이며 또 영원무궁토록 복될 것입니다.

12
하나님의 간청

"그러므로 우리가 그리스도를 대신하여 사신이 되어
하나님이 우리를 통하여 너희를 권면하시는 것 같이
그리스도를 대신하여 간청하노니 너희는 하나님과 화목하라"
고후 5:20

본문은 참으로 놀랍고도 대담한 말씀입니다. 우리들에게 요구하는 것에 있어 그렇다는 것이 아니라, 주님에 대해 계시하는 것에 있어 그렇다는 것입니다. 본문에서 우리의 시선을 가장 강하게 잡아끄는 구절은 "하나님이 너희에게 간청하시는 것 같이"(한글개역개정판에는 "하나님이 너희를 권면하시는 것 같이"라고 되어 있음)라는 개념입니다. 그러므로 나는 여기에서 이와 같은 하나님의 간청의 놀라운 신비와 함께, 그러한 간청을 거절하는 인간의 놀라운 신비를 제시하고자 합니다.

그러나 그렇게 하기 전에 먼저 나는 흠정역 본문에 부가된 보충어가 부적절한 것임을 지적하고자 합니다(흠정역 본문에는 'you'가 두 번 보충되어 있음. Now then we are ambassadors for Christ, as though God did beseech [you] by us: we pray [you] in Christ's stead, be ye reconciled to God). "As though God did beseech you"(하나님이 너희에게 간청하시는 것 같이)와 "we pray you"(우리도 너희에게 간청하노니)는 바울의 메시지의 영역을 과도하게 제한함과 함께, 그의 전체적인 논리전개를 혼란에 빠뜨립니다. 왜냐하면 지금 그는 하나님과 화목한 세상에 대해 말하는 가운데 자신과 자신의 동료 복음전파자들에게 화목의 말씀이 맡겨진 사실 안에서 그러한 화목의 결과를 보고 있기 때문입니다. 그들의 메시지의 영역은 결코 화목의 영역보다 좁을 수 없습니다. 그것이 세상 전체를 망라하는 것인 까닭에 그러한 간청 역시도 그와 같이 광범위하며 인성(人性)의 전 영역을 망라해야 합니다. 여기에 제시된 메시지는 보편적인 메시지입니다. 지금 바울이 말하고 있는 고린도인들은 이미 하나님과 화목된 자들이며, 그들에 대하여 받은 바울의 메시지는 이어지는 말씀 속에 나타납니다 ― "우리가 하나님과 함께 일하는 자로서 너희를 권하노니 하나님의 은혜를 헛되이 받지 말라"(고후 6:1). 그러나 "하나님과 화목하라"는 메시지는 세상의 전 영역을 망라하는 간청의 메시지입니다. 이와 같이 나는 여기에서 하나님이 사람에게 간청하는 개념과, 사람이 하나님의 간청을 거절하는 개념을 살펴보고자 합니다.

1. 첫째로, 사람에게 간청하시는 하나님.

본문에서 하나님의 간청과 그리스도의 간청이 마치 본질적으로 동일한 개념인 것처럼 나란히 제시되는 것을 주목하십시오. "우리가 그리스도를 대신하여 사신이 되어 하나님이 우리를 통하여 너희를 간청하시는 것 같이 그리스도를 대신하여 간청하노니." 이와 같이 여기에서 여러분은 먼저 간청자 그리스도를 보게 되고, 이어 하나님이 간청하시는 것과, 계속해서 그리스도가 다시 간청하는 것을 보게 됩니다. 만일 그가 아버지가 행하시는 일을 아들도 똑같이 행한다는 사실을 믿지 않았다면, 어떻게 이와 같은 두 가지 개념을 순간적으로 왔다 갔다 하며 말할 수 있었겠습니까? 또한 예수 그리스도가 하나님이 간청하시는 것을 간청하시며, 또 하나님이 그를 통해 간청하심을 말할 때, 그가 인류를 위한 하나님의 대리자임을 믿지 않았다면 말입니다. 아버지와 아들의 친밀성과 아들의 신성, 그리고 아버지가 아들을 통해 자신을 충분히 나타내셨다는 개념은 바울에 의해 분명하게 제시된 개념으로서 논박의 여지가 없는 확실한 성경적 개념입니다.

하나님이 간청하시므로 그리스도도 간청합니다. 그리스도가 간청하시므로 하나님도 간청합니다. 이러한 두 간청은 본질적으로 하나이며, 아버지의 음성은 아들 안에서 우리에게 메아리칩니다.

여기에서 먼저 간청에 대해 생각해 봅시다. 사랑이나 호의를 간청하는 것은 높은 사람의 몫이라기보다는 낮은 사람의 몫입니다. 그것은 손상을 당한 사람의 몫이라기보다는 손상을 가한 사람의 몫입니다. 그것은 승자의 몫이라기보다는 패자의 몫입니다. 그것은 분명 왕의 몫이 아니라 반역을 행한 자의 몫입니다. 그럼에도 불구하고, 우리는 여기에서 하나님이 인간을 다루시는 모든 관례를 뛰어넘는 특별한 경우, 즉 간청하는 자와 간청을 받는 자가 뒤바뀌는 특별한 경우를 보게 됩니다. 지금 보좌에 앉으신 자가 자기 발아래 무력하게 엎드려 있는 반역자에게 허리를 구부린 채 간청하고 있습니다. 왜냐하면 비록 사지가 묶여 있다 할지라도 그 마음이 돌이켜지지 않는 한 하나님은 그를 완전히 정복한 것이 아니기 때문입니다. 그리하여 하나님은 자기 마음으로부터 모든 쓴 것을 버리고 그에게 사랑과 은혜를 부어줄 준비를 하고 계십니다. 최대의 복수는 사람의 마음을 바꾸어 자기편이 되게 하는 것입니다. 우리는 하나님을 대적하여 범죄했지만, 하나님은 우리에게 화목을 간청하십니다. 무한하신 사랑은 스스로를 낮추사 반역자들에게 자신의 은총을 받아들일 것을 간청하십니다.

사랑하는 교우 여러분, 이것은 결코 화려한 수사법에 불과한 것이 아닙니다. 그것은 하나님의 마음의 어떤 사실을 나타냅니까? 또 그것은 하나님의 행동의 어떤 사실을 나타냅니까? 그것이 나타내는 사실은 하나님의 마음속에 있는 피조물들의 사랑에 대한 무한한 열망과, 하나님과 우리가 하나 되는 것에 대한 무한한 바람입니다.

본문의 언어 속에는 놀라운 의미와 아름다움이 있는데, 그것은 흠정역 (Authorized Version)에서는 제대로 표현되지 못했었다가 개정역 (Revised Version)에서 제대로 표현되었습니다. 그것은 "우리가 그리스도를 대신하여 사신이 되어"라는 구절입니다. 우리가 사신(使臣, ambassadors)인 것은 단지 "그리스도를 위하여"(for Christ)가 아니라

"그리스도를 대신하여"(on behalf of Christ)입니다. 이와 똑같은 표현이 하반절에서 다시 반복됩니다 — "우리가 그리스도를 대신하여 간청하노니." 이러한 표현들은 우리가 적의(敵意)를 버리고 하나님과 화목하는 것이 하나님의 간절한 열망이라는 사실을 좀 더 강렬하게 표현합니다. 또 우리가 그리스도 안에 있는 하나님의 사랑의 뜨거운 열기로 우리 마음속에 있는 냉기(冷氣)를 녹일 때, 완전하시며 스스로 충족하신 하나님이 기뻐하시고, 또 우리를 위한 하나님의 형상이신 예수 그리스도께서 "자기 영혼의 수고한 것들을 보고 만족"하실 것이라는 사실을 좀 더 강렬하게 부각시킵니다. 예전에 어떤 사람이 이렇게 말했습니다. "우리가 하나님을 기쁘시게 함에 있어, 하나님을 사랑의 하나님으로 믿는 것보다 더 큰 것은 아무것도 없다." 하나님은 그러한 목적을 위해 기꺼이 스스로를 낮추시고 굽히실 준비가 되어 있으십니다. 세상을 자신의 사랑 앞에 굴복시키고자 하는 열망이 너무도 크므로 하나님은 세상을 잃으시기보다 차라리 세상을 위해 스스로를 굽히시고 간청하실 것입니다. 간청하시는 하나님이라는 놀라운 개념을 통해 우리는 하나님의 마음속에 있는 이와 같은 부분을 발견할 수 있습니다.

또 간청하시는 하나님의 개념은 하나님의 행동의 어떤 사실을 나타냅니까? 감람산 골짜기로부터 아침 햇살에 반짝이는 성전을 바라보면서 흘렸던 예수 그리스도의 애원하는 사랑의 눈물을 생각해 보십시오. 예수 그리스도께서 "예루살렘아 예루살렘아 … 내가 너희의 자녀를 모으려 한 일이 몇 번이냐 그러나 너희가 원하지 아니하였도다"라고 말씀하시면서 탄식한 것을 생각해 보십시오(눅 13:34). 이와 같은 그리스도의 탄식과 눈물 속에서 우리는 아버지의 마음과 행동이 나타나는 것을 보지 않습니까? "수고하고 무거운 짐 진 자들아 다 내게로 오라 내가 너희를 쉬게 하리라"(마 11:28). 바로 이것이 간청하시는 그리스도, 그리고 그 안에서 간청하시는 하나님의 모습입니다. 이것 외에 또 다른 말씀들을 인용할 필요가 있습니까? 그리스도를 바라볼 때, 우리는 그의 모든 생애의 비밀이 사람들에게 애원하는 손을 내밀어 그들로 자신의 손을 붙잡고 구원받도록 간청하는 것임을 느끼지 않습니까? 그리고 이 모든 것 위에 우뚝 솟은 사실은 다름 아닌 예수 그리스도의 십자가입니다. 그것은 하나님의 모든 섭리를 설명해 주는 사실이며, 계시 전체를 떠받치는 사실이며, 하나님과 사람과 죄에 관한 모든 진리를 가장 분명하게 조명해 주는 사실입니다. 만일 예수 그리스도의 십자가가 하나님의 간청의 절정이 아니라면, 도대체 무엇이 그것의 절정이겠습니까? 만일 십자가로부터 나오는 음성보다 더 강렬하고 애절한 음성이 있다면, 나는 그것이 도대체 어디에 있는지 도무지 알지 못합니다. 그 음성이 "땅의 모든 끝이여 내게로 돌이켜 구원을 받으라"라는 음성인 한 말입니다(사 45:22). 그리스도께서 죽으시면서 몰아쉰 숨결이 우리를 부르지 아니하며, 그가 뿌린 피가 "아벨의 피보다 더 나은 것"을 말하지 않습니까?(히 12:24).

예수 그리스도의 생애와 죽음이라는 신적 사실들 안에서 뿐만 아니라 성경에 제시된 위대한 계시의 모든 호소들 안에서, 하나님이 여러분에게 적의(敵意)를 버리고 가까이 나아오라고 부르지 않습니까? 또 자신의 기록된 말씀뿐 아니라 자신의 사랑의 끈질긴 섭리들에 의해, 하나님이 여러분에게 가까이 나아오라고 간청하지 않습니까? 잘못을 범하고 시무룩해하는 자녀에게 어머니는 애틋한 자애로움으로 어르고 달래지 않겠습니까? 마찬가지로 하나님도 그와 같이 하십니다. 여러분과 나에게 하나님으로부터의 매일의 돌봄과 축복이 주어질 때, 그것은 "내가 너희에게 간청하노니 부디 적의와 무관심과 멀리함을 품지 말고 돌이켜 사랑 가운데 거하라"라는 말씀이 이루어진 것이 아닙니까? 또 하나님이 우리에게 이와 같은 외적인 은사와 긍휼을 베푸셨을 때, 그는 우리에게 명령하신 것을 스스로 행하신 것이 아닙니까? 다음 말씀을 주목해 보십시오. "네 원수가 주리거든 먹이고 목마르거든 마시게 하라 그리함으로 네가 숯불을 그 머리에 쌓아 놓으리라"(롬 12:20). 만일 하나님 자신이 먼저 그와 같이 행하지 않으셨다면, 결코 우리에게 그와 같이 행하라고 명하실 수 없으셨을 것입니다.

예수 그리스도의 생애와 죽음 안에서 자신의 굽힘과 우리의 사랑에 대한 무한한 열망을 나타내심을 통해, 그의 외적인 일하심을 통해, 그의 섭리를 통해, 우리의 영에 대한 내적 만짐을 통해, 우리의 양심을 찌르심을 통해, 우리의 영혼을 관통하는 특이한 열망을 통해, 우리가 알지 못하는 은밀한 내적 음성으로 자신과 자신의 사랑과 우리의 의무에 대해 알려주심을 통해, 우리를 예수 그리스도의 십자가로 더 가까이 이끄심을 통해, 때로는 심지어 우리의 십자가로부터의 움츠림을 통해 — 이 모든 것을 통해 하나님은 우리에게 간청하십니다.

교우 여러분, 하나님은 여러분에게 간청하십니다. 하나님이 여러분에게 간청하시는 것은 그의 마음속에 여러분에 대한 사랑과, 또 축복하시고자 하시는 열망 외에 아무것도 없기 때문입니다. 또 하나님이 여러분에게 간청하시는 것은 만일 여러분이 허락지 않으면 그는 여러분에게 자신의 최고의 선물과 축복들을 아낌없이 주실 수 없으시기 때문입니다. 하나님은 스스로를 낮추시고 굽히시면서 여러분에게 간청하십니다. 하나님이 모든 영혼을 다루시는 요체는 "내 아들아, 네 마음을 내게 다오"라는 말 속에 온전히 담겨 있습니다. "너희는 하나님과 화목하라"(20절).

2. 둘째로, 하나님의 간청을 거절하는 인간.

이것 또한 큰 신비이며 역설입니다. 과연 누가 이것을 깨달았으며, 또 깨달을 것입니까? 도대체 어떻게 이것이 가능합니까? 한 점 티끌에 불과한 보잘것없는 인간이 하나님 앞에 스스로를 높이며 그의 간청에 대해 "나는 그렇게 하지 않겠나이다"라고 대답하는 것은 참으로 두렵고도 놀라운 일이 아닐 수 없습니다. 그것은 마치 바다 위에 불쑥 솟은 작은 바위섬 위에 거하는 소수의 거주자들이 본토의 거대한 제국에 대해 전쟁을 선포하는 것과 같습니다. 이와 같이 일개 바위에 불과한 작은 섬에 거하는 우리는 스스로를 거대한 대륙으로부터 분리시킬 수 있습니다. 어떤 면에서 하나님은 우리로 하여금 자발적인 의지로 스스로를 당신과 연합시키든지, 아니면 하나님에 대한 대적과 반역으로 스스로를 비틀어 당신과 단절되도록 하기 위해 우리를 분리시키셨습니다. 하나님은 당신과 우리 사이의 관계를 이와 같이 설정하셨습니다. 따라서 하나님의 간청은 이런 토대 위에서 사람들로 하여금 당신을 사랑하도록 하시기 위함입니다. 하나님은 사람의 마음을 강제로 열 수 없습니다. 문은 안으로부터 열립니다. "볼지어다 내가 문 밖에 서서 두드리노니 만일(if) 누구든지 내 음성을 듣고 문을 열면 내가 그에게로 들어가"(계 3:20), 여기에서 "만일"(if)을 주목하십시오. "만일 누구든지 내 음성을 듣고 문을 열면." 이와 같이 애절한 간청과 호소는 사람에 의해 외면될 수 있습니다. 예수 그리스도도 이렇게 부르짖었습니다. "내가 너희의 자녀를 모으려 한 일이 몇 번이냐 그러나 너희가 원하지 아니하였도다"(눅 13:34). 교우 여러분, 우리 각자가 간청하시는 그리스도의 애원을 의식적으로든 무의식적으로든 받아들일 수도 있고 거절할 수도 있다는 사실은 정말로 신비하고도 두려운 특권입니다.

여기에서 나는 여러분에게 거절의 행위는 매우 단순한 행위라는 사실을 일깨워주고 싶습니다. 받아들이지 않는 것이 곧 거절하는 것입니다. 그것은 순복하지 않는 것이며, 반역을 행하는 것입니다. 만일 여러분이 거절하고자 한다면, 여러분은 아무것도 하지 않고 그냥 가만히 있기만 하면 됩니다. 오늘날 교회 안에는 무심하게 앉아 말씀을 들으면서 하나님의 간청을 거절하는 사람들이 많이 있습니다. 그러면서도 그들은 자신들이 하나님의 간청을 거절하고 있다는 사실을 알지 못합니다. 그들은 말합니다. "나도 때가 되면 그리스도인이 될 거야." 그들은 단지 막연한 생각만 품고 있을 뿐입니다. 그들은 아무것도 하지 않습니다. 오직 수동적이며 무관심할 뿐입니다. 말씀을 듣지만, 그러나 그 말씀이 아무 열매도 맺지 못하는 것은 너무도 흔한 일입니다. 그 이유가 무엇일까요? 말씀을 듣지만, 그러나 예배가 끝나고 밖에 나가 날씨에 대해 이야기하는 가운데 그 말씀을 모두 잊어버리기 때문입니다.

이와 같이 여러분은 그리스도를 거절합니다. 그것은 부지불식간에 이루어집니다. 그리스도를 거절하는 것은 단지 아무 일도 하지 않는 것을 통해 이루어집니다. 교우 여러분, 간청하는 사랑의 음성에 대하여 더 이상 귀를 막지 마십시오.

사랑하는 교우 여러분, 하나님의 간청을 거절하는 것이야말로 모든 어리석음 가운데 가장 큰 어리석음이라는 사실을 기억하십시오. 그런 사람들이야말로 자신의 가장 큰 이익을 거절하고 확실한 멸망을 선택하는 사람들입니다. 나는 오늘날 많은 사람들이 미래의 징벌이라는 확실한 사실은 제쳐두고 그러한 징벌의 교리와 관련한 몇몇 불확실한 논제들만 가지고 다투는 것에 대해 매우 우려스러운 마음을 갖습니다.

교우 여러분, 스스로에게 다음과 같은 질문을 던져 보십시오. "하나님과 화목하지 못한 사람의 현재적 혹은 미래적 상태 속에 하나님의 간청의 긴급성을 설명하는 어떤 것이 있지 않은가?" 하나님의 열망이 그토록 강렬한 이유는 도대체 무엇입니까? 어째서 그것은 그토록 열렬합니까? 어째서 예수 그리스도가 죽으셔야만 했습니까? 그가 사람의 죄의 모든 징벌을 짊어진 이유는 무엇입니까? 어째서 하나님과 그리스도는 모든 세대를 통해 끊임없는 음성으로 간청하셔야만 했습니까? 그에 대한 답이 여기에 있습니다. "나를 미워하는 자는 사망을 사랑하느니라"(잠 8:36). "너희는 하나님과 화목하라." 하나님께 대한 적의(敵意)는 곧 파멸이요 멸망이기 때문입니다.

마지막으로, 이와 같은 하나님으로부터의 외면은 단지 가장 어리석은 일일 뿐만 아니라 동시에 가장 큰 죄이기도 하다는 사실을 기억하십시오. 왜냐하면 하나님이 간청하고 계심에도 불구하고 그 음성에 대해 마음을 닫고 귀를 막는 것보다 더 악한 것은 아무것도 없기 때문입니다. 이와 같이 하나님의 애절한 사랑의 음성으로부터 고개를 돌리는 것이야말로 모든 죄의 면류관인데, 그것은 이로써 빛보다 어둠을 더 사랑하는 그 마음의 비밀이 온전히 드러나기 때문입니다.

여러분 가운데 어떤 사람들은 그 음성을 듣고 마음을 열었을 것입니다. 그런가 하면 또 어떤 사람들은 여러 가지 일로 너무 분주하여 그 음성에 귀를 기울일 수 없었을 것입니다. 어떤 사람은 세상의 요란한 소리에 귀를 기울이느라 그 음성을 듣지 못했을 것이며, 어떤 사람은 자기 일에 너무 바빠 그렇게 하지 못했을 것입니다. 또 어떤 사람은 환락을 좇느라 그 음성에 귀를 기울일 수 없었을 것이며, 어떤 사람은 의심의 안개로 그 음성을 덮어버렸을 것입니다. 그러나 여러분에게 간청하노니, 부디 십자가를 바라보십시오. 그리고 그 위에 달려 여러분에게 간청하고 계시는 자의 음성을 들으십시오.

일만의 병사를 가지고 이만의 병사를 가진 왕과 맞서기 위해 전쟁에 나간 왕을 생각해 보십시오. 다행스럽게도 이만의 병사를 가진 왕이 화해를 간청하고 있습니다. 그러한 간청을 거절하지 마십시오. 만일 거절한다면, 곧이어 공격의 나팔소리가 울려 퍼질 것입니다. 그러면 어떻게 되겠습니까?

전능자와 더불어 대적하며 맞서는 것은 얼마나 어리석고 무익한 일입니까? "그리스도를 대신하여 간청하노니 너희는 하나님과 화목하라."

13
소망과 거룩

"그런즉 사랑하는 자들아 이 약속을 가진 우리는 하나님을 두려워하는
가운데서 거룩함을 온전히 이루어 육과 영의 온갖 더러운 것에서
자신을 깨끗하게 하자"

고후 7:1

신앙을 고백하는 그리스도인들에게 있어 그들의 신앙이 일반적인 도
덕성과 별로 연결되지 않는다는 비난이 종종 제기됩니다. 많은 경우 그것
은 분명한 사실이며, 그렇게 볼 때 그러한 비난은 완전히 정당합니다. 그
러나 그러한 사실에도 불구하고, 우리는 그것이 그들의 종교 때문이 아니
라는 사실을 이해해야 합니다. 사람들의 비난이 아무리 강렬하다 할지라
도 사실상 그들의 종교 자체가 가하는 비난에 비하면 그것은 절반도 채 되
지 못합니다. 사람의 가장 날카로운 비난도 신약 자체의 비난보다 더 날카
롭지 못합니다. 신약은 도덕성 없는 종교는 아무것도 아님을 분명하게 역
설하면서, 이와 같은 기준에 따라 선한 자와 악한 자가 구별된다고 가르칩
니다. 화려하게 꾸며진 외양(外樣)과 심지어 뜨겁고 열렬한 감정조차도 마
침내 "그는 선한 사람이었나요?"라는 어린아이의 단순한 질문에 직면해야
합니다.

바울 사도는, 모든 그리스도인들이 하나님의 성전이 되는 것과, 하나님
이 사람들 안에 거하시는 것과, 사람이 하나님의 자녀가 되는 것 등의 매

우 고상하며 신비적인 진리들에 대해 말하고 있었습니다. 그런데 이러한 진리들은 너무나 자주 많은 사람들에 의해 선과 악의 일반적인 법칙들과는 별 상관 없는 신비적인 경건을 세우는 토대가 되곤 했습니다. 그러나 바울은 자신의 설교의 실제적인 목적을 견지하면서, 본문과 같은 지극히 상식적이며 단순한 훈계를 결론으로 제시합니다.

1. 첫째로, 그리스도인의 삶은 부단히 스스로를 깨끗하게 하는 삶이어야 합니다.

본 서신은 "고린도에 있는 하나님의 교회와 온 아가야에 있는 모든 성도들에게" 전달된 것입니다(1:1). 이와 같은 넓은 지역을 망라하면서 바울은 그 가운데 그리스도의 이름과 연결된 소수의 흩어진 무리를 바라봅니다. 그들은 그 시대의 악들로 깊이 얼룩져 있었습니다. 당시의 여러 가지 악행들을 언급하는 가운데 바울은 "너희 중에 이와 같은 자들이 있더니"라고 말합니다. 그러면서 그는 그들을 변화시킨 놀라운 기적을 제시하면서 "그러나 너희가 주 예수 그리스도의 이름과 우리 하나님의 성령 안에서 씻음과 거룩함과 의롭다 하심을 받았느니라"라고 말하기를 조금도 주저하지 않습니다(고전 6:11).

이와 같이 모든 그리스도인은 죄 사함에 수반되는 씻음을 받습니다. 그들의 옷이 아무리 육체로 더럽혀졌다 할지라도, 그것은 어린 양의 피로 씻음받아 희어졌습니다. 옷에 찌든 시커먼 얼룩들이 붉은 피로 씻기는 것은 얼마나 놀라운 씻음입니까? 죄 사함과 의롭다 하심의 씻음과 함께 성령의 은사, 곧 새 생명의 은사가 따릅니다. 이러한 새 생명의 은사는 그리스도인의 삶의 첫 단계에 보편적으로 속하는데, 이러한 은사를 받기 위해서는 오직 믿음으로 그것을 받아들이는 것이 필요할 뿐입니다. 새 생명의 은사는 인간의 노력을 필요로 하지 않으며, 그것을 받기 위해 우리에게 요구되는 것은 오직 "하나님이 값없이 주신 것을 받아들이는" 것뿐입니다.

그러나 다음 단계의 그리스도인의 삶에서는 그러한 은사를 계속해서 발전시키고 적용시키기 위한 부단한 수고와 노력이 요구됩니다. 믿음으로 받아들인 새 생명의 은사는 삶의 모든 다양한 환경 속에서 끊임없이 활용되고 적용되어야 합니다. 이와 같이 그리스도인은 첫 단계에 씻음을 받았지만, 그러나 여전히 계속해서 스스로를 씻어야만 합니다. 왜냐하면 우리의 매일의 삶 속에 각종 누룩이 숨어 있기 때문입니다. 따라서 계속해서 자신을 씻는 일은 "온 덩이가 부풀 때까지" 평생에 걸쳐 계속되는 일입니다. 어떤 사람도 부단한 인내와 노력으로 "푯대를 향하여 그리스도 예수 안에서 하나님이 위에서 부르신 부름의 상을 위하여 달려가지" 않는 한, "그리스도의 충만의 장성한 분량까지" 자라지 못할 것입니다(빌 3:14). 우리는 씻음을 받았지만, 그러나 여전히 계속해서 스스로를 씻어야만 합니다.

하나님이 우리를 씻으셨음에도 불구하고 우리가 부단히 스스로를 씻어야만 한다는 것은 분명 역설입니다. 그런데 그러한 역설 위에 또 하나의 역설이 세워집니다. 즉 그리스도의 의가 우리에게 주어졌다는 위대한 사실은 결코 우리의 게으름을 정당화하지 않고 도리어 우리의 노력을 더욱 재촉하는 나팔이 된다는 역설 말입니다. 만일 스스로를 정결케 하는 일이 단지 우리 자신의 노력 여하에만 달려 있는 것일 뿐이라면, 그것은 불가능한 일이 될 것입니다. 그러나 만일 우리가 하나님이 우리에게 정결케 하는 힘을 주심을 믿을 수 있다면, 우리는 "인내로써 우리 앞에 당한 경주를" 달려갈 수 있을 것입니다(히 12:1).

우리는 여기에서 바울이 말하는 씻음이 완전한 씻음이라는 사실을 주목해야 합니다. 씻기는 것은 이런 혹은 저런 흠이나 악이 아니라 "육과 영의 온갖 더러운 것"입니다. 여기에서 **육의 더러운 것**은 물론 일차적으로 고린도의 헬라인들의 눈에는 별로 죄처럼 보이지 않는 추잡한 악행들을 언급하는 것이며, **영의 더러운 것**은 악을 행하는데 협력하는 갖가지 마음의 상태를 언급하는 것입니다.

이러한 두 가지는 당시 고린도에서와 마찬가지로 오늘날에도 만연합니다. 오늘날의 많은 문학들과 소위 "예술을 위한 예술"의 새 복음은 그와 같은 "육과 영의 온갖 더러운 것"을 위한 문을 활짝 엽니다. 다시 한 번 반복하거니와, 바울이 여기에서 제시하는 것은 부분적인 씻음이 아닙니다.

"모든" 더러운 것이 씻기고 제거됩니다. 가구에 더러운 것이 하나도 남지 않을 때까지 닦는 것을 쉬지 않는 주부처럼, 그리스도인들은 육과 영에 더러운 것의 최소한의 흔적이라도 남아 있는 한 결코 자신들의 작업을 완료된 것으로 여겨서는 안 됩니다. 이상(理想)은 결코 완성되지 않을는지 모르지만, 그렇다 할지라도 우리는 영원히 이상을 포기해서는 안 됩니다.

우리 자신의 경험으로 볼 때 그와 같은 씻음이 매우 긴 과정이라는 것은 너무도 분명한 사실입니다. 선한 성품이든 악한 성품이든 한순간에 만들어지는 것이 아니라 오랜 시간에 걸쳐 만들어집니다. 사람이 한순간에 악인이 되는 것이 아닌 것처럼, 성결하게 되는 것 역시도 한순간에 이루어지는 것이 아닙니다. 온갖 유혹으로 가득 찬 세상 속에서 살아가는 한, "목욕한 자는 매일 같이 자기 발을 씻을" 필요가 있습니다. 왜냐하면 그의 발은 세상의 지저분한 길에서 계속해서 오염되고 더러워지기 때문입니다.

영혼이 육체 속에 감금되어 있는 한, 그리고 영혼이 스스로를 나타내는 도구로서 육체를 가지는 한, 정결케 되는 일에는 많은 수고와 노력이 필요합니다. 우리는 한 번에 하나의 적을 무찌르는 것으로 만족해야 합니다. 또 순례자적인 열정이 아무리 강렬하다 할지라도, 우리는 한 번에 한 발자국 전진하는 것으로 만족해야 합니다. 설령 우리의 진보가 아주 느린 과정으로 이루어진다 하더라도 말입니다. 그리고 우리의 진보가 계속해서 이루어져 가는 과정 속에서도 우리는 아직도 이루어지지 못한 것들을 더 많이 의식하며 생각해야 합니다. 우리가 예수 그리스도께 더 가까이 다가갈수록 우리의 양심은 아직도 그로부터 멀리 떨어져 있는 것들을 더 많이 의식하게 될 것입니다. 방패에 난 작은 흠을 생각해 보십시오. 그 방패가 녹슬고 지저분할 때에는 그 흠이 잘 보이지 않을 것입니다. 그러나 그 방패의 녹이 제거되고 깨끗이 닦여지면 그 흠은 선명하게 눈에 띄게 될 것입니다. 하나님에게 가장 가까이 다가간 성자(聖者)는 자신의 죄에 대해 하나님으로부터 가장 멀리 떨어져 있는 자보다 훨씬 더 많이 의식할 것입니다. 이와 같이 우리가 더 많이 정결해져 갈수록 정결해져야 할 새로운 것들이 계속해서 우리 앞에 나타날 것이며, 이러한 일은 우리가 살아 있는 한 계속될 것입니다.

2. 둘째로, 그리스도인의 삶은 단순히 계속해서 악을 벗어버리는 삶이 아니라 계속해서 선해져 가는 삶이어야 합니다.

본문에서 바울은 더러운 것으로부터 자신을 깨끗하게 하는 것과 거룩함을 이루는 것 사이를 구별합니다. 물론 이러한 두 가지는 매우 밀접하게 연결된 것일 뿐만 아니라 동일한 과정의 서로 다른 양면(소극적인 측면과 적극적인 측면)으로 간주될 수 있습니다. 그럼에도 불구하고, 사실 양자(兩者)는 다릅니다. 설령 전자는 후자 없이 이루어지지 않으며, 또 후자 역시도 전자 없이는 완성되지 못한다 하더라도 말입니다. 거룩은 깨끗하게 되는 것 이상입니다. 그것은 성별(聖別)되는 것입니다. 하나님께 바쳐진 것은 거룩합니다. 이와 같이 성도(聖徒)는 자신의 모든 자아와 재능과 본성과 사고와 마음과 의지를 매일같이 하나님께 더 많이 바치며, 또 하나님으로부터 더 많은 것을 계속해서 자신 속으로 받아들이는 사람입니다.

본문에서 바울이 말하는, 자신을 깨끗하게 하는 것은 오직 우리의 성별의 분량만큼 이루어질 것이며, 또한 성별은 오직 우리가 스스로를 깨끗하게 한 분량만큼 참된 것이 될 것입니다. 바로 여기에서 세상의 도덕과 기독교 윤리가 서로 구별됩니다. 전자(前者)가 실패할 수밖에 없는 것은 거기에 기독교적 도덕성의 참된 근원이며 엄격하고 불가능한 율법을 사랑으로 바꾸는 자에 대한 태도가 결여되어 있기 때문입니다. 아무런 메시지도 가지고 있지 못하면서 단지 "선하라, 선하라"고 외치는 도덕 선생의 수고보다 더 무익한 수고는 어디에도 없습니다. 그러나 선에 대한 추상적이며 모호한 관념이 살아 계신 자(living Person) 속으로 응결(凝結)되며, 또 그가 우리 앞에 자신의 온전한 성품의 빛을 비추시면서 우리로 자신을 닮을 것을 호소하실 때, 불가능한 것은 가능한 것이 되며 "너희가 나를 사랑하면 내 계명을 지키라"는 말씀은 우리의 삶을 이끄는 강력한 힘과 자극이 될 것입니다.

3. 셋째로, 그리스도인의 거룩함을 이루며 자신을 깨끗하게 하는 삶은 소망과 하나님을 두려워하는 것에 의해 고취되고 추동(推動)되어야 합니다.

본문에서 바울 사도는 스스로를 깨끗하게 하는 것은 소망과, 그리고 거룩함을 이루는 것은 하나님을 두려워하는 것과 좀 더 직접적으로 연결시키고 있는 것으로 보입니다. 그러나 어쩌면 소망과 하나님을 두려워하는 것 모두를 스스로를 깨끗하게 하는 것과 거룩함을 이루는 것 모두가 근거하는 이중적인 기초로서 생각하고 있었는지도 모릅니다. 또 본문의 "이 약속"은 바로 앞 구절의 "나는 너희에게 아버지가 되고 너희는 내게 자녀가 되리라"는 약속을 직접적으로 가리키는데(6:18), 바울은 그러한 약속을 바라보는 소망 위에서 거룩함을 이루며 스스로를 깨끗하게 할 것을 간곡히 당부합니다.

이와 같이 복음의 모든 위대한 진리들과 사람의 마음속에서 솟아날 수 있는 아들됨의 모든 축복된 감정들의 실제적인 결과는 거룩하며 정결한 삶 속에 온전히 나타나게 됩니다. 이러한 목적을 위해 하나님은 빽빽한 어둠으로부터 우리에게 말씀하셨으며, 이러한 목적을 위해 그리스도는 우리의 어둠 속으로 들어오셨습니다. 이러한 목적을 위해 그는 사셨으며, 이러한 목적을 위해 그는 죽으셨습니다. 이러한 목적을 위해 그는 부활하셨으며, 이러한 목적을 위해 그는 성령을 보내시고, 이러한 목적을 위해 그는 세상을 당신의 섭리로 이끄셨습니다. 우리를 향한 모든 신적 행동의 궁극적인 목적은 단순히 우리를 복되게 만드는 것이 아니라, 우리로 선하게 되도록 하기 위해 복되게 만드는 것입니다. 만일 하나님의 약속이 사람을 선하게 만들지 못한다면, 그러한 약속으로 말미암는 소망이 결국 무슨 소용이 있겠습니까? 양자(養子)에 대한 우리의 즐거운 확신은 단지 우리가 아버지와 같아지는 분량만큼 보증되는 것입니다.

소망은 종종 사람을 비현실적인 꿈으로 속입니다. 그것은 대체로 실재보다 더 아름다운 색깔을 칠합니다. 실재의 어두운 그림자는 배제한 채 말입니다. 그것은 너무나 자주 비루한 삶의 동반자이며, 영웅적 행위나 인내를 고취하는 경우는 그리 흔치 않습니다. 그러나 소망의 이와 같은 많은 결점들은 소망 그 자체에 기인하는 것이 아니라 그것이 근거하는 대상을 잘못 선택한 것에 기인합니다. 하나님의 약속을 붙잡는 소망은 바로 그 분량만큼 모든 인내와 고귀한 자기희생의 밑거름이 됩니다. 그러한 소망은 궁극적으로 주의 오심을 바라보며, "주를 향하여 이 소망을 가진 자마다 그의 깨끗하심과 같이 자기를 깨끗하게" 합니다(요일 3:3).

바울의 경험 속에서 우리는 예수 그리스도에 근거한 소망과 하나님을 향한 두려움 사이에 어떤 모순도 발견하지 못합니다. 거룩이 온전케 되는 것은 하나님에 대한 두려움 안에서입니다. 그러한 두려움은 고통을 가져다주지 않는 두려움입니다. 한 걸음 더 나아가, 자녀들에게 있어 두려움 없는 사랑은 없습니다. 하나님의 자녀들이 하나님에 대해 갖는 경건한 두려움은 그 안에 어떤 노예적인 것이나 공포적인 것이 없습니다. 그들의 사랑은 즐거운 것일 뿐만 아니라 자신을 낮추는 것이기도 합니다. 하나님의 엄위하심에 대한 예배적 바라봄, 그의 형언할 수 없는 거룩하심에 대한 숭경(崇敬)의 응시, 우리와 그분 사이의 무한한 거리에 대한 통렬한 인식 — 이런 마음을 가진 자들은 그분 앞에 가장 낮은 자세로 엎드려 절할 것입니다.

이와 같은 두 가지, 즉 소망과 하나님에 대한 두려움은 마치 지구가 회전하는 중심 축, 즉 북극과 남극을 잇는 축과 같은데, 둘은 여기에서 하나의 결과로 합쳐집니다. 소망을 하나님께 두는 자들은 하나님을 두려워하는 가운데 그의 계명들을 지켜야 합니다. "외모로 보시지 않고 각 사람의 행위대로 심판하시는 이를 아버지라 부르는" 자들은 "나그네로 있을 때를 두려움으로" 지내야 합니다(벧전 1:17). 그리고 그와 같은 소망과 하나님에 대한 두려움은 그들의 생의 바퀴를 돌리며, 그들을 온갖 더러운 것에서 깨끗하게 하며, 거룩함을 온전히 이루게 할 것입니다.

14
하나님의 뜻대로 하는 근심

"하나님의 뜻대로 하는 근심은 후회할 것이 없는 구원에 이르게 하는
회개를 이루는 것이요 세상 근심은 사망을 이루는 것이니라"
고후 7:10

바울 사도는 자신의 모든 설교를 "하나님에 대한 회개와 우리 주 예수
그리스도에 대한 믿음" 두 가지로 요약합니다. 회개와 믿음이라는 이러한
두 가지는 그 사실(fact)에 있어서 뿐만 아니라 그 개념에 있어서도 서로
분리될 수 없습니다. 참된 믿음 없는 참된 회개는 불가능하며, 참된 회개
없는 참된 믿음은 존재할 수 없습니다.

그럼에도 불구하고, 둘은 많은 사람들에 의해 종종 분리되곤 합니다. 오
늘날의 풍조는 믿음에 대해서는 크게 강조하는 반면 회개에 대해서는 그
다지 많이 강조하지 않는 경향이 있습니다. 그 결과 믿음 자체의 개념이
모호하게 되는데, 그것은 마치 "평강이 없음에도 불구하고 평강하다 평강
하다"라고 말하는 것과 비슷합니다. 죄와 회개에 대해서는 거의 말하지
않으면서 오로지 믿음에 대해서만 말하는 복음은 그 능력을 거의 대부분
잃어버리게 되며, 그러한 복음은 너무도 쉽게 죄와 불의를 비호하는 것으
로 변질됩니다. 많은 사람들이 믿음으로 구원에 이르는 기독교 교리를 비
도덕적인 것이라고 비난합니다. 그러한 비난은 대체로 "우리 주 예수 그
리스도에 대한 믿음"과 마찬가지로 "하나님에 대한 회개"가 구원의 실제

적인 조건이 된다는 사실을 잊어버리는 것에 기인합니다. 우리는 여기에서 회개가 얼마나 중요한 위치를 차지하는지를 보게 될 것입니다. 여기에 근심(sorrow, 혹은 슬픔)과 회개(repentance)와 구원(salvation)의 세 단계가 제시되는데, 그것은 마치 뿌리와 줄기와 열매의 관계와 같습니다. 그러나 죄에 대한 근심에는 올바른 부류의 근심과 잘못된 부류의 근심이 있습니다. 올바른 부류의 근심은 회개를 이루며 마침내 구원에 이르게 하지만, 그러나 잘못된 부류의 근심은 아무것도 이루지 못하고 결국 사망으로 끝나고 맙니다.

이제 그와 같은 세 단계를 추적해 보도록 합시다. 그러는 가운데 우리는 이것이 다가 아니며, 앞에서 언급한 분리될 수 없는 전체의 또 다른 한 쪽, 즉 "우리 주 예수 그리스도에 대한 믿음"이 보충되어야 한다는 사실을 잊지 말아야 합니다.

1. 첫째로, 죄에 대한 올바른 근심과 잘못된 근심을 살펴보도록 합시다.

바울은 모든 참된 기독교의 기초에 우리 자신의 악에 대한 인식과 그에 따른 근심이 있는 것을 당연한 것으로 받아들입니다. 물론 나는 여기에서 모든 사람이 똑같은 경험을 가져야만 한다고 주장하지 않습니다. 그것은 모든 사람의 몸이 똑같은 모양과 똑같은 비율을 가져야만 한다고 주장하는 것과 마찬가지입니다. 인간의 삶은 무한히 다르며, 인간의 기질은 무한히 다양합니다. 어느 두 사람도 그 삶과 기질에 있어 정확하게 똑같지 않습니다. 그와 마찬가지로 종교적인 경험에 있어서도 모든 사람은 서로 다릅니다.

우리는 어떤 사람에 대해서도 그 종교적 경험에 있어 불가능한 동일성을 요구해서는 안 됩니다. 그것은 모든 사람들에게 똑같은 목소리를 가질 것을, 또 모든 꽃들에게 똑같은 모양을 가질 것을 요구하는 것과 마찬가지입니다. 여러분은 꽃 그림을 인쇄기 위에 올려놓고 여러분이 원하는 만큼 똑같이 인쇄할 수 있습니다. 그러면 거기에 인쇄된 그림들은 모두 정확하게 똑같을 것입니다. 모든 꽃 모양과 잎 모양과 색깔이 정확하게 똑같을 것입니다. 그러나 손으로 그린 그림은 어떤 것도 정확하게 똑같을 수 없습니다. 하물며 숲속에서 피어오르는 진짜 꽃봉오리들이야 어떻게 정확하게 똑같을 수 있겠습니까? 생명은 유사함과 상이함을 동시에 만들어 냅니다. 똑같이 복사하는 것은 오직 기계뿐입니다.

이와 같이 우리는 개인적인 성격이나 경험에 있어서의 동일성을 주장하지 않습니다. 그것은 실제적이지 않습니다. 일평생 죄의 문둥병 속에 얼룩져 살던 사람과, 어머니의 무릎 위에서 "주의 훈계와 교양으로" 양육된 어린아이가 어떻게 동일한 경험을 가질 수 있겠습니까? 그럼에도 불구하고, 성경은 모든 참된 기독교적 경험 속에 본문이 "하나님의 뜻대로 하는 근심"(godly sorrow)이라고 부르는 한 가지 요소가 필수불가결함을 분명하게 단언합니다.

사랑하는 교우 여러분, 우리의 모든 행동과 성품을 냉철히 바라볼 때, 우리는 바로 이것, 즉 "하나님의 뜻대로 하는 근심"이 우리가 가져야 할 마땅한 태도임을 분명하게 알 수 있습니다. 그렇지 않습니까? 나는 지금 율법의 시각으로 여러분을 정죄하고 있는 것이 아닙니다. 또 여러분이 통상적인 도덕을 무시한 채 극악하게 살고 있다고 생각하는 것도 아닙니다. 물론 어떤 사람들은 그럴 것입니다. 여기에 정결하게 살고 있지 않는 사람들이 틀림없이 있을 것입니다. 절제 있게 먹고 마시지 않는 사람들도 있을 것이며, 세상의 욕심을 따라 살고 있는 사람들도 있을 것이며, 대중의 통상적인 양심에 비추어 합당치 못한 일들을 행하는 사람들도 있을 것입니다. 다만 내가 지금 말하고자 하는 것은 "토색, 불의, 간음을 하는 자들과 같지 않고 세리와도 같지 않은" 일반적인 사람들에 대한 것입니다(눅 18:11). 사랑하는 교우 여러분, 여러분의 실상을 하나님의 의와 사랑의 빛으로 세심하게 살펴보십시오. 여러분에게 죄가 있는지 그렇지 않은지 면밀히 살펴보십시오. 여러분 자신에게 솔직하십시오. 그러면 그 답을 찾는 것이 그리 어렵지 않을 것입니다.

본문이 죄에 대한 올바른 근심과 잘못된 근심을 분명하게 구분하는 것을 주목하십시오. "하나님의 뜻대로 하는 근심"(godly sorrow)은 문자적으로 "하나님에 따른 근심"(sorrow according to God)을 의미합니다. 그 것은 하나님과 관련된 근심을 의미하든지, 아니면 그의 뜻과 일치하는 근심, 즉 그를 기쁘시게 하는 근심을 의미하는데, 나는 전자 즉 하나님과 관련된 근심으로 이해하는 것이 좀 더 합당하다고 생각합니다. 이어 본문에 또 하나의 근심이 제시되는데, 그것은 "세상 근심" 즉 하나님과의 관련성이 결여된 근심입니다. 우리는 여기에서 우리의 허물과 결함을 바라보는 기독교적 방식과, 그 안에 아무런 축복도 갖고 있지 못한 그리고 우리를 의와 평강으로 이끌어주지 못하는 세상 근심 사이의 핵심적인 차이를 보게 됩니다. 그것은 전자가 하나님과의 관련성 속에서 모든 죄를 하나님 앞에 놓은 채 백보좌의 '맹렬한 빛' 속에서 바라보는 반면, 후자는 그와 전혀 관련되지 않는다는 점입니다.

이것을 좀 더 확장해 보도록 합시다. 우리에게 죄가 있고 또 우리 손에 죄의 쓴 열매가 있을 때, 우리 중 많은 사람들이 그러한 허물로 인해 크게 근심할 것입니다. 젊은 시절 방탕한 생활로 인해 망가진 몸으로 병원에 누워있는 사람은 종종 올바로 살지 못한 것에 대해 크게 후회하며 근심합니다. 바르게 사업을 하지 않고 사기를 치다가 파산을 당한 사람은 신용불량자라는 낙인이 찍힌 채 거리에서 구부정한 발걸음으로 서성대며 바르게 사업하지 않은 것에 대해 크게 후회하며 근심합니다. 이와 같은 "세상 근심"은 그 안에 하나님에 대한 개념이 전혀 없습니다.

사람들은 종종 자신이 행한 것에 대해 크게 근심하면서도 그것이 하나님께 대한 죄라는 생각은 전혀 갖지 않습니다. 범죄(crime)는 사람의 법을 어긴 것을 의미하며, 잘못(wrong)은 양심의 법을 어긴 것을 의미하며, 죄(sin)는 하나님의 법을 어긴 것을 의미합니다. 우리 가운데 어떤 사람들은 범죄(crime)를 저지를 것입니다. 또 우리 모두는 "내가 여러 차례 잘못(wrong)한 것이 있다"라고 기꺼이 시인할 것입니다. 그렇지만 많은 사람들은 "내가 죄(sin)를 범하였다"라고 말하기를 주저합니다. 죄는 하나님과 관련됩니다. 하나님이 없으면 죄도 없습니다. 잘못한 것도 있을 수 있으며, 실패한 것도 있을 수 있으며, 범죄한 것도 있을 수 있으며, 도덕법을 깨뜨린 것도 있을 수 있으며, 인간의 본성과 합치되지 않는 일들을 행하는 것도 있을 수 있습니다. 그러나 만일 하나님이 계시다면, 우리는 그분과 더불어, 그리고 그분의 율법과 더불어 개별적인 관계를 갖습니다. 우리가 하나님의 법을 깨뜨릴 때, 그것은 잘못(wrong) 이상입니다. 그것은 죄(sin)입니다. 만일 여러분이 양심의 문을 열고 하나님의 빛으로 하여금 여러분의 양심 속으로 들어오도록 한다면, 여러분은 회개와 구원과 영생으로 역사하는 유익한 근심을 갖게 될 것입니다.

사랑하는 교우 여러분, 이것을 여러분의 마음속에 깊이 새기기 바랍니다. 나는 여러분 모두가 똑같은 경험을 갖거나 똑같은 성품을 가져야 한다고 강요하고 있는 것이 아닙니다. 다만 내가 말하고자 하는 것은 만일 사람이 자신의 죄를 하나님의 빛 안에서 보는 법을 배우지 못했다면, 그리고 그러한 빛 안에서 우는 법을 배우지 못했다면, 그는 아직도 "생명으로 인도하는 문"을 알지 못하고 있다는 것입니다.

나는 오늘날의 기독교의 광범위한 피상성과 경박성이 바로 이것에 기인한다고 믿습니다. 오늘날 스스로를 그리스도인으로 부르는 너무나 많은 사람들이 자신들의 실상을 한 번도 제대로 보지 않는다는 것입니다. 나는 베수비오 화산의 분화구 위에 서서 유황 가스로 가득 찬 그 구덩이 속을 내려다본 적이 있습니다. 여러분은 여러분의 마음속을 이와 같은 방식으로 들여다본 적이 있습니까? 그리고 그 속에서 소용돌이치는 화염과 자욱한 연기를 들여다본 적이 있습니까? 그렇다면 여러분은 여러분을 죄로부터 구원해 주시는 예수 그리스도를 붙잡게 될 것입니다.

그러나 이러한 근심의 깊이나 크기 혹은 그것이 지속되는 시간과 관련해서는 어떤 규정도 없다는 사실을 기억하십시오. 마땅히 복음의 빛과 자유 가운데 나아가야 함에도 불구하고 "나의 근심(sorrow)은 충분한 깊이를 가진 것일까?"라는 의구심을 가진 채 우울함 속에 빠져 있는 사람들이 너무도 많습니다. 거기에서 빠져나오십시오. 그리고 의구심을 떨쳐버리십시오. 그것은 충분한 깊이를 가진 근심입니다. 근심의 용도가 무엇입니까? 그것은 사람으로 회개와 믿음에 이르게 하는 것입니다. 만일 여러분이 회개와 믿음에 이르게 할 만큼의 근심을 갖고 있다면, 여러분은 충분한 근심을 갖고 있는 것입니다. 여러분의 죄를 씻는 것은 여러분의 근심이 아닙니다. 그것은 그리스도의 피입니다. 그러므로 아무도 "내가 충분한 정도의 근심을 갖고 있는가?"라는 질문으로 스스로를 괴롭게 할 필요가 없습니다. 유일한 질문은 "나의 근심이 나로 하여금 스스로를 그리스도 위에 던지도록 이끄는가?"라는 것이어야 합니다.

2. 둘째로, "하나님의 뜻대로 하는 근심"이 회개를 만들어 내는 사실을 살펴봅시다.

회개가 무엇입니까? 틀림없이 여러분 가운데 많은 사람들은 "죄로 인한 근심"(sorrow for sin)이라고 대답할 것입니다. 기독교의 주된 용어들 가운데 이 위대한 단어보다 더 많이 오해된 용어도 없을 것입니다. 그것은 종종 후회(penitence)의 의미로 약화되기도 했습니다. 그러나 후회는 단순히 자신의 악에 대해 갖는 유감스러운 감정을 의미합니다. 또 어떤 경우 그것은 속죄의 행위(penance)를 의미하는 것으로 여겨지기도 했습니다. 그러나 구원의 두 조건 가운데 하나인 신약과 구약의 "회개"는 단순히 "죄로 인한 근심"도 아닐 뿐만 아니라 속죄와 대속의 행위도 역시 아닙니다. 단어 자체가 분명하게 표현하는 것처럼, 그것은 죄와 관련하여 마음의 목적을 바꾸는 것입니다. 우리는 지금 이와 관련하여 길게 다룰 만한 시간적 여유를 갖고 있지 못합니다. 그러나 회개의 참된 개념이 단순한 슬픔이나 근심이 아니라 죄와 관련하여 우리의 목적과 의지와 태도를 바꾸는 것임을 보여주는 구절을 몇 개 살펴보고자 합니다.

우리는 성경에서 하나님의 회개(후회)(repentance)를 언급하는 구절들을 볼 수 있습니다. 만일 회개의 개념이 하나님께 돌려질 수 있다면, 그것은 분명 죄에 대한 근심을 의미할 수 없고 오직 목적의 변화를 나타내는 것일 수밖에 없습니다. 우리는 로마서에서 "하나님의 은사와 부르심에는 후회하심(repentance, 회개)이 없느니라"라는 구절을 읽을 수 있는데 (11:29), 분명 이것은 하나님 편에서의 목적 혹은 의지의 변화를 의미하는 것입니다. 또 우리는 요나 선지자의 이야기 속에서 "하나님이 뜻을 돌이키사(repent) 그들에게 내리리라고 말씀하신 재앙을 내리지 아니하시니라"라는 말씀을 읽을 수 있습니다(3:10). 여기에서 또 다시 "회개"("뜻을 돌이키사")의 개념이 목적 혹은 의지의 변화를 의미하는 것임이 분명하게 나타납니다. 사랑하는 교우 여러분, 신약의 회개가 단순히 무익한 눈물이나 공허한 후회의 탄식이 아니라, 그 마음을 죄로부터 단호히 돌이키는 것이라는 사실을 명심하십시오. 그것은 "하나님을 향한 회개"이며, 죄로부터 아버지께로 돌이키는 것이며, 그럼으로써 구원에 이르게 하는 것입니다. 설령 근심(sorrow)과 회개(repentance)가 서로 밀접하게 얽혀 있다 할지라도, 둘은 개념적으로 완전히 다릅니다. 근심과, 그것이 만들어내는 회개는 별개입니다.

나아가 이러한 목적의 변화와 죄로부터의 단절이 '죄로 인한 근심'으로 말미암아 이루어지는 것을 주목하십시오. 그리고 이와 같이 회개를 이루는 것이 하나님의 뜻대로 하는 근심과 세상 근심 사이의 근본적인 차이입니다. 사람이 어떤 일에 대해 후회하는 마음을 가질 수 있습니다. 그런데 문제는 "그것이 그의 태도에 어떤 변화를 가져다주는가?" 하는 것입니다. 근심의 폭풍이 휩쓸고 지나간 후 그의 얼굴은 예전 그대로인가, 아니면 새로운 방향으로 바뀌었는가 하는 것입니다. 첫 번째 부류의 근심은 우리의 죄를 하나님의 빛 가운데 바라보는 것과 관련됩니다. 이것은 참된 근심입니다. 왜냐하면 그것이 우리로 하여금 악을 미워하고, 그것으로부터 돌이키게 만들기 때문입니다. 두 번째 부류의 근심은 세상 근심인데, 그것은 마치 스쳐가는 바람처럼 그냥 우리 곁을 지나가고 맙니다. 잠시 요란하게 휘몰아쳤을 뿐 지나가고 나면 아무것도 남지 않습니다. 그것은 마치 열대 지방의 시내들처럼 반년 동안은 계속해서 말라 있다가 갑자기 흙탕물이 요란하게 쏟아져 내리고는 이내 아무런 결과도 남기지 않습니다.

교우 여러분, 여러분의 양심이 찔림을 당할 때, 그것은 어느 쪽입니까? 찔림을 당한 후, 여러분의 의지가 발하는 명령은 무엇입니까? 돌이키라는 것입니까, 계속해서 똑같이 행하라는 것입니까? 하나님의 뜻대로 하는 근심은 태도와 목적과 마음의 변화를 일으키지만, 세상 근심은 그 자리에 그대로 남아 있도록 만듭니다. 스스로에게 "둘 가운데 나는 어느 쪽과 더 친숙한가?"라고 물어 보십시오.

나아가 참된 회개를 일으키는 참된 방편은 십자가를 묵상하는 것입니다. 사람이 율법과 지옥을 두려워함으로써 근심에 이르게 될 수 있을 것입니다. 심지어 어떤 종류의 회개에 이를 수도 있을 것입니다. 그러나 사람의 마음을 참으로 녹여 참된 회개로 이끄는 것은 그리스도의 사랑과 희생의 위대한 능력입니다. 여러분은 얼음을 망치로 두드려 조각을 낼 수 있습니다. 그럼에도 불구하고 그것은 여전히 얼음입니다. 여러분은 어리석은 자를 절구 속에 넣고 찧을 수 있습니다. 그럼에도 불구하고 그의 어리석음은 벗겨지지 않습니다. 형벌에 대한 두려움은 사람의 마음을 가루가 되도록 빻을 수는 있을지 모르지만, 그러나 변화시킬 수는 없습니다. 그리고 그렇게 빻인 가루들은 마치 작은 자석 가루들처럼 예전과 똑같은 특성을 가질 것입니다. 사람을 회개로 이끄는 것은 하나님의 선하심입니다. 탕자가 아버지께 돌이키고자 결심한 것은 그가 아버지의 사랑을 생각했을 때였습니다. 그와 같이 여러분도 스스로를 하나님의 큰 사랑의 힘 아래 놓으십시오. 그리고 여러분의 마음이 녹을 때까지 십자가를 바라보십시오.

3. 셋째로, 구원이 회개의 결과라는 사실을 주목하십시오.

"하나님의 뜻대로 하는 근심은 후회할 것이 없는 구원에 이르게 하는 회개를 이루는 것이요." 회개와 구원의 관계는 무엇입니까? 이러한 질문에 대해 다음과 같은 두 문장이 답을 줄 것입니다. 여러분은 회개 없이는 구원을 받을 수 없습니다. 또 여러분은 회개에 의해 구원받지 않습니다.

만일 여러분이 죄를 벗어버리지 않는다면, 여러분은 하나님의 구원을 얻을 수 없습니다. 사람에게 "믿으십시오, 믿으십시오, 믿으십시오"라고 설교하는 것은 아무 소용없는 일입니다. 만일 그와 함께 "여러분의 죄를 벗어 버리십시오"라고 설교하지 않는다면 말입니다. "악인은 그의 길을, 불의한 자는 그의 생각을 버리고 여호와께로 돌아오라"(사 55:7). 사람이 자기 죄를 붙잡고 있음에도 불구하고 하나님이 그를 구원하신다는 것은 용어적으로도 모순일 뿐만 아니라 사실로도 불가능한 일입니다. 왜냐하면 구원은 다름 아닌 죄로부터 건져내는 것이기 때문입니다. 그러므로 만일 여러분이 단순히 슬퍼하기만 할 뿐 회개하지 않는다면, 다시 말해서 마치 사람이 뱀으로부터 몸을 돌이키듯이 단호한 의지로 죄로부터 돌이키지 않는다면, 여러분은 하나님의 나라에 들어갈 수 없습니다.

그러나 동시에 여러분은 여러분의 회개 때문에 구원받지 않습니다. 마치 물물교환하듯이 회개와 구원이 서로 교환되는 것이 아닙니다. 구원은 회개라고 하는 우리의 공로에 의해 얻어지는 것이 아닙니다.

> "나의 열정이 아무리 뜨겁고 열렬하다 할지라도,
> 또 내가 아무리 많은 눈물을 흘린다 할지라도,
> 이 모든 것이 나의 죄를 속하지 못할 것이라.
> 오직 주만이 나를 구원하실 것이나이다."

우리를 구원하는 것은 우리의 회개가 아니라 그리스도의 죽음입니다. 다만 회개는 구원의 필수적인 조건일 뿐입니다.

그러면 회개와 믿음의 관계는 무엇입니까? 그리스도에 대한 참된 믿음이 없이는 참된 회개도 있을 수 없습니다. 또 우리의 죄를 버림이 없이는 그리스도에 대한 참된 믿음도 있을 수 없습니다. 믿음 없는 회개는 ― 만일 그런 것이 있다면 ― 정말로 불행한 것입니다. 마치 크리슈나 신전을 향해 머나먼 고행의 길을 방랑하는 가련한 힌두교 성자의 불행처럼 말입니다. 사람들은 자신들의 눈을 열고 회개와 믿음으로 십자가에 못 박힌 예수 그리스도를 바라보려고 하지 않고, 그러는 대신 다른 일을 행하며 기꺼이 다른 희생을 드리려고 합니다.

또 회개 없는 믿음은 진정한 의미에서 결코 가능하지 않습니다. 그러나 만일 그것이 가능하다면, 그것은 고작해야 피상적인 기독교를 만들 뿐입니다. 그리고 그러한 믿음은 믿음이 무엇인지 정확하게 알지 못하는, 그리고 기독교의 핵심은 건드리지 못한 채 주변적인 것들만 건드리는, 그리고 생명의 능력은 갖지 못한 채 죽은 도덕만을 설교하는, 그리고 참된 기쁨과 평안을 가져다주지 못하는 어렴풋한 믿음일 뿐입니다. 그것은 마치 우리 주님의 비유처럼 돌밭에 뿌려진 씨와 같습니다. "말씀을 듣고 즉시 기쁨으로 받되"(마 13:20). 그들에게는 죄로 인한 슬픔도, 죄로 말미암은 후회의 쓰라림도, 죄에 대한 깊은 인식도 없습니다. 그러므로 "그 속에 뿌리가 없어 잠시 견디다가 말씀으로 말미암아 환난이나 박해가 일어날 때에는 곧 넘어지게" 됩니다(21절). 만일 마귀를 이기는 깊고 충족한 믿음이 있다면, 그것은 분명 죄에 대한 근심과 회개 속으로 깊이 뿌리내린 믿음일 것입니다.

사랑하는 교우 여러분, 만일 하나님의 은혜로 나의 보잘것없는 말이 여러분의 양심을 움직였다면, 부디 믿음의 작은 싹을 소홀히 여기지 마십시오. 상처를 덮으려고 하지 마십시오. 그것이 무익한 근심이나 무력한 후회로 전락되지 않도록 조심하십시오. 만일 그렇게 되고 말면, 여러분은 더욱 강퍅해질 것입니다. 그러면 여러분은 세상 근심이 역사하는 상태에 좀 더 가까워지게 될 것이며, 마침내 영혼의 사망에 이르게 될 것입니다. 암 덩어리를 잘라내는 칼을 들기를 주저하지 마십시오. 그것은 유익한 고통입니다. 병이 계속해서 자라는 것보다 잠시 고통이 있더라도 그 병을 도려내는 것이 더 낫습니다. 여러분으로 하여금 죄를 깨닫게 하는 성령께 스스로를 순복시키십시오. 그리고 여러분에게 불의한 길을 버리라고 속삭이는 음성에 귀를 기울이십시오. 눈물도 의지하지 말며, 결심도 의지하지 말며, 마음을 바꾸어 먹는 것도 의지하지 마십시오. 오직 여러분을 위해 십자가 위에서 죽으신 주님을 의지하십시오. 여러분을 위한 그의 죽음과 여러분 안에 있는 그의 생명이 여러분을 죄로부터 구원할 것입니다. 그러면 여러분은 본문의 특이한 표현대로 "후회할 것이 없는", 즉 모든 것이 사라지고 이 세상의 달콤한 것들이 재로 바뀌는 날 여러분의 마음속에 아무런 유감도 남기지 않을 구원을 받게 될 것입니다.

반면 세상 근심을 사망을 가져다줍니다. "세상 근심은 사망을 이루는 것이니라." 지금 이 설교를 듣고 있는 사람들 가운데에도 자신의 죄를 절반 정도만 인식하면서 양심의 가책 가운데 '내가 바보같이 행동했으며 심히 어리석게 행동했구나' 라고 생각하는 사람들이 있을 것입니다. 거기에서 멈추지 말고 더 나가십시오. 죄로 인한 근심과 슬픔에서 멈추지 마십시오. 그것으로 하여금 하나님을 향한 회개와 예수 그리스도에 대한 믿음이 되게 하십시오. 그렇게 함으로써 여러분 자신을 위해 후회할 것이 없는 구원을 확실케 하십시오.

15
기독교적 베풂에 관하여

"형제들아 하나님께서 마게도냐 교회들에게 주신 은혜를 우리가 너희에게 알리노니 환난의 많은 시련 가운데서 그들의 넘치는 기쁨과 극심한 가난이 그들의 풍성한 연보를 넘치도록 하게 하였느니라 내가 증언하노니 그들이 힘대로 할 뿐 아니라 힘에 지나도록 자원하여 이 은혜와 성도 섬기는 일에 참여함에 대하여 우리에게 간절히 구하니 우리가 바라던 것뿐 아니라 그들이 먼저 자신을 주께 드리고 또 하나님의 뜻을 따라 우리에게 주었도다 그러므로 우리가 디도를 권하여 그가 이미 너희 가운데서 시작하였은즉 이 은혜를 그대로 성취하게 하라 하였노라 오직 너희는 믿음과 말과 지식과 모든 간절함과 우리를 사랑하는 이 모든 일에 풍성한 것 같이 이 은혜에도 풍성하게 할지니라 내가 명령으로 하는 말이 아니요 오직 다른 이들의 간절함을 가지고 너희의 사랑의 진실함을 증명하고자 함이로라 우리 주 예수 그리스도의 은혜를 너희가 알거니와 부요하신 이로서 너희를 위하여 가난하게 되심은 그의 가난함으로 말미암아 너희를 부요하게 하려 하심이라 이 일에 관하여 나의 뜻을 알리노니 이 일은 너희에게 유익함이라 너희가 일 년 전에 행하기를 먼저 시작할 뿐 아니라 원하기도 하였은즉 이제는 하던 일을 성취할지니 마음에 원하던 것과 같이 완성하되 있는 대로 하라 할 마음만 있으면 있는 대로 받으실 터이요 없는 것은 받지 아니하시리라"

고후 8:1-12

바울은 예루살렘을 마지막으로 방문하기에 앞서 그곳의 가난한 형제들을 위한 이방인 교회들의 연보를 모으기 위해 많은 노력을 기울였습니다. 세상을 떠들썩하게 하며 역사에 기록된 많은 사건들보다도 같은 믿음의 하나 되게 하는 영으로 말미암은 이러한 일이 훨씬 더 중요한 의미를 가집니다. 왜냐하면 그 일은 "너희는 모두 그리스도 예수 안에서 하나이니라"라는 위대한 개념을 실증하는 것이었기 때문입니다. 인종과 언어와 사회적 조건들을 뛰어넘어 그리스도 예수 안에서 하나라는 의식에 의해 촉발된 실제적인 도움은 당시로서는 매우 독특하며 낯선 것이었습니다. 본문의 이야기는 기독교적 베풂의 정신이 발현된 첫 사건이었으며, 그 후로 이러한 정신은 계속해서 발전되어 나갔습니다. 어리석은 자들은 이러한 일을 비웃었지만, 그러나 지혜로운 자들은 그것을 기독교의 신적 기원의 표증으로 간주했습니다.

우리는 여기에서 연보를 호소하는 바울의 뜨거운 마음을 엿볼 수 있는데, 이것이야말로 연보를 호소하는 참된 방식에 대한 완전한 모범입니다.

1절부터 5절에서 바울은 마게도냐 교회들의 풍성한 연보를 언급하면서 고린도인들의 동참을 격려하고 있습니다. 그는 그리스도인들의 모든 연보가 어떠해야 하는지에 대한 개략적인 그림을 그립니다. 여기에서 먼저 마게도냐 교회들의 연보가 하나님이 그들에게 주신 "은혜"로 일컬어지고 있는 것을 주목할 필요가 있습니다. 그러한 표현은 1절과 4절에 반복적으로 나타나며, 고린도인들의 연보에 대해서도 똑같이 적용됩니다(6, 7절). 바로 이것이 연보를 바라보는 올바른 방식입니다. 다른 사람들에게 베풀 수 있는 기회가 부여된 것과 그렇게 할 마음을 갖는 것은 하나님의 선물입니다. 우리 가운데 얼마나 많은 사람들이 봉사나 물질을 요구받는 것을 무거운 짐으로 여깁니까? 참된 그리스도인은 그러한 기회를 하나님으로부터의 사랑의 증표로 여기며 감사하는 마음을 가질 것입니다. 왜냐하면 그러한 모든 기회는 하나님 자신에게 무엇인가를 드릴 수 있는 기회가 되기 때문입니다. 우리는 스스로에게 다음과 같이 물을 필요가 있습니다. "그리스도를 위해 가진 것의 일부를 떼는 것을 나는 은혜로 여기는가?"

나아가 풍성한 연보를 넘치도록 한 마게도냐 사람들의 아름다운 모습을 주목하십시오. 그들은 여러 가지 환난과 시련 가운데 빠져 있었지만 그러나 그러한 것들이 그들의 동정심을 마르게 하지는 못했습니다. 우리 자신이 고난 가운데 빠져 있을 때 다른 사람들을 돌아보는 것은 결코 쉬운 일이 아닙니다. 그러나 그런 상황 속에서도 다른 사람들의 아픔을 보며 동정하는 마음을 가질 때, 우리는 그리스도의 학교를 올바로 졸업한 것입니다. 바울은 마게도냐인들의 여러 환난들을 "그들의 고난의 증거"로 부릅니다. 그러나 그러한 가운데서도 그들은 여전히 "넘치는 기쁨" 가운데 있었습니다. 고난과 기쁨이 공존할 수 있는 것, 다시 말해서 고난 속에서도 기뻐할 수 있는 것이야말로 기독교적 삶의 역설입니다.

나아가 우리는 여기에서 기독교적 베풂이 넉넉지 못한 가운데 이루어지는 사실을 발견할 수 있습니다. "극심한 가난"은 연보를 하지 않는 것에 대한 핑계가 되지 못하며, 자원하는 마음을 막지 못할 것입니다. "지금 나에게는 그럴만한 여유가 없습니다"라는 말은 때때로 정당한 이유가 되기도 하지만, 그러나 훨씬 더 많은 경우는 불성실한 핑계에 지나지 않습니다. 궁핍한 때라고 해서 왜 남을 위해 베푸는 것이 삭감되어야 할 첫 번째 지출 항목이 되어야 합니까?

또 우리는 여기에서 기독교적 베풂이 할 수 있는 한계까지, 그리고 어떤 경우에는 그 한계를 넘어서까지 이루어지는 사실을 발견할 수 있습니다. 우리가 할 수 있는 일에 최선을 다하는 것은 우리가 할 수 없는 일을 하고자 애쓰는 데에 있습니다. 스스로 자신의 능력의 범위 안에만 있으려고 하는 사람은 아마도 그가 할 수 있는 일의 절반조차도 하지 못할 것입니다. 물론 우리가 할 수 있는 일에는 어떤 한계가 있을 것입니다. 그러나 오늘날의 그리스도인들에게 있어 그 한계를 넘어설 위험은 거의 없습니다. 오늘날의 그리스도인들은 냉정한 신중성을 넘어서야 합니다. 그리고 그들은 자신들이 할 수 있다고 생각하는 것보다 좀 더 많은 것을 베풀 필요가 있습니다.

나아가 기독교적 베풂은 요청받기를 기다리지 않고 그 자체를 "은혜"로 여기면서 스스로 베풀 기회를 찾습니다. 이것은 연보와 관련한 일반적인 관례에 비추어 매우 특이한 것입니다. 그러나 그리스도인들이 자신에게 주어진 특권을 올바로 이해한다면 그리 특이할 것도 없습니다.

나아가 기독교적 베풂은 자신을 그리스도께 드리는 것과 함께 시작됩니다. 우리가 스스로를 그리스도께 드릴 때, 자연스럽게 물질을 기쁨으로 베푸는 것이 따를 것입니다. 마게도냐 사람들은 바울이 기대했던 것보다 훨씬 더 많은 연보를 했는데, 그렇게 했던 것은 그들이 예수 그리스도께 스스로를 드렸기 때문이었습니다. 바로 이것이 모든 참된 베풂의 최고의 근원입니다. 만일 어떤 사람이 자신을 자신의 소유로 생각하지 않는다면, 하물며 자신의 물질이야 얼마나 더 그러하겠습니까? 노예를 소유한 주인은 그가 살고 있는 오두막집과 가구와 그가 경작한 농작물까지 그의 모든 것을 소유합니다. 만일 내가 그리스도께 속한다면, 나의 돈은 누구에게 속하겠습니까? 그렇지만 나의 모든 물질이 나의 것이 아니라 그리스도의 것이라는 인식은 단순히 하나의 인식으로만 남아 있어서는 안 됩니다. 그것을 그리스도를 대리하는 자에게 베풂으로써 우리는 그러한 인식을 실제적으로 구체화할 수 있습니다. 마게도냐 사람들에게 있어 그들이 자신들의 모든 재물을 그리스도의 것으로 여긴 것은 그것을 가난한 형제들에게 나눠 주도록 바울에게 전달한 사실에 온전히 나타납니다. 오늘날에도 우리 주변에는 예수 그리스도를 대리하는 자들이 있습니다. 우리의 모든 것이 그리스도의 것이라고 굳이 노래 부르지 않더라도, 우리는 그러한 사실을 베풂의 행동을 통해 증명할 수 있습니다.

6절에서 우리는 마게도냐에서의 풍성한 연보에 고무된 바울이 고린도에 디도를 보내 그들도 이 일에 동참하도록 이끈 사실을 보게 됩니다. 바울은 전에도 동일한 일로 고린도를 방문한 적이 있었는데(12:14), 지금도 "이 은혜"를 그대로 이루기 위해 그곳으로 가려고 하고 있습니다. 이하의 구절들은 바울이 이 일과 관련하여 고린도인들에게 호소하는 내용인데, 우리는 연보와 관련한 호소 가운데 이보다 더 당당하고 고상하며 훌륭한 어투는 어디에서도 찾을 수 없을 것입니다. 이와 같이 연보 사역을 확장시키는 것을 통해 그는 기독교적 베풂을 장려하는 것을 정당한 것으로 인가(認可)합니다. 그것은 어떤 모범사례들을 제시하면서 다른 은혜들을 장려하는 것과 마찬가지입니다. 설령 베풂을 장려하는 가운데 서로 경쟁심을 부추기는 등의 극단적인 잘못이 벌어지지는 않는다 하더라도, 어쨌든 이 일에는 상당히 미묘한 일이 발생할 수 있습니다. 그럼에도 불구하고 베풂을 장려하는 것은 그 자체로 완전히 정당하며 합당한 일입니다. 그렇지만 바울은 단순히 장려하는 것을 넘어 자신의 호소를 더 깊은 기초 위에 세웁니다.

첫째로, 기독교적 베풂은 기독교적 성품의 완성에 있어 본질적인 것입니다. 바울의 7절의 칭찬은 단순히 고린도인들을 즐겁게 하기 위한 듣기 좋은 말에 불과한 것이 아닙니다. 뒤에 나타나는 것처럼, 그는 그들의 잘못에 대해 책망할 것을 많이 가지고 있었습니다. 그러나 여기에서는 그들 안에 있는 모든 선한 것들을 크게 치하하며 칭찬합니다. 다른 곳에서도 마찬가지이지만, 제일 먼저 제시되는 것은 역시 믿음입니다. 바로 이것이 모든 기독교적 탁월함의 뿌리입니다. 이어지는 두 은혜는 헬라 교회의 두드러진 특징인 말과 지식입니다. 그리고 계속해서 이어지는 두 가지는 좀 더 감정적인 특성인 간절함과 사랑(특별히 그리스도의 종으로서 바울에 대한)입니다. 그러나 이 모든 훌륭한 특성들에도 불구하고 베풂의 은혜가 없이는 결코 기독교적 성품의 완전함에 이르지 못합니다. 베풂의 은혜야말로 최고의 은혜입니다. 왜냐하면 그것은 최고의 탁월함이 실제적으로 표현되는 것이기 때문입니다. 그것은 동정심의 결과이며, 자기중심적이지 않은 증표이며, 그리스도와 연합된 증거이며, 그의 성령을 마신 결과입니다. 가장 좋은 것은 사랑입니다. 사랑이 없이는 말과 지식과 간절함은 아무것도 아닙니다. 이러한 은혜야말로 목걸이에 박힌 다이아몬드와 같습니다.

기독교적 베풂은 강요될 필요가 없습니다. "내가 명령으로 하는 말이 아니요"(8절). 명령에 따라 행해지는 덕은 초라한 덕입니다. 의무적으로 바친 예물은 진정한 의미에서 예물이 아닙니다. 그것은 단지 세금일 뿐입니다. 그렇게 베푼 것은 베푼 자의 손에 아무 향기도 남기지 않을 뿐만 아니라 받는 자에게도 아무것도 가져다주지 못합니다. "내가 너희를 종이라 부르지 아니하고 친구라 부르노라"(요 15:15). 기독교적 베풂이 움직이는 영역은 율법과 의무의 영역보다 훨씬 더 위의 영역입니다.

둘째로, 기독교적 베풂은 그리스도의 부요를 소유했다는 인식으로부터 자발적으로 나오는 것입니다. 여기에서 그리스도께서 스스로 영광의 부요를 비우신 신비를 충분하게 다룰 수는 없습니다. 다만 우리가 서 있는 장소가 거룩한 땅임을 기억하면서 그 엄청난 사실을 살짝 건드릴 수만 있을 뿐입니다. 어느 누가, 세상이 있기 전에 그리스도께서 아버지와 함께 가지고 계셨던 영광을 스스로 벗어버린 것의 엄청난 의미를 측량할 수 있겠습니까? 그러나 감사하게도 우리는 그것이 우리에게 가져다주는 호소의 강력한 능력을 느끼기 위해 그것을 측량할 필요가 없습니다. 다만 영원하신 아들의 성육신과 십자가 희생의 놀라운 신비를 믿을 때, 그러한 사랑에 대한 경이와 감사 그리고 확고한 믿음과 절대적인 자기 부인이 따르게 됩니다.

그러나 바울은 그와 같이 스스로를 낮추는 사랑의 행동이 우리의 모든 행동의 모범이 되어야 함을 역설합니다. 그리스도께서 행하신 일은 최고로 신적이며 신비한 일이지만, 그럼에도 불구하고 그는 우리의 모범이십니다. 이슬방울이 동그란 모양을 갖는 것은 천체 혹은 태양 자체를 형성하는 법칙과 동일한 법칙에 의해 그렇게 되는 것입니다. 그리스도의 모범을 따르지 않는 그리스도인은 반쪽짜리 그리스도인입니다. 그리스도의 모범을 따라 살아야 함에도 불구하고 자기의 것을 굳게 붙잡고 그것으로 오로지 자신만을 위해 향유하는 것은 얼마나 이기적이며 자기중심적인 것입니까? 인색한 호주머니로부터 돈을 끌어내기 위해 연보를 호소하는 것은 얼마나 초라하며 통속적인 호소입니까? "우리 주 예수 그리스도의 은혜를 너희가 알거니와"(9절).

셋째로, 기독교적 베풂이 꼭 선한 목적과 호의적인 감정으로만 되어지지는 않을 것입니다. 고린도인들은 디도의 방문으로 인해 연보에 기꺼이 동참할 준비가 되어 있었습니다. 이제 바울은 그들의 선한 마음을 구체화시키고자 합니다. 그렇지만 선을 행하는 일에 있어서도 덕스럽게 이루어지지 못하는 경우는 결코 드문 일이 아닙니다. "마음에 원하던 것과 같이 완성하라"는 11절의 충고는 매우 광범위하게 적용될 수 있습니다.

넷째로, 기독교적 베풂은 자발적인 마음만큼 받아들여지고 보상될 것입니다. 단순히 도우려는 마음만 가지는 것으로는 충분치 않습니다. 그러한 마음으로부터 흘러나오는 구체적인 행동이 중요합니다. 드려진 예물이 받으심직한 예물이 되는 데에는 두 가지 조건이 있습니다. 첫째 조건은 인색한 마음으로 드리는 것과는 반대되는 것으로서 자발적인 마음으로 즐겁게 드리는 것입니다. 그리고 둘째 조건은 그러한 자발적인 마음이 가능한 한 가장 큰 예물로 구체화되는 것입니다. 이와 같은 두 조건 가운데 어느 하나라도 빠진다면, 그것은 받으심직한 예물이 되지 못할 것입니다. 반대로 두 조건이 모두 갖추어진다면, 비록 작은 것이라 할지라도 하나님의 곳간에 값진 보물로 받아들여질 것입니다. 비록 값싼 것이라 할지라도 자녀가 아버지에게 선물을 주었다면, 아버지는 매우 기뻐할 것입니다. 그것은 의무로 한 것이 아니라 사랑으로 한 것이기 때문입니다. 이와 같이 부모가 자기 자녀들로부터 선물을 받는 방법을 알고 있다면, 하물며 하나님이야 얼마나 더 그러하겠습니까?

본문의 이와 같은 은혜로운 말씀은 동시에 매우 엄중한 측면도 가지고 있습니다. 오직 "있는 대로" 드려진 예물만이 받아들여질 뿐이라면, 그에 훨씬 못 미치는 예물은 어떻게 되겠습니까? 생색이나 내려는 듯이 우리가 진 큰 빚에 대한 화해금(和解金) 명목으로 드린 작은 몫에 과연 하나님이 얼마나 만족하실까요?

16
부요하나 가난하게 되심

"우리 주 예수 그리스도의 은혜를 너희가 알거니와 부요하신 이로서

너희를 위하여 가난하게 되심은

그의 가난함으로 말미암아 너희를 부요하게 하려 하심이라"

고후 8:9

바울 사도는 우리에게는 작은 문제로 보일지 모르지만 그에게는 매우 큰 문제였던 일, 즉 가난한 예루살렘 교회를 금전적으로 돕기 위해 이방인 교회들로부터 연보를 모으는 일에 대해 이야기하고 있었습니다. 그리스도인의 하나됨을 나타내는 이 일에 대해 그는 다음과 같은 최고(最高)의 동기를 제시합니다. "우리 주 예수 그리스도의 은혜를 너희가 알거니와 부요하신 이로서 너희를 위하여 가난하게 되심은 그의 가난함으로 말미암아 너희를 부요하게 하려 하심이라." 우리의 삶을 이루는 크고 작은 일들은 가장 큰 동기인 예수 그리스도의 모범에 의해 형성되고 인도되어야 합니다. 우리는 여기에서 우리 주님의 이 땅에서의 행적(行蹟)이 그리스도인들이 따르고 본받아야 할 모범이 된다는 사실을 보게 됩니다.

크리스마스가 다가오면서 우리 주님의 탄생을 기념하는 분위기가 무르익고 있는데, 본문은 우리에게 이에 관한 참된 관점을 제공해 줍니다. 이제 우리는 여기에서 다음과 같은 내용을 살펴보고자 합니다. 첫째로, 그리스도의 사역의 최고의 동기("우리 주 예수 그리스도의 은혜를 너희가 알거

니와"). 둘째로, 그리스도의 스스로 가난하게 되심("그는 부요하신 자시나 너희를 위해 가난하게 되셨느니라"). 셋째로, 그리스도께서 가난하게 되신 결과("그의 가난함으로 말미암아 너희를 부요하게 하려 하심이라"). 이러한 것들을 하나씩 살펴보도록 합시다.

1. 첫째로, 그리스도의 사역 전체를 지탱하는 최고의 동기를 주목하십시오.

"우리 주 예수 그리스도의 은혜를 너희가 알거니와." 신약에서 "은혜"라는 표현이 예수 그리스도에게 적용되는 것은 매우 이례적인 일입니다. 우리가 잘 아는 고후 13:13의 축도를 제외하고("주 예수 그리스도의 은혜와 하나님의 사랑과 성령의 교통하심이 너희 무리와 함께 있을지어다"), 이런 경우는 신약 전체에서 고작 한두 번에 불과합니다. 신약 전체에 걸쳐 일반적으로 나타나는 표현은 "하나님의 은혜"입니다. 그러나 여기에서는 "은혜"가 예수 그리스도에게 돌려집니다. 다시 말해서, 어떤 조건도 없는 신적 사랑이 예수 그리스도에게 돌려지고 있는 것입니다. 우리는 은혜라는 표현으로 무엇을 의미합니까? 통상적으로 우리는 그러한 표현으로서 아랫사람들에게 베푸는 사랑을 의미합니다. 예수 그리스도의 사랑은 무한한 낮추심의 결과입니다. 그는 자신을 낮추시고 우리를 끌어안으셨습니다. 또 여기에서 "주 예수 그리스도"라는 장엄하면서도 완전한 칭호가 사용된 것을 주목하십시오. 바울 사도는 이와 같이 장엄하면서도 존귀한 칭호를 사용함으로써 그리스도의 낮추심을 더욱 부각시킵니다. "주"라는 칭호에 표현된 위엄과 존귀함으로 인해 "은혜"는 더욱 놀라운 것이 됩니다. 가장 높으신 분이 스스로를 낮추사 가장 낮은 자리에 서셨습니다. "은혜"는 그것을 받을 자격이 없는 자들에게 베풀어지는 사랑을 표현하는 것입니다. 그리고 그것의 가장 깊은 동기는 스스로 낮추시며 용서하시는 사랑을 나타내는 것입니다. 다시 말해서, "은혜"는 스스로를 낮추시며 용서하시는 가운데 그것을 받을 자격이 없는 자들에게 전달되는 사랑입니다. 예수 그리스도의 생애를 여는 열쇠는 세상의 모든 선물들을 초월하여 자기 자신을 주시는 사랑입니다. 이와 같이 스스로를 낮추사 받을 자격이 없는 자들에게 베푸는 사랑은 인생의 모든 죄와 그에 대한 하나님의 진노를 초월하여 주어집니다. 그리고 그 사랑은 그렇게 하는 것을 결코 부끄러워하지 않습니다. 베들레헴으로부터 골고다에 이르는 고귀한 생애의 기저(基底)에 놓여 있는 것이 바로 이와 같은 사랑입니다.

또 바울 사도가 예수 그리스도를 한 번도 보지 못한 사람들로 이루어진 고린도 교회를 향하여 "너희를 위하여"라고 말하는 것을 주목하십시오. 그들은 한 번도 예수 그리스도를 보지 못했지만, 그럼에도 불구하고 우리 주님의 생애와 죽음을 움직인 동기 속에는 그들도 포함되어 있었습니다. 다시 말해서, 이와 같이 스스로 낮추시며 용서하시며 자신을 내어주시는 은혜는 모든 인류를 포괄하는 사랑입니다. 그것은 보편적이면서 동시에 개별적입니다. 마치 천체의 각 행성들처럼, 그리고 땅 위에 있는 각각의 작은 식물들처럼, 모든 사람은 모든 것을 포괄하는 하늘의 은택을 개별적으로 분여(分與)받습니다. 또 그것은 죄로 얼룩진 세상을 위한 사랑입니다. 따라서 우리 모두는 "그가 나를 사랑하사 나를 위해 자신을 주셨도다"라고 말할 수 있습니다. 만일 우리가 예수 그리스도의 생애 속에서 이것을 보지 못한다면, 설령 우리가 그의 생애를 비판적으로 연구한다든지 혹은 다양한 측면으로 접근할 수는 있을지 모르지만, 그러나 그의 생애 자체는 결코 이해하지 못할 것입니다. 다시 말해서, 만일 우리가 그의 생애의 모든 개별적인 사실들 속에서 맥동(脈動)하는 이와 같은 동기, 즉 스스로를 낮추며 용서하며 자신을 내어주는 은혜와, 보편적이며 동시에 개별적인 예수 그리스도의 사랑을 보지 못한다면, 우리는 그의 생애의 핵심을 놓치게 될 것입니다.

2. 둘째로, 그리스도께서 스스로 가난하게 되신 것을 주목하십시오.

"그는 무엇이셨으나 … 무엇이 되셨다"(He was … He became)라는 표현은 매우 특이한 대조법입니다. 우리는 본문에서 그와 같은 대조법을 보게 되는데, 그것은 "그는 부요하셨으나 … 가난하게 되셨다"(He was rich ??He became poor)란 어구입니다. "그는 무엇이셨으나 … 무엇이 되셨다"(He was … He became)는 무엇을 말하는 것입니까? 그것은 이 것입니다. 즉 만일 여러분이 베들레헴을 이해하기를 원한다면, 여러분은 베들레헴 이전 시대로 돌아가야 한다는 것입니다. 그리스도의 탄생의 의 미는 그 이야기를 직접 서술하지 않은 요한(복음)에게 갈 때에야 비로소 충분히 이해될 수 있습니다. 왜냐하면 그것의 의미는 "말씀이 육신이 되어 우리 가운데 거하신" 것이었기 때문입니다(요 1:14). 그 사실의 외관(外觀) 은 그 사실의 가장 작은 부분에 불과합니다. 우리 눈에 보이는 수면 위의 빙산은 전체의 일부에 불과합니다. 수면 밑의 보이지 않는 부분이 수면 위 의 보이는 부분의 일곱 배에 달한다고 합니다. 우리 주님의 탄생과 관련한 가장 중요하며 심오한 사실은 그것이 단순히 한 아기의 탄생에 불과한 것 이 아니라 말씀이 육신이 된 성육신의 사건이라는 사실입니다. 그는 영원 한 말씀이셨으나 육신이 되셨습니다. 우리는 우리 주님의 생명이 구유에 서 시작된 것이 아니라는 사실을 인식해야 합니다. 우리 주님의 탄생은 하 나님이 육신 가운데 나타나신 경건의 비밀입니다.

"그는 영원한 말씀이셨으나 육신이 되셨다"라는 언급은 또 다른 것, 즉 그의 죽음이 그 자신의 선택의 결과였던 것처럼 그의 탄생 역시도 수동적 인 것이 아니라 그 자신의 자발적인 의지의 결과였음을 함축합니다.

이와 관련하여 주목할 만한 것이 하나 있는데, 그것은 복음서 전체를 통 해 예수께서 자신이 세상에 오심에 대해 이야기할 때 "태어났다"(born)는 단어를 오직 한 번밖에 사용하지 않았다는 사실입니다. 그것은 빌라도 총 독 앞에서였습니다("내가 이를 위하여 태어났으며", 요 18:37). 우리 주님 이 그에게 이와 같은 표현을 사용한 것은 아마도 그가 로마인으로서 이렇 게밖에는 이해할 수 없었기 때문일 것입니다. 그러나 심지어 그에게 말하 고 있었던 동안에도 우리 주님은 그러한 표현이 진리를 충분하게 나타내 지 못함을 알고 계셨고, 따라서 다음과 같은 좀 더 적절한 표현을 덧붙이 지 않을 수 없으셨습니다 — "내가 이를 위하여 세상에 왔나니." 이와 같 은 두 구절 즉 "내가 이를 위하여 태어났나니"와 "내가 이를 위하여 세상 에 왔나니"는 단순한 동어반복(同語反覆)도 아니며 동의어도 아닙니다. 전자는 외적인 사실을 나타내는 반면, 후자는 그 기저에 놓여 있는 사실을 나타냅니다. "내가 이를 위하여 태어났나니 과연 그러하도다, 또 내가 이를 위하여 세상에 왔느니라." 우리 주님은 또한 "내가 아버지에게서 나와 세상에 왔고 다시 세상을 떠나 아버지께로 가노라"라고 말씀하실 때, 이러한 사실을 더욱 분명하게 제시하셨습니다(요 16:28). 그러므로 예수 그리스도의 지상 생애의 양쪽 끝 즉 그의 탄생과 죽음 가운데 그 어느 것도 진정한 의미에서 끝이 아닙니다. 그는 탄생 이전에도 존재하셨으며, 죽음 이후에도 존재합니다. 그의 죽음이 그러했던 것처럼, 그의 탄생 역시도 단지 수동적으로 받아들인 것에 불과한 것이 아니라 그가 능동적으로 의지한 것입니다. 그는 태어나시고 죽으셨습니다. 이러한 측면에서 그는 자기 형제들과 같아지셨습니다. 또 그는 세상에 오셨고 아버지께로 돌아가셨습니다. 이와 같이 탄생과 죽음의 두 행동에서 우리 주님은 사랑하셨기 때문에 선택하셨으며, 선택하셨기 때문에 행동하셨습니다.

이와 같이 "그는 부요하신 자셨으나 너희를 위하여 가난하게 되셨다"는 본문의 대조법은 매우 심오하며 깊은 의미를 갖습니다. 여기에서 "부요"는 신적 충만과 독립성을 취하는 것을 의미하며, "가난"은 인간의 연약함과 의존성과 결핍을 취하는 것을 의미합니다. 이와 같이 나사렛 예수는 가난하게 태어나셨습니다. 만일 그의 탄생에 우리들의 탄생 이상의 아무것도 없다면, 본문의 표현은 매우 부적절하며 기괴한 것이 될 것입니다. 왜냐하면 만일 그렇다면, 여기의 표현이 도리어 거꾸로 되어야 사실과 부합될 것이기 때문입니다. 왜냐하면 우리들에게 있어 태어나는 것은 각종 재능들과 지적인 능력과 자유의지 등을 부여받는 것이기 때문입니다. 그러나 예수 그리스도에게 있어 태어나는 것은 아래로 향하는 발걸음이었으며, "우리의 형제로 일컬어지는 것"은 부끄러운 일이었습니다. 그러나 그는 기꺼이 스스로를 비우셨는데, 그것은 스스로를 낮추는 은혜의 결과였습니다. "그는 근본 하나님의 본체시나 하나님과 동등됨을 취할 것으로 여기지 아니하시고 오히려 자기를 비워 종의 형체를 가지사 사람들과 같이 되셨고 사람의 모양으로 나타나사 자기를 낮추시고 죽기까지 복종하셨으니 곧 십자가에 죽으심이라"(빌 2:6-8).

그러므로 사랑하는 형제들이여, 우리는 그리스도의 모든 행적을 "그는 부요하신 자셨으나 가난하게 되셨다"는 개념의 빛에 비추어 이해해야 합니다. 그리고 그럴 때 비로소 우리는 그의 스스로를 낮추는 사랑에 대해 충분히 이해하게 될 것입니다. 그는 부요하신 자셨습니다. 그에게는 태초에 하나님과 함께 계셨던 영원한 말씀의 모든 충만이 있었습니다. 그러나 그는 가난하게 되셨습니다. 그에게는 인간성에 속하는 모든 약함과 결핍과 결함과 시험에 빠지기 쉬움이 있었으며, 모든 면에서 형제들과 같이 되셨습니다.

3. 마지막으로, 그리스도께서 가난하게 되신 최고의 결과를 주목하십시오.

"그의 가난함으로 말미암아 너희를 부요하게 하려 하심이라." 이러한 말씀으로 볼 때 우리 앞에 열린 가능성의 문은 얼마나 넓고 영광스럽습니까? 그리스도는 세상이 있기 전에 아버지와 함께 가졌던 신적 영광으로 부요하셨습니다. 그러나 그는 여러분과 내가 짊어지고 있는 모든 약함을 취하시고 가난하게 되셨습니다. 그것은 그의 가난함과 같은 가난함 속에서 우리가 그의 부요함과 같은 부요함으로 부요케 되도록 하기 위함이었습니다. 그가 스스로를 낮추사 자신의 신성을 인성의 휘장으로 가리심으로써 우리는 신성으로 옷 입은 채 하늘로 올라갈 수 있게 되었습니다.

성경의 여러 가르침들 가운데 그리스도가 우리와 같이 되심으로써 우리가 그와 같이 될 수 있게 되었다는 가르침보다 더 확실한 가르침은 없을 것입니다. 신적 본성과 인간적 본성은 서로 유사합니다. 한편에서 영원한 말씀이 육신이 되는 성육신의 사실과, 다른 편에서 신적 본성을 취함으로써 인간이 영화(榮化)되는 사실은 공히 하나님이 자기 형상으로 만드신 인간적 본성과 신적 본성 사이의 근본적인 유사성에 근거합니다. 만일 우리 안에서 하나님과 다른 것이 제거된다면, 그 결과로 우리 안에 하나님과 같은 것은 더욱 충만해질 것입니다.

누구든지 높아지고자 한다면 낮아져야 합니다. 바로 이것이 모든 높아

짐의 법칙입니다. 스스로 낮아진 것의 결과는 그리스도께서 본래 계셨던 바로 그곳까지 높아지는 것입니다. 바로 이것이 그리스도의 성육신의 법칙이면서 동시에 기독교적인 높아짐의 법칙입니다. "우리가 그와 같을 줄을 아는 것은 그의 참모습 그대로 볼 것이기 때문이니"(요일 3:2). 스스로를 낮추시며 용서하시며 자신을 내어주시는 위대한 사랑은 그 사랑을 받은 모든 자들이 "주와 같은 형상으로 변화하여 영광에서 영광에 이를" 때까지 결코 멈추지 않을 것입니다(고후 3:18). 우리는 예수 그리스도의 탄생도 죽음도 결코 이해할 수 없을 것입니다. 만일 한편으로 그것들 안에서 그가 스스로를 비우신 것을 보지 못한다면, 그리고 다른 편으로 그로 인해 우리가 그의 형상에 완전하게 일치되며 그의 영광에 참예하게 되는 것을 보지 못한다면 말입니다. 바로 이것이 완전한 인간성에 대한 올바른 기대이며, 그것은 우리 각자에게 가능합니다.

우리 주님이 스스로를 비우신 위대한 진리에는, 예컨대 그 가운데 하나님의 마음이 계시되는 것이나 혹은 가장 강력한 신적 본성인 사랑이 계시되는 것 등의 또 다른 측면들이 있습니다. 그러나 그에 관해서는 여기에서 다루지 않을 것입니다. 뿐만 아니라 그와 관련한 다른 여러 가지 교훈적인 측면들도 다루지 않을 것입니다. 예수 그리스도께서 우리로 그의 신적 부요함에 참여하도록 하기 위해 인간적인 가난함을 취하셨다는 이 위대한 사상은 신약의 모든 가르침의 절정이면서 동시에 우리 소망의 절정입니다. 우리는 모든 죄와 연약함에도 불구하고 우리 안에 "신적 본성"을 갖는데, 그러한 "신적 본성"은 우리로 신성에 참여하도록 고양(高揚)시킬 뿐만 아니라 모든 점과 흠으로부터 정결케 합니다.

교우 여러분, 이와 같이 스스로를 낮추며 용서하며 자신을 내어주는 사랑이 우리 마음에 호소하는 주된 도구가 요람이 아니라 십자가란 사실을 잊지 마십시오. 오늘날 우리는 많은 사람들로부터 기독교의 핵심이 성육신의 개념 속에 놓여 있다는 이야기를 종종 듣습니다. 그렇습니다. 그 말은 결코 틀린 말이 아닙니다. 그러나 우리 주님 자신이 그것의 목적에 대해 분명하게 말씀하셨습니다.

"인자가 온 것은 섬김을 받으려 함이 아니라 도리어 섬기려 하고 자기 목숨을 많은 사람의 대속물로 주려 함이니라"(마 20:28). 우리가 감사와 믿음 가운데 우리의 마음과 생명을 그분께 순복시키는 것은 언제이겠습니까? 우리가 그를 본받아 살고자 애쓰게 되는 것은 언제이겠습니까? 우리가 그를 믿음의 대상으로 삼을 뿐만 아니라 모든 행동의 모범으로 삼게 되는 것은 언제이겠습니까? 그것은 오직 그의 죽음 안에서 그가 스스로를 낮추신 가장 낮은 지점과 또 그의 은혜가 나타난 가장 높은 지점을 볼 때입니다.

본문은 본래 연보의 동기와 모범에 대해 말하는 문맥 속에서 언급된 것입니다. 여러분은 예수 그리스도의 요람과 십자가를 여러분의 삶의 법칙으로 받아들입니까? 만일 예수 그리스도께서 우리를 그의 위치까지 높이셨다면, 우리는 그가 스스로를 우리 위치까지 낮추신 것을 똑같이 본받아야 합니다. 만일 예수 그리스도께서 우리를 사망에서 건져내사 그의 불멸의 생명에 동참하게 하셨다면, 우리는 그가 사셨던 것과 죽으셨던 것을 똑같이 본받아야 합니다. 만일 우리가 스스로를 과시하는 것 이상의 고결한 삶을 살고자 한다면, 우리는 그리스도의 모범을 우리의 절대적인 모범으로 받아들여야 합니다. 만일 우리가 다른 사람들에게 생명을 전달해 주고자 한다면, 우리는 스스로를 낮추며 용서하며 자신을 나누어주는 법을 배워야만 합니다. 예수 그리스도는 우리를 사랑하셨으며, 우리를 위해 자신을 주셨습니다. 그럼으로써 그는 우리의 영원한 모범이 되셨으며, 우리에게도 똑같이 행할 것을 가르치셨습니다. "한 알의 밀이 땅에 떨어져 죽지 아니하면 한 알 그대로 있고 죽으면 많은 열매를 맺느니라"(요 12:24). 우리는 죽음으로써 진정으로 삽니다. 만일 우리가 죽지 않는다면, 우리는 진정으로 살 수 없습니다. 만일 우리가 예수 그리스도처럼 다른 사람들을 위해 자신에 대하여 죽지 않는다면, 우리는 스스로에게 둘러싸여 고립된 가운데 홀로 남아 있게 될 것입니다. 우리는 스스로 죽을 때 비로소 살며, 스스로 살아 있는 동안에는 죽은 것입니다.

17
뜻하는 것과 행하는 것

"이제는 하던 일을 성취할지니 마음에 원하던 것과 같이
완성하되 있는 대로 하라"

고후 8:11

개정역(Revised Version)은 본문을 이렇게 읽습니다.
"이제는 하던 일을 성취할지니 마음에 뜻했던 대로 힘껏 완성하라." 바울
에게 있어 예루살렘의 가난한 형제들들 위해 연보를 모으는 일은 매우 큰
일이었습니다. 사실 이 일에 제일 먼저 동의한 자들은 고린도교회의 형제
들이었습니다. 그러나 나중에 그들은 그 약속을 이행하기를 상당히 머뭇
거렸습니다. 그리하여 바울은 본장에서 매우 위엄 있고 섬세하게 기독교
적 베풂뿐만 아니라 기독교적 요청의 참된 원리를 제시합니다. 본문에서
바울은 일 년 전 고린도인들의 마음을 움직였던 형제들에 대한 뜨거운 감
정이 이제 행동으로 구체화되어야 함을 촉구합니다. 이와 관련하여 바울
은 그들 가운데 연보를 모으는 일을 서둘러 마무리하기 위해 자신의 오른
팔과도 같았던 디도를 보냅니다. 사실상 본문은 디도가 전해야 할 메시지
입니다. 그러나 그렇게 하는 것보다 바울 자신이 말하는 것이 훨씬 더 큰
효과를 가질 것이었습니다. "마음에 뜻했던 대로 힘껏 완성하라"는 훈계
는 매사에 있어 매우 요긴한 훈계입니다.

선하고 고상하며 그리스도인다운 결심은 스스로를 속이는 매우 이상한

힘을 가지고 있습니다. 따라서 우리 모두는 단지 마음속으로 뜻한 것에 불과함에도 불구하고 마치 그 일을 다 실행한 것처럼 상상하는 오류에 빠지지 않도록 조심해야 합니다. 물론 만일 우리가 무엇인가 하고자 뜻하지 않는다면, 우리는 그 일을 행하지 않을 것입니다. 그러나 우리가 종종 경험하는 것처럼, 뜻하는 것과 행하는 것 사이에는 넓은 간격이 있습니다. 둘 사이의 간격을 메우는 유일한 방법은 본문의 훈계를 받아들여 즉시 마음의 의지와 결심을 실제적인 행동으로 옮기는 것입니다. 이제 우리는 여기에서 이 문제와 관련한 몇 가지 사실들을 살펴보고자 합니다.

1. 첫째로, 본문의 명령의 필요성을 숙고하십시오.

여기에 제시된 문제는 매우 보편적인 문제라는 사실을 기억하십시오. 마음으로 뜻하며 결심하는 것과 그것을 실제로 행하는 것은 별개의 문제입니다. 모든 삶의 영역에서 이것은 사실입니다. 그러나 특별히 신앙의 영역과 관련해서는 더욱 그렇습니다. 오늘날에도 수없이 되풀이되는 비극은 사람들이 계속해서 반복적으로 그리스도인이 되고자 결심하면서도 여전히 그리스도인이 아니라는 사실입니다. 그들은 굳게 결심하지만 그러나 어떤 이유로 인해 마음이 시들해집니다. 그러면 또다시 결심하고 또 결심합니다. 실제적인 행동을 위한 모든 힘이 다 소진될 때까지 말입니다. 그러다가 그들은 비그리스도인으로서 죽습니다. 아마도 지금 여기에 앉아 설교를 듣고 있는 사람들 가운데 젊은 시절에 "나의 마음을 예수 그리스도께 드릴 것이나이다"라고 고백하고서도 지금까지 그렇게 하지 않은 사람들이 있을 것입니다. "마음에 뜻했던 것을 힘써 완성하라."

그러나 내가 여기에서 이야기하려고 하는 것은 단지 그와 같은 마음의 결심과 관련된 것만은 아닙니다. 모든 그리스도인은 "자신의 마음을 움직여 결심에 이르게 하지만 그러나 실제적인 행동에는 이르게 하지 못하는" 것이 무엇인지 압니다. 마음으로 뜻하는 것과 실제로 행동하는 것은 별개의 문제입니다. 우리 모두에게 이것은 분명한 사실이며, 이것은 신앙을 고백하는 그리스도인들에게 있어서도 결코 다르지 않습니다. 우리는 그리스도인의 삶에 있어 나쁜 습관이나 잘못 따위를 고치고자 부단히 애써왔습니다. 또 그런 것들을 고치려고 계속해서 결심하고 또 결심했습니다. 그러면서도 별다른 열매를 맺지 못한 채 세월만 흘러갔습니다. 나도 그랬고, 여러분도 그랬을 것입니다. 그러므로 사랑하는 교우 여러분, 이런 결함과 약점을 가진 우리가 마땅히 본문의 훈계에 마음을 열고 귀를 기울여야 하지 않겠습니까?

우리의 선한 결심을 행동으로 옮김에 있어 항상 부딪히게 되는 강력한 힘을 생각해 보십시오. 여러분은 어떤 사소한 습관을 고치려고 노력해 본 적이 있습니까? 손가락을 꺾는다든지 혹은 볼썽사나운 몸가짐 같은 것 말입니다. 만일 여러분이 그러한 습관을 고치려고 노력해 보았다면, 여러분은 그것이 얼마나 어려운 일인지 알 것입니다. 이상(理想)과 그것을 현실화하는 것 사이에는 항상 엄청난 간격이 있는 법입니다. 만일 우리가 진공(眞空) 속에서 움직이고 있다면, 거기에는 어떤 마찰이나 저항도 없을 것입니다. 그러나 우리가 움직이는 세계는 대기로 가득 찬 공간입니다. 거기에는 필연적으로 마찰과 저항이 있습니다. 그러므로 우리가 계획한 대로 모든 것이 이루어지는 것은 결코 아닙니다. 거창한 목표를 가지고 시작하지만, 매우 초라한 결말로 끝납니다. 우리는 매일 우리의 삶이 찬란하며 아름답게 될 것이라는 생각으로 시작합니다. 그러나 모든 것은 생각했던 것과는 전혀 다른 모습으로 끝납니다. 우리 인생행로의 나무는 알프스 중턱의 뒤틀린 소나무처럼 자랍니다. 때로 폭풍이 몰아치고, 무거운 눈이 가지들을 내리누르기 때문입니다. 우리는 우리 인생행로의 소나무가 하늘을 향해 곧게 자라기를 기대하지만, 그러나 기대와 달리 실제로는 뒤틀리고 비틀어집니다. 우리는 "자, 탑을 건설하여 그 탑 꼭대기를 하늘에 닿게 하자"라고 말하며 시작합니다(창 11:4). 그러다가 고작 머리 둘 작은 곳간 하나 세우는 것으로 만족하곤 합니다.

또 우리의 결심을 행동으로 옮기는 일에는 항상 우리 자신과 관련한 문제들이 따릅니다. 그런 것들로는 어떤 것들이 있을까요? 종종 우리의 습관이나 육체나 감정에 예속되는 나약한 의지를 비롯하여 우리를 둘러싼 여러 가지 것들이 우리의 결심을 행동으로 옮기는 것을 가로막습니다. 그리고 우리는 그러한 장애물에 너무나 자주 혹은 습관적으로 굴복합니다. 이러한 사실을 생각할 때, 우리 모두는 "마음에 뜻했던 대로 힘껏 완성하라"는 말씀을 우리 삶을 위한 표어로 삼도록 힘써 기도해야 하지 않을까요?

2. 둘째로, 본문의 명령의 중요성을 숙고하십시오.

우리의 결심을 행동으로 옮기지 못할 때, 우리의 마음과 양심은 얼마나 무겁게 눌립니까? 스스로 성취하지 못한 목표와 관련하여 우리는 너무도 쉽게 스스로를 속이는 경향이 있습니다. 사람이 쉽게 어떤 결심을 했을 때, 대부분의 경우 그러한 결심은 구체적인 실천으로 열매 맺지 못합니다. 그러면서 우리는 단지 결심한 것 자체만으로도 매우 선한 일이라고 생각하면서 그것으로 약간의 만족을 얻습니다. 마귀는 우리가 결심하는 것을 그대로 내버려 둡니다. 오히려 많으면 많을수록 좋습니다. 우리가 쉽게 결심할수록 마귀는 그것을 실천하는 것을 더 확실히 방해할 것입니다. 선한 결심들로 스스로를 장식하면서 마치 실천한 것이나 진배없다고 상상하는 시험에 빠지지 않도록 조심하십시오. 수표를 발행하는 것은 좋은 일입니다. 은행 지하실에 그에 상응하는 금이 비축되어 있다면 말입니다. 그러나 그렇게 비축해 놓지 않은 상태로 수표를 발행하는 것은 사기이며 범죄입니다. 쉽게 결심하고 쉽게 잊어버리는 것 역시 이와 마찬가지입니다.

실제적으로 실천하는 대신 그것을 가볍게 결심하는 것으로 대체시켜 버리는 습관이 얼마나 빨리 자라는지 주목하십시오.

나아가 그와 같이 가볍게 결심하고 실천하지 않는 것이 얼마나 나약하며 초라한 일인지 주목하십시오.

가볍게 결심하고 실천하지 않는 것보다 사람을 더 나약하게 만드는 것은 아무것도 없습니다. 그것은 그의 의지를 나약하게 만들며, 그의 양심을 무겁게 짓누르며, 그의 소망을 가로막습니다. 선한 일을 행하고자 뜻하면서도 어떻게 해야 할지 알지 못했던 한 사람은 이렇게 탄식하며 부르짖었습니다. "오호라 나는 곤고한 사람이로다 이 사망의 몸에서 누가 나를 건져내랴"(롬 7:24). 만일 여러분의 등에 시체를 짊어져야 한다면, 그것은 얼마나 끔찍한 일입니까? 태어나자마자 자라지 못하고 죽은 결심들을 그 등에 짊어진 자가 마치 그와 같습니다. 결심하는 데는 빠르지만 그러나 그것을 실천하는 데는 느린 자는 얼마나 나약하며 초라한 자입니까?

3. 셋째로, 이러한 질병을 어떻게 극복할 수 있는지 주목하십시오.

우리 모두에게 이러한 질병이 있다는 사실을 잠시도 잊지 마십시오. 그러므로 우리는 무엇인가를 결심함에 있어 좀 더 신중히, 그리고 조급하지 않게 할 필요가 있습니다. "서원하고 갚지 아니하는 것보다 서원하지 아니하는 것이 더 나으니"(전 5:5). 술에 만취하여 머리가 깨어질 것 같은 상태에서 다시는 술을 마시지 않겠다고 결심했다가 또다시 술집으로 달려가는 사람보다 차라리 술을 끊겠다고 결심하지 않는 사람이 덜 어리석을 것입니다. 갚을 것을 굳게 결심하기 전까지는 서원하지 마십시오. 선한 일을 결심하는 것, 특별히 도덕적이며 신앙적인 일을 결심하는 것은 좋은 일입니다. 그러나 더 중요한 것은 그것을 실천하는 것입니다.

우리는 마음으로 결심한 것을 곧바로 실천하는 습관을 계발해야 하는데, 특별히 일상의 작고 사소한 일들을 계속적으로 실천하는 것을 통해 그렇게 할 수 있습니다. 그렇게 함으로써 우리는 큰 일들에 대하여도 곧바로 실천할 수 있는 힘을 갖게 될 것입니다. 일상의 사소한 일들 속에서, 마치 우레의 천지를 진동하는 소리가 번개의 번쩍이는 빛을 뒤따르는 것처럼, 실천이 결심을 뒤따르도록 스스로를 훈련시킨 사람은 신앙적인 큰 문제에 있어서도 그렇게 하게 될 것입니다. 습관의 마술적인 힘을 붙잡으십시오. 그러면 여러분은 쉽게 결심하고 실천하지 않는 악을 극복할 수 있게 될 것입니다.

그러나 우리는 여기에서 또 다른 부분을 살펴보아야만 합니다. 그것은 바울 사도가 마음에 원하는 것을 실천하지 못하는 자신의 연약함을 애통하는 것으로 끝나지 않았다는 사실입니다. 그는 스스로에게 묻습니다.

"이 사망의 몸에서 누가 나를 건져내랴?" 그러면서 그는 다음과 같은 웅장한 말로 대답합니다. "우리 주 예수 그리스도로 말미암아 하나님께 감사하리로다"(롬 7:25). 바로 여기에 비밀이 있습니다. 예수 그리스도를 가까이 하며, 그를 신뢰하십시오. 여러분의 마음을 열고, 우리를 죄와 사망의 법으로부터 해방시키는 성령의 능력을 받아들이십시오. 여러분의 연약함을 인식하면서, 마음에 뜻한 바를 즉시 실천하는 습관을 계발하고자 겸손하게 노력하십시오. 여러분 스스로를 예수 그리스도께 의탁하면서, 정결케 하는 영을 기다리며, 요청하며, 믿으십시오. 그러한 기다림과 요청과 믿음은 결코 헛되지 않을 것입니다. "너희 구원을 이루라 너희 안에서 행하시는 이는 하나님이시니 자기의 기쁘신 뜻을 위하여 너희에게 소원을 두고 행하게 하시나니"(빌 2:12, 13).

18
모든 은혜를 넘치게 하심

"하나님이 능히 모든 은혜를 너희에게 넘치게 하시나니
이는 너희로 모든 일에 항상 모든 것이 넉넉하여
모든 착한 일을 넘치게 하게 하려 하심이라"
고후 9:8

바울은 여러 가지 선한 자질들을 많이 가진 사람이었으며, 그 중에서도 자기 일에 매우 열정적인 사람이었습니다. 그는 자신의 이러한 자질을 예루살렘의 가난한 성도들을 위한 연보를 모으는 일에 쏟아 부었는데, 본서의 많은 분량이 바로 이 부분에 할애됩니다. 이 일은 이방인 교회와 유대교회의 완전한 일치를 나타냄으로써 유다 형제들의 마음을 움직이기 위한 것이었습니다. 본문은 고린도의 그리스도인들에게 금전적인 도움을 호소하는 문맥 가운데 위치합니다. 여기에 나타난 바울의 사상은 "내가 붙잡는 것은 잃는 것이요, 주는 것이 붙잡는 것"이라는 개념입니다.

물론 본문은 일차적으로 금전적인 문제에 적용되지만, 그러나 동시에 그것은 매우 일반적이며 보편적입니다. 여기에서 바울은 다소간 "세속적인" 일을 매우 영적인 영역으로 끌어올리면서, 그리스도인의 삶을 관통하는 일반적인 법칙을 제시합니다.

본문의 세 어절에 세 개의 계단이 나타나는데, 우리는 그것을 샘과 웅덩이와 개울로 명명할 수 있을 것입니다. "하나님이 능히 모든 은혜를 너희에게 넘치게 하시나니" — 우리는 여기에서 "샘"을 보게 됩니다. "이는 너희로 모든 일에 항상 모든 것이 넉넉하여" — 우리는 여기에서 샘에서 솟아오른 물을 저장하고 있는 "웅덩이"를 보게 됩니다. "모든 착한 일을 넘치게 하게 하려 하심이라" — 우리는 여기에서 웅덩이에서 흘러나오는 "개울"을 보게 됩니다. 샘이 웅덩이를 채우며, 웅덩이가 흘러넘쳐 개울이 됩니다.

이제 이와 같은 개념들을 차례대로 살펴보도록 합시다.

1. 샘

기독교적 삶의 모든 국면과 경험들은 "생명의 샘"으로부터 흘러나오는 것입니다. 여기에서 바울 사도가 보편성을 표현하는 단어들을 얼마나 반복적으로 사용하고 있는지 주목하십시오. "모든 은혜를 … 모든 일에 항상 … 모든 것이 넉넉하여… 모든 착한 일을." 그러나 이러한 표현들조차도 그를 충분히 만족시키지 못합니다. 따라서 그는 샘으로부터 흘러나오는 개념을 나타내기 위해 "넘친다"는 단어를 반복해서 사용합니다. 그것은 "모든 은혜"이며 동시에 "넘치는 은혜"입니다.

그러면 여기에서 바울이 말하는 "은혜"는 무엇을 의미하는 것일까요? 그것은 예수 그리스도를 통해 값없이 주어진 축복을 의미하는 것입니다. 일차적으로 그것은 신적 본성 안에 있는 하나의 "성품"을 묘사하는 것으로서, 무조건적이며, 받을 자격이 없는 자들에게 베풀어지며, 자발적이며, 영원하며, 스스로를 낮추사 용서하시는 하나님의 사랑을 의미합니다.

그러나 하나님 안에 부동(不動)적인 "성품"은 없습니다. 하나님의 모든 성품들은 항상 활동적입니다. 그리하여 "은혜"라는 단어는 성품을 의미하는 것으로부터 그것이 나타나며 활성화되는 것을 의미하는 것으로 이행됩니다. 따라서 우리 주님의 "은혜"는 활동하는 사랑입니다. 여기에서 한 걸음 더 나아가, 신적 에너지는 결코 열매 맺지 못하는 법이 없기 때문에 "은혜"라는 단어는 하나님의 사랑의 손길의 결과인 영혼 속에 있는 모든 축복되고 아름다운 것들을 의미하는 것으로 이행됩니다.

바로 이것이 "은혜"라는 신약의 심오한 단어의 기저에 놓여 있는 위대한 의미입니다. 그러나 여기에서 바울은 하나의 신적 은사가 취하는 다양한 형태들을 강조합니다. 하나님이 여러분에게 "넘치게" 하실 수 있는 것은 "모든 은혜"입니다. 이와 같이 하나님의 마음으로부터 말미암는 이러한 하나의 근본적인 은사는 그것이 우리의 인간적 경험 속으로 들어올 때 마치 유성이 대기 속으로 들어올 때처럼 산산이 분산되면서 수많은 불덩어리들로 확산됩니다. 은혜는 우리에게 다양한 측면을 갖지만 그러나 그 근원과 성격에 있어서는 하나입니다. 하나님이 우리에게 은혜로서 주시는 가장 근본적인 것은 무엇입니까? 그것은 다름 아닌 바로 그 자신입니다. 그리고 다른 표현으로 하면, 그것은 예수 그리스도를 통한 새 생명입니다. 그것은 그 안에 모든 은혜가 포함된 백과사전적인 은사(혹은 선물, gift)입니다. 육체의 생명은 눈을 빛나게 하며, 얼굴을 붉게 하며, 팔에 힘을 주며, 손가락에 유연성과 재주를 주며, 발에 빠름을 주는 등 수많은 결과들을 산출합니다. 그럼에도 불구하고 그 모든 것들은 그 근원과 본질에 있어 하나입니다. 마찬가지로 그 하나의 근본적인 은혜 역시도 그 나타남의 모든 다양성에도 불구하고 본질에 있어 하나입니다. 수많은 은혜들(many graces)이 있지만 그러나 오직 하나의 은혜(one Grace)가 있을 뿐입니다.

그러나 이 은혜는 다양한 측면을 가질 뿐만 아니라 또한 넘치는 은혜입니다. 빈약하게 혹은 인색하게 주시는 하나님의 개념은 그의 부요하심뿐만 아니라 그의 사랑과도 조화되지 않습니다. 하나님의 저수지에는 그 수량을 조절하는 수문(水門)이 없습니다. 하나님의 샘은 항상 솟아오르며 흘러넘칩니다.

또 본문의 "하나님이 넘치게 하실 수 있나니"란 표현을 주목하십시오 (개역개정판에는 "하나님이 능히 넘치게 하시나니"로 되어 있음). 바울은 "하나님이 넘치게 하실 것이니"라고 말하지 않습니다. 그는 그 능력이 우리에게 작동됨에 있어서의 우리의 책임성을 강조합니다. 거기에는 조건이 있습니다. 비록 우리가 그 충만한 샘에 가까이 나아간다 할지라도, 우리는

"모든 은혜"로 그리고 "넘치는 은혜"로 채워지지 않을 것입니다. 만일 우리가 그러한 하나님의 능력이 실제로 작동되도록 하지 않는다면 말입니다. 그러면 우리는 어떻게 하나님의 능력이 실제로 작동되도록 할 수 있을까요? 그것은 열망을 통해, 기대를 통해, 간구를 통해, 그리고 충성된 청지기 사역을 통해서입니다. 만일 우리가 그와 같이 함으로써 스스로를 가르치며 우리의 기대를 넓힌다면, 하나님은 우리에게 미소를 지으시며 "우리가 구하거나 생각하는 모든 것에 더 넘치도록 능히" 베푸실 것입니다(엡 3:20). 사랑하는 교우 여러분, 만일 충만한 샘이 흘러넘침에도 불구하고 우리의 베푸는 것이 불충분하다면, 그것은 하나님의 불충분함 때문이 아니라 우리의 불충분함 때문입니다. 베풀 수 있음에도 불구하고 베풀지 않는 것은 우리의 허물입니다.

2. 웅덩이

"하나님이 능히 모든 은혜를 너희에게 넘치게 하시나니 이는 너희로 모든 일에 항상 모든 것이 넉넉하게 하려 하심이라." 샘으로부터 이 모든 은혜가 풍성하게 솟아오르는 결과는 웅덩이가 가득 차는 것입니다. 샘의 근원은 무한한 반면 웅덩이는 제한되어 있을 때, 그 결과는 웅덩이가 넘치는 것일 것입니다.

하나님의 은혜는 충족한 은혜입니다. 아니, 충족 그 이상입니다. 거기에는 어떤 의심의 여지도 없습니다. 그러나 바울이 우리에게 가르치고자 하는 바는 신적 은혜의 선한 은사들은 항상 우리가 행하는 일과 수고에 비례한다는 것입니다. 만일 우리가 마땅히 있어야 할 합당한 자리에 서 있다면, 우리는 충족함을 느낄 것입니다. 충족함은 사람이 다른 어떤 곳에서 얻을 수 있는 것 그 이상입니다. 만일 우리에게 그 날의 일과를 행하는 힘과 그 날의 십자가를 짊어지는 힘과 그 날의 괴로움을 받아들이는 힘과 그 날의 시험을 다스리는 힘이 필요하다면, 우리는 하나님의 충만으로부터 그 힘이 채워지도록 열망해야 합니다.

사랑하는 교우 여러분, 만일 우리가 단지 조건들을 성취하기만 한다면,

우리는 그것을 얻을 것입니다. 만일 우리가 기대와 열망과 간구와 충성된 청지기 직분을 행한다면, 우리는 우리가 필요로 하는 것을 얻을 것입니다. 만일 길이 가파르고 험준하다면, 여러분의 발은 철과 놋이 될 것입니다. 하나님은 그에 맞게 능력을 베풀어 주실 것입니다. 하나님은 자기 병사들을 난공불락의 산성을 무모하게 공격하도록, 그래서 거기에서 몰살을 당하도록 몰아세우지 않습니다. 그렇게 하는 대신, 어떤 명령을 주실 때 그와 함께 힘을 부어주십니다. 그래서 그 모든 일을 감당하도록 해주십니다. 과중한 일이나 혹은 짓누르는 괴로움은 종종 하나님의 곳간을 여는 열쇠가 됩니다. 만일 여러분이 짐이 무거우면 무거울수록 그리고 괴로움이 크면 클수록 하나님의 도우심 역시도 더 커진다는 사실을 배우지 못했다면, 여러분은 기독교적인 삶을 거의 경험하지 못한 것입니다. "너희로 모든 일에 항상 모든 것이 넉넉하게 하려 하심이라."

여기에서 한 마디 덧붙일 것이 있습니다. 샘이 흘러넘치는 것과 관련한 충족성은 신적 계획 가운데 한결같다는 사실입니다. 그것은 항상 충족하게 흘러넘쳤으므로, 우리는 앞으로도 항상 그럴 것이라고 확신할 수 있습니다. 물론 육체적 본성이 영적 경험을 좌우하는 한 우리에게 굴곡(屈曲)이 있을 수밖에 없다는 사실을 나는 잘 압니다. 꽃이 필 때도 있을 것이며, 질 때도 있을 것입니다. 그럼에도 불구하고 나는 엄청나게 많은 그리스도인들이 그들의 기독교적 경험에 있어 지금 가지고 있는 것보다 훨씬 더 높은 수준의 경험을 가질 수 있음을 확신합니다. 우리는 그렇게 할 수 있습니다. 본문의 "항상"에 대한 경험적 지식을 더 많이 갖는다면 말입니다. 하나님은 웅덩이가 항상 꼭대기까지 가득 차도록 의도하십니다. 웅덩이로부터 더 많은 물이 흘러나갈수록 그곳에는 더 많은 물이 채워질 것입니다. 그러나 마치 우리가 흔히 보는 어떤 저수지들처럼 가뭄이 되면 바닥이 드러났다가 가뭄이 끝나면 꼭대기까지 물이 차는 것은 얼마나 흔한 일입니까? 우리는 그래서는 안 됩니다. 우리의 기독교적 삶이 언제까지나 저급한 수준에 머물러 있어서야 되겠습니까?

3. 시내

"이는 너희로 모든 일에 항상 모든 것이 넉넉하여 모든 착한 일을 넘치게 하게 하려 하심이라." 바로 이것이 하나님이 우리에게 은혜를 베푸시는 목적입니다. 우리는 이 사실을 한순간도 잊어서는 안 됩니다. 하나님이 죄와 연약함 가운데 있는 우리를 다루시는 마지막 종착지는 우리의 성품과 행함의 영역입니다. 물론 우리는 그러한 종착지를 여러 가지 다른 표현으로 이야기할 수 있습니다. 그러나 너무나 많은 복음주의 설교자들이 너무나 자주 마치 하나님이 우리를 다루시는 마지막 종착지가 그들이 "구원"이라고 부르는 어렴풋한 실재인 것처럼 가르쳐 왔습니다. 그리고 그 말을 듣는 대부분의 청중들은 그것을 단지 지옥을 피하는 것 이상도 이하도 아닌 것으로 받아들여 왔습니다.

그러나 신약은 심지어 인간성의 완성에 대해 말할 때라든지, 혹은 하나님의 다루심의 종착지가 "우리가 그의 충만으로 충만케 되는" 것으로 말할 때조차도, 일상적 삶의 통상적인 도덕성을 결코 잃지 않으면서 우리가 선한 일에 계속해서 착념하도록 모든 것을 받았다고 분명하게 가르칩니다. 만일 우리가 이러한 사실을 마음에 새기면서 올바른 교리와 살아 있는 믿음과 고귀한 내적 감정들과 경험들이 모두 일반적인 도덕성과 선한 행실로 채워진 삶으로 나아가도록 의도된 것임을 기억한다면, 우리는 무엇을 위해 우리가 여기에 있는지, 또 무엇을 위해 예수 그리스도께서 죽으셨는지, 또 무엇을 위해 그의 영이 우리 안에 내주하고 계시는지에 대해 더 잘 이해하게 될 것입니다. 이와 같이 한 가지 매우 중요한 측면에서 하나님의 은혜의 최종적인 목표는 우리의 "선한 행실"입니다.

여기에서 주목해야 할 것이 또 하나 있는데, 그것은 우리의 성품과 행실 속에서 우리는 "주시는 은혜"(giving grace)를 똑같이 모사(模寫)해야 한다는 사실입니다. 본문의 첫 어절과 마지막 어절에서 똑같은 어구가 얼마나 웅변적으로 반복되고 있는지 주목하십시오. "하나님이 능히 모든 은혜를 너희에게 넘치게 하시나니 … 이는 너희로 모든 착한 일을 넘치게 하게 하려 하심이라." 여러분의 삶에서 흘러나오는 착한 일의 모든 다양한 측면에서 하나님을 모사하십시오. 그렇게 할 수 있는 것은 여러분이 하나님의 은혜를 소유하고 있기 때문입니다. 그리고 "가진 자에게 주어질 것"이라는 사실을 기억하십시오. 우리는 더 많은 은혜를 간구합니다. 의심의 여지 없이 우리는 그렇게 간구할 필요가 있습니다. 여러분은 하나님이 여러분에게 주신 은혜를 사용합니까? 만일 그렇게 하지 않는다면, 바로 앞에서 인용한 말씀의 뒷부분, 즉 "없는 자는 그 있는 줄로 아는 것까지도 빼앗길" 것이라는 말씀이 여러분에게 이루어질 것입니다(눅 8:18). 하나님은 여러분이 그와 같이 됨으로써 받은 은혜가 헛되이 되는 것을 금하십니다.

19
말할 수 없는 하나님의 은사

"말할 수 없는 그의 은사로 말미암아 하나님께 감사하노라"
고후 9:15

이러한 감사의 탄성을 불러일으키는 것이 무슨 은사(혹은 선물, gift)인지와 관련하여 계속해서 질문에 제기되어 온 것은 참으로 이상한 일입니다. 하나님의 많은 은혜들 가운데 이와 같이 단수(單數)로 제시될 수 있는 것은 오직 하나의 은혜밖에 없습니다. 하나의 태양으로부터 온 세상을 가득 채우는 빛이 방사(放射)되어 나옵니다. 하나님의 모든 은사들 가운데 "말할 수 없는"이라는 수식어가 붙기에 합당한 은사는 오직 하나뿐입니다. 그것은 다름 아닌 그리스도의 은사인데, 이것은 다른 모든 신적 은사들을 이끕니다. "자기 아들을 아끼지 아니하시고 우리 모든 사람을 위하여 내주신 이가 어찌 그 아들과 함께 모든 것을 우리에게 주시지 아니하겠느냐"(롬 8:32).

이와 같은 돌연한 찬미의 탄성이 어떤 문맥 속에서 터져 나온 것인지 주목해 보십시오. 바울 사도는 그리스도인의 베풂의 의무에 대해 이야기하고 있었습니다. 그는 그리스도인들이 베풂으로 인해 궁핍해지는 것이 아니라 도리어 부요하게 되는 위대한 원리에 근거하여 즐거이 그리고 풍성하게 베풀어야 한다고 역설합니다. 그리고 베풂을 받는 자들도 베푸는 자들에게 감사하며 받아야 한다고 가르칩니다. 이와 같이 사람들 사이에서 은혜와 감사를 서로 교환하는 것을 생각할 때, 그의 입술에서는 하나님께 대한 찬미가 터져 나오지 않을 수 없었습니다. 나는 여기에서 주로 "말할 수 없는"이라는 표현에 주목하고자 하는데, 이러한 표현은 문자적으로 "충분하게 나타낼 수 없는"이라는 의미를 갖습니다.

1. 첫째로, 그 은사는 말할 수 없는 사랑으로부터 나옵니다.

하나님은 세상을 이처럼 사랑하셔서 자기의 독생자를 주셨습니다. 그 사랑이 그와 같은 은사(즉 독생자를 주시는 것)의 원인이며, 그 은사는 그 사랑의 표현입니다. 요한복음은 아버지의 품속에 있는 아들이 아버지를 **나타냈다**고 말하는데(요 1:18), 우리는 여기에서 본문의 "말할 수 없는"과 대조되는 표현을 보게 됩니다. 즉 여기에서 바울이 사용한 "말할 수 없는"이라는 표현은 "충분하게 **나타낼** 수 없는"이라는 의미로 이해될 수 있습니다. 아버지를 나타내는 것은 부분적으로 그가 나타낼 수 없는 분으로 나타나는데 있습니다. 또 그의 이름을 선포하는 것은 부분적으로 그것이 선포될 수 없는 이름으로 선포되는데 있습니다. 인간의 감정을 표현함에 있어 언어는 너무도 부족합니다. 어떤 언어도 마음을 설명하는데 결코 충분할 수 없습니다. 어떤 언어적 표현도 우리가 실제로 느끼는 괴로움에 미치지 못합니다. 마찬가지로 어떤 언어적 표현도 우리가 실제로 느끼는 사랑의 감정에 결코 미치지 못합니다.

바다를 지나가는 배는 단지 바다의 표면을 스치고 지나갈 뿐입니다. 깊은 곳은 여전히 그대로 남아 있습니다. 만일 인간의 감정에 대해 그러하다면, 하물며 하나님의 사랑에 대해서야 얼마나 더 그러하겠습니까? 하나님은 우리로 하여금 당신의 사랑을 이해하도록 하시기 위해 스스로를 낮추심과 함께, 세상으로부터 끌어온 많은 이미지들을 사용하십니다. 그렇게 하여 아버지, 어머니, 남편, 아내, 형제, 친구 등 많은 아름다운 이름들이 동원됩니다. 하나님은 당신의 사랑의 완전성을 나타내기 위해 그러한 이미지들을 사용하시지만, 그럼에도 불구하고 그것은 여전히 "말할 수 없는" 것으로 남습니다. 우리는 인간의 사랑이 한계를 가지며, 변하며, 남발

되며, 약점을 가지고 있다는 사실을 압니다. 우리는 하나님의 완전한 사랑에 비추어 인간의 사랑이 너무나 불완전한 사실을 느끼지 않을 수 없습니다. 하나님 안에 있는 사랑과, 인간 안에 있는 사랑 사이의 유사성은 양자 사이의 차이성에 의해 보완되어야 합니다. 만일 우리가 말할 수 없는 은사의 근저에 있는 말할 수 없는 사랑의 올바른 개념에 접근하고자 한다면 말입니다.

2. 둘째로, 그 은사는 말할 수 없는 희생을 포함합니다.

우리가 어떤 대상을 사랑할 때, 우리는 그 대상에게 우리의 가장 값진 보화를 주기를 열망합니다. 인간적 사랑이 그러할진대 하물며 신적 사랑은 얼마나 더 그러하겠습니까? 복사본이 어떻게 원본을 능가할 수 있으며, 빛을 반사한 거울이 어떻게 빛 그 자체보다 더 밝을 수 있겠습니까? 이러한 문제에 있어 적절한 말을 찾는 것은 참으로 어려운 일입니다. 본문에 나타나는 것처럼 하나님이 우리를 위해 주시는 것에 대해 말할 때, 우리는 말할 수 없는 것을 말하고자 애씁니다. 그러나 한 가지 분명한 것은 그러한 개념이 "하나님은 사랑이라"는 위대한 진리 속에 내포된다는 사실입니다. 예전의 한 겸손한 성도는 하나님 앞에 값없는 예물은 결코 드리지 않겠다고 말했습니다.

바울이 로마서에서 "자기 아들을 아끼지 아니하시고 우리 모든 사람을 위하여 내주신 이"라고 말할 때(8:32), 그는 분명히 하나님이 아브라함에게 하신 "네가 네 아들 네 독자도 아끼지 아니하였은즉"이란 말씀을 생각하고 있었을 것입니다(창 22:16). 그렇게 볼 때 우리는 하나님이 자기 아들을 보내신 것이 아브라함이 찢어지는 마음으로 이삭을 결박하여 제단에 올려놓고 칼을 들어 죽이려고 했던 것과 서로 병행관계를 이루는 것을 발견하게 됩니다. 이러한 개념은 "냉정하며 무감각한 신성(神性)"이라는 통속적인 개념과 서로 상충됩니다. 그러나 우리 자신의 사랑의 경험을 돌아볼 때, 우리는 "하나님이 그 아들을 보내사 여자에게서 나게 하신" 것 속에 일종의 잃음(loss)의 개념이 내포되어 있는 것을 발견할 수 있습니다

(갈 4:4).

또 예수께서 십자가 위에서 캄캄함 가운데 "나의 하나님 나의 하나님 어찌하여 나를 버리셨나이까"라고 부르짖을 때, 우리는 하늘에 온 세상을 덮고 있는 캄캄함과 상응하는 어떤 것이 있었다고 말할 수 있지 않습니까? 또 그때 아버지의 마음속에 아들의 부르짖음에 응답하는 어떤 것이 있었다고 말할 수 있지 않습니까? 그러나 본문은 이러한 것들이 우리의 언어로 충분하게 표현될 수 없으며, 다만 그의 말할 수 없는 은사(gift)로 인해 하나님께 겸손하게 감사를 드리는 것으로 가장 잘 표현될 수 있을 뿐이라고 가르칩니다.

보내신 아버지의 사랑에 대해서는 여하튼지 간에 오신 아들의 사랑에 대해서는 어떤 의문의 여지도 있을 수 없습니다. 어느 누구도 자신의 고통으로 값을 치르지 않는 한 고통 가운데 있는 동료들을 도울 수 없습니다. 동정(同情)은 같이 느끼는 것을 의미합니다. 어떤 종류의 도움이든 도움을 베푸는 일에 있어 한 가지 필요불가결한 조건은 도움을 베푸는 자가 도움을 받는 자의 죄나 괴로움을 짊어져야 한다는 사실입니다. 마음이 담기지 않은 도움은 도움이 아닙니다. "따뜻하게 하라 배부르게 하라"라고 말하면서 필요한 것을 주지 않는 것은 아무 소용 없는 일입니다. 다른 사람을 위로한다고 하면서 그의 슬픔이나 괴로움을 자기 마음속으로 받아들이지 않는 사람은 참된 위로자가 될 수 없습니다.

우리는 우리의 고통과 슬픔을 짊어진 자와 관련한 친숙한 진리를 굳이 장황하게 설명할 필요가 없습니다. 그는 생애 전체를 통해 우리의 모든 고난과 접촉했습니다. 그에게 있어 그러한 접촉은 마치 맨손으로 뜨겁게 달궈진 쇠를 만지는 것과 같은 것이었습니다. 세상의 죄와 고통은 그의 행로를 마치 맨발로 뾰족한 돌 위를 걷는 것 같게 만들었습니다. 설령 그가 죽지 않으셨다 하더라도, "그가 찔림은 우리의 허물 때문이요 그가 상함은 우리의 죄악 때문"인 것은 여전히 사실입니다(사 53:5). 십자가 위에서 그는 그의 생애 전체를 통해 계속된 관제(灌祭)를 완성하셨습니다. 그는 자신의 영혼을 생애 전반을 통해 부으셨던 것처럼 또한 사망에도 부으셨습니다. 죄와 고통으로 가득 찬 세상에서 그가 당하실 수밖에 없었던 고통을 우리가 어떻게 측량할 수 있겠습니까? 그는 자신을 배척하며 비방하는 무리 가운데 계셨으며, 이 세상을 덮고 있는 온갖 비참한 것들을 보셨으며, 이 땅의 모든 불결한 것들 가운데 사셨습니다. 그러나 이 모든 것들은 성육신하신 자의 고통 가운데 극히 일부에 불과합니다. 그는 이 모든 괴로움들을 자신의 마음속 깊이 담아두고 밖으로 드러내지 않으셨습니다.

한 번 그는 자신의 마음속에 있는 것의 일부를 밖으로 드러내신 적이 있습니다. "믿음이 없는 세대여 내가 얼마나 너희와 함께 있으며 얼마나 너희에게 참으리요"(마 9:19). 그러나 대부분의 경우 그는 자신의 괴로움을 밖으로 드러내지 않았습니다. 왜냐하면 그것은 "말할 수 없는" 것이었기 때문입니다. 한번은 겟세마네 동산에서 그는 졸고 있는 세 명의 제자들에게 작은 도움을 호소하기도 했습니다. "내 마음이 매우 고민하여 죽게 되었으니 너희는 여기 머물러 나와 함께 깨어 있으라"(마 26:38). 그러나 대부분의 경우 그는 입을 닫고 침묵했으며, "마치 도수장으로 끌려가는 어린 양과 털 깎는 자 앞에서 잠잠한 양 같이" 입을 열지 않았습니다(사 53:7). 그의 생애의 관제(灌祭)가 침묵 속에서 이루어졌던 것처럼, 그의 죽음의 관제 역시 마찬가지였습니다. 이러한 그의 말할 수 없는 은사에 대해 우리는 마땅히 찬미와 감사를 돌려야 하지 않겠습니까?

3. 셋째로, 그 은사는 말할 수 없는 결과를 가져옵니다.

그리스도 안에 "지혜와 지식의 모든 보화"가 감취어져 있습니다. 하나님이 우리에게 아들을 주셨을 때, 하나님은 그와 함께 진리의 보화가 담긴 곳간까지도 주셨습니다. 그리고 그 곳간에 담긴 진리의 보화들은 우리가 다 이해할 수도 없고 측량할 수도 없을 만큼 풍성합니다. 예수 안에 계시된 신적 이름의 비밀과 그의 인격의 비밀은 기독교 세계가 오랜 세월 자양분을 공급받아온 주제입니다. 그것들은 정말로 각종 자양분으로 가득합니다. 단지 이해력에 있어 그런 것만이 아니라 그보다 훨씬 더 마음과 의지에 있어 그러합니다. 그리고 그것은 과거와 마찬가지로 오늘날에도 똑같이 유효합니다. 세상은 예수 그리스도의 가르침을 과거의 유물로만 생각할는지 모르지만, 그러나 그것은 항상 세상을 앞서갑니다. 복음은 인생행로를 이끄는 인도자입니다. 그러므로 각 세대는 복음으로부터 무엇인가를 거두어들이며, 또한 예수 그리스도를 따르는 분량만큼 진보합니다. 이것은 개인적으로도 그러할 뿐 아니라 나라나 민족에 있어서도 동일합니다. 그리스도의 제자들은 각자의 은사를 발견하되 충성의 분량만큼 그리스도의 풍성한 부요 가운데 새롭게 발견합니다.

예수 그리스도의 깊이를 가장 완전하게 측량한 사람은 자신은 단지 해변의 자갈 몇 개를 모은 것에 불과하다는 사실을 인식합니다. 그 앞에는 여전히 측량할 수 없는 광대무변의 대양(大洋)이 놓여 있는 것입니다. 어느 누구도 예수 그리스도를 완전하게 이해할 수 없습니다. 어느 누구도 예수 그리스도 안에 있는 한없는 부요를 완전하게 경험할 수 없습니다. 그는 알파와 오메가입니다. 그리고 그 사이에 나머지 모든 것들이 놓여 있습니다.

그 은사는 정말로 "말할 수 없는" 은사입니다. 우리가 십자가로부터 받는 최초의 축복들조차도 언어로써 표현될 수 있는 것을 훨씬 뛰어넘습니다. 우리의 죄를 용서하시는 하나님의 사랑의 실재에 대해 과연 어느 누가 온전히 말할 수 있겠습니까? 모든 세대에 걸쳐 수없이 많은 사람들이 시와 찬미와 신령한 노래를 불렀지만, 그러나 그들 가운데 어느 누구도 하나님과의 교제의 환희와 영적 생명의 풍성한 축복을 온전히 표현하며 노래하지 못했습니다. 죄 사함, 화해, 영접, 교제, 영원한 생명 — 이러한 단어들을 발음하는 것은 조금도 어렵지 않습니다. 각 음절들을 우리는 얼마든지 발음할 수 있습니다. 그러나 과연 어느 누가 그것의 깊은 의미를 알며 또 말할 수 있겠습니까? 모든 영혼이 그 안에 말로써 나타낼 수 없는 감정들을 담고 있는 것처럼, 하나님의 은사가 각각의 영혼에게 가져다주는 것은 결국 "말할 수 없는" 것입니다. 마찬가지로 셋째 하늘로 끌어올려진 자들이 듣게 되는 것도 "말할 수 없는" 말입니다.

우리는 이러한 개념을 기독교적 경험의 미래 형태에까지 확장시킬 수 있습니다. "우리가 장래에 어떻게 될지는 아직 나타나지 아니하였으나"(요일 3:2). 우리가 장차 어떤 존재가 될 것인지에 대한 모든 개념들은 필연적으로 불완전합니다. 오직 경험만이 그것을 우리에게 나타낼 수 있을 뿐입니다. 우리의 경험에는 무한한 확장이 있을 것이며, 말할 수 없는 은사를 온전히 소유하며 누리는 데까지 끝없이 확장될 것입니다.

우리에게 있어 그와 같은 말할 수 없는 은사에 보답할 수 있는 유일한 방법은, 그것을 감사함으로 받고 우리의 마음을 그분께 순복시키는 것입니다. 하나님은 우리 위에 이러한 사랑을 아낌없이 그리고 한량없이 부으셨습니다. 그것은 그 근원의 깊음에서, 그 나타나는 방식에서, 그 영광스러운 결과들에서 "말할 수 없는" 것입니다. 그것은 마치 높은 산 위에서 발원하여 큰 흐름을 형성하고, 마침내 햇빛으로 반짝이는 대양으로 흘러들어가는 어떤 거대한 강과 같습니다. 그 강둑 위에 서십시오. 그리고 그 넓은 품에 스스로를 맡기십시오. 그것은 여러분을 안전하게 품어줄 것입니다. 그리고 여러분이 받은 그 은사가 헛되이 되지 않도록 주의하십시오.

20
전투적인 메시지

"하나님 아는 것을 대적하여 높아진 것을 다 무너뜨리고
모든 생각을 사로잡아 그리스도에게 복종하게 하니
너희의 복종이 온전하게 될 때에
모든 복종하지 않는 것을 벌하려고 준비하는 중에 있노라"
고후 10:5, 6

본서만큼 바울의 개인적인 감정이 진하게 묻어나는 편지도 없을 것입니다. 바울은 본서의 대부분을 매우 격렬한 감정으로 기록했습니다. 그는 신뢰하는 동역자 디도로부터 몇 가지 소식을 들었습니다. 그래서 한편으로 그는 감사의 마음으로 가득 찼는데, 본서의 전반부는 바로 이런 감정 위에서 기록된 것입니다. 반면 다른 한편으로 그와는 전혀 다른 종류의 부정적인 소식도 있었습니다. 따라서 후반부는 이와 같이 부정적인 소식이 야기한 감정으로 채워집니다. 고린도교회에는 상당한 수의 유대화주의자들이 있었는데, 그들은 바울의 권위를 부인하며 비방을 서슴지 않았습니다. 그들은 그의 편지가 가지고 있는 강함과, 그의 말과 육체의 약함을 대조시켰습니다. 그들은 "그의 짖는 것이 그의 물어뜯는 것보다 못하다"고 비방하며 조롱했습니다. 그들의 언어는 대략 이와 같은 것이었습니다. "그는 멀리 있을 때는 참으로 담대하구나. 우리에게 와 보라지. 그러면 그 차이가 분명하게 드러나게 될 걸! 그는 편지로는 허세를 부리며 요란을 떨

지만 여기 오면 꿀 먹은 벙어리가 될 거야.”

　이러한 비방은 바울을 “육신에 따라 싸우는” 사람으로 치부하는 것이었습니다(3절). 바울이 고린도에 편만했던 여러 가지 악행들을 책망한 것에 대해 그들은 마치 그가 자기중심적인 생각으로 그리고 세속적인 이득을 좇아 그렇게 한 것처럼 간주했는데, 바로 이것이 바울을 격노케 한 것으로 보입니다. 이에 대해 그는 즉각적이며 분개에 찬 반문과 격렬한 자기 옹호와 날카로운 항의와 분노의 불꽃과 예민한 감정을 쏟아 냅니다. 그는 이렇게 항의합니다. “나는 저열한 모략가가 아니라. 나는 자신을 위하여 일하고 있지 않노라.” 바울과 같은 부류의 사람들이, 영웅적인 자기부인을 알지 못하는 벌레 같은 소인배들에 의해 이와 같은 비방을 당하는 것은 너무도 흔한 일입니다. 그는 “육신에 따라 행한다”는 비방에 대해 이렇게 대답합니다. “그렇다, 나는 육신 안에 살고 있노라. 나의 외적인 삶은 다른 사람들과 다를 것이 없느니라. 그러나 나는 육신에 따라 병사의 길을 가고 있지 않노라. 나의 인생의 싸움은 나 자신을 위한 것이 아니며, 나는 육신의 병기를 취하지 않노라. 나의 병기는 하나님으로부터 나오는 것이며, 그러므로 강력한 것이니라.”

　이와 같은 은유는 그 자체로 불처럼 격렬합니다. 바울은 문맥에서 전쟁의 상징을 사용하여, 진을 무너뜨린다든지, 요새를 빼앗는다든지, 포로들을 다른 땅으로 옮긴다든지, 항복하지 않고 계속 대항하는 적들을 벌한다든지 하는 등의 은유를 제시합니다. 여기에 바울의 고향인 길리기아에서 그가 태어나기 5-60년 전에 일어났던 큰 사건, 즉 그곳의 해적들이 완전히 섬멸되고 수천 명의 포로가 붙잡힌 사건이 암시되어 있다는 이론이 종종 제시되어 왔습니다. 이것이 사실이든 아니든 간에, 어쨌든 바울은 여기에서 그의 메시지와 관련한 위대한 진리들을 제시합니다.

1. 대적하는 요새.

　여기에서 바울은 자신과 자신의 동역자들을 전쟁에 나가는 병사들로 상정합니다. 그는 높은 성벽으로 둘러싸인 견고한 요새를 상상합니다. 의심의 여지 없이 그는 일차적으로 자신이 고린도에서 부딪쳤던 유대화주의자들을 생각하고 있었습니다. 그러나 이러한 은유는 고린도에서의 그와 같은 사소한 다툼을 훨씬 뛰어넘어 복음에 대한 근본적인 대적에까지 적용될 수 있습니다. 우리 가운데 어떤 사람들은 자기만족의 요새에 갇혀 있습니다. 그들은 사람이 하나님을 의지해야 한다는 사실을 겸손하게 인정하려고 하지 않습니다. 도리어 자신을 믿고 의지하는 것을 자신의 삶의 법칙으로 받아들입니다. 오늘날 이런 복음을 전파하는 목소리가 너무도 많습니다. 그것들 가운데 어떤 것들은 매우 강력하기도 하고, 어떤 것들은 매우 달콤하게 들리기도 합니다. 또 많은 사람들이 그러한 복음에 열렬하게 호응합니다.

우리는 종종 다음과 같이 도전적으로 말하는 시험에 빠집니다. "누가 나를 주관하는 주인이란 말인가?" 우리로 하여금 스스로를 의지하라고 가르치는 교훈은 종종 최고의 지혜와 완전하게 조화됩니다. 스스로를 의지하는 것은 위대한 덕이며, 강력한 에너지와 고상함을 낳는 어머니입니다. 그러나 그것은 또한 큰 잘못과 큰 죄가 되기도 합니다. 외적인 것들을 의지하지 않고 스스로를 의지하는 것은 선한 일입니다. 그러나 하나님을 필요로 하거나 바라보지 않고 스스로를 의지하는 것은 멸망이며 사망입니다. 옛 이교도의 책들 가운데 "모든 사람은 각자 자신의 구속자(구원자)이다"라는 표제가 붙은 책이 있었습니다. 그와 같은 표제에서 우리는 자기충족(self-sufficiency)의 사상을 볼 수 있는데, 그러한 사상은 부지불식간에 많은 사람들을 그리스도의 구원으로부터 차단시킵니다.

또 오늘날 우리를 둘러싸고 있는 문화의 요새 혹은 문화에 대한 교만의 요새가 있습니다. 문명화된 사람들이 종종 빠지기 쉬운 이러한 태도는 복음의 정신과 정반대입니다. 그것은 복음이 문화와 반대되기 때문이 아니라 문명화된 사람들이 스스로를 세리나 창녀들과 구별시키려고 하기 때문입니다. 그들은 좀 더 우월한 자들을 위한 높은 자리가 예비되어 있지 않다면 그 잔치에 가고 싶어하지 않습니다. 하나님으로부터 차단시키는 것은 지식 그 자체가 아니라 그것으로부터 말미암는 교만입니다. 바로 이러한 교만은 우리가 병기를 들고 맞서야 할 가장 강력한 요새들 가운데 하나 입니다.

또 무지(無知)의 요새도 있습니다. 그리스도로부터 단절된 자들은 바로 이와 같은 요새에 갇혀 있는 자들입니다. 왜냐하면 그들은 하나님도 알지 못하며 자신도 알지 못하기 때문입니다. 피상적인 삶을 사는 사람들의 가장 두드러진 특징은 그들이 죄의 실재에 대해 전혀 의식하지 못한다는 사실입니다. 그들은 죄가 보편적이라는 사실도 알지 못하며, 또 그것이 개인적이라는 사실도 알지 못합니다. 그들은 한 번도 자신들의 마음 깊은 곳까지 내려가 그곳에 잠자고 있는 추악한 것들과 직면해 본 적이 없습니다. 또 그들은 한 번도 자신들의 행동을 심각하게 반성해 본 적이 없습니다. 따라서 평균적인 사람들은 자기 안에 있는 죄를 의식하지 못하며, 그러므로 자신에 대해 진정으로 알지 못하며 스스로에 대해 외인(外人)이 될 수밖에 없습니다. 무지의 잔이 부어져도 그들은 그것을 전혀 의식하지 못합니다.

또 그들은 스스로에 대해 무지한 것처럼 하나님에 대해서도 무지합니다. 혹 그들이 어느 순간 어떤 빛의 섬광에 의해 스스로를 보게 된다 하더라도, 그들은 하나님에 대해 마치 자신들 가운데 하나인 것처럼 생각합니다. 그들은 그들의 어렴풋한 구원의 소망처럼 어렴풋한 은총에 대한 어렴풋한 믿음으로 나아갑니다. 이런 자들은 예수 그리스도에 대한 절실한 필요를 느끼지 못합니다. 이와 같이 자신들에 대한 무지와 또 그들이 하나님이라 부르는 대상에 대한 어렴풋한 믿음 역시도 우리가 병기를 들고 허물어뜨려야 할 강력한 요새입니다.

2. 요새를 무너뜨림.

그리스도 및 그의 복음과의 실제적인 접촉으로 야기되는 첫 번째 결과는 자신에 대한 망상적인 생각이 산산이 부서지는 가운데 스스로를 제대로 보게 된다는 사실입니다. 사람이 복음과 접촉할 때 "아! 나는 얼마나 악한 자인가"라고 울부짖게 되는 것은 얼마나 기이한 일입니까? 이와 같이 복음과 접촉함으로써 가장 낮은 자리까지 내려가 보지 못한 사람은 그리스도가 계시는 높은 자리까지 올라가지 못할 것입니다. 사람이 자신의 죄를 의식하지 못할 때, 그 결과는 구주(救主)에 대한 무관심입니다. 또 만일 우리가 비참하며 가련하며 소경이며 벗은 자임을 알지 못한다면, 불로 정련한 금이나 흰 옷조차도 우리를 그리스도께로 인도하는 것이 되지 못할 것입니다. 죄의 실재를 인식할 때 비로소 우리는 구주를 필요로 하게 됩니다. 다시 말해서, 죄에 대한 우리의 개별적인 인식이 우리로 하여금 구주가 필요하다는 사실을 인식하게 만드는 것입니다.

바울은 자신의 병기가, 사람들이 구원의 복음에 대하여 스스로를 가두는 가장 견고한 요새까지도 충분히 무너뜨릴 만큼 강력하다고 믿었습니다. 그가 이처럼 신뢰한 병기는 예수께서 제자들에게 다음과 같이 말씀하실 때 가리킨 것과 같은 것이었습니다. "보혜사가 오시면 그가 와서 죄에 대하여 책망하시리니 죄에 대하여라 함은 그들이 나를 믿지 아니함이요"(요 16:9). 예수께서는 하나님의 거룩하심에 대한 완전한 계시를 세상에 가져다주셨으며, 우리의 죄로 얼룩진 삶을 책망하기 위해 우리 앞에 인간성에 대한 신적 모범을 제시하셨으며, 우리로 하여금 우리의 행동에 대해 피상적으로 바라보는 데로부터 그 동기를 면밀하게 살피는 데로 이끄셨습니다. 이렇게 함으로써 그는 스스로를 완전한 사람으로, 그리고 거룩하신 하나님이 성육신하신 자로 세상에 나타내셨습니다.

그러나 많은 사람들이 이것을 별다른 전율 없이 바라봅니다. 그들은 그분 안에서 아무런 아름다운 것도 보지 못합니다. 이들을 회개로 이끄는 바울의 방법은 그들 앞에서 율법의 채찍을 휘두르거나 지옥의 공포로 그들의 영혼을 흔드는 것이 아니었습니다. 하물며 덕스러운 삶의 지혜와 의무에 대한 철학적인 강연은 더더욱 아니었습니다. 그의 방법은 일차적으로 그들의 마음 위에 우리 주 예수 그리스도 안에 있는 하나님의 사랑을 찍는 것이었습니다. 그들의 마음이 녹을 때, 그들의 양심은 더 이상 강퍅한 상태로 있지 못할 것입니다. 만일 어떤 사람이 예수 그리스도를 믿음과 사랑으로 바라볼 수 없다면, 그는 자신에 대해서도 참된 만족으로 바라볼 수 없을 것입니다. 그를 믿지 않는 것이 죄 중의 죄이며, 이것을 가르치는 것이 그의 사역의 첫 단계였습니다.

죄에 대한 깊은 인식으로 시작하지 않는 기독교는 깊이도 없고, 뜨거움도 없고, 생명력도 없는 기독교입니다. 그러한 복음은 복음이 아닙니다. 자신의 실상을 바로 보지 못하는 자들에게, 그리고 그리스도로부터 단절된 것이 "죄와 허물로 죽은" 것임을 알지 못하는 자들에게, 그리스도는 더이상 그리스도가 아닌 것입니다. 우리의 신앙은 "그가 징계를 받으므로 우리가 평화를 누리고 그가 채찍에 맞으므로 우리가 나음을 받았다"는 인식 위에 기초합니다(사 53:5). 그가 우리를 위해 자신을 주셨기 때문에, 그에 부응하여 우리도 그에게 우리 자신을 드릴 수 있게 됩니다. 그러나 먼저 죄에 대한 자각과 예수 그리스도 안에 있는 새 생명에 대한 깊은 인식이 없다면, 어떻게 거기에 헌신이나 자기 부인의 뜨거움이 있겠습니까?

3. 포로들을 다른 땅으로 옮김.

바울은 요새를 무너뜨리는 은유에 이어 또 하나의 은유를 제시합니다. 요새가 함락된 적들은 항복하고 포로로서 다른 땅으로 옮겨지게 됩니다. 앗수르나 애굽의 기념비에 부조(浮彫)된 포로들의 긴 행렬은 이것이 얼마나 익숙한 것인지를 보여줍니다. 아마도 본문은 그리스도에 대한 복종을 "모든 생각을 사로잡아 먼 나라로 끌고 가는" 것으로 표상하고 있는 것처럼 보입니다. 어쨌든 여기에서의 바울의 개념은 "육신"과 "하나님의 병기" 사이의 모든 싸움의 결과가 사람들을 예수 그리스도의 자발적인 포로로 만드는 것이라는 것입니다. 우리는 우리의 의지를 그리스도께 복종시키는 분량만큼 그리스도인입니다. 그러한 우리의 복종은 우리를 위한 그의 복종에 기초합니다. "그리스도께 대한 복종"은 예속이 아니라 완전한 자유입니다. 그의 포로들은 사슬에 결박되지 않으며, 그들의 섬김은 강요된 섬김이 아닙니다. 그의 멍에는 쉽습니다. 그것은 그 멍에가 목을 무겁게 누르지 않기 때문이 아니라 사랑으로 묶여 있기 때문입니다. 그의 짐은 가볍습니다. 그것은 그 짐이 우리 위에 사랑으로 지워졌기 때문입니다. 즐거이 그리스도로 하여금 자신을 주관하도록 하는 자만이 자신을 주관합니다. 그리스도의 포로들에게 있어 무거운 일들은 쉬워지며, 굽은 것들은 펴지며, 거친 땅은 평탄해집니다. 그리스도께 대한 복종은 예속이 아니라 자유이기 때문입니다.

4. 복종치 않는 자들의 운명.

"너희의 복종이 온전하게 될 때에 모든 복종하지 않는 것을 벌하려고 준비하는 중에 있노라"(6절). 바울은 고린도에 목이 곧음으로 복종하지 않는 자들이 있을 것을 예상합니다. 그러면서 그는 고린도에서의 이와 같은 이중적인 결과(즉 복음 앞에서 복종하는 자와 복종하지 않는 자가 있을 것이라는 것) 안에서 세상 전체 속에서의 영적 싸움의 결과를 봅니다. "그 말을 믿는 사람도 있고 믿지 아니하는 사람도 있어"(행 28:24). 이것은 하나님의 사역자들이 어디에서든 경험하는 사실입니다. 과거에도 그랬고 오늘날에도 마찬가지입니다.

바울이 "모든 복종하지 않는 것을 벌하려고 준비하는 중에 있노라"라고 말할 때, 분명 그는 완고한 대적자들에게 자신의 사도적 권위를 행사하는 것을 언급하고 있었을 것입니다. 그러나 우리는 바울의 이와 같은 태도가 단지 우리 주님의 태도를 반영하는 것에 불과하며, 또한 "모든 복종하지 않는 것을 벌하려고 준비된" 병기는 다름 아닌 하나님의 병기란 사실을 잊지 말아야 합니다. 만일 어떤 사람이 마음을 완악하게 하면서 신적 사랑의 노력에 대항하며 스스로를 자기 의(self-righteousness)의 성벽으로 둘러싸고 성문을 닫아 버린 채 계속해서 불순종 가운데 살아간다면, 마침내 그가 대적하던 병기의 칼날이 어느 날 그의 머리 위에 떨어지게 될 것입니다. 만일 우리가 계속해서 예수 그리스도의 구원을 배척한다면, 결국 그 모든 결과가 그대로 우리에게 떨어질 것입니다. 마비된 양심, 굶주린 심령, 변덕스러운 의지, 광포한 욕망, 공허한 소망, 끝없는 두려움 — 이 모든 것이 예수 그리스도의 들어오심을 거절한 자에게 천천히 그리고 점진적으로 들어올 것이며, 그의 심령은 마치 지옥같이 될 것입니다.

그러나 그 사랑은 벌하는 것이 실제로 일어나기 전에 그 일이 준비되어 있으니 스스로 조심하여 그것을 피하라고 미리 경고합니다. 복종하지 않는 자들이 복종할 수 있는 가능성이 남아 있는 한, 예수 그리스도는 복종하지 않는 자들에게 준비된 징벌을 최대한 유예합니다. 모든 수단이 다 소진되는 그 순간까지, 그는 그 두려운 종말을 가능한 억제하며 유예합니다. 그들은 거대한 바위 밑을 걸어가고 있으면서도 어느 날 그 바위가 자기 머리 위에 떨어질 것이라는 것을 깨닫지 못합니다. 그 일은 "준비"되어 있지만, 그러나 아직은 평온합니다. 때를 분별하는 지혜를 가지십시오. 그리고 은혜의 병기들에게 순복하십시오. 그리고 그의 부드러운 호소에 귀를 기울이십시오. "볼지어다 내가 문 밖에 서서 두드리노니 누구든지 내 음성을 듣고 문을 열면 내가 그에게로 들어가 그와 더불어 먹고 그는 나와 더불어 먹으리라"(계 3:20).

21
그리스도를 향한 단순함

“뱀이 그 간계로 하와를 미혹한 것 같이 너희 마음이 그리스도를
향하는 진실함과 깨끗함에서 떠나 부패할까 두려워하노라”
고후 11:3

흠정역(Authorized Version)의 “그리스도 안에 있는 단순함”(simplicity that is in Christ)이란 표현은 개정역(Revised Version)에서 “그리스도를 향한 단순함(진실함)”(simplicity that is towards Christ)으로 바뀌었습니다. 흠정역의 그와 같은 부정확한 번역은 그 구절의 의미를 잘못 이해한 것에서 기인하는데, 그로 인해 많은 문제가 야기되었습니다. 흠정역의 그러한 표현은 종종 그리스도나 복음에 속한 어떤 특성을 표현하는 것으로 받아들여지곤 했습니다. 그리고 그렇게 받아들여짐으로써 종종 반지성적(反知性的) 태도의 표어가 되곤 했습니다. 스스로를 복음주의자로 생각하는 많은 사람들이 종종 “우리에게 단순한 기독교를 달라”고 외치곤 했습니다. 그러면서 그들은 지적인 탐구를 게을리 하면서 진부한 문구만 끝없이 반복합니다. 그리고 그 결과 그들은 자신과 청중들을 무기력하게 만들면서, 기독교 교사의 교육적 기능을 약화시킵니다.

복음이 단순하다는 것은 분명한 사실입니다. 그러나 그것이 심오하다는 것 역시 똑같이 사실입니다. 복음의 깊이를 측량하고자 최선을 다해 노력하는 자들이 그것의 단순성을 가장 잘 이해하게 될 것입니다. 어떤 사람이

배 위에서 바다의 깊이를 재기 위해 줄을 내리는 것을 상상해 보십시오. 그런데 줄을 모두 내려도 그 끝이 바닥에 닿지 않습니다. 그럴 때 그는 그 깊이가 얼마나 깊은지를 깨닫고 놀라게 될 것입니다. 본문에서 바울이 말하는 바는 "그리스도 안에 있는 단순함"이 아니라 "그리스도를 향한 단순함"입니다. 그리스도 안에 있는 어떤 특성이 아니라 그리스도를 향한 우리 안에 있는 어떤 특성입니다. 나는 여기에서 그와 같은 구절이 제시하는 두 가지 개념에 초점을 맞추고자 합니다. 그것은 첫째로, 그리스도를 향한 우리의 합당한 태도의 개념이며, 둘째로, 그러한 태도를 유지하기 위한 갈망의 개념입니다.

1. 첫째로, 그리스도를 향한 우리의 합당한 태도.

"단순함"(simplicity)이란 단어 속에는 종종 그와 관련된 어떤 경멸의 개념을 담겨 있곤 했습니다. "너는 참 단순해"라는 말은 언뜻 칭찬인 듯하면서 그러나 다소간 의심스러운 뒷맛을 남기는 표현입니다. 좋은 자질을 묘사하는 모든 훌륭한 단어들은 대기 중에 노출됨으로써 녹슬게 됩니다. 모든 좋은 물건들이 오랜 시간 사용함으로써 그 가치가 저하되는 것처럼 말입니다. 그러나 "단순함"이란 단어는 정말로 너무도 고상하며 고결한 개념을 담고 있습니다. "단순한"에 해당하는 헬라어 단어는 "접힌 것이 없는"을 의미하는데, 그것은 한편으로 투명하게 정직하며 진실한 것을 의미하면서, 다른 한편으로 여러 부분으로 나누어지지 않은 것을 의미합니다. 바깥 천과 안감으로 이루어진 옷을 생각해 보십시오. 겉으로 드러나는 것은 바깥 천이지만, 그러나 그 안에 안감이 있습니다. 둘은 서로 다르며 또 다른 방향을 향하고 있습니다. 그러나 "단순함"이란 단어는 그와 같지 아니하고 모두가 한 방향을 향하고 있는 것을 의미합니다. 다시 말해서, 여기에서 바울이 의미하는 "단순함(진실함)"은 외부로 드러난 것과 내부의 저의 혹은 속셈이 이중적으로 존재하지 않는 것입니다. 그와 같은 단순함은 가장 진실한 지혜이면서 동시에 우리와 예수 그리스도 사이의 관계 속에서 우리가 가져야 할 가장 합당한 태도입니다. 성경의 제일 마지막 페이지에도 나타나는 것처럼 예수 그리스도와 우리 사이의 관계와 관련하여 성경은 신랑과 신부라는 아름다운 상징을 사용하는데, 본문의 문맥 속에서도 그와 같은 달콤한 관계가 암시됩니다(2절). 경건한 그리스도인들이나 혹은 그들의 공동체는 그리스도와 더불어 그와 같은 특별한 관계 속에 있습니다. 그들이 하늘에서 갖게 될 관계 역시 그와 같은 혼인관계입니다. 지금 바울의 마음은 뜨거운 열심(熱心)으로 가득 차 있는데, 이러한 상태에서 그가 세례 요한처럼 신랑과 신부의 개념을 붙잡고 있는 것은 매우 흥미로운 일입니다. 2절에서 바울은 마치 자신이 중매자인 것처럼 신부를 신랑에게로 데려가는 일을 맡고 있다고 말합니다. 그러는 가운데 그는 신랑의 친구로서 신랑의 음성을 들으며 크게 기뻐하면서, 신부의 마음이 다른 데로 향하지 않고 오로지 전적인 헌신과 배타적인 사랑과 절대적인 순종으로 향하기를 간절히 바랍니다. 그는 말합니다. "내가 하나님의 열심으로 너희를 위하여 열심을 내노니 내가 너희를 정결한 처녀로 한 남편인 그리스도께 드리려고 중매함이로다 그러나 나는 너희 마음이 그리스도를 향하는 단순함(simplicity)에서 떠나 부패할까 두려워하노라(2절)."

이러한 은유 속에는 우리와 예수 그리스도 사이의 사랑의 배타성과 순전성, 그리고 심오성 등의 개념이 함축되어 있습니다. 또한 이와 유사한 절대적이며 마음을 다한 헌신의 개념이 그리스도의 종이나 그리스도의 군병 등과 같은 성경의 다른 은유들에 담겨 있습니다. 이제 이러한 개념들을 좀 더 상세하게 살펴보도록 합시다.

우리와 예수 그리스도 사이의 관계에 합당한 첫 번째 태도는 그를 구원과 빛의 근원으로서 **배타적으로 바라보는 믿음의 태도**입니다. 고린도의 그리스도인 공동체와 관련하여 바울을 긴장시켰던 당시의 특별한 위험은 이미 오래 전에 사라졌지만, 그러나 그 저변에 놓여 있는 원리들은 사라지지 않고 지금도 그대로 남아 있습니다. 유대화주의 교사들은 계속해서 바울의 발꿈치를 물고 늘어졌는데, 바울은 그들이 고린도교회에 들어와 교회를 파괴시킬 것을 염려했습니다. 본서에 나타나는 날카로운 논쟁은 그 위험이 얼마나 실제적이며 절박했는지를 잘 보여줍니다. 그들은 사람들에게 구원을 받기 위해서는 믿음 외에 다른 무엇이 필요하다고 가르쳤습니다. 다시 말해서, 그들은 예수 그리스도를 메시야로 믿는 믿음과 함께 구약의 각종 의식법 등 율법을 지키는 것이 구원의 조건이라고 가르쳤습니다. 이와 같이 구원의 길로서 예수 그리스도를 믿는 믿음 외에 다른 조건을 추가시킨 것으로 인해 바울은 그들을 다른 예수, 다른 영, 다른 복음을 전파하는 자들로 간주했습니다. 이와 같은 오류는 이미 오래 전에 사라진 것입니다.

그러나 다른 어떤 것이 그 자리를 대체하고 있지는 않을까요? 그와 같은 옛 오류가 오늘날 새로운 얼굴을 하고 우리 곁에 있지는 않을까요? 나는 그렇다고 생각합니다. 그러한 예로서 우리는 십자가보다도 성례나 교회를 앞세우는 성례주의나 교회주의를 들 수 있습니다. 또 오늘날에도 어떤 사람들은 예수 그리스도의 십자가 죽음이 구원의 유일한 조건임을 부인하면서, 구원받는 것을 마치 물에 빠진 사람이 구원자의 도움과 함께 스스로의 팔과 다리를 사용해야 하는 것과 같은 것으로 생각합니다. 바울은 이러한 사상으로 인해 고린도인들이 구원을 위해 오직 예수 그리스도만을 배타적으로 의존하는 것으로부터 이탈될 것을 우려하면서, 그러한 사상과 격렬하게 싸웠습니다. 이러한 사상은 오늘날에도 인간의 본성 속에 그대로 남아 있습니다. 따라서 우리는 그러한 사상들을 계속해서 경계해야 합니다. 그것이 조직화되고 체계화된 교리적인 형태로 나타나는 것이든지, 혹은 단순히 교만과 자기 신뢰로 얼룩진 옛 아담의 타락한 마음으로부터 솟아오르는 것이든지 간에, 그러한 사상들은 똑같이 그리스도의 모든 사역을 파괴합니다. 왜냐하면 그러한 사상들은 그리스도의 사역의 유일성을 침해하기 때문입니다. 구원은 그리스도와 다른 어떤 것으로 말미암는 것이 아닙니다. 사람이 구원받는 것은 복수(複數)의 협동에 의한 것이 아닙니다. 사람이 구원받는 것은 오직 예수 그리스도로만 말미암습니다. 그 외에 다른 구원자는 없습니다. 만일 여러분이 터키의 이슬람 사원에 들어간다면, 여러분은 수많은 가냘픈 기둥들에 의해 천장이 떠받쳐지고 있는 것을 볼 수 있을 것입니다. 그런가 하면 여러분은 하나의 거대한 중심 기둥에 의해 천장 전체가 떠받쳐지고 있는 대성당을 볼 수도 있을 것입니다.

전자는 그리스도 없는 다중성(多衆性)을 상징하며, 후자는 그리스도의 유일성을 상징합니다. 예수 그리스도는 세상의 구원을 위한 모든 무게를 떠받치는 충분하고도 영원한 힘을 가지고 있습니다. "너희 마음이 그리스도를 향하는 단순함(simplicity)에서 떠나 부패할까 두려워하노라."

동시에 예수 그리스도는 사람들에게 모든 진리를 가르치는 유일한 빛이며 선생입니다. 하나님에 대하여, 그들 스스로에 대하여, 그들의 의무에 대하여, 그들의 운명에 대하여, 그리고 그들이 무엇을 바라볼지에 대하여 등등 말입니다. 오직 그만이 이 모든 것들에 대해 빛을 던져 줍니다. 그의 말씀은 "모든 논쟁의 종결"입니다. 그의 입술로부터 직접 나온 말씀이든지 혹은 그의 계시의 일부인 행동을 통한 말씀이든지 혹은 사도들을 통해 대대로 전파되는 성령의 음성을 통한 말씀이든지 간에 말입니다. 그가 말씀하신 모든 것이 그리스도인들의 신조(信條)가 됩니다. 그는 그리고 오직 그만이 "모든 사람을 비추는 빛"입니다. 오늘날 온갖 떠드는 소리가 가득한 혼돈의 시대에 우리는 그리스도의 음성을 듣고 그로부터 나오는 모든 것을 받아들여야 합니다. 그리고 우리는 마음으로 이렇게 말해야 합니다. "주여 영생의 말씀이 주께 있사오니 우리가 누구에게로 가오리이까"(요 6:68).

나아가 예수 그리스도에 대한 우리의 관계는 **그에 대한 배타적인 사랑**을 요구합니다. "요구"라는 단어는 사랑이라는 단어와는 잘 어울리지 않는 단어입니다. 그럼에도 불구하고 약혼한 자에게 있어 사랑의 의무는 즐거운 것입니다. 그에게 있어 모든 사랑의 감정을 오직 약혼자에게만 배타적으로 향하도록 요구 받는 것은 즐거운 일입니다. 그것은 의무이면서 동시에 기쁨입니다. 만일 여러분이 그리스도인이라면, 여러분의 마음은 그리스도에게 대하여 이와 같을 것입니다. 그가 우리에게 바라시는 것, 그리고 그에 대한 우리의 유일하고도 합당한 태도는 이와 같은 배타적인 사랑입니다. 이것은 우리가 그 외에 다른 어느 것도 사랑해서는 안 됨을 의미하지 않습니다. 이것이 의미하는 것은 우리가 오직 그 안에서 모든 것들을 사랑해야 한다는 것입니다. 만일 어떤 것이 그리스도를 향한 우리의 사랑을 지연시키거나 혹은 빗나가게 만든다면, 우리는 우리의 고귀한 특권의 자리로부터 우상 숭배에 미혹된 심령이 갖게 되는 번뇌와 괴로움의 자리로 떨어지게 될 것입니다. 그리스도에 대한 사랑은 본질적으로 배타적입니다. 작은 보석들이 박힌 다이아몬드 반지를 상상해 보십시오. 중심의 다이아몬드는 그 주변의 작은 보석들을 더욱 빛나게 만들 것입니다. 우리는 예수 그리스도를 전적으로 사랑해야 합니다. 그렇지 않으면 그를 사랑하는 것이 아닙니다. 정숙한 신부에게 있어 나누어지지 않은 단순한 사랑만이 참된 사랑입니다. 나누어진 사랑은 사랑이 아닙니다.

사랑하는 교우 여러분, 신앙의 본질을 사랑으로 보는 것은 그것의 엄격한 요구들을 약화시키는 것이 아니라 도리어 강화시킵니다. 그와 같은 달콤한 멍에를 더 많이 생각할수록 우리는 "네 마음을 다하고 목숨을 다하고 뜻을 다하고 힘을 다하여 주 너의 하나님을 사랑하라"는 옛 계명을 더욱 강하게 붙잡게 될 것입니다(막 12:30).

이와 같이 예수 그리스도에 대한 우리의 관계는 그의 계명에 대한 절대적인 순종을 조금도 약화시키지 않습니다. 이처럼 신속하고 즐겁게 그리고 계속해서 순종하는 곳에 나누어지지 않은 단순한 마음이 있습니다. 모든 문제들에 있어 그의 계명이 곧 우리의 율법입니다. 그리고 우리가 그의 계명을 우리의 율법으로 삼을 때, 그는 우리의 바람(desire)을 자신의 동기(motive)로 삼을 것입니다. 왜냐하면 그는 그의 뜻에 대한 우리의 순종과 우리의 바람에 대한 그의 응답을 다음과 같이 하나로 묶어 말씀하셨기 때문입니다. "너희가 나를 사랑하면 나의 계명을 지키리라 그리고 너희가 내 이름으로 무엇이든지 내게 구하면 내가 행하리라"(요 14:14, 15). 우리를 그리스도와 묶는 이와 같은 배타적인 사랑은, 그의 입술로부터 나오는 모든 말씀에 대하여 머뭇거리거나 주저하거나 유보적이거나 거리끼는 것이 없는 온전한 순종으로 스스로를 나타낼 것입니다.

이와 같이 구원받은 자의 합당한 태도는 그에 대한 배타적인 사랑입니다. 이와 관련하여 "너희가 하나님과 재물을 겸하여 섬기지 못하느니라"는 말씀을 생각해 보십시오(마 6:24). 오직 그분 한 분만을 온전히 의지하지 못하는 것, 오직 그분 한 분만을 온전히 사랑하지 못하는 것, 그의 계명의 달콤한 멍에에 온전히 순종하지 못하는 것 — 이 모든 것은 우리를 위해 죽으시고 다시 사신 그분의 사랑에 대한 올바른 반응이 아닙니다.

2. 둘째로, 그리스도를 향한 배타적인 단순함을 유지하기 위한 갈망.

무엇이 그러한 단순함을 위협하는지 생각해 보십시오. 오늘날 세상은 너무나 요란한 소리들로 가득 차 있습니다. 이런 가운데 수많은 사람들이 그리스도를 향한 단순함을 부지불식간에 잃어버리고 있습니다. 나이아가라 폭포의 굉음이 울리는 곳에서 과연 누가 지혜와 평강에 대해 말하는 은은한 소리를 들을 수 있겠습니까? 오늘날 세상은 우리에게 너무도 거대합니다. 우리는 사고파는 일에 너무나 많은 힘을 소비하는 가운데 사랑하는 주님께 대한 단순한 헌신으로부터 스스로를 너무나 멀리 떼어 놓습니다. 그러나 우리는 그와 같은 소용돌이 속에서도 그 중심의 평온 속으로 들어갈 수 있습니다. 주변의 소용돌이에 휩쓸리지 않는 중심의 평온함 말입니다. 그리고 "먹든지 마시든지 무엇을 하든지 하나님의 영광을 위해" 할 수 있습니다. 또한 우리는 매일의 복잡한 일들 속에서도 우리의 마음을 마치 하늘에 있는 것처럼 유지할 수 있으며, 우리의 영혼이 항상 우리 주님과 접촉하도록 할 수 있습니다.

그러나 우리를 위협하는 것은 이와 같은 외적인 것들만이 아닙니다. 우리 자신의 약함과 변덕스러움, 우리의 강렬한 정욕과 혈기, 그리고 우리의 갖가지 욕망과 필요 — 이 모든 것들이 우리를 반대 방향으로 끄는 강력한 힘을 가지고 있습니다. 그러므로 이런 힘들에 이끌리지 않기 위해 우리는 끊임없이 스스로를 경계해야 합니다. 계속해서 자신의 근육을 팽팽하게 긴장시키지 않는 한 어느 누구도 요동치는 풍랑 속에서 계속해서 버팀줄을 붙잡고 있을 수 없습니다. 마찬가지로 계속해서 예수 그리스도를 굳게 붙잡고자 의식적으로 노력하지 않는 한 어느 누구도 그를 계속해서 굳게 붙잡을 수 없습니다.

만일 우리 주위에 그리고 우리 안에 그와 같은 여러 가지 위험들이 있다면, 우리는 나누어지지 않은 온전한 헌신을 확고히 하기 위해 쉬지 않고 계속해서 스스로를 훈련시켜야 합니다. 그와 같은 위험들을 분명하게 인식합시다. 그와 같은 악들이 부지불식간에 접근하지 못하도록 스스로를 살핍시다. 그에 대한 철저한 순복이 흐려지지 않도록 항상 경계합시다. 그리고 무엇보다도 우리의 헌신에 불을 붙이는 위대한 사실들을 계속해서 묵상하도록 시간을 냅시다. 만일 예수 그리스도가 여러분을 사랑하신 그 사랑을 묵상하지 않는다면, 어떻게 여러분이 그를 사랑할 수 있겠습니까? 만일 여러분이 세속적인 일이나 여러분 자신의 야심을 좇는 일에 너무나 바쁘다면, 그래서 그리스도와 그의 생애와 죽음과 그의 성령과 그의 신부에 대한 사랑을 묵상할 시간이 없다면, 어떻게 여러분이 그를 사랑한다고 생각할 수 있겠습니까? 그러므로 우리를 우리 구주와 더욱 가깝게 묶어줄 성령을 기도와 인내로 기다리십시오.

만일 그렇게 하지 않는다면, 우리는 우리의 신앙으로부터 아무런 행복도 얻지 못할 것입니다. 그러면 그것은 그리스도께도 영광이 되지 못할 뿐만 아니라 우리 자신에게도 유익이 되지 못할 것입니다. 나는 반쪽짜리 그리스도인보다 더 불행한 것을 알지 못합니다. 오늘날의 평균적인 그리스도인들이 그와 같지 않은지 염려스럽습니다. 그들의 신앙은 그들을 찌를 만큼은 되지만, 그러나 그들로 하여금 악을 버리는 데까지는 이끌지 못합니다. 그들의 신앙은 그들의 양심을 괴롭히는 데까지는 이끌지만, 그러나 그들의 마음과 의지를 굴복시키지는 못합니다. 지금 이 자리에 앉아 있는 자들 가운데에도 이런 사람들이 있지 않습니까? 진정한 그리스도인이 되고자 한다면, 결코 그래서는 안 됩니다. 반쪽짜리 신앙은 신앙이 아닙니다.

> "한 발은 바다를 딛고 다른 한 발은 해변을 디딘 자,
>   그는 어느 쪽으로도 계속해서 나아갈 수 없을 것이라!"

바로 이것이 오늘날 스스로를 그리스도인으로 고백하는 수많은 사람들의 모습입니다. "너희 마음이 그리스도를 향하는 단순함(simplicity)에서 떠나 부패할까 두려워하노라."

22
약한 데서 온전해지는 능력

"이것이 내게서 떠나가게 하기 위하여 내가 세 번 주께 간구하였더니 나에게 이르시기를 내 은혜가 네게 족하도다 이는 내 능력이 약한 데서 온전하여짐이라 하신지라 그러므로 도리어 크게 기뻐함으로 나의 여러 약한 것들에 대하여 자랑하리니 이는 그리스도의 능력이 내게 머물게 하려 함이라"

고후 12:8, 9

본장은 우리에게 바울 역시도, 그 심장이 창에 찔려 피를 흘리면서도 계속해서 하나님을 위한 사역을 수행했던 순교자의 무리 가운데 한 사람이었음을 보여줍니다. 그의 육체에 박혀 있던 가시조차도 그에게 있어 그리 큰 문제가 아니었습니다. 원어(原語)는 "가시"의 은유가 함축하는 것보다 훨씬 더 강력한 괴로움을 암시합니다. 그것은 실제로 손가락 끝에 박힌 작은 가시가 아니라 무시무시한 형벌을 집행하는데 사용되는 끔찍한 말뚝을 의미하는 것으로 보입니다. 여기에서 바울은 자신이 작고 사소한 문제를 짊어지고 있다고 말하고 있는 것이 아니라, 이를테면 끔찍한 괴로움으로 고통하며 떨고 있음을 말하고 있는 것입니다.

의문의 여지 없이 지금 그가 의미하는 것은 일종의 육체의 질병과 같은 것입니다. "육체의 가시"가 그를 악으로 충동하는 동물적인 본성을 의미하는 것이라는 가설은 거의 개연성이 없습니다. 왜냐하면 그와 같은 종류의 가시는 아무리 간절하게 기도한다 하더라도 결코 떠나갈 수 없는 것이기 때문입니다. 분명 그것은 그의 노력으로 떠나갈 수 있는 것이 아니었습니다. 비록 "사탄의 사자"로 일컬어지고 있음에도 불구하고, 그것은 하나님의 손으로부터 말미암은 어떤 괴로움이었습니다. 그로 하여금 자신이 받은 엄청난 종교적 특권으로 인해 자칫 육체적 자만이나 영적 우월감의 위험에 떨어지지 않도록 하기 위해서 말입니다.

그가 짊어져야만 했던 이 짐과 관련하여, 본문은 우리 앞에 그의 다음과 같은 세 가지 생각의 흐름의 굴곡을 제시합니다. 첫 번째는 기도 속에서 그 피난처를 찾았던 본능적인 움츠림이며, 두 번째는 간절한 기도에도 불구하고 뽑히지 않은 가시의 목적에 대한 통찰이며, 세 번째는 어쩔 수 없어서가 아니라 기꺼이 받아들이는 평온한 순응입니다.

1. 첫째로, 우리는 여기에서 기도 속에서 그 피난처를 찾았던 육체의 괴로움에 대한 본능적인 움츠림을 보게 됩니다.

여기에 나타난 종의 기도는 주인의 기도와 매우 닮아 있습니다. 다시 말해서, 우리는 여기의 바울의 간구 속에 겟세마네의 기도가 메아리치는 것을 발견합니다. 유월절 밤에 겟세마네에서 주인이신 예수 그리스도는 흔들리는 감람나무 아래에서 이 잔이 그냥 지나가게 해 달라고 "세 번" 간구했습니다. 그리고 여기에서 종인 바울은 주인의 본을 따라 자신의 괴로움이 떠나가기를 위해 "세 번" 반복하여 기도합니다.

그러나 겟세마네에서 기도하셨던 자는 지금 바울의 기도를 받고 계시는 자입니다. 왜냐하면 신약의 대부분의 경우에 그런 것처럼, 여기의 "주"는 분명 그리스도를 의미하기 때문입니다. 이러한 사실은 바울의 기도에 대한 주의 응답과 바울이 그것을 기꺼이 받아들이면서 한 말을 비교할 때 분명하게 나타납니다. 바울의 기도에 대한 주의 응답은 "내 능력이 약한 데서 온전하여짐이라"는 것이었습니다. 그리고 이에 대해 바울은 "그러므로 도리어 크게 기뻐함으로 나의 여러 약한 것들에 대하여 자랑하리니 이는 그리스도의 능력이 내게 머물게 하려 함이라"고 말합니다. 이와 같이 우리가 여기에서 다루어야 하는 기도는 다름 아닌 예수 그리스도께 드려진 기도입니다. 그는 겟세마네에서 기도하셨던 자로서, 우리는 우리의 모든 기도와 간구를 그에게 가져갈 수 있습니다.

이와 같이 우리 주님 자신에게로 향하여진 기도의 개념이 어떻게 우리를 기도의 가장 거룩하며 축복된 특성으로 이끌어 가는지 주목하십시오. 기도는 단지 우리 마음속에 있는 것을 그리스도께 말하는 것입니다. 만일 우리가 기도가 무엇인지 올바로 이해하고 있다면, 다시 말해서 그것이 우리의 내적인 바람과 생각을 우리 주님 앞에 비우는 것임을 이해하고 있다면, 우리가 무엇을 기도할 수 있는지 혹은 무엇을 기도해서는 안 되는지 등의 질문은 아무 의미 없는 것이 될 것입니다. 만일 우리가 기도에 대해 좀 덜 형식적인, 그리고 좀 더 실질적인 개념을 가지고 있다면, 우리는 우리의 마음을 채우고 있는 모든 것이 기도의 합당한 대상임을 알게 될 것입니다. 우리의 관심을 잡아끄는 것 가운데 우리 주님께 기도하기에 합당치 못한 것은 아무것도 없습니다.

그러므로 외적인 축복을 위해 기도하는 것이 합당한가 하는 따위의 질문은 아무 의미 없는 질문이 될 것입니다. 만일 우리가 예수 그리스도께 우리와 관련된 모든 것에 대해 기도해야 한다면, 어째서 외적인 축복들에 대해 기도하는 것은 금지되어야 한단 말입니까? 우리의 기도가 종종 실제적이지 못한 한 가지 이유는 그것이 우리의 실제적인 필요와 분리되기 때문입니다. 그리고 우리의 마음을 가득 채우고 있는 실제적인 생각들과 합치되지 않기 때문입니다. 우리의 마음이 일상의 사소한 문제들로 가득 차 있음에도 불구하고 정작 기도할 때는 그에 대해 일언반구 말하지 않는다면, 과연 그것이 올바른 것일까요?

외적이며 일시적인 것들이라 해서 우리의 기도 목록에서 빼버려야 하는 것은 결코 아닙니다. 도리어 우리는 두 부류의 기도의 대상이 있음을 기억해야 합니다. 한 부류 위에는 "만일 그것이 주의 뜻이면"이라는 글이 새겨져야 하며, 다른 부류 위에는 그와 같은 글이 새겨질 필요가 없습니다. 왜냐하면 우리는 우리의 어떤 바람이 허락되었을 때 그것이 바로 그의 뜻임을 확신하기 때문입니다. 전자(前者)와 관련하여 우리는 "만일 우리가 그의 뜻대로 무엇을 구하면 그가 들으실” 것이라는 사실을 압니다(요일 5:14). 우리의 기도가 신적 의지와 부합될 때 응답될 것이라는 말씀은 우리의 소망을 매우 위축시키는 것처럼 보일 수 있습니다. 그러나 그것은 하나님의 뜻과 사람의 뜻의 조화를 가장 깊이 통찰했던 바울 사도의 즐거운 확신을 표현하는 것입니다. 반면 후자와 관련해서는, 우리는 단지 “나의 뜻대로 마시옵고 주의 뜻대로 되기를 원하나이다”라고 말할 수 있을 뿐입니다. 우리는 그와 같이 말하면서(입술에 붙은 형식적인 표현이 아니라 깊은 마음으로), 가시와 엉겅퀴와 찌르는 것과 상처 등 우리의 모든 것을 그 앞에 가져가야 합니다. 그리고 그 앞에 가져가면서, 그 모든 것이 결코 무익한 것이 아님을 확신하십시오.

이와 같이 우리는 우리의 기도가 드려져야 하는 분을 올바로 앎과 함께 우리의 기도가 향해야 할 올바른 목적도 알아야만 합니다. 바울의 간구는 “이 짐을 제거해 주옵소서”라는 것이었습니다. 그러나 그것은 그릇된 간구였으며, 따라서 응답되지 않았습니다.

2. 둘째로, 우리는 여기에서 뽑히지 않은 가시의 목적에 대한 통찰을 보게 됩니다.

“내 은혜가 네게 족하도다 이는 내 능력이 약한 데서 온전하여짐이라.” 이러한 응답은 바울의 간구에 대한 부드러운 거절입니다. 형식적으로도 그러하고, 실질적으로도 그러합니다. 그러나 본질적으로는 허락 이상의 응답입니다. 왜냐하면 그것은 이와 같은 종류의 기도에 대한 최고의 응답이기 때문입니다. 참된 믿음의 사람이 “이 짐을 제거하여 주옵소서”라고 간구할 때, 그에 대한 응답이 꼭 그것을 제거하여 주는 것일 필요는 없습니다. 어떤 경우의 응답은 그것을 감당할 수 있는 힘을 부여해 주는 것일 수도 있습니다. 짐을 가볍게 해주는 데에는 두 가지 방법이 있는데, 첫째는 그것의 실제적인 무게를 감소시켜 주는 것이고, 둘째는 그것을 감당하는 힘을 증가시켜 주는 것입니다.

여기에서의 바울의 간절한 기도에 대한 응답은 새로운 어떤 것을 주는 것이 아니라 그의 눈을 열어 그가 이미 가지고 있는 것을 보게 하는 것이었습니다. 주의 응답은 "내가 네게 충족한 은혜를 주리라"는 것이 아니라 "(지금 네가 가지고 있는) 내 은혜가 네게 족하도다"는 것이었습니다. 바울이 지금 괴로움 가운데 기도할 때, 그는 이미 그러한 은혜를 소유하고 있었습니다. 눈을 떠 여러분이 이미 소유하고 있는 것을 보십시오. 그러면 여러분은 짐을 제거해 달라고 간구하지 않게 될 것입니다. 이것은 항상 사실입니다. 많은 사람들이 무거운 짐을 지고 있습니다. 가혹한 고통 가운데 있는 사람들도 있을 것이며, 불치병을 앓고 있는 사람들도 있을 것입니다. 완전히 파선(破船)되어 어찌할 바를 알지 못하는 사람들도 있을 것입니다. 비록 그러할지라도, 주의 은혜가 족합니다. 주님은 "내 은혜가 네게 족할 것이라"고 말씀하시지 않고 "내 은혜가 네게 족하도다"라고 말씀하십니다. 여러분에게 질병이나 낙망이나 고통의 폭풍이 몰아칠 때에도, 여러분은 이미 가지고 있는 것으로 족합니다. 모든 고통과 무거운 짐과 온갖 약한 것들을 한쪽에 놓고 다른 한쪽에 "주의 은혜"를 놓으십시오. 그러면 그 모든 것들은 점점 작아져 아무것도 아닌 것이 되고 마침내 사라져 버릴 것입니다. 만일 어떤 종류의 괴로움 속에 빠져 있는 그리스도인들이 자신들이 이미 소유하고 있는 것을 알고 또 사용한다면, 그들은 육체의 가시 속에 있는 축복을 제거해 달라는 헛된 간구를 훨씬 덜 하게 될 것입니다. "내 은혜가 네게 족하도라."

우리 주님이 자신이 주시는 것에 대해 얼마나 간소하게 말씀하시는지 주목하십시오. "족하도다." 단지 족할 뿐입니까? 거기에 넘치는 것이 있지 않습니까? 우리 주님이 주시는 은혜는 단지 우리가 간구하며 생각하는 것 이상일 뿐만 아니라 우리가 필요로 하는 것보다도 훨씬 더 이상입니다. 감각(Sense)은 "각 사람으로 조금씩 받게 할지라도 이백 데나리온의 떡이 부족하리이다"라고 말합니다(요 6:7). 하늘의 능력(Omnipotence)은 "내게 떡과 물고기를 조금 가져오라"고 말합니다. 믿음(Faith)은 그것을 무리 가운데 나누어줍니다. 그리고 경험(Experience)은 남은 조각을 거둡니다. 이와 같이 은혜는 적은 것으로 크게 증가되도록 만들며, 그것은 필요한 자에게 주어집니다. "무릇 있는 자는 더 받을 것이요"(눅 19:26). "족하다"는 것은 단지 필요한 분량을 채울 정도의 적당한 수준에 불과한 것이 아닙니다. 그것은 기대와 바람과 필요를 넘어서는 것입니다. 그것은 더 높은 소망으로 나아가는 것이며, 입을 더 크게 여는 것입니다.

우리 주님의 위대한 응답의 뒷부분은 바울이 겪는 괴로움의 목적을 가르쳐줍니다. 앞부분이 그러한 괴로움을 감당할 수 있는 힘을 제시해준다면 말입니다. "이는 내 능력이 약한 데서 온전하여짐이라." 주님의 능력은 사람의 약함 안에서, 그리고 사람의 약함을 통해 역사합니다.

하나님은 상한 갈대와 함께 일하십니다. 만일 어떤 사람이 마치 쇠막대기라도 되는 듯이 스스로를 속인다면, 하나님은 그와 함께 혹은 그를 통해 아무 일도 하실 수 없습니다. 그는 먼저 모든 자기기만과 자기신뢰를 뽑아 버려야만 합니다. 아버지께서 그를 자신의 목적을 위해 사용하실 수 있기에 앞서 그는 먼저 스스로를 낮추어야 합니다. 모든 물은 낮은 지대의 땅으로 모이는 법입니다. 수문(水門)이 열려 있기만 하다면, 하나님의 은혜의 중력은 겸손한 심령의 낮은 곳으로 모든 은혜의 물을 흐르게 할 것입니다.

주님의 능력은 약함 가운데 역사하기를 좋아합니다. 다만 사람이 자신의 약함을 인식하고, 그로 인해 주를 의지하는 데로 나아갈 때 말입니다. 우리는 여기에서 교회를 위한 법칙을 배울 수 있는데, 이것은 개인적인 좁은 차원에서든, 전체 기독교적인 넓은 차원에서든 마찬가지입니다. 스스로 강하다고 생각하는 강함은 실상 약함입니다. 반면 스스로의 약함을 아는 약함은 실상 강함입니다. 능력의 유일한 참 근원은 기독교적인 일에서든 다른 영역에서든 하나님 자신입니다. 우리의 힘은 하나님으로부터 나옴으로써 우리의 것입니다. 그리고 그분으로부터 힘을 받는 유일한 방법은 겸손한 의존을 통해서인데, 우리는 그것을 예수 그리스도를 믿는 믿음이라고 부릅니다. 그리고 예수 그리스도를 믿는 믿음이 우리의 영혼 속에서 불붙을 수 있는 유일한 방법은 우리가 그 필요를 깨닫고 빈 마음으로 나오는 것입니다. 이와 같이 우리가 스스로의 약함을 인식할 때, 우리는 강함으로 나아가는 첫 계단에 발을 올려놓은 것입니다. 마치 스스로 죄인임을 인식하는 것이 의에 이르는 첫 계단인 것처럼 말입니다. 또 모든 영역에서 인간의 궁핍을 인식하는 것이 신적 충만의 즐거운 확신으로 나아가는 첫 계단인 것처럼 말입니다. 우리의 궁핍은 그의 충만과 만납니다. 우리는 먼저 자신이 얼마나 약한 존재인지를 인식하고 모든 것이 되시는 그분께로 돌이켜야 합니다. 그러면 우리의 약함 속으로 하나님의 충만의 모든 즐거운 것들이 흘러들어올 것입니다.

3. 마지막으로, 우리는 여기에서 계속되는 괴로움의 필요성을 기꺼이 받아들이는 평온한 순응을 보게 됩니다.

"그러므로 도리어 크게 기뻐함으로 나의 여러 약한 것들에 대하여 자랑하리니 이는 그리스도의 능력이 내게 머물게 하려 함이라." 바울의 의지는 그리스도의 의지와 완전한 조화를 이룹니다. 그는 본능적인 움츠림으로 시작했다가, 그러한 괴로움의 목적을 깨닫는 것을 통과하여, 마침내 기쁨과 승리에 찬 순응에 도달합니다. 그는 단순히 순응하는 것 이상입니다. 그는 그리스도의 능력이 자기 위에 장막을 치도록 자신의 약함을 기뻐하며 자랑합니다. 옛 선지자는 "고난당한 것이 내게 유익이라"고 말했습니다(시 119:71). 바울은 여기에서 한 걸음 더 나아가 이렇게 말합니다. "고난당한 것을 나는 기뻐하노라. 나는 나의 약함을 기뻐하노라. 왜냐하면 나의 약함이 도리어 나로 하여금 하나님의 능력을 붙잡게 만들기 때문이라. 그럼으로써 나는 강하여 악을 이기게 되느니라."

우리의 괴로움이 외적으로 제거되는 것보다 그것의 목적을 깨달음으로써 그것의 쏘는 것이 제거되는 것이 훨씬 더 낫습니다. 만일 우리가 슬픔과 괴로움과 무능과 한계 등과 같은 것들을 우리 구주를 의지하는 것을 더욱 심화시키는 수단으로 사용한다면, 이런 것들은 진정한 축복이 될 것입니다. 그리고 만일 우리가 세상에서 부딪히는 여러 가지 사건들을 이러한 정신에 비추어 해석한다면, 아무리 이해할 수 없는 일처럼 보이는 것들이라 할지라도 우리는 그런 것들에 대해 덜 의아하게 생각하게 될 것입니다. 그러한 것들은 우리로 하여금 주님을 더 온전히 붙잡도록 만들고, 그럼으로써 마음을 열고 그의 완전하며 충족한 은혜를 좀 더 충분하게 받아들이도록 이끌기 위해 의도된 것들입니다.

여기에 어떤 종류의 십자가를 짊어져야만 하는 자들을 위한 교훈이 있습니다. 만일 여러분이 여러분에게 주어진 십자가를 받아들이기만 한다면, 그 십자가는 각종 꽃들로 장식될 것입니다. 또 여기에 모든 기독교 사역자들을 위한 교훈이 있습니다. 특별히 복음의 사역자들은 자신의 총명함과 지적 능력과 교양 등에 대한 모든 생각을 버리고 오직 비울 때에만 채워질 수 있다는 사실을 배워야 합니다. 스스로 아무것도 아님을 깨달을 때, 비로소 그들은 하나님이 그들을 통해 일하시는 하나님의 도구가 되는 준비를 갖춘 것입니다.

또 여기에 예수 그리스도의 은혜와 능력으로부터 동떨어져 서 있는 모든 자들을 위한 교훈이 있습니다. 마치 그런 것들이 필요 없다는 듯이 말입니다. 여러분이 그 사실을 알든 모르든, 실상 여러분은 상한 갈대에 불과합니다. 그리고 여러분이 강하게 되는 방법은, 여러분의 죄와 궁핍과 결핍과 완전한 공허를 인식하고 의와 부요와 충만이신 분에게로 나아와 "나는 약하나 주는 나의 강함이시나이다"라고 말하는 것입니다. 모든 영웅적이며 위대한 삶의 비밀은 "내가 약할 때 강함이라"는 역설 속에 놓여 있습니다. 반면 모든 실패와 좌절된 삶의 비밀은 그 역(逆)인 "내가 강할 때 약함이라"는 사실 속에 놓여 있습니다.

23
너희의 재물이 아니요 너희니라

"내가 구하는 것은 너희의 재물이 아니요 오직 너희니라"
고후 12:14

어떤 특정한 악의 성향을 가진 사람들이 다른 사람들도 그와 비슷한 성향을 가지고 있을 것으로 상정하면서 의심의 눈초리를 거두지 않는 것은 흔히 있는 일입니다. 대체로 저급한 동기에 따라 행동하는 어떤 사람에게 있어 매우 고상한 동기에 따라 행동하는 사람들이 있다고 믿는 것은 매우 어려운 일입니다. 이와 같이 바울도 돈을 벌기 위해 사도직을 수행하는 것이 아닌가 하는 악의적인 의심과 비방에 끊임없이 직면해야 했으며, 고린도의 대적자들이 그에게 던진 악의적인 돌들 가운데 하나도 바로 이것이었습니다. 본서에서 바울은 그러한 참소에 대해 한 번 이상 언급합니다. 우리는 그러한 참소를 언급하는 그의 감정 속에 예민함과 분개의 마음이 뒤섞여 있었음을 엿볼 수 있습니다. 또 어떤 경우에는 빈정거림의 분위기가 엿보이기도 합니다. 본 문맥의 경우가 그러한데, 여기에서 바울은 그들 고린도의 대적자들에게 자신이 그들로부터 아무것도 취하지 않은 것으로 인해 대단히 미안하게 되었다는 투로 말합니다(13절). 이어 그는 그들을 만나기 위해 세 번째로 고린도를 방문할 계획이며 이번 방문 역시도 지난번과 마찬가지로 그들로부터 아무런 폐도 끼치지 않을 것임을 알립니다 (14절). 그러고 나서 그는 자신의 마음의 일단을 드러내는 말을 합니다.

"내가 구하는 것은 너희의 재물이 아니요 오직 너희니라." 우리는 여기에서 바울 사도의 사심 없는 사랑을 볼 수 있습니다. 이와 같이 자아를 억제하고 순전히 사람들 자체를 사랑하는 법을 그는 도대체 어디에서 배웠을까요? 그것은 거룩한 불로부터 나온 불똥이며, 광대무변의 대양(大洋)으로부터 나온 물방울이며, 신적 음성의 메아리입니다. 만일 본문의 말 속에 담긴 정신이 먼저 예수 그리스도로부터 나온 것이 아니었다면, 그 말은 결코 바울의 것일 수 없었을 것입니다. 물론 본문은 바울의 말입니다. 그러나 우리는 그 속에서 먼저 우리 주님의 정신과 우리 주님의 음성을 발견할 수 있습니다.

1. 첫째로, 예수 그리스도는 인격적인 순복을 열망하십니다.

"내가 구하는 것은 너희의 재물이 아니요 오직 너희니라"는 말은 사랑의 모어(母語)입니다. 그러나 우리의 사랑이 가장 순수할 때조차도 우리의 입술 위에는 자기중심적인 색조(色調)가 남아 있습니다. 다른 사람의 사랑을 열망하는 것 속에도 너무나 많은 경우 물질적인 유익을 열망하는 것 못지않게 자기중심적인 요소가 있을 수 있습니다. 그러나 순수한 마음으로 다른 사람들을 사랑하며 소유하기를 열망하는 한, 우리는 거기에 그리스도의 마음과 상응하는 어떤 것이 있다고 믿을 권리를 갖습니다. 예수 그리스도는 우리를 향해 열망의 손을 뻗칩니다. 우리가 그 사실의 전체적인 의미를 아주 조금밖에 이해하지 못한다 하더라도 말입니다. 그는 자신을 위해, 그리고 우리를 위해 기꺼이 우리를 자신에게로 끌어당깁니다. 그리고 사람들이 스스로의 마음을 자신에게 순복시킬 때, 그는 그들을 사랑하시며 그들에게 자신을 아낌없이 주십니다.

나는 이에 관하여 여기에서 더 이상 장황하게 설명할 생각이 없습니다. 그러나 한 가지 분명하게 지적하고 싶은 것은 예수 그리스도께서 그의 생애의 기록에 의해, 그의 죽음의 고통에 의해, 그의 부활의 기적에 의해, 그의 승천의 영광에 의해, 그의 허락하신 성령에 의해, 말씀하셨고 또 말씀하고 계시는 모든 것의 가장 깊은 의미가 다름 아닌 "나는 너희를 구하노라"(I seek you)라는 것이라는 것입니다.

사랑하는 교우 여러분, 자기순복(self-surrender)이야말로 기독교의 핵심입니다. 우리의 종교는 우리의 머리 안에 있는 것도 아니고 우리의 행동 속에 있는 것도 아닙니다. 종교의 최고 개념은 우리 자신을 주 예수 그리스도께 완전히 순복시키는 것입니다. 세상에는 많은 종교들이 있습니다. 머리의 종교도 있으며, 교리의 종교도 있습니다. 손의 종교도 있으며, 입술의 종교도 있으며, 형식의 종교도 있으며, 의식(儀式)의 종교도 있으며, 성례의 종교도 있으며, 외적인 예배의 종교도 있습니다. 또 그분께 우리 인격의 피상적인 일부를 순복시키는 종교도 많이 있습니다. 옛 주인인 자아는 여전히 우리 존재의 가장 깊은 보좌 위에 꿈쩍도 않고 앉아 있는 가운데 말입니다. 그러나 이러한 종교들은 그리스도께서 요구하시는 것도 아니며, 우리가 필요로 하는 것도 아닙니다. 참된 그리스도인의 유일한 증표는 "이제는 내가 사는 것이 아니요 오직 내 안에 그리스도께서 사시는 것이라"는 진실한 고백입니다(갈 2:20).

이와 같은 삶이야말로 진정 축복된 유일한 삶입니다. 우리의 참된 고상함과 아름다움과 권능은 예수 그리스도께 대한 우리의 순복의 분량에 비례하며, 그것과 정확하게 상응합니다. 지구가 태양계의 중심으로 생각되는 동안에는 천체에는 오직 혼돈만이 있었을 뿐이었습니다. 중심을 태양으로 바꾸십시오. 그러면 모든 것이 조화롭고 아름답게 될 것입니다. 죄의 뿌리와 사망의 어머니는 나 자신을 나의 율법과 주인으로 만드는 것입니다. 의의 씨앗과 생명의 첫 박동은 우리 자신을 그리스도 안에서 하나님께 순복시키는 것입니다. 왜냐하면 그가 먼저 우리에게 자신을 주셨기 때문입니다.

이러한 자기순복이 단순한 은유 이상임은 두말할 필요조차 없습니다. 그것은 매우 명확한 사실을 함축합니다. 최소한 다음과 같은 두 가지를 함축하는데, 그리스도께 대한 순복은 첫째로 우리 마음의 사랑에 의한 것이라는 것과, 둘째로 우리 의지의 기꺼운 순복에 의한 것이라는 것입니다.

교우 여러분, 만일 여러분이 복음으로부터 "그가 나를 사랑하사 나를 위해 자신을 주셨도다"라는 위대한 진리를 빼버린다면, 여러분에게 있어 자기순복은 결코 가능하지 않다는 사실을 기억하십시오. 나는 인간의 영혼으로부터 자아(自我)의 통치권을 완전하게 무너뜨릴 수 있는 유일한 힘이 죄인들을 위한 예수 그리스도의 십자가 희생 속에 담겨 있다고 분명히 믿습니다.

나는 종교의 영역에서든 혹은 비종교적인 도덕의 영역에서든 고상한 것들과 효과적인 것을 충분히 인정합니다. 그럼에도 불구하고 나는 우리 안에 있는 악한 자아가 너무도 강력하여, "예수 그리스도가 당신을 위해 자기 생명을 주셨으니 당신도 그분께 자신을 드려야 하지 않겠는가?"라는 옛 메시지 외에는 그 어떤 것으로도 쫓겨나지 않는다는 사실을 확신합니다.

2. 둘째로, 예수 그리스도는 개인적인 봉사(personal service)를 구하십니다.

"내가 구하는 것은 오직 너희니라." 나의 사랑을 위하여 뿐만 아니라 나의 도구로 쓰기 위하여 그러하니라. 너희로 하여금 내가 죽은 목적, 즉 세상 속에서 나의 나라를 세우는 일을 수행하는 도구가 되게 하려 함이니라. 여기에서 우리는 매우 중요한 원리를 발견할 수 있습니다. 즉 기독교적 봉사와 사역 속에서 스스로를 그리스도께 순복시키는 것은 사랑과 순종 가운데 스스로를 그분께 실제적으로 순복시키는 것의 결과가 될 것이라는 사실입니다.

구주께 대한 자신의 의무를 깨닫고, 자기부인의 위대한 삶을 실천하며, 그리스도를 자신의 진정한 주인으로 높이 받드는 어떤 사람을 상상해 보십시오. 과연 그런 사람이 오늘날 수많은 그리스도인들이 그렇게 하는 것처럼 남은 인생을 주님의 일과 관련하여 게으르고 무기력하게 살 수 있을까요? 내가 보기에 오늘날 교회에 가장 필요한 것은 새로운 성별(聖別)의 물결인 것 같습니다. 만일 스스로를 그리스도인으로 부르는 사람들이 자신들을 위해 죽으신 구주의 희생을 좀 더 깊이 되새긴다면, 오늘날 희어져 추수하게 되었으되 일꾼이 없다고 슬퍼할 필요는 없게 될 것입니다. 만일 그리스도께서 우리에게 주신 선물을 새롭게 인식하고 그에 부응하여 우리 스스로를 그분께 드리는 물결이 교회들에 흘러넘친다면, 메마른 모든 골짜기들은 은혜의 물결로 가득 채워질 것입니다.

거대한 방직기를 상상해 보십시오. 그러나 그 방직기에 강력한 힘 즉 전원(電源)이 공급되지 않는다면, 단 하나의 톱니바퀴도 돌아가지 않을 것입니다. 일단 강력한 힘이 부어질 때 비로소 모든 것은 움직이기 시작할 것입니다. 게으른 그리스도인들을 매질하여 일하도록 재촉하는 것은 아무 소용 없는 일입니다. 그들을 일하게 만드는 것은 오직 한 가지입니다. 그것은 주님을 가까이 하여 살아가는 가운데 자신들이 그분께 얼마나 큰 빚을 졌는지를 더 많이 발견하는 것입니다. 그럴 때 비로소 그들은 스스로를 그분의 뜻을 이루기 위한 도구로 드리게 될 것입니다.

이와 같이 어떻게 예수 그리스도를 위해 세상을 이길 것인가 하는 질문에 대한 유일한 해답은 기독교적 봉사를 위해 스스로를 순복시키는 것입니다. 직업적인 사람은 그렇게 할 수 없습니다. 그들은 사람들에게 "내가 구하는 것은 너희의 재물이 아니요 오직 너희니라"라고 말할 수 없습니다. 여기에서 나는 오늘날의 교회제도에 대해 말하고자 하지 않습니다. 그것은 여기의 범주를 훨씬 뛰어넘는 주제일 것입니다. 그러나 사랑하는 교우 여러분, 나는 그리스도의 이름을 전파하는 것 외에 다른 생계수단을 갖고 있는 여러분들이 훨씬 더 유리한 위치에 있다는 사실을 알려주고 싶습니다. 기독교회가 서품 받은 사제(司祭)만이 평신도가 할 수 없는 일을 할 수 있다고 믿었던 동안에는, 기독교적 사역을 사제직(司祭職)에 한정시킨 것은 논리적인 것이었습니다. 그러나 기독교회가 특별히 우리 비국교도들 사이에서처럼 목사는 단지 복음을 설교하는 자에 불과하다고 믿게 되었을 때, 기독교적 사역을 어떤 직분에 한정시키는 것은 비논리적인 유산이 되었으며, 또 교회에 대한 우리의 근본적인 원리들과 완전히 상치되게 되었습니다.

이와 같이 기독교적 사역을 어떤 특별한 사람들에게만 한정시키는 사상은 오늘날 우리의 교회들을 황폐하게 만들며, 또 수많은 사람들을 비성경적이며 비기독교적인 게으름 속에 빠지게 만듭니다. 그러나 참으로 감사한 것은 오늘날 이런 부분에서 많은 각성이 있다는 사실입니다. 과거에 비해 오늘날의 세대는 예수 그리스도의 위대한 이름을 전파하는 것이 모든 그리스도인의 의무라는 사실을 훨씬 더 많이 깨닫고 있습니다. 그렇지만 안타깝게도 이러한 의무를 깨닫고 실천하는 그리스도인이 교회 전체의 10%나 될는지 모르겠습니다. 나머지 90%는 "짖지 못하는 개"가 되고 말았습니까? 이러한 90% 가운데 사회적인 문제나 경제적인 문제들에 대해서는 열심히 말하는 사람들이 많이 있을 것입니다. 그들은 오직 그들의 구주가 되시며 그들의 주인이 되시는 분에 대해서만 입을 열지 못하는 것입니다.

교우 여러분, 이러한 기독교적 사역은 피할 수도 없거니와 다른 것으로 대체될 수도 없습니다. 과거에 사람들은 돈으로 대신 값을 치르고 군 복무를 피하곤 했습니다. 오늘날에도 그리스도의 군병으로 섬기는 문제에 있어 많은 사람들이 그와 같은 방식으로 생각합니다. 그러나 그것은 틀린 생각입니다. "내가 구하는 것은 너희의 재물이 아니요 오직 너희니라."

3. 마지막으로, 예수 그리스도는 우리의 어떤 것이 아니라 우리 자신을 구하십니다.

여기는 돈에 대한 기독교적 윤리라고 하는 방대한 주제를 다루는 자리가 아니지만, 그러나 나는 다음과 같은 두 가지 사실은 꼭 지적하고 싶습니다. 즉 소유의 성별(聖別)을 포함하지 않는 자아의 성별은 불완전한 것이라는 사실과, 자아의 성별로 이어지지 않는 소유의 성별은 아무것도 아니라는 사실입니다.

이와 같이 만일 자기순복의 위대한 법칙이 그리스도인의 삶 전체를 관통하는 것이라면, 그러한 법칙이 소유의 문제에 적용될 때 그것은 다음과 같은 세 가지 사실을 나타내게 될 것입니다. 첫 번째는 주인이 아니라 청지기라는 사실입니다. 이것은 우리의 소유 전체를 포함합니다. 이와 같은 청지기 개념에 근거할 때, 우리는 오늘날 흔히 대두되는 부의 불평등한 분배와 관련한 골치 아픈 문제들을 해결할 수 있는 길을 찾을 수 있게 될 것입니다.

자기순복의 법칙이 우리의 소유에 적용될 때 나타나는 두 번째 사실은 우리가 그것의 처분과 관련하여 항상 예수 그리스도께 위탁해야 한다는 사실입니다. 여기에서 나는 자신을 위해 쓰는 것과 남을 돕기 위해 쓰는 것과 종교적인 목적을 위해 쓰는 것 사이에 어떤 구분선을 긋고자 하지 않습니다. 핵심적인 원리는 소유를 얻고, 모으고, 주고, 향유하는 등의 모든 일에 있어 그리스도께서 주인이 되시는가 하는 것입니다.

자기순복의 법칙이 우리의 소유에 적용될 때 나타나는 세 번째 사실은 그 모든 것을 사용할 때 거기에 희생의 요소가 있다는 사실입니다. 그 소유가 물질적인 것이든, 지적인 것이든, 재능과 관련한 것이든, 혹은 영향력이나 지위 등과 관련된 것이든 상관없이 말입니다. 도움의 법칙은 희생입니다. 참된 그리스도인이라면 값이 들지 않는 것으로는 결코 주께 드리려고 하지 않을 것입니다.

그러므로 사랑하는 교우 여러분, 거대한 중심의 불로 가까이 나아갑시다. 그 불이 우리의 심령을 완전히 녹일 때까지 말입니다. 우리의 소망인 그 사랑으로 우리의 모범이 되게 합시다. 비록 희미하게라 할지라도 그리스도의 위대한 희생이 여러분의 모든 삶과 행동 속에서 재현되도록 노력하십시오. 그를 죽음으로까지 이끈 정신으로 하여금 여러분의 삶을 이끌며, 영감을 주는 정신으로 삼으십시오. 만일 우리가 "그가 나를 사랑하사 나를 위해 자신을 주셨으니 나도 자신을 그에게 드리노라"라고 고백할 수 없다면, 그리고 그러한 고백에 따라 살 수 없다면, 우리는 스스로를 그의 제자라고 부를 권리를 갖지 못할 것입니다.

갈라디아서

1
진리의 핵심에서 주변으로

"이제 내가 육체 가운데 사는 것은 나를 사랑하사 나를 위하여
자기 자신을 버리신 하나님의 아들을 믿는 믿음 안에서 사는 것이라"
갈 2:20

우리는 갈 2:20에서 일단의 역설을 발견하게 됩니다. 첫째는 "내가 그리스도와 함께 십자가에 못 박혔음에도 불구하고 나는 산다"는 것입니다. 그리스도인의 삶은 날마다 죽는 삶입니다. 우리가 정말로 그리스도께 연결되어 있다면 그의 죽으심의 힘이 우리로 자아와 죄와 세상에 대해 죽게 만들 것입니다. 그런 경우에 죽음은 그리스도인의 육체의 죽음과 마찬가지로 생명의 문입니다. 우리가 그리스도 안에서 죽는 죽음이 생명을 위한 죽음인 한은, 우리는 죽기 때문에 살고, 죽는 것만큼 생명을 얻습니다.

그 다음의 역설은 "하지만 내가 산 것이 아니요 내 안에 그리스도께서 사신 것"이라는 이야기입니다. 그리스도인의 삶은 그 안에 거하시는 그리스도께서 우리의 자아를 쫓아내고 그로 인해서 그것을 새로이 소생시키시는 삶입니다. 우리는 우리 자신을 잃을 때 진정으로 자신을 얻습니다. 우리 안에 거하시는 그의 존재는 우리의 개성을 파괴시키기는커녕 오히려 강화시켜 줍니다. 그러므로 "내가 산 것이 아니요 내 안에 그리스도께서 사신 것이라"고 말할 수 있을 때 우리는 진정으로 살아 있는 것입니다. 그리스도는 우리의 영혼의 영혼이요, 자아의 자아이십니다.

마지막으로 등장하는 역설은 바로 본 설교의 본문에 나오는 것입니다. "내가 육체 가운데 사는 것은 하나님의 아들을 믿는 믿음 안에서('믿음에 의해서'가 아닙니다) 사는 것이라." 진정한 그리스도인의 삶은 두 개의 영역에서 동시에 이루어집니다. 외적으로 그리고 표면적으로는 "육체 가운데서"의 삶이요, 실제로는 "믿음 안에서"의 삶입니다. 그 삶은 물질세계에 속하지도 않고, 우리가 거하고 있는 육체에 좌우되지도 않습니다. 우리는 이곳에서 나그네들이요, 그리스도인의 삶의 참 영역과 대기는 저 보이지 않는 믿음의 영역과 대기입니다.

따라서 이 본문의 말씀 속에서 우리는 그리스도인의 삶의 비결에 대한 그 자신의 솔직한 공언을 접할 수 있습니다. 그 공언은 지구의 단면과도 같습니다. 즉 풀과 꽃들이 있는 표면에서 시작하여 여러 층을 지나고 그 이상으로 깊이 내려가면 불타는 중심부, 즉 이글거리는 핵과 만물의 중심부에 다다르게 됩니다. 그러므로 우리의 마음을 잘라서 그 단면에 나타나는 층이 본문에 언급되어 있는 층과 일치하는지 일치하지 않는지를 알아보는 것은 우리 모두에게 유익할 것입니다.

1. 핵심으로부터 시작하여 주변으로 나아가 봅시다. 가장 나중에 언급된 가장 핵심적인 사실을 살펴봅시다. 그것은 가장 나중에 언급되기는 했지만, 사실 모든 그리스도인의 삶이 그것을 중심으로 이루어지고 있습니다.

"나를 사랑하사 나를 위하여 자기 몸을 버리신 하나님 아들." "사랑하사"와 "버리신"이라는 이 두 단어는 모두 과거의 어떤 분명한 역사적 사실을 시사하고 있습니다. 그 단어들이 가리키고 있는 유일한 사실은 예수 그리스도의 죽으심이라는 저 위대한 사건입니다. 예수 그리스도의 죽으심은 그가 자신을 내버리신 것입니다. 그 죽으심은 그의 사랑의 최고의 두드러진 표현이요 증거입니다.

(나는 이 단어들에 관계된 위대한 사상들에 대해 가능한 한 가장 간략한 방법으로밖에는 다룰 수 없지만) 우리 앞에 놓인 이 단어들을 통해 분명히 모습을 드러내는 저 초월적인 사실, 즉 그리스도인의 삶 전체의 중심

이요 핵심인 그 사실의 세 가지 면을 주목해 보십시다.

그리스도의 죽으심은 위대한 자기 포기의 행위입니다. 그것의 한 가지 동기는 그리스도 자신의 순수하고도 완전한 사랑입니다. 성경의 다른 부분에서 그리스도의 죽으심이 아버지 하나님의 목적의 결과로 나타나 있는 것은 의심의 여지가 없는 사실입니다. 또한 우리는 그 기이한 포기의 행위 속에 두 가지의 포기가 있음을 알 수 있습니다.

첫째로, 아버지께서는 우리 모두를 위해 아들을 죽기까지 내어주셨습니다. 사도 바울은 이 하나님의 거룩한 포기를 다른 부분에서는 저 아득히 먼 과거의 사건, 즉 아브라함이 산꼭대기에서 자신의 독자를 내어준 조용하면서도 복종적이며 자발적인 포기 속에 희미하게 암시되어 있다고 보고 있습니다. 그러나 아버지가 아들을 내어주신 것, 즉 이 말로 표현할 수 없는 거룩한 포기 이외에도, 둘째로, 예수 그리스도 자신이 오직 사랑에 이끌려서 기꺼이 자기 자신을 내어주셨습니다. 예수 그리스도의 희생에 관한 온전한 교리는, 아들이 자발적으로 "왔다"는 사실을 망각하고서 오로지 하나님이 아들을 보냈다는 진리를 일방적으로 강조함으로 인해 손상을 입어 왔습니다.

예수 그리스도는 인간이 엮은 끈이나 아버지의 뜻으로 십자가로 나아갈 수밖에 없었던 것은 아니었습니다. 그 자신이 사랑의 끈과 용기의 띠로써 자신의 운명을 그 십자가에 얽어 매었고, 어쩔 수 없는 필연성이나 또는 그 자신에게 부과된 원치 않는 하나님의 뜻 때문에 죽음의 길을 간 것이 아니라 자신이 원했기 때문에 죽음을 택했습니다. 그는 사랑했기 때문에 그 길을 원하였던 것입니다. "나를 사랑하사 나를 위하여 자기 몸을 버리신 하나님의 아들", 바로 그가 예수 그리스도이십니다.

게다가 여기에서 가장 두드러지게 나타나는 사실로서, 십자가상에서 절정을 이루는 자기 포기의 위대한 행위가 특별하고도 독특한 의미에서 인간을 위해 존재하는 것으로 간주되고 있음 또한 주목하십시오. 물론 단순히 본문을 이루는 용어 자체만 가지고서 그리스도의 죽으심의 구속적·대속적 성격을 논할 수는 없다는 사실을 나도 알고 있습니다. 이는 이곳의 전치사가 반드시 "누구 대신"을 의미하는 것은 아니고 "누구를 위하여"라는 의미를 갖고 있기 때문입니다.

그러나 이 사실을 인정하면서도 내게는 또 다른 의문이 있습니다. 만일 그리스도의 죽으심이 인간들을 위한 것이라면, 그것이 인간 대신에 치른 희생이 아니고서 달리 어떤 의미로 인간을 유익하게 해준다는 말입니까? "나를 위한" 죽음은 그것이 나를 대신한 죽음으로 이해될 수 있을 때에만 나를 위한 것이라고 할 수 있습니다. 실제적으로 여러분은, 온 세상의 모든 죄를 씻으시고자 죽으시고 그 형벌을 지고 가신 분으로 그리스도 예수를 믿는 온전한 믿음이 어느 부분에서 움츠러들고 희미해지기 시작했던 간에, 사람들은 그리스도의 죽으심을 어떻게 다루어야 할지 도무지 모르고 있으며 그것에 관해 충분히 이야기하지 않는다는 사실을 발견할 것입니다.

그가 희생의 죽음을 죽으신 것이 아니라고 한다면, 적어도 나 자신은 그리스도의 죽으심이 인간들을 위한 죽음이라는 주장에서 단순히 감상적인 의미가 아닌 다른 의미는 발견할 수 없습니다.

이 문제에 관하여, 마지막으로, 이곳의 우리들이 예수 그리스도께서 죽으심을 통해 하나하나의 영혼들에게 관심을 가지셨다는 위대한 사상을 어떻게 생생하게 표현해 왔는지를 주목해 보십시오. 우리는 그가 모든 사람을 위해 죽으셨다고 전합니다. 만일 우리들이 본문에 나오는 존엄한 칭호, 즉 "하나님의 아들"을 한편으로는 우리의 믿음의 근거요 다른 한편으로는 그의 죽으심의 유익이 세계적일 수 있다는 가능성의 근거로서 믿고 있다면, 그가 각 사람을 위해 죽으셨는데 어떻게 모두를 위해 죽으셨다고 할 수 있을까라는 의아심으로 주저하지는 않을 것입니다.

만일 여러분이 예수 그리스도를 오직 인간으로만 간주하고 있다면, 내가 전적으로 터무니없는 이야기를 지껄이고 있음에 분명합니다. 그러나 우리가 주님의 신성을 믿는다면, 그가 단지 추상적인 대상, 즉 한데 모여 있는 인간들의 막연한 군상을 위해 죽으신 것은 아니라는 생각 때문에 걸려넘어질 필요는 없습니다. 그가 모두를 위해 십자가에서 자기 목숨을 바쳤다고 해서 그 모두 때문에 우리 개개인의 얼굴을 보지 못하시는 것은 아닙니다.

모두 때문에 개개를 보지 못하는 것은 우리 인간의 방식입니다. 우리는 개개인들을 보지 않아야 전체 인간 집단을 파악할 수 있습니다. 정확히 말해서 우리는 개개의 단위체들을 보지 않기 때문에 일반화시킬 수 있습니다. 그러나 이것은 하나님의 방식이 아니요, 또한 거룩하신 그리스도의 방식도 아닙니다. 그에게 있어서는 그 "모두"는 부분들로 해체됩니다. 따라서 우리들이 하나님의 사랑이 모두를 사랑한다고 말할 때 그 의미는 각자를 사랑하고 있다는 것입니다.

내가 믿고 여러분에게 생각하기를 바라는 바, 우리는 각 사람의 죄가 그를 누르고 있는 짐의 무게를 더해주고 있다는 사실을 인정하지 않는 한 그리스도의 고통의 깊이를 헤아릴 수 없으며, 또한 십자가상에서 그의 사랑이 각 사람을 분별하여 포용했고 이로써 모두를 품었다는 사실을 믿지 않는 한 그 사랑의 기이함을 상상할 수조차 없습니다. 모든 사람은 각자 "그가 나를 사랑하셨고, 나를 위해 자기를 내어주셨다"고 말할 수 있습니다.

2. 본문에서 첫 번째의 핵심적인 사실에 대해서는 이 정도로 해둡시다. 두 번째로 이제 그 사실을 내 자신의 개인적 생활의 기반으로 만들어주는 믿음에 관하여 한마디 하겠습니다.

"이제 내가 육체 가운데 사는 것은 나를 사랑하사 나를 위하여 자기 몸을 버리신 하나님의 아들을 믿는 믿음 안에서 사는 것이라." 나는 믿음의 본질에 관한 그 어떤 불필요한 학술논문에도 빠져들지 않을 것입니다. 그러나 다른 모든 유사한 개념과 마찬가지로, 그것은 지금까지 너무 닳아 매끄러워져서 우리의 정신적 입천장을 아무런 돌기도 일으켜 세우지 않은 채, 즉 아무런 감각이나 향기를 일으키지 않은 채 미끄러져 지나가 버린다고 말할 수는 있지 않겠습니까?

또한 나는 여러분과 같은 수많은 사람들, 즉 평생토록 교회를 다녔고 내 입을 통해 늘 듣게 될 기독교 진리에 정통하고 있다고 자부하는 사람들이

사실상 "믿음"이라는 저 기본적인 단어의 의미를 명확하게 파악하고 있지
는 않다고 확신하는 바입니다.

그것이 언어의 우유성(偶有性)으로 인해 예수 그리스도께 대한 우리의
태도에 제한되고 있다는 것은 실로 애석한 일입니다. 그렇기 때문에 여러
분 중의 일부는 그것이 평상의 생활과는 관계가 없고 그 생활 속에서 작용
하는 모습은 결코 볼 수 없는 모종의 신학적 요술이라고 생각합니다. 만일
우리가 그 진부하고 전문적인 표현인 "믿음" 대신에 잠시 새로운 번역에
눈을 돌려 "신뢰"라는 표현을 사용했다면 그것이 여러분의 생각을 조금이
라도 새롭게 해주었을 것이라고 생각합니까?

아내나 남편이나 친구나 부모에 대한 여러분의 관계를 유쾌하게 만들어
주는 그 신뢰나 예수 그리스도께 바쳐서 그 과정 중에 영화로워짐으로 불
멸의 생명의 씨앗이요 천국 문의 열쇠가 되는 그것이나 모두 동일한 것입
니다. 예수 그리스도를 신뢰하십시오. 그것은 그리스도인의 삶의 살아 있
는 중심입니다. 그리고 그것은 우리가 복음의 일반적인 축복을 우리 자신
의 가슴 속으로 끌어들이고 세계적인 진리를 우리의 진리로 만드는 과정
입니다.

우리의 신앙생활이 사도들의 방침을 본보기로 이루어져야 한다고 하면,
내가 그리스도의 일에 관해 말해온 이 모든 면들을 통해 그리스도를 받아
들여야 하는 필요성에 대해서 강조할 필요조차 없을 것입니다. 이곳에서
바울의 진술에 "아멘"이라고 말할 수 없을지도 모르는 그 어떤 사람의 마
음속에서 일어나는, 하나님을 찾는 초보적이고 불완전한 느낌을 내가 무
시하다니 결코 당치도 않은 일입니다.

내가 매우 진지하게, 특히 젊은이에게 관련시켜 강조하고 싶은 사실은
참 그리스도인의 믿음이란 단순히 어떤 인물의 존재를 파악하는 것이 아
니고, 하나님의 아들로 선포된 분을 파악하는 것입니다. 즉 그것은 온 우
주 속에서 각 영혼들의 죄를 씻어주시기 위해 사랑에 이끌려 자발적으로
자기를 내어주신 분을 파악하는 것입니다. 그렇게 할 때 비로소 우리는 그
리스도, 완전한 그리스도를 파악할 수 있습니다.

그에게 매어달린 믿음은 우리가 파악해야 할 가치가 있는 분은 어느 정도나마 파악했다고 할 수 있습니다. 여러분이 부분적인 그리스도를 부분적으로 파악하는데 만족하지 말 것을 간절히 부탁합니다. 그의 본성이 지닌 신성을 외면하지도 말고 그의 죽으심이 지닌 힘을 무시하지도 말고, 참된 복음은 십자가에 달리신 그리스도를 가르치며, 우리에게 구원을 가져다주는 믿음은 "나를 사랑하사 나를 위하여 자기 몸을 버리신" 하나님의 아들을 파악하는 믿음이라는 것을 명심하십시오.

한층 더 나아가 참된 믿음은 개인적인 믿음, 즉 그리스도께서 자기를 내어주신 행위의 목적과 유익을 바로 나 자신의 것으로 소유하고 붙잡는 개인적인 믿음이라는 사실에 유의하십시오. 게으른 사람들(우리들 대부분이 게으릅니다)이 광범위하고 일반적인 진리들을 그들 자신의 개인적인 삶으로 끌어들여서 그들 자신과 그들의 경험에 실제적인 접촉을 일으키게 하기란 언제나 어렵습니다.

우리가 그 진리들을 일반성 속에 가두어 두고 있을 때 그것들에 동의하기란 매우 쉽고도 아주 무익한 일입니다. "모든 사람은 반드시 죽는다"라고 말하는 것은 아무런 유익함이 없습니다. 그러나 그 일반론의 무딘 끝이 뽀족한 끝으로 바뀌어서 내 스스로 "나는 죽어야만 한다"라는 말을 해야 할 때 그 차이는 얼마나 큰 것입니까!

그 말은 우리의 가슴을 찌르고 또 찌를 것입니다. "모든 사람이 죄인이다"라고 말하는 것은 쉬운 일입니다. 그런 말은 아직까지 그 누구의 무릎도 꿇게 하지 못했습니다. 그러나 우리가 옆을 차단하고 우리 자신의 삶의 좁은 노선 위에서 입법자가 앉아 계시는 보좌를 곧게 올려다보면서 '나는 죄인이다' 라고 생각할 때, 그것은 우리로 하여금 용서와 정결을 간구하지 않을 수 없게 만듭니다. 마찬가지로 이제까지 보편적인 판단에 대한 생각으로 건전한 두려움을 느낀 사람은 결코 없었습니다. 그러나 내가 판단의 자리에 나아와야만 할 때, 주님께 대한 두려움이 우리를 엄습할 것입니다.

이처럼 우리 모두가 믿는다고 말하는 저 위대한 진리, 즉 그리스도께서 온 세상을 위해 죽으셨다는 진리를 바울의 표현처럼 "나를 사랑하사 나를 위해 자기를 내어주셨다"고 바꾸지 않는 한, 그것은 우리에게 전혀 쓸모 없고 무익한 말에 불과합니다. 내가 말씀드리고자 하는 것은 믿음의 본질이 일반적인 진술을 구체적인 적용으로 전환시키는데 있다는 것이 아니라, 그리스도의 죽으심의 유익을 개인적으로 소유하는 것을 실현시키지 못하는 것은 믿음이라고 할 수 없고, 여러분이 그 광범위한 말씀을 여러분 자신을 위한 메시지로 돌리지 않는 한 아직껏 그리스도인으로서의 복된 삶이 보이는 곳에 다다르지 못했다는 것입니다.

강물 전체가 나를 지나 흘러갈 수 있지만, 오직 내 집 수문을 통해 나의 정원으로 이끌어 들여 나의 그릇으로 떠서 내 입 속에 들어오는 물만이 내게 소용이 있습니다. 세상을 위해 그리스도께서 죽으셨다는 것은 진정한 기독교가 아닌 피상적인 기독교의 상투어입니다. 마치 그와 나만이 우주에서 유일한 존재인양 그가 나를 위해 죽으셨다는 사실, 그 사실 위에서만 믿음이 정착하고 자라날 수 있습니다.

사랑하는 교우 여러분, 여러분에게는 그 같은 믿음을 발휘할 권리가 있습니다. 그리스도께서는 각 사람을 사랑하시고, 따라서 모두를 사랑하십니다. 이것이 거룩한 자의 마음속에서 이루어지는 생각의 과정입니다. 교제는 그런 마음이 나타나는 과정입니다. 그러므로 성경은 우리들에게 다가와 그리스도께서 모두를 사랑하시고, 따라서 우리에게는 그가 각 사람을 사랑한다는 추론을 이끌어 낼 권리가 있다고 말합니다.

여러분은 마치 여러분의 성경책에 "누구든지"라는 말 대신에 존, 토머스, 메리, 엘리자베스 등등의 여러분 자신의 이름이 있는 양 성경에 나오는 모든 "누구든지"라는 표현을 여러분 자신으로 간주할 수 있는 권리를 갖고 있습니다. "그는 나를 사랑하셨다." 여러분은 그렇게 말할 수 있습니까? 여러분은 모호하고 보편론의 영역을 지나 예수 그리스도와 그의 죽으심을 개인적으로 받아들이는 영역으로 들어갔습니까?

3. 이제 마지막으로 이런 믿음 위에 세우진 삶을 주목해 보십시오.

진정한 그리스도인의 삶은 이중적입니다. 그것은 육체 안에서의 삶이요, 또한 믿음 안에서의 삶이기도 합니다. 앞에서 말했듯이 이 두 가지는 원형 경기장의 두 개의 경주 코스와 같습니다. 즉 하나는 바깥쪽에 위치하고, 다른 하나는 안쪽, 즉 중심에 가깝게 위치하고 있습니다. 바다 위에 떠다니는 황금빛 해초는 조용한 수면 위에서 길게 물보라를 일으키고, 파도가 일고 잔물결이 칠 때마다 오르락내리락합니다. 아! 그러나 그것의 뿌리는 파도 아래로, 즉 움직임이 있는 곳 아래쪽으로 깊이 먼 곳에서 결코 움직이지 않는 숨겨진 바위 위에 정착하고 있습니다.

마찬가지로 나의 삶이 그리스도인의 삶이라면, 그것은 땅의 변화무쌍한 가변성 사이에 그 표면을 두고 있지만 그것의 뿌리는 만물의 중심, 즉 하나님이신 그리스도의 잠잠한 영원성 속에 있습니다. 나는 외적으로는 육체 안에서 삽니다. 그러나 내가 그리스도인인 한 나의 참되고 본원적인 존재는 믿음 안에서 삽니다.

이 믿음, 즉 거룩하신 그리스도를 나의 생명을 위해 사랑으로 죽음을 택하시고 내 믿음을 통해 내 가슴속에 거하는 손님이 되신 분으로 받아들이는 믿음이 가치 있는 것이라면 나의 존재 전체에 영향을 미칠 것입니다. 그것은 내게 모든 고귀한 봉사와 모든 거룩한 삶을 위한 동기와 본보기와 힘을 제공해 줄 것입니다. 사람들이 진정한 순종을 하려는 마음을 갖게 되는 한 가지 이유는 그리스도께서 그들을 사랑하사 그들을 위해 죽으셨다는 강한 확신이 그들의 마음을 감동시켰기 때문입니다.

우리는 때때로 손의 힘으로 엔진을 발동시키려는 사람들을 봅니다. 큰 크랭크를 회전시키고 피스톤을 올리는 것은 얼마나 고생스러운 일입니까! 마찬가지로 우리들은 자기 스스로 삶을 거룩하고 아름답고 고상하게 만들고자 애를 씁니다. 그것은 우리로 낙담케 하는 일일 뿐입니다. 그것보다 훨씬 더 낫고 확실한 방법이 있습니다. 증기를 끌어들여 보십시오. 그러면 그것이 엔진을 움직일 것입니다. 다시 말해서, 그리스도의 죽으심의 전능과 그의 영의 살아 있는 힘이 마음을 차지하게 해보십시오. 그러면 활동이 축복이 되고, 일이 안식이 되며, 봉사가 곧 자유와 권세가 될 것입니다.

내가 육체 안에서 사는 삶은 초라하고, 한정되어 있으며, 근심에 시달리고, 심한 비탄에 짓눌려 있으며, 끝이 다가오면 다가올수록 점점 더 어두워지고 흐려지며 황량해지고, 언제나 불행과 고통으로 가득 차 있습니다. 그러나 육체 안에서의 그런 삶 속에 믿음 안에서의 삶이 있다면, 즉 우리의 믿음을 통해 그리스도께서 직접 우리에게 주신 삶이 있다면, 그 삶은 의기양양하고 조용하고 끈기 있고 뜻이 높고 고상하며 희망적이고 부드러우면서 강하고 경건할 것입니다. 이는 그것이 곧 우리 안에 거하시는 그리스도 자신의 삶이기 때문입니다.

그러므로 사랑하는 교우 여러분, 두 가지 테스트를 통해 여러분의 믿음을 시험해 보십시오. 즉 여러분의 믿음이 무엇을 붙잡고 있고, 또한 그것이 어떤 일을 하느냐 하는 시험을 해보십시오. 만일 그것이 온전하신 그리스도, 즉 그의 본성의 모든 영광과 그의 사업의 모든 은총을 붙잡고 있다면, 그것은 참된 믿음입니다. 그리고 그것이 오직 사랑으로 여러분 안에서 역사하고 모든 행동에 생기를 불어넣고, 여러분으로 하여금 늘 저 소중한 주님의 존재를 의식하게 하여 그분을 본보기요 법과 동기와 목적과 친구와 상급으로 삼게 해준다면, 그것은 자체의 진정성을 증명해 보이는 것이 됩니다. "내게 사는 것은 그리스도라."

내게 사는 것이 그리스도라면, 우리는 정말로 살고 있는 것입니다. 그러나 육체 안에서의 삶은 죽습니다. 우리들이 그리스도 안에서 살 때 그 죽음은 영혼의 유일한 진짜 삶의 문이요 시작입니다.

2
악한 눈과 그 마력

"어리석도다 갈라디아 사람들아 예수 그리스도께서 십자가에 못 박히신 것이
너희 눈앞에 밝히 보이거늘 누가 너희를 꾀더냐"
갈 3:1

개정역 성서는 이 격렬한 질문을 좀 더 짧고 아마도 좀 더 정확한 형태로 표현하고 있습니다. 그것은 "너희 가운데서"와 "진리에 순종하지 못하게"라는 두 구절을 생략하고 있습니다. 이 생략은 의미를 조금도 축소시키지 않으면서 질문의 예리함을 증대시켜 주고 있습니다.

하나의 매우 뚜렷한 비유가 이 질문 자체를 꿰뚫어 흐르고 있는데, 그것은 평범한 독자들의 시야에는 쉽게 들어오지 않을 수도 있습니다. 여러분은 악한 눈에 관한 옛 미신을 알고 있을 것입니다. 그것은 이 갈라디아서가 씌어질 당시에 거의 보편적으로 알려져 있었고, 지금도 동방에서 전해져 내려오고 있으며, 우리들 사이에서도 잔존하고 있습니다. 특정한 몇몇 사람들의 경우, 보기만 해도 불행을 일으킬 수 있고, 그들의 희생자들을 응시함으로써 그들로부터 생명력을 빨아들일 수 있는 힘을 갖고 있는 것으로 생각되고 있었습니다. 따라서 사도 바울은, 그런 식으로 변덕스러운 갈라디아 사람들을 유혹하여 그들의 눈에서 그리스도인의 생명력을 고갈시키고 있는 악한 마법사가 누구냐고 묻고 있습니다.

그러므로 "꾀더냐"라고 번역된 단어가 이 같은 관계를 암시해주고 있다

면, 바울이 예수 그리스도가 그들의 눈앞에 보여졌던 분이라고 이야기한 것은 매우 적절한 진술입니다. 그들은 그를 보았었습니다. 그런데 어떻게 그들이 눈을 돌려 다른 것을 볼 수 있게 되었습니까?

그들을 가르치기 위해 언급된 또 하나의 관찰 사항이 있습니다. 그것은 "밝히 보이거늘"이라는 표현의 충만한 힘에 관계된 것입니다. 주석가들이 이야기하듯이, 여기에 사용된 단어는 시민들이 읽을 수 있도록 공회나 시장 같은 눈에 띄는 장소에 공적인 포고문이나 공적 주의사항을 게시하는 행위에 사용되는 것입니다. 따라서 몇몇 저명한 학자들의 주장처럼 이 비유를 염두에 둘 때 그 단어는 "게시되다"라고 번역될 수 있을 것입니다.

"예수 그리스도께서…너희 눈앞에 게시되었거늘." 이 표현은 오늘날의 광고로 인해서 다소 천한 인상을 일으키기에 이르렀습니다. 그러나 우리가 그 표현이 지닌 힘을 무시해야 할 이유는 없습니다. 따라서 바울이 하는 말을 쉽게 표현하면 이렇습니다. "내 설교를 통해 그리스도께서 똑똑히 공표되었다. 그를 보았으면서 여러분이 다른 것을 보기 위해 눈을 돌린다는 것은 어떤 설명할 수 없는 마법에 걸린 것과 같다." 그런 행동은 놀라움을 자아내는 미치광이 짓이요, 또한 책망을 받아 마땅한 죄악입니다. 본문의 격렬한 질문은 놀라움과 책망을 모두 포함하고 있습니다.

1. 비유를 염두에 두고서 나는 먼저 소위 바울이 게시한 벽보의 내용을 주시하고자 합니다.

"십자가에 못 박히신 예수 그리스도께서 너희 앞에 똑똑히 밝혀졌거늘"이라고 그는 이 갈라디아 사람들에게 말하고 있습니다. 물론 그는 시초에 그들에게 복음을 전했던 자신의 노력을 언급하고 있는 것입니다. 생생한 비유가 매우 충격적인 두 가지 사실을 시사해주고 있습니다. 우리는 그 속에서 자신이 해야만 했던 일에 대한 사도 바울의 생각을 발견할 수 있습니다.

그의 직분은 매우 천한 것으로서, 단지 포고문을 벽에 붙이기만 하면 되는 것이었습니다. 포고문의 한 가지 장점은 그것이 간단하고 명백하다는 것입니다. 그것은 권위가 있어야 하고, 절박해야 하고, "대서특필되어야" 하며, 쉽게 이해되어야 합니다. 그것을 전하는 자는 그것을 벽에 단단히 붙여 누구나 환히 알 수 있게 해주는 일 이외에 아무런 할 일이 없습니다. 감히 현대적인 표현으로 옮겨 본다면, 바울이 한 말의 의미는 자신이 더도 덜도 아닌 벽보 붙이는 사람이요, 벽보를 갖고 나와 벽에 단단히 붙이는 일을 했다는 것입니다.

아! 만일 우리 목회자들이 이 비유 속에 함축되어 있는 의미를 그대로 실행한다면, 강단이 오늘날보다도 더 자주 힘의 중심지가 되리라고 생각하지 않으십니까? 그리고 만일 우리 자신의 재간과 공론을 나타내고 제시하는 대신에 우리 자신도 우리가 붙이는 벽보 뒤에 숨어야 한다는 사실을 깨닫게 된다면, 수많은 빈사지경의 교회들 위에 새로운 생기가 임할 것이고, 우리는 오늘날의 설교의 무능에 관한 잦은 정당한 빈정거림을 적게 듣게 될 것입니다.

그러나 이제 나는 바울 자신의 직분에 관한 생각을 떠나 그의 주제에 관한 진술을 주시하고자 합니다. "예수께서 너희 가운데서 밝히 보였다." 만일 내가 본문의 비유를 약간 수정할 수 있다면, 바울이 붙인 벽보는 오늘날의 재간 있는 광고인들이 우리의 모든 벽 위에 붙이고 있는 것들과 유사했습니다. 그것은 그림으로 이루어진 벽보였습니다. 그 위에는 단 한 사람, 예수의 모습이 그려져 있었습니다. 기독교는 그리스도요, 그리스도는 기독교입니다. 모든 교리의 원천이요 샘이신 그리스도 자신보다도 교리를 더 중요하게 다루는 강단이나 책이 있는 곳은 어디든지 간에 복음의 최초의 형태에서 벗어나는 일이 일어납니다.

물론 교리들 — 오직 사실들에 관련된 원칙에 대한 질서정연하고 공식적인 진술들 — 이 그리스도라는 인물의 선포에서 흘러나왔다는 사실은 나도 알고 있습니다. 나는 이 시대의 몇몇 사람들처럼 신학에 항거해 미친 듯이 날뛰는 어리석은 바보는 아닙니다. 그러나 내가 강조하고 싶은 것은 기독교의 최초의 형태가 이론이 아니라 역사요, 하나님의 계시는 한 인물의 일대기라는 사실입니다. 우리는 인물 그리스도로써 시작하고 그를 전해야 합니다.

우리의 모든 설교자들과 모든 그리스도인들이 그들 자신의 개인적 신앙 생활 속에서 이 사실을 붙잡았더라면, 즉 기독교는 처음에 철학이 아니라 역사이고, 그것의 핵심은 질서정연한 교리의 연속이 아니라 살아 있는 인물이므로 어떤 사람이 그리스도에 대한 신앙을 고백하는 행위가 몇몇 진리들을 소화하는 지적인 과정이 아니라 신뢰와 사랑을 갖고서 예수라는 인물에 매달리는 도덕적 과정이라는 사실을 붙잡았더라면 얼마나 상황이 달라졌겠습니까?

그러나 한 걸음 더 나아가서 여러분 중의 누구든지 원문을 참고로 한다면, 문장 구조가 "십자가에 못 박히신"을 크게 강조하는 형태로 이루어져 있다는 사실을 발견할 것입니다. 벽보에 묘사되어 있는 것은 단순히 한 인물의 모습이 아니라, 십자가에 못 박히신 인물의 모습입니다.

아! 교우 여러분, 본문의 말씀 속에서 바울은 그가 생각하기에 그 자신의 모든 메시지의 두근거리는 심장인 것, 즉 메시지의 모든 힘과 그 축복의 모든 빛이 인류에게 퍼져나가는 절대적인 초점이 "십자가에 못 박히신 그리스도"를 가리키고 있습니다. 만일 그가 붙인 벽보와 다른 태도를 취하고 다른 모습을 한 그리스도의 인물화였다면, 다시 말해서 십자가에 못 박히신 그의 모습을 보여주지 않았다면, 바울이 전한 복음은 불완전한 것이었을 것입니다.

2. 이제 두 번째로 사람들의 눈을 미혹시킨 마법사들을 생각해 봅시다.

바울의 질문은 무식한 것이 아니라, 책망을 포함하고 놀라움을 나타내는 일종의 수사적인 방법을 사용하고 있습니다. 바울은 갈라디아인들이 그들을 호린 자가 누구인지 알고 있다고 생각했습니다. 이 갈라디아서 전체는 거기에 나오는 몇 개의 변론이 보여주듯이 매우 뚜렷이 식별되는 교사들 집단을 상대로 하여 서리가 아닌 불 속에서 행해진 논박을 그 내용으로 하고 있습니다. 바울이 상대한 교사들이란 교회에 숨어 들어온 유대교의 밀사(밀정)들이었습니다. 그들은 바울이 그리스도께 대한 신앙을 통해서 모아 놓은 이방인 집단들 틈에서 바울의 걸음을 미행하는 일을 특별한 임무로 받아들이고 모든 수단 방법을 동원하여 그의 사업을 전복시키고자 했습니다.

나는 이와 같은 본문의 본래적인 의미에 대해 잠시나마 생각해보지 않을 수 없었습니다. 이는 그것이 현재의 우리들의 상황과 매우 밀접한 관계가 있기 때문입니다. 이 서신에서 바울이 상대하여 싸우고 있는 이 사람들, 이들이 가르치는 바는 무엇이었습니까? 그들은 예수께서 그리스도이신 것을 부인하지 않았습니다. 또한 믿음이 사람과 그리스도를 결합시켜 준다는 것도 부인하지 않았습니다. 그러나 그들은 교회에 들어가고 구원을 받기 위해서는 유대교의 외적인 의식을 지키는 것이 필요하다고 주장했습니다. 그들은 스스로 평가하기에 그리스도의 가치를 손상시키기는커녕 오히려 더해준다고 생각했습니다. 그렇지만 바울은 더하는 것은 곧 손상시키는 것이라고 말했습니다. 즉 예수 그리스도의 완성된 사업에 대한 믿음을 제외하고, 그 어떤 것이든지 더 필요하다고 말하는 것은 그 완성된 사업과 그것에 대한 믿음이 구원의 수단임을 부인하는 행동이요, 만일 다른 것이 필요하다는 주장을 인정하게 되면 복음의 전체 체계가 허무하게 무너져 내린다는 것입니다.

오늘날에도 외적인 상황의 변화에 따른 차이가 있기는 하겠지만 동일한 것을 주장하는 사람들이 있는지 살펴봅시다. 그리스도 교회의 테두리 안에서 외적인 의식들 — 세례식과 성찬식 — 이 구원과 교회와의 연관에 반드시 필요하다고 옛 유대식 관념을 되풀이하고 있는 사람들은 없습니까? 그들이 예수 그리스도의 완성된 사업에 대한 믿음의 유일한 필요성을 공공연하게는 손상시키지 않으나, 이 외적인 의식들을 내세움으로써 실제로는 손상시키고 있는 것은 그때나 지금이나 마찬가지가 아닙니까?

그런 사람들로 인해서 개인적인 믿음을 통해 개인적인 그리스도와 개인적인 연합을 해야 한다는 사실에 있어야 하는 초점이 외적인 율례에 대한 참여를 강조하는 쪽으로 옮겨졌습니다. 이 갈라디아서에서 바울이 그 시대의 유대화주의자들에게 퍼부은 용암의 흐름이 조금만 각도를 달리하면 그 뜨거운 흐름이 이 시대의 성찬 형식론자의 머리 위에 퍼부어져 그들을 삼켜버릴 것이라고 감히 나는 생각해봅니다. "어리석도다 갈라디아 사람들아 누가 너희를 꾀더냐?"

지난 세기와 금세기 초의 복음주의적 신앙부흥 이후로 이 낡고 낡은 오류가 다시 솟아나서, 기타 다른 것이 없이 믿음으로 받아들여진 그리스도의 역사가 유일한 구원의 수단이라는 복음의 가르침의 단순함을 흐리게 하는 것은 어떤 악한 마법과 같지 않습니까?

그러나 본문의 이 같은 본래적인 적용을 생각하느라고 시간을 낭비할 필요는 없습니다. 그것보다는 차라리 우리 자신의 개인적인 삶과 그 삶의 약점들을 좀 더 면밀하게 살펴봅시다. "하나님의 선한 말씀과 내세의 능력을 맛보고" 예수 그리스도를 구주요 친구로 알았던 사람이 그에게서 등을 돌려 다른 것에 눈길을 보낸다는 것은 이상한 일입니다. 너무나도 이상한 일이라 자기 자신이 그런 일을 경험해보지 않은 사람이라면 거의 그것을 가능한 일로 믿으려 하지 않을 것입니다. 그렇지만 이상하고 슬프게도 어떤 마법사처럼 그것은 우리 모두가 때때로 어느 정도까지 경험하는 일입니다. 또한 그것은 한동안 주님 뒤를 따라가다가 방향을 바꾸어 더 이상 그와 함께 동행하지 않게 된 수많은 사람들이 비극적일 정도로 경험하는 일입니다.

우리가 놀라는 것도 당연합니다. 그러나 불행의 뿌리는 우리와 무관하게 마법사의 악한 눈 빛 속에 있는 것이 아니라 우리 자신의 사악한 의지와 변덕스러운 마음, 그리고 방황하는 우리의 감정 속에 있습니다. 우리는 종종 악한 영향력의 도래를 자초하고, 기꺼이 유혹을 당해 예수께 등을 돌리고자 합니다. 이 얼마나 불가사의한 일입니까? 어느 누가 모조 보석을 갖기 위해 다이아몬드를 버리겠습니까? 우리는 일반적으로 그림자를 얻기 위해 실체를 떨어뜨리지는 않습니다. 주머니를 자갈로 채우기 위해 그 속에 있는 금덩이를 버리지는 않습니다.

목마른 사람이 깨진 수조 바닥에서 찌꺼기로 더럽혀지고 냄새가 풍기는 몇 방울의 물이나마 남아 있는지를 보기 위해 충만히 솟아오르고 생기가 넘치는 샘을 외면하지는 않을 것입니다. 그러나 위와 같은 일들을 저지른다고 해도 그 어리석음은, 예수 그리스도의 달콤함을 맛보았으면서도 세상의 유혹을 따라가면서 셀 수도 없이 범하는 어리석음에 비교해서는 그래도 온전하다고 할 수 있습니다.

습관, 그리스도께 대한 지나친 허물없는 태도, 종이 위에 미세한 모래알들이 박혀서 쇠에다 비명을 새길 수 있을 만큼 강한 사포(砂布)가 되는 것처럼 일상적인 근심 걱정들이 모여 기운을 소모시킬 만한 힘이 되는 것, 세상적인 기쁨의 유혹, 근심 걱정이 주는 압박감, 이 모든 것들이 우리 주위를 에워싸고 있는 마법사의 고리와 같습니다. 그 앞에서 우리들은 뱀 앞에 있는 새와 같이 무력합니다. 마법사는 우리에게 마법을 걸어 꾀어냅니다.

이 슬픈 사실은 교회의 역사 속에서 수차례 대규모로 증명되었습니다. 새로워진 생기가 터져 나오고 영성이 고조되었을 때마다 그 이후에는 반드시 무감각한 상태와 형식주의가 다시 고개를 쳐드는 반동의 시기가 뒤따랐습니다. 독일에서 종교개혁 이후에 무엇이 뒤따랐습니까? 그 이후는 죽음의 일세기가 도래했습니다. 영국에서 청교도 정신 이후에 무엇이 나타났습니까? 정욕과 불경함이 폭발했습니다.

그것은 언제나 그러했습니다. 우리들이 잘 알고 있듯이 우리 개개인에게 있어서도 마찬가지입니다. 아 교우 여러분! 유혹의 손길은 여러 개가 동시에 존재하고 있고, 우리의 보잘것없는 눈은 매우 나약합니다. 그래서 우리는 주님께 눈을 돌려, 우리를 응시함으로 파멸에 몰아넣고자 애쓰는 이 보기 흉한 괴물들을 바라보곤 합니다. 이곳에 계신 청중 속에는 한때 지금 현재보다 예수 그리스도를 더 분명하게 알았고 그를 훨씬 더 고정적으로 바라보았고, 훨씬 더 많은 애정을 갖고 그에게 마음을 쏟았던 그리스도인들이 얼마나 많이 있을까요?

아프리카의 큰 산봉우리들 중에는 몇 개는 아침에 한두 시간 정도만 모습을 보이다가 구름이 모여들면 낮 동안 내내 모습을 감춥니다. 그것은 이후의 어느 때보다도 신자 생활의 아침나절에 훨씬 더 생생하게 그리스도를 보았던 수많은 그리스도인들의 경험과 같습니다. "누가 너희를 꾀더냐?" 세상입니다. 이 대마법사는 우리 자신의 가슴속에 안전하게 자리를 잡고 앉아 있습니다.

3. 마지막으로, 역시 비유를 염두에 두면서 본문에는 나와 있지 않지만 부적에 관해 생각해 보십시다.

이집트와 팔레스타인의 어떤 다정다감한 어머니들은 자기 아기를 악한 눈의 영향력으로부터 보호하고자 목에다 부적에 해당하는 작은 장식물을 걸어줍니다. 만일 우리가 원한다면 지닐 수 있는, 우리를 안전하게 지켜줄 부적이 있습니다. 여러분이 악한 눈을 바라보지만 않는다면 마력이 작용할 수 없습니다.

마법사가 갖고 있는 한 가지 목적은 우리의 눈길을 그리스도로부터 떼어내는 것입니다. 그 목적을 좌절시키는 방법은 눈길을 그리스도께 계속 고정시키는 것이라고 말하는 것은 결코 비논리적이지 않습니다. 여러분이 악한 눈의 해로운 광채를 바라보지 않는다면, 그것은 여러분에게 아무런 힘도 미치지 못할 것입니다. 또한 여러분이 그리스도를 변함없이 바라본다면, 오직 그럴 때에만 해로운 광채를 바라보지 않게 될 것입니다.

전설 속의 율리시즈처럼 여러분도 사이렌이라는 마녀들의 아름다운 모습을 보지 않고 그들의 노랫소리를 듣지 않으려면, 눈에 붕대를 감고 귀에 밀랍을 바르십시오. 눈을 고정시켜 예수 그리스도를 바라보고, 결코 그에게서 눈을 떼지 않으리라고 단단히 마음을 가다듬는 것이 우리 주위에서 유혹의 손길을 뻗치는 쾌락들에 대해서 유일한 안전책입니다.

그러나, 교우 여러분, 우리가 모든 유혹과 올가미 속에서 바라보아 안전을 얻을 수 있는 분은 십자가에 못 박히신 그리스도입니다. 사람들을 위해 죽지 않은 그리스도가 그들을 자기 자신에게로 이끌 수 있을 만큼 충분한 힘을 갖고 있을지는 의심스럽습니다. 우리를 그리스도께 묶어주고 있는 끈은 우리를 정복한 그의 죽으심의 사랑에 대한 확신입니다. 이 현재 생활의 의무와 소동과 유혹과 시련 속을 지나가면서, 날마다 그리고 순간마다 의지와 사고의 활동을 통해 우리 자신을 그에게로 향하게 하기만 한다면, 모든 그릇된 유혹의 광채가 우리 주위에서 사라질 것입니다.

교우 여러분, "예수를 바라보는 것"이 세상의 유혹에 대해 승리를 거둘 수 있는 비결입니다. 그리고 우리가 습관적으로 그렇게 바라본다면, 우리가 경험하게 되는 감미로움이 저속한 세속적인 감미로움의 모든 유혹적인 힘을 파괴시킬 것이고, 태양의 축복된 빛이 우리를 늪으로 빠뜨리려고 유혹하는 거짓된 광채를 흐리게 하고 완전히 소멸시킬 것입니다. 그러므로 이 거짓된 것들에게서 떠나 예수 그리스도께로 나아가십시오.

본래 우리 자신은 뱀 앞의 벌새나 호랑이 앞의 토끼처럼 나약할지라도, 예수께서 우리들에게 힘을 주시고, 빛나는 그의 얼굴의 광채가 우리에게 임하여 우리의 눈을 고정시켜 줄 것이고, 우리도 마법사들의 유혹에 무감각해지게 만들어 줄 것입니다. 따라서 우리는 "누가 너희를 꾀더냐?"라는 질문을 두려워할 필요가 없게 되고, "누가 우리를 그리스도의 사랑에서 끊으리요?"라는 의기양양한 질문으로써 극도의 유혹의 힘에 도전할 수 있을 것입니다.

오 주여! 우리를 도우소서. 주께 간구하옵나니 우리로 당신 가까이에서 살게 해주소서. 우리의 눈이 헛된 것을 보지 않게 해주시고, 우리가 요동하지 않게 우리 앞에 언제나 주님을 모실 수 있게 해주소서.

3
경험의 가르침

"너희가 이같이 많은 괴로움을 헛되이 받았느냐"
갈 3:4

일반적으로 이 격렬한 질문은 변덕스러운 갈라디아인들에게 그들이 그리스도께 대한 믿음으로 인해 믿지 않는 형제들에게서 얼마나 심한 고통을 당했는지를 상기시켜 주는 것이요, 또한 그들이 과거의 담대한 인내를 무의미하게 만들지 않도록 복음에 성실할 것을 권고하는 것으로 받아들여지고 있습니다. 유대교의 관습을 주장하는 교사들을 따르고, 이로써 "십자가의 거치는 것"을 회피함으로써 그들은 과거의 고통을 헛되게 하려하고 있었습니다.

그러나 여기에서 "받았느냐"라는 단어가 다른 곳에서 이미 알려져 있는 의미로, 즉 "감각"(feeling)의 일반적인 개념을 지닌 것으로 사용되었다는 주장이 나올 수도 있습니다. 그 감각의 본질은 한정될 수 없는 것입니다. 점차적으로 이 단어의 의미가 슬픔의 분위기와 뒤엉키게 되었다는 것은 고통과 슬픔의 우세를 말해주는 증거입니다. 그럼에도 여전히 본문에서의 그 단어를 "경험" 또는 "지각"을 의미하는 것으로 받아들이고, 사도 바울이 갈라디아인들의 과거의 경험 전체를 언급하고 있고, 그들이 한결같을 것을 바라는 그의 호소가 믿음으로 인해 그들이 겪은 모든 기쁨 및 슬픔에 근거하고 있다는 것은 가능한 생각입니다.

　본문을 이처럼 좀 더 일반적인 의미로 받아들일 때, 그것은 한해의 마지막에 다다른 이와 같은 때에 우리 스스로 물어보아도 좋을 질문이 됩니다. 달력을 쳐다보면 자연히 뒤를 돌아보게 되고 과거의 모든 경험으로써 무엇을 이루었는지, 아니 그 모든 경험의 도움을 받아 우리 자신이 어떻게 변했는지를 자문해 보게 됩니다.

1. 회상의 의무

　어떤 이유에서든지 현재에 대한 지나친 몰두에서 벗어나는 것은 우리에게 유익한 일입니다. 현재의 압도적인 무게와 평형을 이루는 것은 무엇이든 간에 이 순간에 있어서는 축복이요 선이며, 마음을 부드럽게 만들어주고 짧은 기간이나마 지난날 우리의 자아를 고양시켜 준 높은 포부와 젊은 시절의 이슬 같은 신선함에 대한 기억을 유지시켜 주는 것은 무엇이든 간에 오늘의 먼지투성이의 일상사 속에서는 유익한 것입니다. 너무 가까이에서 보는 것보다 좀 떨어져 보는 것이 더 분명하게 보이듯이, 우리는 사물로부터 약간 떨어져 있을 때 더 분명히 잘 볼 수 있습니다.

　그러나 우리의 회상은 현재에 몰두하는 것과 마찬가지로 너무나 자주 경박하고 비천한 수준에 머물고 있습니다. 회상이 죄악까지는 가지 않더라도 천박한 수준에 머무는 것을 막기 위해서는 우리의 본문에 나오는 것과 같은 질문을 우리 각자가 절박하게 자문해 보아야 할 필요가 있습니다. 우리의 모든 기능이 그래야 하듯이 회상은 양심과 가장 가까운 협조 관계를 유지해야 합니다. 그렇지 않으면 그것은 거의 소용이 없는 것이 되고 맙니다.

　단순히 고된 현실에서 눈을 돌려 더 이상 존재하지 않는 날들의 부드러운 빛 — 그 빛 속에는 착각이 없지 않습니다 — 속으로 들어가는데서 구슬픈 쾌락을 찾는 감상적인 것에 불과한 사치스러운 회상이 있습니다. 우리의 슬픔과 기쁨이 우리의 도덕적 성품에 어떤 영향을 미쳐 왔는지 분명하게 분별하지 않은 채 그 슬픔과 기쁨을 되씹기만 하는 것은 그것이 아무리 동물에게 적합한 것이라고 해도 인간에게 어울리는 회상은 아닙니다.

어떤 사람이 바다를 벗어나서 어떤 무른 모래톱에 오르면서 뒤를 돌아보듯이 우리는 지난 일을 뒤돌아보아야 합니다. 과거가 우리의 기쁨이나 슬픔에 영향을 미쳤다고 해서 그 시절을 기억하는 것은 동일한 관점에서 현재를 주시하는 것만큼이나 무가치한 일이며, 과거 및 현재 양쪽으로부터 그것들의 최상의 가치를 빼앗아갑니다. 본문의 질문이 끝까지 쫓아다니고, 회상의 목적이 과거의 감정의 식은 숯더미에 다시 불을 붙이려는 것이 아니라 과거의 경험이 우리의 현재의 성품에 어떤 영향을 미쳤는지를 확인하려는 것일 때, 그때에만 회상이 축복된 것이요, 우리 내부에 가능한 한 최고의 유익을 가져올 수 있습니다. 우리는 뒤를 돌아봄으로써 좀처럼 사라지지 않는 몇 송이의 꽃을 그러모으려고 노력할 것이 아니라, 떨어진 꽃송이에 뒤이어 맺힌 열매를 찾아야 합니다.

2. 과거에 대한 참된 시험

본문의 질문은 앞에서 이미 시사했던 바와 같이 우리의 삶 전체가 그 모든 다양하고 상반되는 경험들에도 불구하고 명확한 끝을 갖고 있는 질서 있는 완전체라는 점을 암시하고 있습니다. 그 순간 너머에는 그것에 맞는 어떤 목적이 있습니다. 우리의 기쁨과 슬픔, 우리의 이득과 손해, 밝은 순간과 암담한 순간과 뛰어나게 밝지도 암담하지도 않은 순간, 우리의 실패와 성공, 우리의 좌절되거나 아니면 이루어진 소망들, 그리고 우리의 인생이 거쳐 온 모든 다양한 상황과 환경 등은 모두 하나의 결과를 위해 협력합니다.

어른을 만드는 것은 인생입니다. 어린 아이는 가능성의 덩어리입니다. 세월이 흐르면서 가능성을 지녔던 발전의 길이 하나씩 차단됩니다. 어린 시절에는 거의 어떤 사람이든지 될 수 있는 가능성이 있었습니다. 그러나 어른이 되면 하나의 형태로 굳어지고 고정됩니다.

그러나 이 모든 다양한 자극과 복잡한 경험들이 사람 안에서 최상의 결과에 다다르려면 그 사람 자신의 협력을 필요로 합니다. 만일 그가 단순히 자신에게 작용하는 이 외적인 힘들을 수용하기만 하는 존재라면, 그것들이 그 사람을 만들 것이고, 그는 가련한 사람이 될 것입니다.

사람이 인생의 지휘권을 취하지 않는다면 인생은 그 사람을 만들어 주지 않을 것입니다. 환경과 외적인 조건에 이끌려 다니는 사람은 강 속의 긴 수초가 강의 흐름에 따라 이리저리 밀려다니는 것과 같습니다. 그런 사람은 가장 높은 견지에서 볼 때 일생의 변화를 헛되이 경험하게 될 것입니다.

명백히 우리의 경험들은 각각 그 자체에 맞는 직접적이고 낮은 단계의 목적을 지니고 있습니다. 이 목적들은 대체로 성취됩니다. 그러나 이것들 너머에는 그 이상의 목적이 있는데, 그것은 우리 편에서 근면하고 신중하고 끈기 있는 노력을 기울이지 않는 한 성취될 수 없는 것입니다.

만일 인생의 경험을 헛되이 받아들이는 것이 어떠한 것인지를 확인해 보기 원한다면, 우리 자신에게 삶이 무엇을 위해 주어졌는지를 물어보기만 하면 됩니다. 그러면 우리 모두는 삶의 최고의 목적을 성취하기 위해 어느 정도까지 삶을 이용해 왔는지를 판단할 수 있을 만큼 충분히 그것을 깨닫게 될 것입니다. 우리는 우리의 다양한 경험들의 결과를 연구하는데 이 목적들을 여러 방향으로 적용시킬 수 있을 것입니다.

먼저 가장 낮은 것으로부터 시작해 봅시다. 우리는 진리를 배우기 위해 삶을 부여받았습니다. 그러므로 우리의 경험이 우리에게 지혜를 가르쳐 주지 못했다면, 우리의 삶은 헛되이 보내졌습니다. 주위를 둘러볼 때 사람들 대다수가 독자적이고 지성적인 견해를 거의 스스로 만들어 낼 수 없고, 감정의 폭발과 맹목적인 편견과 온갖 종류의 수다와 요구에 이리저리 요동하고 있다는 사실은 실로 통탄할 노릇입니다. 우리의 눈을 우리 자신에게 돌려보아도 그 슬픈 사실은 마찬가지입니다. 아마 놀라움과 수치심이 생기지 않을 수 없을 것입니다. 우리의 견해라고 만족스럽게 부르고 있는 것 중에서 과연 어느 정도가 우리 자신의 신념에서 비롯된 것인지 생각해 보십시오.

우리 자신에게 지혜가 없다는 사실을 파악할 수 있을 만큼 우리가 자신에게 정직하다면, 본문의 질문이 우리를 무겁게 내리누르고, 우리가 얼마나 어리석은지를 가르쳐줌으로써 우리를 좀 더 지혜롭게 해줄 것입니다. 무한한 지혜의 샘이 우리에게 주어져 있고, 우리의 삶의 풍성하고 다양한 경험이 우리를 돕고자 우리에게 아낌없이 주어져 왔습니다. 그런데 우리는 그 모든 것을 갖고서 어떤 것을 만들어 냈습니까?

이제 한 단계 높이 올라서서 우리가 도덕적 피조물로 지음을 받았음을 상기해 봅시다. 우리는 도덕적 피조물로 지음을 받았기 때문에 우리 안에 있는 유년기의 잠재력을 발전시켜 그것을 도덕적 자질로 만들지 못한 경험은 무엇이든지 헛되이 겪은 것입니다. "기쁨도 슬픔도 우리의 운명 지어진 결말과 처지는 아닙니다." 인생은 우리로 사랑하고 선을 행하도록 주어진 것입니다. 따라서 인생이 우리에게 그런 결과를 낳지 못했다면, 그 인생은 실패한 것입니다.

이것이 사실이라면, 세상은 한 조각가의 작업실에 있는 보기 싫게 된 조각품 같은 실패작으로 가득 차 있을 것입니다. 또한 우리는 인생의 훈련을 너무도 자주 낭비해 왔고 우리에 대한 하나님의 옛 불평이 사실이라는 것을 정직하게 고백해야 할 것입니다. "내가 너희 자녀를 때려도 무익함은 그들도 징책을 받지 아니함이라."

슬픔의 낭비보다 더 통탄할 낭비는 없습니다. 그런데 슬프게도 우리 모두는 우리의 고통과 불행이 우리를 좀 더 낫게 만드는데 얼마나 무력했는지를 잘 알고 있습니다. 그러나 불행만이 우리에게 호소하는데 실패한 것은 아닙니다. 우리의 기쁨 또한 우리의 슬픔만큼이나 자주 헛된 것이 되고 말았습니다. 기억의 등불을 과거의 긴 행로 위에 비추어 보면, 인생이 우리에게 선을 사랑하고 선할 것을 가르쳐준 순간이 얼마나 적었는지, 기억이 등불을 꺼뜨리고, 죽은 과거로 그 죽음을 장사지내게 하는 것이 당연하다는 사실을 알게 될 것입니다.

그러나 좀 더 높은 단계로 올라서서, 인간이 하나님을 위해 지음을 받았고, 종교를 가질 수 있는 유일한 피조물이라는 사실을 생각해 보지 않을 수 없습니다. "사람의 제일 되는 목적은 하나님을 영화롭게 하고, 하나님으로 말미암아 영원토록 즐거워하는 것입니다."

이 주된 목적은 바로 앞에 언급한 낮은 단계의 목적들과 완벽한 조화를 이루고 있습니다. 따라서 이 주된 목적을 통해서 완전성을 구하지 않는 한 그것들의 완전성은 결코 실현되지 못할 것입니다. 옛날부터 묵상을 즐기는 사람들은 지혜의 시작이 여호와를 경외하는 것이고, 그 경외가 틀림없이 선의 시작이라는 사실을 깨달았습니다.

어떤 사람이 주께 와서 "내가 무슨 선한 일을 하여야 하리이까?"라고 물었을 때, 예수님은 그가 "선한"이라는 남용되고 통속화된 칭호를 예의로서 피상적으로 예수님 자신에게 적용시킨 것을 변명하도록 시키시고, 그에게 하나님만이 그 칭호를 완전하게 부여받으실 수 있다는 사실을 지적해주셨을 때, 그것은 "내가 무슨 선한 일을 하여야 하리이까?"라는 그의 질문과 무관한 책망이 아니었습니다.

만일 "선한 이는 오직 한 분이시고" 그분이 하나님이라고 한다면, 인간의 선함은 그에게서 비롯된 것임에 틀림이 없고, 신앙생활이 없는 도덕은 이론적으로는 불완전할 것이고, 실제적으로는 망상에 불과할 것입니다. 이렇게 인간이 하나님을 필요로 하도록 지음을 받았고, 그를 소유할 수 있고 또한 그에게 소유될 수 있다면, 우리 모두에게 다음과 같은 중대한 질문이 주어질 것입니다. 변화하는 환경과 다양한 운명의 그 모든 재빠른 선회에도 불구하고 인생은 우리를 하나님께로 좀 더 가까이 이끌어 주었으며 우리로 그를 좀 더 많이 받아들일 수 있는 존재로 만들어 주었습니까?

이 주된 목적은 지고하고도 최상의 것이라 그것을 이루지 못한 인생은 아무리 다른 많은 성공을 거두었을지라도 "헛된" 것으로 간주될 수밖에 없습니다. 또한 그것은 말로 표현할 수 없을 정도로 중요하고 필요한 것이라, 그것과 비교할 때 다른 것은 모두 무가치해집니다. 따라서 사람들 눈에 눈부신 성공으로 보이는 많은 인생이 사실상 무시무시한 실패에 불과한 것입니다.

자, 이제 우리들이 과거의 회상을 통해 이 명백한 원칙들을 우리에게 적용시켜 본다면, 우리는 매우 진지한 조사를 시작하게 될 것이고, 결국 참회의 대답에 정면으로 마주치게 될 것입니다. 우리들 중에서 일부는 큰 슬픔을 당한 적이 있을 것이고, 그 슬픔으로 인한 눈물이 볼 위에서 간신히 말랐을 것입니다. 또 일부의 사람들은 큰 기쁨을 겪었을 것이고, 그들의 가슴이 아직도 흥분으로 두근거릴 것입니다. 그 밖의 또 다른 사람들은 큰 성공을 거두거나 심한 손해를 입는 경험을 했을 것입니다.

그러나 우리가 자문해 보아야 할 것은 과거의 경험의 질적인 면에 관한 것이 아니라, 그것들이 우리에게 어떤 결과를 가져왔느냐는 것입니다. 인생이 우리를 더 지혜롭고 선하고 경건하게 만들어주는 방향으로 이용되었습니까? 우리가 자기 자신을 조사하는데 정직하고, 회상이 단순히 감상적인 사치가 되지 않았다면, 위의 질문에 대한 대답은, 우리가 너무나 자주 하나님의 자비나 응징을 불성실하게 받아왔고, 인생이 주는 훈련을 많이 받았으면서도 훈련을 받지 않은 상태나 다름이 없다는 것입니다.

본문의 질문을 내가 여러분에게 한다는 것은 건방진 행동일 것입니다. 그 질문은 엄중한 양심의 소리를 통해서 우리들 각자에게 주어질 것이고, 또 우리 중에서 일부는, 우리에게 큰 슬픔을 주면서 이 세상을 떠나간 사랑하는 사람들을 통해 그 질문을 듣게 될 것입니다. 하나님께서 우리에게 이 질문을 하십니다. 그분 앞에서 거짓으로 꾸며 이야기한다는 것은 불가능합니다.

3. 회상의 최선의 결과

세상은 "내가 기록한 것을 기록했노라"라고 말하고, 돌이킬 수 없는 과거에 대한 생각 속에는 매우 엄숙하고도 무서운 진실이 들어 있습니다. 인생이 원래의 목적을 성취했든 하지 못했든 간에, 그것은 모종의 목적을 성취했다고 할 수 있습니다. 그것은 우리를 하나님이 우리에 대해 의도하셨던 것과는 정반대의 사람들로 만들었을 수도 있습니다.

어쨌든 그것은 세상적 관점에서 보는 한 부술 수도, 결코 다시 만들 수도 없는 일정한 성품을 고착시켜 주었습니다. 세상은 일단 형성된 상품은 결코 없앨 수 없다고 모질게 말합니다. 또한 악을 행하는데 익숙해진 사람이 선을 행하는 법을 배울 수 있을 것이라고 기대하는 것은 흑인의 피부색이 바뀌고 표범의 점이 사라지는 것을 기대하는 것과 같다고 선포합니다.

사라진 과거의 영향을 인간의 어깨에 짊어지우고, 일단 형성된 것의 특성은 그 어떤 것으로도 지울 수 없다고 단정하여 희망을 갖지 못하게 하는 저 서글픈 운명론은 예수 그리스도께서 세상에 가져오신 큰 희망과 격렬한 대립을 보입니다. 우리는 자신이 기록한 것을 **기록했고**, 우리에게는 기록된 선들을 지워버리고 종이를 다시 깨끗하게 만들 수 있는 힘이 없습니다. 그러나 예수 그리스도께서는 우리에게 불리한 필적을 가져가셔서 그것을 자신의 십자가에 못 박아 버렸습니다. 죄가 뚜렷이 나타나고 죄로 닳은 우리의 옛 자아 대신에 그는 우리 각자에게 새로운 자아를 제공하십니다. 이 새 자아는 우리의 노력의 소산이 아니라, 예수님의 형상이요, 앞으로 우리가 변하게 될 모습을 예언해 주는 것입니다. 예수님은 자신의 생명과 영을 나누어 주시고, 미래에 거룩함이라는 큰 선물을 주심으로 만물을 새롭게 만드십니다.

복음은 그것을 받은 사람들 중에서 일부가 지난날 얼마나 악한 사람이었는지를 철저하게 인정하고 있습니다. 그러나 복음은 그들의 부정한 과거를 기쁘게 인정할 수 있습니다. 그 이유는 그 모든 지난날의 더러움을 현재 그들의 깨끗함에다 대조시킬 수 있기 때문입니다. 복음은, 지난날 뿌리 깊게 타락했으나 이제는 그리스도를 믿은 사람들에게 기쁨으로 이렇게 말합니다. "너희 중에 이와 같은 자들이 있더니 주 예수 그리스도의 이름과 우리 하나님의 성령 안에서 씻음과 거룩함과 의롭다 하심을 얻었느니라."

4
전 인류의 감옥

"그러나 성경이 모든 것을 죄 아래에 가두었으니 이는 예수 그리스도를
믿음으로 말미암는 약속을 믿는 자들에게 주려 함이라"
갈 3:22

사도 바울은 이곳에서 인상적이고도 엄숙한 비유를 사용하고 있습니다. 영어 성경에서는 "가두었다"는 표현에 "concluded"라는 단어를 사용하고 있는데, 이 단어의 애매함 때문에 영어를 사용하는 독자들에게는 그 비유의 상당 부분이 가려져 있습니다. 그 단어는 글자 뜻 그대로는 "가두다"를 의미합니다.

여기에서 그것은 축어적인 의미인 감금의 의미로 받아들여져야지, 이차적인 의미인 추론의 의미로 받아들여서는 안 됩니다. 따라서 우리는 인류가 감금당해 있는 방대한 감옥을 생각해야 합니다. 그리고 나서 매우 특정적으로 사도 바울은 즉시 또 하나의 은유법을 사용하여 "죄 아래"라고 말합니다.

바로 한순간 전에는 그의 생동감 넘치는 상상력에 큰 토굴 감옥으로 나타났던 것이, 이제는 아래에 있는 자들을 내리누르는 무거운 압박감으로 묘사되고 있습니다. 아마도 우리는 감금된 자들을 내리누르는듯한 어두운 토굴 감옥의 낮은 지붕을 상상해도 좋을 것입니다.

더 나아가서 바울은, 성경이 사람들을 이 같은 감금 상태로 몰아넣었다

고 이야기합니다. 물론 그것이 하나님의 계시가 우리를 죄인들로 만들고 있다는 것을 의미할 수는 없습니다. 그것의 의미는 계시가 우리로 더 많이 죄책감을 느끼게 만들어주고, 전에 그 어떤 목소리도 하지 않았던 일, 즉 인간이 죄악되다는 사실을 선포하고 있다는 것입니다. 그리하여 이 냉혹해 보이는 비유 전체가 받아들여지고 설명됩니다.

또한 하나님의 계시에 속하는 것으로 암시되고 있는 직무는, 후반부의 말씀에서 나오는 강하고도 확고한 빛줄기로 인해 하나님의 사랑과 조화를 이루고 있습니다. 후반부의 말씀은 갇힌 자들이 절망이나 죽음을 기다리며 사슬에 묶여 있는 것이 아니라, 공동의 슬픈 운명 안에서 같이 모인 그들이 공동의 복된 구원을 받는 자가 되고 예수 그리스도께 대한 믿음을 통해 자유와 빛 속으로 들어갈 수 있기 위해서 사슬에 묶이게 될 것이라고 말하고 있습니다.

따라서 세 가지를 여기에서 생각해 볼 수 있습니다. 감옥과 그곳의 관리자와 그곳의 파괴자가 그 세 가지입니다. "성경이 모든 것을 죄 아래 가두었으니 이는 예수 그리스도를 믿음으로 말미암은 약속을 믿는 자들에게 주려 함이라."

1. 첫째로, 전 인류의 감옥을 주목해 봅시다.

사도 바울은 두 가지 사실을 이야기하고 있습니다. 우리는 비유를 걷어내고서, 그 아래 깔려 있는 사실들을 볼 수 있습니다. 하나는 모든 죄가 곧 감금 상태를 의미한다는 것이고, 다른 하나는 예수 그리스도를 믿음으로 밖에 나오지 않는 한 모든 사람이 그 토굴 감옥 속에 갇혀 있다는 것입니다.

모든 죄는 곧 감금 상태를 의미합니다. 이것은 많은 사람들이 갖고 있는 생각과는 정반대입니다. 그들은 자신에게 이렇게 속삭입니다. "내가 왜 이 낡아빠진 인습적인 도덕의 굴레에 묶여 구속을 당하겠는가? 왜 그 굴레를 끼고서 내 마음대로 살지 못하랴?" 그리고 그들은 하나님의 율법이 가하는 한계를 인정하는 그리스도인들을 보고 비웃으면서 이렇게 말합니다. "너희들은 규칙대로 사는 냉혈한들이야." 동시에 그들은 자기들의 "좁은 편견으로부터 해방"을 강조해 보입니다.

그러나 실상은 그 반대입니다. 그릇된 행동을 하는 사람은 그 행동을 하는 정도로 노예의 상태에 있는 것입니다. 의무의 속박과 방탕한 삶을 사는 자유의 잘못된 대조에 쉽게 속을 수 있는 여러 젊은이들은 이 사실을 기억하십시오. 여러분이 "죄를 짓는 자는 죄의 종이다"라는 말이 얼마나 절대적인 진리인지를 알고자 하면, 당장 죄짓기를 중단하려고 노력해 보십시오. 그러면 금방 그 사실을 깨닫게 될 것입니다.

우리의 의지가 어떤 익숙해진 악과 결탁하게 될 때 그 의지가 얼마나 무력해지는지 우리 모두는 알고 있습니다. 우리는 아무런 좋은 결과도 얻지 못하면서 결정하고 노력하고 실패하고, 다시 결정합니다. 우리는 자기 자신의 감정의 노예들입니다. 선한 자아가 하라고 시키는 일을 악한 자아의 방해로 행하지 못하는 사람은 결코 자유롭지 못합니다.

유혹자는 여러분에게 다가와 이렇게 말합니다. "단 한 번만 와서 이 일을 해라. 너도 알다시피, 네가 좋을 때 그만둘 수 있다. 그 일을 두 번 해야 할 필요는 없다." 여러분이 그 일을 하고 나면, 그는 어조를 바꾸어서 이렇게 말합니다. "아! 너는 걸려들었고 이제는 벗어날 수 없다. 너는 그 일을 한 번 했다. 내 사전에서는 한 번이란 두 번을 의미하고, 한 번과 두 번은 항상을 의미한다."

때때로 미친 사람들을 유치장 안에 집어넣을 때, 그들이 이제 곧 들어갈 곳이 웅장한 집이며, 원할 때는 언제든지 나올 수 있다고 믿게 하여 유혹하는 방법을 사용합니다. 그러나 일단 유치장 안에 들어가게 되면 그들은 결코 그곳의 문을 통과하지 못합니다. 어리석은 새들은 나뭇가지 위에 새잡는 끈끈이가 묻혀 있어서 그들의 발이 그곳에 닿으면 날개를 아무리 퍼덕여도 두 번 다시 날 수 없다는 사실을 모릅니다. 죄를 짓는 자는 죄 아래 갇히고, 감금된 죄의 노예입니다.

그러나 본문에서 사용된 또 하나의 비유를 잊지 마십시오. 그것을 통해서 사도 바울은 특징적으로 신속하게 수사적 적절성을 염두에 두고서 즉시 토굴 감옥에 대한 생각에서 벗어나 위에 드리워진 무게에 대한 생각으로 나아가면서 "죄 아래 가두었으니"라고 말합니다.

그것은 무엇을 의미합니까? 그것은 우리가 그릇 행했을 때 죄책감을 느낀다는 것을 의미합니다. 또한 우리가 반드시 받아야 하는 형벌 아래 놓여 있다는 것을 의미합니다. 우리들이 행하는 행위는 아무리 그것이 기억의 판자 위에서 지워져버렸을지라도 그 중대성에 비례하여 눈에 보이는 활자로 우리의 성품과 삶에 씌어져 있지 않은 것은 없습니다. 모든 인간의 행위는 영구적인 결과를 남깁니다.

총을 쏘는 사람의 어깨에 미치는 그 총의 반동은 총구에서 탄알이 날아가는 힘만큼이나 확실합니다. 수많은 덧없는 생명들이 영국 해협 속에 솟아 있는 암초에 부딪혀 그 유골이 영원히 그곳에 남아 있듯이, 우리의 무상한 행위 또한 현재의 우리 자신 속에서 보존되어 있습니다.

사람이 의도하는 것은 무엇이든지 외적인 행위로 옮겨졌든지 그렇지 않든지 간에 그 정도대로 그 자신에게 지울 수 없는 영향을 남깁니다. 따라서 우리는 자신이 행하는 악 속에 감금될 뿐만 아니라 그것에 눌리고 그 밑에 있게 됩니다.

사랑하는 교우 여러분! 오늘날 강단에서 너무나 자주 침묵 속에 지나쳐버리는 사실을 나는 감히 침묵해 버릴 수가 없습니다. 우리 각자에게는 무덤 저편에서 기다리는 미래가 있다는 사실이 그것입니다. 그것의 가장 확실한 특징, 즉 우리 자신의 예감이 보증해주고, 창조의 이치가 내세우며, 성경의 계시가 명백히 밝히는 그것의 특징은 그 미래가 응보의 미래라는 것입니다.

그 속으로 우리는 우리의 행적을 그대로 갖고 가야 할 것이고, 자업자득의 경험을 하게 될 것이며, 우리가 만들어 놓은 침상 위에 누워야만 할 것입니다. "하나님은 모든 것을 죄 아래 가두었습니다."

다시금 그 감금의 보편성을 주시해 보십시오.

나는 여기에서 과장하여 말하지 않을 것입니다. 사실의 한계 속에서만 머물고, 여러분이 자기 자신에게 정직하다면 여러분의 양심이 인정하지 않는 것은 그 어느 것도 말하지 않고자 합니다. 성경이 보편적으로 사람들에게 엄청난 범죄를 뒤집어씌우고 있지는 않다는 것을 말씀드립니다.

성경은 세상에서 자라나는 미덕이 마치 현란한 악덕인양 이야기하지는 않습니다. 그렇지만 성경이 이야기하는 것은 그 누구든지 자신의 양심이 요구하는 대로 행하지는 않았다는 것입니다. 우리 자신의 마음이 우리들에게 그것이 사실이라고 이야기하지 않습니까? 우리 모두는 일반적으로 잘못을 인정할 준비가 되어 있고, 우리 자신의 양심이 요구하는 대로 행하지는 못했다고 고백할 각오가 되어 있습니다.

그러나 나는 여러분에게 다른 단계를 취하기를 원합니다. 즉 우리들 각자가 하나님과 개인적인 관계를 맺고 있기 때문에 모든 불완전과, 잘못과, 태만과, 결점과, 더욱이 도덕률 즉 우리 삶의 높은 이상으로부터의 일탈이 모두 죄라는 것을 기억하시기를 바랍니다. 이는 죄가 하나님과 상호 관계가 있기 때문입니다. 즉 좀 더 명백히 표현하면, 율법에 관련하여 죄가 될 수 있는 것, 도덕에 관련하여 악덕이 될 수 있는 것, 또는 우리 자신의 의무감에 관련하여 모자라는 점이 될 수 있는 것은, 그것들이 모두 하나님과 모종의 관계를 갖고 있기 때문에 훨씬 더 중대한 성격을 취합니다. 다시 말해서, 그것들은 모두 하나님 앞에서 죄악입니다.

교우 여러분! 만일 우리가 하나님과의 관계가 가를 수 없을 정도로 친밀한 것이며, 우리가 행하거나 행하지 않거나 행했어야 하는 모든 것이 하나님에게 관계된 일면을 갖고 있다는 사실을 깨닫는다면, 우리는 우리 자신의 모든 잘못이 그의 율법을 어긴 것과 같다는 점을 좀 더 기꺼이, 경솔하지 않고 주의 깊게 인정하게 될 것입니다. 또한 좀 더 자주 그 앞에 무릎을 꿇고서 입술과 마음으로 참회하는 말을 할 것입니다: "내가 주께만 범죄하여 주의 목전에 악을 행하였나이다."

위의 기도는 다른 사람들 목전에서 더러운 악을 행했던 한 사람의 기도였습니다. 그는 한 가지 행동을 통하여 가능한 한 많은 사람들에게 많은 범죄를 저질렀습니다. 이는 그가 왕으로서는 국가에 대해 죄를 지었고, 우두머리로서는 용감한 종복에 대해 죄를 지었고, 남편으로서는 아내에 대해 죄를 지었으며, 마지막으로 밧세바에 대해 죄를 지었기 때문입니다. 그렇지만 이 사람들에 대한 그 모든 뒤엉킨 범죄에도 불구하고 그는 "내가 주께만 범죄하였다"고 말합니다.

그렇습니다! 그 이유는 정확히 말해서, 그 **죄**는 하나님, 오직 하나님께 대한 관계만을 갖고 있었기 때문입니다. 나는 여러분과 나 자신이 우리의 모든 행동, 특히 우리의 결점과 잘못을 하나님께 대한 생각에 연결시키는 습관을 기르기를 바랍니다. 그렇게 함으로써 이 무시무시한 감옥에서의 감금이 인류에게 있어서 얼마나 보편적인 일인지를 깨달아야 하겠습니다.

2. 따라서 나는 두 번째로 감옥의 관리자를 살펴보지 않을 수 없습니다.

이 감옥에 사람들을 가둔 것을 성경을 통한 하나님의 자비로운 계시에 기인하는 것으로 돌리는 구절은 이 본문에서 기이한 부분입니다. 또한 그것과 동일한 표현이 로마서에서 재현됨으로써 그것은 훨씬 더 인상적이고 기이하게 느껴집니다. 바울은 로마서에서 "모든 사람을 순종치 아니하는 가운데 가두어 두신" 분이 하나님 자신이라고 말합니다.

이 표현과 관계 있는 다른 미묘한 견해가 여럿 있을 수 있는데, 지금 그것들을 다룰 필요는 없습니다. 그러나 내가 잠깐 동안 깊이 생각해 보고 싶은 한 가지 견해는, 성경의 가장 큰 목적 중의 하나가 우리들이 하나님 보시기에 죄악 되다는 사실을 깨우쳐 주는 것이라는 견해입니다. 그것이 이스라엘의 의식법과 도덕법 전체의 지배적인 의도였고, 또한 그 율법의 수많은 불가해하고 사소해 보이는 계명들과 금지사항들의 존재 이유를 설명해 준다는 것은 상기시킬 필요조차 없을 것입니다.

그것들은 모두 옳고 그름과 순종과 불순종의 차이를 강조하고, 그렇게 함으로써 살아 계신 하나님의 계명을 어겼다는 의식을 사람들 가슴속에 깨우쳐 주려는 의도를 갖고 있었습니다. 비록 복음이 그 이스라엘 시대의 율법과는 매우 다른 모습으로 왔고, 근본적으로는 선물이지 율법이 아니며, 용서의 복음이지 의무의 공포 또는 심판의 위협이 아니라는 것은 사실일지라도, 그것(복음) 역시 우리 내부에서 최고의 목적을 성취하기 위해서는 좀 더 먼저 이루어져야 할 일로서 모든 인간이 하나님 보시기에 죄악되다는 사실을 깨우쳐 주는 것을 주된 목적들 중의 한 가지로 지니고 있습니다.

교우 여러분, 우리 모두는 그 깨우침을 필요로 합니다. 그 깨우침이 마음 깊은 곳에서 일어나는 것보다 우리에게 더 필요한 일은 없습니다. 사람들이 자신의 악함을 깨닫기 위해서는 어떤 외적인 기준이 있어야 합니다. 이는 그들 내부에 그와 같은 기준이 없기 때문입니다. 여러분의 양심은 오직 여러분 자신에게 속한 것입니다. 따라서 여러분이 변하면 그것도 함께 변할 것입니다. 한 인간의 전체적인 상태가 양심이 그에게 이야기할 음성을 결정짓습니다. 그의 상태가 좋지 않으면 않을수록 동시에 양심의 소리를 더 많이 필요로 하면 할수록, 그 소리는 줄어들 것입니다. 반역자들은 전선을 잘라버립니다. 파도는 암초 위에 매달려 있는 종을 깨뜨려버림으로 그 검은 바위들이 수많은 난파선을 만들어 냅니다.

사람은 꾸짖어 줄 양심의 소리가 필요한 죄, 바로 그 죄로 인해 자기 양심을 둔화시킵니다. 그러므로 하나님께서 하늘에서 입을 여셔서 "네가 그 사람이라"고 우리에게 말해주실 필요가 있습니다. 그렇지 않으면 우리는 내가 지금 강조하고 있는 이 모든 중대한 사실들을 못보고 지나쳐버릴 것이고, 자기만족과 경솔함에 빠지며 우리 자신을 자세히 돌아보기를 싫어하고, 우리의 상태의 실재를 직면하고자 하지 않을 것입니다. 이렇게 함으로써 우리는 우리 자신과 하나님 사이에, 또한 하나님의 은혜와의 사이에 장벽을 쌓습니다. 그 장벽은 그 은혜와 전능하신 사랑과 능하신 구세주 이외에는 그 어떤 것으로도, 그 누구도 제거할 수 없습니다.

나는 이 견해를 몇 마디 말을 통해서지만 진지하게 강조하기를 바랍니다. 즉 우리가 우리들 자신의 개인적 악함에 관한 하나님의 메시지를 마음에 두지 않았다면, 우리는 아직 그의 복음의 참된 의미, 즉 그의 아들의 참된 사역을 최소한 이해할 수 있는 수준에는 미치지 못했습니다. 내가 너무 구식이라서 오늘날의 기독교의 일부 경향에 대해 크게 우려를 하고 있을까요?

　　오늘날의 경향은 기독교가 가져오는 사회적인 축복에 대해 많이 강조하기는 하지만 복음의 핵심적인 특성을 흐리게 하는 큰 위험에 빠져 있는 것처럼 보입니다. 복음은 죄인들을 위해 주어진 것이고, 각 사람들이 복음의 축복에 이를 수 있는 유일한 길은 죄를 회개하고 예수 그리스도를 통하여 하나님의 자비에 자신을 맡기는 것뿐이라고 말하는 내가 과연 진부한 생각의 소유자일까요? 모든 것의 시작은 회개하고 믿는데 있습니다. 바울은 그것을 성경이 모든 사람을 감옥에 몰아넣어 모두에게 자비가 임할 수 있게 했다고 표현하고 있습니다.

　　사랑하는 교우 여러분, 옛 속담에서 말하듯이 일반성 속에는 교활한 속임수가 숨어 있습니다. 모두가 죄악되다는 사실을 여러분이 전적으로 기꺼이 인정하고 있다는 데는 의심의 여지가 없습니다. 이제 조금 더 가까이 진리에 접근하여, 각 사람이 죄인이요, 나 자신이 사로잡힌 자들 중의 한 사람임을 고백하게 되기를 바랍니다.

3. 이제 마지막으로 감옥의 파괴자를 주시해 봅시다.

　　이 본문의 마지막 말씀에 주석을 다느라고 시간을 허비할 필요는 없다고 봅니다. 그것의 전체적인 취지와 의도를 이야기하는 것만으로도 충분하다고 봅니다. 하나님께서 계시를 통하여 전체 인류에게 적용시키시는, 겉으로 보기에 가혹한 치료법은 사실상 가장 애정이 넘치는 은혜의 치료법입니다. 그는 그들이 좀 더 열성적으로 구원자의 강림을 깨닫고 환영할 수 있도록 그들을 감옥에 가두셨습니다.

　　또한 우리들이 우리들의 상태를 역전시켜주는 큰 자비를 좀 더 갈구하고 좀 더 힘차게 붙잡을 수 있도록 하나님께서는 우리 각자에게 그 상태를 알려주십니다. 그러므로 복음주의적 기독교를 우울하고 가혹하고 또는 염세적인 것으로 이야기하는 것은 얼마나 피상적이고 부당한 판단입니까!

　　여러분은 의사가 자신을 신뢰하는 환자에게 그의 병이 상당히 깊고 치료받지 않으면 치명적일 것이라고 이야기한다고 해서 그 의사를 불친절한 사람으로 간주하지는 않을 것입니다. 이제는 기독교가 명백한 진리를 이야기하는 것 때문에 더 이상 기독교에 대해 등을 돌리거나, 그것을 가혹하고 심술궂은 종교로 생각하지 말아야 합니다. 문제는 그 진리들이 불유쾌하냐는 것이 아니고 그것들이 참된 것이냐는 것입니다.

나와 여러분 그리고 우리의 모든 동료들이 이 죄라는 감옥 안에 갇혀 있다면, 우리들 중에서 그 누구도 우리 자신을 해방시키기 위해 아무 일도 할 수 없다는 것은 아주 명백한 사실입니다. 그러므로 예수께서 자신의 사역을 여시면서 전하신 저 위대한 메시지를 위한 길은 이미 마련되어 있습니다. 그것은 훨씬 더 폭넓은 적용 범위를 갖고 있고, 개인적인 악뿐만 아니라 사회적인 악에도 관계하는 것으로서, 포로들에게 자유를 선포하고 매여 있는 자들에게 감옥 문을 열어 주는 일로써 시작되는 것입니다.

옛날에 자신의 모든 적이 하나의 목을 갖고 있기를 바랐던 로마의 황제가 있었습니다. 그가 그같이 엉뚱한 소원을 품었던 것은 그들을 단칼에 베어버릴 수 있기를 간절히 원했기 때문입니다. 그 소원은 그리스도와 그의 사역에 있어서 하나의 실재로 나타났습니다. 이는 그것으로 말미암아 우리의 모든 독재자들이 단번에 죽임을 당했기 때문입니다.

예수 그리스도의 죽음은 죄와 죽음과 지옥의 끝장, 즉 죽음이 되었습니다. 즉 예수 그리스도의 죽음으로 인해서 죄의 능력과 죄의식과 그 형벌이 끝이 난 것입니다. 그는 감옥 안으로 들어오셔서 빗장을 벗기고, 차꼬를 부수었습니다. 그러므로 각 사람은 자신이 원한다면 그곳을 벗어나 복된 햇빛 속으로 들어와 마음대로 다닐 수 있습니다.

교우 여러분, 만일 온 세상의 죄를 위한 화목 제물이신 예수 그리스도의 죽으심, 가장 죄로 얼룩진 자라도 깨끗하게 할 수 있는 능력을 지닌 예수 그리스도의 죽으심을 통해서 전 인류의 감옥이 열린다는 것이 사실이라고 한다면, 당연히 우리가 해야 할 유일한 일은 우리의 속박당한 무기력을 인정하고 느끼면서, 사슬에 매인 손을 내밀어 예수님이 가져오신 선물을 받아들이는 것입니다.

우리 각자를 위해서 모든 일이 이루어졌고, 또한 우리들 중에서 그 누구도 스스로 그 묶임을 풀기에는 충분하지 못하기 때문에, 우리가 해야 할 일은 모든 사슬을 깨뜨리고 눌린 자를 해방시켜 주신 예수 그리스도를 의지하는 것입니다.

오 사랑하는 교우 여러분, 여러분이 복음의 감미로움과 축복과 능력의 핵심을 붙잡고자 한다면, 여러분 자신이 하나님 보시기에 죄인이고, 자신을 깨끗하게 하거나 스스로를 돕거나 자신을 해방시키기 위해 아무 일도 할 수 없는 무력한 자라는 사실을 분명히 참회하는 심정으로 의식하는 것으로써 시작해야 합니다.

예수 그리스도께서 여러분의 사슬을 끊으신 분입니까? 여러분은 그로부터 여러분이 무엇을 필요로 하는지를 배웁니까? 여러분은 용서와 정결함과 자유를 얻기 위해 자신을 그에게 맡깁니까? 여러분이 그렇게 하지 않는 한, 결코 그의 가장 고귀한 가치를 깨닫지 못할 것이고, 여러분에게는 자신을 그리스도인으로 부를 수 있는 권리가 없을 것입니다.

그러나 여러분이 그렇게 한다면, 즉 자신을 예수 그리스도께 맡긴다면, 위대한 빛이 감옥 안에서 빛날 것이며, 여러분의 사슬이 손목에서 풀릴 것이고, 철문이 저절로 열릴 것이며, 여러분은 새 날의 아침 햇살 속으로 들어가게 될 것입니다. 이는 여러분이 자기 스스로 매인 속박을 인정하고 증오했으며, 그런 다음 그리스도께서 여러분을 해방시키기 위해 주신 자유를 받아들였기 때문입니다.

5
보냄을 받으신 하나님의 아들

"때가 차매 하나님이 그 아들을 보내사 여자에게서 나게 하시고
율법 아래에 나게 하신 것은 율법 아래에 있는 자들을 속량하시고
우리로 아들의 명분을 얻게 하려 하심이라"
갈 4:4, 5

"때가 차매"라는 표현을 통해서 바울이 지적하려는 사실이, 그리스도께서 세상이 특별히 그를 받아들일 준비를 갖춘 그 순간에 오셨다는 것이라는 추측은 일반적인 것입니다. 의심할 여지가 없이 그것은 옳은 생각입니다. 유대인들은 죄를 뉘우치는 훈련을 율법을 통해서 받았었습니다.

우상 숭배는 극도에 달해 발전 가능한 최고의 수준을 보여주었고, 그 이후로 쇠퇴하고 있었습니다. 로마는 정치적으로 복음 전파를 위해 길을 마련하고 있었습니다. 변화가 오리라는 막연한 기대감이 로마의 궁정 시인들의 입에서조차 흘러나오기에 이르렀고, 불안과 예감이 사회 속에 널리 퍼져 있었습니다.

그런데 이 모든 것이 의심할 나위가 없는 것이 사실이고, 우리가 그리스도께서 들어오신 사물의 상태를 알면 알수록 더욱더 확실해지기는 하지만, 바울이 때가 찼다고 말했을 때 일차적으로 그리스도를 받아들인 세상을 생각한 것이 아니라 그를 보내신 아버지 하나님을 생각했다는 점 또한

주목해야 합니다.

본문 말씀은, 세상을 "그 아버지의 정한 때까지 후견인과 청지기 아래 있는" 것으로 묘사한 말씀에 바로 이어서 나옵니다. 그러므로 때가 찼다는 것은 하나님께서 태초로부터 그의 강림을 위해 정하셨던 순간이 왔음을 의미합니다. 하나님은 예부터 그 순간에 이 아들이 태어나기를 바라고 있었습니다.

바울이 이곳에서 우리의 주의를 집중시키고 있는 사실은 하나님의 영원한 목적이 정확하게 성취되었다는 것입니다. 세상의 준비가 하나님의 시기 결정의 근거 중의 일부분이라는 것은 틀림없는 사실이지만, 본문의 처음 두 마디를 다룰 때 세상의 준비보다는 하나님의 결정을 의미하는 것으로 받아들여야 합니다.

본문의 나머지 부분은 너무나 많은 의미로 가득 차 있어서 우리의 좁은 지면을 통해서는 감히 그것을 다루려고 시도할 수 없습니다. 그러나 그것이 우리가 헤아릴 수 없는 깊은 진리를 이야기하고, 우리의 희미한 눈으로는 거의 바라볼 수 없는 빛들을 하나의 집중된 광명으로 모으고 있기는 하지만, 우리는 이 위대한 말씀에 대해서도 다소 불완전한 고찰이나마 감히 시도해 볼 수 있습니다. 본문 말씀에 나타나 있는 사고의 흐름에 따라서 우리는 다음과 같은 것들을 다루어 볼 수 있습니다.

1. 하나님께서 보내신 사랑의 신비

성육신의 위대한 사실이 성경에서 묘사될 때 가장 자주 사용된 표현 형태는 본문의 그것, 즉 "하나님이 그 아들을 보내셨다"는 것입니다. 그것은 예수님께서 자주 입에 올리신 표현입니다. 그러나 그는 "하나님이 자기 아들을 내어주셨다"라고도 말씀하셨습니다.

여러분은 이 두 표현 형태에서 미묘한 차이를 느낄 수 있을 것입니다. 전자는 아들의 사자(使者)로서의 성격을 우리에게 전해주고 있고, 후자는 신성의 신비에 훨씬 더 깊이 나아가서 자기 아들을 아끼지 않고 인간들을 위해 그를 내어주신 아버지의 사랑을 전해주고 있습니다.

이 두 가지 표현 이외에도 예수님은 또 다른 표현을 사용하셨습니다. 그는 "내가 하나님으로부터 나왔다"라고 말씀하셨습니다. 이 표현은 하나님이 자기 아들을 내어주셨을 뿐 아니라 그 아들이 전적으로 기꺼이 사명을 받아들여 자신을 내어주었다는 점을 밝히 드러내주고 있습니다.

이 세 가지 표현은 다이아몬드의 작은 면들이 서로 다른 색깔로 번쩍일 수 있듯이 약간 다르긴 하지만 동일한 사실의 조화된 양상들을 표현해주고 있습니다. 그러므로 우리가 말로 표현할 수 없는 그 하나님의 은사를 이해하고자 한다면 그 표현들 모두를 굳게 붙들어야 합니다.

예수님은 보내심을 받았습니다. 예수님은 (우리에게) 주어졌습니다. 예수님은 (스스로) 오셨습니다. 아버지로부터 받은 사명, 아버지의 사랑, 아들의 기쁜 마음에서 우러난 순종은 언제나 상호 관련되어 있고, 그 세 가지 모두 다 저 숭고한 행위 속에 존재하는 것으로 인식되어야 합니다.

특별히 하나님으로부터 보냄을 받은 사람들은 역사상 여러 명 있었습니다. 그들의 개인적인 존재는 그들의 출생과 더불어 시작되었습니다. 본문 말씀이 관련되는 한 예수님도 이들 중의 한사람이었을 것입니다. 하나님으로부터 보냄을 받은 한 사람이 있었는데 그의 이름은 요한이었습니다.

어느 시대에서나 그와 동일한 사명을 지닌 사람은 많이 있었습니다. 그러나 "보냄을 받았을" 뿐 아니라 스스로 "온" 자는 오직 한 분밖에 없었습니다. 그는 모든 사람들에게 광명을 가져다주는 참 빛입니다. 예수 그리스도의 선재(先在)라는 신학적 표현을 사용하는 것은 별로 마음이 내키지 않고, 그것은 그렇게 추상적인 형태로 공식화되고 있는 진리를 흐리게 할 수도 있으며, 또한 그것으로부터 두려운 마음을 일게 하고 감동을 일으키는 힘을 박탈할 수도 있습니다.

그러나 "보내사"와 "나게 하시고"라는 표현이 나란히 놓여 있는 본문과 기타 신약의 같은 주제에 관한 말씀 속에서 예수님의 탄생이 그의 존재의 시작으로 간주되고 있지 않다는 것에는 의문의 여지가 있을 수 없습니다. 예수님의 존재는 영원의 심층 속으로 거슬러 올라가는 신성의 신비이지만, 예수님의 탄생은 일정한 순간에 일정한 장소에서 일어난 역사적 사실입니다.

시간이 있기 전에 예수님은 아버지 하나님 안에서 기뻐하며 존재하셨습니다. "태초에 말씀이 계셨고 이 말씀이 하나님과 함께 계셨습니다." 아버지의 마음과 뜻을 표현한다는 관점에서 말씀이셨던 그는, 아버지와 그를 하나로 묶어준 사랑의 관점에서 보면 아들이셨습니다.

그 사랑과 결합의 신비에 대해서는 그 어떤 눈으로도 꿰뚫어 볼 수 없지만, 믿음으로 그것을 붙들지 않는 한 우리는 예수님께서 우리에게 선포하신 하나님을 알 수가 없습니다.

아버지와 아들의 그 신성한 결합과 사귐의 신비는 우리의 이해 능력의 범위를 벗어나지만 믿음으로는 충분히 파악할 수 있습니다. 또한 세상이 생긴 이래로 줄곧 세상에서의 아들의 사역은 볼 수 있는 눈과 이해하는 마음을 가진 모든 사람들에게 모호하지 않게 밝혀져 왔습니다. 이는 그가 모든 시대에 걸쳐서 신적 권능의 활동력이었기 때문입니다. 즉 구약에서 이야기하듯이 그는 "여호와의 팔"이요, 창조의 집행자이며, 하나님의 계시자요, 세상의 빛이요, 섭리의 지휘자인 것입니다. "그가 세상에 계셨으며 세상은 그로 말미암아 지은 바 되었으되 세상이 그를 알지 못하였다."

따라서 하나님의 아들이 예수라는 이름으로 태어나기 오래 전부터 계셨다는 이 모든 가르침은 일상적인 필요와 무관한 신비스러운 교의에 불과한 것이 아니라, 그리스도의 사역과 그것에 대한 우리의 믿음과 가장 밀접한 관계를 맺고 있습니다. 또한 그 사실이 그의 대리자적 성격을 보증해주는 것이며, 하나님께 대한 그의 계시의 신빙성도 그것에 의거하고 있습니다.

그가 유일무이한 의미에서의 아들이 아닌 한, 어떻게 하나님이 그를 통해 우리에게 말씀하실 수 있었겠으며, 어떻게 우리가 그의 말씀을 믿을 수 있었겠습니까? 또한 그가 "하나님의 영광의 광채시요 그 본체의 형상"이 아닌 한, 어떻게 우리가 그의 용모의 빛이 하나님에게 나올 빛이며, 그를 통해 하나님이 나타나시는 것이므로 그를 본 자는 아버지를 보았다는 주장을 확신할 수 있었겠습니까?

그의 계시가 지닌 완전성과 진실성, 그의 법의 충만한 권위, 그의 희생의 유효성과 그의 중보기도의 효력, 이 모든 것들은 예수님께서 인간들과 더불어 인간의 생명을 나누시기 오래 전부터 하나님과 신적인 생명을 나누셨다는 사실에 근거하고 있습니다. 아버지의 가슴속에서 선재하신 아들을 인정하지 않는 기독교가 죄인들의 필요에 대해서 아무 쓸모 없는 그리스도를 모시고 있다는 것은 명백한 역사적 사실입니다. 우리의 그리스도가 영원하신 하나님의 아들이 아니라면, 그는 인류의 보편적인 구원자가 아닐 것입니다.

오늘날 초자연적인 것에 관해서는 아무런 말을 하지 않고, 운명론적 방식으로 역사를 보고, 그것을 질서정연한 진화의 결과로 간주하여 개개의 행위자들의 중요성을 최소화시키고 있는 경향 속에서, 그리스도가 영원하신 하나님의 아들이라는 진리는 더욱 절실하게 필요합니다. 그와 같은 요즈음의 경향에 따른다면, 예수님은 다른 모든 위대한 인물들과 마찬가지로 그의 시대의 산물이고, 그가 들어온 상황의 직접적인 결과일 것입니다. 그러나 우리가 베들레헴의 말구유를 지나서 영원의 심층을 들여다보고, 세상을 사랑하사 자기 아들을 내어주신 하나님을 바라볼 때, 우리는 하나님이 인간사의 흐름에 간섭하셨고, 인간의 발전에 있어서 가장 큰 힘이 바로 하나님께서 세상을 구하시기 위해 보내신 영원하신 아들이라는 사실을 인정하지 않을 수 없습니다.

2. 땅에 오신 겸손의 신비

사도 바울은 하늘에서 일어난 위대한 사실을 묘사하던 데서 이제 땅 위에서 그것을 완성시킨 위대한 사실을 밝히는 쪽으로 나아가고 있습니다. 아들을 보내심은 예수의 탄생을 통해서 효력을 발생했습니다. 사도 바울은 그것을 두 가지 형태로 묘사하고 있는데, 그것들은 둘 다 그리스도의 인성을 우리와 완전히 동일한 것으로서 나타내려는 분명한 의도를 지니고 있습니다.

하나님의 아들은 한 여인의 아들로 태어나셨습니다. 그는 자신의 어머니로부터 육체적으로나 정신적으로나 틀림없는 완전한 인성을 부여받았습니다. 그가 받으신 인성은 그것을 받아들인 신성과 같은 성질을 띠고 있어서, 하나가 다른 하나 속에 거하여 하나님이 인간이 되는 것을 충분히 가능하게 해주었습니다.

한 여인에게서 태어난 하나님의 아들은 인간의 온갖 경험을 감수하셨고, 우리의 순수한 감정을 우리와 함께 나누셨고, 우리의 기쁨에 참여하셨고, 우리와 마찬가지로 소망과 두려움을 품으셨고, 우리처럼 변화의 지배를 받으셨고, 우리처럼 자라셨으며, 죄를 제외한 모든 점에 있어서 인간들 가운데 한 인간이셨습니다.

그러나 하나님의 아들은 인간의 아들들과 똑같을 수는 없었습니다. 아버지 하나님께서 언제나 그의 말에 귀를 기울이셨습니다. 그가 하늘에서 내려와 인자가 되셨을 때에도 여전히 그는 "하늘에 계신 인자"이셨습니다. 그의 지상 생활의 온갖 소동과 제한 속에서 아버지 하나님과의 교제의 계속성과 깊이는 깨어지지 않았고, 그의 순종의 완벽함 또한 줄어들지 않았습니다. 그는 평범한 인간인 동시에 특별한 인간이셨습니다. 즉 그는 땅 위를 걸었던, 인류의 이상이 실현된 분이십니다. 그분 앞에서는 다른 모든 사람들, 가장 완전한 자도 미완성에 불과하고, 가장 아름다운 자도 더러우며, 가장 자비로운 자도 가혹하게 보입니다. 오직 그를 통해서만 세상에 인간에 대한 확신이 주어졌습니다.

본문에서 묘사되고 있는 또 하나의 상황은 그가 "율법 아래 나셨다"는 것입니다. 이 표현을 통해 사도 바울이 말하려는 것은 유대인의 율법이 아닙니다. 이는 그가 그 단어에 정관사를 사용하고 있지 않기 때문입니다. 우리 주님께서 유대인으로 나시고 유대인의 율법에 매이신 것은 틀림없는 사실이지만, 이 부분과 그 뒷부분을 보면 율법이 일반적인 개념으로 확대되어 있는 것을 알 수 있습니다.

우리 주님이 인간이 되셨다는 사실의 핵심은 그에게도 피할 수 없는 의무가 있다는 것입니다. 메시야에 관계된 시편 중의 하나를 보면 그가 아들로서 지상 생활 전체를 통해 품었던 의지가 나타나 있습니다: "보소서 경에 기록된 대로 내가 왔나이다. 나는 주의 뜻을 행하기를 즐기고 주의 법이 내 마음에 있나이다." 그의 인간적 생활의 비밀은 한 이방인 백부장에 의해 드러났습니다. 예수님께서 그의 믿음을 보시고 놀라셨습니다. "나도 남의 수하에 있는 사람입니다"라고 그는 말했습니다. 예수님이 그와 같으셨습니다.

하나님의 아들로서 하늘에 계실 때 그는 하늘의 감미로운 교제 속에서 순종하셨었습니다. 그러나 지상에서의 예수님의 순종도 그것에 못지않게 완전했고 계속적이었으며 오점이 없었습니다. 자신의 지상 생활을 "나는 항상 그를 기쁘시게 하는 일을 한다"라고 요약하신 자는 인간 예수였습니다. 또한 겟세마네의 감람나무 아래 위대한 굴복을 하시고, 자신을 보내신 아버지의 뜻에 자신의 뜻을 양보하신 분도 인간 예수였습니다.

그는 하나님의 뜻이 그 자신의 생활을 지배했다는 점에서 율법 아래 있었습니다. 그러나 그는 우리가 율법 아래 있는 것과 똑같은 형태로 율법 아래 있었던 것은 아니었습니다. 우리에게는 율법의 요구 사항이 종종 달갑지 않은 의무로서 압박감을 주고, 또한 우리는 죄의 비중과 심판을 알고 있습니다. 예수님에게 그 어떤 것보다도 두드러진 특징이 있다면, 그것은 율법에 대한 순종에 있어서 조금도 부족함을 느끼지 못했다는 것입니다.

그렇지만 그 같은 의식의 부재는 "마음이 온유하고 겸손하다"는 그의 주장을 조금도 침해하지 않았습니다. "너희 중의 어느 누가 나를 죄로 책잡겠느냐?"라는 말씀이 어느 다른 사람의 입에서 나왔다면 일종의 도전이었을 것입니다. 만일 그 도전이 자신에 대한 절망적인 무지의 증거로 받아들여지지 않았다면, 두말 못하게 하는 응답을 초래했을 것입니다.

그러나 그리스도께서 그 질문을 하셨을 때 세상은 잠잠했습니다. 그 침묵은 1900년 동안 거의 깨지지 않았습니다. 그를 주시하였던 모든 분주하고, 대개 호의적이지 않은 눈들과, 그에 관해 새로운 것을 이야기하려고 열성적이었던 적대적인 글들이 있었지만, 그 어떤 것도 흠을 발견해 내지 못했습니다. 아니 감히 잘못을 암시할 수조차 없었습니다.

예수님의 성품은, 가장 불친절하고 냉담한 자의 눈에도 완전성에 대한 인상을 주었습니다. 예수님 안에서는 상반되는 특징들이 완전하게 결합하고 균형을 이루는 것을 볼 수 있습니다. 우리들은 모두 기껏해야 활 모양에 불과하지만, 예수님은 완전한 원형입니다. 그는 완전히 계속적으로 기쁘게 순종하면서 율법 아래 있었습니다. 그러나 그에게 있어서 율법은 비난의 소리를 하지 않았고 계명을 어김으로써 생기는 부담감을 지우지 않았습니다. 그는 여인에게서 나셨고 율법 아래서 태어나셨지만, 비록 죄인과 같아지셨을지라도 그들과는 구분된 삶을 사셨습니다.

3. 결과적으로 생긴 높아지심의 경이

우리 주님의 낮아지심은 바로 앞에 다루어 본 두 개의 구절 속에 묘사되어 있습니다. 그것들은 이중적인 관점에서 우리와 같아지셨다는 사실을 표현하고 있습니다. 그 이중적인 관점은 아들을 보내신 하나님의 이중적인 목적을 이야기하는 본문의 마지막 구절들 안에서 계속되고 있습니다. 그는 우리가 그와 같아질 수 있게 하기 위해서 우리와 같아지신 것입니다.

이 이중적인 목적의 두 가지 요소는 그리스도의 낮아지심의 두 가지 요소와는 반대의 순서로 밝혀져 있습니다. 율법 아래 있는 자들을 속량하심은 그가 율법 아래 태어나신 이유로 제시되어 있고, 우리가 "아들의 명분"을 얻는 것은 하나님의 아들이 보내심을 받아 여자에게서 태어나신 목적으로 제시되어 있습니다.

여기에서 바울이 하나님의 목적의 두 부분을 다루고 있는 순서는 단순히 수사적인 꾸밈을 위해 그렇게 정해진 것이 아니라, 이 두 가지 요소가 인간들에 의해 실현되는 순서에 부합하는 것입니다. 이는 양자의 명분을 얻기에 앞서서 율법으로부터의 속량이 있어야 하기 때문입니다.

우리는 이미 이곳에서의 "율법"이 넓은 의미로 받아들여져야 하고 유대인의 율법에 한정되어서는 안 된다는 점을 지적할 기회를 가졌었습니다. 아버지 하나님의 사랑이 아들을 보내시면서 목적하셨던 것은 세계적인 구속(속량)이었습니다. 그러나 그 모든 것을 포용하는 아버지의 사랑도 단순히 그 자체의 힘으로 밀어붙이는 것으로 그 목적에 이를 수는 없었습니다.

하나님의 마음이 그 바라는 것을 달성하기 위해서는 과정이 필요했습니다. 그 과정 속의 장엄한 단계가 이곳에서 바울에 의해 제시되어 있습니다. 세상은 매우 슬픈 모습으로 율법 아래 있었습니다. 예수님께서 율법 아래 있는 자들을 구속하러 오셨지만, 우롱당한 계명과 게을리 행하여진 의무와 저질러진 죄악의 압도적인 무게가 우리 대부분을 무겁게 내리누르고 있습니다.

그렇지만 우리 중에서 자신이 지고 다니는 짐을 깨닫지 못하고, 번연의 책 「천로역정」의 주인공인 "그리스도인"처럼 등에다 견디기 힘든 짐을 지고 다니는 개인적인 경험을 갖지 못한 사람이 얼마나 많습니까? 예수 그리스도는 우리들 중의 한 사람이 되셨습니다. 그는 자신의 죄 없는 죽음을 통해서는 죄의 결과를 감수하셨습니다. 그 결과가 그 자신이 마땅히 받아야 하는 것이기 때문에 감수하신 것이 아니라, 그것이 인간의 것이기 때문에 감수하셨습니다. 그러나 우리는 앞에서 지적한 바와 같이 신중하게 유의해야 할 점들이 있습니다. 우리는 그리스도의 사명을 아버지의 보내심뿐만 아니라 아들 자신의 오심의 견지에서 생각해야 합니다.

그렇기 때문에 주님께서 죄의 결과를 감수하신 것을, 그가 사랑 안에서 자발적으로 죄인인 우리들과 같아지셨다는 의미로 받아들이지 않는 한, 그 사건의 의도를 완전하게 파악할 수 없습니다. 그의 순종은 평생토록 완전하였고, 그의 최후의, 최고의 순종 행위는 그가 죽음, 곧 십자가상에서의 죽음에 이르기까지 순종하셨을 때 나타났습니다.

이것만이 어떤 형태의 율법의 짐이든지 우리로부터 제거할 수 있는 유일한 방법입니다. 사랑받지 못하는 율법은 그것이 아무리 거룩하고 공정하고 선한 것이라 해도 무겁고 참기 어려운 것이 될 것이며, 우리가 어긴 율법은 조만간에 그 자신의 보복자가 될 것입니다.

「천로역정」에서 "믿음"이라는 이름을 가진 자의 이야기를 들어봅시다:

"한 사람이 나를 붙잡자마자 그는 다짜고짜 나를 내려쳤습니다. 그는 나를 거꾸러뜨렸고 죽도록 내버려 두었습니다 … 그는 다시 한 번 내 가슴을 치명적으로 때리고, 뒤쪽에서 치기도 했습니다. 그래서 나는 전처럼 그의 발밑에 죽은 듯이 엎드러졌습니다. 그래서 정신이 들자 나는 울부짖으며 그에게 자비를 구했습니다. 그러나 그는 '나는 자비를 베풀 줄 모른다'라고 대답하고서 나를 다시 한 번 때려눕혔습니다. 그는 틀림없이 나를 해치우려고 했지만 그때 그 사람이 다가와 그에게 그만둘 것을 명령했습니다 … 나는 처음에는 그를 알아보지 못했습니다. 그러나 그가 내 곁을 지나가자 그의 손과 옆구리에 나 있는 구멍을 알아차릴 수 있었습니다." 그는 율법 아래 있는 자들을 구원할 수 있기 위해서 율법 아래 태어나셨습니다.

속량을 받아 자유로워진 죄의 노예들은 대가족 속에 받아들여집니다. 아들이 육체를 입고 오신 것은 육체 속에 거하는 자들을 하나님의 아들의 위치로 끌어올리기 위함입니다. 그러나 하나님의 아들 예수는 우리와 같아지셨고, 그로 인해 우리에게 위대한 결과가 나타났을지라도 여전히 홀로 우뚝 솟아 있습니다.

그는 본래부터 아들이시지만, 우리는 양자로 받아들여진, 즉 아들의 명분을 얻은 자들입니다. 그가 인간이 되신 것은 우리로 하나님을 소유하는 데 동참할 수 있게 하기 위함이었습니다. 율법의 짐이 제거되고 나면 그 이상의 축복, 즉 아들의 명분을 얻는 축복이 주어질 수 있습니다. 그러나 그 축복은 우리에게 신성한 생명을 주신 그를 통해서만 가능합니다.

"나와, 그리고 하나님께서 내게 주신 자녀들을 보라!"는 예언적 표현 속에는 심오한 진리가 담겨 있습니다. 이는 한편으로는 믿는 자들이 그리스도의 자녀들이요, 다른 한편으로는 하나님의 아들들이기 때문입니다.

우리는 하나님의 아들이 사명의 수행을 통해 우리와 같아지신 것과 우리가 그와 같아지는 것에 관해 이야기해 왔습니다. 그러나 후자의 동일시는 우리 자신에게 달려 있고, 우리의 믿음을 통해서만 성취되는 일입니다. 우리가 그를 신뢰할 때, 그의 모든 것 — 즉 그의 의로우심과 아들의 신분과 아버지와의 연합 — 이 바로 우리의 소유가 되고, 우리의 모든 것 — 즉 우리의 죄와 죄의식과 하나님으로부터의 소외와, 멀리 떨어진 비천과 악덕의 땅에 있는 거처 — 이 모두 그의 것이 된다는 것은 사실입니다.

그는 자발적으로 우리와 같아지셔서 우리의 슬픔과 고통을 지고 가셨습니다. 아버지께서 이미 우리 모두의 불의를 그에게 지우셨으므로, 우리가 그에게 우리의 불의를 맡길지 맡기지 않을지는 우리가 결정해야 합니다. 우리는, 여자에게서 나시고 율법 아래 나신 예수 그리스도를 믿음으로써 그가 일으키신 율법으로부터의 구속과 그가 주시는 아들의 명분을 바로 우리의 것으로 만들고 있습니까?

6
그리스도인을 만드는 것은 할례인가 아니면 믿음인가?

"그리스도 예수 안에서는 할례나 무할례나 효력이 없으되
사랑으로써 역사하는 믿음뿐이니라"

갈 5:6

초대 교회가 모범적 교회로 제시되어야 한다는 생각은 명백한 사실들을 상상력을 통해 그릇 해석한 매우 두드러진 실례입니다. 초기의 신앙 공동체들은 사도의 가르침을 받았습니다. 그러나 그 점 이외에는 그것들이 다른 어떤 점에서도 차후 시대의 교회의 수준보다 낮지 않았고, 오히려 여러 가지 점에서 수준 이하였던 것으로 보입니다.

우리가 그들이 사도로부터 받은 훈계와 간언에 의거해서 그들의 도덕성을 판단해 볼 수 있다고 하면, 고린도 교회와 데살로니가 교회는 경건에 있어서 초보자에 불과했습니다. 또한 그들이 빠져들 위험이 있었던 오류들을 통해서 그들의 지성을 판단해 볼 수 있다고 하면, 이들 최초의 회중들은 하나님의 계시의 초보 원리인 것들을 가르침받아야 할 필요가 있었습니다.

사정이 다를 수도 없었습니다. 그들은 바로 얼마 전에 이교로부터 구원을 받은 자들이었습니다. 그러므로 그들의 영혼에 오랫동안 과거의 굴레의 흔적이 남아 있었다는 것을 의아하게 여길 필요가 없습니다.

사도 시대의 교회들이 어떠했는지를 알고 싶다면, 오늘날의 선교사들에 의해 형성된 신앙 공동체들을 살펴보기만 하면 됩니다. 동일한 유아적 단순성, 진리에 대한 불완전한 이해, 이교를 믿는 친족의 낮은 도덕성으로 인해 배교하기 쉬운 위험스러운 상태, 생소한 이단에 좌우되기 쉬운 성향, 판단과 실제에 있어서 옛 것과 새 것을 혼합시키는 위험 등이 초대 교회와, 현대의 선교사들에 의한 공동체들에 공통적으로 나타납니다.

초대 교회들이 보여준 최초의 신학적 차이에 관한 역사는 그들이 완전했다는 몽상을 강력히 거부하며, 또한 그들이 새 포도주를 낡은 부대에 집어넣으려고 시도함으로써 — 우리 모두에게 흔히 있는 것입니다 — 걸려들기 쉬운 위험들을 사실적으로 예증해 줍니다.

유대교적 요소와 이교적 요소는 융합이 되지 않았습니다. 분쟁을 일으킨 주된 문제점은, 이방인들이 교회에 들어올 수 있느냐 없느냐는 것이 아니었습니다. 그것은 가장 지독한 유대화주의자들까지도 허용하는 일이었습니다. 문제는 그들이 먼저 할례를 통해 유대 백성으로 흡수되지 않은 채 이방인으로서 교회에 들어올 수 있느냐 없느냐는 것이었고, 또한 그들이 유대교의 의식과 율법을 따르지 않으면서 이방인으로 교회 안에 머물 수 있느냐 없느냐는 것이었습니다.

"없다"라고 말한 자들은 다른 사람이 아닌 기독교 공동체의 일원들이었습니다. 그렇게 함으로써 그들은 유대교가 영원해야 한다고 계속 주장했습니다. 그들은 탄력과 유연성이 조금도 없는 누덕누덕 기워지고 뻣뻣한 가죽 부대에 빠른 속도로 발효하고 있는 그리스도 나라의 새 포도주를 담아야 한다고 요구했던 것입니다. 낡고 형식적인 것에 매달리는 핑곗거리를 갖고 있는 사람들이 있었다면, 그들은 바로 이 유대화주의 기독교인들이었습니다. 그들은 율법이 하나님의 손에 의해 씌어진 것이므로 그것을 지켜야 한다고 주장했고, 율례는 하나님이 정하신 것이며, 절대적인 권위로 그리스도 자신의 본을 통해 모든 세대에게 추천된 것이므로 그것을 따라야 한다고 주장했습니다. 선조의 전통을 존중하고 실천하도록 마음과 양심을 얽어맬 수 있는 모든 동기가 아브라함으로부터 예수님께 이르기까지 이스라엘의 보물이었던 율법과 율례에 그들을 얽어매어 놓았던 것입니다.

"있다"라고 대답한 사람들은 대부분, 히브리인 중의 히브리인이라고 하는 사람(바울)에게 이끌리고 격려를 받은 이방인들이 대부분이었습니다. 그들은 유대교가 준비 단계에 속한 것이요 그것의 할 일은 끝났다고 믿었습니다. 그렇지만 그들도 본래 유대인인 사람들 사이에서는 그들의 율법이 계속 구속력을 지녀도 좋다고 생각했습니다. 그러나 모든 이방인 회심자들을 할례의 문을 통해서 그리스도의 나라에 들어가게 하려는 시도에 대해서는 강력히 반발하였습니다.

그 싸움은 완강했고 격렬했습니다. 나는 견해를 바꾸려는 것보다 형식을 폐지시키는 것이 더 힘들다고 생각합니다. 의식은 그것이 표명하는 사상이 사라진 후에도 오랫동안 존재를 지속합니다. 이것은 마치 죽은 왕이 보좌에서 금빛 외투에 싸여 꼿꼿하게 경직되어 있지만 그 누구도 감히 그에게 가까이 다가가지 못해 그의 눈에서 빛이 사라지고 홀을 잡고 있는 손에서 의지력이 떠나갔음을 알아차리지 못하는 것과 같습니다.

바울은 사는 동안 줄곧 이 논쟁에 끌려 다니고 고통을 당했습니다. 그가 세운 교회와 그를 반대하는 기독교 집단 사이에는 깊은 심연이 가로놓여 있었습니다. 후자의 밀사들이 계속해서 그가 가는 곳마다 따라다니고 있었습니다. 그가 그들을 책망하면, 손쉽게 다가갈 수 있는 다른 사람의 노선을 따르면서, 그들 스스로는 할례 받은 이방인들의 교회를 세우는데 아무런 관심을 보이지 않다가, 그가 등을 돌리기만 하면 곧 뒤에서 갑자기 나타나서 그가 하는 일을 망치려고 했습니다.

이 갈라디아서는 저 거친 반목에 관한 기록입니다. 그것이 반대하는 경향은 인간의 본성 속에 끊임없이 존재하므로 갈라디아서는 언제까지나 쓸모가 있습니다. 사람들은 늘 형식과 내용을 혼동하고, 영적인 실체를 구체적으로 유형화하기를 갈망하고, 모든 외적인 것은 종속적인 것에 불과한데도 내적이고 본질적인 것의 자리에 그 외적인 것을 끌어 올리려고 하는 경향이 있습니다.

두 편의 적대자들 사이에 분쟁이 일어날 때마다 이 서신은 영적인 신앙 개념을 위해 싸우는 자들의 요새가 되어왔습니다. 루터 역시 그것으로써 싸움을 벌였고, 이 시대에도 그것의 말씀은 가치가 있습니다.

본문의 말씀은 그 논쟁에 있어서의 바울의 전체적인 입장에 관한 압축된 진술을 담고 있습니다. 그것은 그리스도와의 연합을 외적인 의식에 연결시키려는 시도에 대항하여 바울이 무엇을 위해 싸우고 왜 싸웠는지를 말해주고 있습니다.

1. 이 말씀 속에 들어 있는 가장 숭고한 원리는, 사랑으로 역사하는 믿음이 그리스도인을 만든다는 것입니다.

본문에서 볼 수 있는 대조는 다소 다른 형태로 바울 서신의 다른 두 곳에서 나타나고 있습니다. 고린도인들에게 그는 이렇게 말합니다: "할례 받는 것도 아무 것도 아니요 할례 받지 아니하는 것도 아무 것도 아니로되 오직 하나님의 계명을 지킬 따름이니라"(고전 7:19).

그리고 바울이 갈라디아서의 전체 내용을 하나의 뚜렷한 문장으로 집약시켜 마지막으로 갈라디아인들에게 한 마디 하고 있습니다: "할례나 무할례가 아무 것도 아니로되 오직 새로 지으심을 받는 것만이 중요하니라"(갈 6:15).

이 모든 주장들은 의식에 의존하는 기독교 개념과 영적인 변화를 강조하는 기독교 개념 사이의 대립이라는 한 가지 사실을 실질적으로 구체화하고 있습니다. 바울이 제시하고 있는 몇 개의 비슷한 대조에 있어서 뒤에 있는 약간씩 다른 사항들은 서로의 의미를 좀 더 분명히 해주고 있습니다.

갈 6:15에서는 본질적인 것이 하나님 편에서 볼 때 육체에 행해지는 의식이 아니라 새로운 성격의 것, 즉 초자연적인 중생의 결과라고 언급되고 있습니다. 갈 5:6에서는 본질적인 것이 외적인 행위가 아니라 존재 전체에 특유한 결과를 일으키는 내적인 원리라고 언급하고 있습니다. 마지막으로, 고전 7:19에서는 본질적인 것이 단순히 의식을 지키는 것이 아니라, 적극적인 믿음 원리의 결과요, 새로운 생명의 징표인 실제적인 순종이라고 언급되고 있습니다. 이 세 개의 말씀 속에는 명백한 전후 관계가 있습니다. 그것들은 가장 깊은 것, 즉 새로운 창조라는 하나님의 행위로 시작하여, 제일 바깥쪽에 있고 제일 나중에 오는 결과, 즉 앞 두 말씀의 목적인 하나님의 율법에 대한 순종 행위로 끝나고 있습니다.

세 가지 양상을 띤 이 하나의 과정이 한 사람을 그리스도인으로 만들어 준다고 바울은 말하고 있는 것입니다. 어떤 양상을 띠든지 간에 그 과정과 육체에 행해지는 의식 사이에는 어떤 관계가 있습니다. 그 두 가지는 완전히 상이한 영역에 속합니다. 그것들을 혼합시키려고 애쓰는 것은 가장 상식을 벗어난 혼동의 행위입니다.

과연 우리가 영혼과 그리스도를 연합시켜주는 숭고한 권능과 속성에다 유대화주의자들이 바라는 이 빈약한 것을 덧붙여야 할까요? 기독교의 본질이 새로운 창조와 믿음과 순종, 그리고 할례라고 말해야 할까요? 그것은 사실상 새 옷에다 헌 옷을 꿰매는 것이요, 완전히 서로 다른 것들을 괴상한 혼돈 속에다 되는 대로 쑤셔 넣는 것과 같습니다. 그것은 재판관의 필수 요건이 성실과 학식과 인내, 그리고 법복이라고 이야기하는 것과 마찬가지로 터무니 없는 점강법(장중한 어조에서 갑자기 익살조로 바꾸는 것)의 일종이라고 할 수 있습니다!

만약에 사람들이 "신앙"이라는 말이 무엇을 의미하고, "그리스도인"이 어떤 종류의 사람을 가리키는지를 조금만 더 분명하게 생각해 본다면, 그 옛날 갈라디아 교회를 유린했고, 그 이후로도 줄곧 교회를 괴롭혀온 그런 종류의 그릇된 생각에 말려들 위험이 줄어들 것입니다.

올바른 것에 대한 분명한 관념이 생기게 되면 그것을 낳는 방법에 관한 상당한 양의 안개를 걷어낼 수 있을 것입니다. 그러면 이제 진리의 표면에서 시작하여 그 안으로 들어가 보기 위해 내가 첫 번째로 주목하는 사실은, 신앙이란 영혼이 하나님과 조화되는 것이요, 삶이 그 율법에 순응(순종)하는 것이라는 점입니다.

우리를 다루시는데 있어서 하나님이 품고 계신 가장 높은 목적은 우리를 그 자신과 같게 만드는 것입니다. 따라서 모든 신앙의 목표는 그 목적을 완전히 성취하는 것입니다. 다음과 같은 요소들이 없는 신앙은 존재하지 않습니다. 하나님과의 밀접한 관계에 대한 의식, 그가 모든 뛰어나고 아름다운 것들의 총체이고 그의 뜻이 우리에게 무조건적으로 구속력을 갖고 있다는 점에 대한 인정, 마음과 영혼을 그와 그의 율법에 완전히 일치시키려는 염원과 노력, 그리고 저 최상의 아름다움이 우리의 것이 될 것이라는 겸손한 확신이 신앙의 요소들입니다.

"사랑을 입은 자녀 같이 너희는 하나님을 본받는 자가 되라"는 말은 모든 경건한 사람들의 목적을 나타내주는 순전하고도 포괄적인 명령입니다. "하나님의 계명을 지키는 것"은 단순한 외적인 행위 이상으로 깊은 것입니다. 그렇지 않다면 바울의 엄숙한 말은 신앙생활에 대한 아주 빈약한 개념의 수준으로 떨어진 것이고, 그렇게 되면 신앙생활은 그 성소와 활동 영역을 가장 깊은 영혼의 자리에서 시장과 거리의 먼지투성이의 바벨탑으로 옮겨야 할 것입니다.

그러나 바울이 그런 말을 한 경우의 전후 상황에서 비롯되는 그 말의 당연하고도 필연적인 의미 확대를 생각할 때, 그 순종은 행실만의 순종이 아니라 한 인간 자체의 순종임에 틀림이 없고, 따라서 하나님 앞에 의지가 굴복하고 전 존재가 부복하는 것을 의미하는 것입니다.

바울의 말이 가르쳐주는 진리를 완전히 수용하고 실천한다면 이론적 혼란과 실제적 오류의 산(山) 전체가 깨끗하게 무너질 것입니다. 신앙생활은 메마른 도덕적 생활도 아니고, 꼼꼼하게 행동 하나하나를 딱딱한 율법에 맞추는 굴종적인 생활도 아닙니다. 신앙생활은 옳은 것만을 생각하고 올바른 감정만 품으며 올바른 행동만을 하는 생활도 아닙니다. 형식적인 신앙 고백을 통해 위와 같은 생활을 그럴듯하게 꾸며 보이는 것, 즉 느낌을 가장하거나 겉은 정직하게 보이려는 생활은 더욱더 신앙생활이라고 할 수 없습니다. 신앙생활은 명목상으로 기독교 공동체와 관계를 맺는 것도 아니고, 그 공동체의 율례와 예배 의식에 참여하는 생활도 아닙니다.

경건하다는 것은 하나님을 닮았다는 것입니다. 우리의 본향으로서 순결하고 아름다운 것은 무엇이든지 거하고 있는 하나님의 성품에 영혼 전체를 완전히 일치시키고, 또한 우리의 삶의 생명이신 그의 주권에 우리의 의지를 기쁘게 완전히 순응시키는 것, 바로 이것이 신앙생활의 완벽한 모습입니다. 우리가 이 같은 조화에 다다른 정도가 곧 우리들이 그리스도인이라고 할 수 있는 정도, 또는 수준입니다.

두 개의 현악기가 하나의 동일한 으뜸음에 맞추어져 있으면, 한쪽 악기의 줄을 건드릴 때 희미하고 가벼운 메아리가 다른 쪽 악기에서 흘러나오고 그 두 소리는 서로 구분할 수 없을 정도로 혼합되는 것과 마찬가지로, 하나님께 가까이 나아가고 그의 마음과 뜻에 일치하기에 이르면 우리의 감응하는 영혼은 그의 영에 일치하여 진동하고 사실상 작고도 약한 소리를 내지만, 그럼에도 불구하고 웅장한 천상의 노래를 되풀이하게 됩니다. "할례 받는 것도 아무 것도 아니요 할례 받지 아니하는 것도 아무 것도 아니로되 오직 하나님의 계명을 지킬 따름이니라."

그러나 본문은 한층 더 나아가서 중요한 사실을 알려줍니다. 만일 우리가 성품과 행실의 배후에 있는 동기를 살펴본다면, 이 하나님과의 일치는 사랑이 우리의 삶의 지배적인 동력이 되는데서 비롯된다는 것입니다. 예배의 대상을 닮는 것은 언제나 가장 높은 경지의 예배 형태로 간주되어 왔습니다.

스토아학파의 철학자 이외에도 수많은 옛 스승들이 "신을 본받는 것이 신을 올바르게 예배하는 것이다"라는 말을 했습니다. 선지자들 중의 한 사람은 "만인이 각각 자기의 신의 이름을 빙자하여 행한다"는 것을 일정한 규칙으로 말하고 있습니다.

그러나 하나님을 향한 그리스도인다운 태도 속에서만 그와 같은 모방을 불가능한 의무 이상의 것으로 만들어주는 원동력을 찾아볼 수 있습니다. 이는 바로 하나님의 계시된 성품 속에서만 본보기를 발견할 수 있기 때문입니다. 그 본보기를 따르는 것이 완전해지는 길입니다.

하나님의 계시된 성품이 아닌 다른 것을 통해서 신들과의 화합(일치)을 찾았다면 그것은 양심과의 불화 및 가장 천한 도덕의 극악한 표출을 의미합니다. 다른 것을 통해서 신들을 본받으려는 자세는 그들의 사랑에 대한 분명한 확신과 우리 자신의 행복한 느낌에 의해 점화된 것이 아닙니다. 그러나 우리의 경우에는 계시된 사랑은 완전한 율법이요, 불러일으켜진 사랑은 율법을 실천하는 것입니다.

율법의 실천, 이것이 하나님께 대한 그리스도인의 사랑의 힘이요 고결함입니다. 그것은 태만한 감정이나 나태한 환희도 아니고 모호한 정서도 아니며, 다만 모든 실제적인 선과 모든 줄기찬 노력과 모든 미덕과 모든 칭찬할 점의 근본입니다. 그 힘찬 조수는 삶의 분주한 수레바퀴를 돌리고, 귀중한 화물을 그 수레로 나르게 하려는 의도를 갖고 있습니다. 무익한 거품을 일으키며 흘러가 버리려는 것이 아닙니다. 사랑은 명석한 자녀들을 많이 가진 어머니입니다. 한 위대한 도덕주의 시인이 지성소 안에 있는 사랑을 묘사하면서 그 사실을 깨달았습니다.

> "그녀 주위에 수많은 아기들이 매달려,
> 그녀가 기쁘게 바라보는 가운데 놀고 있다."

그녀의 아들들은 힘과 정의, 자제심과 견고성, 용기와 인내 및 그밖에도 많이 있습니다. 그리고 그녀의 딸들은 슬픈 눈을 가진 연민, 은방울 같은 음성을 지닌 온유, 죽음의 그늘 속에서도 다정한 얼굴로 빛을 일으키는 자비, 자신의 사랑스러운 모습을 조금도 깨닫지 못하는 겸손, 그리고 이들과 손을 맞잡고 있고, 사람들이 미덕과 은혜라고 부르는 모든 빛나는 자매들의 무리입니다. 이들의 어머니인 사랑이 우리의 마음속에 있다면, 그들도 우리의 마음속에 거할 것입니다. 반대로 우리가 사랑이 없이 지낸다면, 우리는 그들과 함께 지내지 못할 것입니다.

인간과 하나님 사이에는 땅과 하늘 간의 감미로운 사랑의 교제에 의해서만 해결될 수 있는 불화가 존재합니다. 그것에 반응하여 우리의 사랑이 솟아날 때, 분쟁은 끝이 나고, 방황하던 자식은 자신의 반역을 잊고서 아버지의 가슴에 아픈 머리를 대고, 아버지의 심장이 고동치는 소리를 듣습니다.

우리의 영혼은 죄로 인하여, 가락이 맞지 않고 거친 소리를 내는 종과 같습니다. 사랑의 노련한 손길이 우리의 영혼에 다가와서 우리의 영혼으로 모든 피조물이 그들의 위대하신 하나님께 드리는 아름다운 노래에 참여할 수 있도록 회복시켜 주고,

> "우리가 땅에서 불협화음이 아닌 목소리로
> 그의 입술에서 나오는 굉장한 화음까지도
> 정확하게 반응할 수 있도록"

하나님과 화합할 수 있게 해줍니다. 신앙생활의 필수 요건은 하나님과의 화합이고, 그 화합을 낳는 힘은 하나님께 대한 사랑입니다.

그러나 본문 말씀은 한층 더 깊은 고찰에 이르고 있습니다. 즉 우리의 마음속에서 하나님께 대한 사랑이 지배권을 갖는 것은 믿음에서 비롯된다는 것입니다.

이렇게 하여 우리는 모든 것이 매달려 있는 사슬의 마지막 고리에 접근하고 있습니다. 신앙생활은 하나님과의 조화입니다. 그 조화는 사랑에 의해 생기고, 그 사랑은 믿음에 의해 생깁니다. 그러므로 영혼 속에서 모든 기독교 정신의 기본은 믿음입니다.

만일 우리가 그 표현을 달리하여 신앙적이 되기 위해서는 하나님을 닮아야 하고, 하나님을 닮기 위해서는 그를 사랑해야 하고, 그를 사랑하기 위해서는 우리에 대한 그의 사랑을 확신해야 한다고 말한다면, 이것이 더 신선하고 더 분명하게 들릴까요? 확신컨대 그 사실은 너무나도 명백하므로 확대시켜 말할 필요가 없습니다.

믿음이 하나님께 대한 사랑보다 앞서야 하고, 그것만이 사랑이 설 수 있는 유일한 기반을 마련해 준다는 것은 당연하지 않습니까? 우리가 그의 마음을 의심하거나, 또는 마치 그의 성품이 다만 권능과 지혜로만 차 있거나, 무서울 정도로 가혹한 것처럼 잘못 이해하는 한 어떻게 그를 사랑할 수 있겠습니까?

인간은 자기 자신에 대한 개인적인 애정이 아주 특별한 표징이 없는 한 눈에 보이지 않는 사람에 대해서 전혀 사랑을 품을 수 없습니다. 모든 종교의 역사는 신들이 사랑을 보이지 않는 자로 여겨질 때 예배자들 또한 무정해진다는 사실을 입증해 줍니다.

하나님이 우리에 대해 갖고 계신 사랑을 우리가 알고 믿을 때 비로소 우리도 그에 대해 상응하는 감정을 품게 됩니다. 우리의 사랑은 이차적인 것이요, 그의 사랑은 일차적인 것입니다. 우리의 사랑은 반사된 빛이요, 그의 사랑은 원초적인 빛입니다. 우리의 사랑은 메아리요, 그의 사랑은 외침입니다. 하늘이 땅에게 굽히지 않으면 땅이 하늘로 오르지 못합니다. 하늘이 문을 열어 사랑을 떨어뜨리지 않으면 비옥한 들에서 사랑이 싹을 낼 수 없습니다.

한편 우리가 참된 믿음을 갖고서 그리스도 예수 안에서 하나님의 마음이 밝히 드러난 것을 바라볼 때에만, 즉 "사랑은 여기 있으니 하나님이 우리 죄를 위하여 화목제로 그 아들을 보내셨음이니라"고 말할 수 있을 때에만, 비로소 우리의 마음이 녹고 마음에 쌓인 눈이 감미로운 시냇물로 바뀌며, 얼음의 굴레를 벗어난 그 물은 우리의 인생 — 자칫 잠잠하고 메마른 채 흘러갔을지도 모르는 인생 — 을 꿰뚫어 흐르면서 잔물결로 아름다운 소리를 내고 곳곳에서 풍성한 열매를 맺게 할 수 있습니다. 그리스도를 믿는 믿음은 하나님을 적극적으로 사랑하는데 필요한 유일한 기반입니다.

그리고 이 사상은 바울의 가르침과 요한의 가르침 사이에 접촉점을 제공해 줍니다. 전자는 믿음을 강조했고 후자는 사랑을 강조했지만, 믿음을 가장 강조한 바울은 믿음이 사랑으로 인해서 성품에 그 영향을 미친다고 선포했고, 한편 사랑을 가장 강조한 요한은 그것이 존재 자체를 믿음에 빚지고 있다는 사실을 자진하여 선포했습니다.

그 사상은 바울과 야고보 사이에도 접촉점을 제공해 줍니다. 전자는 기독교의 필수요건을 믿음이라고 말하고, 후자는 행위라고 말합니다. 그들은 서로 다른 지점에서 흐름을 발견했을 뿐입니다. 한 사람은 샘에서 그것을 발견했고, 다른 한 사람은 훨씬 아래쪽으로 내려와 사람들이 사는데서 그 흐름을 발견했던 것입니다. 그들은 둘 다 믿음이 "행위로 나타나는 믿음"이어야 한다고 가르쳤습니다. 그것이 교리에 대한 메마른 동의가 아니라 생활 속에서 열매를 맺는 살아 있는 믿음이어야 한다는 것입니다. 바울은 야고보만큼이나 행위로 나타나지 않는 믿음은 죽은 것이라고 믿었고, 계명을 지키는 것을 모든 참된 기독교 정신에 필수불가결한 것으로 강조했습니다. 야고보는 바울만큼이나 믿음이 없는 행위는 무익하다고 믿었습니다. 따라서 이 위대한 교회의 스승 세 사람이 모두 본문 속에 나타나 있습니다. 그들은 각자 본문에 대해 자기 자신의 특징적인 유형의 교리를 담은 한 마디를 기여했다고 생각할 수 있습니다.

프리즘을 통해 무색 광선이 셋으로 나뉘고, 이 세 개의 빛이 본문에서 다시 합쳐지고 있습니다. 거기에서 "그리스도 예수 안에서는 할례나 무할례가 효력이 없되 사랑으로써 역사하는 믿음뿐이니라"는 포괄적인 말씀을 통해 믿음과 사랑과 행위가 모두 합쳐지고 있습니다.

이 내용 전체를 요약하면 이것입니다. 뜻과 마음에 있어서 하나님과 일치하는 자가 그리스도인이고, 하나님을 사랑하는 자가 뜻과 마음에 있어서 하나님과 일치하며, 그리스도를 신뢰하는 자가 하나님을 사랑한다는 것입니다. 이것이 기독교의 궁극적인 목적이요 결과입니다. 이것이 기독교의 수단이요 동력입니다. 이것이 기독교의 출발점이요 기반입니다.

2. 그러나 우리는 사도 바울의 말 속에 있는 부정적인 면도 고려해 보아야 합니다. 그는 본질적인 것인 믿음과 비교할 때 모든 외적인 것들은 무한히 하찮은 것이라고 단정하고 있습니다.

바울은 습관적으로 언제나 자신이 적용시킬 수 있는 가장 광범위한 원리들을 통해 문제를 해결했습니다. 조금 깊이 들여다보면 알 수 있는 이런 그의 방법은 그 이후로 수많은 교회 교육자들과 지도자들의 마음에 들었던 방법과는 정반대입니다. 그들은 문제가 닥치면 바로 그 문제의 해결에만 골몰하였고, 그것을 가라앉히는데 소용이 있는 가장 좁은 범위의 고찰을 통해서 어려움을 해결하고자 했습니다.

그러나 본문에서 바울의 손에 잡힌 문제는 그 당시 일어났던 분쟁의 정도보다 훨씬 더 많은 양을 포함하는 기반 위에서 해결되고 있습니다. 할례는 하나의 부류 전체, 즉 모든 외적인 의식과 관례 속의 한 가지 예로 간주되고 있습니다. 그것과 믿음 사이에서 이끌어 낸 차이는 그것이 속한 부류 전체에까지 확대되고 있습니다.

그것이 무력한 것은 구약의 의식이기 때문이 아니라 단순히 의식이기 때문이라고 암시되어 있습니다. 그것의 무기력은 그것이 모든 외적인 제도 — 구약에 속한 것이든 신약에 속한 것이든, 하나님이 부과한 것이든 인간이 만들어낸 것이든 — 와 공통적으로 갖고 있는 본성 자체에 놓여 있습니다. 그 동일한 특성이 그것들 모두를 꿰뚫고 있습니다.

믿음과 비교할 때 그것들은 전혀 쓸모가 없습니다. 그것들이 절대적으로 무용지물이라는 것은 아닙니다. 그것들은 그것들 자체의 위치를 갖고 있지만 "그리스도 예수 안에서는" 아무런 쓸모가 없습니다. 그리스도와의 연합은 전혀 다른 종류의 사실들에 달려 있습니다. 그 사실들은 할례 또는 세례 또는 성찬식과 함께 존재할 수도 있고, 그렇지 않을 수도 있습니다.

할례와 세례와 성찬식이 아무리 중요할 수 있다고 해도, 그것들은 영혼을 그리스도께 동여매 주는 것들 속에 자리 잡고 있지 않습니다. 그것들은 후자에 도움이 될 수는 있지만 그 이상은 아무것도 아닙니다. 의식이 믿음을 보장해 주지는 않습니다. 그렇지 않다면 본문의 대조가 무의미할 것입니다.

의식은 믿음의 자리에 있을 수 없습니다. 그렇지 않다면 본문에 암시되어 있는 차이가 터무니없는 것으로 간주될 것입니다. 그러나 그 두 가지는 완전히 다른 사물의 질서에 속해 있습니다. 그것들은 실제로 공존할 수도 있지만, 각기 따로 발견될 수도 있습니다. 믿음은 우리를 그리스도인으로 만들어 주는 필요불가결한 영적 체험이고, 의식은 유형의 제도에 속해 있습니다. 유형의 제도는 믿음에 도움이 될 수는 있으나 믿음의 대체물이나 등가물이 될 수는 없습니다.

우리가 이 설교의 전반부에서 다루었던 긍정적인 원리를 확고히 붙드십시오. 그러면 당연한 일로서 모든 형식과 외적인 것들이 본래의 자리로 내려갈 것입니다. 신앙생활이 분별 있는 믿음에 의거하여 영혼이 하나님께 애정을 갖고 헌신하는 것이라면, 믿음 이외의 다른 모든 것은 기껏해야 그것을 촉진시킬 수 있는 수단에 불과합니다.

복음 안에서 계시된 진리를 파악하고 예수 그리스도께로 나아가는 애정에 찬 신뢰가 사람들을 하나님께 연결시켜 주는 고리라면, 이 외적인 것들이 "은혜의 수단"이 될 수 있는 유일한 길은, 우리가 예수 안에 있는 진리를 더 잘 이해하고 더 절실히 느끼도록 도와주고, 또한 진리이신 그에게로 더 가까이 나아갈 수 있도록 보조해주는 것입니다.

그것들이 우리의 이해를 밝혀주고 있습니까? 그것들이, 세상적인 근심 걱정에 늘 마모되고 세상적인 생각에 늘 이끼가 끼는 기억의 석판에 새겨진 사랑스러운 얼굴 모습을 더 깊이 새겨주고 있습니까? 그것들이, 마음의 통로를 통해 깨끗하게 해주는 물이 흐를 수 있도록 그것에서 쓰레기를 제거해 주고 있습니까? 그것들이 영혼에게, 그 고유의 양식인 분명한 사고와 생생한 감동과 사랑이 넘치는 애정과 신뢰에 찬 순종을 제공해 주고 있습니까? 그것들이 그리스도를 우리에게 모셔오고, 또한 접근 가능한 유일한 방법, 즉 우리의 마음과 생각과 뜻이 그의 위대한 완전성에 사로잡히게 함으로써 우리를 그에게로 데려가고 있습니까? 그렇다면 그것들은 귀중하고 유익한 은혜의 수단이요, 그의 사랑의 선물이요, 우리의 연약함에 대한 그의 지혜로운 인식의 표적이요, 또한 그가 자기를 낮추셨다는 증거입니다. 이는 그가 자신에 대한 우리의 기억 일부분을 겸손하게도 감각의 봉사에 맡기셨기 때문입니다. 그러나 그것들(의식들)이 심을 수 없는 저 믿음과 비교해볼 때, 아무리 그것들이 믿음을 강화시켜줄 수 있다고 해도 여전히 아무 것도 아닙니다. 영혼을 하나님과 연합시켜주고 사람들을 신앙인으로 만드는 문제에 있어서 그것들은 조금도 쓸모가 없습니다.

이와 같은 생각들은 매우 깊은 영향력뿐만 아니라 매우 넓은 영역 또한 갖고 있습니다. 신앙생활은 영혼이 하나님께 헌신하는 것입니다. 따라서 그 밖의 **모든 것**은 신앙생활이 아니고 기껏해야 그것을 위한 수단에 불과합니다. 이 점은 모든 기독교 의식에 그대로 적용됩니다.

바울은 할례가 아무 것도 아니라고 이야기했듯이 세례에 대해서는 그것을 동일한 의미와 동일한 한계 속에서 "아무 것도 아닌 것"으로 간주하고 있음을 분명히 보여주는 어투로 이야기하고 있습니다. "내가 너희들 중 몇몇에게 세례를 주었다"고 그는 고린도인들에게 말했습니다. 그 말의 의미는 이것입니다: "누구에게 얼마나 많이 세례를 주었는지는 거의 기억이 나지 않는다. 내게는 그보다 훨씬 더 중요한 할 일, 즉 복음을 전하는 일이 있다."

이 점은 기독교 예배의 모든 행위와 형식에 적용됩니다. 그것들은 모두 신앙생활이 아니라 그것을 위한 수단에 불과합니다. 그것들이 우리로 그리스도와 그의 진리를 알고 느끼도록 도와줍니까? 생활 속의 법도와 인습적인 도덕의 여러 가지 사항의 경우도 마찬가지입니다.

사도 바울이 우상에게 바쳐진 고기를 먹는 문제와 날과 절기를 지키는 문제를 다룰 때 보여준 굉장히 자유로운 태도를 기억하십시오. 그 문제들을 다룰 때에도 동일한 원리가 그를 이끌어 주었습니다. 그는 "식물은 우리를 하나님 앞에 세우지 못하나니 우리가 먹지 아니하여도 부족함이 없고 먹어도 풍성함이 없으리라"는 말로써 문제 전체를 본래의 자리로 돌려보냈습니다.

"날을 중히 여기는 자도 주를 위하여 중히 여기고 그렇지 않는 자도 주를 위하여 그렇게 하라." 비록 덜 분명하고 단순하기는 하지만 부수적인 교리들의 경우도 마찬가지입니다. 이것들, 그리고 이것들에 대한 믿음이 기독교는 아닙니다. 그것들은 기독교 신앙을 위해 도움을 주는 것들에 불과합니다.

그 간격은 넓고도 깊습니다. 한편에는 모든 외적인 것들, 전례, 의식, 교회의 행정과 제도, 예배 형식, 생활방식, 도덕의 실천, 교리, 신조 등 영혼에게 외적인 모든 것이 존재하고 있습니다. 그리고 다른 편에는 사랑으로 역사하는 믿음, 즉 영혼의 내적인 태도와 깊은 감정인 그것이 자리 잡고 있습니다.

장작이 높게 쌓여 있습니다. 거기에서 피어오르는 불꽃은 사랑에 찬 믿음입니다. 장작 중에서 가치 있는 것은 그 불꽃을 계속 일으켜 주는 것뿐입니다. 불꽃을 돋아주지 못한다면 장작은 전혀 소용이 없고, 죽어 있고 차가운 검은 덩어리로 쌓여 있기만 할 것입니다. 우리는 믿음을 통해서 하나님에게 연결됩니다. 그 믿음을 강화시켜 주는 것은 무엇이든지 보조물로서는 가치가 있지만, 대체물로서는 아무런 가치가 없습니다.

3. 이 대수롭지 않은 외적인 것들을 믿음의 자리로 끌어올리려는 경향이 부단히 존재하고 있습니다.

복음의 전체적인 목적은 우리를 감각의 지배로부터 구원하고, 우리의 삶의 중심을 보이지 않는 세계로 옮기려는 것이라고 말할 수 있습니다. 이 목적이 부분적으로 감각의 도움을 통해 성취된다는 것은 의심할 수 없는 사실입니다. 인간이 육체의 조직을 갖고 있는 한 외적인 도움의 필요성은 계속 존재할 것입니다.

인간은 나태하고 본성적으로 감각적이어서 상징을 실체로, 은행 지폐를 부(富) 그 자체로 오인합니다. 눈 또한 창 너머에 있는 하늘의 빛을 바라보기 보다는 빛나는 유리창의 현란한 색채에 머무르도록 유혹을 받을 것입니다. 감각을 영혼이 하늘에 오를 수 있는 사다리로 만들려는 시도는 위험스럽게도 십중팔구 영혼이 위로 오르기는커녕 도리어 아래로 내려가는 결과를 초래할 것입니다.

형식은 반드시 그 근본을 이루고 있는 진리를 침식하여 압도하고야 맙니다. 또한 그것은 갈수록 전혀 무의미한 것으로서 어슴푸레하게 모습을 드러내고, 마침내 수단 대신에 목적의 자리를 차지합니다. 그러므로 이 힘세고 위험한 협력자를 최소한도로 줄이는 것이 현명하지 않겠습니까? 그것들을 이용할 때 미미한 양이라면 믿음을 강화시켜 줄 수 있지만 과도한 양은 그것을 죽인다는 사실, 아니 그것은 미미한 양뿐이라도 믿음을 죽일 수도 있다는 사실을 기억해야 할 필요가 있지 않겠습니까?

그리스도께서는 두 개의 외적인 의식을 정하셨습니다. 외적인 신앙 집단을 이루려고 하면, 의식이 그보다 적을 수는 없을 것이고 또한 그것이 더 단순해질 수도 없을 것입니다. 그러나 미신의 불길한 만연을 주시하십시오. 또한 그 형식들이 그리스도께서 직접 정하신 유쾌하고도 단순한 것임에도 불구하고 그것들을 타락시키려는 인간 본성의 악한 성향에서 비롯된 헤아릴 수 없는 종교적 도덕적 · 사회적 · 정치적 악들을 보십시오.

성찬식의 역사가 주는 교훈은 어떻습니까? 그것이 우리 주님의 죽으심의 사랑을 가정적으로 기념하던 것에서 점차 "무시무시한 제사"로 바뀌어져 온 사실은 우리에게 영적인 신앙생활 — 영적이지 않은 신앙생활이란 존재하지 않습니다 — 이 외적인 의식의 도움을 구할 때 의지하는 저 위험한 협력자에 관해 알려줄 것입니다!

그러나 신앙생활을 외적인 행위로 바꾸려는 이 같은 위험이 바로 우리 모두의 내부에 그 근원을 두고 있고, 따라서 단순히 정교한 의식을 거부한다고 해서 그 위험이 없어지는 것은 아니라는 점을 기억하십시오. "할례나 무할례가 효력이 없되"라는 본문의 이중적인 부정에는 많은 의미가 담겨 있습니다.

유대화주의자들이 전자를 강조하고 싶은 유혹을 받았다고 하면, 그들의 반대자들은 후자를 강조하고 싶은 유혹을 마찬가지로 받았습니다. 전자는 "사람이 할례를 받지 않으면 그리스도인이 될 수 없다"라고 말하고 있었습니다. 아마도 후자는 "사람이 할례를 받으면 그리스도인이 될 수 없다"라고 대답할 위험을 안고 있었을 것입니다. 형식에 저항하면서 그 형식을 이용하는 형식주의가 있을 수 있습니다.

극단끼리는 서로 통합니다. 예를 들면, 비(非)영적인 퀘이커교도는 비영적인 로마 가톨릭교도와 동일한 사고방식의 단계에 머물러 있습니다. 그들은 일정한 외적 행위가 예배, 심지어는 신앙생활에까지 필수적이라고 믿는 점에 있어서 일치합니다. 그들은 이 행위가 무엇이냐 라는 문제에 있어서만 다를 뿐입니다. "너는 할례를 받아야 한다"고 말하는 유대화주의자와 "너는 할례를 받지 말아야 한다"고 말하는 반대자는 사실상 같은 배를 타고 있는 것입니다.

이것은 특히 우리 대다수의 신자들처럼 기독교에 대한 자유로운 영적 개념을 굳게 고집하는 사람들이 마음에 새겨둘 필요가 있는 사실입니다. 우리는 그 자유를 굴레로, 그 영성을 형식으로 바꾸어 놓을 수도 있습니다. 만약에 우리가 기독교에 대한 자유롭고도 영적인 개념을 기독교 그 자체와 혼동하고, 그 개념에 연결이 되지 않으면 신앙생활이 발전할 가능성이 없다고 생각한다면, 그와 같은 결과를 초래할 것입니다.

본문의 말씀은 두 개의 칼날을 갖고 있습니다. 그것을 우리 주위에서 일어나고 있는 이 모든 유대화와 우리 자신의 마음속에 있는 유대화의 경향을 없애는데 사용합시다. 한쪽 칼날은 후자를 쳐서 없애줍니다. 우리들 대부분이 감히 선포하듯이, 할례는 아무 소용이 없습니다.

그러나 우리가 우리의 자유를 신뢰하고 그것이 본래 선하다고 생각하고 싶어질 때, **무할례 또한 아무 소용이 없다**는 사실도 기억하십시오. 형식을 주장하는 자가 그리스도인이 아닐 수 있듯이 형식을 거부하는 여러분도 그리스도인이 아닐 수 있습니다. 형식주의자의 주장이 그 자신을 그리스도께 연결시켜주지 못하듯이 여러분의 거부 또한 여러분을 그리스도께 연결시켜주지 못합니다.

한 가지만이 그 일을 해줄 수 있는데, 그것은 사랑으로써 역사하는 믿음입니다. 그것에 대해 감각은 늘 전쟁을 일으킵니다. 즉 우리들 중에서 일부에 대해서는 신앙생활을 외적인 행위와 의식에 맡기도록 유혹하고, 또 다른 일부에 대해서는 우리의 형제들이 남용하는 형식을 거부하는 일에 신앙생활을 맡기도록 유혹합니다.

4. 대수롭지 않은 것이 필수적인 것으로 바뀔 때, 그것은 더 이상 대수롭지 않은 것이 아니라 싸워 무너뜨려야 할 대상이 됩니다.

바울은 할례와 무할례가 똑같이 소용없다고 선포했습니다. 사람은 어느 쪽으로든 선한 그리스도인이 될 수가 있습니다. 할례와 무할례는 모든 점에 있어서 대수롭지 않은 것이 아닙니다. 그러나 그리스도에게 연결되어서는 사람이 어느 쪽을 취하든 문제가 되지 않습니다. 이 고귀한 자유에 의거하여 사도 바울 자신은 유대교 의식을 행했습니다. 또한 디모데에게 할례를 주는 것이 원칙을 어기지 않으면서 편견을 무마할 수 있는 방법이라고 생각하여 디모데로 할례를 받게 하였던 일도 있습니다. 그러나 이방인들도 할례를 받아야 한다는 것이 하나의 원칙으로 주장되기에 이르렀을 때는 이미 단순히 무마하기만 하던 시기는 지나갔습니다. 반대의 주장을 하는 쪽에서 더 이상의 양보를 불가능하게 만들었던 것입니다.

사도 바울은 할례를 반대하지 않았습니다. 그가 반대했던 것은 모든 사람에게 교회 가입의 필수적인 요건으로 할례를 강요하는 것이었습니다. 그리고 바울의 반대파가 그런 입장을 취하자 끝까지 그들을 상대로 싸우지 않을 수 없게 되었습니다. 그들은 대수롭지 않은 것을 필수적인 것으로 바꾸어 놓았습니다. 따라서 그는 더 이상 그것을 대수롭지 않은 것으로 취급할 수 없게 되었습니다.

따라서 어떤 파나 어떤 교회가 외적인 의식을 필수적인 것으로 주장할 때는 언제든지, 즉 은혜의 종속적인 수단인 그 어떤 것을 우리의 영혼을 예수께 동여매 주는 결합의 끈일 뿐 아니라 은혜의 통로이기도 한 유일한 끈의 자리로 끌어 올리려고 할 때는 언제든지, 그리스도 왕국의 영성을 지키고 자유로운 어깨에 철제 멍에를 지게 하려는 시도에 저항하기 위해 무장해야 할 때입니다.

개개인이든지 교파든지 자신의 형식을 필수적인 것으로 바꾸지 않는 한 그들을 자기 좋은 대로 행하게 내버려 두어도 좋습니다. 부수적인 문제에 관련해서는 많은 혼란이 일어나지 않도록, 확고하게 하나의 핵심적인 원칙을 고수하는 표현과 정신의 넓은 자유 속에서, 그리고 무관심에서 비롯된 것이 아니라, 기독교적 삶의 한 가지 필수요건에 대한 분명한 인식과 열렬한 충성에서 비롯된 다양성에 대한 관용의 태도를 갖고서, 우리는 본문이 우리 앞에 제시하는 넓고도 고요하고도 고상한 사상을 우리의 안내자로 받아들여야 하겠습니다.

이 그치지 않는 논쟁의 어느 편에 서 있든지 간에 예수님을 사랑할 수 있고 그의 충만하심으로부터 양식을 얻을 수 있다는 사실을 감사하고 믿읍시다. 우리의 형식이나 또는 우리의 자유를 의지하려는 우리 마음속에 있는 성향을 조심스럽게 경계합시다. 언제 어느 곳에서든지 이 종속적인 것들이 필수적인 것으로 바뀌고, 그리스도 교회의 의식이 그리스도의 사랑에 대한 애정어린 믿음의 자리에 올라가는 것을 보면, 저 장엄한 진리의 편에 서서 우리의 음성을 드높이십시다: "그리스도 예수 안에서는 할례나 무할례가 효력이 없되 사랑으로써 역사하는 믿음뿐이니라."

7
성령을 따라 행하라

"너희는 성령을 따라 행하라 그리하면 육체의 욕심을 이루지 아니하리라"
갈 5:16

사도 바울이 이곳에서 우리가 익히 알고 있는 영과 육의 대조를 단순히 인간 본성의 상이한 요소들을 나타내기 위해 사용하고 있다고 생각해서는 안 됩니다. 설교 주제로서는 별로 적합하지 않은 문제들에 대해서는 이 자리에서 다루지 않더라도, 여느 때와 마찬가지로 이 대조법을 사용했을 때 사도 바울이 성령이라는 말로써 나타내려는 존재는 그가 모든 믿는 자의 선물이라고 당당하게 선포한 거룩하신 하나님의 영이라고 말하는 것만으로 현재 우리의 목적에 충분할 것입니다.

이 대조에 있어서 다른 한편에 있는 "육체"라는 표현은 그것 역시 마찬가지로 몸에 해당하는 것으로 받아들이지 말고 하나님과 떨어져서 땅 및 땅의 것들과 유사한 성질을 띤 인간의 전체적인 본성을 의미하는 것으로 받아들여야 합니다. 좀 더 좁은 의미의 육체는 이 전체에서 지배적인 부분을 가리킵니다. 그것 안에는 유형적인 조직 이외에도 많은 것이 존재하고 있습니다.

기독교 윤리는 바울이 사용한 육체라는 표현을 금욕주의적으로 오해한 사람들 때문에 오랜 세월 동안 많은 손상을 입었고, 그릇되고 굴종적인 금욕주의로 타락하였습니다. 그런데 사실상 바울 자신은 너무나 명민하고 고결하여, 몸이 죄의 온상이요 원천이라는 피상적인 견해에 동의하지 않았습니다.

우리는 "육체의 일"에 관한 목록만 살펴보아도 "육체"가 단순히 몸을 의미하지 않는다는 사실을 알 수 있습니다. 이는 비록 그것이 순전히 육체적인 종류의 엄청난 죄로부터 시작하고 있기는 하지만, 뒤로 가면서 미움과 분쟁과 분노와 시기 등과 같은 것들 또한 다루고 있기 때문입니다. 그런 것들은 대부분 악한 마음을 가진 천사가, 몸을 갖고 있든 갖고 있지 않든 간에, 행할 수 있는 일들입니다.

그러므로 본문상의 대조에서, 한편은 거룩하신 성결의 영이고, 다른 한편은 하나님의 영이 갖고 있는 소생시키는 영향력을 받지 않은, 있는 모습 그대로의 인간을 가리킨다고 말하는 것이 옳을 것입니다. 바울의 사고에 있어서 육체의 개념은 언제나 죄의 개념을 포함하였고, 그가 생각하기에 육체의 소욕은 단순히 반항적이고 감각적인 정욕만이 아니라 믿음 없는 인간 본성의 죄악된 요구 ― 이것이 아무리 세련되고 또 누가 말했듯이 "영적"일 수 있다고 하더라도 ― 도 포함하였습니다.

사도 바울이 사용한 표현에 대해 더 이상 세세하게 알아볼 필요는 없을 것입니다. 전자는 생명과 성결을 부여해주는 하나님의 영을 언급하는 것으로, 후자는 하나님과의 관계가 끊기고 그 때문에 악한 욕구에 끌려다니는 인간 본성을 언급하는 것으로 받아들이는 것이 안전하리라고 생각합니다.

본문은 바울이 갈라디아에 있는 유대화주의 훼방꾼들을 향해 부르짖은 그의 함성입니다. 그들은 이렇게 말했습니다: "이런 저런 것을 해라. 정해진 율례를 지키고자 애쓰자. 규범대로 살라." 이에 대해 바울은 이렇게 말했습니다: "아니다! 그것은 아무 소용이 없다. 그렇게 해보았자 너희는 그와 같은 시도를 경멸하게 될 것이고 악을 정복하지도 못할 것이다. 성령을 따라 살라. 그렇게 하면 엄격한 외적인 율법이 필요 없을 것이고, 육체의 일에 속박당하지도 않을 것이다."

갈라디아 교회에서 있었던 이 불화는 기독교가 두 개의 항구적인 사조

사이에서 치러야 했던 최초의 투쟁이었습니다. 그 두 개의 사조 중에서 하나는 신앙생활이 율법에 대한 외적인 순종에 존재하고, 따라서 그것을 지키려는 일련의 고통스러운 노력으로 이루어져 있다고 보는 쪽이요, 다른 하나는 신앙생활이 먼저 새로운 신적 생명을 마음에 심는 것이고, 마음으로부터 악을 쫓아내어 살아 있음을 보여주기 위해서 오직 영양 공급과 돌봄을 받을 필요만 있다고 보는 쪽입니다.

그들 사이의 차이는 매우 크고 매우 깊습니다. 신앙생활이 무엇이냐에 관한 이 두 가지 관점은 각기 오늘날에도 추종자를 갖고 있습니다. 사도 바울은 자신의 권위 전체를 한쪽에다 쏟아 부어 승리의 유일한 비결을 강력히 선포하고 있습니다: "너희는 성령을 따라 행하라 그리하면 육체의 욕심을 이루지 아니하리라."

1. 성령을 따라 행한다는 것은 무엇인가.

이 부분에서 가볍게 언급되어 있기만 한 바울의 사상은 로마서에서 좀 더 폭넓게 또한 깊이 있게 다루어져 있습니다(롬 8장을 참조할 것). 로마서에서는 육체를 따라 행하는 것이 실질적으로 육신에 마음을 빼앗긴 것과 동일한 것으로 간주되고, 그 "육신의 생각"은 치명적인 필연성으로 인해 "하나님의 법에 굴복치 아니하고" 결국 미래의 결말로서 죽음에 이를 수밖에 없는 것으로 간주되어 있습니다.

이와 같이 하나님의 법에 대해 반항하는 육신의 생각은 반드시 "육체의 욕심"을 낳고야 맙니다. 그것은 끓는 액체가 압력이 없어지고 나면 부글부글 거품을 일으키는 것과 똑같습니다. 육체를 따르는 자들은 당연히 "육체의 일을 생각하게" 될 것입니다.

하나님에게서 떠날 때 우리가 품게 되고 우리들이 죄라고 부르는 그 맹렬한 욕심은 그것 자체보다는 하나의 징후로서 더욱 중대합니다. 이는 그것이 어느 쪽으로 바람이 부는지를 알려주고, 우리의 본성의 정확한 방향을 드러내 주는 일종의 자동표시기이기 때문입니다. 우리가 육체를 따르지 않는다면, 육체의 일을 생각하지 않을 것입니다. 육체를 따른다는 표현은 깊이 자리 잡은 본성을 시사해 주고, 육체의 일을 생각한다는 표현은 그 본성이 일으키는 표면적 현상을 시사해 줍니다.

이 이중성은 "성령을 따라" 행하는 사람들의 삶에도 그대로 적용됩니다. "행한다"는 것은 물론 실제적 삶을 영위하는 것을 의미하고, 여기에서 성령은 우리가 여행해야 하는 길보다는 삶의 공동의 길로 여행할 때의 기준과 방향으로 생각됩니다. 마음 깊은 곳에 있는 자아가 육체에 속해 있는 자들이 육체의 욕심을 반드시 행동으로 옮기는 것과 마찬가지로, 하나님의 영을 통해 새로운 생명이라는, 말로 표현할 수 없는 선물을 받은 모든 영혼은 성령의 일을 생각하고 행하고 싶은 충동을 갖게 될 것입니다. 우리가 성령 안에서 산다면, 또한 성령을 따라 행하게 될 것입니다.

그러나 본문을 잘못 이해하지 맙시다. 다시 말해서, 중대한 계명과 빛나는 소망을 담고 있는 본문이 조금이라도, 아들의 영을 마음속에 받아들이지 않는 자들에게 격려의 말을 해주고 있다고 생각하지 마십시오. 우리 모두에게 주어지는 우선적인 질문은 우리가 성령을 받아들였느냐는 것입니다. 그리고 이 질문에 대한 대답은 우리가 그리스도를 받아들였느냐는 질문의 대답이기도 합니다. 최상의 선물인 살아 있는 영이 주어지는 것은 그리스도와 그에 대한 믿음을 통해서입니다. 그리고 우리의 영이 성령과 더불어 우리가 하나님의 자녀인 것을 증언할 때, 우리에겐 본문을 우리의 의무를 지적해 주고 소망을 일으켜주는 것으로 간주할 수 있는 권리가 생기게 됩니다.

만일 우리의 실제 생활이 하나님의 영에게 이끌림을 받으려면, 그가 우리의 영 속으로 들어오셔야 합니다. 그가 우리 안에 거하시지 않으면, 우리는 그 안에 있지 못할 것입니다. 그가 우리 안에 거하셔서 육체의 일을 쫓아내 주시지 않는 한 우리의 영은 의로움으로 인한 생명을 얻지 못할 것입니다. 성령의 생명 부여와 정화의 영향력을 받아들이도록 장려하는 양심을 발전시키지 않는 한, 또한 친밀하고 솔직하게, 장기적으로 순종하며 우리의 내적 인도자와 내적인 교제를 갖지 않는 한, 우리의 삶이 실제적으로 하나님의 영에 이끌릴 수 없을 것입니다. 만일 우리의 내적 경건의 빛이 돌풍에 날아가 버리거나, 우리 마음의 깊은 곳에서 희미한 깜빡거리는 섬광만을 보이도록 내버려 둔다면, 어떻게 그것이 우리의 외적인 길을 밝혀 안전한 방향을 제시해 줄 것이라고 기대할 수 있겠습니까?

2. 이와 같이 성령을 따라 행하면 육체를 정복할 수 있다.

우리 모두는 어떤 강력한 욕구 또는 감정을 극복하는 가장 확실한 길이 다른 욕구 또는 감정을 발동시키는 것이라는 사실을 익히 경험으로써 잘 알고 있습니다. 어떤 압도적인 생각이나 대상에 주의를 집중시키는 것은 비록 그 목적이 그것을 파괴시키는 것이라고 해도 도리어 그것을 강하게 만들어주기 쉽습니다. 따라서 우리 자신의 육체의 욕심에 마음을 쏟을 때, 비록 진정으로 그 욕심을 억누르려는 의도를 갖고 있다고 해도, 사실상 그와 같은 방법은 그것에 새로운 힘을 부여해 주는 확실한 길이 되고 맙니다. 그러므로 현자들과 도덕가들의 지혜로운 충고는 대체로 그것에 귀를 기울이는 자들을 미혹시킬 것이 뻔합니다. 많은 사람들이 훌륭한 신앙을 갖고서 자신의 악한 욕심을 정복하려고 했다가 도리어 자신의 투쟁으로 인해 욕심이 더 두드러지고 더 강해지는 결과를 초래하게 된 것을 경험하였습니다.

사도 바울은 자신의 경험을 통해 입증해 보인 더 나은 방법을 알고 있었습니다. 그래서 지금 그는 충만한 확신과 승리의 기쁨을 갖고서 자기 서신의 독자들에게 그것을 강요하고 있는 것입니다. 그는 그들이 육체에 대항하여 절망적인 금욕적 싸움을 포기하고 다른 협력자를 그 싸움터에 데리고 갈 것을 기대했습니다. 그의 권고는 주로 적극적이었지 소극적이지 않았습니다.

사람들을 제한과 금지로 묶으려고 노력하는 것은 무익할 뿐입니다. 욕심이 동하면 그 제한과 금지의 끈은 삼손을 묶은 끈처럼 산산조각이 나고 말 것입니다. 그러나 본문에 주어진 적극적인 권고를 따르기만 한다면, 다른 사람들은 대부분 없애기를 원치 않고, 어떤 다른 방법으로도 결코 몰아낼 수 없는 욕심과 정욕의 힘이 확실히 줄어들 것입니다.

본문에서 성령을 따라 행한다는 것이 하나님의 영에 의해 실제 생활을 통제하는 것을 의미하고, "육체의 욕심"이 하나님에게서 떠난 인간의 전체적인 본성의 욕심을 의미한다는 사실을 살펴보았습니다. 그러나 이곳에서 대조되고 있는 용어들을 저차원적이고도 흔히 받아들여지는 의미로 생각한다고 해도, 본문은 사실이며 유용합니다.

고상한 생각에 익숙하고 "영적인" 추구와 몰입의 고귀성을 재빨리 느낄 수 있는 연마된 정신은 감각의 조야한 기쁨을 좋아하지 않을 것이고, 좀 더 동물적인 본성이 즐기는 방종에 대해 혐오감을 느끼며 피할 것입니다. 그러나 이것이 사실이기는 해도 그렇다고 해서 그곳에 세워져 있는 대원칙이 사라지는 것은 결코 아닙니다.

우리가 그것에 다다르기를 원한다면, 이곳의 대조적인 용어들을 가장 완전한 의미로 받아들여야만 합니다. 예수 그리스도에게서 나와 인간의 영혼 속에 자리 잡은 영적인 생명을 지키고 소중히 하고 지배적인 것이 되게 해야 합니다. 그러면 그것이 옛 것을 몰아낼 것입니다.

의로움으로 인한 생명이신 성령이 인간의 영혼 속에서 자유롭게 활보할 수 있게 된다면, 그것은 "죄로 인해 죽은" 몸 속으로 그 힘을 발산할 것이고, 그 몸의 욕구를 통제할 것이며, 필요하다면 없애기도 할 것입니다. 그러므로 우리 자신의 노력으로 이 욕구를 억압하려는 절망적인 시도를 하기보다 이 넘쳐흐르는 영향력에 의지하는 것이 더 지혜롭고 더 축복된 자세입니다.

우리가 성령을 따라 행한다면, 그것으로 인해 낮은 취미와 욕구를 없애 줄 더 높은 취미와 욕구를 얻게 될 것입니다. 천사의 음식처럼 달콤한 만나를 맛본 이스라엘 백성은 강한 냄새를 풍기는 애굽의 부추와 마늘에 대한 기호가 사라졌음을 알아차렸습니다. 왕의 식탁에 초대받은 손님은 거무칙칙한 오두막집으로 돌아가고 싶지 않을 것이고, 그 오두막집에 있는 음식을 갈망하지 않을 것입니다. 우리가 아직도 육체의 욕구에 의존하고 있다면, 우리는 아직 어린아이들에 불과합니다. 그렇지 않고 성령을 따라 행하고 있다면, 우리는 성장하여 어린아이 시절의 유치한 장난감을 벗어났습니다. 성령이 주는 선물을 향유하면 유혹이 잠잠해지고, 그 선물의 영광으로부터 많은 것을 얻게 됩니다.

또한 우리는 우리의 최상의 목적을 발견했을 때 더 이상 쾌락을 추구하느라 방황하고 싶은 마음이 없어진다는 사실을 제시함으로써 본문의 대원칙을 예증해 보일 수도 있습니다. 욕구가 일어나는 것은 만족스럽지 않다는 증거입니다. 비록 이 세상에서는 우리 본성의 절대적인 만족이 주어지지는 않을지라도, 그리스도 안에 있는 생명의 선물을 통해서 상당히 많은 축복이 주어지고, 우리의 가장 극성스러운 욕구의 대부분이 충분히 채워지기 때문에 우리가 종종 있지도 않은 행복을 찾아 나서도록 사람들을 부추기는 욕구의 재촉으로부터 해방되는 것도 당연합니다.

"성령의 열매는 사랑과 희락과 화평"입니다. 우리가 이 열매들을 갖고 있다면, 세상의 혼란스러운 기쁨과 행복을 더 이상 추구하지 않을 것입니다. 그리스도의 기쁨이 우리 안에 머물러 있게 되고, 우리의 기쁨은 완전해집니다. 세상이 욕구를 갖는 것은 소유하지 못하기 때문입니다. 더 깊은 우물을 팠으면 낮은 우물을 폐쇄시키는 것이 당연합니다. 우리가 성령을 따라 행한다면, 우리는 물이 고여 있는 가장 깊은 층으로 내려갈 수 있고, 표면에 있는 모든 우물은 말라붙게 될 것입니다.

더 나아가서, 우리가 주목할 수 있는 사실은, 이 성령을 따라 행하는 자세가 경건한 생활을 향한 가장 강력한 동기를 우리의 삶 속에 부여해 주고, 이로써 우리의 거친 욕구의 목에 굴레를 씌우고, 입에 재갈을 물려준다는 것입니다. 우리 안에 거하시는 성령과 교제를 나누고 그의 힘센 손에 고삐를 쥐어준다면, 우리는 그로부터 양자의 영을 받게 되고, 자녀이면 후사(상속자)라는 사실을 깨닫게 될 것입니다. 하나님이 우리의 하나님이시요 우리가 그의 소유라는 축복된 생각보다 확실히 육체와 마음의 욕구를 잠재워 주는 동기가 어디에 있겠습니까? 아들(성자)의 영이 그들의 영과 더불어 그들이 하나님의 자녀임을 증언해 줌을 깨닫는 자들은 결코 흔들리거나 빗나가지 않을 것입니다. 우리가 이 사실을 깨닫는 만큼 육체의 욕구도 매질을 당해 개집으로 쫓겨 들어가서, 더 이상 그 짖는 소리가 우리를 방해하지 못할 것입니다.

바울과 그의 적대자들 사이에서 일어났던 문제는 전체적으로 다음과 같은 질문으로 요약될 수 있을 것입니다. 들이 온통 오물로 뒤덮여 있다면, 손수레와 삽을 갖고서 오물을 걷어내려고 하는 편이 낫겠습니까, 아니면 강물을 그 위로 끌어들여 모든 오물을 씻어가게 하는 편이 낫겠습니까?

어느 한 지역의 식물상과 동물상을 바꿀 수 있는 실제적인 방법은 지면의 높이를 바꾸는 것입니다. 높이가 증가하면 동·식물상은 저절로 바뀌어집니다. 우리 자신에게서 악한 것들을 쫓아내기를 원한다면, 우리는 그것들을 축출하려고 애쓸 것이 아니라 우리 자신의 개인적인 존재를 위로 끌어올려야 합니다. 그러면 우리는 성공할 것입니다.

이것이 바울이 한 말의 의미인 것입니다: "너희는 성령을 따라 행하라 그리하면 육체의 욕심을 이루지 아니하리라."

3. 이와 같은 삶에도 투쟁의 필요성이 없지 않다.

물론 최고의 상태는 우리가 싸우지 않고 자라기만 하면 되는 상태일 것입니다. 모든 악이 사라지고 아무런 노력이 없이도 성령을 따라 행하게 되는 날이 언젠가는 올 것입니다. 그러나 그때는 아직 오지 않았습니다. 따라서 우리가 이 설교를 통해 지금까지 말한 것에 더하여 한 가지를 더 언급하지 않을 수 없습니다. 즉 바울의 권고는 언제나 선한 싸움을 싸우라는 것을 결부시켜 생각해야 한다는 것입니다. 우리가 지상에서 살 동안 최고로 다다를 수 있는 말은 "승리"가 아니라 "투쟁"입니다. 우리 자신을 저 아름다운 대기 속에 머물게 하려는 많은 투쟁이 없이는 성령을 따라 행하지 못할 것입니다.

본문의 약속은 우리가 육체의 욕심을 느끼지 않게 되리라는 것이 아니라 그것을 이루지 않게 되리라는 것입니다.

이것은 평범하고 진부한 가르침이지만, 역시 중요하고, 특히 앞에서 말한 대로 해 왔을 때 더욱 강력히 강조될 필요가 있습니다. 해이해진 도덕이 높은 영성을 위장하고서 그리스도인의 삶을 오염시킬 위험이 늘 존재하고 있다는 것은, 바울이 이 서신을 쓴 이래로 거듭해서 증명되고, 오늘날에도 실례가 없지 않는 역사적 사실입니다. 그러므로 진실로 성령을 따라 행하고 있는지를 알 수 있는 시금석은, 성령을 따라 행함으로써 육체의 욕심에 대항하여 싸우는 자세를 갖추고 있느냐는 것이라는 점은 늘 강조해야 할 사실입니다.

우리가 내부에 성령의 생명을 갖고 있으면, 그것은 바울이 다른 곳에서 이야기했듯이, 우리 안에서 율법의 의가 성취되고, 우리 자신이 몸의 행실을 죽이는 것을 통해서 그 존재를 증명해 보일 것입니다. 성령의 선물은 우리를 경쟁자의 대열에서 이끌어내지 않고 도리어 싸우라고 가르치고, 그 자체의 무기로 우리를 무장시켜 줍니다. 쉽게 우리를 에워싸는 죄를 공격하고, 우리 자신의 불완전한 성화로 인해 우리에게 접근해 오는 유혹에 저항하여 용기를 보일 수 있는 기회는 아주 많이 있습니다.

그러나 우리 자신의 힘으로 싸우는 것과 하나님의 영의 도우심을 받아 싸우는 것 사이에는 큰 차이가 있습니다. 또한 하늘에 있는 보이지 않는 협력자의 도움으로 싸우는 것과 우리 내부에 거하시는 성령의 도움으로 싸우는 것 사이에도 큰 차이가 있습니다. 우리 안에 거하시는 성령은 우리의 약점을 도와주시고, 우리로 싸울 수 있게 힘을 주시며, 그 자신을 신뢰하기만 하면 반드시 우리를 사랑하시는 예수 그리스도를 통하여 우리를 정복자 이상의 존재로 만들어 주실 것입니다.

이와 같은 투쟁은 선물이요 기쁨입니다. 그것은 힘든 일이지만, 우리 자신의 가장 진실한 사랑의 표현이기 때문에 복된 것입니다. 그 투쟁은 우리의 가장 깊은 의지에서 비롯된 것이고, 또한 소망과 보장받은 승리로 가득차 있습니다. 주력(主力)을 기울여 우리의 본성을 억누르고 짓밟아 뭉개는 고통스럽고 절망적인 금욕적인 시도와는 근본적으로 얼마나 다릅니까!

복음에 나오는 구원의 길을 통해 우리가 가르침 받은 기쁨에 넘치는 자유와 유쾌한 소망이 이제까지 황금 지붕 밑에 붙어 있는 일단의 거미줄 같은 것에 의해서 속박을 당하고 그 모든 영광이 가리어져 왔습니다.

그러나 본문은 그 더러운 방해물을 싹 쓸어가고 있습니다. 승리를 가져오는 투쟁의 이 유일한 조건, 우리의 인간적 본성과 그것의 산란한 욕구를 정복하는 이 유일한 방법을 배웁시다. 그리고 이것이 우리를 천사처럼 만드시려는 하나님의 방법이라는 확신을 그 어떤 것에게도 빼앗기지 맙시다. "너희는 성령을 따라 행하라. 그리하면 육체의 욕심을 이루지 아니하리라."

8
성령의 열매

"오직 성령의 열매는 사랑과 희락과 화평과
오래 참음과 자비와 양선과 충성과 온유와 절제니"
갈 5:22, 23

바울은 "성령의 열매들"이라고 말하지 않고 "성령의 열매"라고 이야기하고 있습니다. 아마 우리는 자연스럽게 전자를 기대했을 것이고, 또한 자주 성령의 열매들이라고 인용되고 있습니다. 그러나 본문에서는 행실과 성품이 매우 다양한 미덕들이 하나로 간주되고 있습니다. 그것들은 고립된 미덕들이 아니라. 모두가 연결되어 있습니다. 즉 하나의 뿌리에서 솟아나와 하나의 유기적인 완전체를 이루고 있습니다.

그 위에 주목할 수 있는 점은, 바울이 바로 앞에서 소름끼치는 목록을 통해 열거한 육체의 결과들과 강력하고 의도적으로 대조시키면서, 이 성령의 결과들을 열매로 지칭하고 있다는 것입니다. 육체의 일은 그와 같은 통일성을 갖고 있지 않고 열매라고 불릴 수가 없습니다. 그것들은 인간이 반드시 맺어야 하는 열매가 아닙니다. 하늘의 농부가 오셨을 때, 우리의 삶이 아무리 많은 활동으로 가득 차 있더라도 거기에서는 아무런 열매도 발견하지 못하십니다. 그러므로 우리는 본문에서 그리스도인의 가장 고귀한 성품의 이상형과, 그것을 성취하는 방법에 관한 뚜렷하고도 심오한 가르침을 발견할 수 있습니다.

저는 감히 이 목록 전체를 제 설교의 본문으로 취하고자 합니다. 이는 각 요소들의 아름다움이 전체 속의 부분이라는데 의거하고 있고, 또한 그것들의 분류를 통해 중요한 교훈을 얻을 수 있기 때문입니다.

1. 성품의 삼 요소

본문에서 언급되고 있는 9개의 요소들을 세 개씩 짝을 지울 수 있다고 보는 것은 그리 부자연스럽지 않을 것입니다. 첫 번째 삼 요소는 성령의 생명이 가장 깊은 곳에서 나타나는 모습을 묘사해 주고 있고, 두 번째 삼 요소는 동일한 생명이 타인에 대하여 드러나는 모습을 묘사해 주고 있으며, 세 번째 삼 요소는 그 생명이 세상과 우리 자신의 고통에 관련하여 드러내는 모습을 묘사해 주고 있습니다.

이중에서 첫 번째 삼 요소는 **사랑**과 **희락**과 **화평**을 포함하고 있습니다. 이 세 가지 모두의 원천이 하나님과 그리스도인의 관계에 있다고 말한다고 해서 본문에 지나친 긴장을 가져오는 것은 아닙니다. 그것들은 하나님과, 그 하나님과의 우리의 관계 이외에는 그 어떤 것도 고려하지 않습니다. 만일 세상에 다른 사람들이 없다면, 아니 세상이 존재하지 않는다면, 그것들은 한 가지일 것입니다. 우리는 그것들을 가리켜 의무들 또는 미덕들이라고 부를 수 없습니다. 그것들은 단지 하나님과의 교제에서 비롯된 결과, 즉 성령의 더 나은 생명의 몇 가지 외적 표현입니다. 물론 **사랑**이 다른 모든 것의 기반이요 원동력으로서 목록의 제일 앞자리를 차지하고 있습니다. 그것은 고귀한 생명의 본능적인 행위로서 성령에 의해 마음 곳곳에 뿌려집니다. 그것은 성령이라는 나무 속으로 솟아오르는 생명의 수액으로서 모든 열매에 형체를 부여해 줍니다.

이 삼 요소에서 나머지 두 개는 분명히 첫 번째 요소의 결과입니다. **희락**(joy)은 성품의 작용 또는 미덕이라기보다는 마음속에 하나님께 대한 사랑이 거하기 때문에 삶 속에 흘러들어온 감정입니다. 예수 그리스도께서는 우리의 기쁨을 완전하게 해주시고자 자신의 기쁨을 나누어 주셔서 우리 안에 거하게 하시겠다고 맹세하셨습니다. 마음을 사로잡고 마음 구석

구석을 채워주는 영구적인 기쁨의 원천이 있는데, 그것은 바로 지속적이고 온통 스며들어 있는 하나님을 향한 사랑입니다. 우리 모두는 너무나 불안하고 단편적이고 무상하여 슬픔과 구별하기 힘든 기쁨을 체험해 왔습니다. 그러나 기쁨이, 딱딱하고 풍미가 없고 금방이라도 떨어질 것 같은 푸른 열매 같아야 할 필요는 없습니다. 만일 하나님이 우리의 기쁨의 기쁨이시고 우리의 모든 즐거움이 그와의 교제에서 비롯된다면, 우리의 기쁨은 결코 사라지지 않고 바닷물이 해변을 온통 씻어 내리듯 우리 영혼의 주위를 채울 것입니다.

우리의 마음이 늘 하나님을 향하고 그와 우리 사이의 상호 사랑의 교제를 누린다면, 사랑과 희락 위에 **화평**(peace)이 임할 것입니다. 외적인 모든 것과는 무관하게 영혼을 채우는 평정을 감히 그 어떤 것이 훼방할 수 있겠습니까? 포위 공격이 아무리 오래 계속되고 심할지라도, 성 안에 있는 우물은 물이 충만할 것입니다. 진정한 평화는 고통이 없는데서 오는 것이 아니라 하나님이 계신다는 사실에서 비롯됩니다. 그것은 우리가 하나님의 사랑 안에서 살고, 그 사랑을 나누는 정도에 정확히 비례하여 깊어지고, "모든 지각에 뛰어날" 것입니다.

두 번째의 삼 요소는 **오래 참음**과 **자비**와 **양선**입니다. 이 세 가지는 모두 영적인 생명이 타인에게 드러내는 모습을 언급하고 있음이 분명합니다. 이것들 중에서 첫 요소, 즉 **오래 참음**은 우리가 하나님과의 복된 교제 — 사랑과 희락과 화평이 흐트러짐 없이 군림하고 있는 상태 — 를 나누다가 무관심의 차가운 돌풍이나 얼음장 또는 증오의 바람을 만나게 될 때 우리에게 해를 가하는 자들이나 적들에게 대하여 취하는 끈기 있게 참는 태도를 의미합니다. 우리의 행복한 교제의 실상과 사랑의 깊이는 얼마나 오래 참느냐는 것을 통하여 입증될 것입니다. 사랑은 오래 참고 쉽게 성내지 아니합니다. 미움을 미움으로, 매를 매로 갚는 단계를 벗어나지 못한 사람의 경우에, 하나님의 사랑이 그의 마음속에 퍼져 있다거나, 하나님의 영이 그 사람 안에서 열매를 맺고 있다고 생각할 수는 없습니다.

바보는 자기 어리석음을 좇아서 다른 바보에게 응해줄 수 있습니다. 그러나 악을 선으로써 극복하고, 미워하는 자를 사랑하는 것은 지혜롭고 선한 사람만이 할 수 있는 일입니다. 한 사람만이 불에 기름을 붓는다면 상호간의 적대심의 불길이 꺼지게 되리라는 것은 너무나도 확실한 사실입니다. 싸움을 하려면 최소한 두 사람이 있어야 합니다. 하나님의 영의 영향을 받으며 살고 있는 사람이라면 그 두 사람 중의 하나가 될 수가 없습니다.

이 삼 요소 중에서 두 번째, 세 번째 요소, 즉 **자비**와 **양선**은 아주 자연스럽게 서로 연결됩니다. 그것들은 앙갚음하지 않는 소극적인 미덕을 요구할 뿐만 아니라, 모든 사람들을 향하여 그들의 태도가 어떠하든지 간에 선으로 대하는 그리스도인다운 태도를 표명하고 있습니다. 여기에서 **자비**(kindness)가 내적인 성향을 나타내고, **양선**(goodness)은 그 성향이 표출되는 습관적인 행동이라는 생각은 가능합니다. 이것이 그것들 사이의 차이라고 한다면, 전자는 자비심에 해당하고, 후자는 자선에 해당할 것입니다. 이 세 가지 미덕은 바울이 우리의 동료들에게 그리스도인의 의무로서 제시하고 있는 모든 것을 내포하고 있습니다.

성령의 생명이 맺는 결과들은 우리 자신을 넘어서서 우리의 행실 전체에 영향을 미쳐야 합니다. 우리는 오직 하나님과의 교제를 영적으로 누리기 위해서만 삶을 영위해서는 안 됩니다. 신앙생활의 진정한 영역은 사람들 사이에서 활동하는데 있고, 사람들의 모든 봉사의 진정한 기반은 사랑 및 하나님과의 교제입니다.

세 번째 삼 요소, 즉 **충성**과 **온유**와 **절제**는 그리스도의 삶이 이루어져야 하는 이 세상이 어려움과 반대로 가득 차 있음을 시사해 줍니다. 여기에서 충성은 영역 성경에서 믿음(faith)으로 번역되어 있는데, 이 믿음은 신학적인 의미의 믿음이 아닙니다. 하지만 그 의미는 고린도전서 13장에서 "모든 것을 믿는" 사랑의 한 가지 특징으로 묘사되어 있듯이 신뢰의 의미일 수도 있습니다. 하지만 더 가능성이 짙은 의미는 (한글개역의 번역과 같이) **충성**입니다. 바울의 생각은 그리스도인의 삶이 모든 의무를 충성스럽게 수행하고 맡겨진 모든 일을 성실하게 처리하는 형태로 나타나야 한다는 것입니다. **온유**(meekness)는 좀 더 분명하게 그리스도인의 삶과 상반되는 상황을 암시하고 있고, 반대로 대항하여 꼿꼿이 서지 않고 태풍 속의 갈대처럼 구부리는 유순한 정신을 나타내고 있습니다. 바울은 온유를 가르쳤고 그것을 몸소 실천해 보였습니다. 그러나 바울도 화를 벌컥 내며 강하게 반발할 수도 있었고, 복종하여 양보하지 않고 "절대로 아니다"라고 떨리는 목소리로 반대할 수도 있었습니다. 이 삼 요소에서 마지막 요소인 **절제**(temperance)는 영적인 삶이 본성적인 욕망과 욕구로 인해 겪기 쉬운 어려움을 암시해 주고, 투쟁과 엄격하고도 습관적인 자제 또는 극기가 그 삶의 특징임에 틀림이 없다는 사실을 강조하고 있습니다.

2. 성령의 열매의 통일성

우리는 이미 이곳에서 사도 바울이 "열매"라는 용어를 특징적으로 사용하고 있음을 살펴보았습니다. 그 말을 통해서 그는 인간의 영혼 내부에 있는 성령의 생명이 낳은 모든 결과들이 자연적 성장력을 지닌 하나의 완전체로 간주되어야 함을 암시하고 있습니다. 물론 모든 것의 기반은 율법을 충족시켜 주는 사랑입니다. 이 사랑이 첫 번째 삼 요소 중의 다른 두 요소 모두를 일으킨다는 것은 거의 지적할 필요조차 없을 것입니다. 그러나 그 삼 요소가 자연히 두 번째 삼 요소를 이루는 타인에 대한 관계 또는 태도로 이어진다는 것 또한 그에 못지않게 중요합니다.

하지만 그리스도인들 사이에는 그들을 이간시키려는 유혹이 많이 있으므로 그 사실을 깊이 생각해 보는 것은 가치 있는 일입니다. 율법의 두 판은 우리가 그것들의 통일성을 깨닫지 못할 만큼 그렇게 별개의 내용으로 씌어진 것이 아닙니다.

신앙생활의 의무에 관한 생각을 교회와 예배당에 한정시키고, 찬송과 기도와 성경 읽기와 설교 듣기에 국한시키며, 평범한 생활 속에서 선한 일을 행하고 있으면서 앙갚음하고픈 마음을 억누르는 것이 하나님의 사랑의 광채 속에 머물며 그리스도인의 기쁨과 평강이 마음을 채우는 것을 느끼는 것만큼이나 중요한 신앙생활의 의무라는 사실을 깨닫지 못하는 사람이

의외로 많이 있습니다.

한편 많은 시끄러운 목소리들 — 그것들 중에서 일부는 큰 힘을 갖고 있고 대중의 마음에 영향력을 행사하고 있습니다 — 은 기독교가 사회적 자극제로서의 역할은 끝이 났고, 인간의 봉사는 하나님께 대한 사랑과 무관하다는 주장을 지치지 않고 하고 있습니다.

너무나도 분명히 바울의 첫 번째 삼 요소는 자연스럽게 그의 세 번째 삼 요소로도 통하고 있습니다. 영적인 삶이 그것의 가장 깊은 비결을 깨달았으면, 이제 그것은 삶의 곤경에 처하여서 강력하게 자체의 모습을 드러낼 것입니다. 마음이 영속적인 사랑과 넘치는 희락과 변함없는 화평을 통해 축복을 받으면, 충성과 온유는 둘 다 가능할 것이고, 절제 역시 힘들지 않을 것입니다.

3. 열매를 가져다주는 나무 가꾸기

본문에서 사도 바울이, 좋은 나무마다 좋은 열매를 맺고, 썩은 나무는 좋지 않은 열매를 맺는다는 우리 주님의 심오한 가르침을 돌이켜 생각하고 있다고 생각할 수 있을까요? 그 예수님의 비유의 빤히 들여다보이는 내용은 종종 우리로 그 가르침의 무서운 힘을 보지 못하게 만듭니다. 그것은 모든 인간의 행위를 그의 성품의 소산으로만 간주하고, 생산자가 변함이 없으면 생산물을 바꾸려는 모든 시도는 진지하지 못한 것으로 무시해 버립니다.

본문에서 바울이 예수님의 알려진 말씀을 비추고 있든 그렇지 않든 간에, 그는 선한 일을 하기 위해서는 먼저 사람 자신이 선해져야 한다는 기독교 윤리의 핵심을 강조하고 있습니다. 우리 주님의 말씀은 "나무를 좋은 것으로 만들라"는 불가능한 요구를 하고 있는 것 같았습니다. 오직 그것만이 좋은 열매를 맺을 수 있는 길이라고 불가능한 요구를 하시는 것같이 보였습니다. 그 요구를 실현시키는 방법이 표현되지 않았던 것은 산상수훈의 전체적인 경향과 일치하였습니다.

그러나 바울은 오순절 이후에 등장하였습니다. 그런 그에게는 그리스도의 초기 발언 속에 필연적으로 숨겨져 있었던 것이 축복되고 계시된 확실한 사실로서 제시되었습니다. 그는 "나무를 좋은 것으로 만들라"고만 말하고 그 과정에 대해 함구하는 일을 되풀이하지 않아도 되었습니다.

그에게 그 메시지가 맡겨졌던 것입니다. "성령 또한 우리의 연약함을 도와주십니다." 썩은 나무가 좋은 나무로 될 수 있는 길은 단 하나밖에 없습니다. 그것은 장미나무 가지를 가시나무 밑둥에 접합시키는 것입니다.

사도 바울이 선포해야 할 메시지는 이중적인 것이었는데, 하나는 다른 하나를 근거로 하고 있었습니다. 그는 먼저 하나님께서 자기 아들을 화목제로서 죄 있는 육신의 모양으로 보내셨음을 전파해야 했습니다. 이것은 오늘날도 제일 먼저 믿어야 하는 사실입니다. 그런 다음 그는 그 아들의 사역을 통하여 "육체를 따르지 않고 성령을 따라 행하는" 우리들 안에서 율법의 요구가 이루어질 수 있게 되었음을 선포해야 했습니다. 그러므로 모든 진정한 양선의 시작은, 우리의 타락한 본성 속으로 타락하지 않은 높은 생명의 씨앗을 받아들이는데 있습니다. 하나님의 성령이 우리 내부에서 움직이고, 포도나무의 수액처럼 모든 가지와 덩굴손에 스며드는 정도에 비례하여 영원한 생명의 열매로 자라날 것입니다.

기독교의 미덕들은 내재하는 거룩한 생명의 산물이고, 그 생명 이외에는 그 어떤 것도 그와 같은 미덕을 낳지 못할 것입니다. 도덕가들의 모든 가르침과 자기 개선을 향한 투쟁은 "썩은 나무는 좋은 열매를 내지 못한다"는 단호하고도 간략한 말씀에 비추어볼 때 무력하고 허망한 것에 불과합니다.

우리가 제일 먼저 해야 할 일이 우리의 악한 자아를 선하게 만들거나 악한 자아로부터 선한 열매를 얻으려는 두 가지 불가능한 일 중의 어느 하나를 위해 애쓰는 것이 아니라, 우리의 썩은 것을 썩지 않은 것으로 바꾸어 주고 육체와 영혼의 모든 오물을 깨끗이 씻어주실 예수 그리스도의 영을 그를 믿는 믿음을 통하여 받아들이고자 우리의 마음을 활짝 여는 것이라는 사실은, 우리 자신의 악한 본성 때문에 선해지려는 모든 시도가 실패했음을 깨달을 때, 우리 모두에게 진정한 복음으로 다가올 것입니다.

우리 모두 그 새로운 생명을 받아들이지 않겠습니까? 그것을 받아들였으면, 그것이 우리 내부에서 그 모든 당연한 열매를 맺을 수 있도록 정성을 쏟지 않겠습니까? 이 열매들이 내재하는 성령의 직접적인 결과요 또한 성령의 존재 없이는 결코 맺히지 않을 것이기는 하지만, 그럼에도 불구하고 그것들은, 성령을 받아들이는 우리의 태도와 그 선물들을 어용하는 우리의 성실성과 근면에도 좌우됩니다.

현실적으로 우리들에게 붉은 열매가 주렁주렁 달린 주님의 의의 나무들 대신에 생명력이 없어서 푸른 잎을 거의 보여주지 않고 완전에 이르는 열매를 하나도 맺지 못한 왜소하고 초라한 덤불만 있다는 것은 슬프지만 사실이고, 비극적이지만 흔히 경험하는 일입니다.

저 소위 그리스도인이라는 사람들이 그와 같은 가능성을 부여받았으면서 그들의 실제적인 성취가 그토록 보잘것없는 이유가 무엇인지를 더 진지하고 철저하게 자신에게 물어볼 수 있다면 좋으련만. 그들은 자기들이 구하거나 생각할 수 있는 것 이상으로 힘을 갖고 있습니다. 그런데 그 힘이 그들에게 실제적으로 미치고 있는 영향은 그들의 간구와 생각에도 훨씬 미치지 못하고 있습니다. 왜 우리의 신앙생활이 우리를 고무시켜 주는 성령에게 좀 더 철저하게 응하지 않는지 이 질문에 대답하는 것은 별로 힘들지 않을 것입니다. 명백한 대답은, 우리가 그와의 교제를 구하지 않았고, 그의 존재를 이용하지 않았고, 그에게 복종하지 않았다는 것입니다.

우리가 "하나님의 성령을 근심하게 하지 말라. 그 안에서 너희가 구속의 날까지 인치심을 받았느니라"라는 확실히 감사하는 마음을 감동시켜 줄 명령에 좀 더 순종하는 자세로 귀를 기울인다면, 포도원의 주인이 "좋은 열매를 맺기를 바랐는데 어찌하여 들 포도를 맺었느냐?"라는 질문을 좀 더 적게 하실 것입니다.

4. 어떻게 이것이 유일하게 가치 있는 열매인가.

이미 앞에서 살펴보았듯이 사도 바울은 바로 앞의 문맥에서 용어를 달리하여 불경건한 자아에서 비롯되는 현상들을 일, 즉 육체의 일로서 언급하고 있는 반면에, 성령의 소산인 것들은 열매로 언급하고 있습니다. 따라서 그 두 개의 목록의 차이는 이중적입니다.

다양성이 통일성과 대조를 이루고, 일이 열매와 대조를 이루고 있습니다. 육체의 행위는 악하다는 일관성 이외에는 아무런 일관성을 갖고 있지 않습니다. 그것들은 내부적으로 불일치를 보여, 마치 규칙이나 질서가 없는, 뒤죽박죽으로 모인 오합지졸과 같습니다. 그것들은 실제로 일에 불과합니다. 그것들은 행위자와 그의 의무의 성격에 너무나도 어울리지 않으므로 열매라고 불리어질 가치가 없습니다.

이 표현의 차이가 사실상 의도적인 것이고, 겉으로 보기에 매우 활동적인 것 같은 삶에 관하여 엄숙하게 생각해 볼 것을 요구하고 있다고 이야기하는 것은, 결코 우연하게 사용된 표현 형태에 너무 지나친 중요성을 부여한 것이 아닙니다.

하나님을 향해 살고 있는 사람을 진실로 살아 있는 사람입니다. 하나님 안에 뿌리를 내리지 않고 또한 그를 향해 살지 않는 삶은, 가장 분주한 삶이라고 해도 그 목표를 너무나 멀리 빗나갔기 때문에 아무런 열매를 맺을 수 없고, 따라서 잘라서 불 속에 넣어 버리라는 선고를 초래합니다.

성경에서 매우 괄목할 만한 표현을 찾아볼 수 있는데, 그것은 "열매 없는 어둠의 일"이라는 표현입니다. 이 표현은 행위자의 분주한 활동과 정력을 인정하면서도 그 모든 투쟁과 수고가 열매를 낳는다는 것에는 동의하지 않고 있습니다. 어둠 속에서 행해질 때 그것들은 마치 무슨 의미를 지닌 것처럼 보이지만, 빛이 비취면 사라져 버리고 맙니다.

우리의 삶이 시끄럽고 격정적이지만 아무런 의미가 없는 시절로 가득 들어찬 육체의 일이 될 것인지, 아니면 "거둔 자가 그것을 그의 성소의 뜰에서 먹게 될" 성령의 열매가 될 것인지는 우리 자신이 결정해야 할 문제입니다.

우리가 성령 안에서 성령을 따라 행한다면 우리의 삶이 성령의 열매가 될 것이지만, 그렇지 않고 육체에 씨를 뿌린다면 우리는 힘들게 경작하고서도 더 쓰디쓴 추수기를 맞게 될 것입니다. 또한 그때에 우리는 "육체로부터 썩어질 것을 거두고” “이제는 너희가 그 일을 부끄러워하다니, 너희가 그 때에 무슨 열매를 얻었느뇨?”라는 무섭고도 대답할 길이 없는 질문을 받게 될 것입니다.

9
짐을 지는 일

"너희가 짐을 서로 지라 그리하여 그리스도의 법을 성취하라 …
각각 자기의 짐을 질 것이라"
갈 6:2, 5

언뜻 보기에는 이 두 구절 중에서 전자의 명령은 후자의 말과 일치하지 않는 것 같습니다. 그러나 바울은 우리들에게 주의를 환기시키고 그것들 둘 사이의 일치점을 찾는 노력을 불러일으키기 위해서 겉으로는 모순되는 이 두 구절을 나란히 제시하는 방법을 사용하고 있습니다. 예를 들면, 여러분도 기억하듯이, 그는 "너희 구원을 이루라. 너희 안에서 행하시는 이는 하나님이시니"와 같이, 첫 문장을 쓰고서 영어로 보면 "for"라는 전치사를 사용하여 두 번째 문장을 첫 문장에 연결시키고 있습니다. 이렇게 하여 본문에서 바울은 갈라디아의 그리스도인들에게 넘어진 형제를 일으켜 세워 줄 것을 권고하고 있습니다. 그것이 "너희가 짐을 서로 지라"는 일반적인 계명이 적용될 수 있는 한 가지 경우입니다.

바울이 2절에서 5절로 넘어가면서 그 사이에 이야기한 내용을 이 자리에서 다룰 수는 없습니다. 그러나 그의 생각의 흐름을 한 마디로 요약해 볼 수 있습니다. "너희가 짐을 서로 지라"고 그는 말합니다. 이 말을 하고서 그는 생각해 봅니다. '서로의 짐을 져주지 못하게 막는 것은 무엇인가?' 그가 찾아낸 이유는, 그들이 자기 자신의 껍질 속에 싸여 있고, 특히 자신의 힘과 선하심에 대해 우쭐해하고 있기 때문입니다.

그래서 나는 이렇게 생각을 계속해 봅니다: '만일 누가 아무것도 되지 못하고 된 줄로 생각하면 스스로 속임이니라.' 자기 자신을 강하고 선하다고 생각하는 이 모든 근거 없는 상상을 제거하는 최선의 방책은 무엇입니까? 우리의 행위를 공평하고도 엄정한 판단력을 갖고서 살펴보는 것이 그 방책입니다.

선하고 강하고 대단하다고 자랑하는 것은 쉬운 일입니다. 그러나 그러던 사람이 자신의 행한 일을 살펴보고 높은 기준에 의거하여 그것을 조사해보면, 처음의 자만이 떠나게 될 것입니다. 그렇지 않고 그의 행위가 이 조사를 무사히 통과한다면, 그는 자신을 남과 비교해서가 아니라 자기 자신으로 인하여 기쁨을 누리게 될 것입니다.

흑인 둘이 모인다고 해서 한 명의 백인이 되지는 않습니다. 우리는 자신의 흰 피부를 이웃의 검은 피부와 비교해서 그것의 빛을 증대시켜서는 안 됩니다. 여러분의 행위를 다른 사람의 행위와 별개로 있는 모습 그대로 받아들이십시오.

"하나님이여 나는 다른 사람들과 같지 아니하고 이 세리와도 같지 아니함을 감사하나이다"라고 말하지 말고 여러분 자신을 바라보십시오. 선한 자아에 사로잡히면 형제간의 화합에 도움이 됩니다.

그래서 사도 바울은 처음 출발한 생각에서 그것과는 거의 정반대라고 할 수 있는 생각으로 우회하여 옮겨갔습니다. "너희가 짐을 서로 지라." 그렇습니다. 그러나 사람의 할 일은 자기 자신의 일이지 남의 일이 아니고, 또한 사람의 성품은 자기 자신의 것이지 남의 것이 아닙니다. 따라서 "각각 자기의 짐을 질 것임이니라." 이 두 개의 명령은 서로 모순되는 것이 아니라 서로를 완전하게 만들어줍니다. 그것들은 북극과 남극이고, 그것들 사이에는 완전한 진리라는 둥근 구체가 있습니다. 그러므로 다음 사항들을 지적해 볼 수 있습니다.

1. 나누어 질 수 있는 짐이 있는가 하면 나누어 질 수 없는 짐이 있습니다.

본문의 권고를 초래한 당시의 상황을 살펴봅시다. 바울은 내가 설명한 대로 갈라디아인들에게 넘어진 형제에 대한 그들의 의무를 이야기하고 있었습니다. 한 영역 성경에 의하면 그는 그 형제를 가리켜 "잘못에 걸려든 자"(overtaken in a fault)라고 언급하고 있습니다.

그런데 이 표현은 거의 그의 생각과 일치하고 있지 않습니다. 이것은 바울이 인간의 범죄의 중대성을 최소화하려고 애쓰고 있음을 시사해주고 있습니다. 그러나 만일 그가 범죄의 중대성을 최소화하려는 것이 사실이라면 그것에 비례하여 그를 회복시키려는 권고 또한 약화시켰을 것입니다. 그러나 그가 실제로 하고 있는 일은 가능한 한 죄를 가볍게 보려는 것이 아니라 그것을 진리와 마찬가지로 중대시하는 것입니다.

"걸려들다"(overtaken)라는 말은 어떤 죄가 정글 속의 호랑이처럼 갑작스러운 공격을 가해 사람에게로 뛰어올라 압도해 버리는 것을 암시해줍니다. 본래의 라틴어 단어는 "발견되다"(discovered)와 같은 표현으로 번역될 수 있을 것입니다. 구어체로 이야기한다면, "현행범으로 체포된"이라고 표현할 수 있습니다. 이것이 바울의 생각이었습니다.

또한 바울은 "잘못"이라는 약한 성격의 단어를 사용하지 않고, 아주 순전한 죄를 의미하는 훨씬 강한 성격의 단어를 사용하고 있습니다. 그는 모순된 나쁜 경우를 가정하고 있고, 전혀 그것을 가볍게 보아주려고 하고 있지 않습니다. 그의 가정에 의하면, 전혀 흠 없는 명성을 갖고 있었던 형제가 있었습니다. 그런데 어느 날 가리개가 일시에 벗겨지고, 그 뒤에서 어떤 악한 짓을 하고 있던 모습이 들통났습니다. 죄인은 자신에게 쏟아지고 있는 뭇 사람들의 눈길 속에서 부끄러움에 몸을 떨며 서 있었습니다.

바울은 이렇게 말합니다: "너희가 신령한 사람이라면 — 이 말 속에는 매우 중대한 반어법이 숨어 있습니다 — 가서 그를 일으켜 세우고 그를 도와주려고 노력함으로써 너희의 신령함을 보여주어라." "그러한 자를 바로잡으라"고 말했을 때, 그는 신약에서 다른 내용에 관련하여 사용된 표현, 즉 끊어진 그물을 수선하거나, 어떤 종류의 손상을 복구하거나, 또는 부러진 뼈를 맞추는 것과 같은 일을 나타내는 단어를 사용하고 있습니다.

그런 것이 "신령한" 사람이 해야 할 일입니다. 그는 진창에서 흙투성이가 되고 다리를 삔 사람을 향해 몸을 굽힘으로써 자신이 높은 수준으로 살고 있다는 주장의 정당성을 입증해 보여야 합니다. 그런데 우리가 지금까지 만나본 사람들은 대부분 남의 죄를 거칠게 정죄함으로써 자기 자신의 순수성을 보여주려는 사람들이었습니다.

너무나 고결하기 때문에 넘어진 자매를 회복시키기는커녕 죽음으로 몰아낸 여인들이 있는가 하면, 너무 거룩해서 자기 손이 더러워질까보아서 문둥병자에게 치유의 손길을 내밀지 않으려 하는 성도들이 있습니다. 바울은 "너희가 짐을 서로 지라"고 말합니다. 특히 각자의 죄로 인한 짐을 져주라는 것입니다.

동일한 명령이 금전상의 곤경과 궁핍한 환경과 무거운 의무와 슬픔과, 기타 육체를 입은 자가 겪지 않을 수 없는 모든 불행에도 적용된다는 사실은 상기시킬 필요도 없을 것입니다. 이러한 것들은 동정심과, 마음의 진실하고도 애정에 찬 표현과, 환경이 요구하는 실제적인 도움의 제공이 있을 때 나누어 질 수 있는 짐입니다.

그러나 자기 자신 이외에는 그 누구와도 나누어 질 수 없는 짐이 있습니다.

그 중 하나가 **개인적 실존**이라는 무서운 짐입니다. "나"라고 말할 수 있다는 것은 엄숙한 일입니다. 이것은 모든 동정심, 친밀한 애정의 접근, 다정다감한 일체감의 표현, 또한 신속한 도움의 제공에도 불구하고 우리 각자는 홀로 살아가고 있음을 의미합니다.

우리는 에게 해에 있는 섬 주민들처럼 신호를 다음 섬에게 보낼 수 있고, 때로는 배를 보내 식량과 원군을 보내줄 수 있지만 우리 사이에 놓인 해협으로 인해서 각자가 서로 갈라져 있습니다. 결국 모든 사람은 각각 홀로 살아가고 있고, 사회는 우리 주위에 있는 물체들과 같습니다. 그것들을 구성하는 원자들이 사실상 접촉하고 있지 않고, 얇은 공기층에 의해 서로 분리되어 있기 때문입니다.

마찬가지로 우리가 형제와 나눌 수 있는 슬픔과, 우리가 힘이 되어 줄 수 있는 모든 짐 속에도 나눌 수 없는 요소가 있습니다. "마음의 고통은 자기가 알고", 또한 그 누구든지 기쁨의 가장 깊은 샘에는 간섭할 수 없습니다.

그 누구와도 나누어 질 수 없는 또 한 가지 짐은 **책임**의 짐입니다. 어떤 폭도를 총살시키기 위해 열두 명의 군인이 사격 조를 형성했던 것으로 드러났다고 합시다. 그 중에서 누가 총을 쏘았는지는 아무도 모릅니다. 그러나 한 사람은 그 일을 했습니다. 아무리 동료가 여러 명 같이 있었다고 해도, 총알을 장전한 것은 그 한 사람의 총이었고, 방아쇠를 당긴 것은 그의 손가락이었습니다.

우리는 이렇게 말합니다. "하나님이 주셔서 나와 함께하게 하신 여자 그가 그 나무 실과를 내게 주므로 내가 먹었나이다." 또는 "나는 아무 책임이 없고 당신께서 만들어주신 나의 천부적 욕망이 나를 꾀었기 때문에 내가 그 일을 했나이다." 또는 "그 일을 한 사람은 내가 아니라 다른 사람이었나이다."

그렇게 말하지만 우리의 마음속에서는 베일에 싸인 한 형제가 솟아오르고, 그 형제의 위엄에 찬 입에서 "바로 네가 그 사람이다"라는 말이 흘러나옵니다. 우리의 존재 전체가 그 말에 대한 동의를 되풀이합니다: "내 죄입니다. 나의 가장 큰 죄입니다"(Mea culpa; mea maxima culpa). 아무도 이 짐을 대신 져줄 수는 없습니다.

따라서 이 책임은 또 하나의 짐과 밀접하게 연결되어 있습니다. 그것은 범죄의 필연적인 결과라는 짐입니다. 이 짐은, 모든 인간적인 유대가 끊어지고 각자가 하나님 앞에서 변명해야 하는 저 미래에 짊어져야 할 뿐 아니라 지금 이 순간에도 져야 하는 짐입니다.

본문에 바로 이어지는 부분에서 사도 바울은 "사람이 무엇으로 심든지 그대로 거두리라"고 말하고 있습니다. 우리의 악한 행위의 결과는 반드시 우리 자신에게로 되돌아옵니다. 그 점에 있어서는 결코 실수가 없습니다. 내가 심었으면 다른 사람이 아닌 내가 거두어들일 것입니다.

그 누가 동정해준다고 해서 오늘밤 폭음한 후 내일 찾아오는 두통을 막아주지 못할 것입니다. 다른 사람이 어떤 일을 해준다고 해도 경찰견들의 코를 단서에서 떼어 놓지는 못할 것입니다. 경찰견들이 느린 걸음으로 추적한다고 해도 그것들에게는 확실한 코와 굵고도 낮게 박힌 엄니가 있습니다. "네가 만일 지혜로우면 그 지혜가 내게 유익할 것이나 네가 만일 거만하면 너 홀로 해를 당하리라." 그러므로 나누어 질 수 있는 짐이 있는가 하면 그렇지 못한 짐이 있습니다.

2. 예수 그리스도는 모든 종류의 짐을 져 주시는 분입니다.

"너희가 짐을 서로 지라 그리하여 그리스도의 법을 성취하라"라는 말씀에서 그리스도의 법이란 그의 입에서 나온 법뿐만 아니라 그가 자신의 삶을 통해 보여주신 법을 가리킵니다. 그러므로 우리는 그리스도께 의지해야 하고, 또한 하나님을 "날마다 우리의 짐을 져주시는 분"으로 본 시편 기자의 판단보다 더 깊은 의미에서 예수님을 우리의 짐꾼으로 생각해야 합니다.

그리스도는 우리의 죄짐을 져주시는 분입니다. 여호와께서는 우리의 모든 불의를 그에게 담당시키셨습니다. 세례 요한은 고행으로 메마른 손가락을 들어 젊은 예수를 가리키며 이렇게 말했습니다: "보라 세상 죄를 지고 가는 하나님의 어린 양이로다." 그 짐이 얼마나 무거웠으며, 그것의 중압감이 얼마나 실제적이었는지 겟세마네에서의 일을 상기해 보십시오.

그는 말로 표현할 수 없을 정도로 엄숙하고 애처로운 말씀으로써 인간적인 동료애에 매어달리셨습니다: "내 마음이 심히 고민하여 죽게 되었으니 너희는 여기 머물러 나와 함께 깨어 있으라." 그는 세상 죄라는 짐을 지고 가셨습니다.

예수 그리스도는 죄의 결과라는 짐을 지고 가셨습니다. 그는 죄 없는 인간의 몸으로 오셔서 세상 죄의 무게를 아시고 동정하셨을 뿐만 아니라, 그 인간의 몸 속에 계시면서 우리와 같아지심으로 우리의 죄가 만들어 낸 쓴 잔을 붙잡으시고 그것을 모두 마시면서 영원한 심연을 울릴 만큼 깊이, 불가사의한 말씀을 하셨습니다: "나의 하나님 나의 하나님 어찌하여 나를 버리셨나이까?”

죄의 결과는 여전히 남아 있습니다. 이 점에 있어서 하나님께 감사를 드립시다. “주께서는 저희 행한 대로 갚기는 하셨으나 저희를 사하신 하나님이시니이다.” 이와 같이 범죄의 외적인 결과, 즉 현재의 일시적인 결과가 계속 그 힘을 유지하고서 남아 있는 것은, 그것으로 인해서 범죄자들이 자기들의 악한 것으로 인해 채찍질을 당하여, 그와 같은 결과를 낳은 원인을 깨닫고 버리게 하기 위함입니다. 그러나 모든 결과 중에서 가장 깊은 것은 궁극적인 결과, 즉 하나님으로부터의 분리라는 결과는 그리스도께서 지고 가셨고, 따라서 결코 우리가 질 필요는 없습니다.

나는 이같이 우리 주님께서 짐을 지고 가시는 것의 다른 면에 대해 깊이 생각할 필요가 없다고 생각합니다. 주님께서는 우리가 그와 연합하여 믿음으로 살면서 겪는 슬픔들을 매우 깊고도 실제적인 의미로 자신이 떠맡으십니다. 따라서 여전히 우리에게 다가오는 슬픔들은 예수님께서 그와 같이 떠맡으실 때 “잠시 받는 환난의 경한 것”으로 바뀝니다. “그는 그들의 모든 환난에 동참하셨습니다.”

교우 여러분! 마음이 슬프거나 고독한 생활을 하거나 근심걱정에 시달리거나 무거운 의무가 내리누르거든 그 짐을 그리스도께 맡기십시오. 그러면 그가 여러분을 붙들어주실 것이고, 그와 연합함으로 인해 슬픔은 그 성격을 바꿀 것이며, 십자가까지도 꽃들에 둘러싸일 것입니다.

예수님께서는 우리의 개인적 실존으로 인해 우리 스스로 겪는 저 엄숙한 고독의 짐을 지고 가십니다. 내가 아닌 다른 사람들은 나를 둘러싸고 서 있으면서 동정의 표시를 내보이며, 때로는 형제애가 담긴 손을 뻗어 고통을 당하는 나의 손을 잡아줄 수도 있습니다. 그러나 그들의 도움은 외부에서 오는 것입니다.

이에 반하여 그리스도는 우리 마음 안으로 들어오셔서 거기에 거하시고, 그의 우정의 빛과 평강으로 가득 채워주심으로 더 이상 존재의 깊은 곳에서 외로움에 떨지 않게 해주십니다. 죄, 죄의식, 책임, 슬픔, 경건의 의무, 이 모든 우리의 짐을 그리스도께서는 기꺼이 지고 가십니다.

그렇습니다! 그런데 그는 우리의 짐을 자신의 어깨 위에 지시면서 자신의 짐을 우리의 어깨 위에 지워주십니다. "내 멍에는 쉽고 내 짐은 가벼움이라." 옛 신비가들이 즐겨 말했듯이, 그리스도의 짐은 그것을 지는 사람을 져 날라줍니다. 즉 그것은 약간의 무게를 더해줄 수도 있으나, 떠오를 수 있는 힘과 앞으로 전진할 수 있는 힘을 부여해 줍니다. 그것은 새의 날개와 같고, 배의 돛과 같습니다.

3. 마지막으로, 그리스도께서 우리의 짐을 져주신다는 사실은 우리에게 형제의 짐을 져주라는 의무를 지웁니다.

"그리하여 그리스도의 법을 성취하라." 이곳에서 바울이 "법"이라는 말을 사용한데는 매우 신랄한 빈정거림과, 앞서 다른 문제로 말했듯이 중대한 반어법의 의미가 담겨 있습니다. 이는 이 서신서 전체가, 유대인의 율법을 갈라디아인들의 목구멍에 억지로 밀어넣고 있는 유대화주의 교사들을 상대로 씌어진 것이고, 또한 그 올무에 걸려든 갈라디아 교회의 희생자들을 향해 호소하고 있는 글이기 때문입니다.

바울은 이 부분에서 그들을 향해 몸을 돌리면서 이렇게 말하는 것 같습니다: "너희들 법(율법)을 좋아하지. 그렇지? 너희가 법을 갖고 싶다면 그것을 주겠다. 그리스도의 법을." 그리스도의 삶이 곧 우리의 법입니다. 실제적 기독교는 그리스도께서 행하신 대로 행합니다. 십자가는 우리의 소망의 기반일 뿐 아니라 우리의 행실의 본보기이기도 합니다.

요컨대, 바울은 자신이 그들에게 주고 있던 이 명령을 성취시키기 위한 유일한 동기가 바로 예수 그리스도의 삶 전체가 보여주신 본보기라고 말하고 있는 것입니다.

여러분이 그리스도를 소망의 기반으로 모시고, 또한 그의 위대한 희생을 행실의 본보기로 받아들이지 않는 한, "너희가 짐을 서로 지라"는 명령을 행하지 못할 것입니다. 이는 동정심을 방해하는 것이 바로 자기도취라는 것이기 때문입니다. 우리 모두에게 있는 이 본성적인 이기심은, 만일 그리스도께서 우리의 자아를 밀어내시고 우리 내면의 주인이 되시는 일이 일어나지 않는다면, 결코 우리에게서 떠나지 않고 있으면서, 형제의 짐을 져주어야 하는 의무를 깨닫지 못하게 할 것입니다.

나는 그 누구와도 마찬가지로 상호책임과 상호부조의 의무에 대한 인식이 증대하는 것을 기뻐합니다. 그러한 인식이 오늘날 우리들 사이에서 점차로 사회를 아름답게 만들어가고 있습니다. 그러나 내가 생각하기에 예수 그리스도의 성육신과 희생을 기초로 하고 있지 않는 그 어떤 사회 개혁도 생명력을 지녀서 성장하지 못할 것입니다.

본성적인 이기심을 쫓아낼 수 있는 힘은 단 하나밖에 없습니다. 그것은 그리스도의 십자가를 우리의 삶이 따라야 하는 위대한 본보기로 받아들이는, 바로 그분에 대한 사랑입니다. 나는 설사 의식적으로 기독교 신앙과 연결되어 있지 않은 것이라고 해도 우리들 사이에 있는 형제 의식은 기독교의 실체를 거부하는 곳일지라도 상당한 정도까지는 기독교의 정신이 사회 속에 퍼져 있음으로 해서 생긴 결과라고 믿습니다.

생명수의 강물이 땅 속으로 수천 마일 스며들어가 습기조차 느끼기 어려운 황무지에 있는 나무의 깊이 박힌 뿌리에까지 다다를 수 있다는 사실에 하나님께 감사를 드립니다. 그러나 더 높은 차원에서 확실히 알아야 할 것이 있습니다. 그것은 형제의 짐을 져주지 못하게 만드는 본성적 이기심과 싸워서 정복해주는 것은 그리스도의 법이라는 사실입니다.

그리스도인들이여! 그와 같은 모든 일에 있어서 솔선하는 자가 되는 우리의 특권을, 열성이 하늘에서 비롯되지 않는 사람들에게 빼앗기지 않도록 조심합시다. 이단보다도 신앙인들의 이기적인 삶이 더욱더 교회의 발전을 방해한다는 것은 틀림 없는 사실입니다.

그러므로, 사랑하는 교우 여러분, 무엇보다도 먼저 어떤 짐이든지 모두 져주실 수 있는 그리스도께 우리 자신의 짐을 맡기십시다. 그런 다음에, 가벼워진 마음과 어깨로써, 지치고 괴로워하는 다른 많은 사람들의 죄와 슬픔과 근심걱정과 죄의식과 죄의 결과와 책임 등의 무거운 짐들을 우리가 대신 져주십시다.

이 점을 명심하십시오. 만일 우리가 형제의 짐을 져주지 않는다면, 우리 자신이 그리스도께 맡겼다고 생각했던 짐이 다시 되돌아올 것입니다. 우리가 그리스도께서 우리의 짐을 지고 가시도록 허용하고, 또한 자신은 부요하지만 우리를 위해 가난해지신 그의 온 생애를 통해 예증되고, 그가 우리의 모든 불의를 담당하신 저 십자가 위에 피로 씌어져 있는 저 그리스도의 법을 성취하고자 한다면, 그는 우리 자신과 우리의 짐 양쪽 모두를 져주실 수 있습니다.

10
모든 이에게 선행을

"그러므로 우리는 기회 있는 대로 모든 이에게 착한 일을 하되 …"
갈 6:10

"그러므로"라는 말은 앞에서 이야기해도 내용이 뒤의 이야기와 관계가 있음을 암시해 줍니다. 사도 바울은 추수기가 온다는 확신 위에서 쉬지 말고 선한 일을 할 것을 권고해 왔습니다. 바로 앞의 말씀과 본문 사이에는 이중의 고리가 있어서 그것들을 연결시켜 주고 있습니다. 이는 "착한 일을 하되"라는 말씀은 "선을 행하되"라는 말씀을 상기시켜주고, "기회"라고 번역된 단어는 "때"라고 번역된 단어와 동일하기 때문입니다. 따라서 두 개의 생각이 떠오릅니다. "선행"은 다른 사람들에게 "착한 일"을 하는 것을 포함하고, 다른 사람들에게 착한 일을 하지 않는 한 그것은 완전해지지 않는다는 것입니다.

미래는 대체로 거두는 때이고, 현재의 삶은 대체로 심는 때입니다. 인생은 대체로 씨를 심는 철이고, 세부적으로 보면 그것은 모종의 선행을 가능하게 해주고, 따라서 선행의 의무를 우리에게 부과해주는 기회 또는 통로로 가득 차 있습니다. 만일 우리가 인생을 주로 일련의 선행의 기회로 내다보는데 익숙하다면, 인생이 얼마나 달라지겠으며, 우리 자신이 얼마나 달라지겠습니까!

이 명령은 그것에 순종하든지 순종하지 않든지 간에 모든 사람들에 의해 정당한 것으로 간주됩니다. 그것은 아무리 적게 삶에 영향을 주고 있을지라도 모든 양심이 찬성하는 도덕의 상식입니다. 그러나 나는 그것을 특별히 적용시켜서 그것과 기독교 선교 사업의 관계를 강조하고자 합니다. 내가 제시하려고 하는 것은 바로 다음과 같은 생각입니다. 어떤 그리스도인이든지 이 위대한 사업에 무관심하다면 저 초보적인 도덕의 의무를 수행하지 않고 있다는 것입니다. "우리는 기회 있는 대로 모든 이에게 착한 일을 하자." 이것은 광범위한 원칙이요, 세계 곳곳에 복음을 전파하는 그리스도인의 의무는 그 한 가지 적용 사례입니다.

1. 먼저 앞에서 제시한 의무를 살펴봅시다.

앞에서 말했듯이 선행은 광범위한 표현이요, 다른 사람들에게 착한 일을 한다는 것은 선행에 비해 한정된 표현입니다. 전자는 미덕의 기반 전체를 표현하고, 후자는 이기적인 미덕, 즉 주로 자신에게만 몰두하는 교양이란 불완전한 것이고, 그것에는 마치 둥근 달의 한쪽 귀퉁이가 잘려나간 것 같은 틈새가 있다고 선포해 줍니다. 선행은 매우 중대한 구성 요소로서 다른 사람들에게 착한 일을 하는 것을 포함해야만 비로소 보름달처럼 완전해집니다. 그것은 너무나 명백한 사실이라 말로 할 필요가 없습니다.

우리는 요즈음 이타주의(altruism)에 관해 상당히 많은 이야기를 듣습니다. 기독교는 다른 어떤 사상이나 도덕이나 종교보다도 그것을 더욱더 강조하여 가르칩니다. 또한 기독교는 그것에 가장 강한 동기를 부여해 주고, 모든 사람의 양심이 인정하는 그 위대한 법에 순종할 수 있도록 힘을 나누어 줍니다.

이처럼 선행이 다른 사람들에게 착한 일을 하는 것을 반드시 포함해야 한다는 초보적인 도덕의 명령을 인정하고, 또한 우리의 깊은 신념에 충실하다면, 우리를 통해 여러 형태의 하나님의 은혜가 모든 사람들에게 열매를 맺을 수 있도록, 물질적 정신적, 기타 모든 종류의 소유물이 우리들에게 맡겨진 것이요 절대적인 소유를 위해 주어진 것이 아님을 느끼는 것은 당연한 일입니다.

그러나 내가 여기에서 말하고자 하는 요점은, 선행을 있는 그대로 인정한다고 해도, 즉 인간 상호간의 관계가 요구하고 그들 자신의 양심이 인정하는 도덕의 초보적인 명령으로 받아들인다고 해도, 그것을 따르는 모든 그리스도인들에게 있어서 각자 복음을 온 세계에 전하는 대사업에 참여해야 하는 의무로부터 피할 길은 없다는 것입니다.

이는 그 복음이 우리의 최고의 선이요, 우리가 그 누구에게나 전할 수 있는 최선의 것이기 때문입니다. 우리들 대부분은, 부의 소유로 인해 우리에게 주어진 의무, 즉 그것을 자기 자신뿐만 아니라 다른 사람들을 위해 사용해야 하는 의무를 인정합니다. 또 우리들 대부분은, 지식의 소유로 인해 우리에게 부과된 의무, 즉 그것을 우리 자신뿐 아니라 다른 사람들에게도 나누어 주어야 하는 의무를 인정합니다.

우리는 우리 자신이 많이 갖고 있는 것, 즉 재산이나 시간이나 수고를 기꺼이 나눠주고자 합니다. 그러나 우리들 중에서 일부는 우리가 갖고 있는 최고의 선에다 어떤 한도를 정해 놓고 있는 것 같습니다. 자신에게 호소하는 모든 종류의 자선 행위에 응하고, 종종 다른 사람들의 행복을 위해 갖고 있는 능력을 사용하면서도, 그들은 모든 선 중에서 최고의 선, 즉 그리스도를 마음에 모시고 있는 자에게 임하는 선을 전하는데 참여하지도 않고 관심을 보이지 않습니다.

그것, 즉 복음은 우리의 최고의 선입니다. 이는 그것이 우리의 가장 깊은 필요를 다루고 있고, 우리를 가장 높은 위치로 끌어 올려주기 때문입니다. 복음은 우리에게 최고의 선 또는 행복을 가져다줍니다. 이는 다른 모든 유익은 희미해지고 사라지며 결국 껍질만을 남기는 반면에, 그것은 최고의 선 또는 행복을 가져다주기 때문입니다. 그것은 분명히 우리의 최고의 선입니다.

저 구원의 메시지를 마음으로 받아들이면, 그것의 수행자 및 결과들로서 다른 모든 물질적 유익들까지도 뒤따라 주어질 것입니다. 그러므로 다른 사람에게 그리스도를 전해주었으면 우리가 가진 가장 좋은 것을 준 것이고, 또한 지쳐 있는 세상이 받을 수 있는 최고의 선물을 준 것입니다.

이 최고의 선을 나누어 주는 것이 우리가 그것을 소유하는 주된 이유 중의 한 가지라는 사실 또한 명심하십시오. 예수 그리스도는 혼자서 세상을 구원하실 수 있습니다. 그러나 세상은 그의 종들의 도움이 없이는 구원받은 세상이 될 수 없습니다. 그는 자신이 성육신과 희생을 통해 인류 한가운데로 가져오신 생명력을 모든 인간들에게 전하시기 위해 우리를 필요로 하십니다. 베들레헴의 요람과 골고다의 십자가는 그리스도인들의 간섭과 사역 없이는 각각 그것들이 나타난 목적을 성취하는데 충분한 힘을 갖고 있지 않습니다. 그 중요한 선물을 가슴속으로 받아들인 우리들 각자가 그것에 의해 풍요로워진 것은 다른 목적도 있겠지만 특히 이 목적을 위해서였습니다.

강이 언덕 위의 여러 샘에서 많은 물을 공급받아 커지는 것은, 그것이 어디로 흘러가든지 생기와 생명력을 전할 수 있기 위함입니다. 여러분과 내가 그리스도의 십자가 앞에 나아와 그의 제자가 된 것은, 우리 자신이 그 말로 표현할 수 없는 선물로 인해 복을 받고 소생하기 위해서 뿐만 아니라 우리를 통해서 그것이 다른 사람들에게까지 전달되기 위해서였습니다. 이것은 마치 반죽 덩어리 속에서 발효된 입자들이 전체가 모두 발효될 때까지 각각 인접해 있는 입자들에게도 그 에너지를 전해주는 것과 같습니다.

모든 시대와 이 시대에도 너무나 많은 신앙 고백자들에게서 찾아볼 수 있는 무관심, 즉 최고의 선을 전하는 일에 대한 무관심이 사실상 그 선이 그들 자신에게조차 매우 적게 실현되었음을 알려주는 징조가 아닌가 하여 두렵습니다.

루터는 칭의 교리가, 서 있는 교회와 넘어진 교회의 시금석이라고 말했습니다. 그것이 신학의 영역에서는 사실인지는 모르지만, 실제 생활의 영역에서는 다음의 질문보다 더 적용하기 쉽고 믿을 만한 시금석은 찾아보기 힘들 것입니다. 즉, "자기 자신이 받아들인 복음을 동료들 사이에 전파하는데 관심을 쏟고 있느냐" 하는 것이 그 시금석입니다.

그렇지 않다고 하면 그 사람은 어떤 의미로든지 자신이 복음을 받아들였는지 아닌지를 스스로 물어볼 필요가 있습니다. "선행"은 다른 사람들에게 착한 일을 하는 것을 포함하고, 그리스도를 소유한다면 반드시 그를 다른 사람들에게 전하게 될 것입니다.

2. 이 초보적인 명령이 의무의 영역에 대해 맺고 있는 관계를 주목해 보십시오.

"모든 이에게 착한 일을 하자." 인간들의 집단을 의미하든, 인간을 향한 자비로운 태도를 의미하든 "휴머니티"(Humanity)라는 말을 만들어 낸 것은 기독교였습니다. 기독교가 그 말을 만들어 낸 것은 그 단어가 기독교의 기반이 되는 것을 잘 나타내 주었기 때문입니다. "형제애"는 "부성애"의 결과입니다.

인종 문화 등과 같은 모든 다양성 밑에 수천의 신비로운 끈에 의해 함께 연결되어 있고, 각자가 서로에 대한 관련성 및 의무를 갖고 있는 하나의 유기적 완전체로 보는 인류의 개념은, 그것이 후세에 와서 아무리 그 원천에 대해 인정을 받지 못하게 되었다고 해도, 기독교의 산물임에는 틀림이 없는 사실입니다. 그러므로 복음은 소위 애국심이라고 불리는 편협한 지역별 차별을 떠나 그 위로 높이 솟아오르고, "헬라인이나 유대인이나, 할례당이나 무할례당이나, 야만인이나 스구디아인이나, 종이나 자유인이나 차별이 있을 수 없다"라고 말합니다.

언덕 위로 높이 올라가 보십시오. 그러면 밭 사이에 쳐 있는 울타리는 눈에 들어오지 않을 것입니다. 예수 그리스도의 복음이 우리를 끌어 올려다 놓는 높은 수준 위에서 살아 보십시오. 그러면 울타리나 도랑이나 경계선이 없는 광대한 대초원을 내려다 보게 될 것입니다.

그러므로 본문 말씀은 심오한 의미를 갖고 우리에게 다가옵니다. 이는 모든 사람이 저 위대한 사랑의 목적의 범위와 십자가상에서의 위대한 죽음으로 인한 구원의 가능성 안에 포함되어 있기 때문입니다. 내가 이렇게 말할 수 있는지 모르겠지만, 그리스도는 자신의 사랑과 사역에서 한계를 조금도 두시지 않고 인류 전체를 그 대상으로 삼으셨습니다. 그러므로 어찌 우리가 우리의 동정심이나 수고의 한계를 정할 수 있겠습니까? 그 범위는 세상을 모두 포함합니다. 우리의 동정심의 범위는 그리스도께서 정하신 것만큼 넓어져야 하겠습니다.

여러분에게 상기시키고자 하는 것이 또 한 가지 있습니다. 우리 자신에게 복을 준 저 최고의 선을 세계적으로 전할 때 비로소 그 복음의 입증된 힘에 부합할 것입니다. 피상적인 다양성을 중요시하지 않는 복음은 성격과 문화와 환경의 모든 다양성과 맞붙어 싸워 이기고 그것을 꼼짝하지 못하게 만들어서, 모든 인종을 자기 소유로 주장하고 그들 모두를 들어 올림으로써 힘을 입증해 보일 수 있습니다.

"하늘에서 내려온 하나님의 떡"은 어느 곳에서나 일종의 외래품이라고 할 수 있습니다. 이는 그것이 하늘에서 내려온 것이기 때문입니다. 그러나 그것은 어느 토양에서나 자랄 수 있고, 어느 곳에서든지 사람들 사이에서 영생에 이르는 열매를 맺을 수 있습니다. 그러므로 "모든 이에게 착한 일을 합시다."

그런데 이로 인해서 우리는 해묵은 이의에 부딪힙니다. "어리석은 자의 눈은 땅 끝을 바라본다. 네 수고를 원하는 조국을 위해 수고하라." 자, 기독교 사업은 다른 모든 사업과 마찬가지로 반드시 분업이 이루어져야 하고, 어떤 사람은 그 자신의 취향과 성향으로 인해 어떤 한 영역에서 일하게 될 것이고, 다른 사람 역시 다른 한 영역에서 일하게 될 것이라는 점을 나는 전적으로 인정하는 바입니다. 또한 무슨 일이 일어나든 자신의 조국을 무시해서는 안 된다는 점은 나 자신이 강력히 주장하는 사항이기도 합니다. 본문의 "모든 이"라는 표현은 아프리카의 미개인들뿐만 아니라 우리나라의 빈민굴에 사는 사람들도 포함하고 있습니다.

어느 한쪽에서 무슨 일인가 하려고 애쓰고 있다는 것이 다른 한쪽을 무시해도 좋은 핑곗거리가 되지는 않습니다. 그러나 내가 위에서 언급한 반대가 주로 두 종류의 사람들에 의해 제기되고 있다는 것은 뚜렷한 사실입니다. 하나는 복음에 관심을 갖고 있지 않거나 그것의 선함을 전혀 인정하지 않는 사람들이고, 다른 하나는 자신이 부름 받은 일을 행하지 않고자 교묘히 핑곗거리를 찾으려는 사람들뿐입니다.

국내 선교를 하는 사람이나 해외 선교를 하는 사람이나 매한가지입니다. 여러분은 국내 선교 사업을 하기 위해 돈을 어디에서 얻고 있습니까? 주로 교회들로부터 얻습니다. 해외 선교 사업을 유지하는 자들은 누구입니까? 주로 교회들입니다. 따라서 그와 같은 반대는 현실성이 거의 없습니다. 우리나라의 기독교 기관에는 재정이 넘치고 있고, 저 먼 아프리카 땅에는 재정적으로 거의 고갈 상태에 있습니다. 또한 이곳에서는 배들이 서로 부딪힐듯 말듯 하면서 부두에 빽빽이 들어와 있는 반면에, 바다 저편에서는 적막이 감돌고 배 한 척도 찾아 볼 수 없습니다. 이 땅에서는 사람들이 기독교의 가르침에 흠뻑 젖어 있고 교회들이 마치 고객을 부르는 장사꾼들처럼 서로 경쟁하고 있는 반면에, 바다 저편에서는 선교사 한 사람이 오십만 명을 맡아야 하는 것이 당연한 일로 여겨지고 있습니다. "모든 이에게 착한 일을 합시다."

3. 마지막으로, 이 초보적인 훈계가 그 의무의 수행을 위한 기회에 대해 어떤 관계를 맺고 있는지 주목해 봅시다.

"우리는 기회 있는 대로." 이미 앞에서 언급했듯이, 우리의 형편을 바라보는 기독교적 태도는, 그것을 기독교적 미덕 발휘의 좋은 기회요, 따라서 그 의무의 수행을 요구하는 호출장으로 간주하는 것입니다. 만일 우리들이 각자 자신의 처지를 돌아본다면, 오랫동안 우리를 기다리며 열려져 있었던 문이 셀 수도 없이 많았음을 깨닫게 될 것입니다. 우리는 너무나 분별이 없었거나 게을렀거나 또는 이기적으로 자신의 관심사에만 몰두해 있어서 그 문들로 들어갈 수 없었습니다. 기회를 놓친 것, 문이 우리를 부르고 있는데도 문지방을 결코 넘어가지 못한 것, 선을 행할 수 있었는데 하지 못한 것, 이러한 일들은 기회 있을 때마다 우리의 악한 자아에 호소해 오는 적극적인 죄악만큼이나 우리를 침몰시키려고 무겁게 내리누릅니다.

그러나 우리들 각자에게 제공된 기회뿐만 아니라 이 위대한 사업을 위해 우리나라에 주어진 기회에 관해서도 한 마디 하고 싶습니다. 옛날의 한 선지자는 교만한 앗수르의 정복자가 다음과 같은 자랑을 늘어놓는 것으로

묘사했습니다: "나의 손으로 열국의 재물을 얻은 것은 새의 보금자리를 얻음 같고 … 날개를 치거나 입을 벌리거나 지저귀는 것이 하나도 없었다."

이것은 오늘날 우리나라(대영제국)의 모토일 것입니다. 우리와 대서양 건너편의 형제들, 즉 동일한 신앙과 도덕과 문학을 상속받았고 동일한 언어를 사용하는 형제들이 지금 우리가 소유하고 있는 광범위한 통치권을 우리에게 준 것은 까닭 없이 된 일이 아닙니다. 물론 나는 영국이 지금의 자리에 오르기까지 수많은 범죄를 저질렀고, 그 옷자락에서 무고한 자들의 피를 발견할 수 있다는 사실을 알고 있습니다.

그러나 어쨌든 우리는 선을 위해서든 악을 위해서든 온 세상에 있는 식민지의 백성들과 관계를 맺고 있습니다. 나는 이것이 그리스도의 교회에 이용해야 할 책임이 있는 기회인지 아닌지를 묻고자 합니다. 우리는 이 기회를 무엇을 위해 부여받았습니까? 무역, 지배권, 서양 지식과 문학과 법률의 전달을 위해서 입니까? 그렇습니다! 그러나 그것이 전부일까요? 옷은 보내면서 복음은 보내지 말아야 합니까? 총탄이 터져 나오는 소총과 아주 독한 술인 진은 보내면서 기독교는 보내지 말아야 합니까? 셰익스피어와 밀턴과 근대 과학과 허버트 스펜서의 책들은 보내면서 복음서는 보내지 말아야 합니까? 영국의 법전은 보내면서 그리스도의 사랑의 법은 전하지 말아야 합니까? 이방인들 사이에서 하나님의 이름을 더럽힐 불경건한 사람들은 보내면서, 십자가를 전하는 자들은 보내지 말아야 합니까?

한 브라만교도가 한 선교사에게 이런 말을 했습니다: "이봐! 자네가 갖고 있는 성경은 선한 책이야. 자네가 그 만큼 선하다면 10년 이내에 인도를 기독교 국가로 만들 수 있을 것이야!"

교우 여러분, 오늘날 유럽 각국은 그들이 말하는 지구 저편의 임자 없는 땅들을 차지하기 위해 서로 싸우고 있습니다. 유럽의 문명에 의해 개화되지 아니한 모든 나라들을 자기네 시장이나 그들 제국의 일부로 간주합니다. 그들을 달리 바라볼 수는 없을까요?

예수님은 "목자 없는 양 떼처럼" 헤매는 우리들을 보고 마음에 불쌍히 여기셨습니다. 오! 이 나라의 그리스도인들이 예수님의 위치에 서서 그의 눈으로 세상을 바라볼 수만 있다면 얼마나 다른 결과가 생겨나겠습니까?

여기 모인 남녀 그리스도인들에게 간절한 심정으로 말합니다. 여러분은 이 나라의 국민들이고, 따라서 이 나라가 지구 저편에서 행하고 있는 일에 조금이라도 책임이 있습니다. 이방은 서구 열강의 물질적 이익을 위해 착취당하도록 되어 있다고 생각하는 사람들에게 여러분은 힘닿는 데까지 항거해야 합니다.

그들이 원주민들을 야만적으로 다루는 것에 대해 미약하나마 목소리를 한데 모아 항거하십시오. 그들은 아편으로써 중국을, 럼주로써 아프리카를 흠뻑 젖게 하고 있습니다. 그리스도처럼 세상을 바라보도록 하십시오. 그리스도의 위대한 생각에까지 높아지도록 노력하십시오. 그는 십자가에 돌아가시면서도 모든 사람이 그의 마음 안에 있었던 것으로 여기셨으며, 이 위대한 사역에서 "야만인이나 스구디아인이나 종이나 자유인을" 구별하려 하지 않으셨습니다. 우리에게는 참으로 큰 책임이 있습니다. 세계는 우리에게 열려 있습니다. 우리는 가장 고귀한 선을 소유하고 있습니다. 우리가 기회 있는 대로 그리스도의 통치를 전파하지 않는다면, 선을 행하라는 본문의 말씀에 어떻게 순종할 수 있겠습니까?

복 있는 자가 되려면 우리는 씨 뿌릴 때에 즐겁게 일해야 하며, 다른 사람들에게 선을 행하지 않는다면 우리의 선행은 불완전한 것이 되고 만다는 사실, 그리고 우리가 할 수 있는 최선의 일은, 필요로 하는 사람들에게, 말로 표현할 수 없는 주님의 선물을 나누어 주는 것이라는 사실을 기억해야 할 것입니다.

11
예속의 낙인

"내가 내 몸에 예수의 흔적을 지니고 있노라"
갈 6:17

이 말씀은 아마도 소유주를 나타내기 위해 노예의 몸에 가축처럼 글씨나 모양으로 낙인을 찍는 잔인한 풍습을 염두에 둔 듯합니다. 사실 고대에는 범죄자, 성전에서 봉사하는 일부 계층의 사람들, 때로는 군인들에게도 낙인을 찍었는데, 사도 바울의 사고방식을 고려할 때 그가 여기에서 염두에 두고 있는 것은 노예의 경우라고 하는 것이 가장 합리적인 생각일 것입니다.

이를 통해 사도 바울이 말하고자 하는 것은 자신이 예수 그리스도의 노예로서, 그의 사도적 열성의 결과인 상처와 육체의 연약함으로써 자신이 그리스도의 소유라고 낙인이 찍혔다는 사실이었습니다. 투옥, 유대인들로부터의 매 맞음, 파선, 굶주림, 피곤함, 위험, 박해 등, 이 모든 것들을 그는 성경 다른 곳에서 예수 그리스도께서 자신을 사도로서 인정하신 징표라고 요약해서 말했습니다.

여기에서도 그는 사도적 사역의 직접적 결과인 그의 육체적 연약함이 자신이 그리스도의 소유임을 보여준다는 똑같은 생각을 마음에 품고 있었음이 분명합니다. 또한 특별히 이 편지를 쓸 당시에 그가 겪어야만 했던 육체의 고통을 염두에 두고 있었을 것입니다.

갈라디아서 전체를 통해서 사도 바울은, 자신의 사도로서의 권위를 의심하는 사람들을 엄하고 신랄하게 꾸짖어 왔습니다. 그리고 이제 마지막에서, 그는 태도를 누그러뜨려 자신의 연약한 손과 상처난 가슴을 드러내 보이면서, 완고한 갈라디아인들이 이를 보고 자기가 주 예수의 대변인이요 사자로서 말할 권리가 있음을 깨닫도록 권고하고 있습니다.

그러므로 여기서 우리가 깊이 생각해 보아야 할 몇 가지 사항이 있다고 생각됩니다. 먼저 그리스도의 노예라는 것에 대해 잠시 생각해 보고, 다음으로 그의 소유임을 나타내는 흔적, 섬김 안에 있는 영광과 그 증거, 그리고 그 같은 섬김이 가져다주는 인간적 고통으로부터의 해방을 생각해 봅시다. "이 후로는 누구든지 나를 괴롭게 말라 내가 내 몸에 예수의 흔적을 가졌노라."

1. 먼저 그리스도의 노예라는 개념에 관해 잠시 언급하고자 합니다.

바울이 여러 서신의 서두에서 자신의 직책을 그저 "노예"(slave)라고 하지 않고 그것보다 약한 표현인 "종"(servant, "하인")이라고 한 것은 매우 유감스러운 일입니다. 그러나 그가 자신을 "예수 그리스도의 종"이라고 불렀다 해도 그와 그리스도의 관계가 인간들 사이의 종과 주인의 관계와 같다는 의미는 아닐 것입니다. 인간들 사이에서는 주인은 자신이 고용한 하인에게 급료를 지불하고, 하인은 자신의 뜻에 따라 그의 종이 되었다가 생각이 바뀌면 어느 때든지 그 직분을 그만둘 수가 있습니다. 바울이 의미하였던 것은 자신이 그저 단순히 그리스도의 노예라는 것이었습니다.

이 비유 속에는 무슨 뜻이 있습니까? 한편으로는 주인 된 자의 절대적 권위에 대한 선언이요, 다른 한편으로는 노예 된 자의 무조건적 복종과 예속에 대한 선언입니다. 노예는 주인의 소유이므로 주인은 그에 대해 무슨 일이든지 할 수가 있습니다. 심지어 그를 죽인다고 해도 거기에 반대할 사람은 아무도 없습니다. 주인은 노예에게 아무 일이든지 시킬 수 있고, 노예가 소유한 조그마한 소유나 재산조차도 마음대로 처분할 수가 있습니다. 그의 모든 인간관계를 단절시켜 그로부터 아내나 친척들을 빼앗을 수도 있습니다.

사람들 간의 관계에 적용되면 사악하고 신성모독적인 모든 것들이 사람과 그리스도 간의 관계에 적용되면 복되고 놀라운 진리가 됩니다. 주님은 우리 위에 절대적인 권위를 갖고 군림하고 계시며, 우리에 속하는 모든 것들을 마음대로 처리하실 수 있습니다. 그러므로 우리 자신, 우리의 의무, 우리의 환경, 우리의 외부적 관계는 모두 그의 손 안에 있으며, 우리가 그에게 드려야 할 것이 있다면 그것은 완전한, 절대적인, 무조건적인, 망설임이 없는, 끊임없는, 그리고 자발적인 복종과 예속입니다. 인간에게 바쳐지면 사악한 부도덕이 되는 것, 인간으로부터 요구되면 하나님을 모독하는 교만이 되는 것, 인간과 인간 사이에서는 근본적으로 불가능한 것들이, 예수 그리스도께서 이를 요구하고 우리가 이를 그에게 바치면 복되고 즐겁고 강한 것이 됩니다.

우리가 그와 조금이라도 살아 있는 관계를 맺고 있다고 하면, 분명히 우리는 그의 노예들입니다. 그렇다면 그리스도인의 생활 속에 자기주장이나 자기만족, 불평, 주저함, 주인에 거역하는 자기 권리의 주장이 어떻게 있을 수 있겠습니까? 우리는 예수 그리스도께 절대적인 순종과 복종을 바쳐야만 합니다.

다음으로 이 같은 권위의 근거에 대해 노예의 비유는 무엇을 말하고 있습니까? 사람들은 노예를 대부분 매매와 구입을 통해서 소유했습니다. 비참한 노예 시장이 기독교적 삶의 근본적 실체에 대한 복된 비유가 될 수 있습니다. 그리스도는 우리를 그 자신의 것으로 사셨습니다. 우리는 자신이 다스리고자 하는 이의 영혼에 우리 자신의 영혼을 주어야 진정한 의미에서 그의 영혼에 대한 권위를 행사할 수 있는 권리를 갖게 됩니다. 우리는 먼저 자신을 주어야만 비로소 소유할 수 있는 권리를 가지며, 남에게 자신이 준 만큼 남을 소유할 수가 있습니다. 그렇기 때문에 그리스도께서는 사도 바울이 서신들 가운데 말한 것처럼 우리를 사서 자신의 소유로 만드시고자 먼저 자신을 우리를 위해 내어주셨습니다. "너희는 너희의 것이 아니라 값으로 산 것이 되었으니 그런즉 너희 몸으로 하나님께 영광을 돌리라."

그러므로 기독교적 삶의 정수인 절대적 권위와 무조건적 순종은 근본적으로는 한 가지 것, 곧 사랑으로부터 야기되는 두 가지의 상응하는 효과에 불과합니다. 왜냐하면 사랑에 기초하지 않고는 사람이 사람을 소유할 수가 없기 때문입니다. 뿐만 아니라 사랑에 근거하지 않고서는 사람이 사람에 대하여 진정한 의미의 순종을 바칠 수가 없습니다.

> "주께서는 진정한 마음만을 감동시키시고,
> 주께서는 진정한 마음만을 사랑하신다."

그러므로 주님과 그의 노예 된 이들의 관계는 이들을 함께 엮어주는 사랑의 직접적인 결과요 그 표현입니다.

그리스도인의 노예 됨은 나를 위해 죽으신 예수께 철저히 순종하고, 자신의 의지를 철저히 복종시키며, 자신을 철저히 그분의 주관 하에 두는 것을 의미합니다. 왜냐하면 이것은 예수께서 자신을 나에게 내어 주신 것에 근거하고 있기 때문입니다. 그것은 근본적으로 사랑의 역사이며, 따라서 가장 고귀한 자유와도 연결이 됩니다.

위대한 갈라디아서는 그리스도인의 자유에 대한 드높은 외침입니다. 그 안에서는 자유의 숨결이 생기 있게 느껴집니다. 갈라디아서의 정신은 "너희가 자유를 위하여 부르심을 입었다"는 말씀과, "그리스도께서 우리를 자유하게 하시려고 자유를 주셨으니 그러므로 굳세게 서서 다시는 종의 멍에를 메지 말라"라는 위대한 권면 속에서 요약되고 있습니다.

갈라디아서는 모든 한계와 외부적 구속에 대한 자유로운 그리스도인들의 자의식(자각)의 저항이며, 따라서 그리스도인들의 자유는 예속이고 그리스도인들의 예속은 자유라고 하는 갈라디아서의 선언은 심오한 의미를 지니고 있습니다. 외부적 구속(속박)에 자신의 의지를 복종시키는 자는 자유롭습니다. 해야만 하는 일을 즐겁게 행하는 자는 자유롭습니다. 자신의 규율을 사랑으로 삼고, 성육신한 사랑이신 예수님을 주인으로 모시고 있는 자는 자유롭습니다.

"아들이 너희를 자유하게 하면 너희가 참으로 자유하리라." "여호와여 나는 진실로 주의 종이요 주의 여종의 아들 곧 주의 종이라 주께서 나의 결박을 푸셨나이다." "내가 내 몸에" 자유의 선언장을 가졌노라. 이는 내 몸에 "주 예수의 흔적"이 있기 때문이라.

2. 다음으로 이러한 예속의 흔적에 대해 언급하고자 합니다.

앞에서 지적한 대로, 사도 바울이 말하는 흔적이란 그의 사도로서의 성실함과 열성의 직접적 결과인 육체의 연약함 — 아마도 질병 — 을 의미했습니다. 그는 자신의 매 맞음, 투옥, 굶주림, 자신이 겪어야 했던 온갖 고통과 고난, 그리고 그로 인해 야기된 육체적 연약함을 통해 자신이 하나님의 일꾼임을 증명해 보였다고 믿었습니다. 이 모든 것은 그가 그리스도의 십자가를 전파했기 때문에 겪어야 했던 것이었습니다.

그는 이러한 것들이 그가 사도직을 충실히 수행한 결과라는 것을 알고 있었습니다. 이 모든 것들은 맹목적 운명이나 부차적 원인들로부터 야기된 것이 아니고 주님이 직접 보내신 것이며, 주님 자신이 손에 쇠도장을 들고서 그의 육체에 자신의 소유하는 낙인을 찍어 남기셨다고 바울은 생각했습니다. 그는 또한 이러한 것들을 통하여 자신이 주님께로 좀 더 가까이 가서 좀 더 완전한 그의 소유가 될 수 있었다고 생각했습니다.

이처럼 고통을 뛰어넘는 환희 속에서 위대한 바울의 영혼은 육체의 연약함과 고통을 그가 예수께 속했다는 증거요, 또한 좀 더 완전하게 자신이 그의 소유가 되기 위한 수단으로 간주했습니다. 그렇다면 박해도 받지 않고, 건강을 해치면서까지 그리스도를 위해 힘껏 일해보지도 않은 우리 그리스도인들에게는 이 모든 것들이 무슨 의미가 있습니까?

본문에서 우리 모두에게 일반적으로 적용될 수 있는 것이 있습니까? 물론 나는 있다고 생각합니다. 그리스도인이라면 누구나 자신이 예수 그리스도께 속한다는 증거 — 분명한 문자적 의미에서의 증거 — 를 몸에 가지지 않으면 안 됩니다. 어떻게 그럴 수 있습니까? "만일 네 손이나 네 발이 너를 범죄하게 하거든 찍어 내버리라.”

당신의 육체적 속성 안에는, 만약 당신이 예수 그리스도의 소유가 되기를 원한다면 꼭 복종시켜야 하는, 언제나 억눌러 제어해야 하는, 때로는 완전히 내던져 버려야만 하는 것들이 있습니다. 자기 부인, 즉 동물적 본성과 그 정욕과 쾌락과 욕망을 억제하는 것은 예전과 마찬가지로 오늘날에도 여전히 타당하며 필요한 법입니다.

또한 우리 모두는 기독교적 삶의 고상함과 순수함을 위해 우리의 동물적 속성과 육체를 발꿈치로 밟아 굴복시키는 것이 절대적으로 필요합니다. 이 점에 대해 사도 바울은 성경 다른 곳에서 이렇게 말하고 있습니다: “내가 내 몸을 쳐 복종하게 함은 내가 남에게 전파한 후에 자기가 도리어 버림이 될까 두려워함이로다.”

교우 여러분, 여러분이 자기 부인의 삶을 살고 있지 않다면, 육체적 사랑과 정욕을 십자가에 못 박지 않고 있다면, 예수께서 육체로 죽으신 것은 그리스도의 생명이 우리 죽어질 육체에 나타나도록 하기 위함이라는 말씀에 자신을 순종시키지 않고 있다면, 당신이 그리스도의 종이라는 증거는 도대체 어디에 있습니까?

나아가 우리는 이렇게도 말할 수 있을 것입니다. 즉 아주 실제적인 의미에서, 우리 죽을 육체에 다가오는 고통, 슬픔, 실망, 그리고 불행 등을 우리는 우리가 주님께 속한다는 증거로서 받아들여야 하며, 또 그렇게 만들어야만 한다는 것입니다.

그러나 비단 한계와 제한, 그리고 자기 부인과 고통을 통해서만 그리스도의 주인 되심이 우리의 일상생활에서 드러나는 것은 아닙니다. 우리의 마음속에 그리스도의 은혜와 사랑이 깊이 간직되어 있다면 우리의 얼굴에 그리스도의 주인 되심이 나타날 것이며, 그리스도와의 교제로부터 우러나오는 아름다움이 가련하고 병든 육체에 스며들어 이를 영광스럽게 할 것입니다.

모든 그리스도인들에게는 그리스도의 거하심이 가져다주는 내적 평화의 가시적 흔적이 있을 수 있고, 또 마땅히 그렇게 되어야만 합니다. 또한 인생의 마지막 환희의 순간에 가서야 사람들이 "마치 천사의 얼굴을 보는 것처럼" 우리의 얼굴을 바라보도록 할 것이 아니라, 우리의 평소의 행실과, 영원한 평화로 충만한 모습, 그리고 마음 깊은 곳에서 우러나오는 기쁨을 통해 우리가 예수와 함께 있음을 사람들이 알고, "내 몸에 예수의 흔적을 가졌노라"는 성경의 말씀이 진리임을 깨닫도록 해야 할 것입니다.

3. 이제 섬김의 영광과 그 증거에 대해 다시 한 번 생각해 봅시다.

내가 예수의 흔적을 "가졌다"(bear: '지니다', '운반하다'는 뜻과 더불어 고통을 '참는다', '증거한다'는 뜻이 있음 — 역주)고 바울은 말합니다. 여러분도 알겠지만 여기에는 상당히 깊은 뜻이 있습니다. 그것은 단순히 참고 인내한다거나 — 물론 이것이 중요하기는 하지만 — 또는 단순히 무엇을 지닌다는 뜻이 아닙니다. 전쟁에서 승리하고 돌아오는 사람들이 환성을 받으며 성문을 들어오면서, 그들의 용기와 충성을 보여주는 상처와 영광스런 증거들을 자랑스레 내보이는 것처럼, 이 말은 승리의 상처를 지니고 있음을 뜻합니다. 즉, 받아 마땅한 승리를 쟁취한 사도 바울은 엄숙하고 자랑스럽게 사람들 앞에 주 예수의 흔적을 내보이고 있는 것입니다.

성경의 다른 곳에서 그는 이렇게 말하고 있습니다: "예수 그리스도 안에서 항상 승리를 주시는 하나님께 감사하리로다." 그는 정복자의 전차 바퀴에 끌려가면서도, 그것에 사랑의 사슬로 매인 것을 자랑스럽게 생각했습니다. 또한 그는 자신이 그리스도의 노예인 것을 자랑스럽게 생각했습니다.

사람이 사람에 대하여 비참하게 굴복하고 그를 무조건적으로 섬겨야 한다면, 이는 참으로 못할 노릇일 것입니다. 그러나 사랑하는 주님 앞에 머리를 숙이는 것은 우리 본성의 가장 큰 영광입니다. 주님 앞에서 스스로를 낮추는 것은 우리 존재를 스스로 높이는 것입니다. 왕 되신 주님의 종들은 다른 사람들의 주인입니다. 자신이 그리스도의 것임을 느끼는 사람들은 그 크신 주님께 속하는 영광을 자랑스럽게 생각하지는 않더라도 이를 의식하고는 있어야 합니다.

왕이 입는 옷은 영광의 상징입니다. 고대 색슨 왕국에서는 왕의 시종이 으뜸가는 귀족이었습니다. 이 점은 우리에게도 마찬가지입니다. 인류를 다스리는 사람들은 예수 그리스도의 종들입니다. 또한 우리에게 예속의 낙인 — 슬픔, 고통, 그 밖의 어떤 것이든지 간에 — 이 있음을 자랑스럽게 생각합시다. 우리는 마땅히 이러한 것들을 지니고 있어야 합니다. 주님께서, 어떤 슬픔이나 고통으로써 우리가 그의 소유임을 표시할 만한 가치가 있다고 생각하신 것 자체가 그의 복된 은총의 증거입니다. 우리의 떨리는 육체와 두려워하는 가슴 위에다 주께서 그의 확고하고 부드러운 손길로 소유의 명백한 흔적을 남기시고자 하면, 비록 그 낙인의 쇠도장이 아무리 뜨겁고 아무리 깊게 우리의 육체를 태우더라도, 그에게 감사합시다!

교우 여러분, 슬픔과 손해를 당하면서도 그것들이 어디에서 온 것인지, 어떤 의미와 목적을 지니고 있는지를 분명히 안다면, 슬픔은 그 속성이 바뀔 것이며, "가시나무로부터 포도를, 엉겅퀴로부터 무화과를 얻는다"는 역설이 진리로서 드러날 것입니다. "내가 내 몸에" — 엄숙한 승리와 인내의 소망과 함께 — "예수의 흔적을 가졌노라."

4. 이제 마지막으로, 주님의 종임을 나타내는 이러한 흔적들로 인하여 사람들이 우리에게 가져다주는 번민으로부터 해방되는 것에 관해 말하고자 합니다.

"이후로는 누구든지 나를 괴롭게 하지 말라." 바울은 그의 사도적 권위가 그리스도를 위해 고난 받은 사실로써 확고하게 되었으며, 그것이 사람들 앞에서 그 자신에게 거룩함을 부여해준다고 주장합니다. 그러므로 이후로는 아무도 그의 가르침과 명령에 거역해서는 안 된다는 것입니다.

이를 우리에게 적용시키면 이렇게 말할 수 있을 것입니다. 즉, 우리가 예수 그리스도께 속한 만큼, 또한 우리가 그의 소유임을 나타내는 흔적을 우리 안에 지니고 있는 만큼, 우리는 세상적 영향력, 인간의 소리, 그리고 사람의 마음을 번민케 하는 모든 근심과 곤경과 불안으로부터 자유로울 수 있습니다.

바울은 "너희는 값으로 사신 것이니 사람들의 종이 되지 말라"고 말합니다. 즉 "그리스도께서 너의 주인이므로 사람들로 하여금 너를 괴롭히지 못하게 하라"는 뜻입니다. 명령은 그리스도에게서만 받고, 사람들은 자기 마음대로 소리치게 내버려 두십시오. 그리스도로부터 인정받는 것에 만족하고, 사람들이 당신을 어떻게 생각하든 괘념치 마십시오. 우리에게 주님의 미소는 생명이요, 주님의 찡그림은 죽음입니다. 다른 사람들의 말이 무슨 소용이 있습니까? "나를 판단하시는 이는 주님"이십니다.

그러므로 시끄러운 공중의 의견에 초연하십시오. 아무리 명망 있고 권위 있는 선생들이 이구동성으로 말한다고 해도 당신의 신념을 굽히지 마십시오. 오직 명령은 주님으로부터만 받고, 사람들이 당신에게 명령하려 해도 거기에 마음을 쓰지 마십시오. 주님을 기쁘시게 하기 위해서 살고, 사람들의 생각에는 상관하지 마십시오. 당신은 그리스도의 종이므로 "누구든지 당신을 괴롭게 하지 않도록 하십시오."

우리의 삶을 요동치게 하고 마음을 괴롭게 하는 온갖 사소한 번민에 대해서도 마찬가지입니다. 얇은 연못에는 조금만 바람이 불어도 수면 전체에 물결이 일지만, 깊은 바다인 경우에는 아무런 일도 일어나지 않습니다. 그리스도와의 친밀한 교제와, 그에 대한 절대적 순종으로써 당신의 근본을 깊게 하십시오. 그러면 마음에 큰 평화가 깃들 것입니다. 높은 절벽 위에 서서 저 아래의 온갖 걱정거리들을 내려다보면 그 모든 것들이 벌레처럼 사소하게 보일 것입니다. "이후로는 누구든지 나를 괴롭게 말라 내가 내 몸에 예수의 흔적을 가졌노라."

교우 여러분, 당신은 누구의 흔적을 가졌습니까? 세상에는 주인이 오직 두 종류가 있을 뿐입니다. 모든 것을 꿰뚫어 보시는 하나님이 오늘 이 회중을 둘러보신다면 각자의 얼굴에서 어떤 흔적을 찾아내시겠습니까? 이 중에는 자신이 섬기는 우상의 흔적을 몸에 지니고 있는 사람들도 틀림없이 있을 것입니다. 오늘 아침 여기 모인 이들 중에는 쾌락과 동물적 본능 때문에 자신의 건강을 망쳐 버린 사람은 없습니까? 그들의 얼굴과 떨리는 손과 병든 육체가, 그들이 육체와 세상과 악마에 속해 있는 흔적인 사람은 없습니까? **당신은** 누구의 흔적을 지녔습니까?

오! 길가를 지나는 사람들의 얼굴을 바라보십시오. 이들은 탐욕과 세상적 욕심에 끌려가고 있고, 저들은 자기도취와 난잡한 생활에 빠져 있습니다. 비열한 얼굴들, 성난 얼굴들, 잔인한 얼굴들, 복수로 이글거리는 얼굴들, 정욕에 불타는 얼굴들, 이 모든 세상에 속한 얼굴들을 바라보고 있노라면, 얼마나 많은 사람들이 **다른** 주인의 흔적을 몸에 지니고 있는지를 알 수 있습니다. 짐승을 섬기며 그것의 흔적을 지니고 있는 사람은 밤이고 낮이고 평안이 없습니다.

간절히 바라건대, 여러분 자신을 참 주님께 복종시키십시오. 그러면 여러분이 그의 소유임을 나타내주는 그와의 닮음이 시작될 것이며, 이후로는 그의 행복한 종으로서 그의 보좌 앞에서 제사장의 직분으로 봉사하며 그의 얼굴을 보게 될 것입니다. 그리고 마침내는 여러분의 이마에 그의 이름을 지니게 될 것입니다.

에베소서 I

1
성도들과 신실한 자들

"하나님의 뜻으로 말미암아 그리스도 예수의 사도 된 바울은
에베소에 있는 성도들과 그리스도 예수 안에 있는 신실한 자들에게 편지하노니"
엡 1:1

바로 이것이 바울이 교회를 묘사하는 방식입니다. 이 편지가 전달된 에베소와 아시아 지역의 다른 교회들 안에는 매우 불완전한 그리스도인들이 많이 있었습니다. 우리가 잘 아는 것처럼 그들 가운데에는 이교도들도 많이 있었으며, "거룩한"이란 수식어가 붙기에 적절치 못한 것처럼 보이는 자들도 매우 많이 있었습니다. 그러나 바울은 그들 모두를 한 범주로 묶어 이와 같이 "성도들"과 "신실한 자들"이라는 두 단어로 묘사합니다.

이러한 사실로부터 우리는 몇 가지 매우 중요한 개념들을 얻게 됩니다.

1. 첫째로, 그리스도인은 성도(saint)입니다.

우리는 성자(본 역서에서는 편의상 saint를 聖徒와 聖者로 번갈아 사용하기로 함–역주)라는 단어를 대체로 거룩과 경건에 있어 매우 뛰어난 어떤 소수의 사람들에게만 한정시키는 경향이 있습니다. 그러나 신약은 결코 그렇게 하지 않습니다. 어떤 이들은 전통적인 거룩성을 나타내는 어떤 특별한 예복을 입지 않는 한 결코 성자가 될 수 없다고 상상합니다. 그러나 신약은 그와 같은 관점을 취하지 않고, 도리어 예수 그리스도 안에 있

는 모든 참된 신자들을 성자(혹은 聖徒)로 간주합니다.

그러면 이것이 의미하는 바는 무엇일까요? "거룩"이란 단어가 갖는 본질적인 의미는 "분리"입니다. 그 단어는 어떤 특별한 목적을 위해 전체로부터 일부를 분리시킬 때 사용됩니다. 그러나 사람을 성도(聖徒)로 만드는 특별한 종류의 분리가 있는데, 그것은 하나님을 위하여 분리하는 것, 즉 하나님이 어떤 사람을 당신의 뜻대로 사용하기 위해 분리하는 것입니다. 이것은 구약에서도 동일합니다. 구약에서도 "거룩"이라는 단어는 제사장처럼 하나님의 일을 위해 특별히 분리된 사람들과 함께 그들이 사용하는 각종 기구나 그릇들에도 적용되었습니다. "거룩"은 본래 그리고 일차적으로 어떤 도덕적 자질들을 의미하지 않았습니다. 다만 이 사람 혹은 저 물건이 하나님께 속했음을 의미하는 것일 뿐이었습니다. 그러나 그 마음이 정결케 되지 않는 한 하나님께 성별(聖別)되는 것은 있을 수 없습니다. 따라서 하나님의 일을 위해 분리된다고 하는 본래적인 의미로부터 필연적으로 거룩의 통상적인 의미로서 도덕적 순결과 죄로부터의 정결의 개념이 나오게 됩니다.

이렇게 하여 우리는 기독교적 거룩의 전체적인 의미를 얻게 됩니다. 우리는 하나님께 속한 자들입니다. 그리고 우리는 그러한 사실을 분명히 압니다. 우리는, 하나님의 주인되심에 대해 알지 못하며 스스로를 그분께 순복시키지 않는 전체 사람들로부터 분리된 자들입니다. 그러나 우리는 그분께 속할 수 없으며, 또 그분의 일에 드려질 수 없습니다. 우리의 마음이 매일같이 정결해지는 가운데 그분을 닮아가지 않는다면 말입니다. 사람은 오직 그 마음과 의지를 하나님께 순복시키며, 그 성품과 삶을 계속적으로 그분께 맞추는 것을 통해서만 그분의 소유가 될 수 있습니다. 거룩은 그러한 사람에 대해 "이 사람은 내게 속한 자라"고 말하는 하나님의 인(印)이며 표(票)입니다. 여러분이 여러분의 책에다가 여러분의 이름을 적는 것처럼, 하나님은 당신의 소유에다가 당신의 이름을 적습니다. 그리고 하나님이 적는 이름은 하나님 자신의 성품의 모양(likeness)입니다.

이와 같이 하나님의 교회는 어떤 특별한 부류의 사람들을 따로 구별하지 않는다는 사실을 주목하십시오. 하나님의 교회는 성자(saint)란 이름을 일반 대중 위에 뛰어난 어떤 특별한 소수에게만 한정시키지 않습니다. 여러분은 수도원 못지않게 공장에서도 한 사람의 참된 성자가 될 수 있습니다. 여러분은 성자로 불리기 위해 중세적이며 로마가톨릭적인 경건을 계발할 필요가 없습니다. 여러분은 성자로 불리기 위해 경건의 최고 경지에까지 이른 선택된 소수에 속할 필요가 없습니다. 도리어 여러분은 일상의 모든 사소하며 번잡하며 세속적인 일들 가운데 거룩한 삶을 살 수 있습니다. 왜냐하면 거룩을 위한 유일한 조건은 우리가 누구에게 속했으며, 또 누구를 섬기는지 아는 것이기 때문입니다. 우리는 우리가 그분께 속했다는 인식을 일상의 모든 사소한 삶 속으로 가져갈 수 있습니다. 일상의 모든 삶 속에 그의 임재를 의식하며, 그의 뜻을 행하고자 추구하는 가운데 말입니다. 성자(saint)는 "주여 나는 진실로 주의 종이나이다, 주께서 종의 멍에를 풀어주셨나이다"라고 말하는 사람입니다. 하나님은 우리를 죄의 멍에로부터 풀어주심으로써 우리를 훨씬 더 강력한 사랑의 멍에로 묶으셨습니다. 그럼으로써 우리로 그의 구속의 사랑에 부응하여 그의 일에 더욱 힘쓰게 하셨습니다. 하나님의 모든 자녀들은 그의 성도(聖徒)입니다.

우리는 구약의 의식(儀式)들 가운데 이러한 진리를 담고 있는 한 가지 제사법을 볼 수 있습니다. 그것은 레위기에 처음 규정된 것으로서 다름 아닌 번제입니다. 번제에 담긴 특별한 의미는 이것입니다. 즉 전인(全人, whole man)이 하나님의 제단에 올려져, 거기에서 하나님의 사랑의 불에 태워져야 한다는 것입니다. 그것은 다른 모든 제사들과 마찬가지로 속죄로부터 시작합니다. 그리고 그러한 속죄의 토대 위에서 하나님의 불에 의해 쓸모없는 육체가 하나님께 열납되는 아름다운 냄새와 향기로 변화되는 것이 따릅니다. 이와 같이 우리는 하나님의 제단 위에 놓여야 합니다. 우리는 예수 그리스도 안에서 하나님께 열납되었으며, 그의 위대한 희생제사로 속죄를 받았습니다. 따라서 우리는 그분의 일을 위해 성별(聖別)되어야 하며, 그가 보내시는 불에 태워져야 합니다. 그렇게 될 때 우리는 "에베소에 있는 성도들"처럼 그분께 열납되는 아름다운 향기로 변화될 것입니다.

2. 둘째로, 그리스도인이 성도(聖徒)인 것은 그들이 신자(信者)이기 때문입니다.

"성도들"과 "신실한 자들"은 서로 다른 두 부류가 아니라 동일한 한 부류의 사람들을 일컫는 표현입니다. 바울은 말하자면 표면으로부터 시작하여 아래로 내려갑니다. 그는 겉면을 벗겨 우리로 그 안에 있는 것을 보게 합니다. 그는 꽃과 열매로부터 시작하여 우리를 그 뿌리로 데려갑니다. 성도가 성도인 것은 무엇보다도 그들이 신실한 자들이기 때문입니다. 물론 여기의 "신실한"(faithful)이란 표현은 우리의 통상적인 언어에서 일반적으로 의미하는 것처럼 "참된", "믿을 만한", "신뢰할 수 있는", "자기 말을 지키는" 등을 의미하지 않습니다. 그것은 단지 "믿는"(believing)을 의미합니다.

여기에서 우리는 어떤 사람이 자신이 하나님께 속했음을 인식하고 스스로를 그의 쓰심에 기쁘게 순복시키며, 그럼으로써 그분처럼 정결하며 거룩하게 되는 유일한 방법이 예수 그리스도에 대한 겸손한 믿음이라는 바울의 사상을 보게 됩니다. 이것을 신학적인 용어로 표현하면, 믿음에 이어 성화(聖化)가 따른다는 것입니다. 예수 그리스도를 믿고 신뢰할 때, 우리의 삶과 마음속에 모든 위대한 동기들(motives)이 말하기 시작합니다. 그러한 동기들은 우리를 자기중심으로부터 건져내어 하나님께 결박시키며, 그분을 위해 무엇인가를 행하는 것을 기뻐하게 만들며, 우리 마음속에 성별(聖別)시키며 변화시키며 열매를 맺게 하는 사랑의 불을 붙입니다. 예수 그리스도께 대한 단순한 신뢰인 믿음이야말로 최고의 기독교적 성품에 도달하기 위한 기초입니다.

여기에서 바울이 우리의 믿음의 대상을 어떻게 묘사하고 있는지 주목하십시오. 나는 여기에서 우리의 믿음의 대상을 묘사하기 위해 바울이 "그리스도 예수"라는 우리 주님의 이중적인 호칭을 사용하고 있는 것에 주목하고 싶습니다. 우리는 먼저 그의 인성(人性)을 붙잡아야 합니다. 우리는 우리 영혼의 구원을 '우리를 위해 육체로 오신 우리의 형제이신 예수' 위에 근거시켜야 합니다. 동시에 우리는 우리의 구원을 '하나님의 사랑과 계획을 이루기 위해 사람의 육체로 오시고 육체로 죽으신 하나님의 기름 부음 받은 자' 위에 근거시켜야 합니다. '그리스도가 아닌 예수'에 대한 믿음은 우리를 거룩하게 하지 못합니다. 반면 '예수가 아닌 그리스도'에 대한 믿음은 너무도 추상적이며 무력합니다. 우리는 두 가지를 동시에 취해야 합니다. 그는 우리의 형제로서 "우리의 뼈 중의 뼈요 살 중의 살"입니다. 동시에 그는 그의 완전한 인성 가운데 하나님의 언약의 사자로서 하나님의 모든 계획을 이루기 위해 오신 그리스도입니다.

나아가 여기에서 그리스도에 대한 믿음의 축복이 어떻게 제시되고 있는지 주목하십시오. 신약은 신자와 예수 그리스도 사이의 관계에 대해 여러 가지 방식으로 말합니다. 신약은 때로 믿음을 그리스도를 향한 것으로서 말하는데, 그것은 말하자면 그를 향해 손을 뻗는 것을 의미합니다. 또 신약은 때로 믿음을 그리스도에 대한 것으로서 말하기도 하는데, 그것은 그 기초 위에 세운 건물이나 혹은 도움을 의지하는 손의 개념을 암시합니다. 그런가 하면 여기에서처럼 때로 믿음을 "그리스도 안에" 있는 것으로 말하는데, 이것은 둥지를 발견한 비둘기의 접은 날개, 주 안에서의 고요한 쉼, 그리고 그를 끈기 있게 기다리는 것 등을 암시합니다. 이와 같이 믿음은 그러한 평온의 유일한 조건입니다.

나아가 그리스도인은 "그리스도 안에" 있는 자라는 사실을 주목하십시오. "그리스도 안에"라는 어구는 어떤 의미에서 에베소서의 핵심 어구입니다. 만일 여러분이 에베소서 전체를 일별하는 가운데 "그리스도 안에서"라는 표현이 나타나는 모든 구절들을 뽑아본다면, 여러분은 그 용례(用例)가 얼마나 다양하고 풍부한지를 발견하며 놀라게 될 것입니다. 그러나 "그리스도 안에서"와 관련한 여기의 용례는 기독교적 삶의 모든 것이 우리가 예수 안에 뿌리박고 접붙여지는 것에 의존한다는 것입니다.

사랑하는 교우 여러분, 이른바 "복음주의 기독교"는 대체로 "우리를 위한 그리스도"와 "우리 안에 있는 그리스도"의 두 개념이 담고 있는 특별한 의미를 균형 있게 제시하지 못한 경향이 있습니다. 그리스도가 우리 안에 거하시는 것이나 혹은 우리가 그리스도 안에 거하는 것과 관련한 설교에서, 여러분은 죄를 위한 십자가 희생과 그로 인해 이루어진 위대한 구속에 대해 수백 번도 더 들었을 것입니다. 물론 우리의 죄를 위한 십자가 희생과, 이로 인해 이루어진 위대한 구속의 진리는 아무리 강조해도 결코 지나치지 않습니다. 나 역시 이러한 진리를 전파하는 일에 조금도 주의를 게을리하지 않았습니다. 그렇지만 나는 여러분 모두에게 다음과 같은 사실을 확실하게 강조하고 싶습니다. 즉 "우리를 위한 그리스도"의 개념은 크게 다루면서 "우리 안에 계신 그리스도"의 개념은 크게 다루지 않는 복음은, 신약에 제시된 복음과는 균형이 맞지 않는 절름발이 복음이라는 사실 말입니다. "우리를 위한 그리스도"는 크게 강조되는 반면 "우리 안에 계신 그리스도"는 거의 강조되지 않는다면, 그렇게 선포된 그리스도는 실상 "우리를 위한 그리스도"조차도 되지 못할 것입니다.

3. 셋째로, 그리스도인은 에베소에 있음에도 불구하고 성도이며, 그리스도 예수 안에 있는 신실한 자일 수 있습니다.

대부분의 학자들은 "에베소에 있는"이란 어구가 본 서신의 원문에는 본래 없었을 것이라고 생각합니다. 그들은 본 서신이 본래 회람서신이었으며 따라서 본 서신이 전달될 각 교회들의 이름이 본래 빈칸으로 되어 있었다가 나중에 실제로 전달될 때 채워지도록 되어 있었을 것이라고 생각합니다. 그렇게 볼 때 우리의 본문이 취한 사본은 필경 에베소로 전달된 편지였을 것입니다. 그러면 에베소는 어떤 도시였습니까? 그곳은 사탄의 보좌가 있는 곳이었으며, 우상 숭배와 미신의 중심지였으며, 활발한 교역으로 인해 부와 사치와 도덕적 타락이 만연한 곳이었습니다. "크다 에베소 사람의 아데미여!"(행 19:34). "에베소의 책"이란 표현은 마술 책과 동의어였습니다. 그 도시는 속속들이 썩어 있었습니다. 그러한 쓰레기더미 위에 아름다운 꽃으로 만발한 이와 같은 향기로운 작은 정원이 있었습니다. 그들은 "에베소에 있는 성도들"이었지만, 그럼에도 불구하고 "그리스도 예수 안에 있는 성도들"이었습니다.

　이러한 사실이 우리에게 가르치는 바는 환경에 지나치게 착념하지 말라는 것입니다. 우리가 어디에 있든 또 우리 주위에 무엇이 있든, 우리는 하나님의 사랑 안에 거할 수 있으며 또 그의 아들과 교제할 수 있습니다. 여러분과 나는 여러 가지 악들로 둘러싸인 큰 도시에서 살고 있습니다. 그리고 우리는 이러한 가운데서 우리의 신앙을 실천해 가야 합니다. 바울이 "성도들"과 "신실한 자들"이라고 불렀던 에베소의 그리스도인들은 오늘날의 우리보다 훨씬 더 힘든 싸움을 싸웠다는 사실을 잊지 마십시오. "에베소에 있는 성도들"은 "그리스도 안에" 있는 자들이었습니다. 그럼에도 불구하고 그들이 스스로를 매우 견고하게 지킬 필요가 있었음을 기억하십시오. 탄산가스가 드리워져 있는 지하갱도를 생각해 보십시오. 탄산가스는 무겁기 때문에 아래로 내려갑니다. 만일 어떤 사람이 똑바로 서서 걷는다면, 그의 코는 계속해서 탄산가스 위에 있게 될 것입니다. 그러나 만일 그가 몸을 구부린다면, 그의 코는 탄산가스 속으로 들어가게 될 것입니다. 머리를 곧게 세우고 주님을 바라보며 똑바로 걸으십시오. 그러면 여러분의 코는 이 땅을 드리우고 있는 유독가스 위에 있게 될 것입니다. 설령 우리가 그리스도 안에 있다 하더라도, 우리는 계속해서 그리스도 안에 있도록 스스로를 분리시키며, **스스로를 신실하게** 지켜야만 합니다. 만일 잠수부가 잠수복을 벗어버린다면, 그는 물에 빠져 죽게 될 것입니다. 그렇지만 계속해서 잠수복을 입고 있다면, 그는 설령 바다 밑바닥에 있다 할지라도 안전할 것입니다. 신실한 믿음과, 주의 임재에 대한 겸손한 깨달음과, 계속적인 노력으로 그리스도의 요새 안에 있으십시오. 그러면 아무것도 여러분을 해하지 못할 것입니다. 도리어 여러분의 삶은 그리스도와 함께 하나님 안에 감추인 가운데 더욱 거룩하여질 것입니다.

2
모든 신령한 복

"찬송하리로다 하나님 곧 우리 주 예수 그리스도의 아버지께서
그리스도 안에서 하늘에 속한 모든 신령한 복을 우리에게 주시되"
엡 1:3

여기에서 바울은 하나님께 대한 찬미와 함께 즉각 핵심적인 주제로 뛰어듭니다. 이를 통해 우리는 그 특유의 열정적인 신앙의 일면을 엿볼 수 있습니다. 만일 그가 좀 더 냉정한 성격의 소유자였다면, 단번에 핵심주제로 뛰어드는 대신 천천히 그리고 점진적으로 나아갔을 것입니다. 그는 단숨에 목적지에 도달합니다. 아니 그렇다기보다 그는 항상 그곳에 거하고 있습니다. 그의 손에 붓을 쥐어 주어 보십시오. 그러면 끓어오르는 증기기관의 뚜껑을 열 때처럼 그의 붓으로부터 격렬한 수증기와 열기가 뿜어져 나올 것입니다. 그러나 여기에는 열정 이상의 것이 있습니다. 우리는 그의 여러 사상들이 분출되는 속에 심원(深遠)한 깊이와 논리적인 체계가 나타나는 것을 발견할 수 있습니다.

여기에서 "blessed", "blessing" 등이 반복되어 나타나는 것을 주목하십시오(KJV 본문은 다음과 같음: "Blessed be the God and Father of our Lord Jesus Christ, who hath blessed us with all spiritual blessings in heavenly places in Christ"). 이것은 자기 말에 스스로 감동된 것을 훨씬 뛰어넘습니다. 이것은 매우 깊은 사상들을 망라하며, 기독

교적 삶의 가장 깊은 핵심까지 들어갑니다. 하나님은 어떤 것들을 주심으로써 우리를 축복(bless)하십니다. 우리는 말로써 하나님을 축복(혹은 송축, bless)합니다(한글개역개정판에는 "찬송하리로다"라고 되어 있음). 하나님의 축복의 목적은 우리 안에 하나님을 사랑하며 찬송하는 마음을 불러일으키는 것입니다. 우리는 먼저 받습니다. 그러고 나서 그의 은총에 감복하여 드립니다. 하나님의 값진 선물에 대한 우리의 최고의 응답은 "구원의 잔을 받고 주의 이름을 부르는" 것입니다. 그럴 때 우리는 넘치는 감사의 마음으로 "우리를 축복(bless)하신 하나님을 송축(bless)하리로다"라고 노래할 것입니다.

이러한 말씀의 깊은 의미를 가장 잘 나타내는 방법은, 그 말씀을 있는 그대로 따라 말하는 것입니다. 나는 하나님을 송축함에 있어 마치 메아리가 대답하는 것처럼 그렇게 말하고 싶지 않습니다. 오로지 본래의 소리로 말하고 싶습니다.

1. 첫째로, 기독교적 삶의 요소들인 이러한 축복들의 특징과 범위를 주목하십시오.

바울 사도는 "모든 신령한 복"(all spiritual blessings)이라고 말합니다. 나는 단순한 해석적인 문제로 여러분을 번거롭게 만들고 싶지는 않지만 그러나 다음과 같은 사실 하나만은 꼭 강조하고 싶습니다. 즉 바울 사도가 "신령한 복"이라고 말할 때, 그는 "신령한"이라는 단어로써 복들이 주어지는 영역을 우리 내부로 한정하지 않는다는 사실입니다. 도리어 그는 그것을 복들이 주어지는 매개체를 가리키는 의미로 사용합니다. 다시 말해서, 그가 어떤 복을 "신령한" 복이라고 부르는 것은, 그러한 복이 물질적이며 외적인 복들과는 달리 속사람 혹은 참 자아를 위한 선물이기 때문이 아니라, 그것이 하나님의 가장 값진 것들을 전달하는 성령에 의해 사모하는 영에게 주어지기 때문입니다. 그것이 "신령한" 것은 그것을 전달하는 매개체가 성령이기 때문입니다.

여기에서 나는 잠시 멈추고 여러분에게, 바울의 사상 속에서 하나님의 이름은 다름 아닌 아버지와 아들과 성령의 하나님이었음을 일깨워주고자 합니다. 여기에서도 그러한 개념이 은연중 나타나는데, 신령한 복과 관련하여 아버지는 그것을 주시는 자로, 아들은 그것을 가지고 있는 자로, 그리고 성령은 그것을 전달하는 자로 나타납니다. 만일 그가 아버지와 아들과 성령을 믿지 않았다면, 본문과 같은 말씀은 결코 쓸 수 없었을 것입니다.

그러나 이와는 별도로 나는 여러분에게 성령에 의해 전달되는 선물(gift)들이 어떻게 자신들의 특성을 바로 그 전달의 매개체로부터 끌어오는지를 일깨워주고자 합니다. 우리가 "찬송하리로다"라고 고백할 수밖에 없는 다른 많은 축복들이 있습니다. "빛들의 아버지"로부터 오는 선물은 빛이며, 단 샘으로부터는 단 것이 나옵니다. 그러나 땅에 속한 복들은 단지 참된 복의 그림자에 불과합니다. 그러한 것들은 우리 외부에 있는 것이며 지나가는 것입니다. 만일 이러한 복들이 우리가 하나님을 찬송해야 하는 것의 전부라면, 우리의 찬송은 매우 의심스러운 것이 될 것입니다. 만일 이것 외에 아무것도 없다면 또 이와 같은 초라한 삶이 전부일 뿐이라면,

> "사랑하고 잃어버리는 것이
> 차라리 사랑하지 않은 것보다 더 낫다."

는 말은 결코 사실일 수 없을 것입니다.

신령한 복이 아닌 다른 복으로 하나님을 찬송하는 음성은 결코 감격에 찬 우렁찬 음성이 될 수 없을 것입니다. 빛들의 아버지로부터 오는 모든 것은 빛입니다. 그럼에도 불구하고 하나님이 보내시는 고난과 슬픔 속에 있는 빛은 두려운 어둠에 싸여 있으며, 따라서 그러한 구름을 뚫고 그 속에 있는 찬란한 광명을 보기 위해서는 큰 믿음과 날카로운 통찰력이 필요합니다. 그러나 우리가 죄를 용서받는 것과, 잘못된 것들을 고치는 것과, 정욕과 욕심을 정결케 하는 것과, 미래에 대한 어렴풋한 소망의 빛과, 믿음으로 자녀의 자리로 나아오는 것 등의 다른 영역으로 옮길 때, 우리는

분명 "신령한 복들로 인해 하나님을 찬송하리로다"라고 외칠 수 있을 것입니다.

"신령한"이란 형용사는 그 대상을 한정하는 것처럼 보일 수 있지만, 그러나 옆에 있는 "모든"이라는 단어가 그러한 제한을 제거합니다. "하늘에 속한 모든 신령한 복을 우리에게 주시되." 다시 말해서, 하나님의 선물에는 빈 공간이 없습니다. 그것은 완전합니다. 신령한 선물들은 백과사전적이며 완전히 충족합니다. 그것은 단편적인 부스러기들이 아니라 완전한 원(circles)입니다. 하나님은 무엇을 주실 때 충족하게 주십니다.

2. 둘째로, 이러한 모든 복들이 주어지는 하나의 신적 행동을 주목하십시오.

"찬송하리로다 하나님이 … 우리에게 주시되." 본문에서 하나님이 주셨다고 말할 때, 그것은 마치 어느 특정한 순간과 특정한 행동을 가리키고 있는 것처럼 보입니다. 그렇다면 언제일까요? 관념적으로 말할 때 그 선물은 하나님의 영원한 계획 속에서 완성되었으며, 역사적으로 말할 때 그 선물은 자기 아들을 아끼지 아니하시고 우리 모두를 위해 사망에 내어주신 구속의 행동 속에서 완성되었습니다. 어떤 사람이 어떤 단체에 큰 재산을 기부한 것을 상상해 보십시오. 그로 인해 그 단체는 오랜 세대에 걸쳐 그 은택(恩澤)을 향유하게 될 것입니다. 그러나 선물(gift, 주는 것)은 그가 기부증서에 서명할 때 완성되었습니다. 험프리 체담(Humphrey Chetham)은 수 세기 전에 자신의 모든 재산을 장학재단에 기부함으로써 오늘날의 학생들에게까지도 은택을 베풉니다. 이것을 하나님의 선물에 적용해 보십시오. 그 선물은 영원 전에 완성되었으며, 예수 그리스도께서 태어나셨을 때 서명되었으며, 그가 죽으실 때 인이 찍혔습니다. "찬송하리로다 하나님이 … 우리에게 주시되."

그러므로 우리는 바울처럼 "그가 어찌 그 아들과 함께 모든 것을 우리에게 주시지 아니하겠느냐"(롬 8:32)라고 외칠 수 있을 뿐만 아니라, 한 걸음 더 나아가 "그가 그 아들과 함께 모든 것을 우리에게 주시지 않았느냐"라고 외칠 수 있습니다. 만일 우리 마음이 예수 그리스도 위에 놓여 있다면, 우리는 지금 모든 것을 소유합니다. 선물이 제한되는 것은 오직 우리 스스로 안에서 일 뿐입니다. 모든 것이 주어졌지만, 그러나 내가 얼마나 취했는가 하는 문제는 여전히 남아 있습니다.

사랑하는 교우 여러분, 이미 우리에게 주어진 것 이상의 또 다른 것은 필요치 않습니다. 아무것도 없던 가난한 거지가 자기 소유의 큰 땅이 있는 것을 알고 그 땅으로 들어가는 것을 상상해 보십시오. 사실 그 땅은 이미 오래 전에 그의 소유가 되었지만, 그동안 그는 그러한 사실을 알지 못하고 있었습니다. 이와 같이 모든 그리스도인은 하나님의 주심(gift)에 의해 엄청난 부(富)를 합법적인 권리로서 소유하고 있습니다. 그러나 우리 가운데 많은 사람들은 이 땅에서 위의 거지처럼 누더기를 걸친 채 궁핍하게 살아갑니다. 실제로 큰 땅을 소유하고 있지만 그것으로부터 아무런 유익도 얻지 못합니다. 이와 같이 우리 가운데 많은 사람들은 큰 부(富)를 가지고 있음에도 불구하고 여전히 거지처럼 살아갑니다. 지금 여러분이 소유하고 있는 것을 다시 한 번 확인해 보십시오.

이스라엘 왕이 길르앗 라못을 되찾을 것을 결심하면서 신하들에게 "길르앗 라못은 본래 우리의 것인 줄을 너희가 알지 못하느냐"(왕상 22:3)라고 물은 것을 기억합니까? 이것은 하나님이 주신 것을 실제적으로 소유하지 못하는 수많은 그리스도인들에게도 똑같이 사실입니다. 길르앗 라못을 되찾고자 하는 열망처럼, 우리도 그와 같은 열망을 가져야 합니다. 왜냐하면 우리의 능력 혹은 용량의 크기는 우리의 열망의 크기에 비례하기 때문입니다. 그러나 대부분의 경우 우리의 열망은 이미 가지고 있는 것을 활용하려는 쪽으로 향하기보다는 더 많이 가지려는 쪽으로 향하는 경향이 있습니다. 바로 이 부분에서 우리는 많은 잘못을 저지릅니다. 하나님으로부터 이미 값없이 주어진 것들을 잘 활용하는 일에 관심을 기울이는 대신 끊임없이 무엇인가 새로운 것을 달라고 졸라야만 한다고 생각하는 것입니다.

3. 셋째로, 이 모든 복들이 머무는 한 장소를 주목하십시오.

"찬송하리로다 하나님이 … 하늘에 속한 모든 신령한 복을 우리에게 주시되." "하늘에 속한." 이것은 단순히 그러한 복들이 기원한 장소를 규정하는 것이 아닙니다. 물론 그러한 부분도 포함되지만 그러나 그것을 훨씬 뛰어넘습니다. 또 그것은 단순히 "모든 선하고 온전한 은사(gift)가 위로부터 내려오는" 것을 의미하는 것도 아닙니다. 물론 그것은 완전한 사실이지만, 그러나 이것은 우리가 그러한 은사를 받기 위해 높이 올라가야 하는 것 훨씬 이상의 것을 의미합니다. 그러한 복들은 하늘에 있습니다. 하늘 외의 다른 곳에는 있을 수 없습니다. 그렇지만 그러한 복들이 지난 일 주일 동안 마치 시끄럽고 지저분한 거리에 놓인 화분처럼 그렇게 놓여 있었다고 상상해 보십시오. 그런 화분들이 얼마나 오랫동안 자신들의 잎과 푸르름을 유지할 수 있겠습니까? 그것들을 속히 신선한 공기가 있는 곳으로 옮겨야 하지 않겠습니까? 그래야만 계속해서 푸르름을 유지할 수 있지 않겠습니까? 마찬가지로 하나님의 신령한 선물들은 매연과 먼지와 오염된 공기 속에서는 결코 자랄 수 없습니다. 만일 어떤 그리스도인이 저급한 수준의 삶을 산다면, 그는 아주 적은 분량의 하늘에 속한 선물을 갖게 될 것입니다. 바로 이것이 스스로를 그리스도인으로 부르는 많은 사람들이 신앙의 부요함을 거의 누리지 못하는 가운데 하나님이 주신 위대한 약속들을 실제적으로 누리지 못하는 가장 중요한 이유입니다.

교우 여러분, 여러분의 심령을 높이 올리십시오. 신령한 복들은 하늘에 있습니다. 여러분은 그것들을 원합니까? 그러면 여러분은 그것들이 있는 곳으로 가야만 합니다. 한 방울 한 방울 떨어지는 물을 마시는 것으로는 충분치 못합니다. 깨끗한 샘이 있는 상류로 올라가십시오. 거기에는 끊임없이 솟구쳐 오르는 깨끗한 샘물이 있습니다. 신령한 복들은 하늘에 있습니다. 그것들은 거기에 거합니다. 그러므로 만일 우리가 그것들을 소유하고자 한다면, 우리는 그곳으로 올라가야만 합니다.

본문에 대한 이와 같은 이해가 옳다는 것을 우리는 다음 장에서 확인할 수 있는데, 거기에서 우리는 "또 함께 일으키사 그리스도 예수 안에서 함께 하늘에 앉히시니"라는 말씀을 보게 됩니다(2:6). 다시 말해서, 기독교적 삶의 참된 이상(理想)은 심지어 이 땅에 있는 동안에도 예수 그리스도와 친밀하게 연합된 삶이라는 것입니다. 그가 있는 곳에 우리가 있으며, 이 땅에 장막을 치고 세상의 환영(幻影)을 좇아 움직이는 동안에도 우리는 하늘에 계신 그리스도와 함께 거하며 안식하는 것입니다.

이것을 단지 강단의 화려한 미사여구로만 치부하지 마십시오. 이것을 신비주의적이며 이해할 수 없는 것으로, 그리고 일상의 삶 속에 적용할 수 없는 것으로 간주하지 마십시오. 교우 여러분, 결코 그렇지 않습니다. 예수 그리스도 자신이 스스로에 대해 자신은 하늘로부터 왔다고 말씀하셨습니다. 그럼에도 불구하고 그는 육체의 모양을 입으시고 우리 중 하나가 되셨습니다. 구유에 누워 계셨을 때에도, 나사렛에서 목수로서 일하실 때에도, 피곤한 발로 여기저기 다니실 때에도, 우리를 위해 십자가에 달리셨을 때에도 — 그는 "하늘에 계신 인자"였습니다. 이것은 오직 그리스도에게만 해당되는 것이 결코 아닙니다. 그것은 우리에게도 적용되는 전형적인 모범입니다. 만일 여러분과 내가 하나님이 주시는 신령한 복을 소유하고 있다면, 우리는 "그리스도와 더불어 하나님 안에 감추인" 것이며 그와 함께 하늘에 앉은 것입니다.

4. 넷째로, 모든 신령한 복들이 담겨 있는 한 인물을 주목하십시오.

"그리스도 예수 안에서 하늘에 속한." 여러분은 그와 그의 선물(gift)을 분리할 수 없습니다. 그의 선물 없이 그를 얻을 수 없으며, 그 없이 그의 선물을 얻을 수 없습니다. 그의 선물들은 곧 그 자신입니다. 가장 깊은 의미에서 모든 신령한 복들은 다음과 같은 한 가지, 즉 예수 그리스도 자신의 영이 우리와 함께 거하는 것으로 환원됩니다.

이러한 연합으로 죄로 얼룩진 가련한 인생들이 그의 충만으로 채워지며, 그의 생명으로 힘을 얻으며, 그의 전능한 능력으로 강해지며, 그의 내주하심으로 거룩하게 되는 일이 가능해집니다. 바로 이러한 연합이 에베소서의 핵심입니다.

나는 앞에서 "그리스도 안에서"(in Christ)라는 어구가 본서 전체에 걸쳐 반복적으로 나타난다는 사실을 언급한 바 있는데, 우리는 그러한 사실을 본 장에서 확인할 수 있습니다. 실제로 한번 살펴볼까요? 1절에서 우리는 "그리스도 안에 있는 신실한 자들"이라는 구절을 읽었습니다. 이어 3절에 "그리스도 안에서 하늘에 속한 모든 신령한 복"이라는 구절이 나옵니다. 그리고 바로 다음 구절에서 우리는 "그리스도 안에서 우리를 택하사"라는 구절을 읽습니다. 그리고 또 6절에 "사랑하시는 자 안에서"라는 구절이 나옵니다. 그리고 또 다음 구절에서 우리는 "그리스도 안에서 그의 피로 말미암아 속량을 받았느니라"는 구절을 보게 됩니다. 그리고 또 뒤에서 우리는 "우리가 예정을 입어 그 안에서 기업이 되었으니"라는 말씀을 보게 됩니다. 더 이상 인용할 필요가 있겠습니까? 본서 전체에 걸쳐 바울 사도는 인간의 영을 기쁘게 하며 거룩하게 하는 모든 복을 예수 그리스도 안에 담겨 있는 것으로서 간주합니다. 그러한 복들은 그로부터 분리될 수 없습니다. 그러므로 우리는 그러한 복들을 오직 그 안에서 찾아야만 합니다.

바로 이것이 내가 말하고 싶은 요점입니다. 즉 만일 모든 신령한 복들이 정말로 그리스도 안에 머문다면, 그러한 복들을 얻는 유일한 방법은 그에게 가서 그 안에 거하는 것이라는 것입니다. 그는 이렇게 가르칩니다. "나는 포도나무요 너희는 가지라 그가 내 안에, 내가 그 안에 거하면 사람이 열매를 많이 맺나니 나를 떠나서는 너희가 아무 것도 할 수 없음이라"(요 15:5). 아무 것도 할 수 없을 뿐만 아니라 아무 것도 얻을 수 없습니다. 또한 여러분 자체가 아무 것도 아닌 것이 될 것입니다.

사랑하는 교우 여러분, 우리의 모든 보화가 한 장소에 있다는 것은 참으로 좋은 일입니다. 더욱이 그 모두가 한 인물 안에 있다는 것은 더 좋은 일입니다. 만일 우리가 우리의 빈 그릇을 그의 충만 옆에 놓기만 한다면, 그의 무한한 풍족과 충족으로부터 우리가 필요로 하는 모든 것이 채워질 것입니다.

우리는 믿음과 묵상과 사랑과 순복과 실제적인 복종으로 그 안에 거합니다. 그리고 만일 우리가 지혜로운 자들이라면, 우리는 그분과 더욱 가까이 있고자 애쓰게 될 것입니다. 그와 가깝게 교제하는 한, 우리는 모든 것을 풍성하게 가진 것입니다. 만일 우리가 헛된 길에서 방황하며 죄에 탐닉하며 세상의 욕심에 휩쓸리며 스스로를 그분과 분리시킨다면, 그와의 연결은 깨어지고 말 것입니다. 또 그분께 반역을 행하며 스스로를 자신의 주인으로 그리고 자신의 목적으로 삼는다면, 그와의 연결은 깨어지고 말 것입니다. 그것은 마치 전기의 스위치를 끄는 것과 같습니다. 그러면 모든 것은 끊어질 것입니다. 만일 여러분이 그리스도 자신을 취하지 않는다면, 여러분은 그의 축복을 취할 수 없습니다.

그러므로 사랑하는 교우 여러분, 그리스도 안에 거하십시오. 그러면 그분도 여러분 안에 거하실 것입니다. "내 안에 거하라 나도 너희 안에 거하리라"(요 15:4). 우리를 복되게 하는 것은 이것 외에 아무것도 없습니다. 우리의 모든 필요를 완전하게 채우는 것은 이것 외에 아무것도 없습니다. 우리의 심령을 평온하게 하며, 우리의 생각을 거룩하게 하는 것은 이것 외에 아무것도 없습니다. 그리스도는 여러분의 것입니다. 만일 여러분이 그리스도의 것이라면 말입니다. 우리는 그의 충만으로부터 모든 것을 받습니다(요 1:16). 그것은 우리가 그의 것이 될 때 그의 모든 것이 우리의 것이 되기 때문입니다. 참된 기독교적 자람(growth)은 그리스도 안에 감추인 은혜들을 펼치는 것에 불과합니다. 이 땅에서도 그러하고, 하늘에서도 그러합니다. 우리는 그리스도 전체를 소유합니다. 그러나 그리스도 안에 있는 우리 기업의 헤아릴 수 없는 부요를 완전하게 나타내기 위해서는 영원(eternity)이 필요합니다.

3
따라 (1)

"그 기쁘신 뜻에 따라 그의 은혜의 풍성함을 따라"
엡 1:5, 7

"**무엇** 무엇에 따라"(according to)라는 어구는 에베소서의 핵심어 가운데 하나로서 마치 후렴구처럼 계속해서 반복됩니다. 그러한 어구는 본서의 세 장에서 열두 번 나타나는데, 그것들은 모두 지금 내가 본문으로 취한 두 구절(즉 5절과 7절)에 나타나는 두 개념 중 어느 하나를 이끕니다. 그것들은 그리스도의 사역의 위대한 축복들의 기저에 어떻게 하나님의 뜻이 있는지를 가리키든지, 아니면 하나님의 은혜와 능력의 풍성함과 부요함이 어떻게 각 그리스도인의 삶의 과정의 원천이 되는지를 가리킵니다. 이러한 두 유형에서 땅의 사실들은 하늘의 심오한 섭리의 결과로서 선포되며, 그럼으로써 본서를 더욱 장엄하고 웅대하게 만듭니다. 이를테면 우리는 하나님의 산의 높은 곳으로 옮겨져, 모든 평원을 적시는 강이 발원하는 고요하고 신비한 호수를 내려다보는 것입니다.

이제 나는 하나님의 뜻과 하나님의 풍성함이라고 하는 두 유형과 관련하여 본서에 나타나는 대로 그 실례(實例)들을 모으고자 합니다. 그렇지만 두 유형 모두를 한 설교에서 다루는 것은 불가능한 것으로 여겨집니다. 따라서 여기에서는 첫 번째 유형만 다루고자 합니다. 나머지 하나는 다음 기회에 다루도록 남겨 두면서 말입니다. 여기에서 우리는 예수 그리스도의 사역의 기저(基底)에 있는 하나님의 뜻이라고 하는 기독교적 개념을 보게 됩니다. 이제 이러한 표현이 나타나는 여러 용례(用例)들을 살펴보도록 합시다. 여기에서 한 가지 기억할 것은 이러한 표현이 매우 다양한 형태로 나타나지만, 그러나 그 모든 것은 본질적으로 같은 의미를 갖는다는 사실입니다.

1. 예수 그리스도의 사역의 기저에 있는 하나님의 뜻이 그것의 사실과 결과에서 "기쁘신" 것이었다는 사실을 주목하십시오.

사람의 마음을 강고(强固)하게 만듦에 있어 "하나님의 주권적인 뜻"이라는 개념보다 더 강력한 것은 아무것도 없습니다. 바로 이것이 이슬람을 만들었으며, 오늘날 큰 세력을 갖게 된 비밀입니다. 그들은 하나님의 주권적인 뜻에 대한 깊은 확신으로 강고(强固)하여져서 마치 쇠망치처럼 타락한 기독교회를 내리쳐 그것을 지면에서 쓸어버렸습니다. 우리는 단지 도구에 불과하다는 하나님의 주권에 대한 믿음은 또한 17세기를 위대한 청교도의 시대로 만들었습니다. 신적 주권에 대한 굳은 믿음이 시민의 자유를 형성하고, 그 가치를 높게 평가하며, 그것을 위해 기꺼이 죽을 수 있도록 만드는 큰 밑거름이 되었다는 것은 역사적으로 입증된 사실입니다. 어떤 사람이 하나님의 뜻이 모든 것 위에 있다고 믿을 때, 그는 모든 형태의 폭정에 분연히 맞설 것입니다.

그러나 하나님의 주권적인 뜻이라는 개념에서 한 걸음 더 전진한 것이 "하나님의 선하신 뜻"이라는 개념입니다. "하나님의 선하신 뜻"이란 표현은 바울의 용례(用例)에서 단순한 주권의 개념이 아니라 항상 자비로운 주권의 개념을 의미합니다. 그것은 "하나님의 선하심의 기쁘신 뜻"입니다. 이러한 개념이야말로 그것을 붙잡는 모든 사람으로 하여금 언제 어디서나 아버지의 사랑 안에서 즐거워하도록 만들기 위해 필요한 모든 것입니다.

이와 같이 바울은 예수 그리스도의 사역의 기저에 "하나님의 선하신 뜻"이 있음을 분명히 합니다. 우리는 거대한 우주 앞에 서 있습니다. 어떤 사람은 거기에서 여러 가지 법칙들을 봅니다. 그런가 하면 또 어떤 사람은 그러한 법칙들을 제정한 자, 즉 만물의 중심에 있는 한 인격적 존재를 봅니다. 그러나 만일 우리가 무한불변의 사랑의 표현인 그의 의지(will)에 대해 말할 수 없다면, 나에게 세상은 여전히 풀리지 않는 수수께끼가 될 것입니다.

길을 따라 거대한 스팀롤러(steam-roller: 증기의 힘으로 가는 도로공사용 장비의 일종)가 가고 있습니다. 그것이 앞에 있는 모든 것을 뭉개며 길을 내는 것을 모든 사람이 봅니다. 그러면 누가 그것을 운전하고 있습니까? 보일러 안에 있는 스팀입니까? 조종간을 잡고 있는 손입니까? 그러면 무엇이 그 손을 움직입니까? 기독교는 분명하게 대답합니다. "하나님의 기쁘신 뜻." 바로 이 지점에서 우리는 쉴 수 있습니다.

이제 또 다른 단계가 있습니다. 여기에서 "따라"(according to)가 나타나는 또 다른 형태는 "그의 기뻐하심을 따라 그리스도 안에서 예정하신"입니다(9절). 개정역(Revised Version)은 "그가 자신 안에서 계획하신"이라고 읽는데, 이것도 완전히 가능한 번역입니다. 그러나 제가 보기에는 흠정역(KJV)이 더 설득력이 있을 뿐만 아니라 전후 연결관계와도 좀 더 잘 합치되는 것처럼 보입니다.

우리가 어떤 대상을 사랑하는 것은 그 대상에 사랑할 만한 어떤 자질들이 있음을 인식하기 혹은 인식한다고 생각하기 때문입니다. 그러나 하나님이 사랑하시는 것은 그가 하나님이기 때문입니다. 깊은 수원(水源)과 연결되어 있는 샘은 그 깊은 곳으로부터 계속해서 물이 솟아 흘러넘칩니다. "하나님의 선하신 뜻"은 그것이 하나님의 본성이라는 것 외에 다른 설명이 있을 수 없습니다. 그러므로 사랑하는 교우 여러분, 우리는 하나님이 그 아들의 희생으로 인해 사랑과 긍휼이 되셨다는 분명한 과거형을 얻게 됩니다. 하나님은 사랑하사 자기 아들을 보내시고 "누구든지 그를 믿는 자마다 멸망하지 않고 영생을 얻게" 하셨습니다(요 3:16). 그러므로 하나님의 마음을 바꾸는 것으로서의 십자가의 개념은 인간이 신적 본질을 구성한다는 개념만큼이나 복음진리와 거리가 먼 것입니다. 우리는 우리의 적대자들과 악수하며 이렇게 말합니다. "그렇습니다. 우리는 — 당신들도 그렇게 믿는 것처럼 — 그리스도께서 죽으셨기 때문에 하나님이 우리를 사랑하는 것은 아니라고 믿습니다. 그러나 우리는 — 아마도 당신들과는 달리 — 하나님이 우리를 사랑하시기 때문에 그리스도께서 죽으시고 우리를 구원하셨다고 믿습니다." "그의 기뻐하심을 따라 그리스도 안에서 예정하신 것이니."

나아가 우리는 이와 동일한 하나님의 뜻의 또 다른 측면을 보게 됩니다. "그 뜻의 비밀을 우리에게 알리신 것이요 그의 기뻐하심을 따라 그리스도 안에서 때가 찬 경륜을 위하여 예정하신 것이니 … 다 그리스도 안에서 통일되게 하려 하심이라"(9, 10절). 이것을 좀 더 현대적인 표현으로 바꾸면 이렇게 될 것입니다. "스스로로부터 말미암으며 세상에 대한 사랑으로 가득한 하나님의 주권적인 뜻의 위대한 목적은 모든 사람들에게 하나님이 누구인지를 나타내는 것이라. 그리하여 모든 사람들이 그가 누구인지를 알며, 그럼으로써 그에게 돌아와 그의 아들 예수 그리스도 안에 연합되게 하려는 것이라."

바로 이것이 하나님의 마음의 가장 깊은 곳에 있는 목적이며, 우리 모두를 향한 바람입니다. 구약이 하나님의 행동의 위대한 동기를 "내 이름을 위하여"라 말할 때, 그러한 표현은 자칫 어떤 끔찍한 폭군의 말처럼 들릴 수 있습니다. 자기 백성들의 절대적인 복종을 통해 스스로의 권위를 드높이고자 하는 폭군 말입니다. 그러나 그것은 가련한 자녀들 위에 머무는 신적 사랑의 또 다른 표현입니다. 모든 자녀들이 그의 사랑을 인식하고 뜨거운 마음으로 "아바 아버지"라고 부르짖도록 하기 위해 말입니다. 그것은 하나님의 모든 행동을 이끄는 지배적인 동기로서 정말로 놀라운 개념이 아닙니까? 하나님은 당신의 빛을 피조물에게 던지기 위해, 그래서 그들로 기뻐하도록 하기 위해 창조하셨습니다. 또 하나님은 예수 그리스도 안에서 우리가 그를 보고, 계속해서 보며, 안식하며, 그와 같이 자라가도록 하기 위해 구속하셨습니다. 하나님의 목적은 "그들로 유일하신 참 하나님을 알고 영생을 얻도록" 하는 것입니다. 이와 같이 하나님의 뜻의 핵심적인 비밀은 자신을 나타내며 전달하는 것입니다.

그러나 이것이 전부가 아닙니다. 이러한 표현이 나타나는 또 다른 형태는 우리에게 하나님이 우리 주 예수 그리스도 안에서 계획하신 위대한 목적이 "교회로 말미암아 하늘에 있는 통치자들과 권세들에게 하나님의 각종 지혜를 알게 하려 하심"이었음을 말해줍니다(3:10). 이로부터 우리는 예수 그리스도의 성육신으로 시작하여 십자가와 부활과 승천으로 정점에 이른 구속의 전체 사역이 우리 외의 다른 피조물들도 "하나님의 각종 지혜"를 알도록 하는 것이었다는 새로운 개념을 얻게 됩니다. 욥기는 창조 때에 "새벽 별들이 기뻐 노래"했다고 말합니다(38:7). 높고 낮은 계급의 모든 영적 피조물들은 오직 하나님이 행하신 일을 봄으로써만 그분을 알 수 있습니다. 창조의 아침에 창조의 영광을 노래했던 천사들은 새 노래를 배웠습니다. "죽임을 당하신 어린 양은 능력과 부와 지혜와 힘과 존귀와 영광과 찬송을 받으시기에 합당하도다"(계 5:12).

이와 같이 하늘의 통치자들과 권세들에게 구속자 하나님의 위대하고 높은 사랑과 권능이 알려졌는데, 바로 이것이 하나님의 영원한 목적이었습니다. 이것은 우리를 제가 앞에서 인용한 말씀에 내포된 또 다른 관점으로 이끌어 갑니다. "영원한 목적"은 문자적으로 "모든 세대들의 목적"(the purpose of the ages)을 의미합니다. 이것은 의심의 여지 없이 모든 세대들을 관통한다는 의미에서 "영원"을 의미할 수 있습니다. 혹은, 어쩌면 그것은 우리가 "영원한"이라는 단어에 통상적으로 부여하는 의미처럼 시작도 없고 끝도 없는 것을 의미하는 것일는지도 모릅니다. 나는 두 가지 가운데 첫 번째 것이 좀 더 타당하다고 생각합니다. 바울 사도는 예수 그리스도 안에서 정점에 이르는 하나님의 뜻을 태초로부터 모든 세대를 통하여 장엄하게 펼쳐지는 것으로 생각합니다. 이와 같이 "그리스도 예수 안에 있는 하나님의 목적"은 모든 세대를 관통하며 점진적으로 펼쳐집니다. 바로 여기에 진정한 역사철학이 있습니다. 베들레헴의 구유를 세상역사의 축으로 삼은 것, 다시 말해서 베들레헴의 구유를 중심으로 그 이전을 B.C.(主前)로, 그리고 그 이후를 A.D.(主後)로 명명한 것은 정말로 적절한 통찰이었습니다.

"하나님의 선하신 뜻"과 관련하여 마지막으로 살펴볼 것이 앞에서 인용한 구절(즉 9절) 후반부에 나타납니다. 모든 세대를 관통하는 하나님의 목적은 "그가 그리스도 안에서 예정"하신 것으로서 언급됩니다. 여기의 "예정하신"(purposed)은 문자적으로 "만드신"(made)입니다. 여기에서 "만드신"(made)이라는 일반적인 단어에다가 "예정하신"(purposed) 혹은 "이루신"(accomplished)이라는 특별한 의미를 부여할 수 있는가 하는 문제가 제기될 수 있습니다. 물론 가능합니다. 여기에서 바울이 의미하는 것은 모든 세대를 관통하는 하나님의 목적이 우리 주 예수 그리스도의 탄생과 십자가와 승천에서 완전하게 이루어진다는 것입니다.

예수 그리스도는 하나님의 목적을 성취합니다. 오직 그 안에서 우리는 하나님의 마음과 완전하게 일치하는 자, 하나님의 진리를 완전하게 소유하는 자, 하나님의 뜻에서 한 터럭도 벗어나지 않는 자, 하나님의 마음을 완전하게 표현하는 자를 발견합니다. 그리스도는 하나님이 영원의 깊음에서, 그리고 자기 존재의 심연에서 열망하신 모든 것의 성취입니다. 하나님은 모든 사람이 하나님을 알기를 바라셨습니까? 예수 그리스도께서 그분을 모든 사람 앞에 완전하게 나타내셨습니다. 하나님은 모든 사람이 하나님에게로 돌아오기를 바라셨습니까? 십자가 위에 달리신 그리스도께서 모든 사람을 그분께로 이끄십니다. 우리가 "아들의 권세"를 얻은 것은 "하나님의 기쁘신 뜻"에 따른 것이었습니까? 하나님의 아들(Son)로 인해 우리 역시도 그의 아들들(sons)이 되었습니다. 우리가 기업을 얻은 것은 하나님의 기쁘신 뜻이며, 또 모든 세대를 관통하는 그분의 목적이었습니까? 우리는 예수 그리스도 안에서 기업을 얻습니다. 우리는 하나님의 상속자이며, 그리스도와 더불어 공동상속자입니다. 하나님의 모든 뜻과 목적은 이루어집니다. 우리가 한 편으로 하나님의 무한한 목적을 바라보고, 다른 편으로 십자가를 바라볼 때, 우리는 "다 이루었다"는 음성을 듣게 됩니다. 모든 세대를 관통하는 하나님의 목적은 그리스도 예수 안에서 이루어집니다.

이제 여러분에게 묻겠습니다. 그러한 하나님의 목적이 여러분에게 이루어졌습니까? 여기에서 나는 인류 역사 전체를 관통하는 "하나님의 기쁘신 목적"에 대해 이야기했습니다. 그러나 그러한 신적 목적은 최소한 여러분 자신과 관련하여 여러분이 좌절시킬 수 있는 것입니다. "내가 네 자녀를 모으려 한 일이 몇 번이더냐 그러나 너희가 원하지 아니하였도다"(마 23:37). 그의 "모으려는" 목적은 여러분의 "원하지 않음"에 의해 좌절될 수 있습니다. 스팀롤러가 지나가는 길을 가로막지 마십시오. 여러분은 그것을 멈추게 할 수 없습니다. 그러나 그것은 여러분은 깔아뭉갤 수 있습니다. "내가 너희 자녀들을 때린 것이 무익함은 그들이 징계를 받아들이지 아니함이라"(렘 2:30). 예수 그리스도의 위대한 탄생과 생애와 십자가와 고난 안에서 하나님의 모든 병기가 우리를 지키기 위해 동원된다는 사실을 인식하십시오. 간절히 바라건대, 하나님의 뜻이 골고다 십자가에 의해 세상에서 이루어진 것 같이 여러분의 마음속에서도 이루어지게 하십시오.

4
따라 (2)

"그의 은혜의 풍성함을 따라"
엡 1:7

앞 설교에서 우리는 "무엇 무엇에 따라"(according to)라는 어구가 계속해서 반복되는 것이 에베소서의 특징 가운데 하나라는 사실을 살펴보았습니다. 또 나는 앞에서 그러한 표현이 두 가지 서로 다른 방향으로 나타남을 지적했습니다. 첫 번째 부류의 구절들은 우리가 앞 설교에서 다루었던 것처럼 "따라"를 우리 구원에 있어서의 하나님의 뜻을 구원의 역사적인 과정과 비교하기 위해 사용했습니다. 우리는 그러한 유형을 5절의 "그의 기쁘신 뜻에 따라"를 중심으로 살펴보았습니다.

이제 우리는 두 번째 부류의 구절들을 살펴보아야 하는데, 거기에는 여기의 본문도 포함됩니다. 여기에서 비교되는 것은 하나님의 뜻과 그것의 실현이 아니라 하나님의 은혜의 풍성함과 그리스도인의 삶의 경험입니다. 첫 번째 부류의 구절들은 우리의 구원의 근거를 하나님의 심오한 뜻과 연결시킵니다. 반면 두 번째 부류의 구절들은 그러한 구원을 이루는 무한한 분량의 권능을 제시합니다.

두 번째 부류의 구절들의 용례(用例)는 다음과 같습니다. 첫째로, "그의 은혜의 풍성함을 따라" 혹은 "그의 영광의 풍성함을 따라." 둘째로, "우리 안에서 역사하시는 능력에 따라." 셋째로, "그리스도의 은사의 분량을 따라." 넷째로, "그의 힘의 위력으로 역사하심을 따라."

이 모든 구절들의 형태는 다양하지만, 그러나 그 의미는 동일합니다. 다시 말해서 그 형태는 서로 다르지만 그 본질은 같습니다. 유대인들이 "규빗"(cubit: 손끝에서 팔꿈치까지의 길이)이라고 부르는 것이나 영국인들이 "피트"(feet: 성인남자의 발 크기)라고 부르는 것이나 그 형태는 다르지만 그러나 길이를 잼에 있어 우리의 몸을 사용하는 점에서는 본질적으로 같습니다. 실링과 마르크와 프랑 역시도 마찬가지입니다.

인간의 구원을 위해 역사하는 신적 은사의 이와 같은 다양한 측량단위들은 공통적으로 하나님의 측량할 수 없는 무제한의 능력과 한없는 부요로부터 말미암습니다. 그러므로 만일 우리가 그것들을 모두 모은다면, 우리가 하나님으로부터 기대해야 하는 개념들은 한층 넓어질 것입니다. 이제 우리는 앞에서 제시한 네 가지 형태를 살펴보고자 합니다.

1. 첫째로, 우리의 가능성의 분량은 하나님의 부요 전체입니다.

"그의 은혜의 풍성함을 따라" 혹은 "그의 영광의 풍성함을 따라." "은혜"와 "영광"은 통상적으로 서로 대칭되는 위치에 서지만, 그러나 에베소서에서는 같은 위치에 섭니다. 그것을 보여주는 한 가지 실례가 본문 바로 앞 구절에 나타납니다. "이는 그의 은혜의 영광을 찬송하게 하려는 것이라"(6절). 이와 같이 첫 번째 형태가 제시하는 개념은 하나님의 전체적인 부요가 모든 그리스도인의 영혼에 유용하다는 것입니다.

오늘날의 대중적인 기독교에 있어 "은혜"라고 하는 친밀한 옛 기독교 용어를 새롭게 발견하는 것보다 더 필요한 일은 없는 것으로 생각됩니다. 불타는 뜨거운 난로를 생각해 보십시오. 처음 설치했을 때는 매우 뜨거웠던 난로가 오랜 시간이 지나면서 뚜껑이 마모되면 그 뜨거움이 크게 약화됩니다. 기독교 용어도 이와 마찬가지입니다. 그것은 새롭게 재진술(再陳述)될 필요가 있습니다. 오늘날 유행하는 것처럼 그것의 요점을 새롭게 강조하는 방식이 아니라 "하늘의 빛"을 새롭게 덧입음으로써 다시금 빛나도록 하는 방식으로 말입니다. "은혜"라는 단어는 여러분에게 딱딱하고, 신학적이며, 멀게 들릴 것입니다. 그러나 그것은 실제로 무엇을 의미합니까? 그것은 하나님 개념의 모든 빛들을 하나의 발화점(發火點)으로 모읍니다. 그리고 그것으로 세상은 기독교의 영광으로 흠뻑 젖습니다. 그것은 우리에게 우주의 중심에 사랑이 있다고 말합니다. 하나님은 사랑이며, 그 사랑이 하나님의 모든 행동의 동기(motive)라고 말입니다. 사랑은 그 입술에 미소를 담고, 그 손에 치유와 도움을 들고, 모든 죄에 대한 용서와 함께, 가장 비천한 자들을 위한 무한한 부요와 함께, 가장 낮은 모습으로 다가옵니다. 이와 같이 자기를 나누어주시는 하나님의 사랑의 부요가 우리 각자가 소유할 수 있는 부요의 분량입니다.

하나님은 "그의 은혜의 풍성함을 따라" 주십니다. 여러분은 백만장자가 자선단체에 동전 한 닢을 기부할 것이라고 기대하지 않을 것입니다. 마찬가지로 하나님은 자신의 풍성한 보화를 따라 후히 주시며, 열린 손으로 넘치게 주십니다. 왜냐하면 하나님의 곳간에는 무한한 보화가 있기 때문입니다. "주를 두려워하는 자를 위하여 쌓아 두신 은혜 곧 주께 피하는 자를 위하여 인생 앞에 베푸신 은혜가 어찌 그리 큰지요"(시 31:19). 그러나 하나님이 모든 것을 주심에도 불구하고, 어떤 사람들은 "내가 무엇을 받았단 말입니까?"라고 물을 것입니다. 하나님의 선물의 분량은 그의 한량없는 은혜입니다. 그러나 내가 받는 분량은 나의 믿음의 분량에 달려 있습니다. 우리 가운데 너무도 많은 사람들이 마치 먼 나라에 큰 땅을 가지고 있는 사람과 같습니다. 그는 그 사실에 대해 전혀 알지 못한 채 불결한 뒷골목에서 거지처럼 살아갑니다. 하나님의 모든 부요가 여러분 앞에 대기하고 있습니다. 잠재되어 있는 엄청난 부요가 여러분의 부름을 기다리고 있습니다. 그럼에도 불구하고 여러분은 현재적인 부요만을 조금 실현하며 궁핍하게 살아갑니다. 이 얼마나 안타까운 일입니까? 우리는 많이 가질 수 있음에도 불구하고 조금밖에 갖지 못합니다. 하나님은 "그의 은혜의 풍성함을 따라" 주십니다. 그러나 또 하나의 "따라"(according to)를 잊지 마십시오. 그 모든 부요는 "여러분의 믿음을 따라" 주어질 것입니다. 그러므로 우리는 두 가지를 동시에 취해야 합니다. 우리가 하나님의 부요를 얼마큼 소유하느냐 하는 것은 양자(兩者)의 결합에 달려 있습니다.

바울은 에베소서에서 하나님이 "그의 은혜의 풍성함을 따라" 주실 뿐만 아니라 또한 "그의 영광의 풍성함을 따라" 주신다고 말합니다. 앞에서 지적한 것처럼 이것은 같은 개념을 다른 방식으로 표현한 것입니다. 둘이 본질적으로 동일하다는 사실은 6절에 두 단어가 함께 나타나는 것을 통해 분명하게 나타납니다. "그의 은혜의 영광을 찬송하게 하려는 것이라." 이로써 우리는 하나님의 영광이 본질적으로 스스로를 낮추며, 긍휼히 여기며, 용서하며, 부요케 하는 사랑의 나타남이라는 복된 개념에 도달하게 됩니다. 하나님의 참된 영광은 육체적 속성이나 그분을 사람들로부터 분리시키는 신적 본성의 특성에 있는 것이 아니라 스스로를 낮추시는 사랑 속에 있는 것입니다. 그 외에 다른 모든 것은 다만 부수적인 것에 불과합니다. 하나님의 영광의 중심은 사랑입니다. 전능자에게 가장 강하고 가장 거룩한 것은 바로 그 사랑입니다. 햇빛은 폭풍보다 훨씬 더 강합니다. 비가 지진보다 더 강한 힘을 갖습니다. 기독교는 이러한 힘으로 세상을 변화시켰습니다. 기독교는 이러한 힘으로 두려운 사슬을 끊었으며, 무한한 간격에 다리를 놓았습니다. 기독교는 우리에게, 사랑할 수 있으며 사랑받을 수 있는 하나님, 스스로를 낮추실 수 있으며 높이실 수 있으신 하나님, 용서하실 수 있으며 정결케 하실 수 있으신 하나님을 가르쳐 주었습니다. "그의 기쁘신 뜻을 따라" — 여기에 우리 구원의 기초가 있습니다. "그의 은혜의 풍성함을 따라" — 여기에 우리 구원의 분량이 있습니다.

2. 둘째로, 바울은 자신의 사도직이 "하나님의 능력의 역사에 따라" 주어졌다고 말합니다.

"이 복음을 위하여 그의 능력의 역사에 따라 … 내가 일꾼이 되었노라"(3:7). 또한 그는 모든 그리스도인들이 "우리 안에서 역사하시는 능력에 따라" 은사(gift)를 받았다고 말합니다. 그러므로 우리는 여기에서 이를테면 우리에게 좀 더 가까이 다가오는 기준을 갖게 됩니다. 우리는 하나님의 비밀을 알기 위해 깊은 심연 속으로 들어갈 필요가 없으며, 또 그것을 감히 접근할 수 없는 것으로 생각할 필요도 없습니다. 도리어 우리는 우리 안에 그 기준을 가지고 있습니다.

거리의 기준은 그리니치 천문대에 있으며, 용적량의 기준은 런던탑에 있습니다. 그렇지만 각 지역마다 흩어져 있는 지역 기준들(local standards)이 있습니다. 이와 같이 하나님의 은사를 측량하는 은혜와 영광에 관한 이 모든 위대한 개념들 외에도, 우리는 우리 안에 각자의 개념들을 가지고 있습니다. 만일 우리가 그리스도인으로서 "우리 안에서 역사하시는 능력에 따라"라고 말할 수 있다면 말입니다.

교우 여러분, 우리에게 가장 필요한 것은 모든 그리스도인에게 그 믿음의 분량에 따라 그의 본성을 빚으며, 인도하며, 소생시키며, 고귀하게 하며, 높이며, 확신케 하며, 거룩하게 하며, 예수 그리스도를 닮게 만드는 실제적이며 초인적이며 신적인 능력이 있다는 사실을 확신하는 것입니다. "그리스도의 영이 너희 안에 계신 줄을 너희가 스스로 알지 못하느냐 그렇지 않으면 너희는 버림받은 자니라"라는 말씀을 생각해 보십시오. 우리는 그것이 분명한 진리임을 교리로서 믿는 것이 아니라 개인적인 경험으로 실현합니다. 자아(self)의 생명은 악합니다. 그러나 자아 속에 있는 그리스도의 생명은 선합니다. 만일 여러분이 그리스도인이라면, 여러분이 그리스도인인 분량만큼 여러분의 영 안에서 그리스도 자신의 영이 역사합니다.

여기서 또 하나 살펴볼 것이 있습니다. 그것은 그 능력이 바로 여러분의 가능성의 분량(measure)이라는 사실입니다. 분명 "우리 안에서 역사하시는 능력"은 우리 안에서 역사하는 다른 어떤 것보다도 더 크고 많은 일을 행할 수 있습니다. 바울은 이러한 능력이 우리의 가능성의 분량임을 예증하면서, 하나님을 "우리 가운데서 역사하시는 능력대로 우리가 구하거나 생각하는 모든 것에 더 넘치도록 능히 하실 이"라고 말합니다(3:20). "우리 안에서 역사하시는 능력"은 우리가 현재 경험하는 가능성들을 초월합니다. 그것은 우리의 개념들을 초월하며, 우리가 바라는 것들을 초월합니다. 그것은 모든 것을 할 수 있습니다. 그것은 실제적으로 역사하며, 여러분은 그것이 여러분 안에서 역사하는 것을 압니다. 그러나 우리 안에 그러한 능력을 훼방하며 방해하는 것이 있습니다. "급하고 강한 바람?" 그렇습니다. 그런데 어째서 우리는 겨우 들을 수 있는 희미한 바람소리나 혹은 극도의 고요만을 인식할 뿐입니까? "불?" 그렇습니다. 그런데 어째서 나의 그릇에는 싸늘한 재만이 가득하고 한쪽 귀퉁이에 작은 불씨 하나만 있을 뿐입니까? "영생하도록 솟아나는 샘물?" 그렇습니다. 그런데 어째서 나의 물동이에는 신선한 물은 그렇게 적고, 더러운 찌끼와 진흙만 그렇게 많습니까? "우리 안에서 역사하시는 능력"은 우리의 결함으로 인해 심각하게 훼방과 방해를 받습니다.

3. 셋째로, "그리스도의 은사의 분량에 따라"라는 또 하나의 표현을 주목하십시오.

물론 이것은 그리스도께서 주시는 은사(혹은 선물, gift)를 의미합니다. 이것은 내가 바로 앞에서 다룬 것과 같은 개념으로서 다만 관점(觀點)만 달리 한 것일 뿐입니다. 나는 여기에서 둘이 서로 같은 개념이란 것을 길게 설명할 필요를 느끼지 않습니다. 다만 여러분에게 한 가지만 지적하고 싶습니다. 그것은 바울이 그리스도의 은사를 우리의 가능성의 분량으로 언급하면서, 동시에 하나의 은사를 다양한 사람들 속에서 펼쳐지는 무한한 다양성으로 확장시킨다는 사실입니다. "그가 어떤 사람은 사도로, 어떤 사람은 선지자로, 어떤 사람은 복음 전하는 자로, 어떤 사람은 목사와 교사로 삼으셨으니"(4:11). 어떤 사람은 이런 형태를 따라 받았으며, 어떤 사람은 저런 형태를 따라 받았습니다. 그리고 우리 각각에게 그러한 나누어짐은 "그리스도의 은사의 분량에 따라" 이루어집니다. 다시 말해서, 그것은 우리 모두의 전체적인 선과 아름다움을 취합니다. 모두로 하여금 그러한 은사의 충만에 가까워지도록 하기 위해 말입니다. 모든 것들은 그 모든 다양한 형태 안에서 모두 필요합니다. 그리스도의 은사의 부요함과 다양성을 나타내기 위해서 말입니다. 그렇게 하여 "우리가 다 온전한 사람을 이루어 그리스도의 장성한 분량이 충만한 데까지" 이를 것입니다(4:13). 여기에 다양성과 그 안에 내재한 통일성이 있습니다.

그러므로 여러분이 본래적으로 가지고 있는 것 외에 다른 특별한 형태의 탁월함을 추구하십시오. 구하십시오. 그리고 의식적으로 노력하십시오. 여러분의 본성 속에 새로운 탁월함을 채워 넣으십시오. 그리고 우리 주 예수 그리스도 안에서 다양성을 기꺼이 받아들이십시오. 수정(水晶)에다가 빛을 비춰 보십시오. 그러면 녹색, 노란색, 파랑색, 빨강색, 보라색 등이 서로 어우러져 나타날 것입니다. 그러나 그것들은 어느 것이 진짜 자기 색깔이냐고 서로 다투지 않습니다. 하얀색의 완벽한 빛을 이루기 위해서는 일곱 가지 분광(分光)이 모두 필요합니다. 그리스도의 은사는 다양성을 가집니다. 어느 하나만을 고집하지 마십시오.

4. 넷째로, 마지막 형태인 "그의 힘의 위력으로 역사하심을 따라"란 표현을 주목하십시오.

"그의 힘의 위력으로 역사하심을 따라 … 그의 능력이 그리스도 안에서 역사하사 죽은 자들 가운데서 다시 살리시고"(1:19, 20). 우리가 하나님의 은혜의 풍성함을 다룰 때, 그것은 우리 위에 높이 있었습니다. 또 우리가 "우리 안에서 역사하시는 능력"을 다룰 때, 우리는 그것이 많은 훼방과 방해 가운데 역사하는 것을 보았습니다. 이제 여기에서는 사람이 하나님의 뜻에 순종할 때, 하나님이 그를 어떻게 만드시는지에 대한 구체적인 실례를 보게 될 것입니다. 또 여기에 사람으로 죽으셨다가 다시 사셔서 신령한 몸을 입으시고 지극히 높은 자의 나라에서 왕권을 행사하시는 그리스도의 불멸의 생명의 보증과 모범이 제시됩니다. 바로 이것이 하나님이 우리와 관련하여 역사하실 수 있는, 그리고 역사하시기를 원하시는 분량입니다. 그리스도는 우리의 모범이며 우리의 가능성의 분량입니다.

그리스도께서 어디에 계시든지 그리고 무엇을 하든지 그와 함께 하는 것은, 우리 안에서 역사하는 능력과 우리 안에서 이미 시작된 과정의 당연한 결과입니다. 만일 우리가 그리스도인이라면 말입니다. 여러분은, 모든 부분이 훌륭하게 다듬어졌지만, 그러나 한 부분은 아직 미완성인 채로 남아 있는 어떤 조상(彫像)과 같습니다. 바로 이것이 그리스도인이 이 땅에서 도달할 수 있는 최선입니다. 그러면 언제까지나 이런 상태일까요? 이와 같이 미완성의 사실은 장차 완성될 것에 대한 예언이 아닐까요? 미완성의 조상(彫像)은 하늘의 작업장으로 옮겨져 그곳에서 완전한 아름다움으로 완성되지 않겠습니까? 그리스도는 우리 소망의 대상입니다. 그러나 그리스도 안에서 "그 힘의 위력으로 역사하는" 것을 보지 못하는 소망은 "우리 안에서 역사하는 능력" 혹은 "우리 안에서 이미 시작된 과정"과 어울리지 않습니다. 왜냐하면 예수 그리스도는 우리를 향한 하나님의 위대한 능력의 보증이며 모범이기 때문입니다.

이제 마지막으로 한 가지만 덧붙이고자 하는데, 그것은 이 모든 구절들 외에도 에베소서에는 여기의 표현과 분명하게 대조되는 또 다른 용례(用例)가 있다는 사실입니다. 그것을 본문 그대로 제시하는 것이 가장 좋을 것입니다. "그는 허물과 죄로 죽었던 너희를 살리셨도다 그 때에 너희는 그 가운데서 행하여 이 세상 풍조를 따라 그리고 공중의 권세 잡은 자를 따라 행했으니 곧 지금 불순종의 아들들 가운데서 역사하는 영이라"(2:1, 2). 여기에서 지금까지 우리가 이야기한 "우리 안에서 역사하는"이란 표현과 여기의 "불순종의 아들들 가운데서 역사하는"이란 표현을 주목하십시오. 이와 같이 여러분은 둘 중의 하나를 선택해야 합니다. 비록 육체적으로는 살아 있지만 "허물과 죄로 죽은" 것과, "죽으셨다가 영원히 다시 사신" 자의 생명에 참여하는 것 가운데 말입니다. 또 "이 세상 풍조를 따라" 행하는 것과, "우리 안에서 역사하는 능력에 따라" 행하는 것 가운데 말입니다. 또 "속이는 정욕을 따라 부패한 옛 사람"을 입는 것과, "하나님을 따라 의와 거룩과 진리로 지으심을 받은 새 사람"을 입는 것 가운데 말입니다. 그 선택은 우리에게 달려 있습니다. 하나님이여, 부디 우리를 도우사 올바른 것을 선택하게 하소서.

5
하나님의 기업과 우리의 기업

"우리가 그 안에서 기업이 되었으니 … 이는 우리 기업의 보증이 되사"
엡 1:11, 14

햇빛이 비칠 때 이슬방울은 초록색과 황금색으로 빛납니다. 또 다이아몬드는 각 면마다 여러 색으로 빛납니다. 이와 같이 본 문맥에서 바울은 "기업"(inheritance)의 생각에 사로잡혀 있는 것처럼 보입니다. 그는 계속해서 기업에 관해 언급하지만, 그러나 그것을 다양한 각도로 제시함으로써 그것은 새로운 빛의 아름다움으로 빛납니다. 본 설교의 첫 번째 본문 (즉 11절)은 개정역(Revised Version)에서 좀 더 적절하게 "우리가 그 안에서 기업이 **되었으니**"(in whom also we were made an inheritance)라고 개역되었습니다(KJV에서는 "우리가 그 안에서 기업을 **얻었으니**"라고 되어 있었음). 그러면 누구의 기업입니까? 두말할 것도 없이 하나님의 기업입니다. 계속해서 두 번째 본문을 보십시오. 우리는 거기에서 "우리 기업의 보증"이라는 첫 번째 본문에 나타나는 것과는 상반되는 개념을 보게 됩니다. 그리스도인의 소유가 무엇입니까? 그것은 '그리스도인을 소유로 삼으신 하나님' 입니다. 이와 같이 신자(信者)와 하나님 사이에 매우 심오하면서도 놀라운 관계가 있습니다. 물론 양 당사자는 모든 면에서 매우 다릅니다. 그러나 그 차이보다 유사점이 훨씬 더 큽니다. 분명 이것은 그리스도인의 삶에 있어 가장 심오하며, 가장 축복되며, 가장 큰 힘을 부여하는 개념입니다. 하나님에 대한 다른 관념들은 우리와 그분 사이의 분명한 대응성을 강조합니다. 나의 믿음은 하나님의 신실하심과 진실하심에 대응됩니다. 나의 순종은 하나님의 권위에 대응됩니다. 나의 비움(emptiness)은 그의 충만에 의해 채워집니다. 그러나 여기에서는 대응성(對應性)의 영역을 넘어 유사성(類似性)의 영역으로 나아갑니다. 다른 관념들에서는 마치 요(凹)와 철(凸)이 서로 맞물리듯이 그렇게 맞물리지만, 여기에서는 마치 두 개의 반구(半球)가 서로 합쳐져 하나의 완전한 구(球)를 이루는 것처럼 그렇게 하나를 이룹니다. 우리는 하나님을 소유하고, 하나님은 우리를 소유합니다. 우리는 그의 기업이 되었으며, 그는 우리의 기업이 되었습니다.

1. 첫째로, 이와 같은 '상호 소유'를 주목하십시오.

우리는 하나님을 소유하고, 하나님은 우리를 소유합니다. 이것은 무엇을 의미합니까? 그것이 명백히 의미하는 것은 '상호 사랑'입니다. 한 사람의 영혼이 다른 사람의 영혼을 소유하게 되는 유일한 방법이 달콤한 상호 사랑이라는 사실을 우리 모두는 이 땅의 경험을 통해 잘 압니다. "내 것"과 "네 것" 혹은 "나"와 "너"로는 허물어집니다. 이와 같이 하나님은 신성(神性)과 창조(創造)에 근거한 소유권만으로 우리를 소유하고자 하지 않으셨습니다. 물론 그러한 소유권이 우리의 의무를 가져온다 하더라도 말입니다. 옛 시편 기자는 이렇게 노래합니다. "그는 우리를 지으신 자시요 우리는 그의 것이라"(100:2). 이와 같이 창조주와 피조물의 관계에 근거한 상호관계는 순전히 외적이며, 피상적이며, 엉성합니다. 따라서 하나님은 그것을 진정한 소유로 여기지 않으십니다.

아마도 여러분은 하나님이 이스라엘에게 "세계가 다 내게 속하였나니 너희는 모든 민족 중에서 내 소유가 될 것이라"고 하신 말씀을 기억할 것입니다(출 19:5). 여기에 나타나는 것처럼, 하나님의 소유권과 주인되심은 그가 창조하신 모든 것으로 확장됩니다. 그럼에도 불구하고 하나님은 그 모든 것을 간과하시면서 그러한 일반적인 소유보다 더 깊고 실제적인 무엇을 열망하신다고 말씀하십니다. 세계가 다 그분께 속하였음에도 불구하고 그것이 그분의 마음을 만족시키지 못했기 때문에, 하나님은 이스라엘 백성을 택하사 그들로 특별한 보화를 삼으셨습니다. 그러므로 우리는 "그가 우리를 사랑하시고 우리가 그를 사랑할 때 우리를 소유하시는" 그와 같은 위대한 하나님의 사랑에 대해 생각해야 합니다.

그러나 소유를 구성하는 달콤한 교제와 사랑의 반향(反響)이 모두 하나님의 마음으로부터 나온다는 사실을 기억하십시오. "우리가 사랑함은 그가 먼저 우리를 사랑하셨음이라"(요일 4:19). 큰 홀의 벽 전체를 거울로 두른다 할지라도, 그 모든 거울은 중앙에 있는 샹들리에의 불이 켜지기 전까지는 단지 차가운 물체에 불과합니다. 그러나 샹들리에의 불이 켜지면 거울의 모든 면은 서로 빛을 반사하며 계속해서 주고받습니다. 어떤 것이 원래의 빛이며, 어떤 것이 반사된 빛인지 알 수 없게 될 때까지 말입니다. 그러나 중앙의 빛을 꺼 보십시오. 그러면 모든 반사된 광채가 어둠 속으로 사라질 것입니다. 하나님과 우리 사이의 사랑을 생각해 보십시오. 한쪽은 다른 것으로부터 말미암지 않은 자발적인 사랑이며, 다른 한쪽은 그로 말미암은 2차적인 사랑입니다. 그럼에도 불구하고 그것은 양자 간의 상호 사랑입니다. 하나님이 우리를 소유하시는 것은 이를테면 하나의 황금 띠의 윗면이며, 우리가 하나님을 소유하는 것은 이를테면 그것의 아랫면입니다. 여러분이 하천의 상류를 보든 하류를 보든 그것은 아무 문제가 아닙니다. 희어져 추수하게 된 들판은 같습니다. 사람을 하나님과 묶는 끈은 하나님을 사람과 묶는 바로 그 끈입니다. 상호 소유 곧 서로 소유함이 있는 것은 상호 사랑 곧 서로 사랑함이 있기 때문입니다.

나아가 이와 같은 상호 소유의 개념 속에 상호 순복(mutual surrender) 즉 서로 내어주는 것이 있습니다. 왜냐하면 자기를 내어주는 것이야말로 참된 사랑의 가장 확실한 증표이기 때문입니다. 사랑하는 마음이 가장 바라는 것은 무엇입니까? 그것은 자기 자신을 그 사랑의 대상에게 쏟아부어 주는 것입니다. 그러나 일방적일 때, 그것은 비극입니다. 오직 상호적이며 쌍방적일 때 축복된 것이 됩니다. 하나님은 자기 아들을 주시는 최고의 표현으로 자신을 우리에게 주셨습니다. 그러므로 우리는 그의 스스로를 내어주시는 사랑에 힘입어 그를 소유합니다. 또 그는 우리의 사랑의 표현으로서 우리 자신을 내어주는 것에 근거하여 우리를 소유합니다. 단지 받기만 하는 사랑도 없으며, 단지 주기만 하는 사랑도 없습니다. 주는 것과 받는 것이 함께 실현되어야 합니다. 사랑하는 하나님께 자신을 기꺼이 드릴 때, 우리는 자신을 훨씬 더 부요하게 만듭니다.

가장 순복시키기 어려운 것은 다름 아닌 우리 자신의 의지입니다. 강요에 의해 어쩔 수 없이 순복하는 것은 저급한 노예적 굴종입니다. 반면 사랑하기 때문에 순복하는 것은 숭고한 희생입니다. 우리를 하나님과 묶는 사랑은 자신의 의지를 순복시키면서 "나의 원대로 마시옵고 주의 원대로 하옵소서"라고 말하기 전까지는 하나님을 소유하는 모든 축복으로 옷 입혀지지 않습니다. 옛 우화에 나오는 여행자를 생각해 보십시오. 폭풍이 몰아칠 때, 그는 자신의 옷을 더 단단히 움켜쥐었습니다. 그러나 따뜻한 햇볕이 비칠 때, 그는 스스로 옷을 벗었습니다. 어떤 사람이 우리의 의지를 강제할 때, 우리의 의지는 더욱 강경해지고 반항적이 될 것입니다. 그러나 사랑하는 자가 "내가 네게 명령할 수 있지만 그러나 사랑으로 인해 명령하지 않고 간청하노라"라고 말할 때, 우리는 즐거이 순복하게 될 것입니다. 우리 자신을 내어주는 것은 하나님을 발견하는 것이며, 또한 우리 스스로를 발견하는 것입니다.

이와 같이 상호 소유의 개념 속에는 상호 사랑과 상호 순복의 개념이 있습니다. 나아가 우리는 거기에 또한 '상호 내주'의 개념도 있음을 보게 됩니다. "사랑 안에 거하는 자는 하나님 안에 거하고 하나님도 그의 안에 거하시느니라"(요일 4:16). 예수 그리스도도 우리에게 똑같은 말씀을 하셨습니다. "나는 포도나무요 너희는 가지라 그가 내 안에, 내가 그 안에 거하면 사람이 열매를 많이 맺나니 나를 떠나서는 너희가 아무 것도 할 수 없음이라"(요 15:5). 우리는 하나님 안에 거하며 그분을 소유합니다. 하나님은 우리 안에 거하시며 우리를 소유하십니다. 우리는 하나님 안에 거하며 그분에 의해 소유됩니다. 하나님은 우리 안에 거하시며 우리에 의해 소유되십니다. 주인이 자기 집에서 거닐듯이, 하나님이 성전에 거하시듯이, 영이 육신에 내주하듯이, 하나님은 사랑하는 자의 마음속에 거하시며 운행하십니다. 눈의 시각(視覺)으로, 볼의 색깔로, 팔의 힘으로, 손의 재주로, 발의 빠름으로, 그분은 스스로를 나타내십니다. 이와 같이 내주하시는 하나님은 우리의 모든 재능과 바람과 필요 속에서 숨쉬고 계십니다. 신자(信者)의 생명 속에 내주하는 신적 생명의 사실들은 아래쪽 끝으로부터 볼 수도 있고, 위쪽 끝으로부터 볼 수도 있습니다. 아래쪽 끝으로부터 볼 때, 그것은 내가 하나님을 소유하며 그분 안에서 나의 존재 전체를 위한 자양분과 자극을 발견하는 것이 됩니다. 반면 위쪽 끝으로부터 볼 때, 그것은 하나님이 나를 소유하시며 내 안에서 각종 재능들과 본성들과 그가 사용하시는 기관들을 발견하는 것이 됩니다. 두 경우 모두에서 상호 사랑과 상호 순복과 상호 내주는 하나님이 나를 소유하시는 것과 내가 하나님을 소유하는 것을 만들어 냅니다.

2. 둘째로, 이러한 상호 소유의 실제적인 결과들을 주목하십시오.

하나님이 우리를 소유하는 것은 우리의 성별(聖別)을 요구합니다. "너희는 너희 자신의 것이 아니라 값으로 산 것이 되었으니 그런즉 너희 몸으로 하나님께 영광을 돌리라"(고전 6:19, 20). 만일 우리가 하나님의 소유가 되었음에도 불구하고 자기를 위해 산다면, 그것은 하나님이 우리에게 자신을 주신 본질적인 목적으로부터 도망치는 것입니다. 주인으로부터 도망치면서 "자신을 산 주인을 부인하는" 노예들을 생각해 보십시오. 우리가 하나님의 노예로서 그분의 뜻 외에 다른 것을 우리의 율법(law)으로 삼으며, 그분의 영광 외에 다른 것을 우리 삶의 목표로 삼는다면, 우리 역시도 그와 똑같이 행하는 것입니다. 자기를 위해 사는 것은 죽는 것이며, 자기에 대해 죽는 것은 사는 것입니다. 하나님이 우리를 소유하는 것으로 말미암는 엄숙한 의무는 무엇과도 비교할 수 없는 가장 축복된 것입니다. 그 의무는 우리가 그분께 돌아가 우리에 대한 완전한 통제권을 그분의 자비로운 손 위에 놓을 때 완성될 것입니다. 그분이 우리를 자기 마음대로 처분할 수 있는 권리를 갖고 계실 뿐만 아니라 그의 처분은 항상 우리 자신의 선에 대한 개념, 그리고 행복에 대한 열망과 일치됨을 믿으면서 말입니다. 우리 자신을 드리면서 하나님을 얻는 것은 결코 나쁜 거래가 아닙니다.

하나님이 우리를 소유하는 것은 성별을 요구할 뿐만 아니라 또한 안전을 보증합니다. "그들을 주신 내 아버지는 만물보다 크시매 아무도 아버지 손에서 빼앗을 수 없느니라"는 위대한 말씀을 기억하십시오(요 10:29). 하나님은 자기 소유가 바람에 날아가도록, 혹은 좀도둑이 훔쳐가도록 그냥 내버려 두는 무심한 주인이 결코 아닙니다. 그분은 자기 나라가 이웃 나라들에 의해 계속해서 침식되어 가는 것을 그대로 방치하는 노쇠한 왕과 같지 않습니다. 하나님은 자신의 소유를 굳게 지킵니다. "내가 의탁한 것을 그 날까지 그가 능히 지키실 줄을 확신함이라"(딤후 1:12). "나는 내가 정한 날에 그들을 나의 특별한 소유로 삼을 것이요 또 사람이 자기를 섬기는 아들을 아낌 같이 내가 그들을 아끼리니"(말 3:17). 그러나 우리의 안전은 우리의 성별(聖別)에 달려 있습니다. "아무도 그들을 아버지 손에서 빼앗을 수 없느니라"(10:29). 그렇습니다. 아무도 아버지의 손에서 빼앗을 수 없습니다. 그러나 만일 여러분이 하고자 한다면, 여러분은 아버지의 손에서 빠져나오고자 스스로 몸을 비틀 수 있습니다. 이와 같이 여러분이 하나님께 속한 것을 분명히 깨달으며, 자기를 위해 살지 않을 때, 그와 같은 안전은 유효(有效)합니다.

우리가 부요한 것은 하나님을 소유했기 때문입니다. 우리 밖에 있는 것, 다시 말해서 우리와 분리될 수 있는 것은 우리의 참된 부요가 될 수 없습니다. 스페인 속담에 "수의(壽衣)에는 주머니가 없다"는 말이 있습니다. 시편도 "그가 죽으매 가져가는 것이 없고 그의 영광이 그를 따라 내려가지 못함이로다"라고 말씀합니다(49:17). 그러나 만일 하나님이 나를 소유하신다면, 그는 자기 보화가 무덤 속에서 잃어지도록 내버려 두지 않으실 것입니다. 또 만일 내가 하나님을 소유한다면, 나는 죽음을 마치 광선이 유리를 통과하듯이 그렇게 통과할 것입니다. 약간의 굴절은 있을지 모르지만, 결코 끊어지거나 없어지지 않습니다. 또 나는 새로운 세상에서 시작할 수 있도록 나의 모든 부요를 가지고 갈 것입니다. 그것은 우리가 이 땅에서 돈으로 할 수 있는 것을 훨씬 능가할 것입니다. 만일 여러분이 하나님을 소유한다면, 여러분은 하늘에서 새로운 삶을 시작할 수 있는 자본을 가지고 있는 것입니다.

나아가 이와 같은 상호 소유는 영원한 삶에 대한 실제적인 보증이 됩니다. 왜냐하면 하나님의 주권을 인정하며 하나님을 실제적으로 소유한 자가 죽음이라는 순간적인 사건에 의해 심대한 영향을 받을 수 있다는 생각보다 더 터무니없는 것은 없기 때문입니다. 우리에게는 영원한 생명에 대한 확증이 있습니다. 왜냐하면 우리는 하나님 자신인 기업을 가지고 있으며, 또한 그러한 무궁한 기업 안에는 우리가 영원히 살 것이라는 보증이 있기 때문입니다. 우리의 삶 속에 우리에게 속한 ― 왜냐하면 하나님의 것이기 때문에 ― 모든 위엄과 정결과 지혜와 권능이 완전하게 결합될 때까지 말입니다.

마지막으로, 첫 번째 본문 안에 있는 "그 안에서"라는 어구(語句)를 주목하십시오. 우리는 여기에서 이러한 상호 소유가 가능해지는 토대를 발견합니다. 예수 그리스도께서 죽으셨습니다. 그리고 그로 인해 온 세상을 묶고 있는 멍에가 깨어졌습니다. 하나님을 온전히 소유하는 것과 자유로운 섬김을 방해하는 진짜 멍에는 죄와 자아의 멍에입니다. 그러므로 예수 그리스도께서 죽으심으로 우리는 더 이상 그와 같은 멍에에 매여 있지 않습니다. "아들이 너희를 자유롭게 하면 너희가 참으로 자유로우리라"(요 8:36). 그의 위대한 희생은 "죄의 권능"을 깨뜨릴 뿐만 아니라, 우리의 마음을 움직여 우리로 그와 같은 "상호 소유"를 만드는 사랑과 순복을 기꺼이 받아들이도록 이끕니다. 이와 같이 우리가 하나님의 상속자가 되는 것은 "그 안에서"입니다. 또 우리가 기업(상속)을 얻는 것과 그리스도와 함께 공동상속자가 되는 것 역시 "그 안에서"입니다.

그러므로 사랑하는 교우 여러분, 만일 우리가 "빛 가운데서 성도의 기업의 부분을 얻고자" 한다면, 우리는 믿음으로 주님과 연합해야 합니다

(골 1:12). 그럴 때 우리는 그를 믿음으로, 그리고 그를 통해 죄 사함과 "거룩하게 하심을 입은 모든 자 가운데 기업"을 받을 것입니다(행 20:32).

6
기업과 보증

"이는 우리 기업의 보증이 되사 그 얻으신 것을 속량하시고"

엡 1:14

나는 앞 설교에서 본 절의 일부를 본 장의 다른 한 부분과 연결시켜 다루었습니다. 거기에서 나는 바울의 생각 속에 하나님이 신자(信者)를 소유하시고, 또 신자가 하나님을 소유하는 상호 소유의 개념이 얼마나 강력하게 자리 잡고 있었는지를 보여주고자 노력했습니다. 이러한 두 개념은 지금 우리 앞에 놓인 본문 속에서도 나란히 나타납니다. 특별히 개정역 (Revised Version)에 그것이 좀 더 분명하게 나타납니다. 흠정역(KJV)에서는 본문의 뒷부분이 "until the redemption of the purchased possession"(그 사신 소유를 속량하시고)으로 되어 있지만, 개정역에서는 좀 더 정확하게 "until the redemption of God's own possession"(하나님 자신의 소유를 속량하시고)으로 되어 있습니다. 이와 같이 본문의 앞부분에는 "우리의 기업" 혹은 "우리의 소유"가 제시되고, 뒷부분에는 "하나님의 소유"가 제시됩니다. 우리는 이와 관련하여 본문 속에서 매우 중요하며 두드러진 몇몇 개념들을 발견하게 됩니다. 특별히 본문에서 우리는 하나님이 우리를 소유하며 또 우리가 하나님을 소유하는 것이 모두 불완전한 것으로 간주되는 것을 보게 됩니다. 왜냐하면 본문에서 우리가 가진 것은 "기업(상속)"의 "보증"(혹은 보증금, earnest)이며, 또 **하나님 자**

신의 소유는 아직도 속량되어야 하는 것으로 나타나기 때문입니다. "보증"은 기업(상속)의 아주 작은 일부분이며, 장차 지불해야 할 총액의 일부입니다. 또 그것은 "보증"을 받은 자에게 어느 날 전체가 주어질 것에 대한 약속이며 확증입니다. 어떤 물건을 구입하고 그 대금의 일부를 "보증금"(earnest)으로 건넸을 때, 그것은 장차 나머지 전체를 줄 것에 대한 확증입니다. 그러므로, **큰 미래(great future)**가 작은 현재(small present)와, 오늘날의 기독교적 삶의 경험들 속에 인봉되어 있습니다. 그러한 경험들은 비록 불완전하며 단편적이며 결함이 있다 할지라도 그와 같은 위대한 미래에 대한 최고의 예언이며 가장 영광스러운 약속입니다. 계속성의 법칙(law of continuity)을 생각해 보십시오. 내일은 오늘의 연장입니다. 그것을 미래의 삶에 적용할 때, 오늘의 삶은 미래의 삶의 뿌리이며, 하늘의 삶은 오늘의 삶의 연장입니다. 물론 현재의 삶 속에 여러 가지 우여곡절이 있다 하더라도 말입니다. 기업(상속)의 보증은 "하나님 자신의 소유"가 충분하게 속량될 때까지의 약속입니다. 이제 이와 관련하여 좀 더 상세하게 살펴보도록 합시다.

1. 첫째로, 현재적 소유의 불완전성을 주목하십시오.

앞 설교에서 우리는 하나님이 우리를 소유하시고 또 우리가 하나님을 소유하는 상호 소유의 개념이 상호 사랑(mutual love)과 상호 내어줌(mutual communication)과 상호 내주(mutual indwelling)의 개념 위에 근거하는 것을 살펴보았습니다. 하나님 편에서 '사랑'과 '자신을 내어주는 것'과 '내주'는 모두 완전합니다. 반면 우리 편에서 그것들은 불완전하며 결함이 있습니다. 이와 같은 우리 편에서의 불완전함은 하나님이 우리를 소유하시는 것과 우리가 하나님을 소유하는 것 모두를 방해합니다. 따라서 우리는 "기업(상속)"이 아니라 단지 "보증"(혹은 "보증금", earnest)을 받을 뿐입니다. 다시 말해서, 그러한 소유는 개념적으로는 완전할 수 있지만 그러나 그것을 현실화하는데 있어서는 불완전합니다.

여기에서 한 걸음 더 나아가 본문 뒷부분의 "그 얻으신 것을 속량하시고"란 구절을 주목해 보십시오. 그것은 하나님이 우리를 소유하시는 것의 불완전성을 암시합니다. 왜냐하면 속량하시는 최초의 행동은 완전하다 할지라도, 속량 자체는 단회적인 행동이 아니라 계속적인 과정이기 때문입니다. 바울이 다른 곳에서 매우 강조하여 말하는 것처럼, 속량은 우리가 계속적이며 점진적으로 경험하는 과정입니다. 기업은 획득되었지만 그러나 아직 충분하게 정복되지는 못했습니다. 왜냐하면 그곳에는 아직도 그것을 얻은 자의 통치를 거부하며 대적하는 옛 원주민들이 남아 있기 때문입니다. 이와 같이 우리는 속량을 미래에 완성될 것으로 이해해야 합니다. 우리는 다만 완성을 향해 계속해서 가까이 다가가고 있을 뿐입니다. 그럴 때 우리가 그리스도인의 경험과 관련하여 말할 수 있는 최선의 것은 "우리가 '기업의 보증'을 갖고 있다"고 말하는 것입니다. 우리는, 하나님이 우리를 소유하는 것과, 우리가 하나님을 소유하는 것 모두가 현재에는 불완전하다는 사실을 인식해야 합니다.

이것은 경험의 문제입니다. 우리는 실제적인 경험 속에서 우리가 하나님을 소유하며 또 하나님에 의해 소유되는 것이 매우 불완전하다는 사실을 잘 압니다. "우리는 하나님을 소유합니다." 그렇지 않습니까? 그러나 실제로는 너무나 자주 넘어지며 요동합니다. 우리 발아래에서 거대한 바다가 끝없이 소용돌이칩니다. 하나님을 아는 우리의 지식은 얼마나 부분적이며, 단편적이며, 간헐적이며, 때로 의심의 구름에 덮여 있으며, 종종 무지(無知)로 얼룩져 있으며, 또 보잘것없습니까? 키 큰 건물들 사이로 난 길을 생각해 보십시오. 그 길은 대부분 햇빛이 가려져 그늘질 것입니다. 우리는 얼마나 자주 그런 길을 걸어갑니까? 해가 비치지 않는 그늘진 길을 말입니다. 그러다가 가끔 교차로가 나오면서 햇빛이 보입니다. 그러나 계속 진행하면 우리는 또다시 그늘진 길로 되돌아가게 됩니다. 이 땅에서의 우리의 인생길이 많은 부분 그와 같지 않습니까? 우리는 이 땅에서 자주 하늘의 빛을 가로막는 장막(혹은 집)을 입고 있습니다. 그것이 너무나 자주 우리로부터 하늘을 가로막습니다. 이따금 열린 하늘 사이로 비스듬한 빛이 들어와 우리의 마음속에 삼층천에 대한 소망을 불러일으킬 뿐입니다. 또 우리의 믿음은 얼마나 연약하며, 우리 마음속으로 들어오는 하나님의 권능은 얼마나 적으며, 주의 기쁨은 우리의 매일의 경험 속에서 얼마나 적게 실현됩니까? 우리 모두가 그것을 압니다. 이와 같이 우리가 이 땅에서 가지고 있는 것은 다만 "기업"의 "보증"일 뿐입니다.

우리가 하나님을 소유할 뿐만 아니라, "하나님도 우리를 소유"합니다. 그렇지 않습니까? 하나님이 우리의 의지를 소유하지 않습니까? 스스로 순복하며 또 순복하는 가운데 기쁨을 찾는 우리의 의지 말입니다. 그러나 하나님에 대한 우리의 사랑 속에는 얼마나 많은 경쟁자들이 있습니까? 우리의 삶을 지배하는 다른 동기들이 얼마나 많습니까? 하나님께 대한 우리의 순복은 얼마나 자주 왜곡되며 비틀어집니까? 우리는 얼마나 자주 "내 인생은 내 것이야, 도대체 누가 내 주인이란 말인가?"라고 말하면서 스스로를 주인으로 삼으려고 노력합니까? 사랑하는 교우 여러분, 만일 우리가 그리스도인이라면, 우리는 하나님을 소유하고, 하나님은 우리를 소유합니다. 그러나 애통하게도 우리는 그러한 개념적 사실과 실제적 경험 사이에 너무도 심대한 간격이 있음을 인정하지 않을 수 없습니다. 우리가 하나님을 소유하는 것과, 하나님이 우리를 소유하는 것 모두 불완전합니다.

여기에서 이와 같은 불완전성은 우리 자신의 책임이라는 사실을 기억하십시오. 물론 우리가 하나님을 완전하게 소유하는 것과 또 하나님이 우리를 완전하게 소유하는 것은 이 세상을 지나 다른 단계의 존재양식으로 들어갈 때 비로소 이루어질 것입니다. 그것은 육체 안에서는 이루어지지 않습니다. 도리어 육체에 의해 방해를 받습니다. 바로 이것이 상호 소유의 불완전성의 이유입니다. 또 그것은 이 세상 속에 있지 않습니다. 그러나 그것은 세상적인 정욕과 생각들에 의해 유혹과 훼방을 당합니다. 그러한 것들이 우리 마음속으로 밀려 들어와 우리 마음으로부터 하나님을 몰아내고, 우리로 하나님에 의해 소유됨으로 인한 달콤한 안전으로부터 멀어지게 만듭니다. 죽음은 사람으로 하여금 이 세상의 무게중심을 바꾸게 만드는데 있어 큰 힘을 갖습니다. 그러나 죽음 안에 있는 어떤 것이, 혹은 죽음 너머에 있는 어떤 것이 사람의 영혼의 방향을 바꿔 그로 하여금 하나님을 소유하며 또 하나님에 의해 소유되는 쪽으로 나아가도록 만들 것이라고 믿을 근거는 없습니다. 우리 가운데 많은 사람들은 설령 지금 당장 죽는다고 해서, 지금보다 더 많이 하나님을 소유하고, 또 더 많이 하나님에 의해 소유되는 쪽으로 나아가지는 않을 것입니다. 이와 같이 만일 하나님과 우리 사이의 상호 사랑과 상호 내어줌과 상호 내주가 너무도 미미하며, 또 우리 삶 속에서 많은 방해를 받는다면, 그것은 다름 아닌 바로 우리 자신의 책임입니다. 우리의 육체적 조건에 기인한 이와 같은 불완전성은 우리의 죄에 기인한 불완전성과는 다른 문제입니다.

그러나 이러한 불완전성은 점진적으로 감소됩니다. 우리는 시간이 지나고 해가 거듭될수록 하나님을 완전하게 소유하고, 또 하나님에 의해 완전하게 소유되는 '도달할 수 없는 이상'에 점점 더 가까워질 수 있습니다. 만일 어떤 그리스도인이 자신에게 진실하며, 또 "기업의 보증"이신 성령께 진실하다면, "그 얻으신 것을 속량"하시는 것, 다시 말해서 하나님이 자기 소유를 구속(救贖)하시는 것은 계속해서 증가될 것입니다. 본문 가운데 "속량하실 때까지"(until the redemption, 한글개역개정판에는 "속량하시고"라고 되어 있음)란 표현을 주목하십시오. 이것은 단순히 앞에 있는 미래의 때를 가리키고 있는 것으로 보입니다. 그러나 이것의 좀 더 정확한 의미를 우리는 "until" 대신 "unto"를 사용한 개정역(Revised Version)에서 발견할 수 있습니다. 이것은 우리에게 "기업의 보증"이신 성령이 또한 사람의 마음과 생각 속에 역사하여 속량(혹은 구속, redemption)의 과정을 점진적으로 완성시켜 나가는 것을 가르쳐 줍니다.

그러므로 사랑하는 교우 여러분, 이와 같이 우리가 하나님을 소유하고 또 하나님이 우리를 소유하는 것이 불완전한 것은 다름 아닌 우리의 책임이라는 사실을 기억하십시오. 그러나 그러한 불완전성은, 만일 우리가 그것을 올바로 사용하기만 한다면, 우리에게 완전함을 향해 역사하는 강력한 능력을 부여해 줍니다. 그것은 매일같이 우리의 영을 신적 영향력 쪽으로 이끌면서 우리로 하여금 우리의 죄와 허물을 고쳐나가도록 만듭니다. 우리에게는 매일같이 수행해야 할 작업이 있습니다. 다시 말해서, 우리는 우리에게 기업으로 주어진 땅을 계속해서 취해가야 합니다. 그 땅에 울타리를 치고, 경작하며, 실제적으로 우리의 것으로 만드는 것은 다름 아닌 우리 자신의 몫입니다.

이러한 불완전성은 점진적으로 감소되다가 마침내 완전함으로 대체될 것입니다. 그리고 그렇게 하는 것은 하나님의 일인 것과 마찬가지로 또한 우리의 일입니다. 물론 본문에 속량(혹은 구속, redemption)이 하나님의 행동으로 간주되는 것은 사실입니다. 그럼에도 불구하고 그것은 우리가 단지 수동적인 위치에 있을 뿐인 그런 행동이 아닙니다. 공기가 허파 속으로 들어가 피에 산소를 공급해 줍니다. 그러나 공기가 모든 폐포(肺胞) 속에 들어가기 위해서는 허파가 스스로를 팽창시켜야 합니다. 이와 같이 우리는 스스로의 노력으로 우리를 속량시켜가시는 성령을 붙잡고, 또 성령이 우리 안에서 역사하시도록 힘써야 합니다.

2. 둘째로, 그와 같은 불완전성이 마침내 완전하게 될 것을 주목하십시오.

앞에서 말한 것처럼, 어떤 물건을 판 사람에게 "보증금"(earnest)을 주었다면, 그것은 정해진 때에 나머지 잔액 모두를 지불할 것에 대한 확증이 됩니다. "보증"(earnest)으로서의 성령에 대한 이와 같은 고찰로부터 그리스도인의 현재적 경험은 완전한 미래에 대한 가장 확실한 증거이며, 반박할 수 없는 확증이라는 개념이 나옵니다. 우리는 미래의 삶에 대한 증거들을 갈망합니다. 물론 그러한 증거들은 때로 매우 유용합니다. 그러나 내가 볼 때 하나님을 아는 영혼의 실제적인 경험이야말로 논리적인 이해의 영역보다 훨씬 더 깊으며, 삼단논법의 형태로 도출할 수 있는 어떤 것보다도 훨씬 더 확실합니다. 철학자 데카르트는 "나는 생각한다 고로 나는 존재한다"라고 말했습니다. 그러나 그리스도인은 "나는 하나님을 소유한다 고로 나는 항상 있을 것이다"라고 말합니다. 물론 그와 같은 증거는 오직 그 자신에게만 유용할 것입니다. 그럼에도 불구하고 그것은 그 자신에게 절대적으로 확실합니다. 하나님을 가까이 하므로 정결케 된 마음속에서 솟아오르는 어떤 실재는 미래의 삶에 대한 증거로서 결코 무의미한 것이 아닙니다. 비록 불완전하게나마 하나님을 소유하는 것과 하나님에 의해 소유되는 것의 의미를 아는 우리는 굳이 희미하고 불확실한 추론의 영역에서 방황할 필요가 없습니다. 심지어 부활하시고 하늘로 승천하신 그리스도의 사실에만 전적으로 의존할 필요도 없습니다. 다만 우리는 이렇게 말할 수 있습니다. "나는 하나님의 것이요 하나님은 나의 것이며, 죽음은 그러한 상호 소유에 아무런 힘도 갖지 못하노라."

나아가 그와 같은 불완전성은 우리의 확신에 힘을 더해 줍니다. 왜냐하면 그리스도인의 삶의 사실들은 — 그 큼과 그 작음에 의해, 그 높음과 그 낮음에 의해, 때로 모든 진흙바닥을 덮는 우리 믿음의 밀물과 때로 그것을 그대로 드러나게 하는 우리 믿음의 썰물에 의해 — 이 땅에서 방해를 받고 훼방을 당하지만, 그러나 더 나은 땅으로 옮겨지면 꽃을 피우고 불멸의 열매를 맺는 그런 것이기 때문입니다. 초승달을 생각해 보십시오. 이제 겨우 달의 일부가 보이기 시작할 뿐입니다. 그럼에도 불구하고 그것은 머지않아 고요한 빛으로 밤을 가득 채우게 될 완전한 보름달의 예언입니다. 불완전한 것은 장차 완전케 될 것을 예언합니다. 만일 이와 같이 불완전한 것이 그토록 축복된 것이라면, 하물며 완전한 것이야 얼마나 더 그렇겠습니까? 소액의 보증금이 그토록 축복된 것이라면, 장차 지불될 전체 금액은 얼마나 더 그렇겠습니까? 그것은 새벽의 희미한 여명과 한낮의 찬란한 광명의 차이와 같을 것이며, 겨울에 비치는 가냘픈 햇살과 적도에서 내리쬐는 한낮의 태양의 열기의 차이와 같을 것입니다. 기업의 "보증"(혹은 "보증금")이 보화라면, 기업 그 자체는 얼마나 측량할 수 없는 보화이겠습니까?

3. 셋째로, 장차 소유 즉 하나님이 우리를 소유하는 것이나 우리가 하나님을 소유하는 것이 완전케 될 것을 주목하십시오.

"보증"은 기업의 일부이며, 그것과 동일한 본질을 가진 것입니다. "보증"은 곧 성령입니다. 그렇기 때문에 결론은 분명합니다. 즉 "기업"은 하나님 자신 외에 아무것도 아니라는 사실입니다. 하늘(heaven, 혹은 하늘나라)은 하나님을 소유하는 것이며, 또 하나님에 의해 소유되는 것입니다. ,바로 이것이 미래의 삶에 대해 우리가 표현할 수 있는 최고의 개념입니다. 그러나 대중적인 기독교에서 다른 부차적인 개념들이 — 물론 이런 부차적인 개념들은 부차적인 위치에서 나름대로 유용합니다 — 이와 같은 중심적인 위치에 올려지는 것은 너무도 애통한 일이 아닐 수 없습니다. 명확하게 설명할 수 없는 것을 상징의 형태로 표현하는 것은 좋은 일입니다. 그렇게 할 때 그 의미를 어느 정도 나타낼 수 있을 것입니다. 동시에 상징은, 상징이라는 바로 그 이유 때문에, 종종 모호성을 갖게 됩니다. 금 길, 수정 길, 흰 예복 등과 같은 표현들은 단지 그것들이 나타내고자 의도하는 것에 대한 희미한 그림자에 불과합니다. 우리는 상징과 부정(否定)의 두 가지 방식으로 우리가 한 번도 경험해 보지 못한 상태를 표현할 수 있습니다. 우리는 다음과 같이 말할 수 있습니다. "거기에는 밤이 없을 것이라, 거기에는 저주가 없을 것이라, 거기에는 등불도 햇빛도 필요치 않을 것이라, 그들은 밤낮 쉬지 않을 것이라, 거기에는 더 이상 사망도 없고 슬퍼하는 것도 우는 것도 없으며 아픈 것도 없을 것이니 처음 것들이 다 지나갔음이러라." 그러나 이 모든 부정(否定)들은 상징과 마찬가지로 불충분합니다. 우리는 그것들보다 더 깊은 곳으로 나아가야만 합니다.

가장 풍성하게 하늘(heaven)을 누리는 것은 — 그 정도에 있어 충분하고 완전하게, 그 분량에 있어 누적적(累積的)으로, 그 기간에 있어 영원하게 — 하나님을 소유하고, 또 하나님에 의해 소유되는 것입니다.

만일 이것이 기업의 올바른 개념이라면, 그러한 하늘은 모든 사람을 위한 것이 아니라는 사실이 필연적으로 따릅니다. 하나님은 우리 모두를 하늘에서 소유하기를 간절히 바라십니다. 이 땅에서 소유하기를 바라시는 것처럼 말입니다. 그러나 모두가 그렇게 되지는 않을 것입니다. 돌 밑에 사는 생물들을 생각해 보십시오. 만일 여러분이 돌을 치우고 빛이 들어가게 하면, 그 빛이 그것들을 죽일 것입니다. 이 땅에서 하나님의 소유가 되는 것을 거절한 사람들이 있습니다. 그런 자들은 하나님 자신인 참 하늘을 소유할 수 없습니다. 만일 이와 같이 하늘을 소유하는 것이 단순한 신적 의지의 문제가 아니라면, 그것을 위한 준비가 지금 여기에서의 불완전한 소유에 의해 시작되어야 한다는 결론이 불가피합니다. 그리고 그러한 준비를 위한 방법은 분명합니다. 본문 바로 앞 절은 이렇게 말합니다. "그 안에서 너희도 믿어 약속의 성령으로 인치심을 받았으니"(13절). 예수 그리스도와 그의 사역을 나의 죄를 사하기 위한 것으로, 그리고 나를 영접하기 위한 것으로 믿는 것이 성령으로 인침 받는 조건입니다. 그리고 그와 같은 성령의 인침이 우리가 하나님을 소유하고 또 하나님에 의해 소유되는 것인 상호 사랑과 상호 내어줌과 상호 내주의 조건이며, 나아가 장차 "기업"을 완전하게 소유할 것에 대한 조건입니다. 우리는 예수 그리스도를 믿는 것으로 시작해야 합니다. 그러면 성령의 인치심이 따르며, 이어 보증이 따르며, 이어 점진적인 속량이 따르며, 마침내 소유의 충만이 따를 것입니다. 만일 여러분이 "보증"(earnest)을 소유하고 있다면, 주 예수 그리스도를 더욱 굳게 붙잡으십시오. 광야와 같은 세상에서 장막 가운데 거하는 동안 말입니다. 그러면 요단 강을 건너 아름다운 땅으로 들어갈 때, 여러분은 온전한 "기업"을 소유하게 될 것입니다.

7

부르심의 소망

"그의 부르심의 소망이 무엇인지 너희로 알게 하시기를 구하노라"

엡 1:18

다른 사람들을 위해 기도하는 것은 지금 그의 신앙상태의 온도를 보여주는 매우 분명한 척도입니다. 또 다른 사람들을 위해 간구하는 내용은 지금 그가 스스로에 대해 최선으로 생각하고 있는 것이 무엇인지를 그대로 보여줍니다. 또 그의 기도하는 방법은 그 자신의 믿음의 굳건함과, 그 자신의 감정의 열기를 그대로 나타낼 것입니다. 냉랭한 그리스도인의 중보 기도보다 더 냉랭한 것은 아무것도 없습니다. 바울 서신 전반을 통해 볼 때 그가 형제들을 위해 기도하는 곳에서보다 그의 뜨겁고 열렬한 감정이 더 적나라하게 드러나는 곳은 어디에도 없습니다.

본문의 위대한 기도 속에서 우리는 에베소의 그리스도인들이 믿음과 사랑에 굳게 섰다는 좋은 소식을 접한 바울의 즉각적인 반응을 보게 됩니다. 자신의 기쁨에 대한 최고의 표현으로서 그는 그들이 세 가지를 알기를 구합니다. 본문이 그 첫 번째이고, 나머지 둘은 "기업의 영광의 풍성함"을 아는 것과, "하나님의 능력의 지극히 크심"을 아는 것입니다.

만일 우리가 본문의 "소망"을 통상적인 방식대로 단지 바라는 것을 의미하는 것으로 받아들인다면, 첫 번째 간구와 두 번째 간구 사이에는 특별한 차이가 없게 될 것입니다. 반면 만일 우리가 그것을 우리의 감정이 향하는 대상이 아니라 감정 그 자체로 받아들인다면, 세 가지 간구는 자연적이며 연속적인 단계로 연결될 것입니다. 그러면 우리는 첫 번째 간구에서 그리스도인의 감정을, 그리고 두 번째 간구에서 "기업의 영광"이라는 그 것이 향하는 대상을, 그리고 세 번째 간구에서 첫 번째 간구가 실현되고 또 두 번째 간구를 가능케 하는 힘 혹은 능력을 보게 됩니다. 우리는 두 번째 간구와 세 번째 간구는 다음 설교들에서 다룰 것입니다. 여기에서는 오직 첫 번째 간구만 다룰 것인데, 여기에 나타나는 것은 이미 기독교적 삶에 있어 현저한 진보를 이룬 그리스도인들을 위한 그의 위대한 열망입니다. "그의 부르심의 소망이 무엇인지 너희로 알게 하시기를 구하노라."

1. 첫째로, 본문이 제시하는 첫 번째 개념은 기독교적 소망은 기독교적 경험의 사실들 위에 근거한다는 것입니다.

"그의 부르심의 소망"이란 표현이 의미하는 것은 무엇일까요? 그것이 의미하는 것은 이것입니다. 즉 하나님이 우리를 당신에게로 부르시고 초청하시는 복음 가운데 우리에게 계시된 신적 긍휼의 위대한 행동은 자연적으로 그 복음을 받아들인 자들 안에서 불멸의 완전한 생명에 대한 소망을 산출한다는 것입니다. 하나님이 사람들을 부르셨기 때문에, 그러므로 그 부르심에 순복한 사람들은 자연적으로 그러한 소망을 품을 수 있고, 또 품어야만 합니다. 만일 하나님의 부르심에 순복하고 그의 초청을 받아들인 사람들을 위한 완전한 하늘(혹은 하늘나라, heaven)이 없다면, 하나님의 모든 역사의 과정은 정말로 수수께끼 같으며 이해할 수 없는 것이 될 것입니다. 그 부르심의 사실은 납득할 수 없는 것이 될 것이며, 그것을 위해 치른 모든 대가는 아무 의미 없는 것이 될 것입니다. 하나님이 세상을 만드신 것도, 만일 그것이 다음 세상과 관련되지 않는다면, 별 가치 없는 것이 될 것입니다. 세상을 구속하시는 것도, 만일 그러한 구속의 결과가 단지 세상에서 이루어지는 것이 전부일 뿐이라면, 별 가치 없는 것이 될 것입니다. 만일 세상의 모든 불완전한 것들을 넘어서는 완전의 영역이 존재하지 않는다면, 그리스도께서 죽으신 것도, 하나님이 그 아들을 보내신 것도, 우리로 그를 사랑하며 섬기도록 부르신 것도 별 가치 없는 것이 될 것입니다. 오직 완전한 하늘(heaven)이 있을 때에야 비로소, 이 땅에서는 씨의 상태로 있으면서 때로 추운 날씨에 의해 얼기도 하고, 때로 대기 중의 더러운 공기에 의해 오염되기도 했던 모든 것이 영원한 생명으로 활짝 꽃필 것입니다. 기독교적 생명은 비록 불완전함 가운데서라도 그것을 산출한 능력의 실재를 증언하면서 동시에 그것이 산출할 수 있는 결과들을 산출할 수 있게 될 영역(즉 완전한 하늘)을 요구합니다.

하나님은 "사람이 아니시므로 결코 거짓말을 하거나 변개하지" 않습니다(삼상 15:29). 사람은 굉장한 계획을 가지고 시작하지만 나중에는 흐지부지 끝나곤 합니다. 사람은 왕궁을 건축하고자 계획하면서 현관을 세우지만 이내 예산부족으로 중단하든지 마음이 바뀌든지 아니면 도중에 죽든지 합니다. 그리하여 왕궁은 완성되지 못한 채 그대로 남게 되고, 지나가는 사람들은 비웃으며 "이 사람이 공사를 시작하고 능히 이루지 못하였다"라고 말합니다(눅 14:30). 그러나 하나님의 계획은 반드시 이루어집니다. 우리가 완전한 정신적 혼돈상태에 빠져 하나님의 성실하심과 그가 자신의 계획을 이루실 것이라는 믿음을 저버리지 않는 한, 우리를 부르신 그분의 계획은 반드시 완성될 것입니다. 만일 우리가 그 일을 이루시는 자 즉 부활하신 그리스도를 생각한다면, 만일 우리가 그 일을 이루기 위해 치른 대가 즉 그리스도께서 육체의 한계를 취하시고 모든 사명을 감당하시고 십자가의 죽으신 것을 생각한다면, 만일 우리가 현재의 기독교적 삶 속에 역사하는 힘의 능력을 생각한다면, 그리고 만일 우리가 이 모든 것들과 함께 그것을 가로막는 힘의 필연적인 한계를 생각한다면, 우리는 그의 부르심 속에 그가 계획하신 것은 마침내 그대로 이루어질 것이며, 예수 그리스도는 결코 헛되이 죽지 않으셨으며, 그는 보좌 위에 홀로 쓸쓸하게 앉아 있기 위해 승천하지 않으셨으며, 오직 위대한 추수의 첫 열매가 되기 위해 승천하셨다는 확증이 담겨 있음을 확신할 수 있습니다. 또한 우리는 그의 부르심 속에 우리를 만들고자 계획한 모든 것이 그대로 이루어질 것이며, 그 모든 것이 우리의 모든 인간적 한계나 연약함에 의해 방해되지 않을 것이라는 확증이 담겨 있음을 확신할 수 있습니다. 만일 모든 바람이 만족되고 모든 악이 제거되며 모든 선이 완전케 되며 모든 비틀어진 나무들이 곧게 자라며 그를 사랑하는 모든 영혼이 그의 완전한 형상으로 빛나는 하늘(heaven)이 없다면, 하늘로부터 내려오는 빛조차도 세상의 수많은 빛들 가운데 하나밖에는 되지 않을 것이며, 우리를 하늘로 부르시는 거룩한 부르심조차도 별 의미 없는 세상의 수많은 소음들 가운데 하나밖에는 되지 않을 것입니다.

2. 둘째로, 이러한 소망이 어떻게 기독교적 삶의 머릿돌이 될 수 있는지 주목하십시오.

바울은 에베소 형제들의 믿음과 사랑에 대해 들었습니다. 그가 본문과 같은 기도를 드린 것은 바로 그러한 소식을 들었기 때문이었습니다. 그와 같은 두 가지, 즉 예수 그리스도 안에서 하나님의 나타남을 인식하는 믿음과, 그러한 믿음이 신자의 마음속에서 산출하는 사랑은 이와 같은 위대한 소망에 의해 관 씌워지며, 또 그것이 없이는 불완전한 것이 됩니다. 하나님의 신실하심을 의뢰하는 믿음은 소망을 구체화시켜 줍니다. 왜냐하면 기독교적 소망은 우리 자신의 상상력으로부터 나오는 것도 아니며, 현재의 채워지지 않는 열망을 미래의 생명으로 투영시키는 것도 아니기 때문입니다. 그것은 다만 신자의 영이 하나님의 말씀 속에 빛나는 위대한 진리들을 인식하는 것입니다. 믿음은 휘장을 열어젖히며, 소망은 천상의 심연을 바라봅니다. 나의 소망은, 만일 그것이 미망이나 도깨비불 이상의 어떤 것이라면, 하나님의 계시된 진리에 대한 나의 마음의 응답입니다.

이와 마찬가지로 믿음으로부터 흘러나오는 사랑은 필연적으로 그 대상과 완전하게 연합될 것에 대한 기대로 나아갈 뿐만 아니라, 또한 마치 강의 수문처럼 생명의 흐름을 그 올바른 물길로부터 돌리는 거짓되고 미혹적인 사랑이 모두 거룩하게 되고 더 이상 소망을 가로막는 것이 되지 않는 그와 같은 방식으로 마음과 성품 위에서 역사합니다.

기독교의 삼중 은혜는 소망으로 완성됩니다. 소망이 없이 믿음과 사랑만으로는 뭔가 부족합니다. 피렌체의 거대한 종탑은 비록 찬란한 대리석과 아름다운 조각들로 치장되었다 할지라도 종탑 꼭대기의 하늘을 찌르는 첨탑이 없이는 뭔가 부족했을 것입니다. 이와 같이 믿음과 사랑이 온전한 은혜가 되기 위해서는 소망이 필요합니다.

교우 여러분, 만일 믿음과 사랑이 이러한 기독교적 소망 속에서 그 최고의 완성을 찾지 않는다면, 우리의 기독교는 매우 불완전한 것이 될 것입니다. 여러분은 여러분의 믿음과 사랑을 불멸로 가득 찬 산 소망으로 완성시켜야 합니다.

3. 셋째로, 이러한 소망이 그리스도인의 삶에 있어 없어서는 안 되는 꼭 필요한 요소임을 주목하십시오.

바울은 이러한 소망을 이들 에베소의 그리스도인들에게 일어날 수 있는 최고의 것으로서, 그리고 그들이 강하고 선하며 축복된 자들이 되기 위해 반드시 필요한 것으로서 제시합니다. 본 서신의 다른 부분에서 우리는 그들을 향한 다른 측면의 열망들 역시도 많이 나타나는 것을 볼 수 있습니다. 그러나 여기에서 모든 기독교적 진보는 강력한 소망 속에 내포되어 있는 것으로 간주됩니다.

어째서 소망의 행동이 그리스도인의 삶에 있어 이토록 중요할까요? 왜냐하면 그것이 선한 노력을 불러일으키며, 슬픔을 잠잠케 하며, 유혹을 이기게 하며, 삶에 새로운 목표를 제공해 주기 때문입니다.

만일 우리가 모든 참된 그리스도인들 앞에 예비되어 있는 위대한 미래를 항상 인식하며 살아간다면, 그것이 우리 삶의 전반적인 국면을 변화시키지 않을까요? 만일 우리가 이 땅의 어느 한 지점에서 세상을 바라본다면, 세상은 매우 크게 보일 것입니다. 그러나 만일 우리가 그것을 천체의 중심인 태양으로부터 바라본다면, 그것이 대체 얼마나 크게 보일까요? 우리는 세상을 바라보는 우리의 위치를 이와 같이 이동시킬 수 있습니다. 그러면 우리는 세상이 얼마나 보잘것없는 것인지를 깨닫게 될 것입니다. 지금 세상은 다음 세상으로 들어가는 입구가 된다는 사실을 제외하고는 아무런 가치도 갖지 못합니다. 이와 같이 세상의 큰 것들을 작게 만들며 세상의 고통스런 일들을 사소한 것으로 만드는 위대한 미래를 바라보며 현재를 대수롭지 않게 여길 때, 비로소 우리는 현재의 참된 의미와 중요성을 깨닫게 될 것입니다. 현재는 그러한 미래의 입구이며, 그러한 미래는 이 땅에서 살았던 우리의 삶의 결과들에 의해 조건지워집니다. 장인(匠人) 밑에서 심부름을 하는 어떤 도제(徒弟)를 생각해 보십시오. 단지 그가 하는 일 자체만을 본다면, 그의 일은 매우 초라한 일이 될 것입니다. 도제는 "이 모든 하찮은 일들이 도대체 무슨 의미가 있단 말인가?"라고 말할 수 있을 것입니다. 그러나 그 모든 일이 장인이 되는 도제의 과정이기 때문에 가치 있는 일이 됩니다.

지금 이 땅에서 우리는 장차 하늘에서의 위대한 일을 위해 준비하고 있습니다. 우리는 각종 도구들을 사용하는 법을 배우고 있으며, 우리의 손과 힘을 어떻게 사용해야 하는지에 대해 배우고 있습니다. 그러다가 모든 수업과정이 끝나면, 우리는 하늘의 작업장에 있게 될 것이며 이 땅에서의 모든 임금을 풍성하게 받을 것입니다. 그 위대한 내일은 이 땅에서의 오늘과는 달리 크게 넘치며 풍성할 것이기 때문에, 이 땅의 사소한 일들을 행하는 것은 결코 사소한 일이 아닌 것입니다. 왜냐하면 하늘과 관련한 일은 그 어느 것도 사소한 것이 없기 때문입니다. 거의 평행처럼 보이지만 그러나 약간의 오차가 있는 두 개의 직선을 생각해 보십시오. 그 오차의 각이 아무리 작다 할지라도 두 개의 직선을 무한까지 연장하면 하나는 하늘나라까지, 그리고 다른 하나는 지옥까지 도달할 정도로 둘 사이의 차이는 크게 벌어질 것입니다. 이와 같이 우리가 이 땅에서의 사소한 일들을 하늘과 연결시킬 때, 그것들은 매우 중요한 의미를 갖게 되며, 또한 우리의 삶은 참된 의미를 갖게 될 것입니다.

만일 우리가 이러한 소망을 굳게 붙잡는다면, 우리가 이 땅에서 부딪히는 갖가지 고난과 슬픔과 불편한 일들은 얼마나 대수롭지 않은 것이 될까요? 그것들은 모두 "거룩한 경멸"의 대상이 될 것입니다. 만일 우리가 아주 짧은 여행 중에 있다면, 우리의 숙소가 일등실인가 혹은 이등실인가 하는 것은 아무 문제도 되지 않을 것입니다. 중요한 문제는 항구에 안전하게 도달하는 것입니다. 한 걸음 더 나아가, 그와 같은 소망을 품을 때, 우리는 여행 중에 만나게 되는 수많은 장면들을 또한 매우 귀하게 여기게 될 것입니다. 왜냐하면 그것들은 하늘에서의 삶과 불가분리적으로 연결되어 있기 때문입니다.

4. 넷째로, 이러한 소망은 열린 눈을 필요로 합니다.

바울 사도는 에베소의 형제들에게 "지혜와 계시의 영"을 주셔서 그들로 하나님을 알게 해 달라고 간구한 후(17절), 계속해서 그들의 "마음의 눈"을 밝혀 달라고 덧붙입니다(18절). 이것은 매우 주목할 만한 표현입니다. 그것은 이와 같은 앎이 우리에게 전달되는 도구가 마음임을 의미하는 것이 아닙니다. 도리어 여기에서 "마음"은 전반적인 내적 생명을 나타내는 일반적인 표현으로 사용된 것입니다. 그러므로 여기에서 바울이 의미하는 모든 것은, 에베소의 형제들에게 지혜의 영을 주심으로써 그들의 내적 본성이 각성되어 "부르심의 소망"을 깨달을 수 있는 상태가 되게 해 달라는 것입니다.

여기에서 또한 "너희로 부르심의 소망을 알게 하시기를 구하노라"라는 표현을 주목하십시오. 여러분은 어떻게 어떤 소망을 알 수 있습니까? 여러분은 어떻게 어떤 종류의 감정을 압니까? 여러분은 그것을 가짐으로써 그것을 알 수 있습니다. 내가 어떤 종류의 소망을 가지고 있는지를 아는 유일한 방법은 그러한 소망을 품는 것입니다. 그리고 이것은 오직 마음의 눈이 밝혀질 때 비로소 가능합니다. 왜냐하면 우리의 내적 본성은 성령에 의해 접촉되지 않는 한 이 땅의 현재에 너무도 강력하게 매여 있어서 하늘에 속한 멀리 떨어진 복들은 그 안으로 뚫고 들어올 기회를 갖지 못하기 때문입니다. 어느 누구도 한 쪽 눈으로는 바로 앞에 있는 것을 보면서 동시에 다른 쪽 눈으로는 멀리 떨어져 있는 다른 것을 볼 수 없습니다. 여러분은 그 대상에다가 눈의 초점을 맞춰야만 합니다. 따라서 가까운 것을 응시하는 사람은 멀리 떨어진 것은 볼 수 없습니다. 만일 우리가 땅만 바라보며 걸어간다면, 우리는 당연히 위에 있는 면류관을 볼 수 없습니다.

내적 본성을 밝히기 위해 우리는 역사적인 계시 이상의 것을 필요로 합니다. 이 땅에는 예수 그리스도에 의해 분명하게 드러난 불멸에 대해 잘 아는 — 왜냐하면 그 영혼이 불멸의 소망으로 가득 차 있기 때문에 — 사람들이 많이 있습니다. 그렇지만 그 모든 지식에도 불구하고 아직 그러한 소망을 알지 못하는 — 왜냐하면 그것을 느끼지 못했기 때문에 — 사람들도 많이 있습니다. 여러분의 마음속에 불멸의 산 소망이 있기 위해서는, 부활하시고 승천하신 그리스도의 역사적 사실들을 지적으로 받아들이는 것만으로는 부족합니다. 그 이상의 것이 필요합니다. 그것은 여러분의 내적인 눈이 강화되고 밝아져야 한다는 사실입니다. 우리의 마음의 눈은 정말로 가치 있는 위대한 대상에 초점이 맞추어져야 합니다. 그러나 신적 도우심, 즉 지혜의 영이 없이는 그렇게 할 수 없습니다. 만일 우리가 지혜의 영을 구하면, 그것은 우리의 마음을 가득 채울 것입니다. 그리고 그것이 우리의 마음에 가득 차 있을 때, 그것은 우리의 시야를 깨끗하게 하고, 우리로 허탄한 것을 보는 대신 정말로 보아야 할 것을 보게 할 것입니다.

그러나 우리는 조건들을 지켜야만 합니다. 앞에서 이야기한 것처럼 그와 같은 소망을 알게 되는 것은 단지 그리스도의 부활과 승천의 사실을 진리로 받아들이는 것뿐만 아니라 또한 지혜의 영을 통해 오는 것이기 때문에, 그러한 소망을 갖기 위해서는 여러분은 그것 즉 지혜의 영을 구해야만 합니다. 사랑하는 교우 여러분, 여러분은 그것을 구합니까? 여러분은 하나님의 도우심 가운데 항상 하늘의 소망 가운데 거하도록 기도합니까? 만일 여러분이 그렇게 기도한다면, 여러분은 응답을 받을 것입니다. 지혜의 영을 구하고, 그것의 만짐을 거부하지 마십시오. 하나님이 여러분의 눈을 하나님 자신에게 고정시키고자 애쓰실 때, 부디 여러분의 눈을 세상에 고정시키지 마십시오. 예수 그리스도에 대해, 그리고 하나님의 부르심에 대해 더 많이 생각하십시오. 그리고 하나님을 더욱 가까이 하기를 힘쓰면서, 모든 고난과 시련과 일상의 사소한 일들 속에서 하늘의 즐거운 소망을 더 풍성하게 계발하도록 노력하십시오.

　분명 하나님이, 우리가 일상의 사소한 일들에다가 모두 던져버릴 수 있는 그 정도의 소망의 능력으로 우리를 옷 입히시지는 않았을 것입니다. 우리는 너무도 근시안적입니다. 우리의 잘못은 소망하지 않는 것이 아니라, 너무나 가까운 것만을 소망하는 것입니다. 나침반과 해도(海圖)를 갖지 못하므로 과감하게 대양(大洋)으로 나가지 못하고 해안선을 따라 조심스럽게 밖에는 항해하지 못했던 옛 선원들처럼 말입니다. 그러나 우리는 우리 앞에 우리의 길을 인도하는 위대한 별이 있다는 사실을 인식하면서 담대하게 대양으로 나아가야 합니다. 여러분의 소망을 이 땅에 없어질 것들에 두지 마십시오. 만일 그렇게 하면, 이루어지든 좌절되든 상관없이 그 소망은 똑같이 여러분의 입에 쑥처럼 쓴 것이 될 것입니다. 특별히 인생의 끝자락을 향해 나아가고 있는 가운데 이 세상에 대해서는 소망이 별로 남아 있지 않은 노인들에게 말합니다. 여러분의 시야를 "없어질 하늘 너머까지" 확장시키십시오. 거기에 우리의 경험과 상상을 넘어서는 것이 있습니다. "장래에 우리가 어떻게 될지는 아직 나타나지" 않았습니다(요일 3:2). 그렇지만 하나님은 우리를 그의 영원한 나라와 영광으로 부르셨습니다. 그러므로 "그의 부르심의 소망" 가운데 행하도록 힘씁시다.

8
성도 안에 있는 하나님의 기업

"성도 안에서 그 기업의 영광의 풍성함이 무엇인지
너희로 알게 하시기를 구하노라"
엡 1:18

소망의 약점은 그것이 너무나 자주 우리의 열망의 강렬함이나 혹은 우리 상상력의 작용에 의존한다는 사실입니다. 그러나 단순한 바람이나 상상이 물레를 돌릴 때, 소망은 튼튼한 옷감을 짤 수 없습니다. 옛 선지자 가운데 한 사람도 사람의 헛된 소망에 대해 이야기하면서 그것이 마치 "옷이 되지 못하는 거미줄"과 같다고 말합니다(사 59:5, 6). 바울은 에베소의 형제들이 하나님의 부르심의 소망을 알기를 간구한 후, 계속해서 그들이 그와 같은 소망을 짤 수 있는 재료, 다시 말해서 미래의 복에 대한 확실하고도 분명한 지식을 갖기를 간구합니다. 여기에서 그가 그러한 미래를 묘사하는 언어는 참으로 주목할 만합니다 — "성도 안에서 그 기업의 영광의 풍성함." 그는 그것을 "그의 기업" 즉 "하나님의 기업" — 하나님이 기업을 주시는 자라는 의미에서 — 이라고 부릅니다. 또 그는 그 기업을 "성도들 안에 있는"(in the saints) 것으로 말합니다. 마치 가나안 땅이 각각의 지파들과 가문들로 분배되고, 그리하여 각각의 사람들이 자신의 작은 땅을 얻게 된 것처럼, 그래서 전체 땅이 "빛 가운데서 성도의 기업의 부분을 얻기에 합당하게 하신 자들" 사이에 분배된 것처럼 말입니다

(골 1:12).

이제 우리는 여기에서 다음과 같은 세 가지에 우리의 주의를 집중시키고자 합니다. 첫째는 기업이며, 둘째는 상속자며, 셋째는 상속자들의 미래의 소유에 대한 현재적 지식입니다.

1. 첫째로, 기업을 주목하십시오.

여기에서 우리는 "기업"(혹은 유산, inheritance)이라는 단어로부터 그 것과 관련되는 몇몇 통상적인 개념들을 배제시켜야 합니다. 영어권 독자들은 "기업"이라는 단어를 들을 때 통상 어떤 사람이 죽음으로써 그의 재산을 상속받는 것을 떠올릴 것입니다. 그러나 우리는 먼저 본문의 기업에 상속의 개념이 담겨 있지 않다는 사실을 기억해야 합니다. 여기의 기업의 개념은 단순히 소유(possession)를 의미할 뿐입니다. 물론 그 단어의 기저에 놓여 있는 개념은 옛 가나안 땅을 각 지파 별로 분배하는 것입니다. 그러나 그 의미를 좀 더 충분하게 이해하기 위해서는 우리는 그것보다 훨씬 더 깊이 들어가야 합니다.

영혼의 분깃이 무엇입니까? 그것은 하나님입니다. 하나님은 하늘(혹은 하늘나라, Heaven)이며, 하늘은 하나님입니다. 만일 우리가 기업에 대한 올바른 개념을 이해하고자 한다면, 우리는 반드시 그 단어를 다음과 같은 말씀의 기초 위에서 이해해야만 합니다. "하늘에서는 주 외에 누가 내게 있으리요 땅에서는 주 밖에 내가 사모할 이 없나이다"(시 73:25). 오직 하나님만이 사람의 영의 분깃이 될 수 있습니다. 그 외의 어떤 것도 사람의 궁극적인 필요를 채울 수 없습니다.

그러므로 설령 좋은 일들이 계속해서 일어나는 가운데 우리를 근심케 하고 두렵게 하며 슬프게 하는 모든 외적인 원인들이 사라져 버린다 할지라도, 만일 하나님 자신이 우리의 마음속으로 들어오시지 않는다면 우리의 마음은 여전히 굶주린 가운데 참된 소유로 채워지지 못할 것입니다. 이와 같이 우리의 기업은 다름 아닌 하나님 자신을 충만하게 소유하는 것입니다.

그러면 사람이 어떻게 하나님을 소유합니까? 우리는 세상에서 어떻게 서로를 소유합니까? 우리가 하나님을 소유하는 방법은 우리가 세상에서 서로를 소유하는 방법과 정확하게 같습니다. 다만 그것을 무한히 확장시킨다는 것이 다를 뿐입니다. 그와 같이 우리는 이 땅에서 하나님을 소유하고 또 장차 소유할 것입니다. 그것은 마음과 마음이 사랑으로 연합되어 상호 소유(mutual possession)를 이루는 것입니다. "내 것" 혹은 "네 것"이 마치 여러 분광(分光)들이 합쳐져 완전한 빛을 이루는 것처럼 "우리 것"을 이루는 것입니다. 묵상은 우리를 하나님을 소유한 자로 만듭니다. 하나님의 성품과 동화(同化)되는 것은 우리로 하나님을 소유하도록 만듭니다. 그를 사랑하며 바라보는 자, 그래서 그의 모양(likeness)으로 계속해서 자라가는 자는 그를 소유합니다. 바로 이것이 사람의 미래의 운명과 최고의 복에 대한 핵심적인 개념입니다. "그의 종들이 그를 섬기며 그의 얼굴을 볼 터이요 그의 이름도 그들의 이마에 있으리라"(계 22:3, 4). 순종, 묵상, 변화 — 이것들은 우리가 이 땅에서 하나님을 붙잡는 손들입니다. 요컨대 "기업"은 다름 아닌 하나님 자신입니다.

이것은 성경 전체의 가르침과 일맥상통할 뿐만 아니라 "우리는 하나님의 상속자"라는 일반적인 표현을 확장시킨 것에 불과합니다. 정말로 우리의 기업이 하나님 자신이라면, 지금까지 과도한 위치에 올려졌던 다른 모든 부차적인 축복들은 본래의 제자리, 즉 부차적이며 2차적인 자리로 내려오게 됩니다.

사랑하는 교우 여러분, 우리의 이해를 돕기 위해 성경이 그러한 미래에 대해 종종 묘사하곤 하는 감각적인 은유들을 생각해 보십시오. "거기에는 밤이 없을 것"이라는 사실을 아는 것은 얼마나 복됩니까? 또 세상의 모든 불행들과 상반되는 아름다운 부정(否定)들을 이해하는 것은 얼마나 복됩니까? "거기에는 더 이상 죄도 없고 저주도 없으며 눈물도 없고 탄식하는 것이나 슬픈 것이나 아픈 것도 없으리니 이전 것들이 지나갔음이러라." 지금 입고 있는 성가신 육체의 짐을 벗을 때 우리가 훨씬 더 우리 자신이 될 것이라는 사실을 생각해 보십시오. 그것은 얼마나 아름답고 복된 일입니까? 그때 우리는 모든 것을 분명하게 알고 분명하게 깨닫게 될 것입니다. 또 이 땅에서 먼저 보낸 사랑하는 사람들을 알아보게 되는 것을 생각해 보십시오. 그 또한 얼마나 복된 일입니까? 그러나 만일 우리가 하나님을 우리의 소유로 갖지 못한다면, 이 모든 복된 일들도 영원히 계속되고 연장된다면 그 역시 지루한 일이 되고 말 것입니다. 사실 "영원"은 무서운 단어입니다. 심지어 그것에 복된 개념이 덧붙여질 때에라도 말입니다. 나는 심지어 구속받은 자라 할지라도 영원의 시간 속에서 어떻게 끝없는 단조로움과 무료함의 무시무시한 힘으로부터 구원받을 수 있는지 알지 못합니다. 우리에게는 단순히 우리 자신의 본성 속에, 그리고 외부세계에 대한 우리의 관계 속에 변화를 가져다주는 것을 넘어서는 그 이상의 것이 필요합니다. 우리는 우리의 최고의 기쁨으로서, 그리고 하늘의 하늘로서 하나님 자신을 소유해야 합니다.

그럴 때 비로소 우리는 본문에서 바울이 제시하고자 애쓰는 것을 좀 더 잘 이해할 수 있게 될 것입니다. "그 기업의 영광의 풍성함" — 여기의 "풍성함" 혹은 "부요함"이란 단어는 바울이 즐겨 사용하는 단어입니다. 본 서신에서만 모두 다섯 번 사용되었을 정도입니다. 본문에서 한 번 사용된 것 외에도, 하나님의 은혜와 연결되어 두 번 사용되었으며("그의 은혜의 부요함"), 그리스도와 연결되어 한 번 사용되었으며("그리스도의 말할 수 없는 부요"), 본문과 비슷하게 또 한 번 사용되었습니다("그의 영광의 부요함"). 보다시피 모든 경우에 그 단어는 "신적인 특별한 어떤 것"에 적용됩니다. 여기에서도 그것은 어떤 세상적인 것이 아니라, 영원히 꺼지지 않는 빛이신 하나님의 영광에 적용됩니다. 다함도 없고 쇠함도 없으며 소멸되지도 않는 것은 오직 하나님께만 적용될 수 있습니다. 그러므로 영원하신 하나님의 "풍성함"만이 영원한 축복의 보증이 됩니다. 하나님의 곳간도 다함이 없으며, 그러므로 우리의 부요도 다함이 없습니다.

나아가 여기의 "영광"은 하나님의 빛으로부터 반사된 어떤 피조물의 빛이 아닙니다. 그것이 아무리 우리 눈에 휘황찬란하게 보인다 하더라도 말입니다. 도리어 그것은 멀리서 반짝이는 그리고 영원히 꺼지지 않는 하나님 자신의 빛입니다. 그러므로 그 기업은 "썩지 않고 더럽지 않고 쇠하지 않는" 것입니다(벧전 1:4). 그것은 단순히 하나님의 의지가 그렇게 작동하기 때문이 아니라, 하나님 자신이 그 기업이며, 따라서 시간조차도 그분에 대해 아무런 권능을 행사하지 못하기 때문입니다. 그의 모든 피조물들은 그의 풍성함 위에 영원히 거할 수 있습니다. 그것은 마치 옛 우화처럼 먹고 남은 것이 처음 식사할 때보다 더 많은 그런 풍성함입니다. "성도 안에서 그 기업의 영광의 풍성함이 무엇인지 너희로 알게 하시기를 구하노라."

2. 둘째로, 상속자를 주목하십시오.

본문 말씀에 대한 최고의 주석은 아마도 본문을 기록한 바울 자신이 다메섹 도상에서 구원 얻을 자들과 관련하여 들은 다음과 같은 말씀일 것입니다. "거룩하게 된 무리 가운데서 기업을 얻게 하리라"(행 26:18). 아마도 이 말씀은 항상 그의 귀에 메아리처럼 울려 퍼졌을 것이며, 여기의 본문을 기록할 때도 그랬을 것입니다.

바울은 "성도"(혹은 聖人, saints)라는 단어로서 무엇을 의미할까요? 광대한 기업을 분배받을 자들은 도대체 누구입니까? "성도(聖徒)" 즉 거룩한 자들이라는 단어 속에는 하나님 앞에서 모든 신자들의 동등성을 부인하는 의미가 은연중 풍기는 것처럼 보입니다. 그러나 그 단어는 일차적으로 순전하며, 정결의 의미에서 거룩하며, 의로운 사람들을 의미하지 않습니다. 그것이 일차적으로 의미하는 것은 "하나님을 위해, 그리고 하나님의 소유로서 따로 분리된 사람들"입니다. 바로 이것이 "거룩"의 참된 의미입니다. 그 단어는 성전의 각종 기물이나, 제사장이나, 성전에서의 각종 봉사나 제단에도 적용되는데, 이러한 경우에도 그 의미는 같습니다.

우리는 앞에서 어떻게 하나님이 사람에게 속하게 되는지, 다시 말해서 어떻게 사람이 하나님을 소유할 수 있는지에 대해 살펴보았습니다. 이제 우리는 그와 정반대의 질문, 즉 어떻게 사람이 하나님께 속하게 되는지에 대해 물어야 합니다. 이에 대한 대답 역시 앞의 질문에 대한 대답과 같습니다. 사람은 그 마음의 사랑에 의해, 그 의지의 순복에 의해, 그 행동을 그분께 맡김에 의해, 하나님께 속합니다. 이와 같이 하나님께 속한 자는 자신을 하나님께 드리는 동일한 행동 속에서 하나님을 자기 소유로 받습니다. 그것은 일방적이지 않고 쌍방적입니다. 신자(信者)는 말합니다. "저의 모든 것이 주의 것이나이다." 이에 하나님은 대답합니다. "내 모든 것이 네 것이니라." 우리의 "주여 나의 모든 것을 주께 드리나이다"는 그분의 "내 자녀들아 내가 나 자신을 너희에게 주노라"와 만납니다. 이것은 이 땅의 사랑에서도 동일하며, 그분에 대한 우리의 관계에서도 동일합니다. 그럴 때 정결(purity) — 부주의한 사람들이 거룩함의 주 개념으로 생각하는 — 이, 언제 어디서나 모든 선의 기초가 되는 이러한 자기 순복을 따를 것입니다.

만일 이것이 사실이라면, 다음 단계는 매우 분명합니다. 그것은 하나님을 완전하게 소유하기 위해서는, 이 땅에서 부분적으로 소유하는 것을 위해 요구되었던 것과 동일한 것이 필요하다는 사실입니다. 이 땅에서 우리는 스스로를 하나님께 드리는 분량만큼 그분을 우리의 소유로 받습니다. 이와 같이 이 땅의 부분적인 소유에서도 임의적인 것은 아무것도 없습니다. 만일 하늘(heaven)이 많은 사람들이 생각하는 것처럼 다분히 세속적인 것이라면, 다시 말해서 외적인 형벌을 피하고 모든 종류의 외적인 축복들과 즐거운 것들과 호화로운 것들을 얻는 것이라면, 그런 것들을 분배하는 데에는 다소간 임의적인 요소가 있을 것입니다. 그러나 만일 그 소유가 자신을 그분께 드리는데 달려 있다면, 거기에는 어떤 임의적인 요소도 있을 수 없을 것입니다. 하늘을 얻는 조건으로 제시되는 것은 다름 아닌 믿음입니다. 왜냐하면 믿음이야말로 예수 그리스도와 연합되는 수단이기 때문입니다. 그리고 바로 그분으로부터 우리는 자기 순복과 거룩의 동기를 끌어옵니다. 만일 여러분이 하나님을 소유하지 않는다면, 여러분은 하늘을 소유하지 못합니다. 이것이 첫째 단계입니다. 만일 여러분이 거룩을 소유하지 못한다면, 여러분은 하나님을 소유할 수 없습니다. 이것이 둘째 단계입니다. 여러분은 믿음이 없이 거룩을 소유할 수 없습니다. 이것이 셋째 단계입니다. "나를 믿어 거룩하게 된 무리 가운데서 기업을 얻게 하리라" (행 26:18). 기업은 하나님을 믿음으로 거룩하게 된 무리들에게 주어집니다.

우리 가운데 많은 사람들은 죽을 때 하늘나라(heaven)에 갈 것이라고 생각합니다. 그러나 이와 같은 생각은 큰 오류입니다. 왜 그렇습니까? 하늘나라는 바로 여기, 우리 가운데 있기 때문입니다. 하나님을 닮아가는 가운데, 의를 실천하는 가운데, 그분을 의지하는 것을 발전시켜 나가는 가운데, 스스로를 그분께 순복시키는 가운데, 현재적인 하늘나라가 있는 것입니다. 하늘 혹은 하늘나라는 여기에 있습니다. 물고기는 육지에서는 죽으며, 그것을 잡은 어부는 물 속에서는 죽습니다. 폐로 숨을 쉬는 곳에서는 아가미는 아무 쓸모가 없습니다. 반대로 아가미로 숨을 쉬어야 하는 곳에서는 폐는 무익합니다. 만일 여러분이 지금 여기에서 여러분을 하나님과 연합시키며 또 그분을 소유하게 만들어 주는 거룩을 소유하지 못한다면, 여러분은 장차 "하늘"(heaven)을 소유하지 못할 것입니다.

3. 셋째로, 여기에서 상속자들의 미래의 복에 대한 현재적 지식을 주목하십시오.

바울은, 이들 에베소의 형제들이 분명 알 수 없는 것처럼 보이는 것을 알게 해 달라고 간구합니다. 그것은 불가능한 간구입니다. 왜냐하면 그와 같은 미래의 삶에 대한 세세한 것들은 우리가 알 수 없는 것이기 때문입니다. 우리와 미래 사이에는 험준한 산이 가로막혀 있습니다. 그래서 그 비밀은 우리에게 감추어져 있으며, 다만 약간의 빛만 우리에게 도달할 뿐입니다. 우리가 우리의 미래에 대해 알 수 있는 분량은, 아직 태어나지 않은 아기나 땅 속에 있는 유충이 그들의 미래에 대해 알 수 있는 분량만큼밖에는 되지 않을 것입니다. 경험이 없는 곳에 지식도 없습니다.

그러면 본문과 같은 바울의 간구는 무엇을 의미하는 것일까요? 여기에서 바울이 간구하는 지식이 "이전(以前) 지식의 결과"라는 사실을 주목할 때, 우리는 위의 질문에 대한 대답을 찾을 수 있습니다. 바울은 앞 절에서 이들 에베소 형제들이 "하나님을 아는 지혜와 계시의 영"을 갖게 되기를 간구했습니다. 그리고 그들이 하나님의 지식을 갖게 될 때, 바울은 그들이 "성도 안에 있는 그의 기업의 영광의 풍성함"을 아는 지식을 갖게 될 것이라고 생각합니다. 즉, 이 땅에서 믿음과 사랑으로 말미암는 하나님 지식은 이후의 그분에 대한 가장 풍성하며 완전한 지식과 동일선상에 있다는 것입니다. 다시 말해서, 전자와 후자는 서로 연결되어 있으며, 따라서 전자를 알 때 후자 역시도 그렇게 될 수 있다는 것입니다. 전자가 씨라면, 후자는 활짝 핀 꽃입니다. 전자가 희미하게 깜빡이는 불빛이라면, 후자는 찬란한 태양의 빛나는 광채입니다. 전자와 후자는 긴밀하게 연결되어 있습니다. 따라서 우리는 전자로부터 후자에 대한 가장 확실한 지식을 끌어옵니다. 직접 별들을 보기 위함이 아니라 별들이 반사된 반사경을 보기 위한 망원경이 있습니다. 관측자는 그 반사경 위에서 별들을 봅니다. 이 땅에서의 우리의 경험은 마치 이와 같은 반사경과 같습니다.

그러므로 사랑하는 교우 여러분! 만일 우리가 하늘의 복에 대해 알 수 있는 분량만큼 알기를 원한다면, 이 땅에서 하나님의 지식과 사랑을 소유할 수 있는 분량만큼 소유하기를 추구하십시오. 그러면 우리는 중앙의 빛을 알게 될 것입니다. 비록 그 주위는 매우 어두울 수 있다 하더라도 말입니다. 많은 부분은 여전히 모호함 가운데 남아 있을 것입니다. 바위틈에 핀 꽃을 생각해 보십시오. 아주 적은 양의 흙 위에서도 그것은 아름다운 꽃을 활짝 피울 수 있었습니다. 뿌리만 굳게 내린다면 말입니다.

우리 모두를 위한 길은 분명합니다. 죄인으로서 예수 그리스도께 나아와 그가 주신 것을 받으십시오. 그의 사랑을 받았다면, 그 사랑을 다시 그분께 돌려 드리십시오. 그리고 여러분 자신을 그분께 드리십시오. 그러면 그는 자신을 우리에게 주실 것입니다. "주여, 종은 주의 것이로소이다"라고 말할 수 있는 자들은 하늘로부터 "나는 네 것이니라"는 음성을 듣게 될 것입니다. 그리고 하나님 자신을 소유하는 자, 그리고 하나님 자신에 의해 소유되는 자들은 하늘나라에 가기 위해 죽을 필요가 없습니다. 그들은 최소한 지금 하나님의 집의 문지기로서 언젠가 직접 밟게 될 내부의 성소(inner sanctuary)를 들여다볼 수 있는 위치에 서 있습니다. 믿음의 삶은 우리에게 하늘(Heaven)을 가져다줍니다. 그리고 그와 함께, 우리가 하늘에 들어가게 될 때 우리가 어떻게 될 것인지, 그리고 무엇을 소유할 것인지에 대한 가장 확실하고 분명한 지식을 가르쳐 줍니다.

9
능력의 지극히 크심

"그의 힘의 위력으로 역사하심을 따라 믿는 우리에게 베푸신 능력의
지극히 크심이 어떠한 것을 너희로 알게 하시기를 구하노라"
엡 1:19

"**기업의** 영광의 풍성함"은 때로 소망을 고취하기보다 도리어 소망을 꺾기도 합니다. 또 약속된 미래에 대한 놀라운 영광은 도리어 "그러면 내가 그곳에 도달할 것을 바랄 수 있을까?"라는 의문을 제기하게 만듭니다. 우리의 인생길에서 우리는 수없이 많은 패배를 경험합니다. 이런 상황에서 우리가 어떻게 승리의 화관을 기대할 수 있겠습니까? 앞에서 바울은 에베소의 형제들을 위해 그들이 하나님의 부르심의 소망과 그의 기업의 영광의 풍성함을 알게 해 달라고 간구했습니다. 그러나 바울은 그것이 그들의 필요한 모든 것이라고 생각하지 않습니다. 그들에게는 필요한 것이 더 있었습니다. 그의 부르심의 소망을 알며 또 기업의 풍성함을 아는 것 외에 또 다른 것이 필요한데, 그것은 그러한 소망을 성취할 수 있으며 또 그러한 기업을 가져다줄 수 있는 능력을 아는 것입니다. 이러한 주제를 다루면서 그의 목소리는 높이 고양(高揚)됩니다. 우리 안에서 역사하는 능력에 대해 생각하면서, 그는 이를테면 불을 토하는 것 같습니다. 그것은 "지극히" 큰 능력입니다. 이것을 좀 더 잘 이해하기 위해 우리는 본 서신의

다른 말씀들을 살펴볼 필요가 있습니다. 바울은 "지식에 넘치는 그리스도의 사랑"(3:18)에 대해, 그리고 "우리가 구하거나 생각하는 모든 것에 더 넘치도록 능히 하실 하나님"(3:20)에 대해 말합니다. 오늘날의 그리스도인들 안에서 실제적으로 역사하는 능력은 본질적으로 초월적이며, 측량할 수 없으며, 생각과 바람과 지식을 넘어서는 것입니다.

그럼에도 불구하고 그 능력은 어떤 분량(measure)을 가지고 있습니다. "그의 힘의 위력으로 역사하심을 따라." 여기에 "힘"과 "위력"이 반복해서 나타나는 것을 주목하십시오. 이것은 단순한 동어반복(同語反覆)일 뿐입니까? 결코 그렇지 않습니다. 주석가들은 이들 사이에 나타나는 의미의 차이를 분별할 수 있다고 말합니다. 앞에 나오는 "힘"(power)이 좀 더 내적인 것이라면, 나중에 나오는 "위력"(strength)은 좀 더 외적이며 실제적인 것입니다. 그것은 뿌리와 열매의 관계로 비유될 수 있습니다. 그러나 이렇게 비슷한 단어들을 함께 모아 언급하는 것을 우리는, 무한한 것을 사람이 표현할 수 있는 방법으로 응축시켜 표현하려는 노력으로 볼 수도 있습니다. 이를테면, 말할 수 없는 것을 말하려는 노력 말입니다. 그리고 이와 같은 반복적인 표현은 마치 계속해서 밀려오는 파도처럼 그 뒤에 광대무변한 대양(大洋)의 거대한 힘이 있음을 암시합니다. 이제 여기에서 본문과 관련하여 몇 가지 살펴보도록 합시다.

1. 첫째로, 그리스도인들 가운데 역사하는 측량할 수 없는(immeasurable) 능력의 분량(measure)을 주목하십시오.

"그의 힘의 위력으로 역사하심을 따라." 부활, 승천, 하나님 우편에 앉으심, 만물을 다스리심, 하늘과 땅의 모든 피조물 위에 높아지심 — 이 모든 것은 바울 사도가 모든 그리스도인 가운데 활동하는 능력의 모범적인 역사(works)로서 제시하는 사실들입니다. 승천하신 그리스도의 현재적 영광들은 곧 사람에 의해 소유되는 영광들입니다. 따라서 그러한 영광들은 신자들 안에서 역사하는 능력의 증거로서 유용합니다. 그러한 영광들 안에서 우리는 인간성의 가능성, 즉 하나님이 인간을 창조하실 때 가지셨던 이상(理想)을 봅니다. 영광스러운 사명을 감당하기에 충분한 능력을 가진 자 또 내주하시는 신성(神性)의 광채 가운데 서 계시는 자는 우리 가운데 한 사람입니다. 인간성의 모든 가능성들은 그 안에서 분명하게 나타납니다. 만일 우리가 신적 능력이 우리를 만들 수 있는 모든 것을 알고자 한다면, 우리는 믿음의 눈으로 예수 그리스도를 바라보아야 합니다.

그러나 이러한 개념은 그와 같은 이상의 개인적인 성취와 관련하여 여전히 의문의 여지를 남깁니다. 가능성도 좋지만, 그러나 우리가 필요로 하는 것은 분명한 확실성입니다. 우리는 이러한 확실성을, 그리스도와 신자를 연합시키는 끈이, 가능성이 실재가 되며 또 확실성으로 승화되는 사실 안에서 발견합니다. 포도나무와 가지, 머리와 지체, 그리스도와 교회 — 이 모든 것은 어느 하나가 어떤 장소에 있으면 반드시 다른 하나도 그곳에 함께 있을 정도로 긴밀하고 가깝게 연합되어 있습니다. 그러므로 우리 마음속에 어떤 의심이나 두려움이 들어온다든지 혹은 우리의 모든 소망이 흐려질 때, 우리는 우리의 형제요 뼈 중의 뼈요 살 중의 살인 그에게로 돌이켜, 그가 사람이 될 수 있을 뿐만 아니라 마땅히 되어야만 하는 완전한 모범이라는 사실을 기억해야 합니다. "나 있는 곳에 나를 섬기는 자도 거기 있으리니"(요 12:26). "내게 주신 영광을 내가 그들에게 주었사오니"(요 17:22).

이것이 전부가 아닙니다. 우리에게 있어 미래에 대한 가능성과 확실성만이 우리 안에 역사하는 능력의 척도가 아닙니다. 또한 본 서신이 우리에게 가르치는 것처럼 우리는 그리스도인으로서 그 능력의 크기를 측량할 수 있는 현재적인 척도를 가지고 있습니다. 왜냐하면 바울은 주님에 대한 감격에 찬 탄성에 이어 다음 장에서 여기 본문의 주제로 되돌아와 "그는 허물과 죄로 죽었던 너희를 살리셨도다"(2:1)라고 말한 후, 몇 절 뒤에 그리스도에게 이루어진 일이 우리 그리스도인들에게도 똑같이 이루어진 것으로 다시 반복하여 말하고 있기 때문입니다(5절, "허물로 죽은 우리를 그리스도와 함께 살리셨고"). 만일 하나님의 영이 그리스도를 죽은 자 가운데 다시 살리셨다면, 그리고 그를 하늘의 자기 오른편에 앉히셨다면, 동일한 능력이 "그리스도 예수 안에서 우리를 함께 살리시고 또 하늘에 함께 앉게 하셨음" 역시 똑같이 사실입니다. 이와 같이 승천하신 그리스도의 영광만이 그 능력의 척도가 되는 것은 아닙니다. 뿐만 아니라 현재적인 기독교적 삶의 제한된 경험, 죄로 인한 죽음으로부터의 부활의 사실, 예수 그리스도와의 연합의 사실 — 이 모든 것들 역시 우리 안에서 역사하는 능력의 척도가 됩니다.

사람이신 그가 만왕의 왕이요 만주의 주이기 때문에, 우리의 생명이신 그가 "모든 정사와 권세 위에" 높아지셨기 때문에, 그의 보좌로부터 그가 우리를 죄로 인한 죽음으로부터 다시 살리시고 자신에게로 이끄셨기 때문에, 우리는 이 땅의 어둠 가운데 실족하는 동안에도 "그의 힘의 위력으로 역사하심을 따라 믿는 우리에게 베푸신 능력의 지극히 크심"을 알 수 있습니다.

2. 둘째로, 알 수 없는(unknowable) 능력에 대한 앎(knowledge))을 주목하십시오.

우리는 이미 앞에서 심오한 진리를 담고 있는 비슷한 역설을 살펴보았습니다. 나는 먼저 여기에 제시된 앎(혹은 지식, knowledge)은 성경에 계시된 사실에 대한 지적인 인식이 아니라 내적 경험에 의해 입증된 앎이라는 사실을 여러분에게 일깨워주고 싶습니다.

우리는 어떻게 능력 혹은 힘을 압니까? 그 힘을 느끼며 전율하는 것을 통해 우리는 그것을 압니다. 우리가 큰 능력을 알게 되는 것은 그것이 우리 안으로 밀려들어와 우리를 강하게 하기 때문이 아닙니까? 바울은 이들 에베소의 형제들을 위해 신학적인 개념들을 간구하고 있지 않았습니다. 다만 그들의 영이 하나님으로부터 부어지는 능력의 거대한 대양(大洋) 속에 잠기기를 간구하고 있었습니다. 그래서 그들 안에서 역사하는 능력의 크심을 더 이상 의심할 수 없게 되도록 말입니다. 경험으로부터 오는 지식(knowledge)은 우리 모두가 추구해야 하는 지식입니다. 우리가 올바른 개념들을 가져야 한다는 것은 단지 바라는 것으로 끝나서는 안 됩니다. 우리는 영원한 생명 자체이며 또 그것으로부터 오는 '생명의 지식'(vital knowledge)을 반드시 가져야만 합니다.

이와 같이 그것이 우리 안에서 역사하고 있음을 느낌으로써 우리가 알 수 있는 '그 능력'은 비록 측량할 수 없는(immeasurable) 것임에도 불구하고 그 분량(measure)을 가지고 있습니다. 또한 그것은 그 깊이와 풍성함에 있어 알 수 없으며 한이 없는 것임에도 불구하고 그러나 실제적으로 알 수 있습니다. 여러분은 감전(感電)을 경험하기 위해 천둥번개를 필요로 하지 않습니다. 여러분의 주머니 속에 있는 조그만 배터리로 충분합니다. 최근에 발견된 어떤 대륙이 있다고 생각해 보십시오. 여러분은 그것의 거대한 크기를 알기 위해 그 모든 지역을 다 돌아다닐 필요는 없습니다. 다만 해변의 크기만을 아는 것으로 충분합니다. 우리도 이와 같이 하나님에 대한 지식을 실제적으로 갖습니다. 그리고 비록 부분적이라 할지라도 그 지식을 타당한 것으로 신뢰할 수 있습니다. 우리는 경험으로 하나님과 그의 능력에 대한 분명한 지식을 갖습니다. 그러한 경험은 비록 작은 것일지라도 믿을 만한 것이 될 수 있으며, 또한 말할 수 없는 축복의 원천이 될 수 있습니다. 우리는 우리 감옥의 창문의 좁은 틈새를 통해 하늘의 일부만을 볼 수 있을 뿐입니다. 많은 창살들과 창문에 낀 먼지들이 우리의 시야를 가로막지만, 그럼에도 불구하고 우리가 보는 것은 분명 하늘입니다. 우리가 보는 모든 것이 손바닥만큼 작다 할지라도, 그럼에도 불구하고 우리는 봅니다. 이와 같이 우리는 앎(knowledge)을 넘어서는 알 수 없는(unknowable) 능력을 압니다(know).

그리스도 안에 나타난 무한한 능력에 대한 이러한 앎이 우리를 위한 것이란 사실을 기억하십시오. 이것이 없이는 생동감 넘치는 기독교적 삶도, 행복한 기독교적 삶도 결코 가능하지 않습니다. 또 이것이 우리로 하여금 염세주의나 혹은 세상에 대한 절망에 빠지지 않게 해주는 피난처가 됩니다. 옛 시편은 이렇게 말합니다. "주께서 그를 영화와 존귀로 관을 씌우시고 주의 손으로 만드신 것을 다스리게 하셨나이다"(시 8:5, 6). 그리고 여러 세기가 지난 후 히브리서 기자는 그와 관련하여 이렇게 덧붙입니다.

"지금 우리가 만물이 아직 그에게 복종하고 있는 것을 보지 못하고"(2:8). 시편의 옛 이상(vision)은 한낱 꿈에 불과했습니까? 그것은 결코 성취되지 못했습니까? 분명히 그렇습니다. 만일 우리가 과거의 지나온 역사를 예수 그리스도와 분리해서 바라본다면 말입니다. 과거 역사를 채우는 깨어진 유토피아들을 바라볼 때, 진보의 모든 단계들에서 악이 필연적으로 끼어들어 그것이 도리어 불행과 고통을 가져왔던 과거의 수많은 사실들을 생각할 때, 그리고 오늘날의 세상을 바라볼 때, 우리는 도대체 "그의 힘의 위력으로 역사하심을 따라 믿는 우리에게 베푸신 능력의 지극히 크심" 이외의 어디로부터 밝은 소망을 끌어올 수 있겠습니까? 지금 우리는 만물이 아직 그에게 복종하고 있는 것을 보지 못합니다. 정말로 그렇습니다. 그러나 우리는 예수를 봅니다. 그리고 그를 볼 때, 소망은 가능하며 타당하며 필연적입니다.

이러한 앎은 또한 우리의 약함에 대한 지나친 자의식으로부터 우리를 피하게 해주는 피난처가 됩니다. 마치 알프스의 험준한 고봉을 오르는 등반가처럼, 우리는 우리 앞에 솟아 있는 수직의 절벽을 바라봅니다. 그 정상에는 아름다운 땅이 있습니다. 그러나 날개가 없이는 결코 그곳에 오를 수 없습니다. 우리는 그곳에 오르려고 시도합니다. 그러나 오르는 만큼 미끄러져 내려옵니다. 그러면 어떻게 합니까? 다만 절벽 밑에 주저앉아 "우리는 올라갈 수 없어, 그냥 여기에 편안히 있는 것으로 만족하자"라고 말할 것입니까? 그렇습니다. 바로 이것이 우리가 종종 빠지곤 하는 시험입니다. 그러나 보십시오. 강한 팔이 내려와, 우리를 붙잡고, 우리를 절벽 위로 끌어 올립니다.

"하늘에서 내려온 자 곧 인자 외에는 하늘에 올라간 자가 없느니라"(요 3:13). 그가 거기로부터 몸을 구부려 우리를 자신에게로 끌어올릴 것입니다. 나는 약하며 보잘것없는 피조물입니다. 그렇습니다. 나는 죄와 부패로 가득합니다. 그렇습니다. 나는 매일같이 스스로에 대해 부끄럽게 여깁니다. 그렇습니다. 나는 너무 무거워 그곳에 오를 수 없습니다. 나에게는 날개가 없습니다. 나는 여러 겹의 사슬로 이곳에 묶여 있습니다. 그렇습니다. 그러나 우리는 "그 능력의 지극히 크심"을 알며, 그 안에서 승리의 찬가를 부를 수 있습니다.

그러한 앎은 또한 우리를 부끄럽게 만듭니다. 우리가 그 능력을 함부로 다루는 가운데 보잘것없는 결과를 가져온 것을 생각할 때 말입니다. 그러한 앎은 우리의 생각을 넓히며, 우리의 열망을 확장시키며, 우리의 소망 속에 분명한 확신을 불어넣습니다. 또 그러한 앎은 우리로 하여금 하나님의 위대한 일들을 기대하도록 가르치며, 현재 이룬 작은 것들로 만족하지 않게 합니다. 뿐만 아니라 그것은 우리의 노력을 더욱 강력하게 고취합니다. 왜냐하면 우리의 하는 일이 소망에 넘치는 일임을 확신할 때, 우리는 더욱 힘써 노력할 것이기 때문입니다.

여러분의 약함을 가려줄 "그 지극히 큰 능력"을 현실화하는 법을 배우십시오. "너희는 눈을 높이 들어 누가 이 모든 것을 창조하였나 보라 … 그의 권세가 크고 그의 능력이 강하므로 하나도 빠짐이 없느니라"(사 40:26). 그것은 정말로 놀라운 능력입니다. 그의 능력으로 옛 하늘을 굳건하게 보존하는 것은 위대한 일입니다. 그러나 우리의 약함의 자리로 내려와 "피곤한 자에게 능력을 주시며 무능한 자에게 힘을 더하시는" 것은 더 위대한 일입니다(사 40:29). 그가 우리로 더불어 행하실 일이 바로 이것입니다.

3. 셋째로, 이러한 능력이 역사하는 조건을 주목하십시오.

바울은 본문 가운데 "믿는 우리에게"라고 말합니다. 그는 지금까지 이들 에베소의 형제들에게 말하면서 "너희"라고 말했습니다. 그러나 여기에서는 "우리"라고 말함으로써 자신을 그들 가운데 포함시킵니다. 그러면서 자신에게 임한 모든 은사와 능력이 그들에게 임한 것과 같은 조건 위에서 주어진 것이며, 그들과 마찬가지로 자신 역시도 하나님이 주신 은혜의 수종자임을 선언합니다.

"믿는 우리에게." 여기에서 우리는 다시금 가장 약한 자가 주의 능력으로 강하게 되는 유일한 조건이 그를 믿는 것이라는 옛 진리로 되돌아가게 됩니다.

바닷물이 어떻게 운하 속으로 들어가는지 생각해 보십시오. 먼저 운하를 파고, 물길을 터주면, 그 다음엔 바다가 스스로 채웁니다. 물길을 더 넓고 깊게 팔수록, 바닷물은 더 많이 들어올 것입니다. 마찬가지로 우리의 본성 가운데 하나님에 대한 믿음의 물길을 더 넓고 깊게 팔수록 은혜의 바닷물은 더 풍성하게 우리 안으로 흘러들어올 것입니다. 어떤 기독교 교부(教父)의 이야기입니다. 그는 삼위일체에 관한 신학적 사색으로 스스로를 몹시 괴롭혔습니다. 그러던 어느 날 그는 잠에 떨어진 가운데 골무로 바닷물을 퍼내는 꿈을 꾸었습니다. 그렇습니다. 여러분은 골무로 바다를 비게 할 수 없습니다. 만일 여러분이 골무를 가지고 있다면, 여러분은 그 만큼의 바닷물만을 퍼낼 수 있을 뿐입니다. 여러분의 믿음의 분량이 곧 여러분에게 주어지는 하나님의 능력의 분량입니다.

측량할 수 없는(immeasurable) 능력에 대한 두 개의 분량(measure)이 있습니다. 하나는 "그리스도 안에서 역사하는 능력"의 무한한 분량이며, 또 하나는 우리의 실제적이며 제한적인 분량입니다. 우리의 영적 삶에 역사하는 분량은 우리의 믿음입니다. 다시 말해서, 우리는 우리가 원하는 만큼 하나님의 풍성한 것을 가질 수 있습니다. 우리는 우리가 원하는 만큼 가집니다. 만일 우리가 우주에 가득 찬 능력과 접촉하는 가운데 스스로 겨우 지각할 수 있을 만큼의, 그리고 다른 사람들은 전혀 지각하지 못할 정도로 아주 적은 분량만을 갖는다면, 그것은 누구의 잘못입니까? 만일 우리가 온 우주를 채울 수 있는 광대무변의 샘으로부터 우리 정원의 거룩한 식물들을 자라게 할 수 있을 만큼의 물은 얻지 못한 채 고작 마른 입술을 축일 만큼의 한 모금의 물밖에 얻지 못한다면, 그것은 누구의 잘못입니까? 그 능력의 실제적인 분량은 곧 우리의 믿음과 열망의 분량입니다. 만일 우리가 예수 그리스도께 나아가 그 안에 감추어진 부요를 따라 구한다면, 우리는 "네 믿음대로 될지어다"라는 옛 응답을 받게 될 것입니다.

10
죽은 영혼을 다시 살리심

"긍휼이 풍성하신 하나님이 우리를 사랑하신 그 큰 사랑을 인하여
허물로 죽은 우리를 그리스도와 함께 살리셨고"
엡 2:4, 5

성경은 사람을 현재의 모습으로는 어두운 색채로, 그리고 앞으로 될 수 있는 모습으로는 밝은 색채로 그립니다. 성경이라는 초상화 화가가 사용하는 색채의 범위는 가장 어두운 검정색으로부터 마치 햇빛에 반짝이는 눈처럼 가장 빛나는 흰색까지를 망라합니다. 인간 본성의 실재에 대해 성경만큼 단호하게 말한 곳은 어디에도 없으며, 그것의 가능성에 대해 성경만큼 놀랍고도 강렬하게 말한 곳 역시 어디에도 없습니다. 성경이라는 의사는 하나님이 최악의 질병까지도 치료하실 수 있음을 압니다. 만일 사람들이 하나님의 치료를 받아들인다면, 그리고 자신의 질병의 치명적인 해독과 증상들을 있는 그대로 받아들인다면 말입니다.

본문에서 우리는 그와 같은 인간 본성의 양 측면을 모두 보게 됩니다. 첫째로 "허물로 죽은" 인간의 실제 상태와, 둘째로 예수 그리스도 안에서 다시 살고 그와 함께 죽음으로부터 일어나며 그와 함께 하늘에 올려지고 그와 함께 하나님 보좌 우편에 앉게 되는 인간의 가능한 상태, 그리고 수많은 사람들의 실제 상태 말입니다. 만일 우리가 원한다면, 우리는 후자와 같은 상태가 될 수 있습니다. 그러나 그렇게 되고자 하지 않는다면, 우리

는 필경 전자와 같이 될 것입니다.

우리는 본문에서 세 가지를 주목할 수 있습니다. 첫째는 죽은 영혼이며, 둘째는 그것을 불쌍히 여기는 마음으로 내려다보시는 긍휼에 풍성하신 사랑이며, 셋째는 죽은 영혼의 다시 살아남입니다.

1. 첫째로, 우리는 여기에서 예수 그리스도와 분리된 인간 본성의 실제적인 상태를 볼 수 있습니다.

"허물로 죽은." 바울 사도는 다양한 색채들로 어우러져 있으며 수많은 행동들과 무수한 지적 움직임들과 무수한 인간들의 희로애락으로 가득 차 있는 세상을 마치 모든 묘비명마다 똑같은 글이 새겨진 하나의 거대한 공동묘지처럼 바라봅니다. 모든 인생이 '죄' 라는 이름의 똑같은 병으로 죽었다는 것입니다.

어쩌면 지금 이 말을 듣고 있는 사람들 가운데 어떤 사람들은 속으로 이렇게 말할는지 모르겠습니다. "이건 인간 본성에 관한 지나친 과장이며, 과거의 어둡고 편협한 관점일 뿐이야." 좋습니다. 나는 이와 같은 진리가 종종 잘못된 방법으로 선포되었다는 사실을 기꺼이 인정합니다. 그러나 우리는 여기에서 한 가지 사실을 반드시 기억해야 합니다. 즉 본문의 그러한 표현이 과장이며 어둡고 편협한 관점이라는 비난을 짊어져야 할 자들은 비단 사도들이나 복음전도자들만이 아니라는 사실입니다. 예수 그리스도 역시도 마찬가지라는 사실입니다.

왜냐하면 그는 이렇게 말씀하셨기 때문입니다. "인자의 살을 먹지 아니하고 인자의 피를 마시지 아니하면 너희 속에 생명이 없느니라"(요 6:53). 만일 우리가 예수 그리스도를 우리의 스승으로 받아들인다면, 우리는 그의 은혜로운 말씀뿐 아니라 엄격하고 단호한 말씀까지도 그 안에 깊은 사랑과 긍휼을 담고 있다는 사실을 깨닫게 될 것입니다.

여기에서 한 가지 더 지적하고 싶은 것이 있습니다. 그것은 본문과 같은 관용구가 비단 기독교 전도자들에게만 제한되지 않는다는 사실입니다. 일반적인 언어에서도 우리는 그와 같은 표현을 흔히 발견할 수 있습니다.

"명예에 대해 죽었다" "수치에 대해 죽었다" "이것 혹은 저것에 대해 죽었다" 등의 표현은 오늘날 흔한 표현이 되었습니다. 자신의 의지와 내적 본성을 자아의 지배에 넘겨준 — 바로 이것이 죄에 대한 성경의 정의입니다 — 자들은 바로 그 사실에 의해 자신들의 최고의 본성에 대해 죽은 것입니다.

죽음의 한 가지 특징은 의식하지 못하는 것입니다. 육신적인 의미에서 여러분은 하나님 안에 살며, 움직이며, 그 안에서 자신의 존재를 갖습니다. 그러면서도 여전히 그 내적 생명은 마치 하나님이 전혀 존재하지 않는 것처럼 전혀 바꾸어지지 않습니다. 여러분은 하나님의 임재와 사역의 찬란한 현장들을 지나갑니다. 그러면서도 여러분은 아무것도 보지 못합니다. 여러분의 본성 가운데 그와 같은 측면이 소경이 되었거나, 혹은 본문이 말하는 것처럼 여러분이 전반적인 영적 영역에 대하여 죽은 것입니다. 마치 어떤 사람의 창문 앞에 벽돌담이 가로막으므로 그가 아무것도 볼 수 없는 것처럼 말입니다.

이와 같이 무가치하며, 물질적이며, 자기중심적이며, 눈에 보이는 현재적인 것에 계속해서 집착함으로써 여러분은 하늘을 향한 여러분의 영혼의 창문에 벽돌담을 쌓습니다. 그리하여 여러분은 마치 시체가 그 얼굴에 쏟아지는 햇살을 의식하지 못하는 것처럼, 하나님에 대하여 그리고 그분을 둘러싼 모든 찬란한 실재들에 대하여 아무것도 의식하지 못합니다. 죄로 인해 죽었다는 것이 과장입니까? 세속적인 사람들이 영적 실재들을 전혀 의식하지 못한다는 것이 정말로 과장입니까?

죽음의 또 하나의 특징은 움직이지 않는 것입니다. 사람들에게 주어진 각가지 재능과 기능들을 생각해 보십시오. 그런데 그런 것들 가운데 얼마나 많은 것들이 위축되고 사라지고 소멸됩니까? 어쨌든 그것들은 잠자고 있습니다. 지금 "잠잔다"는 표현을 사용한 것은 여기에서 말하는 죽음이 절대적인 의미의 죽음이 아니라 다시 살아나는 것이 가능한 죽음으로서 그러한 표현이 좀 더 적절하기 때문입니다. 하나님을 위한 삶과 섬김과 열정의 각가지 기능들을 생각해 보십시오. 여러분은 그것으로 무엇을 했습니까? 그것들은 마치 사용하지 않은 자물쇠처럼, 혹은 폐허된 채 버려진 문의 경첩처럼 녹슬지 않았습니까? 여러분은 영의 고상한 활동들, 다시 말해서 하나님을 의지하며 순복하는 활동들을 얼마나 감당합니까? 여러분의 두 손은 마치 관 위에 누워 있는 시체의 두 손과 같지 않습니까?

죽음의 또 다른 특징은 썩는 것입니다. 여러분의 최고의 자아는 죄로 말미암아 썩어 부패하고 있습니다.

사랑하는 교우 여러분, 오늘날 우리 가운데 많은 사람들 안에서 진행되고 있는 죽음과 관련한 이러한 비극들을 생각할 때, 나에게 있어 이러한 은유 혹은 실재는 거꾸로 뒤집혀야 될 것처럼 생각됩니다. 나는 진짜 죽음은 영의 죽음이며, 외적인 육체가 해체되고 의식하지 못하며 활동하지 못하는 상태가 되는 것은 단지 사람들에게 죄가 가져다주는 무시무시한 결과를 보여주는 일종의 비유(parable)라고 말하고 싶습니다.

우리 각자에게 다음과 같은 세 가지 종류의 '생명'(life)이 있습니다. 앞의 두 가지는 무의식적인 것이며, 세 번째 것은 우리의 동의와 노력을 요구하지만, 그러나 그 모든 것이 동일한 원인에 의해 지탱됩니다. 첫 번째 것은 우리가 일반적으로 '생명'(life)이라고 부르는 것으로서 육체적 조직체의 활동과 의식(意識)입니다. 이것은 하나님의 능력이 육체를 붙잡고 있는 동안 계속됩니다. 하나님이 손을 거둬들이실 때, 일반적으로 '죽음'이라 불리는 것이 옵니다. 두 번째 것은 생각하며 사랑하며 의지하며 즐거워하며 슬퍼하는 등의 '본성적인 생명'(natural life)으로서, 생명이요 빛이신 자가 사람들에게 생기(生氣)를 불어넣으시는 동안 계속됩니다. 이 두 가지는 사람의 동의나 선택 없이 살고 죽습니다.

그러나 세 번째 종류의 생명이 있습니다. 이것은 모든 저급한 것들이 하나님께로 고양(高揚)될 때, 그리고 생각하며 의지하며 사랑하며 즐거워하며 열망하며 신뢰하며 순종하는 모든 본성적인 기능들이 하나님 안에서 그 본향과 거룩함과 불멸을 발견할 때의 생명입니다. 이러한 생명은 우리 자신의 의지에 의해 사는 유일한 생명입니다. 앞의 두 생명은 세 번째 생명이 전달되는 매개체 혹은 싸개이며, 세 번째 생명이 가장 중요한 것임을 가르쳐주는 일종의 비유(parable)입니다. 육체적인 영역에서 몸(body)을 하나님으로부터 분리시키십시오. 그러면 그것은 죽습니다. 본성적인 의식(意識)의 영역에서 혼(soul)을 하나님으로부터 분리시키십시오. 그러면 그것은 죽습니다. 그리고 가장 높은 영역에서 영(spirit)을 하나님으로부터 분리시키십시오. 그러면 그것은 죽습니다. 바로 이것 즉 영의 죽음이 진짜 죽음입니다. 다른 둘은 이것과 비교하면 아무것도 아닙니다.

이것 즉 세 번째 종류의 죽음은 지적이거나 혹은 다른 형태의 활동들과 병존(竝存)할 수 있습니다. 우리 주위에서 흔히 볼 수 있는 바와 같이 말입니다. 여러분은 다른 모든 분야에 있어서는 활력으로 충만하지만, 그러나 최고의 영역에 있어서는 완전히 무력합니다. 다른 모든 영역에서는 생각하며 의지하며 즐거워하며 활동하며 살아갈 준비가 되어 있지만, 그러나 하나님에 관해서는 전혀 의식하지 못하며 무관심합니다.

이와 같이 다른 영역에서의 열정적인 삶과 병존하는 '영의 죽음'을 우리는 많은 사람들이 거의 대부분의 생의 에너지를, 사업하는 등의 일상적인 일에 사용하는 데에서 발견할 수 있는데, 이것은 천사들조차도 애곡할 만한 가장 큰 비극입니다. 교우 여러분, 본문의 표현이 여러분의 마음을 불편하게 만듭니까? "그것이 사실인가?"라고 묻지 마십시오. 그렇게 묻는 대신 "그것이 내게 어떤 의미를 가져다주는가?"라고 물으십시오. 나는 여러분에게 "하나님에 대하여 산 자, 그리고 하나님과 함께 사는 자"야말로 진정으로 자신에 대하여 산 자라는 사실을 강조하고 싶습니다. 하나님에 대해 죽은 자는 살아 있는 동안에 실상은 죽은 것입니다.

2. 둘째로, 이러한 공동묘지를 내려다보시는 하나님의 긍휼에 풍성하신 사랑을 주목하십시오.

"긍휼이 풍성하신 하나님이 우리를 사랑하신 그 큰 사랑을 인하여"(4절). 본문이 가르치는 위대한 진리는 무엇보다도 아버지의 신적 사랑이 죽은 자녀들을 굽어보시고 그들을 여전히 소중히 여기신다는 것입니다. 여러분은 자기중심, 자기의지, 육욕, 기타 모든 형태의 죄를 통해 스스로를 하나님으로부터 단절시킬 수 있습니다. 그러나 여러분이 한 가지 할 수 없는 것이 있는데, 그것은 여러분을 향한 하나님의 사랑을 막을 수 없다는 사실입니다. 압살롬이 죽었다는 소식을 듣고 애곡하는 다윗의 이야기를 기억합니까? 다윗은 압살롬이 반역자라는 사실조차 잊어버린 채 오로지 아들이라는 사실 하나만 생각하면서 오열을 터뜨리는데, 우리는 여기에서 아버지의 사랑의 최고의 표현을 보게 됩니다. "내 아들 압살롬아 압살롬아 내 아들아 내 아들아"(삼하 19:4). 아들의 잘못이 무엇이었든지 간에, 아버지의 마음으로부터 아들에 대한 애틋한 사랑이 용솟음쳐 올랐습니다. 우리는 모두 하나님의 압살롬들입니다. 죄와 허물로 죽었음에도 불구하고, 긍휼이 풍성하신 하나님은 우리를 향해 굽히시고, 그 크신 사랑으로 우리를 사랑하셨습니다.

여기에서 바울은 "풍성한 긍휼"과 "큰 사랑"이라는 두 표현을 사용하는데, 둘은 같은 것을 나타내는 서로 다른 표현입니다. 죄를 바라보는 가운데, 그러나 공의와 보응을 엄격하게 시행하기를 꺼리면서 긍휼을 베푸는 것은 분명 "큰 사랑"입니다. 또 일흔 번씩 일곱 번 행하는 죄에 대해 진노를 격발하기를 부인하는 것은 분명 "풍성한 긍휼"입니다. 그러한 긍휼은 인간의 모든 긍휼보다 더 크며 모든 죄보다 더 깊습니다. 그것은 인간의 모든 반역 이전에 있었으며, 영원히 있을 것입니다. 모든 인간은 뜻하기만 한다면 그것을 받을 수 있습니다.

그러나 하나님의 사랑이 이처럼 놀랍게 나타나는 것과 관련하여 우리가 주목해야 할 또 다른 요소가 있습니다. 본문의 언어를 세심하게 살펴보십시오. 여기에서 바울은 하나님이 우리를 다루시는 행동을 그의 큰 사랑에 기인하는 것으로 말합니다. "그가 우리를 사랑"하셨기 때문에, 그러므로 그는 이렇게 저렇게 행하셨습니다. 그와 관련하여 우리가 짤막하게나마 살펴볼 것이 두 가지 있습니다. 첫 번째 것은, 여기에 예수 그리스도의 십자가 희생으로 말미암은 속죄의 교리를 믿지 않는 사람들을 위한 변론이 있다는 것입니다. 즉 그러한 교리에 대한 참된 성경적 설명은 어떤 어설픈 작가들이 묘사한 것처럼 예수 그리스도의 희생이 어떤 형태로든 하나님의 마음을 변화시켰다는 것이 아니라는 것입니다. 악의적인 비평학자들은 종종 속죄의 교리를 일컬어 그것은 그리스도가 죽었기 때문에 하나님이 사랑하셨다고 말하는 것에 불과하다고 폄훼하곤 하는데, 그런 것이 아니라는 말입니다. 도리어 바울은 여기에서 올바른 순서를 제시합니다. 즉, 그리스도께서 죽으셨기 때문에 하나님이 사랑하신 것이 아니라 하나님이 사랑하셨기 때문에 그리스도께서 죽으셨다는 것입니다. 예수 그리스도 자신도 같은 말씀을 하셨습니다. "하나님이 세상을 이처럼 사랑하사 독생자를 주셨으니 이는 그를 믿는 자마다 멸망하지 않고 영생을 얻게 하려 하심이라"(요 3:16).

우리가 살펴볼 두 번째 것은 이것입니다. 즉, 하나님의 크고 놀라우며 오래 참으시는 사랑은 그 목적지에 도달하기 위해 하나의 과정을 따라야만 한다는 것입니다. 당신의 큰 사랑에도 불구하고, 하나님은 예수 그리스도 없이 죽은 영혼을 다시 살리시지 않으시며 또 그렇게 하실 수도 없습니다. 예수 그리스도는 하나님의 사랑이 그 목적지에 도달하는 통로입니다. 하나님의 사랑은 사람의 죄로 인해 돌이켜지지 않습니다. 왜냐하면 하나님은 "긍휼이 풍성"하기 때문입니다. 또 긍휼이 풍성하신 하나님의 사랑은 단순한 의지(will)에 의해서가 아니라 그의 사랑하는 아들의 사명과 사역에 의해 사람들을 살립니다.

3. 셋째로, 죽은 영혼이 다시 살아나는 것을 주목하십시오.

그들은 죄로 죽었습니다. 바로 이것 즉 '죄'가 그들을 죽인 질병이었습니다. 그 질병이 정복되지 않는다면, 그들은 결코 살아날 수 없습니다. 사랑하는 교우 여러분, 나는 지금 여러분에게 논증을 하고 있는 것이 아니라 복음을 선포하고 있습니다. 예수 그리스도의 죽음을 자신을 위한 것으로 개인적으로 받아들이는 것이 우리의 죽음이 죽는 것이며, 또한 우리의 죄가 죽는 것이라고 말입니다. 예수 그리스도는 자신의 위대한 희생제사로 세상의 모든 죄를 감당하셨으며 그 죄책을 제거하셨습니다. 그리고 그 안에서 영적 죽음의 내적 실재와, 그것의 외적 비유인 육체의 죽음이 똑같이 그리고 동시에 극복됩니다. 만일 여러분이 예수 그리스도를 여러분의 주인으로 받아들인다면, 여러분은 죄와 죄책과 정죄와 자기중심의 죽음으로부터 살아나, 자유와 양자(養子)와 의와 거룩의 새 생명으로 들어가게 될 것이며 다시는 죽음을 보지 않게 될 것입니다.

나아가 예수 그리스도의 생명 역시 우리 모두를 위해 유용합니다. 만일 우리가 그를 믿는다면, 그의 생명이 우리의 사망(deadness) 속으로 들어올 것입니다. 또 그 자신이 우리의 존재에 생명력을 부여할 것이며, 우리의 잠자고 있던 기능들이 소생하여 활력을 얻게 될 것입니다. 그와 함께 우리 본성의 옛 기능들과 열망들과 감정들이 새로운 방향을 얻게 될 것입니다. 또 의지는 순종함으로 새로운 능력으로 우뚝 솟게 될 것이며, 마음은 변함도 죽음도 없는 사랑을 붙잡음으로 더 나은 생명으로 고동칠 것입니다. 또 사고능력은 인격적인 진리와의 인격적이며 살아 있는 접촉을 갖게 될 것이며, 비록 부분적으로 어둠과 여러 가지 문제들이 남아 있을지라도 그 중심에는 빛과 만족과 평강이 있게 될 것입니다.

만일 여러분이 예수 그리스도를 믿고 그분을 여러분의 생명으로 받아들인다면, 여러분은 살 것입니다.

만일 이와 같이 그에 대한 단순한 믿음으로 우리가 그의 속죄의 죽음이 우리의 죄책과 정죄의 무거운 짐을 허물어뜨렸으며, 또 그의 사랑의 능력이 우리를 새 피조물로 만들었음을 인식하면서, 우리 영 속에 "그리스도 예수 안에 있는 생명의 성령의 법"을 받아들이고, 그럼으로써 "죄와 사망의 법"으로부터 해방된다면, 그의 생명의 힘이 우리 존재의 미세한 구석까지 흘러들어와 내적 생명뿐 아니라 외적 생명까지 타락의 멍에로부터 해방되는 것은 단지 시간문제에 불과하게 될 것입니다. 왜냐하면 예수 그리스도가 자신의 생명임을 깨달은 자들은 "그가 만물을 자기에게 복종하게 하실 수 있는 자의 역사로 우리의 낮은 몸을 자기 영광의 몸의 형체와 같이 변하게" 하실 때까지 그의 생명의 능력 가운데 충만히 거하는 것을 결코 포기하지 않을 것이기 때문입니다"(빌 3:21).

교우 여러분, 예수 그리스도께서 친히 "나를 믿는 자는 죽어도 살겠고

무릇 살아서 나를 믿는 자는 영원히 죽지 아니하리라"고 하신 말씀을 기억
하십니까?(요 11:26). 여러분은 이 말씀을 믿습니까?

11
은혜의 풍성함

"이는 그리스도 예수 안에서 우리에게 자비하심으로써

그 은혜의 지극히 풍성함을 오는 여러 세대에 나타내려 하심이라"

엡 2:7

에베소서의 두드러진 특징 가운데 하나는 하나님의 목적, 즉 우리에게 예수 그리스도를 주심에 있어서의 하나님의 동기(動機)에 대한 잦은 언급입니다. 다가갈 수 없는 빛을 응시하며 고요한 확신으로 하나님이 하신 일과 함께 그렇게 하신 이유를 선포할 때, 바울의 어조는 여느 때보다 한층 더 고조됩니다. 지금까지의 모든 말씀 속에서 바울은 이 땅에서 행해진 일들을 하늘의 빛에 비추어 바라봅니다. 구속의 위대한 사역은 그 속에 담긴 하나님의 뜻과 의미의 개념에 의해 조명됩니다. 예를 들어, 우리는 1장에서 "하나님이 그리스도 안에서 하늘에 속한 모든 신령한 복을 우리에게 주셨다"는 말씀을 읽습니다(3절). 그리고 바로 뒤에서 "그 기쁘신 뜻대로 우리를 예정하사 예수 그리스도로 말미암아 자기의 아들들이 되게 하셨다"는 말씀이 이어집니다(5절). 그리고 계속해서 우리는 "그가 그 뜻의 비밀을 우리에게 알리신 것이요 그의 기뻐하심을 따라 그리스도 안에서 때가 찬 경륜을 위하여 예정하신 것"이라는 말씀을 듣습니다(9절). 이어 우리가 예정을 입어 그리스도 안에서 기업이 된 것은 "모든 일을 그의 뜻의 결정대로 일하시는 이의 계획을 따른" 것이었다고 말씀합니다(11절).

그와 더불어 그리스도를 주신 신적 행동의 동기 혹은 이유는 "그의 은혜의 영광을 찬송하게 하려는" 것으로(6절), 혹은 "그가 모든 것을 그리스도 안에서 통일시키려는" 것으로(10절), 혹은 "우리가 그의 영광의 찬송이 되게 하려는" 것으로(12절), 혹은, "교회로 말미암아 하늘에 있는 통치자들과 권세들에게 하나님의 각종 지혜를 알게 하려는" 것이라는(3:10) 등 매우 다양한 표현으로 제시됩니다.

본 설교의 본문 역시도 예수 그리스도 안에서 우리에게 주어진 놀라운 축복의 목적이 "그의 은혜의 지극히 풍성함을 나타내려는" 것이었다고 언급합니다. 우리는 이와 같은 표현들을 우리 임의대로 이해해서는 안 됩니다. 신적 행동의 의미를 마음대로 상상하거나 교리화하는 것은 경건한 일이 아닐 뿐만 아니라 매우 위험한 일이기도 합니다. 어쨌든 여기에서 우리가 보는 것은 어떤 한 인물이 자기 마음대로 하나님의 목적에 대해 왈가왈부하는 것이 아니라, 하나님이 그를 통해 자신의 위대한 행동들의 목적을 나타내는 것입니다. 하나님이 그에 대해 말씀하실 때, 그것을 들으려고 하지 않는 것 역시 경건한 일이 아닐 뿐만 아니라 매우 위험한 일입니다.

1. 첫째로, 그리스도 안에서의 하나님의 목적은 자신의 은혜를 나타내는 것입니다.

물론 우리는 하나님 마음속에 있는 동기(動機)에 대해 섣불리 말할 수 없습니다. '동기'라는 단어는 아직 결정하기 이전의 상태와 선택의 행동을 함축하며, 그것으로부터 어떤 결심이 마치 바다로부터 달이 떠오르듯이 서서히 솟아오르는 개념을 내포합니다. 우리에게 어떤 바람직한 목적이 주어졌다고 생각해 보십시오. 그러면 우리는 그러한 목적을 확실하게 이룰 수 있는 방법을 찾게 되며, 그것은 다름 아닌 힘의 한계를 함축합니다. 그럼에도 불구하고 우리는 하나님의 동기에 대해 말할 수 있습니다. 우리가 그것을 올바로 이해하기만 한다면 말입니다.

바울은 복음을 구성하는 모든 위대한 사실들 가운데 하나님의 가장 중요한 목적이 바로 자신을 나타내는 것이며, 자신과 관련한 가장 중요한 부분, 다시 말해서 자신과 관련하여 모든 사람들로 알게 하고자 하신 것은 다름 아닌 자신의 은혜의 영광이라는 사실을 제시합니다. 물론 하나님의 행동에 대해 다양한 이유들이 제시될 수 있지만, 그러나 바로 이것, 즉 자신의 은혜의 영광을 나타내는 것이 모든 것 가운데 가장 핵심적인 이유입니다. 이것은 종종 오해되어 왔으며, 지극히 가혹한 교리로 매도되는 가운데 사실상 전능자의 이기주의 외에 아무것도 아닌 것으로 여겨지기도 했습니다. 그러나 실제로 그것은 가장 축복된 사실입니다. 그것은 "하나님은 사랑이라"는 진리를 가장 부드럽고 마음을 녹이는 방식으로 선포합니다. 그것은 하나님 역시도 당신의 무한하신 존재의 축복 가운데 당신의 은혜의 영광을 알리는 즐거움에 의해 기뻐하며 행복해하실 수 있음을 우리로 생각하게 합니다. 마치 한 예술가가 자신의 작품 속에서 자신의 영혼을 쏟아내기 위해 그림을 그리거나 조각을 하는 것처럼, 위대한 예술가이신 하나님 역시도 자신을 나타내기를 기뻐하시며, 또 그렇게 하는 가운데 자신을 주시기를 기뻐하십니다. 창조는 하나님의 자기계시입니다. 그러므로 우리는 하나님이 마치 새가 노래하듯이, 샘이 솟아오르듯이, 별이 빛을 발하듯이 그렇게 행동하신다고 말할 수 있습니다.

그러나 본문은 하나님 마음속에 있는 것이 무엇인지를 규정함에 있어 우리를 영광의 신비 속으로 더 깊이 끌고 들어갑니다. 그것은 "은혜의 지극히 풍성함"입니다. 바울의 언어에서 은혜는 받을 자격이 없는 죄인들에게 아낌없이 베풀어지는 사랑을 의미합니다. 또 그것(은혜)은 그것이 베풀어지는 대상 안에 어떤 탁월함을 인식함에 의해 주어지는 것이 아니라, 은혜를 베푸는 주체의 자발적인 충동에 의해 마치 샘물이 솟아오르는 것처럼 그렇게 솟아오르는 사랑입니다. 본 서신이 보여주는 것처럼, 하나님은 당신의 능력과 지혜가 예수 그리스도의 사역 안에서 최고의 형태로 나타났음을 알리시기를 원하시며, 또 그렇게 될 때 기뻐하십니다. 이와 같이 하나님의 은혜는 오직 그리스도 안에 담겨 있으며, 그로부터 목마른 세상으로 흘러나갑니다. 이와 같이 "받을 자격이 없는 자에게 값없이 주어지는" 사랑 속에 하나님에게 속한 능력과 지혜와 여타의 모든 물리적 형이상학적 속성들이 녹아 있습니다. 바로 이것이 모든 것이 담겨 있는 연금약

액(elixir: 연금술에서 비금속을 황금으로 바꾼다는 상상 속의 액체)이며, 그 안에 금과 보화와 모든 귀중한 것들이 녹아 있습니다. 예수 그리스도를 바라볼 때 우리는 하나님 안에 있는 가장 거룩한 것을 보게 되는데, 그것은 다름 아닌 하나님의 은혜입니다. 우리에게 하나님의 은혜를 나타내며 확증하는 그리스도는 필히 사람 이상의 존재여야 합니다. 사람들은 그를 바라보며 하나님의 은혜를 봅니다. 그리고 그는 우리에게 그 은혜를 나타냅니다. 왜 냐하면 그는 은혜와 진리로 충만하기 때문입니다.

그러나 바울은 여기에서 신학적인 교리를 제시하고 있지 않습니다. 그 는 다만 개인적인 경험을 쏟아내고 있을 뿐입니다. 그러면서 그는 하나님 의 은혜 속에서 자신이 발견한 것을 표현하는 말을 덧붙이면서 그것의 풍 성함에 대해 말합니다. 그는 그것의 풍성함을 신뢰하는 법을 배웠으며, 일 상의 삶 속에서 그것의 한량없는 풍성함을 경험했습니다. 하나님의 은혜 는 다함이 없습니다. 처음 담기는 그릇에는 풍성하게 담기고, 나중에 담기 는 그릇에는 부족하게 담기는 그런 것이 아닙니다. "다 배불리 먹고 남은 조각을 열두 바구니에 차게 거두었으며"(마 14:20). 이러한 풍성함은 "지 극히 큰" 풍성함입니다. 그것은 인간의 모든 개념을 능가하며, 인간의 모 든 필요를 채우고도 남습니다. 그것은 초월적인 풍성함입니다.

바로 이것이 하나님이 우리에게 알리시기를 원하시는 것입니다. 이와 같이 그의 사랑이, 예수 그리스도 안에서 우리에게 주시는 위대한 메시지 의 동기(動機)이며, 그러한 메시지의 전체적인 내용입니다. 하나님은 사랑 하기 때문에 나타내십니다. 그리고 그가 나타내시는 것은 다름 아닌 그의 사랑입니다.

2. 둘째로, 이와 같이 자신의 은혜를 나타내는 것은 그리스도 안에서 우리에게 베 푸시는 하나님의 사랑입니다.

창조와 섭리 속에 있는 하나님의 모든 계시는 같은 메시지를 전달하지 만, 그러나 그것을 이해하는 것은 낯선 언어로 기록된, 그리고 절반은 지 워진 비문을 해독하는 것처럼 때로 매우 어렵습니다. 그러나 그 비문은 예수 그리스도 안에서 해독됩니다. 바울은 "그리스도로 말미암아 하늘에 있는 통치자들과 권세들이 하나님의 각종 지혜를 알게" 된다고 단호히 말합니다(3:10). 그는 또 본문에서 그 은혜의 지극히 풍성함을 오는 여러 세대에 나타내고자 하신 것은 "우리에게 대한 자비하심"으로 말미암은 것이었다고 말합니다. 우리가 그러한 자비가 얼마나 큰 것인지를 가장 잘 측량하는 방법은 "허물로 죽은 우리를 그리스도와 함께 살리시고 또 함께 일으키사 그리스도 예수 안에서 함께 하늘에 앉히신" 사실을 기억하는 것입니다(5, 6절). 우리의 자아 및 실제적 상태와 관련한 이 모든 놀라운 변화는 "그리스도 안에서" 실현됩니다. 여기의 "그리스도 안에서"란 표현은 에베소서의 핵심 어구로서, 에베소서 전체를 통해 계속 반복됩니다. 그러한 어구의 심오한 의미와 다양한 용례를 모두 살피는 것은 쉬운 일이 아닙니다. 그러나 최소한 우리는 그것이 "그리스도께서 우리를 위해 죽으셨다"는 개념과 불가분리적으로 연결되어 있다는 사실만큼은 분명하게 지적할 수 있습니다. 둘은 상충적이지 않고 상호보완적입니다. 만일 우리가 둘을 서로 긴밀하게 연결시키지 않는다면, 우리는 그 중 어느 하나도 올바로 이해할 수 없게 될 것입니다. 그리스도가 우리를 위한 자가 되는 것은 오직 우리가 "그리스도 안에" 있을 때입니다. 그리고 우리가 그리스도 안에 있는 것은 오직 "그가 우리를 위해 죽으셨기" 때문입니다.

하나님의 모든 자비는 "그리스도 안에" 있습니다. 하나님의 사랑이 사람들에게 전달되는 위대한 통로 역시 그 안에 있습니다. 그리고 그러한 자비가 우리에게 실현되는 것은 우리가 "그리스도 안에" 있을 때입니다. 그리스도로부터 단절되어 있을 때, 우리는 그것을 소유하지 못합니다. 반면 참된 믿음으로 그와 연합할 때, 그것은 우리의 것이 되며, 또 그와 함께 그것이 가져다주는 모든 축복 역시 우리의 것이 됩니다. 이 모든 것은 그리스도인들의 모습을 바꾸어 놓습니다. 그들의 선하며 정결한 영적 성품은 세상에 하나님의 사랑을 보여주는 큰 표적입니다. 그리스도의 메시지는, 그것을 받았다고 고백하는 자들이 삶 속에서 그것의 가치를 나타내지 못할 때, 한 가지 중요한 증거를 결여하게 됩니다. 어느 시대든지 그리스도인의 성품은 복음의 능력을 나타내는 가장 분명하며 효과적인 증인입니다. 하나님의 영광은 바로 그들의 손에 달려 있습니다. 수많은 별들로 가득한 하늘은 그것을 반사하는 망원경에 의해 가장 잘 보이는 법입니다.

3. 셋째로, "그리스도 안에서" 사람들에게 스스로를 나타내는 것은 모든 세대를 위한 것입니다.

본문의 "오는 여러 세대"는 규정되지 않은 기간을 나타내는 표현으로서 영원까지 확장될 수 있습니다. 본서의 다른 곳에서 바울은 교회를 "하늘에 있는 통치자들과 권세들에게 하나님의 각종 지혜를 알리는 증인"으로 간주합니다(3:10). 그와 마찬가지로 여기에서는 그것(교회)을 모든 세대에 하나님의 은혜의 지극히 풍성함을 증언하는 영원한 증인으로 간주합니다. 바울은 종종 주의 날이 속히 올 것이라고 기대하곤 했습니다. 특히 그의 사역 초기에는 더욱 그랬습니다. 그럼에도 불구하고 그는 분명히 여기에서 세상이 규정되지 않은 오랜 기간 계속될 것이라고 예상하는 가운데, 그 모든 변하는 세대들 가운데 변하지 않는 빛을 바라봅니다. 하나님의 은혜에 대한 그와 같은 영구적인 증인(즉 교회)은 폐하여지지도 않고 다른 것으로 대체되지도 않습니다. 도리어 그것은 바울의 가슴으로부터 이 말이 용솟음쳐 오를 때와 마찬가지로 오늘날에도 똑같이 유효합니다. 우리의 눈은 태양을 직접 바라볼 수는 없지만, 그러나 구름에 약간 가려진 그 황금빛 찬란한 영광은 볼 수 있습니다. 세상이 계속되는 동안 그리스도인들은 그에 대한 하나님의 증인이 될 것입니다.

이제 우리는 두 가지 매우 중요한 질문 앞에 직면해야 합니다. 첫 번째 질문은 우리의 성품과 행함 속에서 우리가 그 은혜를 나타내고 있는가 하는 것입니다. 만일 우리가 다른 사람들에게 올바른 증인이 되고자 하면, 우리는 먼저 스스로를 위해 하나님을 더 가까이 해야만 합니다. 그러나 우리는 너무나 자주 우리의 증언을 스스로 훼손시키곤 합니다. 그리고 마치 흐린 반사경처럼 받은 빛 가운데 아주 적은 부분만을 반사하곤 합니다. 두 번째 질문은 우리가 예수 그리스도 안에서 밝게 빛나는 은혜를 보는가 하는 것입니다. 하나님은 우리가 그것을 보기를 바라십니다. 하나님은 우리를 부르셔서 자신의 성육신을 바라보도록 하십니다. 우리가 눈을 들어 바라볼 때, 우리의 시선과 마주치는 것이 무엇입니까? 견딜 수 없는 빛입니까? 흰 보좌의 불길입니까? 우리의 하찮은 힘을 뭉개버리는 거대한 능력입니까? 아닙니다. "하나님의 은혜의 지극히 풍성함"입니다. 한 음성이 소리를 지릅니다. "네 하나님을 바라보라!" 이에 눈을 들어 바라보니 거기에 "일찍이 죽임을 당한 것 같은 어린 양"이 서 계십니다(계 5:6).

12
구원과 은혜와 믿음

"너희는 그 은혜에 의하여 믿음으로 말미암아 구원을 받았으니
이것은 너희에게서 난 것이 아니요 하나님의 선물이라"
엡 2:8

우리는 여기에서 은혜와 구원과 믿음이라고 하는 신약의 세 핵심단어를 보게 됩니다. 원래 이러한 단어들은 매우 새롭고 낯선 것이었지만, 오늘날에는 매우 오래되고 진부한 것이 되었습니다. 처음에 그것들은 마치 용암처럼 이글이글 타면서 깊은 중심으로부터 용솟음쳐 오르는 것이었습니다. 그러나 오늘날에는 마치 오래 전에 분출한 용암처럼 딱딱하게 굳어 차가운 돌처럼 되었습니다. 나는 우리 가운데 어떤 사람들이 본문과 같은 말씀을 읽을 때 어깨를 으쓱하면서 따분한 설교에서나 나오는 말로 치부해 버리지나 않을까 걱정스럽습니다.

그러나 여기에서 한 가지 기억할 것이 있습니다. 그것은 친숙한 단어일수록 우리가 그 의미를 분명하게 이해하지 못하고 있기 쉽다는 사실입니다. 우리는 종종 친숙함을 내가 그 의미를 잘 알고 있는 것으로 착각합니다. 그러나 친숙한 것과 잘 아는 것은 전혀 별개입니다. 미역이나 다시마 같은 해초를 생각해 보십시오. 그것이 바다 속에 있는 동안에는 부드러운 빛으로 반짝입니다. 그러나 그것을 취해 보십시오. 그러면 그것은 검은 색의 추하고 뻣뻣한 물체가 될 것입니다. 만일 여러분이 그것의 본래의 아름

다움을 보려면 그것을 다시 물 속에 담가야 할 것입니다. 본문의 오랜 기독교 용어들 역시도 마찬가지입니다. 만일 여러분이 그것들의 의미를 올바로 이해하고 그 능력을 경험하고자 한다면, 여러분은 그것들을 다시 본래의 자리로 되돌려 놓아야만 합니다. 이제 본문 속에 나타난 개념들을 살펴보도록 합시다.

1. 첫째로, 우리는 여기에서 인간의 가장 본질적인 필요와 하나님의 가장 큰 선물에 대한 기독교적 관점을 보게 됩니다.

"너희는 … 구원을 받았으니." 앞에서 이야기한 것처럼, 오늘날 "구원"이란 단어는 정말로 진부한 단어가 되었습니다. 그렇기 때문에 우리는 그 안에 고동치는 의미를 실제적으로 파악하기 위해 노력할 필요가 있습니다. "구원"의 본래적인 의미는 어떤 육체적인 위험으로부터 구출되거나 혹은 어떤 육체적인 질병으로부터 고침받는 것입니다. 예를 들어 볼까요? 여러분은 복음서에서 "네 믿음이 너를 구원하였느니라"는 말씀을 종종 듣게 되는데, 그것은 어떤 육체적인 질병으로부터 고침받았을 때 던져진 말이었습니다. 또 여러분은 복음서에서 "주여 구원하소서 우리가 죽겠나이다"라고 외치는 한 사도의 절박한 부르짖음을 들을 수 있는데, 이것은 배가 침몰될 위험 가운데 부르짖은 말이었습니다.

이와 같이 구원의 본래적인 의미는 어떤 육체적인 위험으로부터 구출되거나 혹은 어떤 육체적인 질병으로부터 고침받는 것이었습니다. 그런데 이것이 기독교와 만나면서 여기에 두 가지, 그러나 근본적으로 동일한 의미가 덧붙여지게 됩니다. 먼저 기독교적 구원은 소극적인 측면에서 다가올 위험으로부터 건짐받는 것이며, 우리가 감염된 어떤 것 즉 죄의 질병으로부터 고침받는 것입니다.

이것이 구원입니다. 그러면 무엇으로부터의 구원입니까? 이러한 질문에 대답하기 위해 우리는 다음과 같은 세 가지 말씀을 살펴보아야 합니다. "이름을 예수라 하라 이는 그가 자기 백성을 그들의 죄에서 구원할 자이심이라 하니라"(마 1:21). "이는 장래의 노하심에서 우리를 건지시는 예수

시니라"(살전 1:10). "죄인을 미혹된 길에서 돌아서게 하는 자가 그의 영혼을 사망에서 구원할 것이며"(약 5:20). 여기에 나타난 죄와 진노와 사망(육체적 사망뿐 아니라 영적 사망까지 포함하여)을 보십시오. 바로 이것들이 다가올 위험들이며, 우리를 붙잡고 있는 원수들입니다. 그리고 마치 목자가 사자와 곰의 발톱으로부터 어린 양을 끄집어내듯이, 이것들로부터 복음의 구원이 사람들을 빼앗아 건져냅니다.

그러면 신약이 구원의 반대편에 있는 것으로 제시하는 것은 무엇입니까? 다음 성구를 보십시오. "하나님이 그 아들을 세상에 보내신 것은 세상을 심판하려 하심이 아니요 그로 말미암아 세상이 구원을 받게 하려 하심이라"(요 3:17). 이와 같이 한편에 구원이 있고, 다른 한편에 심판 혹은 정죄가 있습니다. 이것은 앞에서 언급한 것과 본질적으로 같은 개념을 제시합니다. 복음은 우리와 심판 사이에 끼어드는 강력한 능력을 나타냅니다. 그것은 절대적인 멸망을 막기 위해 끼어드는 능력이며, 죄와 진노와 사망으로부터 구원하는 능력입니다.

이와 함께 우리는 구원과 관련한 또 다른 개념을 취할 수 있습니다. 그것은 구원이 주위에 있는 각종 악들로부터 건짐받는 것일 뿐만 아니라 본성 전체에 감염된 악들로부터 치유받는 것이라는 개념입니다. 이 모든 것이 "구원"이라는 위대한 기독교적 개념의 소극적인 측면입니다.

그러나 신약의 구원은 무엇으로부터 피하는 것 이상입니다. 그것은 악의 성향을 피하고, 그것이 사람의 머리에 떨어지는 것을 막는 것일 뿐만 아니라 또한 모든 선(善)을 가져다주는 것이기도 합니다. 그것은 더러운 옷을 벗기는 것일 뿐만 아니라 또한 왕의 예복을 입히는 것이기도 합니다. 그것은 소극적으로 모든 악한 힘으로부터 움츠리는 것일 뿐만 아니라, 또한 적극적으로 사람이 받을 수 있는 그리고 하나님이 주실 수 있는 모든 선으로 덧입는 것이기도 합니다. 기독교적 구원의 이 같은 적극적인 의미는 하나님의 구원으로 구원받는 것과 동일한 의미로 사용됩니다.

우리는 여기에서 또 하나의 중요한 사실을 주목할 수 있는데, 그것은 구원이 과거의 행동으로 언급되고 있는 사실입니다 — "구원을 받았으니."

구원은 과거에 이루어진 것입니다. 그러면서 동시에 그것은 그 결과가 현재까지 계속해서 유지되는 가운데 그리스도인의 삶 속에서 점진적으로 실현되어가는 것입니다. 그러면서 동시에 그것은 마침내 영원에 이르는 그러한 것입니다. 이와 같이 성경은 때로 구원을 과거의 행동으로 언급합니다. "하나님이 자신의 긍휼하심을 따라 우리를 구원하셨도다"(딛 3:5). 그런가 하면 어떤 때는 현재적이면서 점진적인 것으로 언급하기도 합니다. "주께서 구원 받는 — 혹은 '구원 받는 과정 중에 있는' — 사람을 날마다 더하게 하시니라"(행 2:47). 그런가 하면 또 어떤 때는 미래적인 것으로 언급하기도 합니다. "이제 우리의 구원이 처음 믿을 때보다 가까웠음이라"(롬 13:11).

나는 앞에서 성경의 친숙한 용어들에 대해 우리가 그 의미의 깊이를 측량하고자 노력해야 한다고 말했습니다. 이것은 구원이란 용어에 대해서도 마찬가지입니다. 만일 우리가 구원의 깊이를 올바로 측량하고자 한다면, 우리는 또한 죄의 깊이를 올바로 측량해야 합니다. 남태평양의 어떤 지역의 수심은 무려 9,000미터에 이르며, 따라서 어떤 다림줄로도 그 깊이를 잴 수 없다고 합니다. 히말라야의 최고봉조차도 그곳에 들어가고도 남을 것입니다. 하나님은 "우리의 모든 죄를 자기 등 뒤로" 던지셨습니다. 다시 말해서, 우리의 거대한 산과 같은 모든 죄를 깊은 바다의 심연 속으로 던지셨습니다. 인간의 어떤 다림줄도 닿을 수 없는 깊이로 말입니다. "주의 심판은 큰 바다와 같으니이다"(시 36:6). 그러나 주의 구원은 심판보다 더 깊습니다.

사랑하는 교우 여러분! 여기에서 '구원'이라는 위대한 기독교 용어의 기저에 놓여 있는 인간의 실제적인 상태, 즉 우리 모두가 빠져 있는 치명적인 위험을 주목하십시오. 우리는 모두 치명적인 질병에 걸려 있습니다. 여러분은 이렇게 말할는지 모릅니다. "예! 그것은 바울의 문제지요." 그렇습니다. 그것은 바울의 문제입니다. 그러나 바울만의 문제는 결코 아닙니다. 그것은 우리 모두의 문제입니다. 우리 주님은 사람들에 대해 부드러운 말씀만 하시지 않았습니다. 그의 입술로부터 은혜의 말씀만 흘러나온 것은 아닙니다. 우리는 그의 입술로부터 또 다른 종류의 말씀을 듣게 됩니다. 인간의 실제적 상태에 대해 예수 그리스도보다 더 단호하며 직설적으로 말한 사람은 아무도 없습니다. 잃은 양, 잃어버린 동전, 탕자, 홍수로 무너질 운명에 처해 있는 모래 위에 지은 집, 죽지 않는 구더기와 꺼지지 않는 불의 위험 속에 있는 인간 — 이 모든 것들은 인간의 실제적인 상태와 관련하여 예수 그리스도께서 직접 말씀하신 것들입니다. 그리고 이를 통해 우리는 인간에게 있어 최고의 필요는 다름 아닌 '구원'이라는 사실을 발견합니다.

이와 같은 성경의 개념은 인간의 참된 필요가 무엇인가에 대한 각종 피상적인 견해들, 예컨대 사회적·경제적·정치적 분야에서의 비그리스도인 개혁가들 사이에서 흔히 발견되는 견해들보다 훨씬 더 깊이 들어갑니다. 물론 그러한 성경의 개념, 즉 인간의 최고의 필요가 구원이라는 개념은 그들의 생각 속에 올바른 모든 것을 포함하며, 또 그들이 목표로 하는 모든 것을 채워줍니다. 그러나 성경의 개념은 그 모든 것들을 훨씬 초월합니다.

교우 여러분! 여러분이 최고로 필요로 하는 것은 바로 이것 즉 구원입니다. 그리스도께서 주시는 것 이외에 어떤 물질이나 문화나 다른 어떤 것이 여러분의 필요를 채워줄 것이라는 사상을 따르지 마십시오. 만일 우리가 누군지에 대한 최소한의 통찰만이라도 있다면, 우리에게 있어 복음이 가져다주는 구원의 무한한 가치는 재론의 여지가 없는 것이 될 것입니다. 자신이 죄인임을 느끼지 못하는 사람들에게 '구원'이란 단어는 별 흥미를 끌지 못하는 것이 될 것입니다. 반면 자신이 죄인임을 깊이 느끼는 자들에게 그 단어는 영구한 가치를 갖는 것이 될 것입니다. 여객선의 한쪽 귀퉁이에 놓여있는 구명보트를 생각해 보십시오. 날이 맑고 물결이 잔잔하며 아무 일 없을 때, 사람들은 그것을 주목하지 않을 것입니다. 그러나 배가 암초에 부딪히면 사람들은 서로 그것에 먼저 올라타려고 다툴 것입니다. 만일 여러분이 스스로를 안다면, 여러분은 여러분에게 가장 필요한 것이 다름 아닌 구원이라는 사실을 알 것입니다.

2. 둘째로, 우리는 여기에서 구원의 원천이 무엇인지 보게 됩니다.

"너희는 그 은혜에 의하여 … 구원을 받았으니." 여기에서 우리는 또 하나의 진부한 단어를 보게 됩니다. 그것은 신약에서 매우 광범위한 의미로 사용됩니다. 그러나 그것의 주된 개념은 특별히 아랫사람에게 향한 그리고 받을 자격이 없는 자에게 베풀어지는 호의(好意)나 선의(善意) 혹은 사랑입니다. "은혜"는 스스로를 낮추면서, 공로를 따라서가 아니라 아무 자격 없는 자들에게 베푸는 사랑입니다. 따라서 바울 사도가 구원의 원천이 "은혜"임을 말할 때, 그는 다음과 같은 두 가지를 선언하고 있는 것입니다. 첫째로, 죄로부터의 구원과 질병으로부터의 치유의 원천이 하나님의 깊은 마음속에 놓여 있다는 것이며, 둘째로, 그곳으로부터 그의 은혜가 그 자신의 무한한 호의로부터 솟아오른다는 것입니다. 어떤 사람들은 구원과 관련하여 신약이 마치 예수 그리스도께서 죽었기 때문에 하나님의 사랑이 사람들에게 향하여지게 되었다고, 그래서 결과적으로 예수 그리스도의 죽음이 하나님의 마음을 바꾼 것으로 가르치는 것처럼 말하곤 합니다. 그러나 그것은 신약의 가르침이 아닙니다. 그리스도의 죽음이 하나님의 사랑의 원인이 아닙니다. 도리어 하나님의 사랑이 그리스도의 죽음의 원인입니다. "하나님이 세상을 이처럼 사랑하사 독생자를 주셨으니"(요 3:16).

"나는 스스로 있는 자"(I am that I am)라는 말씀을 주목해 보십시오. 우리는 그것을 이러한 위대한 주제에 적용시킬 수 있습니다. 왜냐하면 신적 본성의 최고의 본질에 대한 그와 같은 선언은 단순히 스스로 결정하는 존재로서 시간과 변화와 한계를 초월하는 존재임을 선언하는 것이 아니라 그가 사랑하실 때 그것은 스스로의 자유로운 의지로 사랑하시는 것임을 선언하는 것이기 때문입니다. 빛은 쓰레기더미 위에도 떨어지고 다이아몬드 위에도 떨어지며, 검은 바위 위에도 떨어지고 흰 눈 위에도 떨어지며, 만년설의 고봉(高峰) 위에도 떨어지고 푸른 들판에도 떨어집니다. 마찬가지로 신적 은혜의 거대한 수원(水源)은 그 자신의 충만과 축복을 전달함에 있어 오직 그 자체의 기울기에 의해 사람들에게 흘러들어갑니다.

이로부터 새로운 개념이 나오게 되는데, 그것은 구원이 공로에 의해 얻어지는 것이 아니라 선물로 주어지는 것이라는 개념입니다. 본문의 마지막 부분을 주목해 보십시오 — "이것은 너희에게서 난 것이 아니요 하나님의 선물이라." "믿음으로 말미암아" 구원을 받는다는 말씀은 마치 구원을 받는 것이 우리의 믿음이라는 원인에 기인하는 것처럼 종종 오해되어 왔습니다. 그러나 이것은 바울의 의도를 오해하는 것이며 전체 문맥과도 맞지 않습니다. 하나님의 선물은 믿음이 아니라 은혜로 말미암는 구원입니다. 우리는 바로 뒤에 나오는 말씀을 통해 그것을 분명히 알 수 있습니다. "이것은 너희에게서 난 것이 아니요 하나님의 선물이라 행위에서 난 것이 아니니 이는 누구든지 자랑하지 못하게 함이라"(8, 9절). "행위에서 난 것이 아닌" 것이 무엇입니까? 믿음입니까? 분명 아닙니다. 위의 두 절은 필연적으로 동일한 것을 지칭합니다. 따라서 하나가 은혜로 말미암는 구원을 언급하는 것이라면, 다른 하나도 그것을 의미하는 것이어야 합니다. 이와 같이 여기에서 바울이 의미하는 것은 이것입니다. 즉 우리가 구원을 받은 것은 우리가 그것을 위해서 어떤 행위를 했기 때문이 아니라 하나님이 값없는 선물로 그것을 주셨기 때문이라는 것입니다.

여러분 가운데 어떤 사람들은 "이것은 과거의 진부한 설교를 되풀이하는 것이 아닌가?"라고 말할 것입니다. 만일 우리 설교자들이 살아 있는 복음을 죽은 신학으로 변질시켰다면, 그것은 우리 설교자들에게 있어 얼마나 부끄러운 일입니까? 그러나 이것이 전부는 아닙니다. 만일 청중인 여러분에 의해 벙어리의 혀로 노래하게 하고, 저는 자로 사슴처럼 뛰게 만드는 복음이 죽은 교리로 딱딱하게 굳어 화석화되었다면, 그 역시 청중인 여러분에게 있어 얼마나 부끄러운 일입니까?

이 모든 말이 여러분에게 얼마나 효과가 있을는지 잘 모르겠습니다. 그러나 나는 이 모든 말이 우리 모두가 필요로 하는 복음으로서 여러분의 머리가 아니라 가슴에 담겨지기를 간절히 바랍니다. 우리는 행위를 통해 구원을 얻을 수 없으며, 그것을 값을 치르고 살 수도 없습니다. 다만 그것을 얻었기 때문에 이제부터 선한 행위가 따라야 한다는 사실이 남아 있을 뿐입니다. "우리가 어떻게 하여야 '하나님의 일들'(works of God)을 하오리이까"(요 6:28). 오랫동안 계속되는 일련의 고통스러운 수고들입니까? 그에 대한 예수 그리스도의 대답이 무엇입니까? 그는 그 단어(works)의 끝에 복수(複數)를 나타내는 's'를 빼면서 이렇게 대답합니다. "하나님께서 보내신 이를 믿는 것이 '하나님의 일'(work of God)이니라"(29절). 예수 그리스도께서 "하나님의 일들"이라고 말씀하지 않고 "하나님의 일"이라고 말씀하신 것을 주목하십시오. 하나님의 아들을 믿는 것이 모든 영웅적이며 실제적인 순종으로 나아가게 만드는 단 하나의 일입니다.

3. 셋째로, 우리는 여기에서 구원의 조건을 보게 됩니다.

본문에서 바울이 사용한 전치사를 주목해 보십시오. "너희는 '그 은혜에 의하여'(by grace) 구원을 받았으니" — 여기에 구원의 원천이 있습니다. "너희는 그 은혜에 의하여 '믿음으로 말미암아'(through faith) 구원을 받았으니" — 여기에 구원의 매개체 혹은 도구 혹은 통로 혹은 조건이 있습니다. "믿음으로 말미암아." 여기에 또 하나의 진부한 단어가 등장하는데, 그 단어는 수많은 이론들에 의해 극도로 모호해졌을 뿐만 아니라 오로지 그리스도의 복음과 관련한 특별한 형태의 마음의 태도로 오해되기도 했습니다. 본래 그 단어는 "신뢰"(trust)를 의미하는 단어입니다. 인간 사회를 끈끈한 유대로 묶는 일반적인 덕 말입니다. 다만 그러한 일반적인 덕은 나중에 찬미와 존귀와 영광으로 발견되기 위해서는 하나님 보좌의 기둥을 따라 하늘로 뻗어 올라가야 합니다. 마치 지면으로 뻗어나가는 덩굴식물이 풍성한 열매를 맺기 위해서는 임의로 세워준 나무기둥을 따라 위로 뻗어가야 하는 것처럼 말입니다.

믿음 — 이것은 조건입니다. 구원은 하나님의 마음으로부터 발원(發源)합니다. 여러분은 그 강의 발원지를 만질 수는 없지만, 그러나 그 흐르는 물결을 만질 수는 있습니다. 그 강과 여러분의 집을 파이프로 연결해 보십시오. 그러면 여러분의 집은 필요한 만큼의 충분한 물을 얻게 될 것입니다.

사랑하는 교우 여러분! 바로 여기에 조건이 있습니다. 그것은 단지 조건일 뿐입니다. 왜냐하면 믿음의 행위 속에는 어떤 덕(virtue)도 공로도 없기 때문입니다. 다만 믿음 안에서 우리는 살아 있는 연합 속으로 들어갈 뿐입니다. "믿음으로 말미암아" 구원이 우리 마음속으로 들어올 때, 구원을 가져다준 원인은 나의 믿음이 아니라 하나님의 은혜입니다.

믿음은 단지 조건일 뿐입니다. 그러나 그것은 필요불가결한 조건입니다. 선물을 갖게 되는 데에는 몇 가지 길이 있을까요? 오직 하나의 길이 있을 뿐입니다. 그것은 손을 내밀어 받는 것입니다. 만일 구원이 "은혜에 의해"(by grace) 주어지는 것이라면, 그것은 반드시 "믿음으로 말미암아"(through faith) 주어져야만 합니다. 만일 여러분이 받지 않는다면, 여러분은 가질 수 없습니다. 바로 이것이 "믿음으로 의롭다함을 받는다"는 말의 의미입니다. 용서는 그것을 받아들이는 조건 위에서 주어집니다. 만일 여러분이 그것을 받아들이지 않는다면, 여러분은 그것을 가질 수 없습니다. 바로 이것이 믿음의 요지입니다.

사랑하는 교우 여러분! 눈을 뜨고 여러분이 처해 있는 위험을 보십시오. 여러분의 양심은 여러분이 심각한 질병 속에 있음을 말하지 않습니까? 스스로 구원하려 한다든지, 혹은 스스로 치유하려고 애쓰지 마십시오. 자기를 신뢰한다든지 스스로 돕는 것은 좋은 일입니다. 그러나 그것은 한계가 있으며, 구원과 관련해서는 아무 역할도 하지 못합니다. "모든 사람은 각자가 스스로의 구원자이다"라는 말은 결코 맞는 말이 아닙니다. 여러분은 스스로를 죄로부터 건져 낼 수 없습니다. 그것은 자기 힘으로 스스로를 파이돈(python: 그리스 신화에 나오는 거대한 뱀)의 손아귀로부터 건져내는 것보다 더 어려운 일입니다. 여러분은 스스로의 노력으로 하늘에 오를 수 없습니다. 그것은 달까지 철로(鐵路)를 놓는 것보다 더 어려운 일입니다. 여러분은 겸손하게 구원을 간청해야 합니다. 그리고 그것을 아무 자격 없는 자에게 값없이 베풀어지는 은혜로서 기꺼이 받아들여야 합니다. 여러분의 맏형이신 예수 그리스도의 손으로부터 말입니다. 그 안에 하나님의 모든 은혜가 있으며, 그는 자신을 믿는 모든 죄인들에게 구원을 줍니다. "너희는 그 은혜에 의하여 믿음으로 말미암아 구원을 받았으니 이것은 너희에게서 난 것이 아니요 하나님의 선물이라."

13
선한 일을 위하여 지으심을 받음

"우리는 그가 만드신 바라 그리스도 예수 안에서 선한 일을 위하여

지으심을 받은 자니 이 일은 하나님이 전에 예비하사

우리로 그 가운데서 행하게 하려 하심이니라"

엡 2:10

쇠는 용광로에서 쇳물로 용해되어 나오지만 그러나 곧 식어 굳어집니다. '은혜와 믿음으로 말미암는 구원'에 관한 바울의 가르침은 그의 마음으로부터 마치 용광로에서 나온 쇳물처럼 뜨겁게 용해되어 나오지만 그러나 오늘날의 세대에 그의 말은 딱딱하고 냉랭한 신학적 이론이 되고 만 것 같습니다. 그러나 다시금 생동하는 생명력으로 회복되기 위해서는, 그것은 우리 자신의 경험 속으로 녹아들어갈 필요가 있습니다. 사람이 구원에 이르는 공로를 행할 수 있다는 믿음은 모든 종교에서 보편적으로 나타나는 오류입니다. 바울은 본 서신에서 온 힘을 다해 그러한 오류와 싸우면서, 구원에 대해 말할 때는 마땅히 하나님의 행동과 함께 시작해야 한다는 위대한 진리를 역설합니다. 우리의 행동은 그 다음에야 비로소 생각할 수 있다는 것입니다. 구원을 위해 선한 일을 행한다는 말은 그 자체가 모순이며 앞뒤가 안 맞는 말입니다. 그것은 순서가 바뀐 것입니다. 그것은 잘못된 종착지에서 시작하는 것입니다. 그것은 A B C를 배우기 전에 먼저 X Y Z를 말하는 것입니다. 우리가 어떤 선행 혹은 공로를 행하는 것은 구원

을 얻기 위해서가 아니라 구원을 받았기 때문입니다. 선행은 구원의 원인이 아닙니다. 그것은 구원의 결과이며 목적입니다. 그와 같이 바울도 본문에서 이렇게 말합니다. "우리는 그가 만드신 바라 그리스도 예수 안에서 선한 일을 위하여 지으심을 받은 자니." 우리가 선한 일을 위하여 지으심을 받았다는 사실은 우리가 행위로가 아니라 은혜로 구원받았다는 주장의 한 가지 큰 근거가 됩니다. 이제 본문을 좀 더 세심하게 살펴보도록 합시다.

1. 첫째로, 선한 일을 위하여 지음받았다는 것은 모든 피조물의 근본입니다.

에베소서에서 여러분은 두 개념이 반복적으로 나타나는 것을 발견할 것입니다. 그것은 부활과 창조인데, 두 개념 모두 기독교적 생명의 사실과, 비그리스도인으로부터 그리스도인으로의 이행(移行)의 사실을 나타냅니다. 그것들은 그리스도가 사람들에게 가져다주는 위대한 은사(gift)가 새 생명이라는 사실을 보여줍니다. 오늘날 사람들이 구원에 대해 생각할 때, 그것이 근본적으로 죄의 궁극적이며 미래적인 결과들로부터 면제되는 것으로 생각하는 경향이 있습니다. 이것은 구원과 관련하여 오늘날 광범위하게 퍼진 개념이지만 그러나 매우 저급한 개념입니다. "구원"에 대한 이 같은 편협하며 이기적인 개념으로 말미암아 많은 사람들이 "그러면 사람이 어떻게 구원을 얻는가?"에 대한 그릇된 오해의 수렁에 빠지게 됩니다. 오늘날 구원을 받는 것과 관련한 보통 사람들의 일반적인 생각을 우리는 다음과 같은 한 마디 말로 요약할 수 있을 것입니다. "그는 올바로 살았으니 분명 구원받았을 거야." 이것은 얼마 전 작고한 나의 옛 친구로부터 들은 말인데, 여러분도 분명 이와 비슷한 말을 많이 들었을 것입니다. 그러나 우리는 이와 같은 확신의 근저에, 구원이 무엇인가에 대한 심각한 오해가 놓여 있다는 사실을 잊어서는 안 됩니다.

구원은 여러분 안에서 되어지는 어떤 것입니다. 단순히 여러분이 얻는(get) 어떤 것이 아니라, 여러분이 되는(become) 어떤 것입니다. 에베소서와 신약 전체가 가르치는 바는, 예수 그리스도 안에서 우리에게 오는 것 가운데 가장 귀하고 값진 선물(gift)인 구원이, 죽음으로부터 부활하는 것과 비견할 수 있을 정도로 인간 본성의 근본적이며 절대적인 변화라는 것입니다.

이와 같이 구원이 우리 안에서 새 사람이 창조되는 것으로 묘사될 때, 나는 그것이 단순한 수사학적 상징에 불과한 것이 아니라는 사실을 분명히 믿습니다. 여러분은 그리스도 안에 있는 새 생명의 가르침을 단순한 상징으로 취급할 수 없습니다. 그것은 상징을 훨씬 뛰어넘는 어떤 것입니다. 그것은 신약의 모든 페이지마다 빛나고 있으며, 신약의 모든 교훈의 기저에 놓여 있는 어떤 것입니다. 예를 들어, 요한복음은 "내가 온 것은 양으로 생명을 얻게 하기 위함이라"는 주제로 울려 퍼지는 거대한 교향곡입니다(10:10). 또 중생(重生) 혹은 신생(新生)의 위대한 교훈 역시도, 사람이 예수 그리스도께로 돌이킴으로써 구원받을 때 일어나는 일, 즉 그리스도 자신의 생명의 불꽃이 그에게 전달되며, 그럼으로써 "그리스도 예수 안에 있는 생명의 성령"이 그에게 들어와 그로 하여금 "죄와 사망의 법으로부터 해방되게" 하는 사실 위에 근거합니다.

교우 여러분! 여러분이 가진 기독교적 진리 가운데 여러분에게 주어진 새 생명의 실재가 가장 핵심적인 위치를 차지한다는 사실을 기억하십시오. 오늘날 평균적인 그리스도인들 사이에서의 통상적인 관념 속에서는 별로 그렇지 않을는지 모릅니다. 그러나 그리스도 자신의 가르침을 분명하게 따르는 그의 모든 종들 사이에서는 분명히 그렇습니다. 구원이라고요? 그렇습니다. 구원의 핵심은 신적 생명이 우리 속으로 들어와 우리가 "신적 본성"에 참여하는 자가 되는 것입니다.

이제 우리는 한 계단 더 앞으로 나아가야 하는데, 그것은 이러한 새 생명이 "그리스도 예수 안에서" 실현된다는 사실입니다. 에베소서는 "그리스도 안에서"란 표현이 가장 자주 나타날 뿐만 아니라 또한 가장 크게 강조되는 서신으로 유명합니다. 만일 여러분이 한가한 시간을 이용하여 에베소서를 일독한다면, 여러분은 "그리스도 안에서"란 표현이 모든 종류의 복이나 선과 연결되어, 그리고 그것의 조건으로서 반복적으로 등장하는 것을 보고 놀라게 될 것입니다. 우리가 기업을 얻는 것은 "그리스도 안에서"입니다. 우리가 구속 곧 죄 사함을 얻는 것 역시 "그리스도 안에서"입니다. 우리가 하나님의 처소로 함께 지어져 가는 것 역시 "그리스도 안에서"입니다. 신적 은사의 모든 충만과 영적인 복이 우리에게 전달되는 것 또한 "그리스도 안에서"입니다. 만일 우리가 "그리스도 안에서"란 표현의 의미를 올바로 이해하지 못한다면, 우리는 아직도 복음의 진수를 배우지 못한 것이며, 또한 아직도 우리가 고백하는 복음의 강력한 능력을 경험하지 못한 것입니다. "그리스도 안에서"는 그리스도와 신자(信者) 양자의 개별성을 그대로 남겨 둔 상태에서의 연합인데, 그것은 양자 사이의 관계에 대한 신약의 핵심적인 가르침입니다.

사랑하는 교우 여러분! 여러분은 이것을 경험하고 있습니까? 신비주의에 대해 말하는 것을 두려워하지 마십시오. 만일 기독교에 신비주의가 없다면 거기에는 생명 역시도 없는 것입니다. 잘못된 신비주의가 있는가 하면 올바른 신비주의도 있습니다. 예수 그리스도 자신이 말씀하신 것처럼 올바른 신비주의는 복음의 핵심입니다. "나는 포도나무요 너희는 가지니 내 안에 거하라 나도 너희 안에 거하리라"(요 15:4, 5). 만일 오늘날의 분주한 기독교가 이와 같은 진리를 최소한의 분량만큼이라도 이해할 수 있다면, 나는 오늘날의 겨울 같은 기독교에 따뜻한 봄바람이 불어오게 될 것이라고 굳게 믿습니다.

이제 우리는 또다시 새로운 계단으로 올라가야 합니다. 그것은 이와 같이 새 생명 혹은 새 창조를 전달받는 것으로 귀결되는 그리스도와의 연합이 우리의 믿음에 의존한다는 사실입니다. 우리는 이 일에 있어 수동적이지 않습니다. 새 생명이 우리 영으로 들어오는 데에는 조건이 있습니다. 여러분은 문을 열어야 합니다. 여러분은 창문을 열어젖혀야 합니다. 그러면 의의 태양의 상쾌한 아침 공기가 방 안으로 들어와 어둠을 몰아내고 방의 온도를 올릴 것입니다. 이와 같이 새 생명의 조건은 "믿음"입니다. 여기에서 믿음이라고 말할 때, 그것은 기꺼이 받아들이는 마음, 그리고 자신을 구주이신 그리스도 위에 던지는 의지의 행동을 의미합니다. 이와 같이 각 그리스도인은 "그리스도 예수 안에서 하나님이 만드신 바"입니다.

여기에서 바울은 새 창조가 "선한 일"에 선행(先行)되어야 한다고 말합니다 — 아마도 우리 가운데 어떤 사람들은 이 부분에 동의하기를 주저할 것입니다. 그렇지만 이것을 지나치게 과장하지는 맙시다. 과거 어떤 교부(敎父)는 "이방인의 덕행은 화려한 악행"에 불과하다고 말한 적이 있습니다. 그러나 그렇지 않습니다. 신약은 그렇게 가르치지 않습니다. 선한 것은 선한 것입니다. 그것이 무엇이든지 간에 말입니다. 그러나 그러한 선행들은, 아무리 그것이 인간의 아름다움의 개념에 부응하며, 아무리 그것이 정결하고 고상하며 빛나는 것이라 할지라도, 만일 그것이 하나님 혹은 하나님의 사랑과 아무런 관련 없이 이루어지는 것이라면, 그것의 최고의 빛에 이르렀다고 말할 수 없을 것입니다.

사랑하는 교우 여러분! 어떤 행동의 가치는 그 동기(動機)에 의존하며, 하나님께 대한 사랑과 순종의 동기 없이는 어떤 동기도 우리의 참된 가능성과 책임성에 온전히 부응하지 못한다는 도덕성의 ABC를 우리는 다시 되풀이할 필요가 없습니다. 만일 그러한 동기가 부재(不在)한다면, 가장 빛나는 인간의 행동조차도 그 안에 어두운 그림자를 가지고 있음을 우리는 잊어서는 안 됩니다. 종교와는 별도로 많은 도덕체계조차도 "존재"(to be)가 "행함"(to do)보다 더 중요하며, 어떤 행동의 가치는 그것의 동기에 의존한다는 사실에 기꺼이 동의합니다. 그러므로 만일 어떤 사람이 하나님의 사랑과 전혀 무관하게 어떤 일을 행했다면, 그의 행동은 본래 그것이 가질 수 있었던 만큼의 충분한 선(善)을 가질 수 없게 된다고 나는 감히 단언합니다. 선하게 되는 것이 먼저이고, 선한 일을 행하는 것은 그 다음입니다. 나무를 좋게 만드십시오. 그러면 그 열매가 좋을 것입니다. 우리는 본래 악하기 때문에, 우리가 어떤 선행을 할 수 있게 되기 전에 우리는 먼저 다시 창조되어야만 합니다.

2. 둘째로, 이러한 새 창조의 목적이 본문에 어떻게 표현되고 있는지 주목하십시오.

"그리스도 예수 안에서 선한 일을 위하여 지으심을 받은 자니." 바로 이것이 여러분에게 새 생명이 주어진 이유입니다. 바울은 바로 이것이 여러분이 구원받은 이유라고 말합니다. 구원을 위해 어떤 선행 혹은 공로를 행한다는 생각을 버리십시오. 그렇게 하는 대신 여러분의 자리를 구원의 터 위에 세우십시오. 그리고 구원받은 목적이 선한 일을 행하기 위함이라는 사실을 인식하십시오.

"선한 일"이라는 어구(語句)를 오늘날의 종교적인 어법에서 종종 그렇게 하는 것처럼 지나치게 제한된 의미로 취하지 마십시오. 그것은 그것보다 훨씬 더 큰 어떤 것입니다. 그것은 바울이 "무엇에든지 사랑 받을 만하며 무엇에든지 칭찬 받을 만하며 무슨 덕이 있든지 무슨 기림이 있든지 이것들을 생각하고 행하라"고 말할 때 의도한 모든 영역을 망라합니다(빌 4:8). 우리는 여기에서 "선한 일"과 관련한 넓은 개념을 보게 됩니다. 여기에는 "사랑 받을 만하며 칭찬 받을 만한" 모든 것이 포함됩니다. 일반적인 표현으로 말해서, 사람들로부터 좋은 평판을 받는 모든 행동을 포함한다는 말입니다. 바로 이것이 여러분에게 새 생명이 주어지는 이유입니다.

이것을 구속의 목적과 관련한 다른 관념들과 대조하십시오. 이것을 우리 가운데 많은 사람들이 갖고 있는 구원의 본질과 관련한 저급한 관념들과 대조하십시오. 구원은 단순히 미래의 지옥으로부터 면제되는 것이 아닙니다. 그것은 단순히 막연한 하늘나라에 들어가는 것이 아닙니다. 그것은 "사람이 무엇으로 심든지 그대로 거두리라"는 엄정한 법칙의 형벌을 피하는 것이 아닙니다. 용서의 본질은 형벌을 연기하거나 폐하는 것이 아니라 아버지의 사랑이 흘러들어 오는 것입니다. 마찬가지로 구원의 본질은 어떤 외적인 악으로부터 벗어나는 것이나 혹은 어떤 외적인 위치가 바뀌는 것이 아니라 사람의 본성이 변혁되고 재창조되는 것입니다. 그리고 구원의 목적은 구원받은 자가 하나님의 뜻과 일치되게 살며, 그러는 가운데 그의 성품 위에 하나님이 보시기를 바라시는 모든 아름다운 것들이 수(繡)놓아지는 것입니다.

또 이것을, 정통적인 신앙이 계시의 목적이라는 관념과 대조하십시오.

나는 "속죄에 대해서는 건전한 믿음을 가졌지만 그러나 성격은 매우 괴팍한" 사람에 대해 들은 적이 있습니다. 그러나 속죄에 대해 건전한 믿음을 갖는 것이 무슨 소용이 있습니까? 그 속죄가 그로 하여금 올바른 그리스도인의 삶을 살게 하지 못한다면 말입니다. 그와 같이 만일 여러분의 정통 교리가 올바른 삶과 행실로 귀결되지 않는다면, 그러한 정통이 도대체 무슨 소용이 있단 말입니까? 우리 가운데 너무도 많은 사람들이, "어떤 사람이 올바른 교리를 믿으면 그것이 그를 그리스도인으로 만든다"고 믿는 것 같습니다. 그러나 본문은 그러한 개념을 산산이 깨뜨립니다. 여러분이 구원을 받은 것은 여러분으로 하여금 계속해서 선한 일을 행하도록 하기 위함입니다. 만일 여러분이 그와 같이 행하지 않는다면, 여러분은 정통 교리의 홍수 속에 빠져 마침내 그것에 의해 익사하게 될 것입니다.

또 이것을, 우리가 구원받은 것이 예수 그리스도께 대한 뜨겁고 열렬한 감정에 탐닉하기 위한 것이라는 관념과 대조하십시오. 감정적인 기독교는 필요합니다. 그러나 지나치게 감정 위주로 흐르는 기독교는 위선(僞善)과 아주 가까운 거리에 있으며, 둘 사이에는 서로 교통하는 문이 있습니다. 다시 말해서, 감정 위주의 기독교와 위선적이며 가려진 삶 사이에는 매우 특이한, 그러나 눈에 잘 띄지 않는 연결 관계가 있다는 말입니다. 그것을 예방하는 방법은 본문의 위대한 진리, 즉 우리가 구원받은 것은 우리가 올바로 알기 위함도 아니고, 올바로 느끼기 위함도 아니며, 오직 "선한 일"을 행하기 위함이라는 사실을 깨닫는 것입니다. 이러한 것들의 선후관계를 잘 살피십시오. 올바른 생각이 올바른 느낌을 야기하며, 올바른 느낌이 올바른 행동의 수레바퀴를 돌게 만듭니다. 직조기(織造機)의 모든 증기로 하여금 배기관으로 빠져나가게 하지 마십시오. 그것이 아무리 거룩하고 축복된 감정이라 하더라도 말입니다. 증기의 역할은 방추와 북을 돌려 옷감을 짜는 것입니다.

3. 셋째로, 우리는 여기에서 "선한 일"을 실천하기 위해 예비된 현장을 보게 됩니다.

"선한 일을 위하여 지으심을 받은 자니 이 일은 하나님이 전에 예비하사 우리로 그 가운데서 행하게 하려 하심이니라." 우리에게 주어진 새 생명 혹은 새로운 삶을 바라보는 참된 방법은 그것을, 그리스도를 통해 우리 안에 심겨진 생명을 발전시키기 위해 하나님이 예비하신 실천의 현장으로 여기는 것입니다. 하나님은 물이 적절하게 흐르도록 때로 수로(水路)를 열기도 하고 닫기도 합니다. 바로 이것이 우리의 일과 역경을 바라보는 올바른 태도입니다. 역경은 힘을 낳습니다. 하나님은 우리의 상황을 조정하셔서 우리로 하여금 그러한 장애물과 씨름함을 통해 "세상을 움직이는 근육"을 얻게 하시며, 또 다양한 장소와 환경 속에서 우리로 하여금 우리 안에 잠재되어 있는 선(善)을 실천할 기회를 발견하게 합니다. 이와 같이 우리가 나아갈 길과 그것을 감당할 수 있는 힘은 항상 상응(相應)하는 법입니다. 하나님은 우리를, 감당할 수 없는 지나치게 험한 길로 인도하지 않습니다. 하나님이 우리에게 명한 것을 생각해 보십시오. 하나님은 우리로 그 일에 적합하도록 만드셨습니다. 그리고 우리로 적합하게 만든 바로 그 일을 우리로 하여금 행하라고 명령하셨습니다.

그러므로 사랑하는 교우 여러분! 이 땅에서 여러분은 새 생명을 받은 목적을 이루어나가고 있다는 사실을 유념하십시오. 그리고 "존재"(being)와 "행함"(doing)의 순서를 잊지 마십시오. 우리는 먼저 선한 존재가 되어야 합니다. 그리고 오직 그렇게 되고 난 후에야 비로소 우리는 선한 일을 행하게 될 것입니다. 우리는 먼저 우리의 희생제물이요 새 생명이 전달되는 통로로서 "우리를 위한 그리스도"(Christ for us)를 가져야만 합니다. 그리고 나서야 비로소 우리는 우리의 모든 선의 원천으로서 "우리 안에 계신 그리스도"(Christ in us)를 갖게 될 것입니다.

> "만일 우리에게 어떤 힘이 있다면
> 그것은 고작해야 악을 행하는 힘일 따름이나이다.
> 우리로 선한 일을 사모하며 행하게 하는 모든 힘은
> 오직 주의 것이나이다."

14
모퉁잇돌

"너희는 사도들과 선지자들의 터 위에 세우심을 입은 자라
그리스도 예수께서 친히 모퉁잇돌이 되셨느니라"
엡 2:20

바울 시대에 로마제국은 에베소의 아시아인들과 고린도의 헬라인들과 팔레스타인의 유대인들과 기타 여러 지역의 여러 인종들을 하나의 거대한 통일체로 연합시켰습니다. 매우 거대하고 위용에 넘치는 통일체였음에도 불구하고, 그러나 그것은 바울에게 있어 그리스도의 나라의 하나 됨과 비교할 때 실로 보잘것없는 것이었습니다. 에베소의 아시아인들과 고린도의 헬라인들과 팔레스타인의 유대인들과 기타 여러 지역의 모든 인종들은 "우리의 시민권은 하늘에 있다"고 말할 수 있었습니다. 로마의 독수리는 자신의 날개 안에 광대한 지역을 휘감았지만, 그러나 그리스도께서 보내신 평화의 비둘기는 그보다 훨씬 더 광대한 영역으로 여행했습니다. 바울이 19절에서 말하는 것처럼 에베소인들은 본래 이스라엘 공동체로부터 외인이요 나그네였지만, 그러나 이제 그들은 그 공동체 안으로 들어왔습니다. 과거 유대 나라의 협소한 공동체는 이제 그 영역이 확장되었으며, 모든 신자(信者)들의 모국(母國)이 되었습니다. 모든 백성을 실제적으로 하나 되게 만든 것은 로마가 아니었습니다. 그렇게 한 것은 그들이 대수롭지 않게 여겼던 가장 미약한 자들이었습니다. "시온에 대하여 말하기를 이

사람, 저 사람이 거기서 났다고 말하리니"(시 87:5).

교회의 통일성의 개념을 역설하기 위해 바울은 본문에서 성전의 은유를 사용합니다. 여기에서 그리스도인들은 성전을 이루는 돌들이며, 사도들과 선지자들은 세우는 자이며, 그리스도는 모퉁잇돌입니다. 물론 사도들과 선지자들에게 부여된 "터"(혹은 기초, foundation)라는 표현은 그들이 복음을 전파하는 것을 가리키는 것입니다. 실제로 기초를 놓은 것은 우리에게 그리스도를 주신 하나님의 사랑과 능력의 역사입니다. "보라 내가 한 돌을 시온에 두어 기초를 삼았노니"라고 선포한 것은 다름 아닌 하나님 자신의 음성이었습니다(사 28:16). 그러나 그와 같은 하나님의 일은 사람들에게 알려져야만 하며, 그것은 건물이 계속해서 세워져 나가는 것을 통해 이루어집니다. 그러므로 "내가 기초를 세웠노라"는 하나님의 말씀과 "지혜로운 건축자처럼 내가 기초를 세웠노라"는 바울의 말은 서로 상충되지 않습니다.

여기의 "선지자들"의 의미와 관련하여 한 가지 질문이 제기될 수 있습니다. 그러한 표현이 본 서신의 다른 곳에서는 신약의 선지자들을 의미하는 것임은 분명한 사실입니다. 그러나 여기에서 예수 그리스도가 두 개의 담을 지탱하는 모퉁잇돌로 지칭되는 것을 감안할 때, 여기의 "선지자들"을 구약의 선지자들로 보는 것이 더 자연스럽습니다. 여기에서 두 부류의 사람들이 거명되는 순서를 주목해 보십시오. 사도들이 먼저 거명되고, 다음에 선지자들이 거명됩니다. 시대 순으로 본다면 물론 선지자들이 먼저입니다. 그러나 여기에서 그들이 나중에 거명되는 것은 여기의 두 부류가 기초 위에 놓이는 순서대로 거명되었다는 설명을 확증해 줍니다. 땅을 파 내려가는 것을 생각해 보십시오. 여러분은 좀 더 최근의 땅을 먼저 파고, 이전 시대의 땅은 나중에 파게 될 것입니다. 그리고 그 아래에다가 모퉁잇돌을 놓고 그 위에 모든 것을 세울 것입니다. 바울의 순서를 따라 우리는 건축의 과정을 주목할 수 있습니다. 건물 아래에 기초가 있고, 그 아래에 모퉁잇돌이 있습니다.

1. 첫째로, 건축의 과정을 주목하십시오.

본문 바로 앞 절에서 바울은 에베소인들의 예전 상태를 외인과 나그네의 상태로서 표현합니다. 그들은 성도의 시민권을 갖지 못했으며, 하나님의 권속 밖에 있었습니다. 그들은 마치 아무렇게나 쌓아 놓은 돌무더기 같았습니다. 그러나 그들은 이제 성도들과 동일한 시민이 되었습니다. 아무렇게나 쌓여 있던 돌무더기는 이제 질서정연한 건물로 새롭게 쌓아 올려졌습니다. 바울은 공동의 믿음으로 실현된 새로운 공동체와는 독립적으로 존재하는 민족적이며 정치적인 관계의 사실들을 무시하지 않습니다. 바울에게 있어 그러한 관계들은 무시될 수 없는 것이었습니다. 그러나 그것은 그리스도 안에서 이루어지는 완전한 연합과 비교할 때 길가에 아무렇게나 쌓여 있는 돌무더기와 같은 초라한 연합에 불과했습니다. 교회라고 하는 아름다운 건축물과 비교할 때, 그와 같은 세상 사람들의 집합체는 건물이라는 이름이 붙여질 만한 것이 못되었습니다. 그의 이와 같은 관점은 오늘날 우리들이 일반적으로 갖고 있는 관점과 얼마나 다릅니까?

본문에서 이러한 돌들이 지어져가고 있는 것으로 표현되고 있는 것을 주목하십시오. 그것들은 함께 질서정연한 양식으로, 그리고 일정한 계획에 따라 쌓아 올려집니다. 뿐만 아니라 우리는 바울 서신 전반에 걸쳐 이러한 산돌들이 건축 작업에 능동적으로 참여하는 것으로 나타나는 사실을 잊어서는 안 됩니다. 신약의 다른 곳에서 우리는 "너희는 너희의 지극히 거룩한 믿음 위에 자신을 세우라"는 훈계의 말씀을 읽을 수 있습니다(유 1:20). 그리고 바로 뒤이어 그 방법이 제시됩니다. "성령으로 기도하며 하나님의 사랑 안에서 자신을 지키며 영생에 이르도록 우리 주 예수 그리스도의 긍휼을 기다리라"(21절).

바울 서신 전반에 걸쳐 우리는 "점진적인 성화"(聖化)의 개념이 자주 등장하는 것을 볼 수 있습니다. 그리고 그것은 기독교적 삶을 '기독교적 성품을 계발시키기 위한 지속적인 노력'으로 제시합니다. 이와 같이 계속적으로 지어가는 과정이라는 관점에서 우리는, 사람을 예수 그리스도와의 생명의 연합으로 이끄는 것은 전적으로 믿음의 행동과 함께 시작된다는 사실을 인식하게 됩니다. 어떤 사람이 외인과 나그네의 신분에서 벗어나 우리의 맏형이신 예수 그리스도를 통해 아버지를 발견하고, 또 형제들과 함께 새로운 가정을 발견하는 것은 개별적인 믿음의 행동을 통해 이루어지는 것입니다. 그러나 그러한 믿음이 기독교적 삶을 시작하는 조건이라 할지라도, 그와 같은 기독교적 삶은 계속적인 노력을 통해 지속적으로 발전되어가야 합니다. "그것은 빵 덩이가 완전히 부풀 때까지 평생 계속되는 수고입니다."

앞에서 언급한 유다서의 구절 "너희의 지극히 거룩한 믿음"을 다시 생각해 보십시오(1:20). 여기의 "믿음"은 개인적인 믿음의 행위를 의미하는 것이라기보다, 믿음의 대상인 복음을 의미하는 것처럼 보입니다. 그러나 그것의 정확한 의미가 무엇이든지간에, 유다서의 문맥은 기독교적 삶이 유지되고 강화되어야 할 실제적인 의무를 암시합니다. 스스로를 세워 나가는 사람들은 지속적인 기도와, (우리 주 예수 그리스도의 긍휼을 바라는 가운데) 하나님의 사랑 안에서 스스로를 지키며, 그들을 안전한 요새로부터 끌어내려고 하는 모든 원수들에 대항하여 계속적으로 싸울 준비를 갖추어야 합니다. 기독교적 성품이 좀 더 고양(高揚)되고 발전되기 위해서는, 그리스도와 그의 진리를 더욱 굳게 붙잡고 그것을 더욱 생생하게 실현하는 것이 필요합니다. 우리가 하나님의 사랑을 더 강렬하게 느낄수록 우리는 "우리의 지극히 거룩한 믿음" 위에 더 견고하게 세워질 것입니다. 기독교적 진보(進步)에 있어 어떤 신비한 비법은 존재하지 않습니다. 어떤 사람을 처음 그리스도인으로 만든 바로 그것이 그의 미래의 모든 과정을 만들어 갑니다. 우리의 믿음의 분량이 곧 우리의 진보의 분량입니다.

그러나 바울은 이어지는 구절들에서 자신의 은유의 경계를 뛰어넘어 건물을 자라는 것으로 말합니다(엡 2:21, 22). 이러한 개념은 노력의 영역을 넘어서는 그 이상의 영역으로 우리를 이끌고 갑니다. 숲의 나무가 자라는 것을 생각해 보십시오. 그 줄기가 두꺼워지고 전체의 부피가 커지면서 가지들은 점점 더 하늘로 뻗어 올라갑니다. 그러나 건물이 세워지는 것은 이와 다릅니다. 건물은 천천히 그리고 많은 수고를 통해 세워져 나가며, 완성될 때까지는 미완성의 모양을 띠게 됩니다. 만일 우리가 우리의 영적 생명이 진보되는 것과 관련한 이러한 고상한 개념을 갖지 않는다면, 그리고 오직 우리 자신의 노력만이 도덕적 진보의 유일한 조건일 뿐이라면, 복음이 설 자리는 거의 없게 될 것이며 바울과 플라톤 사이에 거의 차이가 없게 될 것입니다. 바울은 바로 뒤에서, 만일 그리스도인들이 그리스도 안에 있으면 그들은 "성령 안에서 하나님이 거하실 처소가 되기 위하여 지어져 간다"고 말하는데(22절), 이것은 건물이 자란다는 의미를 좀 더 충분하게 설명하는 것입니다. 그리스도와의 연합과 그 결과로 이루어지는 성령 안에서의 삶은 분명 개인의 영혼과 집합적인 공동체의 자람(growth)을 야기합니다. 성령은 모든 신자의 영혼 속에 거하시며 그것을 통해 일합니다. 때로 우리가 성령을 근심케 한다든지 혹은 소멸시킨다든지 혹은 성령의 역사를 거스를 때도 있을는지 모릅니다. 그럼에도 불구하고 성령의 모든 역사야말로 은혜와 지식에 있어서의 우리의 모든 자람(growth)의 참된 원천입니다. 건축의 과정은 느릴 수 있으며 또 느릴 것입니다. 때로 숨어 있는 원수들이 우리가 여러 날 수고한 것을 허물어뜨리기도 할 것입니다. 종종 우리의 손이 게을러지기도 할 것이며, 우리의 마음이 느슨해지기도 할 것입니다. 또 종종 우리의 진보가 너무나 느려서, 우리가 정말 "그 기초" 위에 있기는 한 것인지 혹은 우리가 정말 그 위에 세워 나가고 있는 것인지 의심을 품을 수도 있을 것입니다. 그러나 성령께서 우리의 약함을 도우십니다. 그 일은 우리만의 일이 아니라, 우리 안에 계신 그분의 일입니다. 우리는 건축에 있어 우리의 노력이 필연적이라는 사실을 인식해야 합니다. 그러나 우리는 또한 그것의 자람이 생명의 자유로운 순환에 의존하며, 따라서 만일 우리가 예수 그리스도 안에 거하면 우리는 "성령 안에서 하나님이 거하실 처소"로 지어져 갈 수밖에 없다는 사실을 잊지 말아야 합니다. 설령 우리가 이 땅에서 세우는 건물에 여러 가지 결함이나 부족한 것들이 있다 할지라도, 우리는 아무도 마지막에 다음과 같이 말할 수 없게 될 것이라는 사실을 분명히 확신할 수 있습니다. "이 사람이 공사를 시작하고 능히 이루지 못하였다"(눅 14:30).

2. 둘째로, 건물이 세워지는 기초를 주목하십시오.

흠정역(KJV)에서와 마찬가지로, 헬라어 원어에는 "선지자들" 앞에 정관사가 없습니다. 이러한 사실은 여기에 언급된 두 부류의 사람들이 "사도들" 앞에 있는 하나의 정관사와 공통적으로 연결된다는 사실을 보여줍니다(KJV 20절: And are built upon the foundation of the apostles and prophets, Jesus Christ himself being the chief corner stone). 그러므로 사도들과 선지자들은 하나의 부류에 속합니다. 여기에서 기초(터, foundation)는 무엇을 의미하는 것일까요? 그들이 그것을 구성한다는 의미일까요, 아니면 그 기초가 그들에 의해 세워졌음을 의미하는 것일까요? 전자의 의미를 뒷받침해 주는 것처럼 보이는 것으로서 우리는 어린 양의 열두 사도의 이름이 기록된 열두 기초석이 있는 계시록의 새 예루살렘의 이상(異像, vision)을 생각할 수 있지만, 그러나 후자가 좀 더 개연성이 높아 보입니다. 후자의 의미를 뒷받침해 주는 것처럼 보이는 것으로서 바울은 고린도의 형제들에게 "내가 지혜로운 건축자와 같이 터(기초, foundation)를 놓았다"고 말하는가 하면(고전 3:10), 또 로마의 형제들에게 이미 그리스도의 이름을 부르는 곳에는 복음을 전하지 않기로 결심했다고 말하면서, 그 이유를 "남의 터(기초, foundation) 위에" 건축하지 않기 위함이라고 이야기합니다(롬 15:20). 이러한 여러 가지를 종합할 때, "복음을 전파하는 것"을 기초를 놓는 것으로 이해하는 것이 가장 합당한 것으로 여겨집니다.

나아가 여기에 언급된 "선지자들"이 구약의 선지자들을 의미하는 것인지, 아니면 신약의 선지자들을 의미하는 것인지와 관련한 질문이 제기될 수 있습니다. 본문에 "사도들"이 먼저 언급된 사실에 근거하여 후자의 견해 즉 신약의 선지자들을 의미한다는 견해가 좀 더 넓은 지지를 받아 왔습니다. 그러나 앞에서 지적한 것처럼 여기의 순서는 위에서부터 시작하여 아래로 파내려가는 것과 관련된 것으로서, 시간적으로 나중에 속한 것이 순서에 있어서는 먼저 언급된 것일 뿐입니다. 이와 관련하여 우리는 "모든 선지자도 이 때를 가리켜 말하였느니라"(행 3:24)라는 베드로의 담대한 선언과 안디옥 회당에서의 바울의 설교, 즉 그리스도를 정죄한 유대인들의 죄를 선지자들의 모든 말이 성취된 것으로, 그리고 예수 그리스도의 부활을 조상들에게 주신 모든 약속들이 성취된 것으로 역설한 그의 설교를 되돌아볼 필요가 있습니다. 다시 말해서, 지금 사도들에 의해 전파되는 복음의 기초 아래 이미 오래 전에 죽은 하나님의 옛 종들에 의해 견고하게 놓인 옛 돌들이 있다는 것입니다.

바울의 가장 큰 확신은, 그 자신이 그리스도인이 됨으로써 더 유대인이 되었다는 것과, 그가 전하는 복음이 복음 이전의 복음 즉 선지자들의 입술로부터 나온 옛 복음을 완성하는 것 외에 아무것도 아니라는 것입니다. 우리는 이와 같은 점진적인 신적 계시가 오랜 세대를 통해 이스라엘에게 제시된 방식에 대해 바울이 알았던 것보다 훨씬 더 많이 압니다. 또 이와 관련하여 우리는 "예수의 증언은 곧 예언의 영"(the testimony of Jesus is the spirit of prophecy)이라는 것이 모든 신약 저자들의 공통된 확신이었음을 알 수 있습니다(계 19:10). 구약의 책들의 기원과 구성의 문제와 관련하여 어떤 새로운 빛이 비치든지 간에, 예언서로부터 비치는 메시야의 장엄한 형상의 광채는 결코 흐려지지 않을 것입니다. 사도적 기초와 선지자적 기초 사이의 내적 관계는 변화산에서 예수 그리스도께서 모세와 엘리야와 더불어 나눈 대화 속에 가장 잘 나타납니다. 그들은 "그와 함께" 있으면서, 그가 바로 율법과 예법과 예언이 가리킨 자임을 증언합니다. 또 그들은 예수 그리스도의 모든 사역의 핵심으로서 "그가 예루살렘에서 별세하실" 것에 대해 말했는데, 그것은 예법에 따라 죽임을 당한 어린 양 속에, 그리고 우리 허물 때문에 찔림을 당하고 우리 죄악 때문에 상함을 받은 여호와의 종의 형상 속에 이미 예표된 것이었습니다.

3. 셋째로, 모든 것을 떠받치며 하나로 연결하는 모퉁잇돌을 주목하십시오.

물론 여기의 모퉁잇돌은 기초석(foundation stone)을 말하는 것이지 "모퉁이의 머릿돌"을 말하는 것은 아닙니다. 그러나 예수 그리스도는 '둘 다'(both)입니다. 그는 처음이요 나중이며, 알파와 오메가입니다. 본문의 전체적인 문맥은 그의 생각 속에 항상 불타고 있었던 것으로서 유대인과 이방인이 한 새 사람 안에서 화목되는 것인데, 이러한 개념은 양자(兩者)가 하나의 건물로 연합되는 표상 안에서 가장 잘 나타납니다. 하나의 모퉁잇돌이 두 담(two walls)을 떠받치는 가운데, 두 담이 건물 전체를 지탱합니다. 바로 앞 문맥에서도 같은 개념이 제시됩니다. "그리스도께서 오셔서 먼 데 있는 너희에게(즉 이방인들에게) 평안을 전하시고 가까운 데 있는 자들에게(즉 유대인들에게) 평안을 전하셨으니"(17절). 그는 자신의 죽음으로 또 하나의 담, 즉 그들 사이를 분리시키는 "중간에 막힌 담"을 허셨는데(14절), 이 일은 "법조문으로 된 계명의 율법을 폐함"으로 이루어졌습니다(15절).

　유대인들이 각종 예법을 엄격하게 준수하는 것으로 인해 더욱 공고해진 유대인과 이방인 사이의 옛 구별은, 특이하며 낯선 새 것, 즉 예수 그리스도 안에서 형성된 신자들의 공동체 안에서 허물어졌습니다. 서로 반목하던 양자(兩者)는 '그리스도인'이라는 제3의 질서에 의해 하나가 되었습니다. 유대인 그리스도인과 이방인 그리스도인은 형제가 되었습니다. 왜냐하면 그들이 함께 동일한 새 생명을 받았기 때문입니다. 그들은 같은 믿음을 고백하며, 같은 구주를 사랑하며, 그리스도로부터 말미암은 같은 성품을 공유하며, 그리스도 안에서 같은 운명 아래 있습니다. 그런 그들이 어떻게 인종적인 차별과 증오심의 옛 감정을 품을 수 있겠습니까?

　오늘날 우리가 초창기 그리스도인들을 하나로 묶었던, 그리고 그들 사이의 모든 분리의 담을 허물어뜨렸던 이러한 새롭고 특이한 사랑을 되새길 때, 우리는 오늘날 우리 사이의 온갖 분열을 허물어뜨림에 있어 예수 그리스도의 사랑이 왜 이렇게 작은 힘밖에 가지고 있지 못한 것처럼 보이는지 애통하는 마음으로 스스로에게 물어야 합니다. 오늘날의 현대적 삶에 있어 초창기 그리스도인들이 경험했던 것과 같은 큰 간격, 예컨대 노예와 자유자라든지 남자와 여자 사이의 엄청난 간격 같은 큰 간격은 이제 더 이상 없습니다. 그러나 같은 주님에 대한 같은 신앙을 고백하는 자들 사이에 추악한 간격은 아직도 이곳저곳에 많이 남아있는 것 같습니다. 함께 사도들과 선지자들의 터 위에 세우심을 입었으며 예수 그리스도가 모퉁잇돌이 되신다고 고백함에도 불구하고 말입니다.

 설령 그가 실제로 우리에게 모퉁잇돌이 되신다 하더라도, 또 우리가 믿음으로 말미암아 그 위에 세우심을 입었다 하더라도, 모퉁잇돌과 건축의 은유는 그에 대한 우리의 관계를 표현하는데 결코 충분하지 못합니다. 왜냐하면 우리의 모퉁잇돌은 그 안에 모든 산돌들을 쌓아올리며, 또 각각의 신자들을 온전한 자로 빚어 만드는 무한한 생명력을 가지고 있기 때문입니다. 비록 이 땅에서 우리에게 주어진 새 생명의 은사를 완전하게 누리는 것이 불가능하다 할지라도, 각각의 신자들은 마침내 그렇게 될 것입니다. 또 그것은 세상 역사와 관련해서도 그러할 것입니다. 그리스도는 세상 역사의 중심이며 기초석입니다. 그의 오심이 연대(年代)를 기산(起算)하는 출발점이 된 것을 생각해 보십시오. 그 이전의 모든 것이 가장 깊은 의미에서 그의 성육신을 예비하는 것이었다면, 그 이후의 모든 것은 가장 깊은 의미에서 그를 누리며 그의 사역을 발전시키는 것입니다. 앞에서 가고 뒤에서 따르는 무리가 소리 높여 외칩니다. "찬송하리로다 주의 이름으로 오시는 이여"(마 21:9).

15
하늘과 땅에 있는 모든 가족

"이러므로 내가 하늘과 땅에 있는 각 족속에게"

엡 3:14

문법적으로 볼 때 "전체 가족"(whole family)라고 읽는 흠정역
(Authorized Version)보다 "모든 가족"(every family)라고 읽는 개정역
(Revised Version)이 좀 더 정확합니다(한글개역개정판에는 "각 족속"이
라고 되어 있음). 이러한 표현은 하늘에서 구원받은 존재들과 땅에 있는
신자들이 한 가족을 이룬다는 개념과 직접적으로 관련되는 것은 아닙니
다. 다만 여기에 나타나는 개념은 "아버지가 가족을 만든다"(the father
makes the family)는 것과 만일 사람이나 천사 등의 어떤 지적 존재들의
공동체가 가족이라는 위대한 이름을 갖는다면 그것은 "하나님이 아버지가
되신다는 사실"에 근거한다는 것일 뿐입니다.

그러나 본문을 선택함에 있어서의 나의 목적은, 이 땅에서 분투하는 신
자들과 하늘에 있는 성도들과 천사들이 하나의 공동체를 이루며, 이러한
개념의 빛 속에서 주의 만찬의 의미를 고찰하고자 하는 것입니다. 물론 본
문을 그와 같이 사용하는 것은 그것을 그 본래의 의미로부터 이탈시키는
것이라는 사실을 나는 충분히 인식하고 있습니다. 그렇지만 나는 이런 사
실을 미리 고백함으로써 여러분과 나 자신의 용서를 받을 수 있을 것이라
고 생각합니다.

1. 첫째로, 성만찬이 지상의 교회가 한 가족임을 증거하는 사실을 주목하십시오.

유월절은 본질적으로 가족 잔치(family feast)입니다. 그리고 그에 뿌리를 둔 주의 만찬 역시 근본적으로 동일합니다. 성만찬 의식의 이러한 특성은 다락방의 간소한 잔치 속에서 분명하게 나타납니다. 그리스도와 열두 제자가 거기 앉았을 때, 그것은 가족 식사(family meal)였습니다. 그리스도는 그 집의 머리였으며, 제자들은 그의 가족의 지체들이었습니다. 제자들이 떡을 떼기 위해 모였던 초창기 성만찬 예식 속에도 그러한 특성이 그대로 보존되어 있었으며, 그것은 나중에 로마 가톨릭 대성당에서 행해진 휘황찬란한 성만찬과는 매우 다른 것이었습니다. 교회는 전체로서 한 가족이며, 성만찬 예식은 그 사실을 선포합니다. "떡이 하나요 많은 우리가 한 몸이니 이는 우리가 다 한 떡에 참여함이라"(고전 10:17). 이와 같은 가족의 개념은 기독교적 통일성의 가장 심오한 근거를 보여줍니다. 그들을 형제와 자매의 혈연관계로 묶은 것은 그들 자신의 의지로 말미암은 것도 아니며, 그들이 무슨 특별한 일을 행했기 때문도 아니었습니다. 그것은 오로지 그들이 공동의 생명을 소유하고 있었기 때문입니다.

우리가 거듭나 하나님의 자녀가 될 때, 우리는 모두 형제가 됩니다. 그리스도 안에서 우리에게 생명을 가져다주는 그것이 우리를 한 형제로 만들며, 그 핏줄에 같은 생명의 피가 흐르게 만듭니다. 우리를 하나로 만드는 것은 하나의 떡에 함께 참여하는 것입니다. 같은 피가 모든 형제들의 핏줄 속에 흐르고 있는 것입니다.

이처럼 교회가 근거하는 유일한 기초는 이러한 그리스도의 생명을 공동으로 소유하는 것입니다. 그리고 그러한 기초는 기독교적 연합을, 예컨대 사람들이 같은 마음을 갖거나 갖은 생각을 가질 때 갖게 되는 얕은 연합보다 훨씬 더 깊고 복되게 만듭니다. 그리고 이러한 의식(意識)은 기독교적 형제관계의 초석이며, 서로를 더욱 강하게 결속시키는 끈입니다.

> "그 어떤 것도 피의 결속을 끊을 수 없도다,
> 형제는 영원히 형제로다."

모든 형제들은 설령 세상의 신분이 아무리 다르다 할지라도 서로 형제라는 사실을 인정하기를 부끄러워하거나 두려워하지 않습니다. 하나님으로부터 난 자들, 그래서 하나님을 사랑하는 모든 사람들은 똑같이 그분으로부터 난 다른 형제들을 사랑합니다.

2. 둘째로, 주의 만찬이 하늘의 집에 있는 가족의 예언임을 주목하십시오.

성만찬의 예언적 성격은 그것이 처음 제정될 때 그리스도 자신께서 "그것이 하나님의 나라에서 이루어질 때까지"라고 하신 말씀 속에, 또 그들이 그의 나라에서 그의 식탁에 앉아 먹고 마시게 될 것이라는 그의 선언 속에 온전히 나타납니다. 또 우리는 갈릴리 해변에서 베풀어졌던 신비한 잔치를 되돌아볼 필요가 있습니다. 거기에서 예수 그리스도는 "떡을 취하여 제자들에게 나누어" 주었는데, 여기에는 분명 그가 행했던 예전의 오병이어의 이적들과 다락방에서의 잔치가 암시되어 있는 것으로 여겨집니다. 이러한 것들로부터 우리는 '풍성한 잔치가 베풀어지는 미래'와 관련한 정말로 복된 개념을 얻게 됩니다. 비록 흐릿하기는 하지만 말입니다. 그것들은 우리에게 영원한 집과 영원한 잔치와 영원한 공동체에 대해 말해줍니다. 우리는 다락방의 몇몇 특성들에 대한 우리의 생각을 바꿀 필요가 있습니다. 하늘나라 식탁의 특성을 올바로 이해하고자 한다면 말입니다. 주의 만찬이 끝난 후 무엇이 따랐습니까? 그리스도에게는 겟세마네와 골고다가, 그리고 제자들에게는 그를 배반하며 부인하며 버리는 것이 따르지 않았습니까? 그러나 하늘의 더 나은 식탁에는 그를 배반하며 부인하며 버리는 것이 더 이상 없습니다. 종이 밭에서 하루 종일 수고하고 땀에 범벅된 채 들어옵니다. 그러나 주인은 개의치 않고 나아와 그 종을 수종듭니다.

하늘에서 베풀어지는 영원한 잔치에서 떡과 포도주는 비록 옛 것이라 할지라도 그러나 새 것이 될 것입니다. 왜냐하면 그리스도의 축복과 능력의 새로운 깊이가 드러나고, 또 옛 포도주로부터 새로운 기쁨과 강함을 마실 것이기 때문입니다. 그때 잔치에 참여한 자들은 큰 환희와 놀람으로 주인에게 이렇게 말할 것입니다. "주께서는 지금까지 좋은 포도주를 남겨두셨나이다"(요 2:10). 거기에서 그리고 그때 모든 끊어진 끈들은 다시 이어질 것이며, 잃어진 것들은 모두 보충될 것이며, 변질되는 것도 고갈되는 것도 없을 것입니다.

3. 셋째로, 주의 만찬은 땅의 공동체와 하늘의 공동체 사이의 현재적 연합의 증표입니다.

만일 주의 만찬이 하늘의 완전함에 대한 예언이라면, 그것은 또한 우리에게 이 땅의 공동체와 하늘의 공동체가 어떻게 연합되는지를 보여줍니다. 우리의 생명과 마찬가지로 그들의 생명 역시도 하나의 생명으로부터 말미암은 것입니다. 우리와 마찬가지로 그들 역시도 한 주님에 의해 양식을 공급받고 축복을 받습니다. 우리가 이 땅에서 기독교적 생명을 소유하는 것과 그들이 하늘에서 완전한 생명을 누리는 것은 하나입니다. 그들은, 우리가 그리스도인으로서 살 때 그런 것처럼, 그리스도를 바라봅니다. 비록 의의 태양이 거기에서 더 크게 보이고, 더 강렬한 빛을 발하기는 하지만 말입니다. 또 거기에는 밤도 없고 의의 태양이 구름에 가려지는 일도 없기는 하지만 말입니다. 거기에서 그들은, 여기에서 우리가 불완전하게 시도하고 부분적으로 성취하는 것을, 완전한 형태로 행합니다.

> "이 땅의 모든 성도들과 모든 죽은 자들
> 그들은 한 공동체를 이루는도다."

하늘도 아버지의 집이며 땅도 똑같이 아버지의 집입니다.

이러한 위대한 진리를 실현하는 믿음 앞에 사망은 점점 더 작은 것이 됩니다. 주의 식탁에는 하늘의 자리도 있고 땅의 자리도 있습니다. 비록 땅의 자리에 앉아 있다 할지라도 우리는 우리 곁을 떠난 자들, 그리고 결코 채워질 수 없는 빈자리를 남긴 자들이 하늘의 자리에서 우리 주님 곁에 모여 있음을 느낄 수 있습니다. 물론 둘 사이에는 칸막이가 있습니다. 그럼에도 불구하고 하나의 가족이며 하나의 잔치입니다. 이 땅에 베풀어진 식탁은 완전하지 못하지만, 그러나 하늘에 베풀어진 식탁은 영원하며 완전할 것입니다. 그리하여 우리는 항상 주와 함께 있을 것이며, 우리의 연합은 마침내 완전하고도 영원하게 나타날 것입니다.

16
능력으로 강건하게 하심

"그의 영광의 풍성함을 따라 그의 성령으로 말미암아
너희 속사람을 능력으로 강건하게 하시오며"
엡 3:16

바울이 자신의 서신들 속에서 가장 높이 고양(高揚)되는 곳은 다름 아닌 기도하는 부분에서입니다. 그리고 기도하는 부분에서도 가장 뜨거워지는 때는 본문과 같은 일련의 간구를 올릴 때입니다. 그와 같은 일련의 간구들은 마치 궁전의 방들이 계속해서 연결되어 있는 것처럼 그렇게 계속해서 이어집니다. 각각의 방은 더 크고 으리으리한 또 다른 방으로 이어지면서 알현실에 점점 더 가까워지다가 마침내 우리는 그곳에 서게 됩니다. 여기의 기도는 네 가지 간구로 나누어집니다. 각각의 간구는 이어지는 간구의 원인이면서 동시에 앞의 간구의 결과입니다. 첫 번째 간구는 이것입니다 — "그의 영광의 풍성함을 따라 그의 성령으로 말미암아 너희 속사람을 능력으로 강건하게 하시오며"(16절). 두 번째 간구는 이것입니다 — "믿음으로 말미암아 그리스도께서 너희 마음에 계시게 하시옵고 너희가 사랑 가운데서 뿌리가 박히고 터가 굳어져서"(17절). 이것은 첫 번째 간구의 결과이면서 동시에 세 번째 간구를 준비하는 것입니다. 세 번째 간구는 이것입니다 — "능히 모든 성도와 함께 지식에 넘치는 그리스도의 사랑을 알고"(18절). 그리고 마지막 네 번째 간구가 이어집니다 — "그 너비와 길이와 높이와 깊이가 어떠함을 깨달아 하나님의 모든 충만하신 것으로 너희에게 충만하게 하시기를 구하노라"(19절).

나는 이러한 네 가지 간구를 일련의 연속 설교의 방식으로 순서대로 다루고자 합니다. 이를 통해 여러분의 기독교적 생명의 가능성들이 좀 더 선명하게 여러분 앞에 제시되기를 소망합니다. 바울의 기도는 곧 하나님의 목적입니다. 그리고 자기 백성들에 대한 하나님의 뜻은 이러한 간구들이 그들 안에서 이루어지는 것입니다. 그러므로 이제 모든 간구의 기초가 되는 첫 번째 간구에 귀를 기울여 보도록 합시다. 그리고 모든 그리스도인들에게 주어지는 '강건함을 가져다주는 신적 능력' 의 위대한 개념을 살펴보도록 합시다.

1. 첫째로, 하나님은 모든 그리스도인들이 능력의 성령으로 강건해지기를 의도하시며 바라십니다.

많은 그리스도인들은 기독교를 단지 그들과 과거 사이의 관계를 바꾸는 수단으로 제한합니다. 그러나 이것은 기독교와 그것이 가져다주는 선물에 대한 매우 부적절하며 불충분한 개념입니다. 물론 세상에 대한 하나님의 위대한 선물은 각각의 개인들에게 모든 과거가 말소되었다는 확신과 함께 시작됩니다. 하나님은 죄 사함의 복된 의식(意識)을 주시는데, 그러나 이것은 그의 선물의 최종적인 절정이 아니라 시작에 불과하다는 사실을 우리는 결코 망각해서는 안 됩니다. 만일 여러분과 내가 궁극적으로 죄 사함을 받지 못한다면, 도대체 기독교가 의미하는 것이 무엇이란 말입니까? 그러나 죄 사함 자체가 최종적인 목적지는 아닙니다. 그로부터 출발하여, 우리는 하나님의 영에 의해 주어지는 모든 강건함과 의와 초자연적인 생명으로 채워져야 합니다.

현관으로 들어가는 것은 참 좋은 일입니다. 현관을 통하지 않고 보좌로 들어가는 다른 길은 없습니다. 그러나 우리는 죄 사함의 복된 소식은 단지 성전(聖殿)의 현관에 불과하며, 그것을 지나면 한층 더 풍성한 신적 생명의 은사가 있다는 사실을 결코 잊어서는 안 됩니다. 복음의 진정한 축복은 죄로 얼룩진 세상에 새로운 능력을 주는 것입니다.

사랑하는 교우 여러분! 만일 우리에게 어떤 능력이 있다면 그것은 악을 행하는 능력일 뿐임을 아는 우리는, 또 어떤 선을 행하기에 우리의 영은 너무도 미약하고 부족함을 아는 우리는 "영원하신 하나님 여호와, 땅 끝까지 창조하신 이는 피곤하지 않으시며 곤비하지 않으시며 … 피곤한 자에게는 능력을 주시며 무능한 자에게는 힘을 더하신다"는 사실을 항상 기억해야 합니다(사 40:28, 29). 하나님이 그렇게 하실 수 있는 것은 "그의 권세가 크고 그의 능력이 강하므로 하나도 빠짐이 없기" 때문입니다(26절). "그의 능력이 강하므로 하나도 빠짐이 없는" 것은 멋진 일입니다. 그러나 "피곤한 자에게는 능력을 주시며 무능한 자에게는 힘을 더하시는" 것은 더욱 멋진 일입니다(29절). 복음은 거룩을 위한 죄 사함의 선물이며, 그것의 가장 특징적인 선물은 순종과 섬김을 위한 새로운 능력입니다.

나아가 이러한 능력은 성령의 은사를 통해 우리에게 주어집니다. 성령의 이름 자체가 "능력의 성령"입니다. 그리스도는 우리에게 "위로부터 입히우는 능력"에 대해 말씀하셨습니다(눅 24:49). 그의 입술로부터 나온 마지막 약속은 그의 제자들이 성령의 능력을 받을 것이라는 것이었습니다. 초창기 역사에서 성령으로 충만한 자에 대해 읽을 때마다 우리는 그가 "능력으로 충만했다"는 이야기를 듣게 됩니다. 바울 사도의 가르침을 따를 때 하나님은 우리에게 "능력의 성령"을 주셨는데, 그것은 또한 "사랑과 강건한 심령의 영"입니다. 그러므로 우리가 가져야만 하는 강함은 우리 자신의 강함이 아니라 우리 안에 내주하시는, 그리고 우리를 통해 역사하시는 성령의 강함입니다.

그러므로 살아 계신 하나님을 믿고 또 그의 영과 우리의 영이 서로 연결되어 있음을 믿는 자들은 그 안에 두려워할 것이나 놀랄 것이 아무것도 없습니다. 나는 모든 그리스도인들에게 주어진 선물의 실제적이며 초자연적인 특성을 분명히 믿습니다. 우리가 하나님을 믿을 때, 자연적인 질서를 초월하는 선물이 우리의 마음속으로 흘러들어옵니다. 하나님과 나의 영 사이에는 직접적인 통로가 있습니다. 나의 영은 하나님의 만짐에 대해 열려 있습니다. 그리고 하나님은 나의 영과 연결된 모든 길을 다니실 수 있습니다. 여러분과 나는 피차에 대해 행동하되 외부로부터 그렇게 합니다. 그러나 하나님은 우리에 대해 행동하시되 내부로부터 그렇게 합니다. 우리는 피차 축복을 기원하지만, 하나님은 축복을 주십니다. 우리는 어떤 동기나 이유가 주어질 때 비로소 특별한 마음을 품는다든지, 혹은 무엇을 새롭게 배우려고 한다든지, 혹은 스스로를 훈련시키려고 노력합니다. 그러나 하나님은 자신의 신적 섭리에 의해 우리의 심령 속에 영원한 생명의 꽃을 피울 씨앗을 심으실 수 있습니다. 이와 같이 기독교회는 물질적인 세상의 한가운데 있는 거대하며 계속적이며 초자연적인 공동체입니다. 그리고 모든 신자의 영혼은 — 왜냐하면 그것이 예수 그리스도의 생명을 소유하고 있기 때문에 — 그리스도가 "나사로야 나오라"라고 말씀하셨을 때만큼이나 실제적이고 참된 '기적의 자리'(the seat of a miracle)입니다. 예수께서 죄 가운데 죽은 영혼들의 초자연적인 부활을 가리키는 "죽은 자들이 하나님의 아들의 음성을 들을 때가 오나니 곧 이 때라 듣는 자는 살아나리라"(요 5:25)는 말씀과, 미래의 몸의 부활을 가리키는 "무덤 속에 있는 자가 다 그의 음성을 들을 때가 오나니 듣는 자는 살리라"(28절)는 말씀을 나란히 놓으셨을 때 우리에게 제시하고자 하셨던 것이 바로 이러한 교훈이었습니다.

그러므로 사랑하는 교우 여러분! "하나님이 여러분의 죄를 사하셨을 때, 그것은 단지 여러분 가운데 하나님의 목적이 시작된 것을 의미할 뿐"이라는 사실을 잊지 마십시오. 하나님이 여러분의 죄를 용서하신 것은 최종적인 목적지에 이르는 하나의 수단일 뿐입니다. 만일 여러분이 다음과 같은 사실, 즉 "하나님이 의도하시고 바라시는 것은 여러분이 그의 성령으로 말미암아 능력으로 강건하게 되는" 것이라는 사실을 깨닫지 못했다면, 여러분은 하나님이 여러분에게 의도하신 위대한 일을 아직도 충분히 이해하지 못한 것입니다.

2. 둘째로, 이러한 신적 능력은 우리의 내적 생명 전체에 영향을 끼치도록 의도되

었다는 사실을 주목하십시오.

본문이 제시하는 것처럼, 우리는 "그의 성령으로 말미암아 속사람이 능력으로 강건하게 될" 수 있습니다. 여기에서 "속사람"(inner man)은 예수 그리스도를 믿는 믿음으로 말미암은 새 창조, 즉 그가 "새 사람"(new man)이라고 부르는 것을 의미하지 않습니다. 다만 그것은 베드로가 "마음의 숨은 사람"이라고 부르는 영혼, 혹은 보이는 물질적인 몸과 구별되는 보이지 않는 자아를 의미합니다. 하나님의 영이 내주하며 힘을 불어넣는 곳이 바로 이러한 내적 자아입니다. 누룩은 반죽 전체가 부풀기까지 깊은 곳에 감취어져 있어야 합니다. 그곳이 어디겠습니까? 그곳은 참 사람을 구성하는 내적 영역으로서, 하나님의 영이 역사하는 영역입니다. 거룩하게 되어야 하는 것은 여러분의 내적 생명의 어느 한 부분이 아닙니다. 강건하게 되어야 하는 것은 그것의 어느 한 측면이 아닙니다. 거룩하게 되고 강건하게 되어야 하는 것은 전체적인 지성과 감정과 열망과 기호(嗜好)와 주의력과 양심과 상상력과 기억과 의지입니다. 그 모든 구석구석에 있는 속사람이 이러한 능력으로 채워지고 또 그것의 영향을 받아야 합니다. "등불의 빛이 여러분을 비추어 여러분의 온 몸이 밝아 조금도 어두운 데가 없어질" 때까지 말입니다(눅 11:36).

우리 존재 가운데 이러한 거룩한 내주자(內住者)의 영향 아래 있지 않은 부분은 단 한 부분도 없습니다. 우리 영의 집 가운데 그가 들어갈 수 없는 방은 없습니다. 그로 하여금 마스터키를 가지고 여러분의 미약한 본성의 모든 희미한 방들 속으로 들어오게 하십시오. 하나의 생명이 눈에 빛을 가져다주며 볼에 불그레한 색을 가져다주며 손에 재주를 가져다주며 팔에 힘을 가져다주며 심장에 고동을 가져다주는 것처럼, 그는 하나의 선물의 다양한 결과들을 가지고 여러분에게 올 것입니다. 그는 여러분의 이해력을 강화시킬 것이며, 여러분으로 하여금 좀 더 고상한 일을 할 수 있도록 만들어줄 것입니다. 그는 여러분의 감정 속에 내주하면서, 여러분의 감정을 강하게 하여 거룩한 것들을 붙잡을 수 있도록 만들어줄 것입니다. 그는 여러분의 나약하며 우유부단하며 변덕스러운 의지 속으로 들어올 것이며,

그럼으로써 여러분으로 하여금 저급한 악을 따르지 않도록 지켜줄 것입니다. 그는 여러분의 의지를 고양(高揚)시킴으로써 여러분으로 하여금 선을 행하기를 좋아하고 악을 미워하도록 만들어줄 것입니다. 그리고 여러분의 존재 전체를 망라하여 모든 약함을 덮는 거대한 힘을 부어줄 것입니다. 그는 마치 신비한 연금약액(elixir: 연금술에 있어 비금속을 황금으로 바꾼다는 상상 속의 액체) 같을 것입니다. 그는 여러분의 입으로 들어와 여러분의 미약한 육체를 통과한 후 여러분의 볼을 붉은 빛으로 빛나게 하며, 여러분의 눈을 찬란한 광채로 반짝이게 하며, 여러분의 두뇌를 총명하게 하며, 여러분의 본성 전체에 강한 능력을 가져다줄 것입니다. 또 뜨거운 태양 아래 늘어지고 처져 있던 식물이 물기와 접촉함으로써 그 모든 부분이 힘을 얻고 똑바로 일어서는 것처럼, 성령이 여러분 위에 부어질 때 여러분의 전체 본성은 새로운 생명과 원기로 회복될 것입니다.

이러한 내주하시는 성령은 또한 고통을 견디는 능력이 될 것입니다. 우리는 본문과 병행되는 구절을 골로새서에서 찾을 수 있습니다. "그의 영광의 힘을 따라 모든 능력으로 능하게 하시며 기쁨으로 모든 견딤과 오래 참음에 이르게 하시고"(골 1:11). 사랑하는 교우 여러분! 만일 성령이 인내와 오래 참음의 능력이 되지 못했다면, 그것은 우리 가련한 인생들에게 합당한 능력이 되지 못했을 것입니다. 모든 인생 가운데 어두운 시절이 있는 법입니다. 때로 낙망과 우울함과 슬픔과 외로움과 쓰라린 기억과 소망을 잃어버리는 일이 있을 것입니다. 그렇지만 만일 우리가 강하다면, 우리는 그 모든 것을 이기고 극복할 능력을 가져야만 합니다. 성령께서 주시는 강한 능력이 우리로 하여금 그 모든 것을 어떻게 감당하고, 또 어떻게 받아들일 것인지를 가르쳐줄 것입니다.

또 그것은 싸움을 위한 능력이 될 것입니다. 우리 모두는 의무를 이행한다든지, 혹은 각종 유혹과 마주침에 있어 엄청난 반대의 힘과 직면해야 합니다. 그때 만일 우리가 그 모든 것을 대적할 수 있도록 주어지는 은혜를 갖고 있지 못하다면, 우리는 그러한 반대의 힘에 의해 정복을 당하고 허물어지게 될 것입니다. 성령에 의해 주어지는 하나님의 능력은 우리로 하여금 싸우는 것을 면제시켜 주지 않습니다. 다만 잘 싸울 수 있도록 우리를 구비(具備)시켜 줍니다. 거룩은 싸움 없이 주어지지 않습니다. 도리어 거룩을 위한 싸움을 통과하는 가운데 우리는 "악한 날에 능히 대적하고 모든 일을 행한 후에 굳게 설" 수 있게 될 것입니다(엡 6:13).

또 그것은 섬김을 위한 능력입니다. "너희는 위로부터 능력으로 입혀질 때까지 예루살렘에 머물라"(눅 24:49). 그리스도의 나라를 전파함에 있어 성령을 소유하는 것만큼 중요한 일은 없습니다. 그와 같은 불세례 속으로 들어감으로써 이기적이며 게으른 모든 것이 불에 타 소멸됩니다. 그리고 우리는 섬김을 위해 자유케 되는데, 그것은 우리를 결박하는 멍에가 그의 불 같은 능력의 용광로 안에서 타버리기 때문입니다.

"그의 성령으로 말미암아 너희 속사람을 능력으로 강건하게 하시오며." 여러분의 모든 본성을 충만하게 채우는 능력이 여러분으로 하여금 고통을 견딤에 있어 강하게 하며, 싸움에 있어 강하게 하며, 섬김에 있어 강하게 하며, 우리 구주를 증거함에 있어 강하게 할 것입니다. 여러분이 기꺼이 허락하기만 한다면 말입니다,

3. 셋째로, 이러한 능력은 하나님 자신의 무한하심과 함께 무한한 능력이라는 사실을 주목하십시오.

바울은 "하나님의 영광의 풍성함을 따라 그들의 속사람을 강건하게" 해 달라고 간구합니다. 여기에 무한한 분량이 있습니다. 하나님이 자기를 나타내시는 부요함과 그의 신성의 찬란한 빛은 무한합니다. 기독교적 생명의 가능성들을 생각해 보십시오. 설령 그 안에 엄청난 광채와 능력이 있다 할지라도 거기에는 한계가 있습니다. 그리고 그러한 한계는 바로 우리의 용량의 한계이기도 합니다. 그러나 그러한 용량은 변하며, 무한히 변할 수 있으며, 우리의 크기를 뛰어넘어 점점 더 커질 수 있습니다. 우리 마음은 점점 더 많이 하나님을 닮아갈 수 있습니다. 그리고 우리 마음이 하나님을 닮아가는 분량만큼, 우리 마음은 그분으로 가득 차게 될 것입니다. 항상 변하며 유동하는 한계는 사실상 한계가 아닙니다. 강력한 힘을 가지고 있

음으로써 해가 거듭할수록 영토가 확장되는 어떤 제국을 생각해 보십시오. 그러한 제국은 '무한한 제국'이라고 일컬어질 수 있을 것입니다. 지금 우리의 울타리 안에는 거대한 초원 가운데 아주 작은 일부의 땅만이 포함되어 있을 뿐입니다. 그러나 내일은 더 많은 땅을 포함시킬 수 있습니다. 우리가 그렇게 하고자 뜻하기만 한다면 말입니다. 그리고 계속해서 더 많은 땅을 차지하며 우리의 울타리 안에 포함시켜 나갈 수 있습니다. 왜냐하면 하나님의 모든 것이 우리의 것이기 때문입니다. 또 하나님이 우리에게 자신을 모두 주셨기 때문입니다. 우리로 하여금 아들을 믿는 믿음 안에서 소유하고 사용하도록 하기 위해서 말입니다. 손가락에 끼는 골무를 생각해 보십시오. 골무는 거대한 대양(大洋) 속에서도 오직 자신의 분량만큼의 물만 담을 수 있을 뿐입니다. 그러나 만일 그 골무에 사람이 알지 못하는 거대한 팽창의 권능이 주어진다면 어떻게 되겠습니까? 마침내 그 골무는 지금은 상상도 하지 못하는 거대한 분량의 물을 담을 수 있게 될 것입니다.

그것은 우리와 하나님에 대하여도 마찬가지입니다. 하나님은 이를테면 우리를 거대한 금괴들이 가득 쌓여 있는 곳간으로 들어가게 하십니다. 그러고는 "네가 가져갈 수 있을 만큼 취하라"고 말씀하십니다. "그의 영광의 풍성함"에는 한계가 없습니다.

사랑하는 교우 여러분! 그러나 우리 각자에게 주어진 이러한 엄청난 선물에는 조건이 있다는 사실을 기억하십시오. 특별히 지금 나는 스스로 믿음을 고백하는 그리스도인들에게 말하고 있습니다. 만일 여러분이 그것을 원하지 않는다면, 여러분은 그것을 얻지 못할 것입니다. 스스로를 그리스도인으로 부르는 사람들 가운데 이러한 엄청난 선물을 가지고 무엇을 해야 할지 알지 못하는 사람들이 많이 있습니다. 만일 여러분이 그것을 열망한다면, 여러분은 그것을 얻을 것입니다. "너희가 얻지 못함은 구하지 아니하기 때문이요"(약 4:2).

이와 같은 하나님의 엄청난 약속과 오늘날 평균적인 그리스도인들이 경험하는 실재 사이의 큰 괴리를 생각할 때, 우리는 무슨 말을 할 수 있을까요? 하나님의 긍휼은 영원히 사라져 버린 것입니까? 그의 약속은 땅에 떨어져 버린 것입니까? 아, 참으로 약한 그리스도인들이여! 여러분은 마치 약하게 태어나서 지금까지 계속 약한 상태로 있는 사람들과 같습니다. 여러분의 입을 크게 여십시오. 여러분의 기대와 열망을 크게 높이십시오. 그리고 구하는 대로 받을 것이라는 사실을 확신하십시오. 여러분은 하나님 안에서 결코 궁핍하지 않습니다.

또 여러분 안에서 신적 능력이 역사하기 위해서는 자기를 부인하는 것이 필요하다는 사실을 잊지 마십시오. 여러분은 두 개의 무기를 들고 싸울 수 없습니다. 신적인 것이 살기 위해서는 인간적인 것은 죽어야 합니다. 하나님의 생명(the life of God)이 여러분을 가득 채우려면, 자아에 의존하는 본성적인 생명(the life of nature)은 약해지고 정복되어야 합니다. 여러분은 "이제는 내가 사는 것이 아니라"고 말할 수 있어야 합니다. 그렇지 않으면 여러분은 "내 안에 그리스도께서 사신다"고 말할 수 없게 될 것입니다(갈 2:20). 옛 족장 야곱을 생각해 보십시오. 그의 환골뼈가 위골되고 그의 모든 본성적 생명이 불구가 되고 무력해지고 나서야 비로소 은혜의 생명이 역사할 수 있었습니다. 그러므로 만일 여러분이 성령의 다스림을 기대한다면, 여러분은 그리스도의 능력으로 여러분의 자아를 부수어 버려야만 합니다.

만일 여러분이 성령을 소유하고 있다면, 여러분은 그것을 사용해야만 합니다. "무릇 있는 자는 받아 넉넉하게 되되"(마 13:12). 만일 물레방아로 들어오는 물이 다 밑으로 흘러가 버리는 가운데 물레를 돌리지 못한다면, 그 많은 물이 도대체 무슨 소용이 있겠습니까? 여러분이 가지고 있는 능력을 사용하십시오. 그러면 여러분은 자기가 가진 것을 잘 사용하는 충성된 청지기가 될 것입니다. 작은 것에 충성하는 자에게 더 많은 것이 주어질 것입니다. 구하고 사용하십시오. 그러면 다음과 같은 찬송이 여러분의 입술로부터 흘러나오게 될 것입니다. "내가 간구하는 날에 주께서 응답하시고 내 영혼에 힘을 주어 나를 강하게 하셨나이다"(시 138:3).

17
내주하시는 그리스도

"믿음으로 말미암아 그리스도께서 너희 마음에 계시게 하시옵고
너희가 사랑 가운데서 뿌리가 박히고 터가 굳어져서"
That Christ may dwell in your hearts by faith;
ye being rooted and grounded In love
엡 3:17

우리는 여기에서 에베소의 형제들을 위한 바울의 일련의 간구들 가운데 두 번째 것을 보게 됩니다. 본문의 교훈을 살피기에 앞서 우리는 먼저 다음과 같은 두 가지를 살펴볼 필요가 있습니다.

첫째는 본문의 간구가 앞의 간구 즉 첫 번째 간구에 대해 갖는 관계와 관련한 것입니다. 언뜻 보기에 본문의 두 번째 간구는 앞의 간구와 병행되는 것처럼 보일 수 있습니다. 다시 말해서, 그 모양은 다르지만 그러나 그 개념은 본질적으로 동일하게 보일 수 있다는 말입니다. 속사람을 강건하게 만드는 성령의 작용은, 믿음 안에서 그리스도께서 우리 마음속에 내주하시는 것과 같은 의미를 갖는 것으로 생각될 수 있습니다. 실제로 많은 주석가들이 그렇게 이해합니다. 그러나 나는 두 개념이 서로 구별될 수 있다고 생각합니다. 다시 말해서, 앞에서 지적한 것처럼, 우리는 본문의 두 번째 간구 속에서 "성령으로 말미암아 속사람을 능력으로 강건하게" 해달라는 첫 번째 간구의 결과를 보아야 한다는 것입니다. 나는 이와 같은

관점의 근거를 굳이 장황하게 설명할 필요를 느끼지 않습니다. 왜냐하면 그렇게 보는 것이 본 단락의 마치 계단을 올라가는 것 같은 점층적인 구조와 잘 어울리기 때문입니다. 여기에서는 다만 이러한 관점을 이후 논의의 기초로 제시하는 것으로 충분할 것입니다.

본문을 다루기에 앞서 우리가 살펴야 할 두 번째 개념은 본문의 마지막 어절의 연결 관계와 관련한 것입니다. 여러분은 내가 위에 제시한 본문을 읽으면서 "that"을 빠뜨린 것을 보았을 것입니다(위에 제시된 본문에 "ye" 앞에 "that"이 빠져 있음; 이와 관련하여 KJV 본문은 다음과 같음. That Christ may dwell in your hearts by faith; that ye, being rooted and grounded in love). 내가 그렇게 한 것은 "너희가 사랑 가운데서 뿌리가 박히고 터가 굳어져서"란 어절이 원문에서는 "that" 앞에 나오며 그에 따라 그것이 이어지는 어절로부터 명확하게 분리되기 때문입니다. 따라서 내가 보기에 필연적인 이유 없이 "that"를 "ye" 앞으로 옮길 필요는 없는 것으로 여겨집니다. 반대로 만일 앞의 어절 즉 "너희가 사랑 가운데서 뿌리가 박히고 터가 굳어져서"란 어절이, 믿음으로 말미암아 그리스도께서 우리 마음속에 내주하시는 결과를 묘사하는 다음 절 앞에 놓이면, 그것은 원인과 결과를 뒤섞음으로써 전체 문장의 논리적인 흐름을 깨뜨리는 것이 되고 맙니다. 그러므로 나는 그 어절을 본문의 첫째 부분과 바로 연결시킴으로써, 그것을 믿음으로 말미암아 그리스도께서 우리 마음속에 내주하시는 결과를 표현하면서, 동시에 지식에 넘치는 그리스도의 사랑을 알고 이해하게 되는 것의 준비 혹은 원인을 표현하는 것으로 취하고자 합니다. 이러한 두 가지 개념을 살핌으로써 이제 우리는 본문으로 들어갈 준비를 갖추게 되었습니다.

1. 첫째로, 바울이 모든 그리스도인들을 위해 열망하며 간구하는 그리스도의 내주하심을 주목하십시오.

아주 간단히 말해서, 그리스도께서 신자(信者) 안에 내주하시는 것은 단순하면서도 문자적인 사실로서 받아들여져야 합니다.

예수 그리스도의 신성(神性)을 믿지 않는 자들에게 그것은 물론 터무니없는 이야기입니다. 그러나 그 안에서 성육신하신 하나님을 보는 자들에게 믿는 자의 영혼 안에 예수 그리스도께서 내주하신다는 사실을 문자 그대로 믿는 것은 전혀 어려운 일이 아닙니다.

이와 같은 그리스도의 내주(內住)의 사실을 그의 형상에 참여하는 것, 그의 성품을 닮는 것, 그의 영향력에 순복하는 것, 그의 모범을 따르는 것, 그의 교훈을 듣는 것 등의 개념들로 약화시켜서는 결코 안 됩니다. 죽은 플라톤도 그의 제자들에게 큰 영향을 끼칠 수 있습니다. 그러나 그것은 살아 계신 그리스도께서 그의 제자들에게 영향을 끼치는 것과는 다릅니다. 여기에서 그리스도의 영향이라고 말할 때, 그것은 그와 분리되어 나타날 수 있는 그와 같은 단순한 영향이 아닙니다. 그것은 그 자신의 임재, 즉 그 자신의 나타남이며, 그의 임재와 분리될 수 없는 것이며, 그가 우리 안에 내주하실 때에만이 실현될 수 있는 영향입니다.

내가 보기에 대부분의 그리스도인들은 대체로 복음의 이러한 측면에는 너무도 주의를 적게 기울이면서 오로지 그리스도께서 우리를 위해 골고다 위에서 행하신 사역에만 지나치게 집중하는 것 같습니다. 물론 후자(後者)는 그 자체로 말할 수 없이 소중한 것이지만, 그러나 그것이 그리스도께서 우리를 위해 행하신 모든 것은 아닙니다. 그는 지금도 우리의 대언자요 중보자로서 하늘에서 우리를 위해 계속해서 일하고 계십니다. 매 주일 나의 설교를 듣는 여러분은 내가 우리 주님의 이 같은 양쪽 측면의 사역 가운데 어느 것도 결코 소홀히 하지 않음을 잘 알 것입니다. 그러나 나는 '내주하시는 그리스도' 라는 복된 개념이 오늘날 대부분의 기독교회의 의식(意識)으로부터 점차로 흐려져 가고 있지 않은지 심히 우려하지 않을 수 없습니다.

우리 안에 계신 그리스도를 전파할 때, 우리는 "신비주의자"란 말을 듣게 될 것입니다. 그렇지만, 교우 여러분, 만일 여러분의 기독교가 올바른 의미에서 "신비적"(mystical)이지 않다면, 그러면 그것이 "기계적"(mechanical)이어야 한단 말입니까? 만일 그렇다면, 우리의 기독교는 얼마나 끔찍한 것입니까? 나는 "죽으셨다가 다시 살아나시고 하나님 우편에 앉아 계시면서 우리를 위해 기도하시는 그리스도"를 전파합니다. 그리고 그와 같은 그리스도를 전파하는 것이 너무도 기쁩니다. 뿐만 아니라 나는 거기에서 멈추지 않습니다. 나는 "우리 안에 내주하시며 우리 마음속에 살고 계시는 그리스도"를 전파합니다.

본문의 간구 가운데 "계시게 하시옵고"(indwelling, 혹은 "내주하시게 하시옵고")가 특별하게 강조되는 것을 주목하십시오. 바울은 지금 이러한 "계심" 혹은 "내주하심"이 언제까지나 끊어지지 않고 영원히 계속되기를 간구하고 있는 것입니다. 만일 여러분이 원어(原語)를 살펴본다면, 여러분은 바울이 여기에서 강렬함과 계속의 개념을 담고 있는 복합어를 사용하고 있는 사실을 볼 수 있을 것입니다. 다시 말해서, 지금 바울이 간구하고 있는 것은 에베소의 형제들이 내주하시는 그리스도의 간헐적인 방문을 경험한다든지, 혹은 그리스도께서 그들 가운데 계심을 의식할 수 있는 어떤 열광적인 순간들을 경험하는 것이 아닙니다. 도리어 그가 원했던 것은, 그들이 내주하시는 그리스도를 단절 없이 계속해서 소유하고, 또 그렇게 그분을 소유하고 있음을 아는 것이었습니다.

그리고 바로 이것이 16절의 첫 번째 간구와 여기의 두 번째 간구 사이의 차이를 구별해야 할 중요한 한 가지 이유입니다. 왜냐하면 앞으로 살펴보게 될 것처럼, 우리에게 그리스도의 계속적인 내주하심이 가능하게 되는 것은 오직 "우리의 속사람이 그의 성령으로 말미암아 능력으로 강건하게" 될 때이기 때문입니다.

예수께서 우리의 영과 의식(意識) 안에 끊임없이 영속적으로 내주하신다는 개념은 우리의 일상적인 삶의 경험과 얼마나 대조됩니까? "어찌하여 주께서는 이 땅에서 거류하는 자 같이, 하룻밤을 유숙하는 나그네 같이 하시나이까?"란 질문은 오늘날 평균적인 그리스도인들이 쉽게 던질 수 있는 질문일 것입니다(렘 14:8). 우리는 우리 마음속에 그분을 끊임없이 그리고 영속적으로 소유합니다. 그럼에도 불구하고 우리는 그분을 "잠깐동안 그리고 간헐적으로" 소유합니다. 아! 우리는 얼마나 자주 내주하시는 그리스도를 쫓아냅니까? 우리의 마음은 얼마나 자주 "죄와 어리석음"으로 가득 채워집니까? 그리하여 그분이 문 밖에 서서 안에서 터져 나오는 시끄러운 소리만 들을 뿐일 때가 얼마나 많습니까?

사랑하는 교우 여러분, 바로 여기에 우리 삶의 이상(理想)이 있습니다. 우리는 온전함에 가까이 다가갈 수 있습니다. 비록 절대적으로 그곳에 도달하지는 못한다 하더라도 말입니다. 우리의 삶 전체를 관통하여 단절 없이 이어지는 빛의 연속선이 있을 수 있습니다. 그러나 마치 어느 허름한 변두리의 거리처럼 여기저기 흩어져 있는 가로등들에 의해 여기는 밝고 저기는 어두운 이런 경우가 얼마나 많습니까? 여러분의 삶은 이와 같지 않습니까? 하나님이 가끔 찾아오셨다가 얼마 후 실망 가운데 다음과 같이 말씀하시면서 떠나가시곤 하는 것처럼 말입니다. "그들이 그 죄를 뉘우치고 내 얼굴을 구하기까지 내가 내 곳으로 돌아가리라"(호 5:15). 하나님은 우리 마음속에 그리스도가 계속해서 내주하실 수 있기를 뜻하시며, 또 바라십니다. 여러분은 예수 그리스도가 여러분 안에 내주하는 것을 의식합니까?

이제 본 설교의 첫 단락 가운데 마지막으로 살펴볼 것은, 성령으로 강건하게 된 심령은 내주하시는 그리스도의 성전이 되기에 합당한 심령이 된다는 것입니다. 어떻게 우리는 예수 그리스도를 위한 방을 준비할 수 있을까요? 보잘것없는 자가 살던 길가의 허름한 오두막집이 어떻게 왕이 거주하기에 적합한 처소가 될 수 있습니까? 그 대답은 본문 바로 앞에 놓여 있습니다. 여러분은 왕이 오셔서 거주하기에 적합하도록 서까래를 강화(强化)시키거나, 지붕을 얹거나, 방을 꾸미거나, 각종 가구들을 비치할 수 없습니다. 그러나 여러분은 여러분의 영을 확장시키고 아름답게 꾸미며 강화시킬 하나님의 영에게로 돌이킬 수 있습니다. 그러면 여러분의 영은 내주하시는 그리스도를 받아들일 수 있게 될 것입니다.

여기에서 원인과 결과로 간주된 이러한 두 가지가 또 다른 측면에서 같은 진리의 서로 다른 국면으로 간주될 수 있음을 주목하십시오. 왜냐하면 더 깊은 의미에서 바라볼 때, 능력으로 강건하게 하는 성령은 곧 그리스도의 영이기 때문입니다. 예수 그리스도는 사람들의 마음속에 자신의 영으로 거주하십니다. 이렇게 볼 때, 여기에서 원인과 결과로 간주되는 것이 동시에 또 다른 측면에서 동일한 진리의 서로 다른 국면으로 간주될 수도 있다는 것은 조금도 혼란스러운 사실이 아닙니다. 그것은 오직 그리스도의 내주하심만이 그리스도의 내주하심을 위해 적합할 수 있다는 심오한 진리에 의해 설명되고 옹호될 수 있습니다. 그의 좀 더 작은 분량의 임재는 그의 좀 더 큰 분량의 임재를 예비하며, 그의 일시적인 임재는 그의 좀 더 영원한 임재를 예비합니다. 그가 좀 더 작은 분량으로 오시는 곳에서, 그는 문을 열고 그 마음을 자신의 좀 더 완전한 임재에 적합한 처소로 만듭니다. 가진 자에게 더 많이 주어질 것입니다. "무릇 있는 자는 받아 풍족하게 되고"(마 25:29). 어떤 마음으로 하여금 그리스도께서 내주하시기에 적합하도록 만드는 것은 그 마음속에 계시는 그리스도입니다. 여러분은 여러분 자신의 힘으로 그 일을 행할 수 없습니다. 그에게로 돌이키십시오. 그리고 그로 하여금 여러분을 '그를 맞이할 성전'으로 만들게 하십시오.

2. 둘째로, 그리스도께서 여러분의 마음속에 내주하시기 위해 들어오시는 열린 문을 주목하십시오.

본문의 "믿음으로 말미암아"를 주목하십시오. 그것은 "믿음을 통해"(through faith)로 좀 더 적절하게 번역될 수 있을 것입니다. 우리는 믿음의 개념을 "그리스도께서 우리 마음속으로 들어오는 열린 문"으로 생각할 수 있습니다. 어쨌든 여기에서 믿음은 그리스도의 내주하심이 발생하는 방편 혹은 조건으로 표현됩니다. 여러분은 단지 그를 믿기만 하면 됩니다. 그러면 그가 하늘로부터 오셔서 여러분의 마음속으로 들어와 거기 거하십니다.

그리스도를 믿는 것은 자기를 믿지 않는 것입니다. "내가 높고 거룩한 곳에 있으며 또한 통회하고 마음이 겸손한 자와 함께 있나니"(사 57:15). 강은 산꼭대기로 흘러 올라가지 않고 계곡으로 흘러 내려갑니다. 그와 같이 스스로 자랑하며 높이는 마음에는 하나님의 축복의 이슬이 맺히지 않습니다. 다만 길보아의 저주가 맺힐 뿐입니다. 그러나 낮은 땅 즉 겸손하며 스스로를 낮추는 마음속에는 은혜의 물이 흐르며 풍성한 결실을 맺게 합니다.

믿음은 바라는 것입니다. 그를 향한 바람이 헛되이 돌아온 적은 한 번도 없었습니다. 여러분은 단지 믿기만 하면 됩니다. 그러면 여러분은 소유합니다. 우리는 단순한 믿음의 행동으로써 그리스도의 들어오심을 위해 문을 엽니다. 그러면 그는 좁은 틈을 비집고라도 기꺼이 들어오십니다. 그는 자신이 쉽게 들어올 수 있도록 문을 넓힐 것을 요구하시지 않습니다.

올바른 형태의 신비적 기독교가 아닌 잘못된 형태의 신비적 기독교 역시도 하나님이 사람의 영혼 속에 내주하시는 것에 대해 많이 이야기합니다. 그러나 그들은 하나님이 사람의 영혼 속에 내주하시는 조건이 영혼이 그분을 받아들이도록 스스로를 정결케 하는 것이라고 주장함으로써 스스로 오류를 드러냅니다. 여러분은 그리스도께서 들어오시도록 여러분의 마음을 스스로 정결케 할 수 없습니다. 여러분이 할 수 있는 일은 오직 그분으로 하여금 여러분의 마음속으로 들어오시도록 하는 것뿐입니다. 그러면 여러분의 마음은 그의 오심의 과정을 통해 정결케 되고, 그럼으로써 그분이 거주하기에 적합한 처소가 됩니다. 그러면 분명 그가 오셔서 여러분을 모든 악으로부터 정결케 하시고, 여러분의 마음속에 거주하실 것입니다.

그러나 그리스도를 들어오게 하는 믿음은 '사랑에 의해 역사하는 믿음'이어야만 한다는 사실을 잊지 마십시오. 여러분은 여러분이 행하는 어떤 일로도 우리 주님을 여러분의 마음속에 들어오시게 할 수 없습니다. 자신의 영혼을 스스로의 힘으로 정결케 하고는 하나님이 들어오시기를 기다리는 사람은, 귀신이 나갔을 때 그 집을 그냥 비워둔 상태로 내버려 두었던 사람과 같은 잘못을 범한 것입니다. 도덕적 개선(改善)은 악한 영들을 나가게 할 수는 있지만 그러나 하나님을 들어오시게 할 수는 없습니다. 도리어 깨끗하게 소제된 빈 마음에는 일곱 귀신이 들어올 것입니다.

또 다른 측면에서 그리스도인들이 악한 행동을 통해 그들의 주인을 쫓아낼 수 있다는 사실을 기억하십시오. 아름다운 노래를 부르는 새들과 달콤한 꿀을 만드는 벌들은 주변에 어떤 역병(疫病)이 들어오면 바로 그 낌새를 알아차리고 속히 그 자리를 떠난다고 합니다. 이와 같이 여러분은 그리스도의 임재를 가로막는 어떤 악에 대해 속히 그 낌새를 알아차려야 합니다. 예수 그리스도는 여러분에게 어떤 공로가 없어도 오직 믿음에 의해 여러분의 마음속으로 들어오시며, 또 거룩을 산출하는 믿음에 의해 거기에 계속 거하십니다.

3. 셋째로, 이와 같이 내주하시는 그리스도께서 주시는 선물들을 주목하십시오.

"너희가 사랑 가운데서 뿌리가 박히고 터가 굳어져서." 그리스도께서 오실 때, 그는 빈손으로 오시지 않습니다. 그는 자신의 사랑을 가지고 오십니다. 그리고 그 사랑이 올바로 받아들여질 때, 그 사랑은 우리 마음속에 그를 향한 상응하는 사랑을 만들어 냅니다. 그러므로 본문의 "사랑"이 우리에 대한 그리스도의 사랑을 의미하는 것인지 혹은 그리스도에 대한 우리의 사랑을 의미하는 것인지와 관련한 질문은 아무런 의미도 갖지 못하는 질문입니다. 본질적으로 둘 다 포함됩니다. 그의 사랑을 인식하고 그에 대해 우리의 사랑으로 응답하는 것은 그가 우리 마음 안으로 들어오신 결과입니다. 이와 같이 그의 사랑을 인식하고 우리의 사랑으로 응답하는 이러한 사랑은 본문에서 아름다운 이중적 은유로 표현됩니다. 하나는 우리의 삶이 뿌리를 내리고 자라는 토양이며("뿌리가 박히고"), 또 하나는 우리의 삶이 견고하게 세워지는 기초입니다("터가 굳어져서").

여기에서 이러한 두 은유를 장황하게 설명할 필요는 없지만, 그러나 간략하게는 살펴보아야 합니다. 그리스도께서 어떤 사람의 마음속에 내주하실 때, 그의 삶이 뿌리를 내리고 자라는 토양은 바로 "사랑"입니다. 이러한 사랑은 그가 행하는 모든 일의 동기가 될 것이며, 그가 맺는 모든 열매의 기초가 될 것입니다. 그의 모든 삶은 이러한 비옥한 토양에 심겨진 나무와 같이 될 것입니다. 그 삶은 단지 노력에 의해서만 자라는 것이 아니라 그 토양으로부터 양분을 빨아올리는 내적인 힘에 의해 자랄 것입니다.

이것은 정말로 복된 것입니다. 그 사랑이 우리의 순종이 뿌리를 내리는 토양이 된다는 것, 그리고 그로부터 우리가 모든 양분을 빨아올려 꽃과 열매를 맺는다는 것은 이 땅에 하늘나라가 임하는 것입니다.

또 그리스도께서 어떤 사람의 마음속에 내주하실 때, 그의 삶이 견고하고 확실하게 세워지는 기초 역시도 바로 그 "사랑"입니다. 그리스도의 사랑을 인식하며 그에 대해 즐거이 응답하는 것은 우리의 전 존재가 안식하는 기초가 되며, 또한 우리의 요동하는 삶 속에서 고요함과 안전과 평안을 가져다줍니다. 그러므로 우리는 그 위에 우리 자신을 심을 수 있습니다. 그러면 우리는 그 안에서 강하게 될 것이며, 우리의 삶은 마치 나무처럼 푸르르고 잎이 청청하며 아름다운 열매가 맺힐 것입니다. 뿐만 아니라 우리의 삶은 또한 어떤 거대한 건축물처럼 계속해서 벽돌들이 쌓여 올려지고 기둥들이 세워지며, 마침내 찬란하게 빛나는 마지막 머릿돌(topstone)이 올려질 것입니다. 그 기초 위에 집을 짓는 자는 어떤 비바람 풍랑 속에서도 결코 요동하지 않을 것입니다.

마지막으로, 성육신하신 인격적인 사랑이 우리의 삶이 세워지고 꽃피워지는 바로 그 토양이 된다는 사실을 주목하십시오. 나는 여기의 본문이 가장 심오한 의미에서 이것까지 의미할 수 있다고 분명히 믿습니다.

> "나의 생명이신 주여, 종으로 하여금 주 안에
>   뿌리를 박고 접붙여지며 세워지게 하옵소서."

그리스도는 사랑이며, 사랑은 그리스도입니다. 사랑 안에 뿌리박고 또 그 위에 세워진 자는 그의 존재의 뿌리와 그의 삶의 기초를 그리스도 안에 고정시킨 것입니다.

그러므로 사랑하는 교우 여러분, 엠마오로 가던 두 제자처럼 그리스도께로 가십시오. 그리고 마치 프라 안젤리코가 자신의 수도원 벽에 그린 것처럼, 여러분의 손을 그의 손 위에 포개면서 말하십시오. "우리와 함께 유하사이다, 우리와 함께 유하사이다"(눅 24:29). 그러면 주님은 이렇게 대답하실 것입니다. "여기가 나의 영원한 처소이니라, 내가 여기 거할 것이니 내가 오랫동안 바라고 또 바랐노라." 비록 여러분의 마음의 방이 비좁고 협소할지라도, 우리 주님은 기꺼이 들어오셔서 영원히 함께 하시기를 바라십니다.

18
지식에 넘치는 그리스도의 사랑

"능히 모든 성도와 함께 지식에 넘치는 그리스도의 사랑을 알고
그 너비와 길이와 높이와 깊이가 어떠함을 깨달아"

엡 3:18, 19

이제 우리는 바울의 일련의 위대한 간구 가운데 세 번째 간구에 도달했습니다. 앞에서 언급한 것처럼, 각각의 간구는 앞의 간구의 결과이면서 동시에 이어지는 간구의 원인이 됩니다.

앞에서 바울은 에베소의 형제들을 위해 하나님의 성령에 의해 전달되는 내적인 강건함을 구하면서, 그리스도께서 그들의 마음속에 계시고 그럼으로써 그들이 사랑 가운데 뿌리가 박히고 터가 굳어지기를 간구했습니다. 이제 그러한 열망의 결과가 여기에서 다음과 같은 두 가지로 제시됩니다. 즉 "그리스도의 사랑을 아는"(18절) 것과 "그것의 너비와 길이와 높이와 깊이가 어떠함을 깨닫는"(19절) 것. 여기에서 "깨닫는 것"은 "아는 것"과 거의 같은 의미로 취해질 수 있습니다. 다만 전자는 후자에 비해 좀 더 순전한 지적 행위를 표현하는 것으로 보입니다. 그리고 다음 설교에서 보게 될 것처럼, "너비와 길이와 높이와 깊이"는 "지식에 넘치는" 사랑의 측량할 수 없는 크기를 묘사하는 것입니다. 이러한 측량단위들은 다음 설교에서 다루기로 하고, 여기에서는 그냥 넘어가도록 합시다.

우리는 여기에서 두 가지 주된 개념을 보게 되는데, 하나는 오직 그리스

도께서 거하시는 마음만이 그리스도의 사랑을 알 수 있다는 것이며, 다른 하나는 그런 마음조차도 그리스도의 사랑을 알 수 **없다**는 것입니다. 이러한 역설은 매우 의도적인 것이며, 그러나 이해할 수 있는 것입니다. 이제 이러한 두 개념을 차례대로 살펴보도록 합시다.

1. 첫째로, 오직 그리스도께서 거하시는 마음만이 그리스도의 사랑을 알 수 있다는 사실을 주목하십시오.

성경은 "알다"(know)라는 단어를 대체로 다음과 같은 두 가지 의미로 사용합니다. 첫째는 단순한 지적 인식입니다. 예컨대, 어떤 사람이 어떤 학문분야에 관한 특별한 지식(혹은 앎, knowledge)을 가지고 있다고 말할 때와 같은 경우입니다. 둘째는 살아 있는 깊은 체험입니다. 이것은 아는 것 이전에 소유하는 것이며, 소유하기 때문에 아는 것입니다.

여기에서 첫 번째 의미의 지식(knowledge), 즉 단순한 이해의 작용인 지식은 물론 사랑과는 독립적입니다. 사람은 그 마음속에 단 하나의 사랑의 불꽃이 없이도 그리스도와 그의 사랑에 관한 모든 것을 알 수 있습니다. 오늘날 수많은 사람들이 예수 그리스도에 대한 사랑은 조금도 가지고 있지 않으면서 그를 하늘보좌에 가장 근접한 성자(聖者)로서 '알고' 있습니다. 그런가 하면 예수 그리스도에 관하여 알되 복음적인 기독교의 전체 체계를 마치 손가락 끝에 올려놓고 있듯이 그렇게 가지고 있는 사람들도 많이 있습니다. 아! 그들은 단지 예수 그리스도와 기독교에 대한 지식을 단지 손가락 끝에 가지고 있을 뿐입니다. 그곳으로부터 한 치도 안으로 들어가지 못한 채 말입니다.

사랑과는 아무 상관 없는 지식이 있습니다. 많은 사람들은 그것으로 족하게 여기며 그 이상(以上)을 추구하지 않습니다. 바울은 "지식은 교만하게 한다"고 말합니다(고전 8:1). 여기에서 교만하게 한다는 것은 풍선처럼 부풀어 오르는 것을 말하는 것입니다. 그것은 자기만족으로 허망하게 부풀어 오르다가 어느 순간 뾰족한 것에 찔려 터져버리고 말 것입니다. 반면 사랑은 덕을 세웁니다. 즉 사랑은 견고하며 튼튼한 구조물을 서서히 세워

나갑니다. 지식에는 두 가지가 있습니다. 첫째는 바짝 마른 양귀비 열매 속에 들어있는 씨앗들처럼 단순히 사람의 머릿속에 들어있는 관념들입니다. 그러한 지식은 마치 양귀비 씨앗들처럼 비록 그 숫자는 많지만 매우 메마르고 딱딱합니다. 만일 여러분이 그것을 흔든다면, 그것은 매우 시끄러운 소리를 낼 것입니다. 그런가 하면 또 다른 종류의 지식이 있습니다. 그것은 마음속 깊은 곳까지 들어가는 것으로서 정말로 지식이라는 이름으로 불릴 만한 가치가 있는 참된 지식입니다. 이러한 지식은 본문에도 암시되어 있는 것처럼 사랑으로부터 말미암습니다.

여기에서 잠시 그에 대해 생각해 보도록 합시다. 바울은 모든 지식은 사랑으로 말미암아 생긴다고 말합니다. 우리는 다른 분야에서도 그와 같은 예를 발견할 수 있을까요? 그렇습니다. 나는 그렇게 생각합니다. 우리는 어떤 종류의 감정들을 실제로 어떻게 압니까? 오직 경험을 통해 압니다. 여러분은 어떤 감정들에 대해 말할 수 있습니다. 그러나 여러분은 그러한 감정들을 경험하지 못한 자들에게 그러한 감정들에 대해 아무것도 가르칠 수 없습니다. 세상의 시인들은 세상이 시작된 이래 항상 사랑에 대해 노래해 왔습니다. 그러나 어느 누구를 막론하고 그러한 사랑의 노래로부터 ― 설령 가장 아름다운 사랑의 노래라 하더라도 말입니다 ― 사랑을 배운 사람은 아무도 없습니다. 아버지가 아닌 사람이 어떻게 말과 글로써 아버지의 사랑을 배울 수 있겠으며, 어떻게 노력을 통해 그 사랑을 인식할 수 있겠습니까? 다른 모든 감정들도 다 마찬가지입니다. 오직 쓴 잔을 마셔본 사람만이 그것이 얼마나 쓴지 말할 수 있으며, 오직 단 잔을 마셔본 사람만이 그것이 얼마나 단지 말할 수 있을 뿐입니다. 그것은 듣는 자들도 마찬가지입니다. 설령 말하는 자가 경험으로부터 지혜를 배워 가장 깊고 심오한 감정을 말한다 할지라도, 그것을 경험하지 못한 듣는 자는 그에 대해 많은 것을 배우지 못할 것입니다. 맛을 느낀다든지 혹은 어떤 욕구를 느끼는 등의 좀 더 저급한 영역에서와 마찬가지로 감정의 영역에서도 우리의 유일한 선생은 경험입니다. 배고픔을 알기 위해서는 배가 고파보아야만 합니다. 단 맛을 알기 위해서는 꿀을 먹어보아야만 하며, 쓴 맛을 알기 위해서는 쑥을 먹어보아야만 합니다. 마찬가지로 슬픔의 쓰라림을 느껴보지 못한 자는 슬픔을 알 수 없으며, 사랑의 달콤함을 경험해보지 못한 자는 사랑을 알 수 없습니다. 이렇듯 경험은 우리의 유일한 선생이며, 그것이 요구하는 수업료는 매우 가혹합니다.

마치 맹인이 일출의 영광이나 저 멀리 떨어져 있는 거대한 산의 위용을 결코 이해할 수 없는 것처럼, 또 귀머거리가 베토벤의 교향곡을 듣는 것이 무엇인지 이해할 수 없는 것처럼, 우리는 그리스도에 대한 사랑을 알기 전에 먼저 그리스도에 대한 사랑을 가져야만 하며, 또 그리스도의 사랑이 무엇인지 알기 전에 먼저 그리스도의 사랑을 의식적으로 경험해야만 합니다. 우리가 그리스도의 사랑을 깊고 생생하게 소유하기 위해서는 우리 안에 먼저 그리스도에 대한 사랑이 있어야만 합니다. 그 역(逆)도 똑같이 사실입니다. 우리가 그리스도를 사랑하기 위해서는 먼저 우리 안에 그리스도의 사랑이 있어야만 합니다.

그리스도와 우리 사이의 사랑의 모든 작용과 반작용에서, 그리고 지식과 사랑의 모든 상호작용 속에서, 이것은 사실입니다. 즉 우리가 사랑을 알 수 있기 전에 먼저 우리는 사랑에 뿌리를 막고 그 위에 터를 세워야 합니다. 또 그리스도에 대한 깊고 생생한 지식을 소유하기 위해서는 우리는 먼저 우리 마음속에 내주하시는 그리스도를 가져야만 합니다.

> "당신에게 예수 그리스도가
> 당신의 사랑의 대상이 되고자 하면
> 당신은 먼저 그의 사랑을 받아야만 합니다."

만일 여러분이 그리스도의 사랑이 얼마나 복된 것인지를 알기를 원한다면, 그를 사랑하십시오. 그리고 그의 사랑이 여러분의 마음속으로 들어올 수 있도록 여러분의 마음을 여십시오. 참된 지식은 사랑으로 말미암아 생깁니다.

우리가 보이지 않는 어떤 사람을 사랑하고 또 그의 사랑을 믿을 수 있게 되기 위해서는, 먼저 우리는 그에 대해 알아야만 합니다. 우리가 어떤 잘 알지 못하는 사람을 알고자 함에 있어 사용하는 일반적인 방법들을 사용해서 말입니다. 이와 같이 그리스도에 대한 사랑 이전에 그와 관련한 기록을 신뢰하며 그것을 살피는 것이 선행되어야 합니다. 어떤 사람의 마음을 사랑으로 이끄는데 있어 이해(understanding)는 매우 중요한 위치를 차지합니다. 사랑하는 자는 하나님을 압니다. 왜냐하면 하나님은 사랑이시기 때문입니다. 그리스도께서 그 마음속에 계시기 때문에 사랑 안에 뿌리를 박고 터가 굳어진 사람은 강하여져서 능히 자신이 뿌리를 박은 그 사랑을 알 수 있게 될 것입니다. 우리 안에 계신 그리스도는 그리스도의 사랑을 알 것입니다. 우리는 먼저 맛을 봅니다. 그러고 나서 주께서 선하시다는 사실을 "알게" 될 것입니다. 먼저 하나님을 소유하고, 그러고 나서 그 달콤함을 지각하게 됩니다. 먼저 향유하고, 그러고 나서 그 향유한 것을 반사합니다. 먼저 사랑을 받습니다. 그러고 나서 그리스도의 사랑을 의식하고 그에 대한 사랑을 경험합니다. 사람의 마음은 사랑에 뿌리를 박아야 합니다. 그럴 때 그는 지식에 넘치는 사랑을 알 수 있게 될 것입니다.

본문 속에 이와 같은 복된 지식을 위한 또 다른 조건이 제시되어 있는 것을 주목하십시오 — "능히 모든 성도(聖徒)와 함께." 다시 말해서, 예수 그리스도의 사랑에 대한 우리의 지식은 대부분 우리의 거룩함에 근거합니다. 만일 우리가 정결하다면, 우리는 알 것입니다. 만일 우리가 그분께 온전히 헌신되어 있다면, 우리는 우리에 대한 그의 사랑을 온전히 알 것입니다. 그리고 우리는 우리의 거룩과 정결의 분량만큼 그 사랑을 알게 될 것입니다. 우리의 마음은 마치 반사망원경과 같습니다. 그 위에 입김을 불어 보십시오. 그러면 그것은 입김에 흐려질 것이며, 그로 말미암아 수많은 별들로 찬란하게 빛나는 밤하늘의 영광은 가려지게 될 것입니다. 안개도 마찬가지입니다. 약간의 안개만 덮여도 저 멀리 만년설로 반짝이는 높은 산의 위용은 하나도 보이지 않고, 다만 가까이 있는 일상적이며 단조로운 풍경만 간신히 볼 수 있게 될 것입니다.

만일 여러분이 그리스도의 사랑을 알기를 원한다면, 먼저 그 사랑이 여러분의 영혼을 깨끗하게 해야 합니다. 그리고 여러분은 계속해서 여러분의 영혼을 깨끗하게 유지해야 합니다. 그렇게 하는 것은 반사망원경의 유리를 깨끗하게 하는 것과 마찬가지입니다. "성도"(聖徒)가 아닌 자들, 즉 거룩하지 않은 자들은 한낮에도 희미한 가운데 더듬거리며, 그의 사랑의 빛이 쏟아지는 가운데서도 그것을 거의 의식하지 못합니다. 우리 중 너무도 많은 사람들이 그리스도의 사랑의 충만한 빛 가운데 있으면서도 그것을 거의 의식하지 못한 채 그와 같이 더듬거리며 일평생 걸어갑니다. 이 얼마나 비극적이며 비참한 광경입니까?

여기에서 지식의 길이 어떻게 시작되는지 다시 한 번 살펴보십시오. 본문은 먼저 내주하시는 그리스도와 그의 사랑에 대한 경험이 있어야 한다고 말합니다. 그러면 우리는 그와 같이 경험하는 사랑을 알게 될 것입니다. 그러면 그리스도의 내주하심은 어떻게 옵니까? 바로 이것이 문제입니다. 본 설교의 마지막 단락을 살필 때 보게 될 것처럼, 그리스도의 사랑을 아는 것이 복이며, 평안이며, 사랑이며, 모든 것입니다. 그러한 앎(knowledge)은 예수 그리스도 안에 있는 하나님의 사랑을 소유하며, 그것과 교통하는 것을 통해 일어납니다. 그러면 예수 그리스도 안에 있는 하나님의 사랑을 소유하며, 그것과 교통하는 것은 어떻게 옵니까? 바로 이것이 가장 중요한 질문입니다.

무엇이 모든 것의 출발점입니까? "믿음으로 말미암아 그리스도께서 너희 마음에 계시게 하시옵고"(17절). 여러분과 내가 들어갈 수 있는 문이 있습니다. 만일 우리가 그리스도의 사랑을 인식하며 또 소유하고자 한다면, 우리는 그 문을 통해 들어가야 합니다. 바로 여기에 지식의 길이 있습니다. 먼저 우리를 위한 그리스도의 삶과 죽음의 사실들에 대한 역사적 지식이 있어야만 합니다. 그것의 의미와 능력에 대한 성경의 교훈과 함께 말입니다. 그러고 나서 우리는 이러한 진리들을 단순한 관념으로부터 생명으로 바꾸어야만 합니다. 하나님이 우리를 향해 가지신 사랑을 아는 — "지식"의 좀 더 저급한 의미로서 — 것은 충분하지 않습니다. 많은 사람들이 그것을 알지만 그러나 그것으로부터 특별한 축복을 누리지 못합니다.

그 사랑을 "아는 것" 외에도 그것을 "믿는 것"이 필요합니다. 여러분은 그 관념을 여러분의 경험 속에서 살아 있는 사실로 변환시킬 수 있습니다. 여러분은 복음을 이해하는 단순한 행동으로부터 더 높은 믿음의 행동으로 나아가야 합니다. 여러분은 아는 것으로 만족해서는 안 됩니다. 여러분은 믿어야 합니다. 그렇게 할 때 나머지 모든 일들은 자연적으로 따라올 것입니다. 그러면 자기를 부인하는 겸손한 믿음의 작은 길이 열릴 것이며, 그 길은 성전의 보좌로 이어질 것입니다.

사랑하는 교우 여러분! 본문의 이와 같은 가르침은 우리 모두를 위한 기쁨과 복음이 되어야 합니다. 깊고 달콤한 그리스도의 사랑으로 들어가는 왕도(王道)는 없습니다. 이해력이 그리스도의 사랑을 인식하는 기관이 아닌 것은 귀가 빛을 인식하는 기관이 아닌 것이나, 혹은 마음이 수학을 배우는 기관이 아닌 것과 마찬가지입니다. 최고의 선물이 똑똑하고 재주가 많으며 학식이 많은 사람들에게 주어지지 않은 것으로 인해 하나님을 찬미합시다. 최고의 선물은 모든 사람들을 위해 열려 있습니다. 우리가 지식은 사랑으로부터 나오며, 또 그리스도의 마음의 깊은 것을 아는 조건은 믿음으로부터 나오는 사랑이라고 말할 때, 우리는 다음과 같은 우리 주님의 감사의 기도를 똑같이 되풀이하는 것입니다. "천지의 주재이신 아버지여 이것을 지혜롭고 슬기 있는 자들에게는 숨기시고 어린 아이들에게는 나타내심을 감사하나이다"(마 11:25).

이것은 기독교가 어리석은 종교로서 단지 어리석은 자들만을 설득할 수 있을 뿐이기 때문도 아니며, 또 기독교가 지혜와 모순됨으로써 지혜롭고 학식이 있는 사람들에 의해 받아들여지기를 기대할 수 없기 때문도 아닙니다. 그것은 단지 사람의 두뇌가 예수 그리스도의 복음을 믿음으로 받아들이기에 너무도 부적당하기 때문입니다. 그것은 마치 사람의 눈이 소리를 듣기에 너무도 부적당한 것과 마찬가지입니다. 지혜롭고 슬기로운 자들, 그리고 학식이 많으며 총명한 자들은 항상 소수였습니다. 따라서 지혜롭거나 슬기롭지 못하며 학식이 많지 않은 대부분의 사람들은 그 모든 것이 최고의 지혜와 최대의 보화를 알고 소유하는데 별다른 힘이 되지 못한다는 사실에 대해 마땅히 감사해야 합니다. 그러므로 철학자나 학식이 많은 사람들뿐 아니라 보잘것없는 지식을 가진 사람들까지도 그들의 머리로가 아니라 마음으로 사랑을 배워야만 합니다. 그리고 그들은 겸손한 믿음과 매일의 경험 속에서 예수 그리스도의 사랑 안에 감추어진 축복을 빨아들여야 합니다. 예수 그리스도의 이름은 얼마나 놀랍고 축복된 이름입니까! 우리가 사랑할 때, 그리고 우리의 사랑을 통해 최고의 지혜와 지식을 소유하게 된다는 이 위대한 진리 속에서, 우리는 세상의 지혜와 학식과 총명이 허물어지는 소리를 듣게 됩니다.

2. 둘째로, 심지어 사랑의 마음조차도 그리스도의 사랑을 알 수 없다는 사실을 주목하십시오.

여기에서 "지식에 넘치는"(passeth knowledge)이라는 표현을 주목하십시오. 이것은 "앎을 넘어서는", 다시 말해서 "알 수 없는"을 의미하는 표현입니다. 여기에서 우리는 "알 수 없는 그리스도의 사랑을 알고"라는 명백한 역설을 보게 됩니다. 우리는 이것을 어떻게 설명할 수 있을까요? 나는 18절의 "지식"(knowledge)과 "알고"(know)의 의미를 앞에서 언급한 것처럼 두 가지 다른 의미로 받아들임으로써 그와 같은 역설을 설명할 수 있다고 생각하지 않습니다. 다시 말해서, 그리스도의 사랑을 단순한 지적 이해로는 알 수 없지만 그러나 의식적인 경험으로써는 알 수 있다는 식으로 말입니다. 물론 그것도 어느 정도 가능한 설명일 수 있어 보입니다. 그러나 나는 18절에서 바울이 "지식"과 "알고"를 같은 의미로 사용했다고 보는 것이 좀 더 사실에 부합한다고 생각합니다. 그리고 그렇게 이해할 때, 우리는 18절이 다음과 같은 성경의 일반적인 개념과 잘 어울리는 것을 보게 될 것입니다.

그리스도의 사랑에 대한 우리의 지식은 비록 실제적이라 할지라도 불완전하며 항상 그럴 것입니다. 여러분과 나는 그리스도의 사랑이 사람의 사랑과 다르며 사람의 사랑을 훨씬 초월한다는 것을 믿습니다. 우리는 그것이 하나님의 사랑이 우리에게 흘러넘치는 것이며, 또 하나님의 마음의 모든 충만이 우리 주님의 인성(人性)의 좁은 통로를 통해 흘러나오는 것임을 믿습니다. 그러므로 그 흐르는 것은 끝이 없으며 그 원천(源泉)은 무한합니다.

사람이 무한한 것에 대한 실제적이며 신뢰할 만한 지식을 갖는 것은 가능하며, 실제로 우리는 그것을 소유합니다. 설령 완전한 지식은 아니라고 하더라도 말입니다. 나는 이에 대해 굳이 길게 설명할 필요를 느끼지 않습니다. 다만 내가 여기에서 여러분에게 일깨워주고 싶은 것은 우리가 그리스도의 사랑 안에서 무한한 보화를 발견할 수 있는 어떤 것을 갖는다는 사실입니다. 우리는 우리의 미약한 손을 그의 사랑 위에 놓을 수 있습니다. 마치 어린아이가 작은 손으로 거대한 낭떠러지의 한 부분을 실제적인 지식과 확신으로 붙잡을 수 있는 것처럼 말입니다. 그러나 우리는 우리의 손으로 그 전체를 붙잡을 수는 없습니다. 우리가 그렇게 할 수 없음을 감사합시다.

그리스도의 사랑은 우리의 지식의 주제가 될 수 있습니다. 왜냐하면 그것은 그 나타남을 통해 스스로를 드러내기 때문입니다. 그러나 그러한 나타남 후에도 그것은 여전히 "말할 수 없는" 것으로 남습니다. 심지어 십자가와 무덤에 대해서조차, 그리고 영광과 보좌에 대해서조차도 말입니다. "하늘보다 높으시니 네가 무엇을 하겠으며 스올보다 깊으시니 네가 어찌 알겠느냐 그의 크심은 땅보다 길고 바다보다 넓으니라"(욥 11:8, 9).

하늘 보좌로부터 십자가까지 내려오신 그리스도의 사랑을 생각해 보십시오. 우리는 그것을 우리 경험의 용어로 바꾸고, 따라서 그것을 우리의 이해력의 범주 안으로 끌어올 수 있는 도구를 갖고 있지 못합니다. 우리는 그가 오래 전에 행하신 일들을 알지 못합니다. 우리는 그가 통과한 영혼의 고뇌와 어둠의 깊이를 알지 못하며, 영원히 알지 못할 것입니다. 우리는 그가 스스로를 비운 위대한 일의 결과를 알지 못합니다. 우리는 우리에게 부여된 고통의 깊음과 어둠을 측량할 수 없으며, 또 우리에게 주어진 영광의 높음과 밝음도 측량할 수 없습니다. 우리는 그의 무한한 사랑 앞에 머리를 숙입니다. 우리는 그에 대한 깊고 확실하며 분명한 지식을 소유합니다. 그럼에도 불구하고 그것은 여전히 우리가 이해할 수 있는 범위를 초월합니다. 그것은 우리 위에 우뚝 솟아 있으며, 따라서 우리는 그 영광의 높은 곳에 결코 다가갈 수 없습니다. 또 그것은 우리 아래 가장 낮고 깊은 심연까지 뻗어 내려가며, 따라서 우리는 그 겸양의 낮은 곳에 결코 다가갈 수 없습니다.

마찬가지로 우리는 이 사랑이 "지식에 넘치는 사랑", 즉 지식을 넘어서는 알 수 없는 사랑이라고 말할 수 있습니다. 우리는 어떤 거대한 섬이나 신대륙에 이주한 이주자들과 같습니다. 예를 들어, 오스트레일리아를 처음 발견하고 얼마 후 이주한 이주자들 말입니다. 그들은 해안가 주변에 거주합니다. 따라서 그 섬의 내륙은 사람의 발길이 닿지 않은 채 알려지지 않은 상태로 남아 있습니다. 예수 그리스도의 사랑에 참여하고 또 그것을 경험했다 할지라도, 실상 우리는 그 가장자리를 살짝 만진 것에 불과합니다. 우리는 단지 우리 영혼을 압도하는 한 방울의 물을 받은 것에 불과합니다.

그리스도의 사랑은 무한하며 영원합니다. 사람은 죽지만 그리스도는 살아 계십니다. 우리는 사람들을 지치게 할 수는 있지만 그러나 그리스도를 지치게 할 수는 없습니다. 우리는 다른 대상들을 따를 수 있습니다. 그러나 그 모든 것은 그 자체 안에 한계를 가지고 있습니다. 잠깐은 만족을 주지만 조만간 시들해지고 맙니다. 그러나 여기에 우리가 매우 깊은 곳까지 침투해 들어갈 수 있으며 또 소진(消盡)되어 없어질 것을 염려할 필요가 없는 사랑이 있습니다. 바다 한가운데서는 마음 놓고 다이빙하며 우리 몸을 던질 수 있습니다. 거기에서는 얕은 개천에서 다이빙할 때처럼 다치거나 머리가 깨질 것을 두려워할 필요가 없습니다. 우리는 그리스도 안에서 우리의 영혼이 갈구하는 끝없는 사랑을 발견합니다. 믿음의 좁은 문으로 들어가십시오. 그러면 여러분의 유한한 마음은 무한한 사랑의 기쁨을 소유하게 될 것이며, 여러분의 유한한 생명은 불멸의 생명으로 변화되어, 내주하시는 그리스도의 불멸의 사랑 안에 영원히 참여하게 될 것입니다.

19
그리스도의 사랑의 크기

"그 너비와 길이와 높이와 깊이가 어떠함을 깨달아"

엡 3:19

무엇의 너비와 길이와 높이와 깊이입니까? 이에 대한 대답은 의문의 여지가 없습니다. 본문은 앞 절에서 시작된 개념이 계속해서 이어지는 것입니다. "능히 모든 성도와 함께 지식에 넘치는 그리스도의 사랑을 알고"(18절). 결론적으로 본문은 그리스도의 사랑의 무한하며 측량할 수 없는 크기를 말하는 것입니다. 물론 여기 제시된 네 가지 측량단위마다 서로 다른 개념이 부여되어 있는 것은 아닙니다. 다만 바울은 그리스도의 사랑이 얼마나 큰지를 표현하기 위한 한 가지 목적으로 그 모든 측량단위들을 모아 열거하고 있는 것입니다. 깊이와 높이는 같은 측량단위로서 서로 반대되는 양쪽 끝을 측정하는 것입니다. 깊이는 꼭대기로부터 시작해서 아래로 내려가는 것이며, 높이는 바닥에서 시작하여 위로 올라가는 것이지만, 그러나 두 경우에 그 거리는 같습니다. 그러므로 여기에 나타나는 것은 실상 세 종류의 측량단위입니다 — 너비와 길이와 깊이.

나는 바울이 각각의 측량단위들을 다소 상이한 목적으로 사용했을 수 있다고 생각합니다. 다시 말해서, 각각의 측량단위들을 통해 우리 주 예수 그리스도 안에 있는 하나님의 사랑의 서로 다른 측면들을 나타내려고 했을 수 있다는 것입니다.

1. 첫째로, 그리스도의 사랑의 너비는 얼마입니까?

그것은 인류 전체를 포괄할 만큼 넓습니다. 모든 별들이 우주 안에서 쉬고 있는 것처럼 모든 피조물들이 그의 사랑의 하늘에서 쉬고 있습니다. 인류는 모두가 공유하는 공통의 특성을 많이 가지고 있습니다. 우리는 모두 고통하며, 우리는 모두 죄를 지으며, 우리는 모두 배가 고프며, 우리는 모두 열망하며, 우리는 모두 소망하며, 우리는 모두 죽습니다. 뿐만 아니라 우리는 모두 예수 그리스도 안에 있는 하나님의 사랑과 정확하게 똑같은 관계를 공유합니다. 하나님의 거대한 가족 안에는 의붓자식이 없습니다. 하나님의 사랑과 선하심에 대해 어느 누구도 다른 사람에 비해 적은 몫을 받지 않습니다. 그것은 인류 전체를 덮습니다. 마치 특별한 절기 때 거대한 장막이 모든 지파들을 덮듯이, 그리스도의 사랑의 너비는 인류 전체를 덮는 너비입니다.

그리스도의 사랑은 신적인 사랑이기 때문에 그것은 보편적입니다. 어떤 인간의 사랑도 인류 전체를 망라할 만큼 포괄적일 수 없습니다. 또 어떤 인간의 마음도 이 같은 보편적이며 공평한 사랑이 가능할 만큼 자기를 비울 수 없습니다. 우리 사랑의 너비를 제한하는 지적이며 도덕적인 문제들은 그리스도의 사랑에 대해 아무런 제한도 가할 수 없습니다. 왜냐하면 그리스도의 사랑은 신적 마음의 모든 높음과 넓음과 평온함과 영원함과 함께, 친밀하며 부드러우며 보편적이며 고상하며 영구하기 때문입니다.

이와 같이 인류 전체를 포괄하는 넓은 사랑은 넓다는 이유로 얕지 않습니다. 우리의 사랑은, 마치 좁은 협곡을 통과할 때는 수심이 깊고 격렬하게 흐르지만 그러나 넓은 지역에 이르면 즉시로 얕고 천천히 흐르는 어떤 강과 같습니다. 인간의 사랑의 강렬함은 대체로 그 너비와 반비례합니다. 보편적인 인간애(人間愛) 속에는 대체로 강렬하고 뜨거운 감정이 없습니다. 그러나 그리스도의 사랑은 그 광대한 너비에도 불구하고 매우 깊습니다. 그 사랑이 수많은 사람들에 의해 공유된다 할지라도, 그 분량은 결코 감소되지 않습니다. 그것은 마치 그 자신이 배설한 오병이어의 잔치와도 같습니다. 거기 참석한 모든 남자와 여자와 아이들이 모두 배불리 먹었습니다.

베푸는 사랑의 총량은 그것을 받는 사랑의 총량과 같습니다. 그리스도는 우리가 사랑하는 것처럼 그렇게 사랑하지 않습니다. 우리는 우리 마음의 한 부분은 이 사람에게 주고, 또 다른 한 부분은 저 사람에게 줍니다. 그러나 그리스도의 사랑은 모든 사람에게 속합니다. 마치 햇빛이 모든 사람에게 비치는 것처럼 말입니다.

이러한 넓으면서도 깊은 사랑은 또한 개별적이면서도 보편적입니다. 만일 우리가 우리의 사랑을 가족과 친척과 친구들을 초월하며 확장시키고자 하면, 여러분과 나는 그것을 일반화시켜야만 합니다. 그리고 그러한 일반화는 곧 그것이 약화되고 제한되는 것을 의미합니다. 아무도 추상적인 것을 사랑할 수 없습니다. 그러나 그리스도의 사랑은 그렇지 않습니다. 그는 한 사람 한 사람을 개별적으로 사랑하시며 그러므로 모두를 사랑하십니다. 모든 사람은 각각 그의 마음속에 개별적인 위치를 차지합니다. 그러므로 우리는 이러한 넓고 보편적인 사랑을 개별화시키면서 믿음으로 이렇게 말해야 합니다 — "그가 나를 사랑하사 나를 위해 자신을 주셨도다." 그리스도의 사랑의 너비는 모든 세상을 포괄합니다. 그러면서 그 전체 너비는 한 줄기의 빛으로 집약되어 각 영혼의 가장 좁은 틈새로 들어옵니다. 그리스도의 사랑에 관해 우리는 다음과 같은 두 가지 타당한 방식으로 말할 수 있습니다. 첫째로, 우리는 "그는 모든 사람을 사랑하시며 따라서 나를 사랑하십니다"라고 말할 수 있습니다. 또 우리는 "그는 나를 사랑하시며 따라서 모든 사람을 사랑하십니다"라고 말할 수도 있습니다. 나에게 베풀어진 그 사랑은 다른 어느 누구도 그냥 지나치지 않습니다.

그리스도의 사랑의 너비는 무엇입니까? 그것은 인류 전체를 포괄할 만큼 넓으며 동시에 나 자신에게 집약될 만큼 좁습니다.

2. 둘째로, 그리스도의 사랑의 길이는 얼마입니까?

만일 우리가 예수 그리스도를 단지 사람으로만 생각한다면, 여러분과 나는 세상에서 그와 아무 상관 없을 것입니다. 그의 사랑은 다른 어떤 위대한 인물이나 박애주의자의 인간애(人間愛)와 본질적으로 다르지 않을 것입니다. 그러나 우리는 그것을 사랑이라고 부르지 않습니다. 그와 같이 보잘것없고 초라한 것은 '사랑'이라는 가슴 떨리는 이름으로 불릴 권리를 갖지 못합니다. 그리고 그것은 우리로부터 그에 상응하는 사랑의 응답을 요구할 권리도 갖지 못합니다. 만일 여러분이 예수 그리스도의 사랑을 단순한 인간애 이상의 어떤 것으로 생각하지 않는다면, 여러분은 그의 사랑의 길이가 여러분에게 닿을 만큼 확장될 수 있다는 사실을 결코 깨닫지 못할 것입니다.

만일 어떤 사람이 예수 그리스도의 본질과 관련한 위와 같은 부적절하며 어설픈 개념으로 만족한다면, 그와 그리스도 사이의 현재적 유대관계는 결코 맺어지지 못할 것입니다. 그리고 그의 사랑과 관련한 모든 논의는 아무 의미 없는 것이 되고 말 것입니다. 그러나 우리는 그가 세상에 계셨을 때 그 안에 있는 신성(神性)이 인성(人性)에게 영감(靈感)을 주어 그의 사랑이 세상 끝날까지 온 인류 전체에게, 그리고 개별적으로 주어지게 했음을 믿어야 합니다. 그리하여 여러분과 나는 그리스도의 사랑의 길이와 관련하여 이렇게 말할 수 있습니다. "그것은 모든 세대들로 뻗어갑니다. 그것은 과거에도 미쳤으며 현재에도 미칩니다. 그것은 나에게 닿을 뿐만 아니라 땅 끝으로부터 오는 모든 사람들에게 닿습니다." 그리스도의 사랑의 길이는 현 세상과 오는 세상의 모든 사람에게로 뻗어갑니다.

이러한 영원의 개념은, 우리가 그것을 하나님께 돌릴 때, 우리를 두렵게 만듭니다. 또 그것(그리스도의 사랑의 길이)을 우리 자신에게 돌리며 우리 생명을 영원한 것으로 생각할 때, 그것은 매우 이상하며 낯선 개념이 될 것입니다. 그러나 우리가 그것을 그 길이가 영원한 사랑의 개념으로 바꿀 때, 영원의 개념은 새로운 빛으로 반짝이게 될 것입니다. "주는 영원히 하나님이시로다"란 개념을 생각하는 것은 두려운 일입니다. "나는 영원히 있을 것이라"는 개념은 매우 이상하며 낯선 개념입니다. 그러나 "오 그리스도여 주의 사랑은 영원부터 영원까지 있을 것이라 주의 사랑이 영원하므로 나도 영원할 것이라"고 말하는 것은 기쁨과 활력이 넘치는 말이 될

것입니다. "여호와께 감사하라 그는 선하시며 그 인자하심이 영원함이로
다"(시 136:1).

그리스도의 사랑의 길이에 대한 또 다른 측량단위가 있습니다. 베드로
가 주님께 묻습니다. "주여 형제가 내게 죄를 범하면 몇 번이나 용서하여
주리이까 일곱 번까지 하오리이까"(마 18:21). 이에 주님은 대답합니다.
"일곱 번뿐 아니라 일곱 번을 일흔 번까지라도 할지니라"(22절). 여기에서
예수 그리스도는 무제한의 개념을 표현하기 위해 완전수를 두 번 곱하고
거기에 열을 곱하도록 말씀하십니다. 또 여기에서 예수께서 자기 종을 위
해 제시한 법칙은 바로 그 자신을 구속(拘束)하는 법칙입니다. 그리스도의
사랑의 길이는 무엇입니까? 우리는 그것을 이렇게 말할 수 있습니다. 즉
나의 죄의 길이가 아무리 길다 할지라도 그것의 길이는 더 길다고 말입니
다. 그의 사랑의 흰 선은 우리 죄의 검은 선이 멈추는 지점을 넘어서서 영
원까지 뻗어갑니다. 만일 그의 인내가 영원한 인내가 아니었다면, 그의 인
내는 나와 여러분과 우리 형제들의 죄로 인해 이미 오래 전에 완전히 고갈
되고 말았을 것입니다. 그러나 그 사랑이 영원하며 긍휼에 풍성하신 그리
스도는 하늘로부터 우리 모두를 내려다보셨습니다. 그는 우리가 방황할
때 우리와 함께 계셨으며, 우리의 모든 죄를 참으셨으며, 범죄한 우리에게
은혜를 베푸셨습니다. 그의 보좌 주위에 다음과 같은 사랑의 말씀이 기록
되어 있습니다. "사랑은 오래 참고 사랑은 온유하며 성내지 아니하며 모
든 것을 참으며 모든 것을 견디느니라"(고전 13:4-7). 그리스도의 사랑의
길이는 영원의 길이이며, 인간의 모든 죄를 넘어 영원까지 뻗어갑니다.

3. 셋째로, 그리스도의 사랑의 깊이는 얼마입니까?

앞에서 언급한 것처럼, 깊이는 곧 높이입니다. 둘은 동일한 치수를 표현
하는 두 가지 방식입니다. 깊이를 재기 위해 우리는 꼭대기로부터 시작하
여 아래로 내려갑니다. 반면 높이를 재기 위해서는 바닥으로부터 시작하
여 위로 올라갑니다. 꼭대기는 하늘 보좌입니다. 그러면 아래는 무엇일까
요? 그것은 베들레헴의 말구유와 골고다의 십자가와 동산의 무덤입니다.

그러면 하늘 보좌로부터 베들레헴의 말구유와 골고다의 십자가와 동산의 무덤까지의 깊이는 얼마입니까? 바로 이것이 그리스도의 사랑의 깊이입니다. 아버지의 품속에 그리고 영광의 광채 가운데 계셨던 가장 높은 곳으로부터, 종의 형상을 입고 슬픔과 배척과 고통과 죽음의 가장 낮은 곳까지의 깊이가 바로 그리스도의 사랑의 깊이입니다. 우리는 다음과 같이 말함으로써 그리스도의 사랑의 깊이를 표현할 수 있습니다 — "그가 위로부터 오셔서 우리 가운데 장막을 치셨도다." 마치 어떤 행성(行星)이 자신의 궤도로부터 이탈하여 비좁고 어두운 지구의 대기 속으로 내려오는 것처럼 말입니다.

오늘날 잘 알려진 어떤 한 과학자는 지구상의 생명의 기원이 다른 천체의 어떤 유성이나 운석 파편이 지구에 떨어짐으로 말미암았다는 이론을 제시합니다. 다시 말해서, 그 파편과 함께 작은 유기체가 지구에 떨어졌으며, 모든 것이 그로부터 발전되었다는 것입니다. 육체적인 생명과 관련해서는 어떨는지 모르지만, 그러나 영적인 생명과 관련해서는 위와 같은 이론은 절대적으로 진리입니다. 예수 그리스도께서 성육신을 통해 하늘로부터 내려오셔서 생명의 씨앗을 인류의 마음속에 심으셨습니다. 이로부터 모든 영적 생명이 시작되고, 그것이 영원까지 퍼져나갑니다. 바로 이것이 그리스도의 사랑의 깊이입니다.

그리스도의 사랑의 깊이를 재는 또 다른 방법이 있습니다. 우리의 죄는 얼마나 깊습니까? 우리의 불행은 얼마나 깊습니까? 그러나 모든 죄와 불행보다 훨씬 더 깊이 내려가는 그리스도의 사랑과 비교할 때 그것들은 너무도 얕은 것입니다. 그리스도의 사랑은 우리의 모든 슬픔보다 더 깊습니다. 그것은 우리의 모든 필요보다 더 깊습니다. 그리스도의 사랑은 아무리 더러운 것이라도 그것으로부터 회피하지 않으며, 아무리 악한 것이라도 그것으로부터 얼굴을 돌리지 않습니다. 가장 순수한 인간애(人間愛) 속에도 때로 혐오스러운 것이 섞여 있을 수밖에 없습니다. 그러나 그리스도의 사랑은 가장 낮은 자리까지 내려갑니다. 인간의 영혼이 아무리 낮고 비참한 심연까지 떨어진다 할지라도, 그 밑에 그리스도의 사랑의 영원한 팔이 있습니다. 폭발로 인해 탄광의 갱도가 무너진 것을 상상해 보십시오. 아무리 용감한 사람이라 할지라도 그 안에 갇힌 사람들을 구원하기 위해 유독 가스로 가득 찬 그곳에 내려갈 엄두를 내지 못할 것입니다. 어느 정도 통풍(通風)이 될 때까지 말입니다. 그러나 예수 그리스도는 죄와 타락으로 얼룩진 가장 유독하며 가장 빽빽한 공기를 뚫고 내려오셔서 가장 비참한 죄인들에게 구원의 손을 내미셨습니다. 그리스도의 사랑은 얼마나 깊습니까! 죄와 단절의 깊은 갱도들은 그리스도의 사랑으로 메워지고 새로운 갱도로 대체됩니다. 죄는 깊은 심연(深淵)입니다. 그것이 얼마나 깊은지는 오직 그와 더불어 싸운 사람들만 압니다. 그러나

> "오 사랑이여! 그대는 바닥없는 심연이로다.
> 나의 모든 죄가 그대 안에 삼켜졌도다."

"그가 우리의 모든 죄를 깊은 바다에 던지시리이다"(미 7:19). 그리스도의 사랑의 깊이는 인간의 모든 죄와 슬픔과 고통 아래로 내려갑니다.

4. 넷째로, 그리스도의 사랑의 높이는 얼마입니까?

우리는 앞에서 깊이를 측정하는 방법은 보좌로부터 시작해서 악의 심연까지 내려가는 것이라는 것을 살펴보았습니다. 반대로 높이를 측정하는 방법은 십자가와 악의 심연으로부터 시작해서 보좌로 올라가는 것입니다. 다시 말해서, 우주에서 제일 꼭대기에 있는 찬란한 정점(頂點)은 예수 그리스도 안에 있는 하나님의 사랑입니다. 신적 본질의 다른 개념들도 우리의 생각을 초월하지만, 그러나 그 모든 것들 가운데 최고의 정점은 우리 모두에게 계시된 하나님의 사랑입니다. 그리고 그러한 사랑은 그리스도의 인성(人性)과 고난 안에서 죄인 된 우리 인생들에게 다가옵니다.

이와 같이 우리 위에 우뚝 선, 그리고 거대한 대성당의 첨탑 위의 찬란한 십자가처럼 빛나는 그 사랑은 너무나 높고 고고하여 날개가 없는 한 가까이 다가갈 수 없는 그런 사랑이 아닙니다. 도리어 그리스도의 사랑의 높

이는 우리가 올라가며 다가갈 수 있는 높이입니다. 그는 우리를 자신에게로 올리기 위해 오셨는데, 바로 이것이 그의 사랑의 높이입니다. 그의 사랑은 우리를 자신이 앉은 보좌에 앉히는 것입니다.

그러므로 교우 여러분, 그리스도의 사랑은 우리 모두의 옆에 있습니다. 마치 뜨거운 햇살이 내리쬐는 열대 바다가 그 푸른 물결 가운데 많은 섬들을 품고 있는 것처럼 말입니다. 이처럼 우리 모두는 사랑의 거대한 대양에 둘려 있습니다. 그 사랑은 한량 없는 사랑이며, 위와 아래와 사방으로 뻗어가는 사랑이며, 끝도 없고 한도 없고 바닥도 없는 사랑입니다.

그러나 이러한 사랑의 대양(大洋)을 여러분은 여러분의 삶으로부터 차단할 수 있다는 사실을 기억하십시오. 병(瓶)을 대서양 한가운데 집어던졌다가 건져 올려도 물 한 방울 들어가지 않을 수 있습니다. 그 뚜껑을 단단히 밀봉하기만 한다면 말입니다. 사람이 그리스도의 사랑의 바다에서 살고 움직이면서도 그 풍성한 선물의 단 한 방울도 그 마음속에 들어오지 못하는 것은 얼마든지 가능합니다. 여러분의 마음을 여십시오. 그리고 그로 하여금 들어오게 하십시오. 여러분을 위한 그의 위대한 희생을 믿음으로써 말입니다. 만일 그리스도가 믿음으로 여러분의 마음속에 거하신다면, 그러면 경험이 여러분의 인도자가 될 것입니다. 그러면 여러분은 그의 사랑이 한량 없이 크며, 영원하며, 절대적으로 완전하다는 사실을 깨닫게 될 것이며, 지식에 넘치는 그리스도의 사랑을 알게 될 것입니다.

20
모든 기도의 절정

"하나님의 모든 충만하신 것으로 너희에게 충만하게 하시기를 구하노라"
엡 3:19

우리가 지금까지 살펴보았던 바울의 일련의 간구는 마침내 그 절정에 도달합니다. 이제 그것은 하나님의 보좌로 날아오릅니다. 여기의 마지막 간구보다 더 놀랍고 뛰어난 간구는 있을 수 없습니다. 바울은 마치 기도의 환희 가운데 죄인이요 불완전한 인간의 경험뿐 아니라 창조주와 피조물 사이의 경계선조차도 잊어버린 채 과도하게 하늘로 솟아오르려고 하고 있는 것처럼 보입니다. 그러나 그의 기도는 동시에 하나님의 약속이기도 합니다. 우리는 이러한 환희에 찬 기도를 우리 각자에게 대한 하나님의 열망과 목적을 선언하는 것으로서, 그리고 하나님이 자기 아들의 말할 수 없는 은사 속에서 바라보시는 궁극적인 목적으로서, 그리고 모든 신자들에 대한 그의 은혜의 역사의 명백한 결과로서 받아들일 수 있습니다.

언뜻 보면 본문의 기도는 역설적이며 불가능한 것처럼 보입니다. 그렇지만 좀 더 깊이 살펴보면, 그것은 우리 각자에게 가능한 것일 뿐만 아니라 마땅한 의무가 됩니다. 나아가 그것은 장차 완전하게 구속될 자들에게 확실하게 이루어질 것이면서 동시에 우리의 저급한 삶과 연약한 믿음에 대한 책망이기도 합니다. 이제 본문의 마지막 기도를 살펴보도록 합시다.

1. 첫째로, 본문의 기도의 의미를 생각해 보십시오.

하나님의 충만은 신적 본질의 모든 능력과 에너지와 속성의 총량을 나타내는 또 다른 표현입니다. 그것은 하나님의 신성(神性)의 총체적인 풍성과 풍부입니다.

우리는 "하나님은 사랑이라"고 말합니다. 하나님이 자기 전부를 자신이 사랑하는 자들에게 주시기를 바라는 것이 아니라면, 이것이 무엇을 의미하는 것이겠습니까? 순수하고 고상한 형태의 사랑이 무엇입니까? 자기 자신을 주기를 무한히 열망하는 것이 아니라면, 사랑이 무엇이겠습니까? 우리가 아버지의 계시의 절정을 아들의 인격 안에서 스스로를 나타내시는 것으로 선포할 때, 또 성경의 최종적인 가르침을 "하나님은 사랑이라"는 말씀으로 선포할 때, 우리는 하나님의 마음의 최고의 본질과 열망과 목적이 자기 자신을 미약한 인생들 속에 풍성하게 부어주시는 것이라고 선포하는 것입니다. 성경이 하나님을 "우리의 분깃"으로, 그리고 우리를 "하나님의 상속자"로 말하는 것은 얼마나 놀랍고 불가해한 사실입니까?

우리는 이러한 말씀들로부터 하나님의 사랑과 진리와 거룩과 기쁨이 우리에게 풍성하게 나타날 수 있음을 알게 됩니다. 하나님 전체가 우리의 기업입니다. 왜냐하면 하나님의 충만은 사람들의 경험과는 완전히 동떨어진 그러한 보화가 결코 아니기 때문입니다. 우리는 바울이 다른 서신에서 말하는 것처럼 "아버지께서 모든 충만으로 예수 안에 거하게"(골 1:19) 하신 것을 믿지 않습니까? 또 우리는 "그리스도 안에 신성의 모든 충만이 육체로 거하시는"(골 2:9) 것을 믿지 않습니까? 이러한 신성의 모든 충만이 우리 주 예수 그리스도 안에 구체화되지 않습니까? 그래서 그것이 우리 가까이 있게 되고, 그럼으로써 우리가 손을 내밀어 만질 수 있지 않습니까? 이것은 형이상학적인 수수께끼로 가득 찬 매우 이해하기 어려운 것일는지 모릅니다. 그러나 그리스도를 아는 자들에게 그것은 가장 참되고 소중한 것입니다. 하나님은 예수 그리스도 안에 모아집니다. 하나님의 모든 충만은 사람으로 오신 예수 그리스도 안에 구체화되며, 그로부터 그것을 받기를 열망하는 모든 영혼들에게 전달됩니다.

우리는 요한복음에서 "우리가 다 그의 충만한 데서 받으니 은혜 위에 은혜러라"는 말씀을 보게 됩니다(1:16). 또 에베소서 4:13은 이렇게 말합니다. "우리가 온전한 사람을 이루어 그리스도의 장성한 분량이 충만한 데까지 이르리니"(엡 4:13). "하나님의 충만"이란 개념은 얼마나 숭고하고 경이로우며 다가갈 수 없는 것처럼 보입니까? 마치 벌레처럼 이 땅에서 기어 다니는 보잘것없는 우리 인생들에게 하늘의 천정(天頂)이 그렇게 보이는 것처럼 말입니다. 우리가 하나님의 모든 충만이 그리스도 안에 거함을 생각할 때, 그것은 점점 더 우리에게 가까이 다가오다가 마침내 우리 가운데 장막을 칩니다. 그리고 우리가 다 그의 충만을 받았음을 생각할 때, 그것은 마침내 우리 마음속으로 들어옵니다.

나아가 본문의 뒷부분을 주목하십시오 — "너희에게 충만하게 하시기를 구하노라." 다시 말해서, 우리와 관련한 바울의 기도와 하나님의 목적과 열망은 우리의 전 존재가 내주하시는 신성(神性)으로 가득 채워지고, 그럼으로써 공허한 빈 공간이 없어지는 것입니다.

사랑하는 교우 여러분! 우리는 얼마나 자주 땅의 것들에 취하며, 마시고 나서 또다시 목마르곤 합니까? 그럴 때 우리는 다음과 같은 주님의 말씀을 들어야 합니다. "내가 주는 물을 마시는 자는 영원히 목마르지 아니하리니 내가 주는 물은 그 속에서 영생하도록 솟아나는 샘물이 되리라"(요 4:14). 우리의 빈 마음은 마치 가나의 혼인잔치의 물동이들처럼 서 있습니다. 주님이 말씀합니다. "아구까지 채우라." 그러면 그의 만짐에 의해 세상 연락(宴樂)의 아무 향기 없는 맹물은 그의 나라의 새 포도주로 변화됩니다. 우리는 하나님의 충만으로 채워지고 만족될 수 있습니다.

본문의 기도의 의미와 관련하여 우리가 살펴보아야만 할 또 다른 요점이 있습니다. 개정역(Revised Version)이 보여주는 것처럼, 본문을 문자적으로 번역하면 "filled unto"가 됩니다(KJV는 "filled with"로 되어 있음). 이것은 완료의 개념이 아니라 계속해서 자라며 진행되는 개념을 암시합니다. 다시 말해서, 바울은 에베소의 형제들이 하나님의 충만으로 계속해서 점점 더 충만하게 채워져 가도록 기도하고 있는 것입니다. 하늘에서 그 영광의 등급이 서로 다른 그릇들을 생각해 보십시오. 그것들은 모두 가득 차 있습니다. 그러나 그 분량은 모두 다릅니다. 어떤 그릇의 용량은 다른 그릇의 용량보다 훨씬 더 작습니다. 여기에다가 그릇이 자라는 개념을 덧붙여 보십시오. 그릇은 채워짐으로써 더 커집니다. 마치 쪼그라든 풍선에다가 바람을 불어 넣으면 그것이 점점 더 팽창되는 것처럼 말입니다. 바울이 여기에서 생각하고 있는 것이 바로 이와 같은 개념입니다. 하나님의 충만으로 채워지면 그 당시의 열망은 만족됩니다. 왜냐하면 그것이 그 당시의 우리의 영의 용량을 가득 채우기 때문입니다. 그렇지만 그와 같이 충만하게 채워짐으로써 우리의 영은 더 많은 분량의 충만을 채울 수 있을 만큼 커지게 되고, 그럼으로써 그 안으로 더 많은 충만이 흘러들어가게 됩니다. 바로 이것이 본문의 위대한 기도의 또 하나의 의미입니다.

2. 둘째로, 이러한 간구가 성취될 가능성을 생각해 보십시오.

앞에서 언급한 것처럼, 본문의 간구는 지나친 열망인 것처럼 보입니다. 이것보다 더 큰 바람은 결코 없을 것입니다. 문제는 "이것이 과연 올바르고 겸손한 기도인가?" 하는 것과 "사람이 정말로 응답될 것을 실제로 믿으면서 이와 같은 기도를 드릴 수 있는가?" 하는 것입니다. 그에 대한 나의 대답은 "그렇다"입니다.

여기에 두 가지 난제가 있습니다.

사람들은 물을 것입니다. "이와 같은 기도는 피조물의 용량의 한계를 잊은 것이 아닌가? 유한한 것이 무한한 것을 담을 수 있는가?"

이것은 정말 어려운 질문입니다. 그러나 그에 대한 나의 대답은 "그렇다"입니다. 유한한 것은 무한한 것을 담을 수 있습니다. 만일 여러분이 서로 사랑하는 두 마음, 즉 하나님의 마음과 사람의 마음에 관해 말하고 있는 것이라면 말입니다. 우리는 피조물과 창조주 사이의 명확한 경계선을 분명하게 지켜야 합니다. 그렇게 하지 않으면 자칫 피조물도 없고 창조주도 없는 범신론의 영역으로 떨어질 수 있습니다. 그러나 여기에는 무신론적 범신론의 요소뿐 아니라 기독교적인 요소도 있습니다. 우리가 하나님과 그의 자녀 사이의 인격적인 차이와 구별을 명확하게 인식하는 한, 양자 사이의 상호 동일시와 상호 내주와 상호 소유는 가능할 뿐만 아니라 나아가 기독교적 삶의 궁극적인 목표와 목적이 됩니다.

물론 단순히 관념적이며 철학적인 의미에서, 무한한 것은 유한한 것에 담겨질 수 없습니다. 전능과 전지와 편재 등과 같이 무한을 표현하는 속성들은 하나님 안에 있는 것들을 나타냅니다. 우리는 그에 대해 아주 조금밖에는 알지 못하며, 그러한 속성들은 공유될 수 없는 비공유적 속성들입니다. 그러나 그러한 비공유적 속성들은 하나님 안에 있는 가장 거룩한 것은 아닙니다. "하나님은 사랑이라." 여러분은 이 말씀이 하나님 안에 있는 가장 깊은 것을 드러내는 것을 믿습니까? 하나님은 빛이십니다. 그에게는 어둠이 조금도 없습니다. 여러분은 그의 빛과 사랑이 앞에서 언급한 무한을 표현하는 비공유적 속성들보다 더 중심에 가깝다는 사실을 믿습니까? 그것을 믿는다면, 우리는 본문으로 돌아와 이렇게 말할 수 있습니다. "하나님은 사랑이신데, 바로 그 사랑이 우리 안에 들어올 수 있나이다. 하나님은 빛이신데, 바로 그 빛이 우리의 어둠 속으로 들어올 수 있나이다. 하나님은 거룩이신데, 바로 그 거룩이 우리의 더러움 속으로 들어올 수 있나이다. 하늘의 하늘이라도 주를 담을 수 없나이다. 오직 주는 겸손히 통회하는 심령 속에 거하나이다."

그러므로 사랑하는 교우 여러분, 빈자(貧者)의 오두막집에 들어가기 위해 자신의 몸과 머리를 오그라뜨린 사람과 관련한 옛 이야기를 생각해 보십시오. 그 이야기는 하나님이 우리 안에 들어오시는 것과 너무도 흡사합니다. 형이상학적인 문제들로 스스로를 혼돈에 빠뜨리지 마십시오. 그것은 단지 그림자와 같은 것일 뿐이며, 말의 유희에 불과합니다. 다음과 같이 말씀하시는 그리스도의 말씀에 귀를 기울이십시오. "우리가 그에게 가서 거처를 그와 함께 하리라"(요 14:23). 이것이 결코 불가능한 것이 아님을 믿으십시오. 바울 사도가 형제들을 위해 "하나님의 모든 충만하신 것으로 너희에게 충만하게 하시기를 구하노라"라고 기도할 때, 그의 마음속에 불타고 있었던 것은 바로 이것이었습니다.

그와 관련하여 우리의 마음속에 떠오르는 또 다른 난제가 있습니다. 그리스도인들은 이렇게 묻습니다. "허물과 죄로 둘러싸인 이 땅의 불완전한 영역에서 그러한 소망이 실현되는 것이 어떻게 가능합니까?" 나는 다음과 같이 바꾸어 말함으로써 그에 대답하고자 합니다. "만일 바울이 지금 간구하고 있는 것이 불가능한 것이라면, 그러한 간구가 성령의 감동을 받은 사람의 입술로부터 나오는 것이 어떻게 가능합니까?" 그러면 그것이 시간 낭비에 불과한 헛된 기도였단 말입니까? 우리가 그리스도인으로서 지금까지 성취한 것으로 미래의 기대(期待)를 저울질하기보다 차라리 지금까지 성취한 것을 바탕으로 미래의 기대를 향해 소망의 팔을 뻗는 것이 훨씬 더 낫지 않습니까? 또 본문의 말씀을 통해 그것이 가능할까 하는 불신앙적인 의심보다 그것이 가능하다는 확신을 발견하는 것이 더 낫지 않습니까?

성경은 우리에게 그리스도로 하여금 우리 마음속에 거하시게 하라고 명령합니다. 불가능한 것은 결코 의무가 될 수 없습니다. 그러므로 그것은 결코 불가능한 것이 아닙니다.

만일 우리가 우리의 죄의 권능을 적게 믿는다면, 죄의 권능은 우리에게 적게 역사할 것입니다. 만일 우리가 내주하시는 그리스도의 권능을 많이 믿는다면, 그리스도는 우리에게 더 많은 권능을 행하실 것입니다. 만일 우리가 "그것은 가능하다"라고 믿는다면, 우리는 그것을 가능하게 만들 것입니다. 불가능은 단지 우리 자신의 약함으로부터 나오는 것일 뿐입니다. 물론 이 땅에 살아 있는 동안 죄 없이 살 사람은 아무도 없다는 것은 분명한 사실입니다. 그렇지만 우리에게 있어 그리스도와의 교제가 단절되는 것, 그럼으로써 "하나님의 모든 충만하심으로 충만하게 되는 것"이 단절되는 것을 피할 수 있다는 것 역시도 똑같이 사실입니다. 죄의 세력을 깨뜨리기 위해 죄와 관련한 일반적인 원리들을 끌어오는 것은 무익한 일입니다. 설령 죄의 세력이 실제적으로 역사하고 있다 하더라도 만일 어떤 그리스도인이 그 마음속에 하나님에 대한 의식(意識)을 잃어버린다면 그는 이렇게 말해야만 합니다. "그것은 저의 잘못이었나이다. 제가 그릇 행하여 그렇게 되었나이다." 이 땅의 모든 죄와 불완전함에도 불구하고, 우리가 "하나님의 모든 충만하심으로 충만하게 되는 것"은 가능합니다.

그러므로 사랑하는 형제들이여, 여러분이 가져야 할 기대(期待)의 표본으로서 본문의 기도를 취하십시오. 또 우리가 우리 주님의 형상과 거룩하심을 아주 조금밖에 이루지 못한 것에 대한 예리한 책망으로서 본문의 기도를 취하십시오. 하나님의 모든 충만하심으로 충만하게 해달라는 놀랍고도 장엄한 기도 옆에 이 세대의 평균적인 그리스도인들의 삶의 사실들을 놓으십시오. 그리스도의 내주하심에 대한 그들의 무지와 결여는 본문의 간구와 거의 상응되지 않습니다. 내가 보기에 이 세대의 기독교의 생명을 좀먹고 있는 세속주의와 기계적인 형식주의의 가장 큰 원인은 많은 그리스도인들이 하나님의 충만을 현재적 경험으로 소유할 수 있다는 사실을 상당 부분 잊어버린 사실에 기인하는 것 같습니다. 자신들 속에 하나님의 충만을 발견하지 못할 때, 그들은 이렇게 말합니다. "당연한 일이지. 그것은 우리의 불완전한 육체적 상태의 필연적인 결과일 뿐이야." 그렇지 않습니다. 그것은 전적으로 틀린 생각입니다. 하나님의 뜻은 우리가 모든 삶의 순간들에서 그의 충만으로 충만하게 되는 것입니다.

3. 셋째로, 이러한 기도가 성취되는 수단을 생각해 보십시오.

여기의 기도가 바울의 일련의 간구 가운데 마지막 간구라는 사실을 기억하십시오. 만일 여러분이 여기의 간구가 드려질 수 있기 전에 앞의 간구들이 필요했다는 사실을 느끼지 못한다면, 나는 지난 한 달 간 헛수고를 한 것이 될 것입니다.

여기에서 먼저 지적하고 싶은 것은 우리의 마음을 하나님의 충만으로 충만하게 하는 것은 우리 마음속에 내주하시는 그리스도라는 사실입니다. 그리스도가 임하는 곳에 하나님도 임합니다. 그러면 그는 어디에 임합니까? 그는 자신을 위해 믿음으로 문을 여는 곳에 임합니다. 만일 여러분이 예수 그리스도를 믿는다면, 만일 여러분이 스스로를 불신한다면, 만일 여러분이 여러분의 마음과 생각을 예수 그리스도께 돌린다면, 만일 여러분이 그의 오심을 가로막지 않는다면 ― 그러면 그는 여러분의 마음속으로 들어오실 것입니다. 그리고 들어오실 때, 그는 빈손으로 들어오지 않고 그와 함께 충만한 신성(神性)을 가지고 들어오실 것입니다.

하나님으로 채우기 위해서는 자아를 비우는 것이 필요합니다. 그리고 자아를 비우는 것은 자기를 믿는 것, 자기 의(自己義), 자기를 의지하는 것, 자기를 통제하는 것, 자기를 기쁘게 하는 것 등을 버리고 스스로를 사랑하는 주님 앞에 전적으로 순복시키는 믿음 안에서 실현됩니다.

우리의 마음을 하나님의 충만으로 충만하게 하는 또 다른 조건이 있는데, 그것은 그리스도의 사랑이 얼마나 크고 놀라운지를 아는 것입니다. 그리스도의 사랑에 대한 의식적인 경험은 우리를 "하나님의 충만"으로 데려갈 것입니다. 사랑은 능력(power)입니다. 사랑은 하나님입니다. 우리가 우리에 대한 하나님의 사랑을 의식하며 경험하며 살아갈 때, 우리는 하나님을 갖게 되며 또 능력을 갖게 됩니다. 그러므로 만일 우리가 우리 마음을 그리스도의 사랑의 샘 속으로 던진다면, 우리 마음은 모든 신적 에너지들로 충만하게 채워질 것입니다. 사랑 속으로 던져질 때, 우리는 하나님의 충만으로 충만케 될 것입니다.

그러므로 항상 주님 곁에 거하십시오. 그러면 모든 것이 따를 것입니다. 그를 묵상하십시오. 단 하루도 그를 생각함이 없이 그냥 흘려보내지 마십시오. 그를 기억함이 없이 직장에 출근하지 마십시오. 항상 그리스도 안에 거하십시오. 스스로를 그리스도 안에 묶어 두십시오. 그의 사랑을 경험하고자 추구하십시오. 그것은 지식에 넘치는 사랑이며, 오직 그 사랑을 소유한 자들만 알 수 있는 사랑입니다. 옛 화가들은 사랑의 사도를 그의 주님의 얼굴과 똑같은 모습으로 그리곤 했습니다. 그와 같이 항상 그리스도 곁에 가까이 거하면서 그를 바라보십시오. 그러면 여러분은 그의 충만을 받게 될 것입니다. "우리가 다 수건을 벗은 얼굴로 거울을 보는 것 같이 주의 영광을 보매 그와 같은 형상으로 변화하여 영광에서 영광에 이르니 곧 주의 영으로 말미암음이니라"(고후 3:18).

21
한없는 능력과 영광

"우리 가운데서 역사하시는 능력대로 우리가 구하거나 생각하는 모든 것에
더 넘치도록 능히 하실 이에게 교회 안에서와 그리스도 예수 안에서 영광이
대대로 영원무궁하기를 원하노라 아멘"
엡 3:20, 21

신실한 기도가 가져다주는 유익 가운데 하나는 그것이 표현하는 열망을 확장시키며, 또 우리로 하여금 우리가 호소하는 은혜에 대해 좀 더 고상하게 생각하도록 만드는 것입니다. 이와 관련하여 우리는 본문 앞에 언급된 일련의 간구 속에서 에베소의 형제들을 위한 바울의 소망이 절(節)을 거듭할수록 점점 더 커져가는 것을 보게 됩니다. 그의 기도는 계속 진행되는 가운데 점점 더 고양(高揚)되며, 하늘보좌에 가까워지며, 점점 더 달콤해져 가며, 점점 더 충만해져 갑니다.

"그의 성령으로 말미암아 너희 속사람을 능력으로 강건하게 하시오며," "믿음으로 말미암아 그리스도께서 너희 마음에 계시게 하시옵고." "너희가 지식에 넘치는 그리스도의 사랑을 알고." "하나님의 모든 충만하신 것으로 너희에게 충만하게 하시기를 구하노라." 이렇게 계속 고양되다가 마침내 그는 여기에서 극치에 도달합니다. 이보다 더 높은 것이 무엇이 있을 수 있겠습니까? 그러나 이러한 장엄한 간구가 생각의 마지막 종착지일 수는 있다 하더라도, 그렇지만 그것이 믿음의 마지막 종착지는 아닙니다. 하

나님이 이것보다 더 큰 것은 주실 수 없다 하더라도, 그러나 우리가 구하거나 혹은 생각하는 것 이상을 주실 수 있습니다. 여기처럼 기도할 때 말입니다. 그러므로 본문의 장엄한 영광송은 바울의 일련의 위대한 간구를 능가하며, 또 그것에 면류관을 씌웁니다. 더 높이 올라갈수록 더 넓게 보이는 법입니다. 이것은 기도의 경우에도 마찬가지입니다. 우리의 기도가 더 높이 올라갈수록 우리의 전망(展望)은 더 넓어지고 멀어집니다. 그리고 우리가 하나님의 충만을 바라며 응시할 때, 우리의 기도는 감사와 영광송 속으로 용해(溶解)되어 버리게 될 것입니다. 여기에서도 그러하며, 항상 그러합니다.

본문에서 우리는 바울의 뜨거운 확신을 보게 됩니다. 시간적 공간적 영원무궁함을 표현하는 본문의 어법 속에 그의 자연적인 열정적 성격뿐 아니라 그의 신앙적인 뜨거움이 그대로 드러납니다. 그는 마치 표적을 향해 날아가는 화살을 응시하고 있는 어떤 활 쏘는 자와 같습니다. 그는 자신의 기도가 결코 헛되지 않음을 확신하면서 하나님을 응시합니다. 그와 함께 우리도 하나님을 바라봅시다. 그러면 우리도 하나님의 위대한 일들을 기대할 수 있는 담대함을 갖게 될 것입니다.

1. 첫째로, 우리가 믿는 능력이 얼마나 큰 것인지 주목하십시오.

에베소서는 구속의 위대한 사실들을 항상 신적 섭리와 연결시킵니다. "땅의 일" 즉 이 땅에서 사람들에게 구원이 전달되는 역사적 과정은 항상 "하늘의 일"과 관련지어, 그리고 그것이 말미암은 신적 지혜와 연결되어 추적됩니다. 본문의 "우리 가운데 역사하시는 능력대로"란 표현을 주목하십시오. 여기에 나타나는 것처럼, "대로"(혹은 "따라", according to)란 어구는 본 서신에서 이와 같은 연결 관계 속에서 항상 등장합니다. 그것은 대체로 두 방향으로 적용됩니다. 그것은 때때로 구속의 사실들의 근거 혹은 이유를 제시하는데 사용됩니다. 예컨대 1장 9절처럼 말입니다. "그의 기뻐하심을 따라 그리스도 안에서 때가 찬 경륜을 위하여 예정하신 것이니." 또 그것은 때때로 이러한 구속의 일이 결정되는 분량(measure)을 제시하는데 사용됩니다. 본문이 바로 이러한 경우입니다.

에베소서는 다음과 같은 세 가지 주된 형태로 구속의 능력의 분량을 제시합니다. 우리는 이러한 것들을 살핌으로써 바울이 가졌던 위대한 생각을 좀 더 잘 이해할 수 있게 될 것입니다.

첫째로, 16절의 "그의 영광의 풍성함을 따라"란 구절을 주목하십시오. 우리가 받기를 바랄 수 있는 선물(혹은 '은사', gift)의 분량은 하나님 자신의 풍성함의 분량입니다. "그의 영광의 풍성함"이 무엇이겠습니까? 그것이 하나님의 영광의 장엄하며 찬란한 본성의 무한한 부요가 아니라면 무엇이겠습니까? 이러한 무한한 보화 외에 그 어떤 것도 하나님의 선물의 한계가 될 수 없습니다. 우리는 왕의 아들들입니다. 아버지께서 우리에게 주시는 분깃은 그의 부요하심에 비례합니다. "하나님의 모든 충만하신 것으로 너희에게 충만하게 하시기를 구하노라"는 기도 속에서 우리는 우리에게 주어진 선물이 얼마나 큰 것인지를 알 수 있습니다(19절). 바로 이것이 우리가 소유할 수 있는 은혜의 분량입니다.

결과는 원인에 비례하는 법입니다. "그의 영광의 풍성함"이 원인이라면 그 결과는 무엇이겠습니까? 그것은 절대적인 완전함이며, 우리의 어둠이 완전한 빛으로 변화되는 것이며, 차고 냉랭한 것이 그의 뜨겁고 밝은 형상으로 변화되는 것이며, 우리의 영이 모든 은혜와 즐거움으로 끊임없이 채워지는 것이며, 우리 영혼이 계속해서 그리고 영원히 하나님을 향해 자라는 것입니다. 완전함은 하나님이 행하시는 모든 일에 있어 그의 표적입니다. 마치 불완전함이 우리가 행하는 모든 일에 있어 우리의 표적인 것처럼 말입니다. 가장 정교한 바늘을 취하여 그것을 현미경 아래 놓아 보십시오. 그러면 그것은 매우 거칠고 울퉁불퉁하게 보일 것입니다. 곳곳에 굽은 부분과 부푼 부분이 보일 것이며, 바늘 끝은 무디고 서툴게 보일 것입니다. 반대로 잔디 잎을 현미경 아래 놓아 보십시오. 그러면 여러분은 그 모양이 너무도 규칙적인 것을 발견하고 놀라게 될 것입니다. 하나님의 작품은 완전하지만, 인간의 작품은 서툴고 불완전합니다. 하나님은 어떤 일을 행하실 때 그것을 완성하실 때까지 결코 그대로 내버려 두지 않습니다. 만일 쉬신다면, 그것은 그가 그 일을 바라보며 "모든 것이 심히 좋음"을 보시기 때문입니다. 그의 안식은 그의 계획과 목적이 이루어지고 난 이후의 안식입니다. 우리가 짓는 집은 항상 불완전한 집입니다. 마치 다른 모든 부분은 아름답게 빛나지만 유독 창문 하나만은 미완성인 채로 남아있는 옛 이야기속의 집처럼 말입니다. 그러나 하나님이 지으실 때, 아무도 "그가 끝마치지 못할 것"이라고 말할 수 없습니다. 그는 그 집의 모든 창문을 보석으로 만들 것이며, 그 집의 모든 외벽을 대리석으로 꾸밀 것입니다.

그러므로 우리는 우리의 열망을 확장시키면서 하나님의 무한하심, 즉 "그의 영광의 풍성함"을 소유할 확신을 가질 수 있습니다.

에베소서에서 구속의 능력의 분량을 언급하는 두 번째 형태는 1장 19, 20절에 나타납니다. "그의 힘의 위력으로 역사하심을 따라 … 그의 능력이 그리스도 안에서 역사하사 죽은 자들 가운데서 다시 살리시고." 또 4장 7절은 이렇게 말합니다. "우리 각 사람에게 그리스도의 선물의 분량대로 은혜를 주셨나니." 앞에서 우리는 우리가 소망할 수 있는 구속의 능력의 분량이 하나님의 영광의 전체적인 풍성함이라는 것을 살펴보았습니다. 이제 우리는 여기에서 우리의 소망의 기초가 되는 능력의 분량이, 그러한 하나님의 영광이 너무나 높고 그럼으로써 우리로부터 너무나 멀리 떨어져 있는 것처럼 보이지 않게 하기 위해, 그리스도의 오심과 특별히 부활에 놓여 있음을 보게 됩니다. 분량과 관련한 앞의 첫 번째 형태는 추상적이고 모호하며 어떤 명확한 기대(期待)와 연결시키기 어렵게 보일 수 있습니다. 그러나 여기의 두 번째 형태는 구체적이며 역사적이며, 그 아름다운 이상(理想)에다가 인간적인 특성을 부여합니다. 그리스도의 부활은 신적 능력이 최고조에 달한 것을 보여주는 표시입니다. 그리고 그리스도를 다시 살리신 하나님은 또한 모든 그리스도인들을 그와 동일한 수준으로 다시 살리실 것입니다. 예수 그리스도는 부활의 영광 가운데, 그리고 승천할 때 받은 하늘과 땅의 모든 권세 가운데 우리의 모범이십니다. 그리스도 안에서 우리는 사람이 어떻게 될 수 있는지, 그리고 그를 따르는 자들이 어떻게 되어야만 하는지를 봅니다. 신적 능력의 한계는 모든 그리스도인이 그의 형상으로 완전히 동화(同化)되고 그의 모든 아름다움을 담을 때까지, 그리고 모든 그리스도인이 부활하여 그리스도의 위엄에 참여하고 그의 보좌에 앉을 때까지 결코 도달되지 않을 것입니다. 그때 하나님의 목적이 성취될 것이며, 우리는 아버지의 영광의 풍성함과 아들의 은혜의 충만함에 의해 분여(分與)된 선물을 한량없이 소유하게 될 것입니다.

구속의 능력의 분량을 언급하는 세 번째 형태는 본문과 같은 경우입니다. "우리 가운데서 역사하시는 능력대로."

여기의 능력이 우리 안에 내주하시는 하나님의 성령의 능력이 아니면 무엇이겠습니까? 이와 같이 우리는 각각 아버지와 아들과 성령에게 적용되는 분량을 보게 됩니다. 첫째는 아버지의 영광의 풍성함이며, 둘째는 그리스도의 부활과 승천이며, 셋째는 그리스도인의 영혼 안에서 역사하는 성령의 능력입니다. 첫째 것은 우리를 하나님의 신비 속으로 데려갑니다. 둘째 것은 우리를 땅으로 더 가까이 이끌면서 매일의 세상 속에서 발생하는 역사적 사실을 가리킵니다. 셋째 것은 우리에게 더 가까이 다가오면서 우리로 하여금 우리 안에 있는 것을 응시하도록, 그리고 그곳에서 우리가 무엇을 의식하는지 보도록 명합니다.

만일 우리가 그리스도인이라면, 이미 우리 안에 능력이 역사하고 있습니다. 우리는 그 역사를 알 수 있으며, 그러한 역사로부터 우리에게 주어질 수 있는 선물의 분량을 예상할 수 있습니다. 우리는 과거에 알고 느꼈던 것들을 통해 미래에 되어질 것들을 예측할 수 있습니다. 다시 말해서, 이미 이루어진 결과들과 과거의 경험들은 그 안에 완성의 약속을 담고 있다는 것입니다.

만일 중세의 꿈이 이루어져 어떤 연금술사가 납 조각 하나를 금으로 바꾸었다면, 그는 결국 세상의 모든 납을 금으로 바꿀 수 있을 것입니다. 그렇게 할 수 있는 충분한 시간과 도가니와 풀무만 주어진다면 말입니다. 첫 걸음이 가장 어려운 법입니다. 만일 여러분과 내가 하나님의 원수에서 하나님의 자녀로 바뀌었다면, 그리고 우리 마음속에 하나님에 대한 사랑의 불이 붙었다면, 그것은 우리를 완전하게 하기 위해 필요한 나머지 모든 일보다 더 크고 강력한 변화입니다. 1그램이 변화되었다면, 나머지 전체도 결국 그렇게 될 것입니다. 다만 시간의 문제일 뿐입니다.

만일 신적 능력이 지금 우리 안에서 역사하고 있다면, 우리는 그 안에 이미 완성의 약속이 담겨 있다는 사실을 잊지 말아야 합니다. 우리의 현재적 본성 안에 있는 선한 것과 악한 것의 이상한 뒤엉킴, 너무도 모순되고 엇갈리는 우리의 각종 열망들, 너무나 자주 깨어지고 왜곡되는 우리의 결심들, 종종 가려지곤 하는 우리의 연약한 빛들 — 이 모든 것들은 일시적인 것이며 결국에는 정복될 것입니다. 완성되지 못한 채 버려진 이집트의 신전들을 생각해 보십시오. 그 주변의 채석장에는 절반쯤 잘려진 돌들이 그냥 방치된 채 널려 있습니다. 그와 같이 절반쯤 잘려지고 다듬어진 돌들처럼, 우리의 영은 부분적으로만 다듬어졌을 뿐 나머지 부분은 거친 상태로 있습니다. 그러한 신전들을 건축하던 자들은 다 죽어 흙이 되었고, 그들의 미완성의 작품은 오래 전 마지막 망치질이 가해졌던 바로 그 모습으로 버려져 있습니다. 그러나 하나님의 성전의 돌들은 완성될 때까지 계속해서 다듬어지고, 마침내 제자리에 온전히 놓일 것입니다. 아버지의 영광과 아들의 은혜와 성령의 능력이 그 일을 이룰 것이며, 바로 이것이 우리의 소망의 기초입니다. 그러므로 다음과 같이 부르짖으십시오. "여호와여 주의 인자하심이 영원하오니 주의 손으로 지으신 것을 버리지 마옵소서"(시 138:8). 그러면 우리는 야곱처럼 다음과 같은 응답을 받게 될 것입니다. "내가 네게 허락한 것을 다 이루기까지 너를 떠나지 아니하리라"(창 28:15).

2. 둘째로, 하나님의 역사는 우리가 구하거나 생각하는 것보다 더 크고 넘친다는 사실을 주목하십시오.

바울 사도는 다소 긴장된 어투로 하나님의 역사가 얼마나 멀리까지 확장될 수 있는지를 표현합니다. 그는 하나님이 "모든 것에 더 넘치도록" 능히 행하실 수 있다고 말합니다. 다시 말해서, 하나님은 모든 일을 넘어서는 그 이상의 일까지 능히 하실 수 있다는 말입니다. 또 그는 다소 격정적인 어투로 하나님의 능력의 무한한 범위를 표현합니다. "우리가 구하거나 생각하는 모든 것에 더 넘치도록." 여기에서 바울은 우리를 축복하기 위해 기다리고 있는 엄청난 에너지의 개념을 전달하기 위해 비슷한 의미의 표현을 반복합니다. 그는 앞에서 엄청난 것을 간구했습니다. "하나님의 모든 충만으로 충만케" 해달라는 기도보다 더 크고 엄청난 것이 무엇이겠습니까? 결코 있을 수 없습니다. 그러나 하나님의 역사는 우리가 구하거나 생각하는 것을 훨씬 더 넘어섭니다.

이러한 말씀은 오직 하나님의 은혜의 내적 선물들에만 적용됩니다. 세상적인 문제들에 있어서 우리가 구하거나 바라는 것이 하나님의 응답보다 더 큰 경우가 얼마나 많습니까? 하나님의 지혜는 종종 우리의 생각과 다르며, 하나님의 은총은 종종 우리가 간구하는 것을 거절하곤 합니다. 그러므로 본문의 환희에 찬 말씀은 세상에서의 하나님의 역사와 관련해서는 다만 부분적으로만 사실입니다. 본문 말씀이 절대적으로 사실인 것은 우리 안에서의 하나님의 역사와 관련해서입니다.

물론 우리는 하나님이 당신의 역사(役事)의 모든 영역 가운데 우리의 보잘것없는 인간적인 생각들을 능가하실 수 있음을 압니다. 그의 역사 가운데 가장 작은 것조차도 그 안에 인간의 모든 생각을 넘어서는 신비를 담고 있습니다.

그러나 우리의 영적 삶에 대한 하나님의 역사가 우리가 구하거나 생각하는 것을 넘어서는 사실은 앞에서 다룬 내용, 즉 우리의 구속의 분량이 아버지의 영광과 아들의 은혜와 성령의 능력으로 제시되는 것의 필연적인 결과에 불과합니다. 하나님의 삼중적 존재방식을 생각해 보십시오. 그것은 너무도 깊고 심오하여 우리의 어떤 다림줄도 그 심연의 끝에 닿을 수 없으며, 가장 강한 날개를 가진 생각조차도 그 끝까지 날아오를 수 없습니다. 우리의 생각을 아무리 넓게 뻗친다 할지라도 거기에는 항상 미치지 못하는 부분이 남아 있습니다. 설령 우리가 하늘의 성운(星雲)들의 모든 비밀을 다 파헤친다 하더라도, 우리가 이해하지 못한 흐릿한 부분이 여전히 남아 있을 것입니다. 또 우리가 아무리 큰 확신과 담대함을 가지고 기도한다 하더라도, 우리의 기도보다 더 큰 것이 바로 하나님의 응답입니다. 캄캄한 밤에 어떤 선물을 받았다고 생각해 보십시오. 그때는 그 선물이 얼마나 가치 있는 것인지 알 수 없을 것입니다. 하나님의 선물이 이와 같습니다. 그것을 처음 받을 때, 대체로 우리는 그 가치를 잘 알지 못합니다. 황금의 은은한 빛은 단번에 우리의 눈을 사로잡지 않습니다. "이에 거두니 보리떡 다섯 개로 먹고 남은 조각이 열두 바구니에 찼더라"(요 6:13).

이와 같이 하나님의 역사는 우리가 구하거나 생각하는 모든 것을 훨씬 능가합니다. 이 같은 하나님의 역사의 엄청난 폭과 너비는 우리의 생각과 기도를 그에 맞추도록 하기 위한 것임을 기억하십시오. 또한 하나님의 역사가 이와 같이 한량없는 것임에도 불구하고 우리가 그 은혜를 받음에 있어서는 실제적인 한계가 있으며, 그것은 다름 아닌 우리의 생각과 바람이란 사실을 잊지 마십시오. 우리는 우리가 담을 수 있는 만큼, 그리고 우리가 바라는 만큼 하나님을 소유합니다. 나이아가라 폭포와 같은 거대한 양의 물이 어떤 사람의 집 앞을 지나간다고 생각해 보십시오. 그렇다 할지라도 오직 그의 수로(水路)로 돌려진 분량만큼만 그의 물레방아를 돌릴 것입니다. 하나님의 은혜는 어떤 사람에게는 아주 작은 분량만 주어지고, 또 어떤 사람에게는 아주 큰 분량으로 주어집니다. 우리의 영은 주인의 바람(wish)에 따라 늘어나기도 하고 줄어들기도 하는 마술 장막과 같습니다. 우리는 지금까지 소유한 은혜보다 더 많은 은혜를 담기 위해 그 장막을 늘일 수 있습니다. 하나님의 은혜는 결코 작지 않습니다. 다만 그것을 담는 우리의 그릇이 작을 뿐입니다. 하나님은 "우리가 구하거나 생각하는 모든 것에 더 넘치도록 능히 하실" 수 있습니다(20절). 그러므로 여러분의 생각과 바람을 최대로 넓게 펴십시오. 설령 그것이 하나님의 은혜의 분량까지는 미치지 못한다 할지라도, 그러나 그것이 우리가 그것을 소유하는 실제적인 분량을 결정한다는 사실을 기억하면서 말입니다. "네 믿음대로 될지어다"란 말씀을 기억하십시오. 여기에서 "네 믿음대로"가 바로 우리가 받는 선물의 실제적인 분량입니다. 비록 그 선물이 "그의 영광의 풍성함을 따라" 주어진다 하더라도 말입니다.

3. 셋째로, 그러한 하나님의 역사로부터 말미암는 영광을 주목하십시오.

　"하나님의 영광"은 하나님 자신의 완전한 성품의 광채이며, 그의 이름을 구성하는 모든 찬란한 광휘의 총체입니다. 사람이 그러한 광채를 환영하며 찬미할 때, 바로 그것이 "하나님께 영광을 돌리는" 것입니다. 본문의 영광송은 자기 자녀들에 대한 하나님의 능력의 역사가 그의 이름의 광채를 더욱 빛나게 할 것에 대한 예언입니다. 그러므로 우리는 여기에서 신적 성품의 최고의 나타남이 그리스도인에 대한 그의 사역과 그로 말미암아 나타난 결과에 있음을 보게 됩니다. 다시 말해서, 하나님은 당신이 관계하시는 위대한 사실 위에 당신의 자리를 취하시며, 그의 피조물들로 하여금 그에 의해 자신을 평가하도록 하십니다. 하나님은 사람들을 구속하셨다는 것을 자신에 대한 최고의 찬미로 간주하시며, 그들 안에 내주하심으로써 자신의 충만으로 그들을 충만케 합니다. 그리고 이러한 최고의 찬미와 최고의 영광은 "교회 안에서와 그리스도 예수 안에서" 그에게 돌려집니다. 여기에서 뒷부분의 어구가 흠정역(KJV)에서 "by Christ Jesus"로 약화된 것은 참으로 유감스러운 일입니다(KJV 21절은 다음과 같음: Unto him be glory in the church by Christ Jesus throughout all ages, world without end. Amen).

　앞부분의 어구 "교회 안에서"는 외적인 섭리를 나타내며, 뒷부분의 어구 "그리스도 예수 안에서"는 하나님이 찬미를 받으시는 내적이며 영적인 영역을 나타냅니다. 하나님의 영광은 그의 구원하시는 사랑의 능력의 전시장인 교회 안에서 빛납니다. 하나님은 이것으로 평가받으실 것입니다. 그리고 만일 어떤 사람이, 무엇이 하나님의 가장 거룩한 일이냐고 묻는다면, 그리고 그의 가장 거룩한 자아(自我)에 대한 가장 분명한 흔적이 무엇이냐고 묻는다면, 하나님은 바로 이것을 가리킬 것입니다. 하나님의 영광은 사람들에게 그들이 "그리스도 안에" 있는 조건 위에서 나타날 것입니다. 그리스도 안에서 살며 움직이는 가운데 그와 더불어 신비하면서도 가장 실제적인 연합 속에 있는 자들 말입니다. 그러한 연합이 없이는 아무 열매도 맺히지 않습니다. 죽은 가지에서 어떻게 열매가 맺히며, 죽은 입술에서 어떻게 찬미의 노래가 터져 나오겠습니까?

하나님이 자신의 영광을 우리를 다루시는 가운데 놓으시는 놀라운 사실을 주목하십시오. 하나님의 창조의 모든 위엄과 광채 가운데 그가 자신의 능력을 나타내는 최고의 표본으로 제시하는 것이 바로 이것, 즉 많은 고난과 질고로 곤비한 가운데 주님의 발자취를 따르는 연약한 인생들의 무리인 예수 그리스도의 교회입니다. 보디올(Puteoli)에 하선하여 압비아 가도(Appian Way)를 따라 로마에 들어온 일군(一群)의 그리스도인들을 생각해 보십시오. 그들의 모습은 얼마나 초췌하며 피로에 지친 모습이었겠습니까? 만일 그 모습을 바라보고 있던 황제와 철학자와 귀족들이 그들에게 자신들보다 훨씬 더 큰 권세가 주어졌다는 말을 듣는다면, 그들의 입술은 얼마나 조소와 경멸로 삐죽거리겠습니까? 이것은 오늘날에도 여전히 사실입니다. 이 땅의 모든 화려함 속에서 사람들은 그리스도인들을 대수롭지 않은 존재로 바라봅니다. 그러나 하나님은 바로 그들에게 자신을 찬미하는 일을 맡기셨으며, 바로 그들에게 자신의 영광을 풍성하게 주셨습니다.

설령 우리가 보잘것없는 자들이라 할지라도, 그러나 하나님이 우리에게 주신 영광과 존귀는 얼마나 크고 놀라운 것입니까? 하나님의 모든 존귀가 우리 손 안에 있습니다. 하나님을 찬미하는 일이 바로 우리에게 맡겨졌습니다. 이것은 피조물이 가질 수 있는 최고의 영광입니다. 천사와 관련한 유대 랍비들의 가르침 가운데 이런 것이 있습니다. 두 부류의 천사들이 있는데, 섬기는 천사들과 찬미하는 천사들이 바로 그들입니다. 그들 가운데 후자가 더 계급이 높으며, 어떤 천사도 하나님을 두 번 찬미하지 못합니다. 한 번 목소리를 높여 찬송을 부르고 나면 사라져 없어집니다. 그 천사는 자신이 존재하는 목적을 완성했으며, 자신의 최고의 극치에 도달했습니다. 그는 자신이 지음받은 목적을 이루었으며, 그러므로 사라집니다. 이 이야기는 외적으로 바라볼 때 별달리 주목할 만한 것이 없습니다. 그러나 그것이 표현하는 개념은 매우 장엄합니다. 사람의 첫 번째 목적은 하나님을 영화롭게 하는 것이며, 이것이 없이는 삶은 아무것도 아니라는 사실입니다.

우리는 이러한 최고의 목적을 오직 우리가 그리스도와 연합하는 분량만큼만 이룰 수 있습니다. "그리스도 안에" 거함으로써 우리는 하나님의 영광을 나타냅니다. 왜냐하면 그 안에 거함으로써 우리는 하나님의 은혜를 받기 때문입니다. 우리가 그와 연합될 때, 우리는 그의 생명에 참여하며 우리의 삶은 하나님께 드리는 찬미의 노래가 됩니다. 그로부터 "그 안에" 있는 모든 영혼들에게로 영적인 전류(電流)가 흐릅니다. 그러면 그들은 아름다운 색깔로 빛나게 되며, 그 모든 것은 그와의 연합의 결과입니다. 만일 연결이 끊어지면 빛은 사라지고 어둠만 가득할 것입니다. 그러므로 사랑하는 교우 여러분, 항상 그 안에 거하기를 추구하십시오. 그러면 우리는 "우리 마음속에서 빛나는" 그의 사랑의 목적을 이루게 될 것이며, "예수 그리스도의 얼굴에 있는 하나님의 영광을 아는 빛"을 다른 사람들에게 줄 수 있게 될 것입니다.

4. 넷째로, 하나님의 영광의 영원성을 주목하십시오.

20절은 하나님의 능력이 엄청나게 크다는 개념을 비슷한 의미의 표현을 반복시키는 것으로 나타냅니다. 마찬가지로 21절 역시도 그로 말미암아 하나님의 영광이 영원하다는 개념을 비슷한 의미의 표현을 반복시키는 것으로 나타냅니다. 여기의 표현은 이를테면 하나님의 영광의 영원성이라는 위대한 개념의 무게 아래 휘청거립니다. 본문의 "대대로"를 문자적으로 번역하면 "시대들의 시대의 모든 세대들에게"(to all generations of the age of the ages)가 되는데, 이것은 상당히 어색하며 매끄럽지 못한 표현입니다. 두 개의 비슷한 개념을 가진 어구(語句)가 서로 어색하게 뒤엉켜 있습니다. 영원의 개념을 표현함에 있어 "시대들의 시대에"(the ages of the ages)라고 한다든지, 혹은 "모든 세대들에"(to all generations)라고 해도 충분했을 것입니다. 어쨌든 바울이 이러한 어색한 표현으로 강조하고자 했던 것은 의심의 여지 없이 하나님의 영광의 영원성이라는 장엄한 개념이었습니다.

하나님의 역사는 영원히 계속될 것입니다. 그리고 그와 함께 그분에 대한 찬미도 영원히 계속될 것입니다. 세대들이 오고 가는 과정 속에서 하나님의 능력은 더욱더 우리에게 흘러넘치며, 하나님의 영광은 더욱더 우리 안에서 나타날 것입니다. 그것은 항상 그럴 것입니다. 왜냐하면 하나님의 선물은 무한하며, 그것을 받을 수 있는 사람의 용량은 계속해서 커져 가기 때문입니다. 따라서 구원받은 영혼들이 하나님의 모든 것을 완전히 흡수하기 위해서는 영원의 개념이 필수불가결합니다. 그 과정은 한계가 없습니다. 왜냐하면 인간의 영이 하나님의 영에 가까이 접근하는 데에 한계가 없기 때문입니다. 또 하나님이 자기 자녀들에게 주실 영광과 아름다움의 풍성함에도 한계가 없기 때문입니다. 그러므로 우리는 영원히 살 것이며, 영원토록 하나님을 찬미할 것입니다. 그리고 그의 영광의 광채는 태양처럼 영원히 빛날 것입니다. 하나님의 모든 것을 다 흡수할 때까지 우리는 죽을 수 없습니다. 우리의 생각 속에서 그의 모든 본성을 다 이해할 때까지, 우리의 성품 속에서 그의 모든 아름다움을 다 반영할 때까지, 우리가 생각할 수 있는 모든 행복을 다 얻을 때까지, 우리가 구할 수 있는 모든 좋은 것을 다 받을 때까지, 더 이상 소망할 것이 하나도 남지 않게 될 때까지, 우리는 죽지 않고 살아 주께서 하신 일들을 나타낼 것입니다.

그의 은혜로 여러분 위에 역사하게 하십시오. 여러분 스스로를 그분께 순복시키십시오. 그러면 그의 충만이 여러분의 빈자리(emptiness)를 채울 것입니다. 그럴 때 여러분은 이 땅에서 결코 이루어질 수 없는 헛된 소망들로부터 건짐받게 될 것이며, 또 하늘에서 세대들의 세대들을 거듭하며 더 풍성한 영광을 누리는 가운데서도 여전히 "장래에 어떻게 될지는 아직 나타나지 아니하였도다"라고 말하게 될 것입니다(요일 3:2).

맥클라렌 강해설교

고린도전서 − 에베소서 I

초판 인쇄 2010년 3월 20일

초판 발행 2010년 3월 30일

───────────────────────

발행처 **크리스챤
다이제스트**

발행인 박명곤

주소 경기도 고양시 일산동구 정발산동 1193−2

전화 031-911-9864, 070-7538-9864

팩스 031-911-9824

등록 제 98−75호

판권 © 크리스챤다이제스트 2010

총판 (주) 기독교출판유통

전화 031−906−9191~4

팩스 080−456−2580

· 값은 표지에 찍어 있습니다.

● 본사 도서목록은 생명의 말씀사 인터넷서점
(lifebook.co.kr)에서 출판사명을 "크리스챤다이제스트"
로 검색하시면 됩니다.